절대지식
세계고전

절대지식
세계고전

사사키 다케시 외 지음 · 윤철규 옮김

이다미디어

고전 한 권과 이 책 가운데 하나를 선택하라면
나는 주저 없이 이 책을 읽을 것이다

현대에서 '고전'이 가지는 의미는 무엇일까? 이 우문을 화두로 던지고 싶은 것은 이른바 '고전'에 대한 우리의 강박관념을 떨쳐 버리기 위함이다.

우리는 일상생활을 통해 '고전 읽기'를 늘 강요받고 있지만, 고전이 가지는 무게(?)에 짓눌려 지레 겁을 먹기 일쑤이다. 내용의 난해함과 양의 방대함. 그것은 일반인들이 쉽게 넘을 수 없는 벽이다. 그래서 베이컨의 말을 빌리자면 "고전이란 가장 널리 알려져 있으면서 가장 읽히지 않는 책"으로 정의되기도 한다.

솔직히 현대인들은 시대 변화를 따라가기도 숨이 찬 실정이다. 사정이 이러한데 왜 고전을 읽으라고 난리들인가. 그것은 바로 고전에는 시대를 뛰어넘는 무엇이 있기 때문일 것이다. 시대 상황에 따라 변화하는 무엇이 있다면, 시대가 바뀌어도 변하지 않는 무엇이 있는 법이다.

현대까지 고전이라는 평가를 받고 있는 책들은 그 시대의 현실을 명확히 규명하고, 그것을 토대로 인간이 가야 할 미래를 제시하고 있다. 우리가 고전을 읽어야 하는 이유도 여기에 있다. 고전 읽기를 통해 우리가 살아가는 시대를 이해하고, 또 앞으로 살아가야 할 미래를 그려 내야 한다.

이 책은 무거운 고전들을 쉽고 가볍게 다루고 있다. 수백 페이지에 달하는 고전들을 단 몇 페이지로 요약해 냈기 때문이다. 나아가 각 분야의 전공자나 교수들이 책의 주제나 의미를 잘 정리해 놓아 일반인들이 읽기에도 무리가 없을 정도이다. 또한 책이 쓰일 때의 시대 상황과 저자의 사상적 배경도 상세하게 설명하고 있기 때문에 몇백 년 전의 고전을 통해 우리가 살아가는 현대의 의미를 읽어 내는 데 도움을 준다.

정치와 경제, 법 사상, 철학, 종교, 교육 등 분야별로 고전을 분류해 시대 순서로 배열한 것도 이 책의 빼놓을 수 없는 장점이다. 유사 이래의 인류 역사를 인간과 자연의 변증법적인 발전 관계로 파악한다면, 이 책에 등장하는 고전들을 통해 인간과 세계의 본질적 성격을 이해할 수 있을 뿐 아니라 그 상호 관계를 파악할 수 있기 때문이다.

누가 내게 고전 한 권과 이 책 가운데 하나를 선택해 읽으라고 한다면 나는 주저 없이 이 책을 고를 것이다. 한 권의 어떤 고전을 통해 이 세상을 이해하기란 이제 불가능하다. 인터넷 등 정보 통신의 혁명을 통해 세계는 지금 전 분야에 걸쳐 다양화와 복합화라는 방향으로 빠르게 변하고 있기 때문이다. 이제는 어떠한 사물의 본질과 현상도 독자적으로 존재하는 것이 아니라 상호 관계 속에서 의미를 찾을 수밖에 없다.

물론 이 책이 고전의 의미를 제대로 전달하기에는 본질적 한계를 가지고 있지만, 짧은 시간에 인류 정신사의 큰 흐름을 이해하는 데에는 큰 도움이 될 것이다. 또 일반인이 고전 한 권을 읽는다 한들 그 의미를 온전히 이해하기란 힘든 노릇이다. 다만 이 책을 통해 복잡하고 다양한 현대의 문제를 읽어 내는 안목을 기를 수 있다면 더없이 다행한 일이다. 아니, 이것이야말로 우리가 고전을 읽어야 하는 진정한 이유일 것이다.

고전을 통해 인간과 세계를 이해할 수 있는 능력을 기른다면 자신의 삶을 보다 풍요롭게 할 뿐 아니라 다른 사람의 삶도 함께 고양시킬 수 있을 것이다.

이 책에서 다루고 있는 '스위스의 성자'라 불리는 카를 힐티의 교양에 대한 잠언을 끝으로 추천의 말을 대신하고자 한다.

"교양이란 있는 그대로의 상태를 가능한 한 최상의 것으로 발전시킨 상태 또는 그와 같은 상황으로 끌어올리고 있는 상태이다. 그리고 교양인이 되기 위한 조건은 첫째, 관능과 이기주의를 보다 높은 관심으로 극복하는 일, 둘째, 육체와 정신의 모든 기능을 건전하게 그리고 균형 있게 발달시키는 일, 셋째, 올바른 철학적, 종교적 인생관을 갖는 일이다."

전 연세대학교 총장

송 자

1장 · 정치

4장 · 철학 · 사상

5장 · 여성론

6장 · 종교

7장 · 교육

8장 · 역사

9장 · 카운터 컬처

책 속의 부록

정치

—

현대 세계의 정치 현상은 매우 복잡다단하여
간단히 정리하기가 도저히 불가능하다.
그러나 적어도 외면적으로는 국민 주권을 기초로 한 정치를 실시하고 있는
국가들이 압도적으로 많다고 할 수 있다.
중요한 문제는 그러한 외적 모습을 통해 구체적으로
어떠한 정치 기구와 정치 기능이 실현되고 있으며 또한 거기에서 보다
현실적으로 어떠한 곤란에 부딪치고 있는 가를 살펴보는 점이다.
'정치'에 관한 고전적 저술을 다시 읽는 작업은 역사의 확인에 그치지 않고,
나아가 미래를 위해 해결해야 할 과제를 직시하는 데 밑거름이 될 것이다.

정치학
(Politika)

정치학의 근본적인 시작은 플라톤의 '정치 철학'을 출발점으로 하여 아리스토텔레스의 '정치학'을 통해 정점을 이루었다고 할 수 있다. 아리스토텔레스는 이 책에서 현실주의적 국가론을 전개하고 있어, 정치적 구심점을 상실한 채 부평초처럼 떠 있는 현대인들에게 공동체성의 회복을 강력히 요구하고 있다.

INTRO

'학문의 아버지'로 일컬어지는 아리스토텔레스(BC 384~BC 322)는 그리스 북부의 소도시 스타기로스의 의사 집안에서 태어났다. 17세 때 아테네로 나와 플라톤의 아카데미아에서 20년간 연구 활동에 종사했다. BC 342년에는 마케도니아의 왕 필리포스의 초빙을 받아 왕자 알렉산드로스의 가정 교사가 되었는데, 이때부터 그는 장래 통치자의 스승으로서 정치학에 관심을 기울이기 시작했다. 이후 알렉산드로스가 왕위를 계승하자 곧 아테네로 되돌아와 학원 리케이온을 설립했는데, 이 학파를 뒷날 소요학파●라고 일컬었다.

알렉산드로스가 죽은 뒤(BC 323), 반反마케도니아 운동의 화를 피하기 위해 "아테네 시민들이 철학에 대해 또 한 번 죄를 저지르지 않도록 하기 위해서"라는 말을 남기고 아테네를 떠나 다음 해 어머니의 고향인 칼키스에서 죽었다. 이 책은 일정한 계획 아래 체계적으로 쓰이지 않았으며, 리케이온 시대에 행해진 강의의 초고를 바탕으로 편찬된 것이라 여겨진다. 아리스토텔레스의 사상은 중세의 학문은 물론, 특히 중세 이후 헤겔의 사회 철학에 지대한 영향을 미쳤다. 폴리스의 붕괴 시기를 살아가며 과거 영광스러운 폴리스라는 공동체를 현실 속에 정립해 부흥시키고자 한 아리스토텔레스의 의도야말로 공동체성이 상실된 시대를 살아가고 있는 현대인들에게 여전히 많은 점을 시사해 준다고 할 수 있다.

윤리학과 정치학의 관계

아리스토텔레스는 스승 플라톤에 비해 현실주의자로 일컬어진다. 곧, 플라톤이 이상주의적 국가론을 주장한 데 반해, 아리스토텔레스는 실현

가능한 최선의 형태로서의 국가를 주장하고 있다. 이 책에서도 있는 그대로의 현상들을 수집한 뒤 그 내용을 비교, 검토하여 가능한 한 바람직한 내용을 추출하고자 한 현실주의적 방법이 채택되어 있다. 그러나 그러한 현실주의는 한편에서는 플라톤적 이상주의에 의해 뒷받침되고 있다고 말할 수도 있다.

이 같은 사실은 '폴리티카(폴리스에 관하여)'라는 이 책의 원제목을 통해서도 추측이 가능한데, 아리스토텔레스에게 정치적 사상事象이란 모두 폴리스에 관련된 것이었다. 더욱이 폴리스는 '최고선'이라는 탁월한 윤리적 이념을 목적으로 한 공동체를 의미했기 때문에 우리는 '윤리학'과 '정치학'이 불가분의 관계에 놓이게 될 것이라는 점을 애초부터 예상할 수 있다.

아리스토텔레스의 철학 체계에서 정치학은 윤리학과 함께 관념적이고 이론적인 내용이 아닌 실천적 부분을 구성하고 있다. 정치학의 목적은 관념적이고 이론적인 부분에서 요구하는 '알기 위해 아는 것'이 아니라 알고 난 뒤에 실제로 행동하는 데 있다. 이때 실천되고 실현되어야 할 것은 인간에게 선한 것, 곧 행복이다.

행복은 행위의 결과가 아니라 행위 그 자체, 나아가 생활의 방법 그 자체에 있다. 그 때문에 행복을 실현하기 위해서는 행위 또는 생활 양식을 통해 형성되는 선한 습관을 몸에 익히는 것이 필수 조건이 된다. 더욱이 이러한 선한 습관을 몸에 익히는 것은 인간의 생활을 규제하는 강제력을 지닌 선량한 법에 의해 가능하게 된다. 이것이 선善, 곧 행복의 실현이라는 윤리적 과제가 개인의 차원에서 완결되는 것이 아니라 개인에 기초를 둔 국가 차원에서 추구되어야 하는 이유이다.

이와 같이 인간의 선량한 '성격ēthos'을 토대로 해서 인간의 행복이 어떠한 행위 또는 생활 방식 속에 놓여 있는가를 규명한 것이 '윤리학(성격의 학문, ēthikē)'이며, 어떠한 국가 형태를 통해 그와 같은 생활 방식을 보증할 수 있는가 하는 문제를 해명한 것이 '정치학(폴리스의 학문, politikē)'이다.

폴리스 구성의 최소 단위는 가족

과거에 윤리학과 정치학은 오늘날처럼 서로 독립된 학문이 아니었다. 양자는 모두 '최고선' 또는 '최고 행복'의 실현이라는 동일한 목적을 추구했다. 그리고 이 둘을 한데 이어 주는 것이 바로 '인간은 자연에 있어(본성적으로) 폴리스적 동물이다'라고 하는 유명한 정식定式이다. 이 정식은 일반적으로 '인간은 사회적, 정치적 동물이다'라고 확대 해석되기도 하지만, 아리스토텔레스의 참뜻은 그보다는 한정적인 의미였다. 아리스토텔레스가 말한 '자연에 있어'의 '자연'에는 두 가지 의미가 담겨 있다. 하나는 자연적인 모든 사물의 '시동인始動因●'을 의미하며, 또 다른 하나는 '목적인目的因●'을 가리킨다. 따라서 앞에서의 정식은 곧, '인간이 폴리스에 귀속되는 것은 인간이 가진 자연성(시동인)에 의한 것이지만, 동시에 인간은 폴리스를 통해서만 비로소 그 본성(목적인)을 완성할 수 있는 동물이다'라고 해석될 수 있다.

아리스토텔레스는 폴리스의 구성을 그 최소 단위까지 분해했다. 최소 단위는 아리스토텔레스에게 애초부터 근대의 원자론적인 개인이 아니라 가족이었다. 동시에 그가 말하는 가족은 자손을 남겨야 한다는 자연적인 강력한 요구에 의해 결합되는 한 쌍의 남녀(부부)와 뛰어난 지성의 소유자인 주인과 체력만이 강한 노예가 한데 결합된 이중 조직의 관계로 구성된다. 또한 아리스토텔레스는 이러한 가족이 살고 있는 집에 관련된 문제로서 경제를 다루고 있다. 따라서 재산은 가족 공동체를 지속하기 위한 기반이다. 아울러 가족과 불가분의 관계를 맺고 있는 재산이 이른바 사유재산제의 기초가 되는 것이다.

그런데 폴리스의 구성은 이러한 가족에서부터 촌락을 거쳐 폴리스에 이르는 발생론적 과정을 밟는다. 따라서 발생론적으로 말하자면, 폴리스는 '살아가기 위하여'라는 인간의 자연적 필요성을 그 시동인으로 한다. 그렇지만 폴리스는, 여타의 공동체가 그를 위해 존재하며 그 자신은 자신 이외의 것을 위해서는 존재하지 않는다는 이른바 '자족성'을 극한까지 추구하는 공동체이다. 따라서 폴리스에는 '선량하게 살기 위해서'라는 목적인이 이미 존재하고 있다고 말할 수 있다. 곧, 발생론적 구성 자체가 폴리스의 목적인으로서 이미 전제되고 있는 것이다.

국가 형태의 분류와 이상 국가의 모습

국가 형태의 분류에 앞서 아리스토텔레스는 스승 플라톤이 『국가 politeia』에서 내세운 이상 국가의 구상에 대해 비판을 가하고 있다. 잘 알려진 것과 같이 플라톤은 가족의 해체와 사유 재산의 폐지 그리고 처자 및 재산의 공유를 통해 국가의 통일을 달성하고자 했다. 처자의 공유는 인간의 자연적 정서를 해치는 것이며, 사유 재산의 폐지를 수반한 가족의 해체는 국가의 자연적 기반을 파괴하고 오히려 국가의 통일을 해치게 된다는 것이 아리스토텔레스의 반론이었다.

아리스토텔레스는 다양한 비교, 검토를 통해 올바른 국가 형태로 단독자가 지배하는 '왕제basileia'와 소수의 유능한 자가 지배하는 '귀족제 aristokratia', 다수가 정치에 참여하는 '폴리티아politeia'를 꼽았다. 그리고 이러한 국가들이 타락한 형태로서 참주제tyrannis와 과두제origarchia, 민주제 dēmokratia를 거론했다. 이들이 나쁜 국가 형태이자 퇴락한 형태라는 이유로써 참주제는 독재자 한 사람의 이익을, 과두제는 부자의 이익을, 민주제는 가난한 사람들의 이익만을 추구하고 있다고 지적하면서 이른바 국가 존립에서 필수 조건인 국민의 공통 이익을 목표로 삼지 않은 점을 거론했다.

이 가운데에서 아리스토텔레스는 귀족제를 가장 이상적인 국가 형태로 간주한 듯하다. 선의 이념을 실현한다는 국가의 임무를 다하기 위해서는 '고귀함'을 목표로 삼는 덕망 있는 사람들, 곧 '최고선의 인간들(아리스토이)'이 거기에 가장 적합하다는 것이었다. 그렇지만 현실주의자인 아리스토텔레스는 이와 같은 귀족제를 실현 가능한 국가 형태라고 보지 않았다. 그 때문에 실현 가능한 최선의 국가 형태로 중산적인 시민들에 의한 폴리티아를 추천했다. 그것은 윤리학에서 '중용**mesotes**●'이 곧 '덕**arete**'인 것처럼 중산 계급의 생활이 최선의 생활이라고 여겼기 때문이다. 아리스토텔레스는 인간이 지나치게 풍요로우면 오만해지기 쉽고 또한 지나치게 가난하면 비굴하거나 무뢰배로 전락할 수 있다고 보았기 때문에 중산 계급의 생활을 최선이라고 여겼다.

더욱이 아리스토텔레스는 '한눈에 들어올 수 있는 최대한의 인구'와 '한눈에 들어올 수 있는 넓이의 국토'로 자급자족적인 생활을 영위할 만한 재화를 산출할 수 있을 정도의 국가를 가장 바람직한 국가의 규모로 규정했다.

문제점

위에서 살펴본 것처럼, 아리스토텔레스가 구상하는 폴리스는 무엇보다 선이라는 이념을 실현한다는 관점에 의한 것으로, 단순히 외적으로부터의 방위나 치안 그리고 경제적 이익을 추구하기 위한 것이 아니었다. 그러한 의미에서 교육이야말로 폴리스의 존재 이유와 밀접히 연관된 중심 요소가 된다. 그 때문에 아리스토텔레스는 결론 부분에서 선량한 시민을 육성하기 위해 폴리스가 실시하는 교육 방법을 상세히 소개하고 있다.

『정치학』은 정치학의 고전으로 손꼽히고 있지만 시대적 제약을 벗어나 있는 것은 아니다. 예를 들어, 노예의 존재나 부인의 종속적 지위를 자연의 본성에 알맞은 것으로 긍정하고 있는 점 등이 그것이다. 더욱이 아리스토텔레스가 직접 가르친 제자인 알렉산드로스 대왕이 폴리스라는 껍질을 하나씩 벗겨 내며 세계 제국의 건설을 향해 나아간 바로 그 시점에 그는 여전히 멸망의 길을 걷고 있는 폴리스에 집착하며 그 틀을 넘지 못했다는 점도 지적되고 있다.

그러나 최종적 행복이 관념적 생활을 통해 실현된다고 한다면, 아리스토텔레스의 주장은 비실천적인 개인주의 윤리, 곧 세계시민주의를 훨씬 앞서 예고한 데 불과했다고 말할 수 있을 것이다.

NOTES

소요학파
리케이온의 학장 아리스토텔레스가 매일 아침 이 학교의 산책로(페리파토스)를 산책(페리파틴)하면서 상급 교원들을 상대로 심오한 철학 문제를 토론하고 설명해 주던 습관이 있었다는 데에서 이렇게 불리게 되었다.

시동인, 목적인
시동인은 사건이나 사물에서 생성과 변화, 운동을 일으키는 힘을 의미한다. 목적이란 사물의 존재와 생성 또는 인간의 행위를 불러일으키고 근거를 제공하므로 원인이라고도 할 수 있다. 따라서 원인이 되는 목적이 목적인이다.

중용
아리스토텔레스에 의하면, 덕은 과도함이나 부족함이라는 악을 피해 중간을 잘 겨냥해 선택한다고 한다. 예를 들어, 만용과 비겁의 중용은 용기이다. 다만 중용은 지성적인 덕이 아니라 습관적인 덕이라고 말하기도 한다.

군주론
(Il principe)

군주의 통치 기술을 다루고 있는 이 책은 인간과 세계의 발견이라는 르네상스 시대에 종교적 권위에서 해방된 새로운 국가관을 제창하며, 권력국가론과 근대 사회계약론 모두에 관련되는 두 가지 성격을 지니고 있다. 권모술수주의를 주장해 비난을 사기도 했다.

INTRO

마키아벨리(1469~1527)는 이탈리아의 피렌체에서 태어났다. 1498년 피렌체 정청의 서기관으로 임명되었으며, 그 뒤 외교와 군사 문제를 담당하는 '10인 위원회'의 비서관에 취임해 약 15년에 걸쳐 외교 사절로 이탈리아 국내의 여러 국가와 프랑스, 독일, 스위스를 순방했다.

그때 같은 시대를 살아가고 있는 뛰어난 지도자들과 만나게 되었으며, 그 가운데 특히 체사레 보르자●는 이 책에 쓰인 군주상의 모델이 되었다고 전해진다.

마키아벨리의 이같이 생생한 정치 체험은 이 책에 현실주의적 광채를 더해 주고 있다.

1512년 공화 정부가 붕괴하고 메디치가의 지배가 부활됨에 따라 마키아벨리는 자리에서 내쫓겼을 뿐 아니라 메디치가에 대한 음모에 가담했다는 죄로 투옥되었다. 얼마 뒤 석방되었지만 거주의 자유가 제한되어 이후 저술 활동에 전념하게 되었다.

이 책은 공직에 복귀하기를 바라던 마키아벨리가 메디치가에 헌정하기 위해 1513년 7월부터 12월까지, 당시 집필 중이던 『리비우스론』을 중단한 채 쓴 책이다. 출판은 1532년에 이루어졌다.

마키아벨리는 이 책으로 인해 성직자들로부터 '악마의 대변자'라는 저주를 받기도 했으며, 그 뒤 '공화주의자', '애국자'라는 평가를 거쳐 19세기 이후 '정치 이론의 발견자'로서 정당한 평가를 받기에 이르렀다.

종교와 도덕에서 독립된 정치의 세계를 발견

마키아벨리의 『군주론』(1532)은 목적을 위해 수단을 가리지 않는 권모술수주의의 원전처럼 여겨지고 있다. 물론 그렇기는 하지만, 도덕적 입장에 서서 마키아벨리를 '악마의 대변자'로 비난하고 그칠 일이 아니다. 프로이센의 프리드리히 대왕이 이 책을 악마의 책으로 비판하면서도 군주로서는 마키아벨리적 정책을 채택하지 않을 수 없었던 것처럼 마키아벨리즘에는 정치의 현실을 정확히 꿰뚫는 내용이 담겨 있다.

종교와 도덕의 세계에서 독립된 정치의 세계를 발견한 점이야말로 마키아벨리가 근대 정치학의 기초를 닦았다고 평가되는 이유이다. 그렇지만 이 책은 양식 면에서는 오히려 전통적인 정치론의 양식을 답습하고 있다. 이처럼 낡은 부대에 정치에 대한 시각 전환을 잉태한 새로운 술을 담았다는 사실이 바로 이 책을 흥미롭게 만들고 있는 점이다.

이 책은 내용상 크게 네 부분으로 나누어져 있다. 제1부(1~11장)에는 군주국의 종류, 군주권의 획득 및 유지 방법이 고찰되어 있다. 제2부(12~14장)는 군사론으로, 자국 군대의 필요성과 군주의 군사상의 의무가 설명되어 있다. 제3부(15~23장)에서는 통치의 기술●을 논하고 있으며, 제4부(24~26장)에서는 이탈리아의 위기적 상황의 원인을 추적하며 그로부터의 해방을 호소하고 있다.

가혹 행위는 한 번에, 은혜는 조금씩 자주 베풀어라

"'어떻게 살아야 할 것인가'라는 명제로 인해서 인간이 실제로 살고 있는 실태를 놓친다면 이는 자기를 보존하는 것이 아니라 파멸에 빠뜨리는 것이다." 마키아벨리는 군주에게 현실에 충실해야 할 필요성을 이렇게 설명하고 있다. 그렇지만 현실을 충실히 따라야만 했던 대상은 마키아벨리 자신이기도 했다. 이 점이 이 책의 방법상의 현실주의를 결정한다. 그러나 이러한 현실주의는 매우 비참한 현실을 전제로 하고 있다. 왜냐하면 현실에서 이루어지고 있는 것은 행해야 할 것과는 분리되어 있으며, 그런 만큼 행해야 할 이상은 현실에서 공소한 것에 지나지 않기 때문이다.

이 무렵 이탈리아 휴머니즘의 이상은 공공의 선의 실현을 목표로 한 자유로운 공민公民의 공동체였다. 마키아벨리에 의하면 그것은 헛된 이상에 지나지 않는 것이었다. 공동체의 해체 과정 속에서 사람들은 공적인 것에서 사적인 것으로 퇴각하고 있었다. 그런 점에서 마키아벨리는 "인간이란 원래 은혜를 잊은 채 아무렇지도 않은 듯이 위선적이며 제 한 몸의 위험만을 피하려 하고 물욕에 눈먼 존재이다"라고 말하고 있는 것이다.

곧, 마키아벨리는 인간의 본성을 끊임없이 지상의 욕망 충족을 추구하는 르네상스적 인간상 속에서 찾고 있다. 다른 말로 하면, 인간의 행동 원리는 그것이 명예욕이든 물욕이든 욕망이라는 동질적인 것으로 환원된다는 것이다. 바로 이것이 서로 다른 상황 속에서도 인간을 행동하게 한다. 다시 말해 이는 인간의 행동을 계산할 수 있다는 사실을 보증하는 것이며, 그 때문에 인간의 행동을 기술적으로 통제하는 일이 가능하게 되는 것이다. 정치는 군주의 통치 기술이라고 일컬어진다. 예를 들어 "사랑받기보다 겁먹게 하라" 또는 "가혹 행위는 한 번에 그리고 은혜는 조금씩 자주 베풀어라"와 같은 통치술은 유명한 경구가 되었다.

국가는 인위에 의한 예술품

마키아벨리는 욕망으로 떠받쳐지는 인위를 통해 야심과 탐욕이 소용

돌이치는 현실을 극복하려 한다. 그런데 인위란 먼저 어떤 일인가를 이룰 수 있는 힘을 필요로 한다. 어떤 일이든 수미일관을 이루기 위해서는 냉정한 합리성이 동시에 요구된다. 그 자체만으로는 맹목적인 데 불과했던 힘은 냉정함이 수반되면서 비로소 온전히 발휘될 수 있는 것이다. 그 때문에 마키아벨리는 "군주는 짐승처럼 행동하는 법을 알아야 하기 때문에 여우와 사자의 기질을 모방해야 한다. 왜냐하면 사자는 함정에 빠지기 쉽고 여우는 늑대를 물리칠 수 없기 때문이다. 따라서 함정을 알아채기 위해서는 여우가 되어야 하고, 늑대를 혼내 주려면 사자가 되어야 한다"라고 말했다.

국가는 스스로를 형성하고 유지하기 위해 종교에 의한 권위 부여나 도덕에 의한 정당성 따위를 필요로 하지 않는다. 다만 힘과 합리성을 겸비한 한 사람의 군주의 인위만이 필요하다. 곧, 목적과 수단이 하나의 통일된 계열을 이루고 있다고 냉정히 파악하는 일과 목적에 가장 적합한 수단을 개의치 않고 선택하는 역량이야말로 국가를 일관성 있게 통치할 수 있는 능력이라고 마키아벨리는 말한다. 그러한 의미에서 국가는 부르크하르트가 말한 것처럼 인위에 의한 '예술품'인 것이다.

이와 같은 국가관은 르네상스적 인간상의 어두운 측면으로부터 밝은 측면으로의 역전, 곧 인간의 근원적 힘의 신뢰에 의해 지탱되고 있다. 그러한 주장은 그런 근원적인 힘을 군주 한 사람에게만 인정하는 한 권력 국가론으로 이어진다. 그러한 의미에서 마키아벨리의 국가관은 절대주의적인 권력 국가를 거쳐 이룩되는 근대 국민 국가의 형성 과정을 훨씬 앞서 예견했다고 말할 수 있다. 또한 마키아벨리가 말하는 근본적 힘을 군주가 아닌 신하나 시민 쪽으로 승인하면 그것은 바로 근대사회계약설로 이어지게 된다.

비르투는 자유 의지를 실현하는 에너지

인위를 떠받쳐 주는 근원적 힘을 비르투virtu라고 한다. 그것은 라틴어의 비르투스virtus에서 유래한 이탈리아어로, 원래는 윤리적인 덕德을 의미했다. 그러나 마키아벨리의 비르투는 전통적 의미의 덕을 가리키는 것이 아니다. 여기에서 덕의 의미 전환이 일어난다. 전통적 의미에서의 윤리적인 덕은, 이성에 의한 정념과 욕망을 억제함으로써 달성되는 것에 비해, 마키아벨리의 비르투는 정념과 욕망이 방해받지 않고 나타나는 그 자체를 의미했기 때문이다. 이러한 비르투는 운명과 대비된다.

마키아벨리는 이탈리아의 위기적 현상을 가져온 원인을 추적하며 그것을 운명에서 찾는 일종의 체념에 대해 강하게 반박했다. 그는 "운명이 우리 행위의 절반을 좌우하는지도 모른다. 그러나 운명도 나머지 절반의 동향은 우리 인간에게 맡겨 놓은 것이 아닌가 하는 생각이 든다"고 밝히고 있다. 예를 들어, 아무리 좋은 기회라고 해도 팔짱을 끼고 있는 동안에는 운명의 여신이 베풀어 주는 은혜가 일어나지 않는다. 좋은 기회란 그것을 적절한 때에 맞추어 포착해 낸 다음에 손에 거머쥘 때에만 비로소 이루어지는 것이다. 이처럼 마키아벨리는 운명에 대처하는 데 신중함보다는 오히려 과격할 것을 권하고 있다. 곧, "운명의 신은 여신이어서 그녀를 내 것으로 만들려면, 더러는 때려눕히기도 하고 밀어 쓰러뜨리기도 할 필요가 있는 것이다. 운명은 냉정하게 구는 사람보다 오히려 이런 사람들에게 승리를 안겨 주는 것 같다. 요컨대 운명은 여자를 닮아서 젊은이의 편이다. 왜냐하면 젊은이는 신중하게 일을 진행하지 않고, 민첩하고 신속하며 극히 대담하게 여자를 지배하기 때문이다"라고 말하고 있다.

이와 같은 능동적인 비르투를 강조하는 데에는 피코 델라 미란돌라●

이후 유행한 자유의지론이 배경에 깔려 있다. 비르투는 이른바 자유 의지를 실현하는 에너지인 것이다. 마키아벨리는 현실 속에서 자유 의지의 실현을 국가 통일로 보고 일종의 현실적 자유론을 이 책에서 전개하고 있다고 말할 수도 있다. 실제로 그는 이 책을 헌정하려고 했던 메디치가의 수장에게 그러한 국가 통일을 기대했다.

이상 간략히 살펴본 것처럼 이 책은 얄미울 정도로 냉정한 현실 분석을 뒷받침하고 있다. 거기에는 분열된 채 침략 앞에 놓인 이탈리아의 통일을 기원하는 마키아벨리 자신의 감정이 깊이 개입되어 있다는 것을 쉽게 알 수 있다.

NOTES

체사레 보르자(Cesare Borgia, 1475~1507)
교황 알렉산데르 6세의 아들. 아버지와 함께 교황청의 권력 정책을 수행하며 냉혹한 처사로 이탈리아 전 지역을 공포로 몰아넣었다. 마키아벨리는 그러한 보르자의 강력한 인격에 이끌렸다.

기술
마키아벨리의 기술은 '좋게 보이는 것은 칭송되고, 나쁘게 보이는 것은 비난받는다'라는 일종의 공리주의를 그 정신적 지주로 삼고 있다. 이러한 공리주의는 다른 한편으로 르네상스 시대의 상인 세계를 배경으로 하고 있다.

피코 델라 미란돌라(Pico della Mirandola, 1463~1494)
"아담이여, 그대에게는 일정한 거처도 고유의 형태도 기능도 주어지지 않았다. 그것은 그대가 욕심나는 것은 무엇이든 소유하고자 하기 때문이었다"라는 그의 인간 찬가는 근대 휴머니즘의 원천이다.

리바이어던
(Leviathan)

리바이어던이란 『구약성서』 「욥기」에 등장하는 거대한 영생 동물의 이름이다. 이 책에서는 리바이어던을 교회 권력으로부터 해방된 국가에 비유함으로써 계약에 의해 만들어진 인위적 인간에 대한 국가 이론을 전개하고 있다.
이 책은 청교도혁명을 총괄한 것이기도 하다.

INTRO

'교회 및 시민 공동체의 내용, 형태, 권력The Matter, Forme and Power of a Commonwealth Ecclesiastical and Civile'이라는 부제가 붙은 『리바이어던』은 홉스(1588~1679)가 1651년 출간한 저작이다.

홉스는 목사의 아들로 태어나 옥스퍼드대학교에서 스콜라 철학을 전공했다. 그는 한때 F. 베이컨의 비서를 지내기도 했으며, 유럽 여행 중에는 데카르트와 가생디, 갈릴레이● 등을 직접 만나기도 했다. 청교도혁명의 폭풍우가 불어오기 시작하자, 파리로 망명했다.

이 책의 헌사에 쓴 것처럼 "한편으로 너무 큰 자유를, 다른 한편으로는 너무 많은 권위를 주장하는 사람들 사이를 무사히 빠져나가기란 힘들다"는 것을 홉스는 미리부터 자각하고 있었다. 파리 망명 중에 궁정에서 황태자(훗날의 샤를 2세)에게 수학을 가르치는 동안에도 무신론적 경향은 의심을 받았으며, 더욱이 이 책이 간행된 뒤에는 더욱 이단시되어 결국 궁정 출입을 금지당했다. 그는 결국 고국으로 돌아와 신정부에 복종의 의사를 전하게 되었다. 왕정을 복고한 찰스 2세의 시대가 되자, 종교계와 우익 왕당파의 공격이 더욱 심해져 이 책의 복간은 금지되었다. 그 때문인지 오늘날 이 책의 초판은 세 종류가 전하고 있다. 이 책은 이후 1667년에 네덜란드어로 출판되었으며, 다음 해에는 라틴어판이 출판되었다. 라틴어판에는 영어판의 몇 구절이 삭제되어 있지만, 중대한 차이는 없다고 보아도 좋을 것이다.

유물론적 인간관에서 출발한 홉스의 자연권

제1부 '인간에 대하여'에서 홉스는 철저한 유물론적 인간관을 피력하고 있다.

"인간은 물체이며, 인간의 생명은 운동이다. '인간의 마음은 감각과 사고, 사고의 연쇄 작용 이외의 운동은 지니고 있지 않다.' 그리고 '모든 사고의 근원'은 감각이지만, 감각이란 외적 물체의 운동이 우리의 감각 기관에 압력을 가할 때, 우리의 마음속에 생겨나는 저항 운동의 외향성이 상정하는 외적 물체의 존재적 상상에 불과하다. 이렇게 말하는 것은 '운동은 운동 이외의 다른 어떤 것도 낳지 않기 때문'이다. 또한 사고란 '쇠약해져 가는 감각'으로서의 영상이다. 그런 점에서 인간과 동물 사이에는 큰 차이가 없다. 인간을 동물보다 우월하게 만들어 주는 것은 문자와 언어의 발명이다. 이들의 발명이 없이는 '국가와 사회, 계약, 평화도 존재할 수 없을 것'이다"라고 홉스는 말했다.

그러나 운동을 생명의 증거라고 하는 홉스는, 영혼에 만족을 가져오는 평화인 지복至福을 부정하며, 오히려 참된 지복은 욕망이 어느 한 대상에서 다른 대상으로 계속하여 향하고 있는 것이라고 생각했다. 따라서 인류의 평화롭고 통일된 공동 생활에 대해 가장 중요한 의미를 지닌 인간의 일반적 기본 경향은 '보다 큰 힘을 추구하며 지칠 줄 모르는 욕망'이라고 설파한다. 그런데 '개인의 힘이란, 장차 이익이 될 것을 획득하기 위해 그가 현재 취하고 있는 수단'이며, 그것은 그 자신이 가진 신체적, 정신적 능력의 우수함에서 연유하는 본원적 힘이지만, 동시에 그 힘에 의해 얻어지거나 행복이 가져오는 재산, 명성, 친구 등과 같은 수단이기도 한 도구적 힘이기도 하다. 그리고 그가 보다 큰 힘을 추구하는 것은, 있는 그대로의 현상에 만족하지 못하기 때문이 아니라 현상을 유지하기 위해 보다 큰 힘이 필요하기 때문이다.

또한 '모든 사람이 자신의 자연, 곧 생명을 유지하기 위해 자신이 원하는 대로 자신의 힘을 이용할 자유'가 이른바 홉스가 주장하는 자연권이다. 이렇게 홉스가 유물론적 인간관에서 도출하여 인간 행위의 방향을 결정짓는 원리로 생각한 것은 종교나 도덕이 아니라 어디까지나 자기 보호와 그것을 위한 힘의 확대였다.

자연권에서 자연법으로

인간은 크게 보아 육체적, 정신적 능력이 평등하다. 곧, 어떤 사람이 원하는 것을 다른 사람이 원해서는 안 된다고 할 정도의 큰 차이는 없는 것이다. 이러한 점에서 희망의 평등이 생겨난다. 그러나 부에는 한계가 있어 한 사람 한 사람의 희망을 모두 만족시킬 수는 없다. 따라서 사람들 사이에 불신이 생겨나고 그 불신으로부터 전쟁이 일어난다. 자연 상태란 항상 전쟁 상태를 말한다. 이 경우 전쟁이란 '만인의 만인에 대한 전쟁'이 된다. 코먼웰스(국가)가 존재하는 사회에서조차 사람들은 무장한 채 길을 떠나고 밤에는 문단속을 하며 금고에 자물쇠를 채우게 된다. '이런 상태에서 노동할 여지는 없다. 왜냐하면 노동의 성과가 불확실하기 때문이다. 따라서 토지가 경작되지 않는 것은 물론, 농토에 관한 지식이나 시간 계산도 이루어지지 않으며 또한 기술과 문예, 사회 등도 존재하지 않게 된다. 그리고 최악인 것은 끊임없는 공포와 폭력에 의한 죽음의 위험이며, 인간의 생활은 고독하고 가난하며 추악하고 야만스러우며 단축된다.'

이와 같은 전쟁 상태에서 벗어날 것을 재촉하는 것은 죽음의 공포와 쾌적함을 추구하는 욕망, 근로를 통해 그것을 얻고자 하는 희망 등과 같은 정념이다. 곧, 자연법●을 시사하는 이성이다. 이성이 말해 주는 일반 법칙이란, '각자는 평화를 획득할 희망이 있는 한, 평화를 위해서 노력해야 한다. 하지만 평화를 획득할 희망이 없는 경우, 모든 전쟁 수단을 강구하면서 자기의 이익을 추구해도 좋다'는 것이다.

이 법칙의 앞부분인 '평화를 추구하고 그것을 따른다'가 기본적인 제 1의 자연법이며, 뒷부분인 '가능한 한 모든 수단을 통해 자기 자신을 방어하려는 자유'는 자연권을 요약해 나타낸 것이 된다. 이처럼 제1의 자연법과 자연권의 모순을 지양하는 법칙이 제2의 자연법으로서 제시되고 있다. 그것은 '각자는 타인 역시 그러한 경우에 평화와 자기 방어를 위해 자진해서 모든 것에 대한 자연권을 포기해야 한다. 그리고 타인이 자기에게 허용하는 만큼의 자유를 타인에 대해 자기가 갖는 것에 만족해야 한다'는 법칙이다. 이처럼 자연권의 승인을 통해 거꾸로 자연권을 제한해야만 하는 자연법이 도출되고 있는 것이다. 그리고 그 같은 권리의 상호 양도가 바로 계약이다.

'위대한 리바이어던' 코먼웰스에 대하여

제2부 '코먼웰스에 대하여'에서는 이러한 계약을 통해 성립되는 국가 주권의 존재 양상을 논하고 있다. 홉스는 "모든 사람은 신뢰로써 맺고 있는 약속을 이행해야 한다"고 제3의 자연법을 제시하지만(그는 모두 열아홉 가지의 자연법을 열거하고 있다), "개인의 안전은 자연법을 통해 보호될 수 없으며, 약속은 칼이 아닌 단지 말에 불과해 사람들을 보호할 힘이 전혀 없다"고 말하고 있다.

따라서 개인의 힘을 능가하는 권력을 지닌 주권자를 창출해 내지 않을 수 없다. 그 때문에 다수결을 통해 다수의 의지가 하나의 의지가 될 수 있는 것처럼 개개인이 가진 권력과 힘의 전부가 한 사람의 인간 또는 합의체에 부여된다. 홉스는 "어디까지나 만인이 만인에 대하여, 당신도 나와 마찬가지로 당신의 권리를 그에게 주어 일체의 행위에 대한 권한을 인정한다는 조건 아래, 내가 나 자신을 통치하는 권리를 그 사람 또는 그 합의체에 양도해 준다는 것을 선언하듯이 만인 대 만인의 약속에 의해 창출된 오직 하나의 인격 속으로 들어가는 것이 모두의 참된 통일"이라고 말한다.

이와 같이 인위적으로 창출된 인간의 인격에 의해 통일된 군중을 코먼웰스라고 부르며, 이것이 바로 '위대한 리바이어던'의 탄생인 것이다.

그리고 인위적으로 창출된 인간만이 주권자로 불리며 그 밖의 사람들은 그의 신민이 되는 것이다. 이 사회 계약에서 본인은 군중 속의 한 사람인 국민이며 주권자는 국민에 의해 창출되고 권위가 부여된 대리인에 지나지 않게 된다.

홉스는 국가 주권의 성립 방법에 대해, 국민이 각자 상호 공포에 의해 국가 주권을 설립할 경우와 국민이 두려워하는 그 사람에게 신하로서 복종하는 '부권적, 전제적'인 국가 주권의 두 가지 경우로 구분하고 있다. 그러나 홉스에 따르면, 공포와 자유는 양립되어 있는 것으로 어떠한 경우에도 신뢰에 기초한 약속에 의해 서로 맺어져 있으며, 주권자는 국민의 생존과 이익을 보증함으로써 그 권위를 부여받는 것이다.

이렇게 하여 성립된 주권은 신뢰에 기초한 약속의 목적인 '국민의 안전 보장'을 수행하기 위해 절대적인 것이 되어야만 한다. 불완전한 주권은 코먼웰스의 해체를 가져오며, 다시금 전쟁 상태로 빠져들게 하기 때문이다.

화폐와 병사의 징수권과 선전 포고 및 강화권, 입법권, 사법권, 신민의 평화와 방위에 관한 필요 사항의 결정권, 대행자의 임명권, 교사를 임명하여 교사의 가르침이 신민의 방위·평화·이익에 합치하는가 여부를 심사하는 권한, 보상과 처벌의 권한, 영예와 서열의 결정 권한 등 주권자는 주권의 핵심을 이루는 '신민을 보호하는 권한'을 충분히 확보하고 있어야 하며, 그것을 분할하거나 분배해서는 안 된다. 그리고 주권자는 시민법을 초월하고, 신민은 주권자(대리인)의 행위를 비난하거나 처벌할 수 없으며 또한 신하로서 그에 대한 복종을 거부하는 일이나 그의 허가 없이 통치 형태를 변경하는 일 등은 할 수 없다. 이처럼 절대 불가침적인 주권이 요청된다. 그러나 이는 단지 국민이 자기 보호라는 목적을 위해 요청한 것으로서 인위적 인간으로 주권자를 창출해 낸 주체는 바로 국민인 것이다. 따라서 홉스가 주장하는 주권의 절대성을 바로 절대왕정●으로 이해하는 것은 잘못이다.

이는 홉스가 자기 보호 그 자체를 위협받을 경우에 신민이 주권자에게 '복종하지 않을 자유'를 인정하고 있기 때문이다. 또한 주권자가 정신 세계를 지배하는 권한을 갖는 것은, 제3부와 제4부에서 교회가 세속적 권력을 갖는 것에 대해 홉스가 반대하는 것과 관련해 이는 오히려 근대의 종교적 자유주의와 통하는 측면도 지니고 있다고 생각되기 때문이다.

갈릴레오 갈릴레이(Galileo Galilei, 1564~1642)
홉스는 1636년 피렌체에서 갈릴레이를 방문했다. 홉스는 그보다 앞서 유클리드기하학을 알게 되어 그 것을 학문적 방법론의 기초로 활용하고자 했다.

자연법
인간의 본성을 포함해 자연에 적합하며 이성에 합치되는 영원하고 보편적인 법으로, 국가가 제정한 실정법과 대비된다. 고대부터 등장한 이 사상은 중세 말기부터 시민혁명기를 거치며 부르주아 계급의 사상적 무기가 되었다.

절대왕정
절대군주제, 절대주의라고도 부르며, 강력한 관료 기구와 상비군을 갖추고 신민을 전제적으로 지배하는 통치 형태이다. 절대왕정 아래에서 군주는 신민에 대해 무제한적 권력을 가지며 그들의 사생활까지 규제할 수 있었다.

통치론
(Two Treatises of Government)

로크는 홉스와 같은 절대주의적 경향을 배격하며 이성에 의해 파악되는 자연법을 자연주의적 '관용의 원리'로 귀결시키려 노력했다. 이러한 로크의 정치 사상은 영국의 '권리장전'은 물론, 미국의 '독립선언문'과 미국의 헌법 그리고 프랑스의 '인간과 시민의 권리 선언'의 정신과 그 핵심을 같이하고 있다.

INTRO

『통치론』(1689)은 로크(1632~1704)가 1679년 겨울부터 다음 해에 걸쳐 쓴 것을 기초로 명예혁명 이후인 1689년에 출판한 것이다. 이 저술은 중간 부분이 빠져 있는 것으로서 원래 구상했던 저술의 시작 부분과 뒷부분에만 해당하는 것이다.

이 저술의 목적은 "윌리엄 국왕의 왕위를 확립하는 일과 그가 우리의 유일한 합법적 정부로 다른 그리스도교 국가의 어느 군주보다 충분하고 명백하게 지니고 있는 지위를 국민의 동의를 통해 확증하는 일, 자연권을 지키려는 결의로 실로 종속과 멸망의 위기에 처해 있던 조국을 구한 영국의 국민들을 세계에 정당화시키는 일"에 있었다.

30대 중반에 샤프츠버리 백작 1세●와 알게 되어 친교를 맺은 로크는 백작이 반왕 운동으로 인해 네덜란드로 망명해 그곳에서 객사하자, 그 자신 역시 1683년 네덜란드로 망명해 연구와 저술 활동을 계속했다.

1689년 2월 귀국한 뒤, 권리장전을 작성하는 데 협조하기도 했고, 1694년에는 잉글랜드은행의 설립에 참가하기도 했으며, 출판검열법의 폐지를 위해 노력하는 등 혁명의 성과를 조국 영국에 뿌리내리게 하기 위해 많은 활약을 했다.

이 책은 명예혁명의 정당성을 이론적으로 뒷받침했으며, 이 저항 이론은 미국 독립혁명의 이론가들에게 계승되어 로크의 조국인 영국에 대항하는 사상적 무기가 되는 역사적 아이러니를 낳기도 했다.

필머의 왕권신수설을 비판

제1편 '로버트 필머●와 그 추종자들의 잘못된 원리와 근거를 발견하고 논박함'은 필머가 주장한 왕권신수설을 비판한 것이다. 필머는 아들에 대한 아버지의 절대적인 지배권을 전제로, 최초의 인간인 아담이 신에게서 부여받은 절대적 권력이 대대로 족장에게 계승되어 현재의 군주에 이른 것으로, 왕권은 신에게 부여받은 절대성을 지닌다고 주장했다.

이에 대해 로크는 부권(친권)과 정치적 권력을 명백하게 구분해 "부권은 미성년인 어린이가 자신의 소유권을 관리할 수 없을 때에만 인정된다. 정치적 권력은 인민들이 자기 자신이 처리할 수 있는 소유권을 가진 곳에 있는 것이다"라고 논박했다. 더욱이 '전제 권력은 소유권을 전혀 갖지 않은 것에 대해 행사되는 것'으로 파악하며 절대 왕정과 시민 사회가 서로 용납될 수 없는 것으로 생각했다. 또한 그는 이론적이고 실제적인 문제이지만 아담 이후 정당한 장자 상속의 가계를 확정할 수 없다고 주장하며 왕권신수설의 숨통을 조였다.

그리고 제2편 '시민 통치의 참된 기원, 범위 그리고 목적에 대하여'에서 로크는 필머와는 다른 방법으로 '정부의 발생과 정치 권력의 기원, 정치 권력자를 결정하고 인정하는 방법' 등을 논하며, 샤프츠버리 백작이 만든 휘그당에 반왕 활동을 위한 이론적 무기를 제공하려 했다.

자연법이 관철되는 자연 상태

자연 상태가 바로 전쟁 상태를 의미한다고 주장한 홉스와 달리, 로크는 자연 상태를 모든 사람이 이지적으로 자연법을 따라 평화로운 생활을 하고자 하는 상태로 이해했다.

'권한이 부여된 공동의 재판관'이 없는 상태가 모두의 자연 상태이다.

따라서 거기에서는 각 개인이 자연법의 집행 권력을 가진 주체가 되며 또한 각 개인은 살인자를 죽일 권리도 지니고 있다. 이에 대해 전쟁 상태란 '그러한 권리가 없음에도 다른 사람의 신체에 폭력을 가하려는 것'으로, 자연 상태는 물론 사회 속에서도 생겨나는 '적의와 파괴의 상태'인 것이다. 그러나 자연 상태와 사회의 차이점은, 한번 생겨난 폭력적 상태가 지나가 버리면 '공통의 상급자'를 지닌 사회에서는 전쟁 상태가 쉽게 종결되지만, 상급자가 없는 자연 상태에서는 생겨난 손해가 보상되고 재범의 위험이 제거될 때까지 전쟁 상태가 지속되며 좀처럼 종결되지 않는다는 데 있다. 바로 이 점이 자연 상태를 탈피해 정치 사회를 만들게 하는 가장 큰 원인 가운데 하나가 되는 것이다.

생존권으로서의 소유권

"인간은 일단 태어나면 생존의 권리를 갖는다. 따라서 음식물과 기타 자연이 인간의 생존을 위해 부여한 것들에 대한 권리를 가지게 된다." 신은 자연을 공유물로써 인류에게 부여했다. 동시에 신은 인류가 자연을 '생활의 최대 이익과 편의를 위해 이용'할 수 있도록 배려도 하고 있다. 자연을 더욱 유익한 것으로 만들기 위한 소유의 권리●는 자연법에 의해 다음과 같이 정당화된다.

인간은 원래 자신의 몸에 대한 소유권을 가지고 있다. "신체의 노동과 손의 작업은 처음부터 그 자신에 속하는 것이라고 말할 수 있다. 따라서 자연이 제공하고 또 자연에 남겨진 상태에서 그가 취하려 하는 것은 무엇이든 그 자신의 노동을 더한 것이 된다. 곧, 그는 그 자신에게 있는 것을 자연에 추가함으로써 그것을 그 자신의 소유물로 만드는 것이다."

"이는 나 자신의 노동을 통해 자연 속에 공유의 상태로 놓여 있던 것을 끄집어낸 것으로, 원래 나에게 속해 있는 노동이 이러한 과정을 통해 그것에 대한 나의 소유권을 확립해 준 것이다."

따라서 자연법에 의하면, 사슴은 사슴을 죽인 인디언의 소유물이 되는 것이다. 그렇지만 같은 자연법에 의해 소유권의 제한이 가해지고 있다. "썩게 하거나 못 쓰게 하도록 신이 창조한 것은 단 하나도 없다." 그러므로 '썩기 전에 이용해 생활에 도움이 되도록 한 것'에 대해서만 각 개인은 자신의 노동을 통해 그 소유권을 확립할 수 있으며, 그 한계를 넘어선 것은 그의 몫을 넘어 다른 사람들이 이용 가능하게 되는 것이다.

이처럼 자연법 스스로가 소유권에 대해 가하는 제한을 통해 자연 현상은 평화를 유지할 수 있지만, 로크는 그러한 평화가 이루어질 수 있는 근거로 노동에 의한 부의 증대를 제시하고 있다. "자신의 노동에 의해 토지를 사유하는 것은 인류의 공유 재산을 감소시키는 것이 아니라 오히려 증가시키는 것이다. 왜냐하면, 울타리를 치고 땀 흘려 개간한 토지 1에이커에서 산출되어 인간의 생활 유지에 도움이 되는 식량은, 동일한 정도로 비옥한 토지 1에이커가 공동의 소유로 황무지인 채 버려져 있는 경우에 산출되는 것보다 (최소한의 예만 들더라도) 열 배나 많을 것이다." 노동을 통해 그 토지를 소유하게 된 사람은 노동의 행위를 통해 인류에게 9에이커의 토지를 제공한 것이나 다름없게 된다. 홉스에게 '부'는 일정하게 정해진 것에 불과했으나 로크는 인간의 노동에 의해 부가 증가되는 것으로 파악한 것이다.

화폐의 발명으로 불평등이 확대

그런데 화폐의 발명은 개인의 재산 축적을 지속하고 확대시키는 계기를 만들었다. 노동에 의해 늘어난 부는 인구와 가축의 수를 증가시켰고,

따라서 재산의 불평등이 확대되었다. 화폐의 유통이란 사전에 사람들의 묵시적 동의를 전제로 한 것이지만, 소유의 격차가 확대되자 소유의 상호적 유지 그 자체가 불안정하게 되었다. 따라서 이러한 단계에 이르러 비로소 '공동의 상급자'인 정치 권력의 설립이 필요하게 된 것이다.

"정치 권력이란, 소유권의 제한과 유지를 위해 사형, 그리고 당연한 것이지만 그 이하의 형벌을 부과하는 법을 제정하는 권력이며, 그와 같은 법을 집행하는 한편 적으로부터 국가를 방위하기 위해 공동체의 힘을 이용할 수 있는 권리이다." 이 같은 정치 권력이 창출되기 위해서는 그 공동체에 속해 있는 자유인들의 다수결의 동의만으로 충분하다. 어떤 한 공동체에 정치 사회를 결성하고자 한다는 동의가 성립된다는 것은, 그 공동체에 속해 있는 각 개인이 자연 상태에서 소유하고 있던 자연권과 자연법의 집행권을 그 공동체의 다수에게 양도한다는 것을 의미한다. 이것이 바로 사회 계약에 관한 로크의 주장이다.

위정자에 대한 저항권의 보유

정치 권력은 입법과 집행 그리고 연합 등 세 가지 권한을 갖지만 최고권은 입법권이다. 따라서 정치 형태는 입법권이 놓인 형태에 따라 결정된다.

"그러나 입법권은 일정한 목적을 위해서 활동할 수 있는 신탁적 권력에 불과하며, 입법부가 위임된 신탁에 반하여 행동하는 것이 발견될 때 입법부를 폐지하거나 변경할 수 있는 최고의 권력은 여전히 국민에게 남아 있다." 여기에서 로크는 위정자가 아니라 국민에게 주권이 있다고 명백하게 주장한다.

위정자가 정치 사회의 결성 목적을 저버리고 있다고 심판하는 사람은 어디까지나 국민인 것이다. "왜냐하면 수탁자나 대리인이 정당하게 행동하고 있는지 또는 그에게 맡겨진 신임에 기초하여 행동하고 있는지의 여부를 심판하는 사람은, 그를 대리로서 위임시킨 자, 곧 대리인이 믿고 맡긴 내용을 위반했을 경우 결연히 그를 파면시킬 수 있는 권력을 지닌 자이기 때문이다."

공동체의 헌법과 법에 기초한 공동의 권위를 위반하고 폭력으로 그것을 돌파하려는 자는 그가 누구든 반역자인 것이다. 따라서 국민으로부터 부여받은 신임을 배신하고 공동체의 법을 짓밟은 국왕은 권위를 상실해 국왕에서 반역자로 전락한다. 국민은 이러한 반역자에게 저항할 권리를 보유하고 있다.

로크는 이러한 저항권의 이론을 명예혁명 이후에 최초로 발표했으며, 자신이 주장한 국민주권론은 구체적으로 제한 선거가 될 것이라고 여겼지만, 그토록 명확하게 정식화한 혁명 이론은 그 뒤 로크의 손을 떠나 홀로 자신만의 역사의 길을 걷게 되었다.

NOTES

샤프츠버리 백작 1세(First Earl of Shaftesbury, 1621~1683)
샤프츠버리 백작은 왕정복고 이후 정계 지도자가 되었으나 찰스 2세의 친프랑스 및 친가톨릭 정책에 반대해 야당 조직인 그린 리본 클럽(뒤의 휘그당)을 결성했다.

로버트 필머(Robert Filmer, 1589~1653)
필머는 『족장론Patriarcha, or the natural power of kings』(1680)이라는 저서에서 왕권신수설의 입장에서 왕권의 절대성을 주장하며 토리당에 이론적 무기를 제공했다.

소유권property
로크는 인간이 태어나면서부터 지니는 권리를 생명과 자유, 재산으로 생각했으며, 이러한 자연권을 소유권으로 총괄하여 파악했다. 따라서 로크의 소유권은 단순한 사유 재산권이 아닌, 전인격적인 권리를 의미한다.

사회계약론

(Du contrat social)

 루소는 이 책을 통해 주권은 전체 국민에게만 있는 것으로 의회 의원들이 대표할 수 없는 것이라고 주장해 몽테스키외의 입헌군주제와 정면으로 대립했다. 루소의 정치 사상은 프랑스혁명에 영향을 주었을 뿐만 아니라 근대 민주주의 사상의 고전으로 널리 읽히고 있다.

INTRO

루소(1712~1778)의 대표작인 『사회계약론』(1762)이 출판된 것은 1762년 네덜란드에서였다. 또한 거의 동시에 프랑스에서는 『에밀』이 출판되었다.

루소는 『사회계약론』과 『인간불평등기원론』에서, 문명의 진보가 반드시 인간을 행복으로 이끄는 길만은 아니라는 것, 오히려 미개인들에게서 볼 수 있는 소박함이나 강건함에서 퇴보한 것이며, 불평등과 부자유, 도덕적 퇴폐, 무질서처럼 인간적인 것을 상실하고 학문·과학·기술의 발달 역시 이러한 역사의 퇴행적 측면과 뗄 수 없을 만큼 깊이 관련되어 있다고 밝히면서 근대 사회 또는 문명 사회에 대해 기본적으로 비판적 입장을 견지하고 있다.

그러나 역사가 그와 같은 과정을 보여 주고는 있지만 그것을 역행시킬 수는 없다. 따라서 인간이 다른 사람들과 관련을 맺으며 진실하게 자신의 가치를 발견할 수 있는 사회 형태와 최고의 형태로서 정치적 결합체를 추구하며 그에 관한 근본적 이론을 전개하고 있는 것이 바로 루소가 저술한 이 『사회계약론』이다.

이 책은 『에밀』과 달리 즉각적인 반향은 없었지만 프랑스혁명을 거치면서 혁명의 주도자들에게 압도적인 영향력을 발휘했다. 또한 독일의 칸트와 헤겔, 마르크스 등 위대한 사상가들에게도 이 사상이 투영되었다. 오늘날 민주주의의 재검토가 과제가 되고 있다면, 바로 그 원점이라고 할 이 책의 가치는 더할 나위 없이 크다고 말할 수 있다.

루소의 사상을 대표하는 저서

근대 정치 사상의 고전으로 너무나 유명한 『사회계약론』은, "모든 것은 근본적으로 정치에 관련되어 있다"(『고백록』)라고 말하면서 스스로 정치 우위를 신조로 삼고 있던 루소의 사상을 대표하는 작품이라고 말할 수 있다.

『사회계약론』은 전체 네 편으로 구성되어 있다. 이하에서 각 편의 순서에 따라 그 요지를 소개하고자 한다. 본론에 들어가기에 앞서 『사회계약론』 전체를 관통하고 있는 기본적 인식의 틀을 정리하면 다음과 같다.

"나는 있는 그대로의 인간을 대상으로, 그리고 있을 수 있는 것으로서의 법률을 대상으로 할 때, 시민적 질서 속에 합법적으로 확실한 통치상의 규제가 가능한지의 여부를 탐구해 보고자 한다. 나는 이 탐구에서 정의와 효용이 분리되지 않는 것처럼 권리가 허용하는 것과 이해관계가 명령하는 것을 계속해서 통합시키고자 노력할 것이다."

여기에서 이미 루소와 당시의 계몽사상가들과의 거리를 확인할 수 있다. 계몽사상가들의 원리는 한마디로 효용이라고 말할 수 있을 것이다. 이경우 사회 관계를 지배하는 규범은 현실적 이해관계 속에 해소되어 버린다. 이에 대해 루소의 견해는, 정의와 권리에 대한 근거 부여를 사실에 속하는 문제와 별개로 독립된 것으로 파악하며 또한 그러한 바탕 위에 효용과 이해관계의 관점을 하나로 묶으려고 한 데 있다고 말할 수 있다.

이러한 시도는 성공이나 실패의 여부와 관계없이 우리에게 『사회계약론』의 곳곳에 권리로 보는 시각과 효용의 입장에서 본 시각이 서로 긴장 관계를 이루고 있음을 파악하게 한다.

제1편 – 인간은 자유롭고 평등한 존재

본론의 제1편은 사회 계약의 원리적 고찰에 해당하는 『사회계약론』의 핵심을 이루는 부분이다. 이어지는 각 편은 이에 관한 입론의 전개 그리고 그 귀결에 지나지 않는다고 해도 지나친 말이 아닐 정도이다.

"인간은 자유로운 존재로 태어났다. 그럼에도 불구하고 도처에서 사슬에 얽매여 있다." 이것이 제1편의 유명한 첫 구절이다. 인간은 자유롭고 평등한 존재로 태어났다. 그런데도 그들은 어디에 있든 사회의 무거운 짐에 허덕이고 있다. 루소는 '왜 그런 사실이 발생하는가'라는 기원의 문제를 설명하기를 단념하고 오로지 사실의 합법화 문제에 대해서만 해답을 구하고자 노력한다. 이는 사회적 질서란 결코 자연적인 것이 아니라 인위적인 것, 곧 컨벤션(약속)에 기초한 것이기 때문이다.

당시까지 정치 사회의 성립은 대개 다음과 같은 관점에서 설명되어 왔다. 그 가운데 하나는 권력의 근거를 자연적 기원에서 찾는 것으로, 가족을 정치 사회의 원형으로 보며 부권에서 유추하여 왕권에 정당성의 근거를 부여하는 사고방식(필머, J. B. 보쉬에 등)이다. 또 다른 하나는 권력을 강자의 권리로 보아 그 근거를 부여하는 사고방식이다. 전자는 어린이와 아버지가 하나로 이어져 있는 것은 어린이가 아버지를 필요로 하는 동안으로만 한정되어 어린이가 뒷날 성장해 독립하면 그와 같은 관계가 해소된다는 점을 이해하지 못했다. 후자의 내용에서는 권력이라는 단어를 전적으로 잘못 이해하고 있다는 점을 지적하지 않을 수 없다. 그들이 말하는 강자의 권리란, 물리적인 힘과 정신적인 힘을 동일시한 데에서 연유한 착종된 개념이다. 정치 사회는 주인과 노예와의 관계가 아니라 개개인의 독립된 결합 관계이어야만 한다. 문제는 어떻게 하여 그러한 각 개인들이 합법적인 사회를 형성하느냐 하는 데 있다. 지배 및 피지배의 관계를 설명하는 것이 아니라 '인민이 그것을 통해 인민이 되는 행위'로서의 사회 계약이 거기에서 설명되어야 한다.

이처럼 루소는 전혀 새로운 내용을 지닌 사회계약론을 제시했다. 『인간불평등기원론』에서 루소는 사회적, 도덕적, 이성적인 인간 이전의 자연인이 처해 있던 자연 상태를 거론하며 현실 사회의 모든 불평등은 그러한 자연 상태로부터의 이반이 가져온 결과이며 그와 같은 이반 과정에서 인간은 필연적으로 자기 자신을 자연으로부터 소외시키지 않을 수 없었다는 점을 제시했다. 사회 계약에 관한 가설은 이러한 관점을 배경으로 하여 등장한 것이다.

인간이 자연 상태 그대로 남아 있는 것이 불가능하므로 인간은 '생존의 방법'을 바꾸어야만 한다. 그러나 사람들은 새로운 능력을 만들어 낼 수 없기 때문에 다만 가지고 있는 능력을 집합시킴으로써 '능력의 종합'을 짜낼 수밖에 없다. 그렇다고 해도 능력의 종합은 단순한 결합이어서는 안 된다. 따라서 '공동의 힘을 모두 합쳐 각 구성원의 인격과 재산을 방어하고 보호하는 결합 형태를 발견해 낼 것과 그것을 통해 각 개인은 전체의 구성원에게 연결되지만 자기 자신에게만 복종하며 이전과 마찬가지로 자유일 것'과 같은 과제를 지닌 결합이 달성되어야만 한다. 여기에서 신체상 그리고 재산상의 보호와 함께 자유의 불가침성이 정치 사회의 성립을 규정하는 원리로 제창되고 있는 것이다. 자유 없는 계약은 이해의 조정일 수는 있어도 권리의 근거가 될 수는 없다. 또한 '개인이 자유를 포기하는 것은 인간의 자격을, 인류의 권리를, 심지어는 인류의 의무를 포기하는 것'이 되기 때문이다.

이러한 과제를 해결하기 위한 사회 계약은 '각 구성원을, 그들이 지닌 모든 권리와 함께 공동체에 전면적으로 양도하는 것'이며, 이를 다른 말로 표현하자면, '우리는 각자 자기 자신의 인격과 모든 능력을 일반 의지의 최고 지도 아래에 놓는 것'이 된다. 따라서 우리는 각 구성원을 불가분리의 전체의 일부로서 집단적으로 받아들이게 되는 것이다. 여기에서 이제까지 독립된 개인과 달리 하나의 집단적이며 정신적인 단체가 생겨나게 된다. 그러한 '공적公的인 인격'은 공화국 또는 정치 주체로 일컬어지지만, 활동이라는 측면에서 보자면 주권자이다. 구성원은 집합적으로는 국민●이며, 법에 복종하는 것으로서는 신민●이다.

이러한 루소의 계약론은 앞에서의 다른 계약론과 비교했을 때 다음과 같은 특징이 있다.

먼저 첫 번째로 지적되는 것은 계약 행위가 홉스와 푸펜도르프 등의 복종 계약●과 달리 주권자인 국민의 형성 행위로 이루어졌다는 점이다. 따라서 주권은 일차적으로 명확한 국민의 권력인 것이다. 두 번째로 계약에서의 양도가 개인은 물론, 개인에게 수반되는 모든 것들이 전면적으로 공동체에 양도되는 점이다. 루소에 따르면, 그렇게 해야만 공동체에 대한 조건이 모든 구성원 사이에 평등해지기 때문이다. 정치 사회에서는 평등을 위해 이러한 전면적 양도는 불가결한 것이다. 동시에 또한 그와 같은 전면적 양도를 통해 개인은 전적으로 공동체에 포섭되는 상태가 된다. 국가는 개인의 밖에 있는 외적인 것이 아니라, 개인의 존립이 국가 속에서 그리고 국가를 통해서만 확보될 수 있다고 생각하는 것이다. 세 번째로 구성원들은 공동체에 대해 자신을 전면적으로 양도했지만 공동체는 자신을 포함한 국민 그 자체이므로 그 계약은 바로 자기의 계약이 되는 것이다. 따라서 이러한 계약 행위를 통해 각 개인이 양도한 것은 모두 동일한 가치가 되고, 개인은 자기 자신을 공동체에 전적으로 의존시키며, 자신의 것을 소유할 수 있게 되는 결과가 된다(소유권의 확립 등).

루소는 사회 계약에 의한 정치적 국가의 탄생을, 인간 존재의 전적인 전환이라는 의미로도 보고 있다. 루소는 "본능에서 정의로, 육체적 충동에서 의무로, 욕망에서 가치로"라고 말할 수 있는 것처럼 도덕적, 사회적 가치가 인간 속에서 생겨나 진정한 의미의 인간이 된다는 것이다. 이러한 전환을 단적으로 나타내고 있는 것이 자유이다. 루소는 자유야말로 인간의 가장 고유한 본질이라고 생각했다. 사회 계약은 자유 그 자체를 보다 고차원적인 의미로 전환한 것으로, 이 계약을 통해 자신의 힘 이외에는 구속하는 것이 없었던 자연적 자유를 포기하고 시민적 자유로 바꾼 것이 된다. 시민적 자유는 일반 의지●의 제약을 받는 자유이다. 그러나 일반 의지는 모든 인간의 의지이며 동시에 나 자신의 의지이므로 일반 의지에 대한 복종은 나 자신의 의지에 대한 복종이 되는 것이다. 여기에서 실제로 자기가 자신의 주인이 된다는 의미에서의 도덕적 자유, 곧 자율을 획득할 수 있다.

이처럼 루소는 시민의 자유와 평등한 관계를 확보하는 데 철저한 국민 주권만이 불가결한 요건이라고 주장하며 또한 이러한 주권 개념을 단순한 정치 제도의 원리 속에 제한하지 않고 인간의 도덕적 가치의 근원까지 고양시켰다.

제2편-시민의 권리와 인간의 권리

사회 계약에 의한 주권 성립에 이어 그러한 주권 개념을 보다 엄밀히 규정하고 주권의 주요 기능인 입법에 대해 고찰한 것이 제2편의 내용을 이룬다. 이른바 주권론과 입법론이 제2편의 주요 내용이다.

주권은 일반 의지, 곧 국민의 의지 행사이다. 먼저 주권은 양도가 불가능하다. 일반 의지는 집합적 존재인 국민의 의지일 때에만 비로소 일반적인 것이 되기 때문에 그와 같은 의지를 특별한 개인이나 집단에 양도해 그를 대표시키는 것은 불가능하다. 같은 이유로 주권 역시 분할할 수 없다. 의지 자체가 분할된다는 것은 있을 수 없기 때문이다. 주권에 대한 명확한 개념을 가지고 있다면, 얼핏 주권이 분할되어 있는 것처럼 보이는 경우에도 그것은 주권의 집행에 지나지 않는 것이라는 점을 금방 알 수 있다. 또한 일반 의지는 무오류, 곧 오류가 없다. 그러나 이 때문에 국민의 결의가 항상 정당하다는 것은 아니다. 국민의 결의는 때에 따라 일반 의지와 구별되는 전체 의지(전원의 의지로 나타나지만 실은 특수 의지의 종합에 불과한 의지)로 나타날 수 있기 때문이다. 이러한 폐해를 막기 위해 국가속에는 부분 사회가 존재하지 않아야 한다. 개인이 자발적이고 자율적으로 자신의 견해를 표명하기 위해서는 그것을 방해하는 부분 사회(당파)가 존재해서는 안 된다.

위와 같은 주장은 어떤 것이든 전체의 이해를 부분의 이해로 바꿔 놓는 주권 남용에 대한 인민 주권 쪽에서 본 반론이다.

하지만 주권이라고 해도 절대적인 것은 아니다. 따라서 주권의 한계가 설정되지 않으면 안 된다. 시민으로서의 인간은 국가의 완벽한 구성원으로 자신의 특수 이해를 접고 일반 의지에 완전히 복종할 것이 요구된다. 그렇지만 인간은 또한 사적 인간으로서의 권리도 가지고 있다. 따라서 시민의 권리와 인간의 권리는 구별되어야 한다. 일반 의지의 대상은 어디까지나 일반적인 것(곧, 공통의 이해)이므로 그것이 구속하는 것 역시 시민으로서의 개인에 한정되며, 특수 의지를 가진 사적인 개인이 행하는 행위는 주권이 미치지 않는 영역이다. 그러므로 주권이 모든 것에 대해 우위에 선다고 해도 그것이 제한적인 것은 당연하다.

이러한 주권의 한계론은, 전면적인 양도를 통해 성립된 사회계약론에서 주권 및 일반 의지는 구성원에 대한 절대적 지배의 자유를 갖는다는 제1편의 사고와 언뜻 모순되는 것처럼 보이기도 한다. 확실히 양자 사이에는 논리적인 부정합을 피할 수 없다. 그러나 루소의 의도는 명확하다. 주권은 그것이 국민의 의지인 한 절대적이지 않으면 안 된다. 그러나 그것이 절대적이라는 것은 거꾸로 그 구성원들의 참된 자유와 평등 그리고 안전을 유지하기 위함이라는 근본 원리를 잊어서는 안 된다는 것이다.

그리고 일반 의지의 행사가 주권이라면, 일반 의지의 표명은 법이다. 법은 본질적으로 일반적이다. 따라서 특권을 정할 수는 있어도 이름을 거론해 특권을 부여할 수는 없다. 법을 정하는 권리는 국민에게만 속해 있다. 그러나 국민이 항상 잘 교화되어 있다고 볼 수는 없다. 일반 의지의 존재 모습을 알려 주는 입법자가 입법권의 밖에 있을 필요가 있다. 그리고 어떠한 법이 적합한가는 그 국민의 역사적 성숙과 토지의 넓이, 지질, 풍토 등을 고려해 비로소 결정될 수 있는 것이다. 입법 체계는 그처럼 국가마다 다르지만 그 원리는 자유와 평등이 되어야 함은 물론, 어느 곳에서도 입법은 그와 같은 목적을 관철해야만 한다. 또한 법은 정치법(전체의 전체에 대한 관계를 규제하는 법), 민법(구성원의 상호 관계, 구성원과 국가 간의 관계를 규제하는 법), 형법 그리고 가장 중요한 법으로서 시민의 정신이 새겨진 법(습관, 관습, 여론)으로 분류된다.

제3편-정부의 형태는 민주정·귀족정·군주정

제3편은 정체론을 내용으로 삼고 있다.

정부는 집행권을 갖는다. 집행권은 주권자의 행위인 입법권에 종속되는 것이다. 또한 정부의 설립은 계약에 기초한 것이 아니다. 그것은 지배와 피지배 관계를 계약의 목적으로 하지 않는다는 제1편의 주장에 따른 필연적 귀결이다. 정부는 어디까지나 국민으로부터 집행권을 수탁받은데 지나지 않으므로 국민의 주인이 될 수는 없다. 정부의 기능은 법의집행과 시민적, 정치적 자유 유지에 있으며, 그것은 국민과 주권자와의연계 역할을 담당하는 데 그치는 것이다. 집행권을 입법권에 종속시키는이 같은 사고는 루소에게 혁명권에 대한 원칙적 인정으로 이어진다.

루소는 정치 체제의 전복에 관해 매우 신중하고 조심스러운 태도를 취하고 있다. 그러나 일관되게 국민 주권의 이념을 준수하며 "국민은 원하는때에 수탁자를 지명하거나 그만두게 할 수 있다"는 결론을 내리고 있다.

하지만 정부는 다양한 형태를 취할 수 있으며, 루소는 민주정·귀족정·군주정의 세 가지를 기본형으로 보았다.

첫째, 민주정에서는 국민 전체 또는 국민의 대다수가 정부에 위탁하며, 입법권과 집행권이 서로 이어져 있다. 따라서 이러한 정부 형태보다좋은 것은 없을 것으로 보인다. 그러나 민주정은 소규모 국가로서 국민이 쉽게 집합할 수 있을 것, 습관이 소박할 것, 재산과 신분상의 평등이존재할 것 등 실현 곤란한 조건을 전제로 한다. 따라서 민주정은 완전하지만 인간에게 적합한 것은 아니다.

둘째, 귀족정에서는 집행권이 소수의 행정관에게 위임된다. 귀족정에는 자연적인 것과 선거에 의한 것, 세습적인 것이 있지만 선거에 의한 귀족정이 가장 좋다.

셋째, 군주정에서는 정부의 형태가 단 한 사람의 행정관에게 집중된다. 그만큼 강력한 정부이기는 하지만 또한 그에 따른 결점도 많다. 특수의지가 항상 일반 의지로 뒤바뀌려고 한다는 점에서 공공의 행복이 파괴되며 국가에 손실을 입히게 된다. 루소는 원칙적으로 군주정을 배격하고, 민주정은 이상적이기는 하지만 인간 사회에서는 도달하기 어려운 너무 높은 이상인 까닭에 선거를 통한 귀족정을 가장 타당한 정부 형태라고 생각했다.

그러나 주의해야 할 점은, 어떠한 정부 형태이든 항상 국민 주권이 그 전제가 되어야 한다는 점이다. 따라서 민주정·귀족정·군주정이라는 분류는 어디까지나 집행 권력을 구성하는 숫자상의 구별에 지나지 않는 것이 된다. 루소가 말하는 선거에 의한 귀족정이야말로 오늘날 일반적 의미로 통용되는 민주적 정부 형태에 가장 가까운 것이라고 할 수 있다.

마지막으로 이 편에 실린 국민 집회와 대의제에 관해서 살펴보자. 제2편에서 주권의 양도 불가성과 분할 불가성을 강조했지만, 마찬가지의 이유에서 보면, 주권은 누군가에 의해 대표될 수 없다. 이것은 입법권을 대의제 의회에 위임할 수 없다는 것을 의미한다.

의원을 둔다는 것은 시민들이 이미 공적인 사항을 타인에게 위임하고 사적인 일에만 전념한다는 것이며, 그만큼 국가는 쇠약해지게 된다. 그렇게 되면 주권은 바로 국민들의 집합에 의해서만 발동된다. 국민 집회는 최고의 권력이며, 그 집회의 개회 도중에는 재판권과 집행권도 정지되고, 국민은 모두 대등하고 평등한 자격으로 거기에 참가하게 된다. 루소는 전체 국민이 모두 한자리에 모이는 것이 곤란하다는 사실을 인정하면서도 오직 정기적인 국민 집회에 의해서만 주권이 유지된다고 했다.

제4편-인간의 종교와 시민의 종교로 구분

이 편에서는 시민 종교에 관한 내용만을 다루고 있다. 이 내용은 루소의 연구에서 가장 많은 의문이 제기되고 또한 문제시되어 온 부분이기도 하다.

루소는 종교를 인간의 종교와 시민의 종교로 구분했다. 인간의 종교는 신전이나 의식이 없이 지고한 신에 대한 순수한 내면적 예배에 한정되는 것으로, 자연적이며 신적인 법이라고 부를 수 있는 종교이다. 이른바 인류의 종교이다. 시민의 종교는 단지 한 국가에서만 신앙되는 종교로, 법에 의해 정해진 외적 형태로 예배가 존재하며, 국가에 대해서는 고유한 수호신적 역할을 수행한다. 이 종교는 그 규범을 해당 국가의 내부에만 적용하며 그 밖의 국가에 속하는 사람들은 이교도로 여긴다. 전자는 국가와 어떠한 관계도 맺지 않으며 인간의 마음을 지상에서 천상으로 향하게 하는 것이므로 사회적 정신으로서는 국가에 유해한 것이다. 후자는 국가를 종교적 숭배의 대상으로 삼게 됨으로써 사회적 결합을 최상급으로 강화시켜 준다. 이 종교는 강요할 수는 없지만 이를 믿지 않는 사람은 추방당하고, 이 종교를 공적으로는 인정하면서 믿지 않는 태도를 취하면 죽음이라는 체벌이 가해진다. 이 종교는 관용이 없다는 것이 결점이지만 그것만 제외하면 정치 국가에서는 더없이 유익한 것이 된다.

　루소의 전체주의적 주장이 이보다 확실히 표명된 부분은 아마도 없을 것이다. 이것이 자유와 민주주의라는 『사회계약론』 전체에 관한 기조와의 관련이 문제시되고 있는 이유인 것이다.

NOTES

국민·시민·신민
각각 프랑스어의 번역으로 국민은 **Peuple**, 시민은 **Citoyens**, 신민은 **Subjets**로 쓰였다.

복종 계약
국가의 형태에서 이미 지배자와 국민이 존재하며 양자가 쌍무적 계약으로 맺어져 있는 것이 복종 계약이다.

일반 의지
사회 계약에 의해 형성된 공동체의 의지를 말하며, 항상 공동의 이해만을 추구하는 의지이다.

카를 마르크스, 프리드리히 엥겔스(Karl Marx, Friedrich Engels)

공산당 선언
(Manifest der Kommunistischen Partei)

구소련과 중국으로 대표되는 공산주의 국가들은 물론, 각국의 노동 운동에서 이론적인 지주의 역할을 했을 뿐 아니라 현실적인 행동 지침서가 되기도 했다.

▶ 마르크스(왼쪽), 엥겔스(오른쪽)

INTRO

『공산당 선언』(1848)은 1848년 2월 '공산주의자동맹'의 강령 형태로 런던에서 발표된 것이다. 1836년 파리에서 독일 망명자들에 의해 결성된 '정의자동맹'은 이후 활동 중심을 런던으로 옮겨 1847년 봄부터 마르크스(1818~1883)와 엥겔스(1820~1895)에게 접근해 애초에 바이틀링 등이 전개한 공산주의와 음모적 형태로부터 탈피하려고 했다. 1847년 여름에 런던에서 열린 대회를 통해 이 동맹은 '공산주의자동맹'으로 이름을 바꾸고, 이후 11월의 대회에 출석해 발표한 마르크스의 견해가 토론을 거쳐 승인됨으로써 마르크스와 엥겔스에게 강령을 기초하도록 위임했다. 마르크스와 엥겔스는 1845년부터 이듬해에 걸쳐 공동으로 집필한 『독일 이데올로기』에서 이미 포이어바흐의 비판을 통해 '역사적 유물론'의 골격을 형성해 놓고 있었다. 그런 두 사람에게 새로운 역사관에 입각한 이론적이며 실천적인 강령을 제시할 수 있는 기회가 주어진 것이다.

이 '선언'이 사회주의가 아닌 공산주의 선언으로 이름 지어진 것에 대해서, 엥겔스는 1888년 영어판의 서문 속에 그 이유를 설명하고 있다. 1847년 당시 사회주의라고 하면 오언파, 푸리에파 등 유토피아적 체계의 신봉자나, 자본과 이윤에는 전혀 손을 대지 않고 사회적 폐해를 제거하고자 하는 사람들을 가리켰다. 대체로 그들은 노동 문제 밖에 놓여 있는 '교양 있는' 계급의 지지를 얻고자 노력했다.

한편 노동자 계급 중 당시 자신들의 정치 혁명이 불완전하다는 것을 자각하며 전면적인 사회 개혁의 필요성을 주장하는 사람들은 스스로 자신들을 공산주의자라고 부르고 있었다. 이들이 펼치는 운동은 비록 거칠고 조잡한 공산주의일지라도 노동자 계급 자신들의 운동이었다. 마르크스와 엥겔스가 주장한 공산주의는 이런 조잡한 공산주의와는 달랐지만 노동자 계급의 해방을 노동자 계급 스스로가 실현시켜야 한다는 점에서는 일치하고 있어 이들의 이름, 곧 공산주의와 공산당의 이름을 택한 것이었다.

『공산당 선언』의 프랑스어판은 1848년의 6월 반란 직전에 파리에서 출판되었으며, 최초의 영역본은 1850년 런던에서 간행되었다. 이리하여 『공산당 선언』은 국제적 노동 운동 및 혁명 운동에 관한 지침으로 또한 사회주의의 이론적 기초로서 불멸의 지위를 차지하게 되었다.

부르주아지와 프롤레타리아트

"한 유령이 유럽을 배회하고 있다―공산주의라는 유령이."

이런 문장으로 시작되는 『공산당 선언』만큼 전 세계에 널리 읽히며 또한 현대 사회에 심각한 영향을 미친 정치적 문서는 아마 없을 것이다. 이 문서는 1959년까지 8개 국어로 출판되었다는 보고가 있는데, 사회주의 국가뿐 아니라 현대 자본주의 국가의 존재 양태에도 커다란 영향을 미쳤다.

이 책은 전체 네 장으로 구성되어 있다. 제1장은 '부르주아지와 프롤레타리아트'라는 제목으로, 계급 투쟁의 관점에서 역사를 되돌아보며 부르주아지와 프롤레타리아트라는 2대 계급이 역사 속에 등장하게 되는 과정을 살펴보고 프롤레타리아트의 승리가 불가피하다는 점을 밝히고 있다.

"지금까지의 모든 사회의 역사는 계급 투쟁의 역사이다." 제1장의 첫 문장에는 이와 같은 유명한 구절이 적혀 있다. 실로 명쾌한 문장이다. 이 문장은 너무나 명쾌하기 때문에 오히려 문제를 불러일으켰다. '지금까지의 모든 역사'란 도대체 어디까지 거슬러 올라가는 역사인가, '계급 투쟁'이라는 말의 '계급'이란 구체적으로 어느 정도의 내용을 의미하고 있는가, 무엇보다도 이같이 단정할 수 있는 것인가 하는 물음 등이다.

이 책은 1847년 12월부터 다음 해 1월에 걸쳐 저술되었는데, 1888년에 출간된 영어판에서는 엥겔스가 바로 이곳에 주를 달아 '지금까지의 모든 사회의 역사'란 '문서로 기록된 역사의 전체'를 의미하므로 그 이전의 사회 조직은 원시 공동체로서 계급 분열이 없었다고 기술했다. 너무나 단정적이라는 비판으로 인해 이 부분에 이 같은 제한 조건을 달지 않을 수 없었던 것이다.

그렇다면 '계급'이란 무엇인가. 두 사람은 이 문장의 뒤를 이어 자유민과 노예, 귀족과 평민, 영주와 농노, 길드 장인과 직인●의 사례를 들고 있다. 생산 관계 속에서 차지하는 지위가 서로 다르고 생산 수단에 대한 관계가 서로 다른 것은 물론, 그에 의해 사회적 노동 조직 속에서 수행하는 역할이나 사회적 부의 할당을 손에 넣는 방법과 양 또한 서로 다르다고 했다. 근대 자본주의 사회에서 거론되는 엄밀한 의미의 '계급'이라는 단어를 염두에 둔 것이 아니라, 대체로 억압을 가하는 그룹과 그 억압을 받는 그룹으로 나누어 생각한 것이었다고 추정해 볼 수 있다. 곧, 두 사람이 문제 삼고자 한 것은 부르주아지와 프롤레타리아트라는 근대에 등장한 2대 계급이며 또한 그 부분에 논의 전개를 집중시키기 위해 근대 이전을 소홀히 다룬 것일 뿐이다. 우리는 이 책이 역사 연구서가 아닌 정치적 문서라는 점을 잊어서는 안 된다.

두 사람의 논점을 좀더 구체적으로 살펴보자. 신대륙의 발견과 아프리카를 회항하는 항로의 발견은 동인도와 중국 시장을 개척할 수 있도록 만들었으며, 미국과 함께 그 밖의 식민지와의 교역도 활발하게 해 주었다. 따라서 공업과 상업에 대한 수요가 증가했고, 봉건 사회의 조합적 공업의 경영 방식은 매뉴팩처로 바뀌게 되었다. 자본가가 소유하는 작업장에서 노동자는 분업 체제를 통해 수공업적 작업을 수행하는, 이른바 매뉴팩처는 생산력은 높여 주었지만 시장 확대에 따른 수요 확대를 도저히 따라잡을 수 없었다. 이 무렵 증기 기관과 기계가 도입되면서 근대적 대공업이 형성되었고, 그 통솔자로 근대적 부르주아지가 출현했다. 세계 시장을 배경으로 한 공업과 상업, 교통의 발전과 더불어 부르주아지는 자본을 증가시키며 근대의 의회제 국가에서 독점적으로 정치적 지배력을 쟁취하게 된 것이다.

지배권을 손에 넣은 부르주아지는 봉건적이며 가부장제적이고 목가적인 모든 관계를 한꺼번에 파괴하고 그것을 적나라한 금전 관계로 교체했다. 나아가 부르주아지는 생산 도구 등 생산에 관련된 모든 관계와 사회적 여러 관계 등 모든 것을 쉬지 않고 변혁해 나갔다. 생산과 소비를 세계적 규모로 확대하고 교통 역시 세계적 규모로 확장해 농촌을 도시의 지배 아래로 종속시키며 자유 경쟁에 적합한 사회 제도 및 정치 제도를 구축했다.

그러나 부르주아지의 지배와 그 기초를 이루는 소유 관계는 마침내 두 가지 측면에서 위협받게 되었다. 그 하나는 주기적으로 닥쳐오는 공황이었다. 이는 거대해진 생산력이 생산 수단의 사유를 축으로 한 부르주아적 소유 관계에 적합하지 않아 장애를 일으킨 것을 뜻한다. 또 하나는 프롤레타리아트의 발전이다. 생산 수단을 갖지 않은 임금 노동자는 자신의 노동력을 상품으로 파는 것 이외에는 생계를 유지할 수단이 없었다. 더욱이 기계의 도입으로 노동이 단순화되면서 노임 역시 겨우 생활이 가능한 최저선까지 내려가게 되었다. 그리고 노동 시간의 연장과 기계의 운전 속도의 상승으로 노동의 양은 계속 증대되었다. 또한 여성을 노동 현장에 동원함으로써 임금은 더욱 저하되었다. 이에 따라 마침내 노동자들의 투쟁이 시작된 것이다.

먼저 노동자들은 직접 자신들을 착취하고 있는 부르주아 고용주에 대해 개별적으로 들고일어나 개선을 요구하거나 기계를 때려 부수었다. 그렇지만 결국은 같은 처지에 놓인 다수의 노동자들이 공장 지대의 일정한 곳에 모여 단결하며 투쟁하게 되었다. 투쟁은 패배할 경우가 더 많았지만 그러한 과정 속에서도 스스로의 힘을 자각하게 되어 더욱 단결을 확대했다. 이와 같은 프롤레타리아 운동은 대다수의 이익을 위한 대다수의 자주적인 운동이었다. 마침내 프롤레타리아트는 공공연하게 혁명을 일으켜 부르주아지를 폭력적으로 타도하고 지배권을 손에 넣게 된다.

부르주아지는 스스로 그 자신의 무덤을 파 줄 묘지기를 키워 낸 것이다.

프롤레타리아트와 공산주의자

제2장 '프롤레타리아트와 공산주의자'에서는 공산주의자의 목적과 과제를 명확히 하며 공산주의자에게 쏟아지는 비난이 잘못된 것임을 지적하고 있다. 이 장은 매우 난해하여 건너뛰고 읽는 경우도 많지만 정독해 보면 오늘날 사회주의 국가들이 직면하고 있는 여러 문제를 해결할 시사점을 얻을 수 있는 귀중한 내용이 담겨 있다.

공산주의자는 항상 프롤레타리아트 전체의 공통된 이익을 강조하고 주장한다. 이들은 실천적으로는 매우 강경하며 끊임없이 전진하려는 자세를 취한다. 이론적으로는 프롤레타리아 운동의 여러 조건과 진로 그리고 일반적 결과를 잘 이해하고 있다. 공산주의자의 당면 목적은 프롤레타리아 계급의 형성과 부르주아 지배의 타도 그리고 프롤레타리아트의 정치적 권력 획득이다. 이는 그것을 통해 모든 부르주아적 생산 관계와 모든 소유 관계를 폐지하고 생산 수단을 사회화함으로써 개체적 소유●를 실현시켜 계급 차별을 소멸하기 위함이다. 실로 이와 같은 진정한 목적이 달성된다면, 계급으로서의 프롤레타리아 지배가 즉각 폐지되고 '각 개인의 자유로운 발전이 만인의 자유로운 발전 조건이 되는 연합체'의 형성이라는 궁극적 목적이 실현되는 것이다.

여기에서 당면 목적과 진정한 목적, 궁극적 목적 등 세 가지 목적이 거론되고 있는 점을 정확히 파악하는 것이 중요하다. 예를 들어 당면 목적을 절대화하여 진정한 목적을 잊게 되면 공산당의 독재적 지배라는 실로 두려운 사태가 생겨난다. 마르크스와 엥겔스는 부르주아적 소유를 폐지하는 것이 실로 무엇을 뜻하는가를 열심히 설명하며 진정한 목적이 무엇인가를 명백히 하고 있다. 사적 소유의 폐지란 부르주아적인 사적 소유의 폐지를 의미한다. 부르주아적인 사적 소유란 임금과 노동을 착취하는 소유, 곧 원래는 사회적인 힘이었을 자본을 개인이 갖게 된 소유와 다수를 무소유 상태로 몰아넣는 소유, 노동이 자본·화폐·지대와 같이 독점 가능한 것으로 전화되는 소유 등을 말한다.

따라서 그러한 소유의 폐지는 노동이 노동자를 위한 소유를 만들어 낼 수 있는 사회를 건설하는 것이며 또한 모든 개인의 개체적 소유가 부르주아적 소유로 전화될 수 없게 만드는 것을 의미한다. 종종 오해되고 있는 것처럼, 생산 수단의 사회화와 사적 소유의 폐지는 모든 개인의 개체적 소유를 폐지하는 것이 아니라, 오히려 반대로 진정한 개체적 소유를 실현시키는 것이다. 마찬가지로 자유와 교양, 법, 가족, 교육 등도 부르주아적 특수 양태에서 해방되는 것을 의미한다.

마르크스와 엥겔스는 이와 같이 설명하며 프롤레타리아트가 정치적 지배권을 손에 넣을 때의 구체적인 여러 정책을 제시하고 있다. 여기에서 두 가지 점에 주의할 필요가 있다고 생각한다. 첫 번째, 프롤레타리아트를 지배 계급의 지위로 끌어올리는 것을 '민주주의를 쟁취하는 것'이라고 서술하고 있는 점이다. 두 사람은 프롤레타리아트는 사회의 다수자이므로 그들에 의한 지배는 당연히 민주주의가 된다고 생각한 것이다. 두 번째, 부르주아적 생산 양식을 변혁시키는 여러 정책은 '국가에 따라 다를 것'이라고 서술한 점이다. 국가마다 구체적 조건이 제각각이기 때문에 그곳에서 혁명을 추진하는 방법 역시 당연히 다르다고 두 사람은 생각했다. 혁명이 가장 진전된 나라에서 전반적으로 적용될 수 있는 정책으로, 토지의 국유화와 강도 높은 누진 소득세, 상속권의 폐지, 망명자와 반역자의 재산 몰수, 국가 자본에 의한 국립 은행의 설립, 전체 운송 기관의 국유화, 국유 공장의 확대와 공동 계획에 의한 토지의 개간 및 개량, 만민에게 평등한 노동의 의무, 농경 산업군의 설치, 농업 경영과 공업 경영의 통합, 도시와 농촌의 대립 제거, 공공의 무상 교육, 아동의 공장 노동 폐지, 교육과 물질적 생산과의 통합 등의 항목을 제시하고 있다.

이렇게 하여 통합 사회를 만들어 낸 모든 개개인의 손에 전체 생산이 집중될 때, 계급으로서의 프롤레타리아 지배 역시 폐지되며 궁극적 목적이 실현되는 것이다.

사회주의 및 공산주의적 문헌

제3장 '사회주의 및 공산주의적 문헌'에서는 이제까지 나온 문헌을 검토하면서 반동적 사회주의●와 보수적 사회주의 또는 부르주아 사회주의, 비판적, 곧 유토피아적 사회주의 및 공산주의로 분류하고, 각각의 한계를 명확히 구분 지어 비판했다.

내용적 검토가 필요한 항목은 상속권의 폐지로, 두 사람은 생시몽과 푸리에, 오언 등이 주장한 이 체계가 본래적 의미의 '사회주의 및 공산주의적 체계'라고 평가했다. 이는 그들이 고안한 사회 조직이 노동자의 계급 이익을 대표하고 있으며, 계급 대립의 소멸을 제시하고 있기 때문이다. 그러나 그들의 시대에는 아직까지 계급 투쟁의 형태가 발달해 있지 않았고 또한 그들 자신이 노동자 계급과 함께 생활하지 않았기 때문에 사회 개혁을 사회 전체에, 그리고 오히려 지배 계급에 호소해 프롤레타리아트 스스로의 정치적·혁명적 행동을 비난하고 소규모의 실험을 통해서만 사람들을 설득하려고 했다. 바로 이 점이 그들의 한계라고 두 사람은 지적하고 있다.

여러 반대 당에 대한 공산주의자의 입장

제4장 '여러 반대 당에 대한 공산주의자의 입장'은 기본적 전략을 제시한 내용이다. 공산주의자는 노동자 계급의 목적과 이익에 일치하는 한 다른 야당과의 공동 전선을 취할 수 있지만, 이럴 경우에도 항상 미래에 대한 전망을 분명히 하여 노동자들에게 명확한 계급 의식을 갖추도록 노력해야만 한다고 했다. 이러한 노력을 통해, 예를 들면 독일의 경우에서처럼 부르주아 혁명을 곧장 프롤레타리아 혁명의 서막으로 삼을 수 있게 되는 것이다.

마지막으로『공산당 선언』은 다음과 같은 말로 결연히 끝맺고 있다.

"지배 계급으로 하여금 공산주의 혁명 앞에서 전율케 하라! 프롤레타리아트는 이 혁명을 통해 잃을 것이라고는 쇠사슬밖에 없다. 그리고 그들이 손에 쥐게 될 것은 전 세계이다. 만국의 프롤레타리아트여, 단결하라!"

길드 장인Zunftbürger과 직인Gesell
동업 조합은 수공업자의 길드 조직을 말한다. 독일과 영국에서는 12세기에 출현했으며 도시의 수공업자를 포괄했다. 길드의 장인은 직인과 도제를 지도하여 노동에 종사하게 했다.

개체적 소유
사적 소유와 달리, 개체로서의 인간이 스스로의 활동 결과를 자신의 것으로 확보하는 것이다.

반동적 사회주의
봉건 귀족의 입장을 대변하는 '봉건적 사회주의'와 프티 부르주아지(소시민)의 입장에 선 '프티 부르주아 사회주의', 프랑스 사회주의를 독일의 전통적 철학과 연결시킨 '독일 사회주의' 등이 여기에 포함된다.

자유론
(On Liberty)

종래에 개인을 원리로 한 벤담의 논리를 넘어 시민 사회의 자유와 평등을 조화시킬 것에 주안점을 두었다. 곧, 다수의 횡포에 대해 개인의 자유를 옹호하고 사상과 토론의 자유를 지지했으며, 어떤 사회나 국가도 인간 개성의 자유로운 발달을 저해할 권리가 없다고 주장했다. 현대에 읽어도 신선하게 다가오는 주장이 담겨 있다.

INTRO

밀(1806~1873)은 벤담 등과 함께 철학적 급진파로 분류되었던 제임스 밀의 큰아들로 태어나 어릴 때부터 아버지에게서 연상심리학과 공리주의에 대한 특별한 교육을 받았다. 청소년기에 밀은 벤담주의의 연구와 보급에 노력했으나, 20세 때 이른바 '정신의 위기'를 겪으며 벤담주의에 의한 세계 개혁이라는 목적에 회의를 품기 시작했다. 밀은 이러한 위기를 감정의 재발견을 통해 극복하면서 벤담주의와는 다른 색채와 내용을 띠는 공리주의●를 발전시켰다. 그 뒤 독일 낭만주의와 프랑스 사회주의, 실증주의 등 여러 사상을 섭렵하며 자신의 사상을 구축했다.

『자유론』(1859)은 1854년에 쓴 짧은 에세이를 이듬해 아내 해리엇과 함께 개작하여 몇 번이고 퇴고를 거듭한 것이다. 1858년 겨울에 아내가 갑작스럽게 죽게 되자, 밀은 더 이상의 가필과 수정을 가하지 않은 채 이듬해 출판했다. 밀은 『자서전』에서 이 책에 대해 "하나의 진리를 설명한 철학 교과서 같은 것"이라고 스스로 평하며, "내가 쓴 다른 어떤 저술보다 생명력이 길 것이라고 생각한다"고 말했다. 따라서 이 책은 '개인적 자유를 변호한 고전'으로서 '개방적이며 관용적인 사회를 추구하는 사람들의 입장을 서술한, 가장 명확하고 대담하며 아울러 설득력이 풍부한 감동적 서술'이다.

'조용하며 냉정한 외모'와 '거대한 증기 기관이 움직이는 것과 같이 추리하는 두뇌'를 지닌 밀은 동시대의 상황을 예리하게 파악하며 사회주의 운동에도 깊은 관심을 가지고 있었다. 또한 당시 진행되고 있던 대중화의 문제를 해결하는 길로서 민주주의의 정착에도 관심을 쏟으면서 단순 명쾌하고 강력하게 '관용의 원리'를 주장했다. 밀은 이 원리를 사회의 다양한 영역의 모든 문제에 적용하고자 했기 때문에 "신부 수업을 하는 여선생 같다"라는 악평을 듣기도 했지만, 그는 당시 영국에 존재하는 '한 세대 그리고 한 국민의 스승'이었다.

제1장-서론

"인간이 가장 풍요롭게 그리고 다양한 모습으로 발전하는 것이야말로 절대적으로 그리고 본질적으로 가장 중요하다"라고 한 훔볼트●의 말로 시작되고 있는 이 책은 전체 5장으로 나누어져 있다.

밀이 논의하고자 한 자유란, '자유의 의지'가 아닌 '시민적이며 사회적인 자유'로, 이 책의 주제를 '사회가 개인에 대해 정당하게 행사할 수 있는 권력의 본질과 한계'에 관한 것으로 삼았다. 그리고 개인에 대한 사회의 간섭을 정당화하는 유일한 원리로 '자기 방어의 원리'를 제시하면서 "권력이 문명 사회의 한 구성원에게 본인의 의사에 반해서 정당한 제재를 가할 수 있는 유일한 목적은 타인에게 가해지는 해악을 방지하는 것"이라고 말했다.

여기에서 밀은 이 원리의 근거가 되는 '인간 자유의 고유한 영역'으로 의식이라는 내면적 영역(양심의 자유, 사상 및 감정의 자유, 의견과 감정의 자유, 의견 발표와 출판의 자유)과 기호를 즐기는 자유 및 목적을 추구하는 자유, 결사의 자유 등 세 가지 구성 요소를 제시하며, 진정한 자유란 "우리가 타인의 행복을 빼앗으려 하지 않는 한, 또한 행복을 손에 넣으려는 타인의 노력을 방해하려고 하지 않는 한, 자기 자신의 행복을 자신의 뜻대로 추구하는 자유"라고 했다.

제2장-사상과 언론의 자유

여기에서 밀은 언론 및 출판의 자유가 특별히 중요하다는 점을 거듭 강조하고 있다. 밀은 그에 대한 고찰을, 권력이 탄압하려는 의견이 진리일 경우와 탄압받는 의견이 틀렸을 경우, 일반적 사회 통념과 그에 반대하는 탄압받는 의견이 모두 진리일 경우 등의 세 가지 경우로 분류하면서 의견의 자유와 의견의 발표에 대한 자유를 주장하는 네 가지 근거를 다음과 같이 정리하고 있다.

첫째, 권력이 탄압하려는 의견이 진리일 때, 우리가 이것을 강제로 침묵하게 하거나 청취를 거부하는 것은 자신의 절대적 무오류성을 가정하는 잘못을 저지르는 것이다.

둘째, 침묵시킨 의견이 틀렸을 경우라도, 그것은 약간의 진리를 가질 수 있고 또 대체로 가지고 있다. 만일 그러한 의견에 대해 침묵할 것을 강요하는 것은 우리가 파악한 진리의 완전 무결성을 가정하는 잘못을 저지르게 되는 것이다.

셋째, 우리가 파악한 진리가 가령 완전한 것이라고 할지라도 그에 대한 반대 의견을 발표하는 것이 허용되지 않는다면, 그 진리를 수용하는 방법은 합리적 근거를 통한 이해가 아니라 오히려 편견의 형태가 될 것이다.

넷째, 마찬가지의 경우로 그 진리에 담긴 개념의 명확성과 생명력이 상실되어 그것이 우리에게 미치는 영향력 역시 생동감이 뚜렷하게 약화될 것이다.

위와 같은 근거에 기초해 밀은 세 가지 경우에서 각각 소수 의견을 발표할 자유를 존중해야만 한다고 역설하고 있다.

제3장-행복의 한 요소로서의 개성에 대하여

밀은 제2장에서 서술한 것처럼 개인의 의지에 관한 여러 명제는 개인의 행위 양식에도 적용할 수 있다고 보았다. 따라서 사상 및 언론의 자유에 관해서도 당연히 각 개인의 의견을 개인 스스로의 방식으로 실행할 자유가 뒤따라야 한다고 주장하고 있다. 그리고 인간이 문제가 되는 경우, '그가 무엇을 이룰 수 있는가'라는 점뿐 아니라 '그가 어떠한 종류의 인간인가' 하는 점 역시 중요하다고 생각했다. 따라서 밀은 각 개인의 개성이 다양하게 발전하는 것이 중요하다고 파악했다. 이 점에서 바로 밀은 인간에게 행복을 가져다주는 행위만이 중요하다고 생각하는 벤담의 공리주의와 서로 다른 길을 지향하고 있다고 말할 수 있다.

"어느 한 국가가 정체되어 있다는 것은 그 국가의 국민들이 개성적이지 않다는 것을 의미한다"라고 밀은 말하고 있다. 유럽이 동양적인 정체에 빠지지 않았던 것은, '유럽인들의 성격과 교양에 놀랄 만한 다양성이 있다는 점' 때문이었다. 그러나 밀은 당시 19세기의 유럽 사회를 인간의 평범화 그리고 대중화가 진행되면서 인간을 둘러싼 세계가 더욱더 동질화되는 현상으로 관찰했다. 따라서 밀은 '차별성이 존재하는 것이 오히려 유익하다'고 생각하여, 일반인에게 승인되지 않는 것에 대해 '순종하지 않는 것' 그 자체가 사회에 대한 하나의 공헌이 될 수 있다고 말한 것이다.

제4장-개인에 대한 사회적 권위의 한계

위와 같은 고찰을 근거로 밀은 이 장에서 이 책의 주제에 대해 다음과 같이 결론짓고 있다. 먼저 밀은 행위의 원칙으로 상호 이익을 해치지 않을 것과, 사회와 그 구성원을 보호하기 위한 노동과 희생에 대해 각 개인이 자신의 역할을 분담할 것이라는 두 가지 사항을 내걸었다. 그리고 인간의 행위를 다른 사람의 이해와 관련된 행위 부분 A와 자기 자신에게만 한정되는 행위 부분 B로 구별하고, 사회는 먼저 두 가지의 행위 원칙에 근거해 개인에 대해 인간의 행위 가운데 A에 관한 것만 '(여론에 의한) 도덕적 그리고 법률적'으로 간섭할 수 있다고 서술했다. 따라서 인간의 행위 가운데 B에 관해 개인은 사회에 대해 아무런 책임을 질 필요가 없게 되는 것이다. 곧, 행위 A는 도덕과 법률의 영역에 속하며, 행위 B는 자유의 영역●인 것이다.

제5장-원리의 적용

밀은 제4장에서 내린 결론을 두 개의 공리公理로 정리하고 구체적인 문제점을 고찰하며 공리의 두 가지 의미와 그 경계를 명백히 하고자 했다. 제1의 공리는 "개인은 자신의 행위가 자기 자신 이외의 다른 사람의 이해에 영향을 미치지 않는 한, 사회에 책임을 질 필요가 없다"는 것이다. 제2의 공리는 "개인은 다른 사람의 이익에 손해를 끼치려는 행위에 대해 책임을 져야 하며, 만일 사회가 사회적 또는 법률적인 형벌 가운데 어느 하나를 사회 보호를 위해 필요하다고 인정하는 한, 개인은 그 처벌을 감수해야만 한다"는 것이다.

밀은 이러한 두 가지 공리의 적용 문제에 대해 독약의 판매 규제와 주세의 과세, 교사 및 권유 행위, 계약 행위(노예 계약과 결혼 계약 등) 등과 같은 구체적인 케이스를 통해 검토하고 있다. 그런 다음 마지막으로 '정부가 개인에 대해 행사하고자 하는 정당한 간섭의 한계'를 고찰했다. 밀은 '정부가 각 개인이나 단체에 대해 그들의 활동과 능력을 촉구하기보다는 오히려 정부가 그것을 자신의 활동으로 대체하려고 할 때' 또는 '정보와 조언을 제공하지 않고 필요에 따른 비난도 하지 않은 채, 정부가 개인에게 억압적으로 일을 시키거나 그들을 제쳐 놓고 그들을 대신해 그들의 일을 할 때'에 해악이 생겨난다며 정부의 간섭은 당연히 제한되어야 한다고 주장했다.

밀이 이렇게 주장한 보다 큰 이유는, 정부의 간섭에 의해 정부의 권력이 불필요하게 커지는 것이며 또한 그를 통해 더 큰 해악이 초래될 수 있다는 점이었다. 밀은 그 해악의 구체적 내용으로 관료제●의 문제점을 꼽았다.

밀이 주장하는 자유의 의미

밀이 주장하는 자유 개념에서 중요한 의미를 지니는 것은, 모든 개인에 관해 강제로 간섭하는 사회의 권리를 엄격하게 제한하는 것이다. 밀의 자유는 이른바 '소극적 자유', 곧 '······로부터의 자유liberty from······'이다. 그리고 칼라일이 "돼지 같은 인간을 어쨌든 더 나은 방법으로 통제하거나 강제하는 것도 죄가 된다"고 분개한 것처럼 밀은 개인이 가진 자유의 영역을 최대한으로 그리고 철저히 옹호할 것을 주장했다. 또한 제4장에서 서술하고 있는 것같이 '자기 자신에게만 관련되는 결점'은 너그럽게 봐주어야만 한다고 주장했다. 밀이 이러한 주장을 편 것은, 인간은 선택을 할 수 있다는 점에서 동물과 다르며, 따라서 스스로의 선택(예를 들어 그것이 악의 선택이라고 해도)을 통해서만 인간다울 수 있다고 깊이 확신했기 때문이다. 자유의 영역에 관해 각 개인이 다른 사람으로부터 어떠한 간섭도 받지 않고 생활할 수 없을 경우에 인간은 결코 다양하게 그리고 풍요롭게 발전할 수 없다는 것이 그의 주장이다.

이러한 밀의 신념은 인간의 지식에 관한 경험주의적 견해와 깊이 관련되어 있다. 곧 선택의 자유란, 선택해야만 하는 많은 상대적 진리와 다양한 가치의 존재를 전제로 하기 때문이다. 제2장에서도 언급했듯이 밀은 진리의 완전성과 가치의 절대성을 믿지 않았으며, 나아가 자유로운 토론을 통한 비판이 허용되지 않으면 그것은 절대 무오류성을 가정하게 되는 잘못을 저지르는 것이라고 비난했다. 인간의 지식은 원래 완전한 것일 수 없으며 또한 이제까지 단 한 번도 전체적인 진리가 발견된 적이 없는 이상, 우리가 지닌 모든 지식은 시험적이며 잠정적인 것일 수밖에 없다고 보았기 때문이다. 이러한 밀의 주장은 18세기의 공리주의가 딛고 서 있는 견해와 완전히 대립되는 것이었다. 밀은 그와 같은 인식을 바탕으로 자유로운 토론의 필요성을 주장했던 것이다. 그는 인간은 잘못을 저지르지 않는 존재는 아니지만 자신의 잘못을 수정할 수 있는 정신적 능력을 가진 존재이며, 그러한 능력은 경험과 토론을 통해 이루어진다고 생각한 것이다.

여기에서 우리는 밀의 새로운 인간관과 마주치게 된다. 수많은 상대적 진리와 다양하게 대립하는 가치의 존재를 인정하는 인식은 인간성에 관해서도 역시 타당하게 적용되는 것이다. 밀 자신은 이를 의도적으로 거론하지는 않았지만, 밀의 인간관은 18세기의 계몽주의적 인간관, 곧 인간성은 항상 동일하며, 그 욕구와 감정 그리고 동기는 불변하는 것으로 환경에 의해 결정된다고 하는 것과는 전혀 다른 내용이다. 밀에게 인간이란, 스스로의 선택을 통해 자기 자신의 성격을 만들어 나가는 자발적 존재이며, 인간의 생활이란 본래 같은 패턴을 반복하는 것이 아니라 항상 새로운 사태가 출현하는, 말하자면 끝도 없고 완성도 없는 미완성의 상태인 것이다. 그리고 그와 같은 무한한 신선함과 신기함 그리고 변화무쌍한 상태에서만 비로소 인간에게 가치 있는 것들이 생겨난다고 믿고 있었던 것이다.

말하자면 '관용의 원리'에 대한 최고의 챔피언이며, 동시에 그와 같은 타이틀을 통해 현대 자유주의의 기초를 이루었다고 할 수 있다.

관용의 원리는, 오늘날의 상황에서도 여전히 가장 중요한 사회의 원리 가운데 하나이다. 그러나 우리가 살고 있는 오늘날의 세계는 밀이 살았던 19세기의 세계와는 매우 상황이 다르다. 밀이 살았던 시대의 공기는 사람들로 하여금 '폐소공포증적' 상황을 감지케 해 민감한 사람들은 당시 '보다 넓은 공간'과 '보다 많은 빛'을 이미 요구하고 있었다.

그러나 오늘날 현대를 사는 우리는 오히려 '광장공포증적' 상황에 놓여 있는지도 모른다. 대립되는 수많은 가치가 어지럽게 공존하고 있는 오늘날의 상황은 우리를 조금씩 자기 내면으로 후퇴하도록 유도하고 있다. 이러한 상황에서 우리는 밀이 주장하는 '소극적 자유'의 원리에만 의존할 수는 없을 것이다. 현대는 '소극적 자유'는 물론, '적극적 자유(모든 개인이 사회적 권력에 참여하는 자유)'를 문제시해야만 하며, 나아가 다양한 가치와 각양각색의 이론으로부터 인류의 참된 행복을 실현할 수 있는 구체적 공동의 행동을 가져올 정치적 원리와 기술이 발견되어야만 할 것이다. '소극적 자유'가 기초를 충실히 다져 주는 역할을 했다면 '적극적 자유'는 그 기초 위에 집을 짓는 건축술이 될 것이기 때문이다.

NOTES

공리주의
19세기 영국에서 유행한 윤리학과 정치학 주장. '최대 다수의 최대 행복'을 원리로 삼는다.

카를 빌헬름 폰 훔볼트(Karl Wilhelm von Humbolt, 1767~1835)
괴테 등과 교류하며 다방면에 걸친 연구 여행을 통해 자연지리학을 창시했다.

자유의 영역
밀은 낭비와 성급한 성격, 자기 도취, 의지 박약 등과 같은 결점은 '자기 자신에만 관련된 결점'이라고 분류하며 원래 부도덕하거나 사악한 것이 아니라고 생각했다.

관료제
밀은 관료제의 폐해를 해소할 방안으로 정부 조직 속의 사람들이 그들과 동등한 능력을 지닌 재야의 사람들로부터 끊임없이 비평받을 것 그리고 권력을 최대한 분산시킬 것을 거론했다.

국가와 혁명
(Государство и революция)

이 글에서 레닌은 마르크스와 엥겔스의 저작을 분석하고 인용하면서 역사적 유물론에 기초해 국가의 역사적 역할과 계급적 본질을 명확히 하고 있다. 레닌의 국가론과 프롤레타리아트에 의한 계급 독재론을 보여 주는 논문이다.

INTRO

1917년 2월 제정 러시아의 수도 상트페테르부르크(지금의 모스크바)에서 시작된 노동자의 저항은 병사들의 반란을 불러일으키며 니콜라이 2세의 차르 권력을 타도했다. 제1차 세계대전 중 스위스의 베른과 취리히에 망명해 있던 레닌(1870~1924, 본명은 Vladimir Ilich Ulyanov)은 이해 4월에 귀국해 '4월 테제'를 발표했으나 케렌스키 정부는 7월 들어 볼셰비키에 대한 탄압을 강행했다. 이때 레닌은 상트페테르부르크 서쪽 교외의 작은 오두막집에 몸을 숨긴 채 혁명 이후의 프롤레타리아 국가의 성격에 대해 고찰하며 자신의 생각을 서술했는데, 그것이 바로 『국가와 혁명』(1917)이었다. 이 저서에서 레닌은 프롤레타리아 계급에 의한 국가의 의미를 밝히고 독재와 민주주의의 관계에 대해 논했다.

1917년 10월 노동자와 병사들에 의해 주도권을 장악한 볼셰비키는 케렌스키 정권을 타도하고 소비에트 권력을 수립했다. 이 혁명에 참가하기 위해 『국가와 혁명』의 집필을 중단한 채 그 뒷부분은 집필하지 못했지만, 레닌의 국가관은 소비에트 연방이라는 국가의 건설을 통해 구체화되었다. 중단되기 이전인 제6장까지의 내용을 살펴보면, 제1장 계급 사회와 국가, 제2장 국가와 혁명, 1848~1851년의 경험, 제3장 국가와 혁명, 1871년 파리 코뮌의 경험과 마르크스의 분석, 제4장 마르크스의 분석 계속, 엥겔스의 보충 설명, 제5장 국가 사멸의 경제적 기초, 제6장 기회주의자에 의해 비속화된 마르크스주의이다.

1956년 소련 공산당 제20차 당대회에서 '스탈린 비판●'이 행해진 이래, 스탈린 체제 아래 소련 국가의 존재 양태가 커다란 문제가 되었다. 계급 독재가 당 독재로, 더욱이 개인 독재로 변질된 것과 대량 숙청 등 권력 남용이 발생한 것, 당 관료에게 특권적 지위가 생겨난 것 등의 문제가 제기되면서 이어 국제공산주의 운동에서 '소련 이탈 현상'이 나타났다. 그러한 상황 아래 사회주의 체제에서 국가의 존재 양태, 독재와 민주주의와의 관계, 시민적 자유의 양상, 중앙의 권력과 노동자의 자주 관리 등을 둘러싼 많은 논의가 심화되었다. 이 책은 이 문제들에 대한 레닌의 견해가 명확하게 제시된 것으로 다시 주목을 받았다.

프롤레타리아 국가의 존재 양태

제1장에서 레닌은 먼저 사회주의 이전의 사회, 곧 계급 대립이 존속하는 사회에서의 국가의 역할과 그 의의에 대해 설명하고 있다. 그는 엥겔스의 『가족, 사유 재산 및 국가의 기원』을 인용하면서 국가는 계급 대립을 객관적으로 화해시킬 수 없으며 오히려 그와 같은 한계에서 발생하는 것임을 확인하고, "마르크스에 의하면 국가는 계급 지배의 기관이며 하나의 계급이 다른 계급을 억압하기 위해 만들어진 기관으로, 계급 충돌을 완화시키고 억압 그 자체를 법률화하여 공고히 함으로써 '질서'를 창출하는 것이다"라고 서술했다. 그는 또 국가가 모든 계급을 화해시키는 기관이라고 한 견해를 부르주아적 또는 프티 부르주아(소시민)적인 것으로 심하게 비난하고 있다.

제2장에서 국가는 상비군과 경찰이라는 공적인 폭력 기관을 지니고 있으며, 이를 유지하기 위해 세금을 거두어들일 권리를 갖고 있다고 했다. 그리고 근대의 의회제 국가는 자본이 임금과 노동을 착취하는 도구이며, 부는 이러한 권력을 간접적이지만 그만큼 더 확실히 행사하고 있다고 지적했다. 이어서 프롤레타리아 혁명의 결과 '국가는 사멸한다'는 엥겔스의 견해를 재검토하고 있다.

『반뒤링론』에는 이러한 구절이 있다. "프롤레타리아트는 국가 권력을 장악해 먼저 생산 수단을 국유화한다. 이렇게 함으로써 프롤레타리아트는 프롤레타리아트로서의 자기 자신을 지양하게 되고, 아울러 모든 계급 차별과 계급 대립이 지양되며 국가 역시 지양된다. …… 더 이상 억압해야 할 사회 계급은 존재하지 않으며 또한 동시에 계급 지배는 물론 이제까지 무정부적 생산에서 비롯되었던 개개인의 생존 투쟁이 사라지고 아울러 그와 같은 생존 투쟁에서 생겨났던 충돌과 폭력도 사라지게 된다. 또한 동시에 특수한 억압으로 작용했던 국가가 필요하지 않게 된 것처럼 더 이상 억압해야 할 대상도 존재하지 않게 된다. 국가가 실제로 전 사회의 대표자가 되어 행하는 최초의 행위(사회의 이름으로 생산 수단을 장악하는 일)는 동시에 국가가 국가로서 행하는 최후의 자주적 행위이기도 하다. 사회 관계에 대한 국가 권력의 간섭은 한 분야에서 다른 분야로 이어지다가 차츰 불필요한 것이 되어 마침내 잠들게 된다. 그리고 사람에 관한 통치 대신 물자의 관리와 생산 과정의 지도라는 내용이 새롭게 등장한다. 국가는 '폐지되는 것'이 아니다. 그것은 사멸하는 것이다."

레닌은 여기에서 국가의 폐지를 주장하는 아나키스트와 국가의 사멸이라는 엥겔스의 주장과의 차이를 명백히 지적하고 있다. 그와 동시에 '국가는 사멸한다'는 주장을 통해 국가란 변화하기 때문에 혁명은 불필요하다는 의견을 주장하는 기회주의자들에 대해서도 명백히 반박하고 있다. 레닌에 따르면 프롤레타리아 혁명을 통해 부르주아 국가는 지양되어야 한다. 여기에서 국가는 '사멸'하는 것은 아니다. 그리고 국가의 '특수한 압력'은 프롤레타리아 계급이 부르주아 계급을 억압하는 '프롤레타리아 독재'가 된다. '사멸' 또는 '잠드는' 국가란 생산 수단의 사회적 소유가 실현된 뒤의 국가, 곧 사회주의 혁명 이후의 프롤레타리아 국가를 말한다. 이 시기에 국가의 정치 형태는 가장 완벽한 민주주의가 되지만 이 민주주의 역시 소멸하게 된다. 부르주아 국가의 폐지는 통상적으로 폭력 혁명을 통해서만 가능하다.

제2장에서는 마르크스가 『루이 보나파르트의 브뤼메르 18일』에서 1848~1851년의 혁명의 경험을 총괄하여 한 말을 인용하며, 부르주아 국가의 역사적 발생과 변화 그리고 진화의 과정을 해명하고 있다. 부르주아 사회의 특징인 중앙 집권적 국가 권력은 절대주의가 몰락하던 시기에

탄생한 것이다. 이러한 국가 기구의 특징은 관료 제도와 상비군이며, 이 것은 부르주아 사회에 기생하는 '기생물'이다. 부르주아 혁명을 통해 이 러한 관료제와 군사적 기관은 발전되고 강화된다. 그리고 피억압 계급과 그 선두에 서 있는 프롤레타리아트가 부르주아 사회와의 적대 관계를 명 확히 하면 혁명적 프롤레타리아트에 대한 탄압을 강화하기 위해 국가 권 력을 강화하고 집중하게 된다. 따라서 혁명은 국가 권력에 대해 '모든 파 괴력을 집중'하게 되며, 그 결과 국가 기구를 개선시키는 것이 아니라 그 를 파괴해 소멸시키는 것을 임무로 삼을 수밖에 없다.

레닌은 『공산당 선언』에 나오는, "일체의 생산 수단을 국가, 곧 지배 계급으로서 조직화된 프롤레타리아 계급의 손에 집중시킨다"는 말을 근 거로 '프롤레타리아 독재'라는 형태는 자본주의와 공산주의의 사이 또는 '무계급 사회'와 공산주의의 사이에 놓인 역사적 시기에 불가피한 것임을 역설하고 있다.

제3장에서는 파리 코뮌의 경험을 근거로 국가 기관이 어떻게 하여 파 괴되는가를 서술하고 있다. 레닌은 마르크스가 쿠겔만●에게 보낸 편지 를 인용하면서, 관료적이고 군사적인 국가 기구를 계승하는 것이 아닌, 파괴하는 일이 바로 민중 혁명의 전제 조건이라는 점을 확인하고 있다. 그렇다면 파괴해 버린 국가 기구를 무엇으로 대신할 수 있는가. 파리 코 뮌의 경우, 코뮌 자체가 프롤레타리아 사회주의 공화국의 형태를 지녔는 데, 상비군은 무장한 시민들이 대신했고, 시의 각 구별로 보통 선거를 통 해 선출된 시의회 의원들이 코뮌을 구성했으며, 그 자신들은 언제라도 해임될 수 있었다. 또한 모든 관리들의 교제비와 금전상의 특권을 폐지 하고 모든 국가 공무원의 봉급을 '노동자 수준의 임금'으로 끌어내리는 일 등이 코뮌을 통해 실행되었다.

"코뮌은 의회와 같은 기관이 아니라 입법하며 동시에 집행하는 행동적 기관이어야 한다." "어떤 고용주라도 노동자나 감독 또는 경리를 채용할 때 자신의 개인적 선택권을 자신의 사업에 도움이 되도록 활용하듯 보통 선거권 역시 코뮌에 조직되어 있는 국민들에게 직접적인 도움이 되어야 한다."

마르크스가 『프랑스 내전』에 쓴 이 말을 레닌은 의회 제도를 비판하는 내용으로 주목했다. 그렇다면 프롤레타리아 계급은 의회 제도로부터 무엇을 활용할 수 있을까. 대의 기관과 선거 제도를 폐지할 것이 아니라 대의 기관을 '잡담' 기관에서 '행동' 단체로 전환시킬 필요가 있다고 레닌은 생각했다. 코뮌 의원은 스스로 활동하며 스스로 법률을 입법하고 스스로 사실상의 결과를 점검하며 스스로 자신의 선거인에게 직접 책임을 물어야 한다. 거기에서 입법 활동과 집행 활동이 나누어져 있지 않다.

그렇다면 국가 공무원은 어떻게 되는가. 프롤레타리아트는 국가 관리의 역할을 프롤레타리아 계급이 위탁한 단순한 집행자의 역할로 간주하고, 그 담당자는 일에 대한 책임을 지며 해임이 가능하고 얼마 안 되는 봉급을 받는 '감독이나 경리'의 수준으로 끌어내린다. 그리고 모든 사람들이 그 역할을 순번대로 수행하면서 그 일에 차츰 익숙해지면 당초의 '특수한 계층의 특수한 기능'의 관료제는 더 이상 존재하지 않게 된다.

파리 코뮌은 파리를 중심으로 한 지방 자치제이자 동시에 국가 권력의 중추이기도 했다. 따라서 코뮌 형태가 전국적 조직이 되면 어떻게 되는가 하는 문제가 제기되었다. 마르크스는 그 점에 대해서는 명백히 언급해 놓지 않아, 베른슈타인의 경우, 『사회주의의 전제와 사회민주당의 임무』에서 근대 국가 기구의 폐지와 현 의회 또는 지방 의회가 코뮌의 대표들로 구성되며 그러한 의회 대표들에 의해 국민 의회가 구성된다는 마르크스의 주장은 프루동●의 연방주의와 비슷하다고 서술한 적이 있다. 그러나 레닌은 마르크스를 연방주의자가 아닌 중앙집권론자라고 판단했다. 따라서 "만일 프롤레타리아트가 빈농 계급과 함께 국가 권력을 장악한 뒤 코뮌을 답습해 스스로를 조직한 다음 모든 코뮌 활동을 통합하고 자본에 타격을 가하며 자본가의 반항을 타도하고 철도와 공장, 토지 등의 사유를 전 국민과 전체 사회의 것으로 옮기게 된다면, 그것이야말로 중앙집권제라고 불러야 할 만한 것이 아닐까. 그렇게 된다면 그것은 가장 철저한 형태의 민주주의적 중앙집권제이자 프롤레타리아적 중앙집권제가 될 것이다"라고 쓰고 있다.

민주주의와 프롤레타리아 독재

레닌은 제3장까지 주로 마르크스의 발언을 통해 기본적 주장을 보충했지만, 제4장에서는 민주주의와 독재라는 문제를 독자적으로 제기하고 있다. 레닌은 엥겔스 역시 무정부주의자들과의 논쟁을 통해 프롤레타리아 계급이 국가 권력을 장악할 때 부르주아 계급의 반격을 타파하기 위해, 국가가 폐지될 때까지의 과도적 형태로 '프롤레타리아 독재'라는 국가가 필요하다고 주장했던 점을 지적하고 있다. 이러한 국가는 민주주의적 중앙집권제를 취한다. 그러나 동시에 엥겔스는 "실제로 국가는 하나의 계급이 다른 계급을 억압하기 위한 기구일 뿐이며, 더욱이 그 점에서는 민주공화제도 군주제와 조금도 다를 바가 없다. 국가란 기껏해야 계급 지배를 위한 투쟁에 승리한 프롤레타리아트가 물려받게 될 하나의 해악일 뿐으로, 프롤레타리아트들은 그 최악의 측면을 코뮌이 수행한 것과 마찬가지로 즉시 없애 버리지 않으면 안 된다. 그러한 과정을 통해 자유로운 사회 상태 속에서 새로이 성장하게 된 세대가 국가라는 낡은 껍질을 벗어 내던지게 될 때가 도래할 것이다"라고 말하고 있다.

여기에서 엥겔스는 민주적 공화제, 곧 민주주의 역시 한 계급이 다른 계급을 억압하는 기관으로 보고 있다. 이 점에 대해 레닌은 이렇게 서술하고 있다. "민주주의는 다수에 대한 소수의 복종과 동일한 것은 아니다. 민주주의는 다수에 대한 소수의 복종을 인정하는 국가, 곧 한 계급이 다른 계급에 대해 또는 주민의 일부가 다른 주민에 대해 계통적으로 폭력을 행사하는 조직이다."

제5장에서는 앞의 문제들을 더욱 상세하게 다루고 있다. 자본주의 사회의 경우에 민주공화제라는 형태로 완성된 민주주의가 있지만, 이러한 민주주의는 자본주의적 착취라는 기초 위에 성립된 것이므로 소수의 유산 계급, 곧 부자들만을 위한 민주주의에 머문다. 이러한 자본주의적 민주주의에서 '완전한 민주주의'로의 발전은 저절로 이행되는 것이 아니다. 프롤레타리아 독재를 통해서만 진행될 수 있다. 이를 통해 민주주의는 가난한 사람을 위한 민주주의이자 민중을 위한 민주주의가 되지만, 다른 한편에서 프롤레타리아 독재는 억압자와 착취자, 자본가에 대해 일련의 자유를 제거함으로써 그들을 억제해야만 한다.

자본가들의 반항이 사라지고 계급이 소멸된 공산주의 사회가 되면 비로소 제거해야 할 것이 없어진 민주주의, 곧 완전한 민주주의가 실현되는 것이다. 이때가 되면 강제력을 동원하지 않아도 공동체 생활을 위한 근본 법칙을 준수하는 습관이 점차 몸에 배는 것은 물론, 민주주의도 사멸하기 시작할 것이다.

위와 같이 레닌은 자본주의 사회의 민주주의를 위선적인 민주주의, 곧 부자들을 위한 민주주의로 규정하는 한편, 노동자 계급의 해방 투쟁에서 민주주의가 매우 중요한 의미를 지니는 점을 인식했다. 민주주의에서는 계급적 억압의 형태가 프롤레타리아트에게 보다 큰 자유를 부여할 수 있기 때문이다.

공산주의 사회의 2단계 국가론

제5장에서 레닌은 '국가는 사멸한다'는 문제를 다루며 『고타 강령 비판』의 마르크스의 서술을 실마리로 공산주의 사회의 제1단계(이것을 보통 사회주의라고 한다)와 그보다 높은 단계를 구별했다. 이러한 단계의 규정에 대해서는 오늘날까지도 많은 논쟁이 거듭되고 있다. 구체적으로 그 내용을 검토해 보면, 마르크스는 『고타 강령 비판』에서 "전체 노동의 수익을 노동자에게"라는 라살●의 주장을 논박하며 '자본주의 사회로부터 이제 막 탄생한 공산주의 사회'의 양태에 대해 다음과 같이 서술하고 있다. "공산주의 사회에는 경제와 도덕, 정신의 모든 측면에서 이 사회가 태어난 모태인 구 사회의 태반이 아직 남아 있다." 새로 갓 태어난 공산주의 사회에서 생산 수단은 이미 개인의 사유 재산이 아니라 사회 전체의 것이 되었다. 사회의 각 구성원은 사회적으로 필요한 노동의 일정 부분을 담당하고 각각의 노동의 양에 대한 증명서를 받은 다음, 이 증명서를 가지고 소비 수단의 공용 창고로 가서 그에 상당하는 양의 생산물을 받게 된다. 따라서 각 노동자는 공동 기금에 해당하는 노동의 양을 공제한 뒤, 그가 사회에 이바지한 만큼의 양을 사회로부터 받게 되는 것이다.

따라서 거기에는 언뜻 광범위하게 '평등'이 실시되고 있는 것처럼 보이지만, 실제로 그것은 '평등한 권리'라는 '부르주아적 권리'로, 불평등을 기초로 한 것이다. 이는 인간이 더 이상 인간을 착취할 수 없게 되고, 개인이 더 이상 생산 수단을 점유하지 않는 '불공정'을 해소한 데에만 그친 것으로, '평등'과 '공정'은 아직 실현되고 있지 않은 것이다. 그래서 '부르주아적 권리'가 남아 있는 한, 생산 수단을 공유하며 노동의 평등과 생산물을 고르게 분배할 수 있는 국가의 필요성이 남게 되는 것이다.

그렇다면 공산주의보다 높은 단계에서는 어떻게 될까. 마르크스는 다음과 같이 서술했다. "공산주의 사회보다 높은 단계에서는 개인이 분업에 의해 노예적으로 종속되는 일이 사라지고 그와 함께 정신 노동과 육체노동의 대립이 해소되었을 때 그리고 노동이 생활의 수단일 뿐 아니라 그 자체가 일차적이고 근본적인 삶의 욕구가 되고, 생산력 또한 개인의 전면적 발전과 더불어 증대하게 되며, 상호 협력에 의한 부의 모든 샘이 보다 풍요롭게 넘쳐 날 때, 그때 비로소 협소한 부르주아적 권리의 한계가 전적으로 극복될 수 있다. 그때 그 사회는 깃발에 이렇게 적어 넣을 수 있을 것이다. '각자는 능력에 따라!'에서 '각자는 필요에 따라!'로."

여기에서 주목되는 점은 레닌이 공산주의보다 높은 단계로 향하는 이러한 발전 과정이 오래 걸릴 것이라는 사실을 강조하고 있는 점이다. 또 레닌은 그러한 과정에는 노동의 기준과 소비의 기준에 대한 사회와 국가의 매우 엄중한 통제가 필요하다고 보았다. 이는 실로 사회주의 국가가 당면한 구체적인 문제와도 직결되는 것으로, 레닌은 '이와 같은 통제는 자본가의 수탈에서 벗어나 자본가에 대한 노동자의 통제에서 시작되어, 관료제 국가가 아닌 무장한 노동자의 국가에 의해 수행되지 않으면 안 된다'는 기본 방침을 나타낸 것이다.

오늘날 사회주의 체제에서 존재하는 국가의 존재 양태를 볼 때, 레닌이 이 책에서 제시하는 프롤레타리아 국가, 독재와 민주주의, 국가의 사멸 등의 논점은 신중하게 재검토되어야 할 사항일 것이다.

NOTES

스탈린 비판
1956년에 열린 소련 공산당 제20차 당대회에서 흐루시초프의 비밀 보고를 통해 세상에 알려진 것이 스탈린 비판이다. 1930년대의 스탈린의 개인 숭배와 대숙청, 당의 관료주의화 등이 보고의 내용에 포함되어 있었다.

루트비히 쿠겔만(Ludwig Kugelmann, 1828~1902)
독일의 의사로서 마르크스와 엥겔스가 신뢰했던 친구였다. 1848~1849년의 혁명에 참가했으며, 하노버에서 열린 국제노동자협회의 활동가가 되었다.

피에르 조제프 프루동(Pierre Joseph Proudhon, 1809~1865)
프랑스 아나키즘의 주창자 가운데 한 사람. 가난한 집안에서 태어나 식자공 등의 직업을 전전했다. 『재산이란 무엇인가』로 유명해졌으며, 주요 저서로 『경제적 모순 또는 빈곤의 철학』 등이 있다.

페르디난트 라살(Ferdinand Lassalle, 1825~1864)
독일의 사회주의자. 헤겔 좌파에 속하며 1848년의 3월혁명에 참가한 뒤 『노동자 강령』을 썼다. 이후 전독일노동자동맹의 초대 총재를 역임했다.

마르크스주의와 민족 문제
(Марксизм и национальный вопрос)

처녀작인 『무정부주의인가, 사회주의인가』(1906~1907)가 이론 논쟁의 산물인 것처럼 뒤이어 저술된 이 책 역시 '민족 원리'를 확립하기 위한 현실적 논문으로서 그 무렵 하나의 큰 지표가 되었다. 스탈린은 이 논문으로 인정받아 1912년 당중앙위원이 되었다.

INTRO

스탈린(1879~1953)은 1898년 러시아 사회민주당에 가입한 뒤, 1902년에 시베리아로 유배되었다가 1904년 탈주했다. 1912년에는 볼셰비키당의 중앙위원회 위원으로 선출되었다.

이 논문은 1912년 말부터 이듬해 초에 걸쳐 빈에서 쓰여 볼셰비키의 합법적 월간지인 『프로스베시체니예』(『계발』)에 1913년 3호부터 5호까지 게재되었다.

민족주의라기보다 민족 문제는, 스탈린이 비판한 부르주아 민주주의(보다 복고적인 정치성)의 온상이라는 측면과 함께 모든 습관의 변혁이라는, 결정적으로 중요하기는 하지만 자칫하면 복잡하게 흐를 수 있는 심각한 문제라는 측면도 결코 잊어서는 안 된다. 곧, 이 논문의 직접적인 논쟁적 성격에서 약간 벗어나 살펴보면, 마르크스주의의 의무와 민족의 권리를 분리하는 그 자체가 문제의 핵심이라는 것을 알게 될 것이다.

이는 문제의 해결이나 해답을 제시하기보다는 문제 그 자체를 보다 선명히 부각한 것이다. 소수의 프롤레타리아트가 가진 정치적 주도권에 지나치게 많은 임무가 부여되어 있었다는 역사적 사실에 비추어 그 같은 분리를 단순한 정치 판단에 관한 일반적 문제라고 간주할 수 있다면, 그것은 보다 유연하고 다양한 정치적 방침을 가능하게 하는 동시에 인터내셔널리즘에 관한 내실에도 변화를 가져올 것이다.

이 논문과 직접적인 관련은 없지만, 스탈린이 1922년 레닌과 대립한 그루지야 및 민족 문제를 둘러싼 논쟁에서처럼 문제는 무엇보다 구체적 차원에서 그것을 시험해 보는 데 있다. 그것은 또한 외재적인 권력으로는 본질적으로 파악되지 않는 사람들이 지닌 습관(민족적인 것에만 한정되는 것은 아니다)의 변혁이라는 문제를 철저히 검토하는 것이기도 하다.

다만, 여기에서 말하는 '보다 높은 문화'에 대한 단정적인 확신이 스탈린에게만 한하는 것은 아니다. 이른바 당시 '세계 혁명'을 표방한 사회민주주의자 모두에게 해당되는 것이다.

민족주의 문제에 대한 포괄적인 정치적 판단 영역 확보

이 책은 1912년 러시아혁명 이후의 반동기, 곧 제1차 세계대전의 전조가 된 발칸전쟁의 포화가 울려 퍼지는 가운데 쓰였다. 그렇지만 이 논문의 대상은 일관되게 러시아 국내의 문제에만 집중해 사회민주주의 내부의 분트(Bund; 리투아니아·폴란드·러시아 유대인 노동조합) 및 카프카스파에 대한 논박을 그 주요 내용으로 삼고 있다.

1905년 혁명 이후에 찾아온 반동기는, 러시아에 민주주의 혁명의 과제를 보다 선명히 부각하며 동시에 그 구체적 방향과 전망을 둘러싸고 러시아 사회민주노동당을 결성한 사회민주주의자들의 각 유파와 각 그룹에 큰 동요를 불러일으켰다. 제2인터내셔널●의 사회민주주의 아래, 레닌의 『민주주의 혁명에서의 사회민주주의의 두 가지 전술』(1905)과 카우츠키의 『러시아혁명의 추진력과 전망』(1906) 등에서 제기된 '프롤레타리아 헤게모니 아래에서의 부르주아 민주주의 혁명'이라는 민주주의 혁명과 그 전망이 여전히 논의 과제였으나 그렇다고 익숙한 테마는 아니었다. 당시의 러시아혁명이 부르주아 혁명이라는 관념에 대해 러시아 사회민주주의자와 제2인터내셔널 사이에 의견의 대립이 있던 것은 아니었다. 부르주아 민주주의 혁명의 과제에 대해 사회민주주의자가 책임을 져야 한다는 생각이 그만큼 보편적이지는 않았던 것이다.

그러나 차리즘 체제 하에서 억압받던 여러 민족에서 발흥된 민족주의는, 두마(차리즘에서의 의회)의 진전과 함께 사회민주주의자들에 대해 사실상의 정치적 판단을 요구하고 있었다. 노동자 해방 운동의 퇴조와 당장 그에 대비되는 민족주의의 대두라는 구도였던 것이다. 스탈린의 이 논문은, 사회민주주의의 진행 속에서 분트 및 카프카스파의 민족주의적 동요를 논박하고, 민족주의에 대해서는 모든 민족의 통일주의(인터내셔널리즘)에 사회민주주의의 대원칙을 간결히 강조한 것이다. 이 논문의 특징은 다만 그러한 대원칙을 강조하고 있는 데 그치지 않는다. 사회민주주의자들이 정치적 과제로 민족주의를 거론하는 것을 사회민주주의의 원칙과는 다른 문제로 간주함으로써 오히려 이 문제에 대해 훨씬 포괄적인 정치적 판단 영역을 확보하게 되었다는 점을 꼽지 않을 수 없다.

민족

'민족이란 무엇인가.' 스탈린은 이와 같이 민족의 정의에서부터 시작하고 있다. 그는 "민족이란 언어와 지역, 경제 생활 그리고 문화의 공통성 속에서 나타나는 심리 상태의 공통점을 기초로 하여 생겨난 것으로, 역사적으로 구성된 사람들의 견고한 공동체"라고 했다. 또한 이 같은 정의를 통해 직접 문제 삼고 있는 것은 유대인이었으며, "모든 특징이 동시에 존재하는 경우에 비로소 민족이라는 말을 사용할 수 있다"고 했다.

슈프링거(카를 레너*)의 『민족 문제』와 오토 바우어의 『민족 문제와 사회민주당』은 비판의 대상이 되었다. 오스트리아의 저명한 사회민주주의 이론가인 두 사람은, 러시아에서 분트와 카프카스파의 이론적 원천으로 주목받고 있었다. 스탈린의 논점은, 그들이 민족의 '특징(민족적 성격)'과 그 생활 '조건'에서 서로 동떨어져 있다는 점에 집중되어 있다. 따라서 결론의 주된 방향은, 일반적으로 유대인은 단일 민족이 아니라는 것이다. 곧, 인류학적 범주로서의 종족과 역사적 범주로서의 민족을 구별한 것이다. 그리고 정의에서 "역사적으로 구성되어 있다"고 언급한 것처럼 민족에는 시작과 끝이 있다고 했다.

민족 운동

"민족은 단순히 역사적 범주일 뿐 아니라 특정한 한 시대, 곧 발전을 시작한 자본주의 시대의 역사적 범주"라고 스탈린은 쓰고 있다.

그러나 스탈린은 민족 국가를 형성한 서유럽과 다민족 국가인 동유럽(러시아와 오스트리아, 헝가리)을 구별하고 있다. 동유럽은 '아직 봉건 제도의 잔재가 남아 있고, 자본주의 역시 그다지 발달하지 않았으며, 배후지로 밀려난 여러 민족 역시 아직 경제적으로 완전한 민족으로 결집될 수 없었던 역사적 조건'을 가지고 있지만, 민족 운동의 주역이 부르주아지라는 사실은 변함이 없다고 지적하며, 그러나 "그렇다고 하여 프롤레타리아트가 민족 억압 정책에 대해 대항할 필요가 없는 것은 아니다"라고 주장하고 있다.

스탈린은 자본주의의 틀 속에서도 "민족 투쟁을 최소한으로 하며 그를 근본에서부터 파괴해 프롤레타리아트에게 가능한 한 방해물이 되지 않도록 하는 것"이 가능하다고 했다. 스탈린에 의하면, 바로 그 점에서 민족 자결권을 위해 투쟁하는 사회민주당의 입장이 요청되는 것이다.

다만, 프롤레타리아트의 이익을 옹호하는 사회민주당의 의무와 여러 계급으로 구성된 민족의 권리는 어디까지나 별개의 두 가지 문제라는 점을 몇 번이고 스탈린은 반복하고 있다. 그는 "사회민주당은 자신들의 운명을 스스로 결정한다는 민족의 권리를 주장하고 있는 데 지나지 않으나, 그와 동시에 사회민주당은 그 민족이 지닌 유해한 습관과 제도에 반대할 것을 선동해 그 민족의 노동자들이 그로부터 해방될 수 있도록 노력해야 할 것"이라고 했다.

문제의 제기

별개의 두 가지 문제인 사회민주당의 의무와 민족의 권리를 서로 연결하는 것은 매우 애매한 문제처럼 보인다. 그러나 스탈린의 해답은 간단명료하다.

그는 "이 문제는 모두 그 민족을 둘러싼 구체적인 역사적 조건에 따라 해결되는 문제이다. 그뿐 아니라 역사적 조건은 다른 모든 것과 마찬가지로 변화한다. 따라서 어느 한 시기의 정당한 해결책이라도 다른 때가 되면 전혀 받아들일 수 없는 것이 될 수도 있다"라고 했다.

이를 구체적으로 살펴보면, 분트가 자신들의 이론적 근거로 삼는 것은 오스트리아와 러시아의 조건이 다르다는 점이다. 곧, 러시아에는 오스트리아와 같은 의회가 존재하지 않으며 또한 정치 문제의 핵심은 민족 문제가 아니라 농업 문제라는 점이다. "각 민족의 '해방'의 운명은, 러시아로 말하자면 농업 문제의 해결, 곧 남아 있는 농노 문제의 해소를 가리키며 이는 국가의 민주주의화와 직결된 문제이다." 이 점에서는 스탈린의 이러한 정세 판단에 충분한 근거가 제시되어 있지 않음을 엿볼 수 있다. 이론상의 명백한 판단 자료를 제기하기보다는 오히려 구체적인 여러 역사적 조건에 근거한 정치 판단의 중요성 그 자체를 강조하고 있는 것이다.

문화적 민족자치권

오스트리아 사회민주당의 브륀 강령●(1899)에 따른 문화적, 민족적 자치제를 비판하고 있다. 비판의 논리는 단적으로 말해 '계급 투쟁이란 사회주의적 원리를 부르주아적 민족 원리로 대신하고 있는 점'을 비판한 것이다. 그렇다면 왜 스탈린은 민족 문제를 문제 삼아야 한다고 말하고 있는 것인가.

계급 투쟁과 '민족 원리'가 이론상으로 확연히 구분되어 대립되고 있는 기반 위에서 사회민주당의 민족 문제에 대한 실제적인 정치 판단의 영역이 보다 넓어지고 있다는 점이다. 여기에 한마디 덧붙이자면, 이러한 구성의 특징은 뒷날 스탈린이 정식화시킨 '레닌주의(『레닌주의의 기초』)'와도 통하는 것이다.

분트의 민족주의와 분권주의

20세기에 들어 대중적 노동 운동이 발흥하게 된 근본적 조건에서 분트가 '유대인 프롤레타리아트의 유일한 대표자'가 된 것이 원리적으로는 민족주의로 타락한 것이며, 사회민주당의 조직상으로는 연합주의로 타락한 것이라고 스탈린은 비판하고 있다. 여기에서 스탈린은 민족 문제를 사회민주당의 조직 문제와 직결하고 있다.

해당파解黨派의 협의회인 카프카스파

스탈린은 지방자치제 그 자체를 반대한 것이 아니라 문화적 민족자치제에 대해 집중적으로 반대했다. 그는 "카프카스에 관한 민족 문제의 해결은 발전이 늦은 각 민족을 보다 향상된 문화의 공통 수로水路로 이끌어 줌으로써 비로소 가능하게 된다"고 했다. 스탈린은 문화적 민족자치제가 실제로는 정치적 반동 장치임을 거듭 밝히고 있다.

그러나 '양자는 전혀 비교 가능한 대상이 아니다'라고 여긴 마르크스주의의 의무와 민족의 권리가 어떤 식으로 연결되어 정치 정책상의 판단으로 내려진 것일까.

러시아의 민족 문제

스탈린은 러시아가 과도기에 놓여 있다고 보는 한편, '정당한 입헌적' 생활은 아직 확립되어 있지 않으며, 정치적 위기 역시 아직 해소되지 않았다고 보았다. 따라서 민족 문제 역시 러시아의 완전한 민주주의를 목표로 한 운동과의 관계 속에서 고찰해야 한다고 생각한 것이다.

스탈린에 따르면 이 문제에 대한 원칙은 단 하나뿐이었다. 그것은 '러시아에 있는 모든 민족의 노동자를 각 지방에서 완전한 단일 집단으로 결집하는 것 그리고 그 집단을 하나의 정당으로 결집하는 일'이었다. 여기에서 민족 자결권은 그러한 임무와는 다른 별개의 것으로 여겨졌다.

"러시아의 각각의 민족이 스스로 독립의 문제를 제기하고 그에 대한 해결책이 필요하다고 생각하는 것과 같이 내외 정세가 결합되는 일이 있을 수 있다."

따라서 스탈린은 "자결권은 민족 문제의 해결에서 빼놓을 수 없는 조항이다"라고 말하고 있다. 그러나 이러한 규정이 의미하는 자결권에 당면한 정치적 방침에 대해서는 언급하지 않고 있다. 스탈린은 이어서 "더욱이 어떠한 원인으로 인해 전체의 틀 속에 머무를 것을 결정화하려는 민족을 어떻게 다루어야 할 것인가"라고 말하고 있다.

지방자치제(문화적 민족자치제가 아닌)와 모국어, 학교 등에서의 민족적 동등권과 그것을 실현할 국가의 민주주의화가 스탈린이 이 논문에서 제기하고 있는 결론이다. 곧, 그는 어디까지나 러시아 전체의 정치 혁명을 요구하고 있으며, 그 혁명은 이른바 종래의 의미를 지닌 프롤레타리아 혁명도 아니며 그렇다고 부르주아 민주주의 혁명도 아닌 '프롤레타리아 헤게모니 아래에서의 부르주아 민주주의 혁명'이라는 방향을 제시한 것이다.

스탈린은 마지막으로 이렇게 쓰고 있다.

"두 가지 가운데 하나이다. 곧, 분트의 연합주의이든가(이 경우에 러시아 사회민주당은 노동자를 민족별로 구별하는 원칙에 기준해 개조되어야만 한다), 아니면 인터내셔널형의 조직(이 경우에 분트는 카프카스와 라트비아, 폴란드의 사회민주당을 배워 지역적 자치제의 원칙에 기초해 개조되고 유대인 노동자가 러시아의 다른 각 민족의 노동자와 직접 단결할 수 있는 길을 개척해야만 한다)이어야 한다. 중도라는 길은 없다. 원칙은 승리하는 것이므로 화해란 있을 수 없다. 그러므로 노동자의 인터내셔널한 단결이라는 원칙은 민족 문제의 해결에서 불가결한 조건이다."

NOTES

제2인터내셔널
1891년 각국에서 모인 369명의 대의원이 참가한 제1차 대회가 브뤼셀에서 개최되었다. 이후 1914년까지 계속되었다.

카를 레너(Karl Renner, 1870~1950)
제1차 세계대전 후, 오스트리아공화국이 성립되면서 총리가 되었다. 나치와 투쟁하며 지하 활동을 벌여 제2차 세계대전 이후에 다시 총리에 취임했고, 나중에 초대 대통령이 되었다.

브륀 강령
오스트리아 사회민주당이 1899년의 브륀 대회에서 채택한 강령. 거기에는 '민족 문제의 최종적 해결은 …… 무엇보다 문화적인 필요 사항'이라고 되어 있다.

스탈린주의
사상으로서의 스탈린주의는 공산당을 핵심으로 하는 소련 문명이며, 마르크스주의적 의미에서 '사회주의 사회' 그 자체임을 논증하기 위한 이데올로기로, 스탈린주의에서는 국가의 역할을 매우 중시한다.

지배의 사회학
(Wirtschaft und Gesellschaft)

미완성 저술인 『경제와 사회』의 일부인 『지배의 사회학』에서 베버는 지배 개념을 역사적으로 서술하고 있다. 자본주의 사회는 물론, 소비에트 러시아의 사회 체제에서도 카리스마가 석화된 형태로 존재하는 관료제의 병폐를 발견한 만년의 베버가 현대에 남겨 준 유산이 바로 이 책이다.

INTRO

베버(1864~1920)는 1864년 독일에서도 일찍부터 자본제가 성립된 서부 라인 지방의 산업자본가 집안에서 태어났다. 부유한 법률가인 아버지와 경건한 루터파 신자인 어머니를 둔 베버의 출생 자체가 이미 법제사에서 동부의 엘베 문제(동서 독일의 비교)를 거쳐 자본제의 성립과 자본제에서의 종교 작용 등에 이르는 전반기의 사색 과정을 암시하고 있다고 할 수 있다.

하이델베르크대학교에서 법률을 전공하고, 자본 계산을 근거로 조직적으로 운영되는 경영을 법제사적으로 분석해 학위를 취득했다. 이후 동부 엘베 지방의 농업 조사와 경제적 법제사 연구를 통해 '사회정책학회'에서 농업 문제에 관한 제인자로 주목을 받게 되었다. 동부 엘베 문제(공동체의 붕괴, 자립을 요구하는 농민의 이산, 외국인 노동자에 대한 의존)에 관한 민족주의에 근거를 둔 베버의 독자적 접근 방식은 당시 프로이센을 좌우하고 있던 융커● 문제와 맞닥뜨리게 되었다. 프라이부르크대학교의 교수 취임 강연에서도 엿보이듯 이때부터 '산업적 부르주아의 정치적 성숙'을 목표로 한 실천적 활동(국민사회당 창립)과 아울러 '산업적 자본주의의 정착에 관한 여러 조건'을 둘러싼 이론적 작업을 추진했다.

이 동안 자연주의적 사회 이론과의 대결, 현실과 인식, 사실과 평가의 구별에 기초한 방법론의 확립 등 철학적 고투를 거듭하는 한편, 앞에서의 문제들을 한꺼번에 다루며 그 내용을 『프로테스탄티즘의 윤리와 자본주의 정신』에 수렴시켰다. 이를 통해 '관념이 미치는 사적·변혁적 작용'을 척결한 베버는 곧바로 그러한 관념을 가능하게 하는 경제적 요인에 대한 연구에 착수했으며, 더불어 근대 자본제를 관통하고 있는 '합리성'에 역사적으로 특수한 '보편적 의의'가 담겨 있다는 사실에 주목했다.

그리고 '이념과 이해 상황(관계)의 긴장 관계'를 축으로 세계의 여러 문명의 발전을 '합리화'라는 관점에서 비교, 분석하며 세계사적 변혁의 방법을 찾고자 한 장대한 연구에 매진했다. 이 연구 성과는 사후에 『경제와 사회』(1922)라는 제목으로 출판되었다. 『지배의 사회학』은 그 가운데 제2부 제9장의 전반부에 수록된 것이다. 그 내용의 구성은 1922년 제1판부터 1964년 학생판까지 매우 많이 변해, 그 자체만으로도 방대한 양의 편집사를 이룰 정도이다. 여기에서는 연구자들에게 많이 소개되어 있는 제네 개정판의 2부 9장 1~9절을 기초로 했다.

베버 사회학과 『지배의 사회학』

『지배의 사회학』은 미완성 저술인 『경제와 사회』의 일부이다. 물론 『경제와 사회』에서의 위치나 구성 자체 역시 확정되지 않았던 것으로, 내용 역시 다른 저작과 비교해 중복되는 부분이 있다. 이 책을 이해하기 위해서는 먼저 이러한 사정을 염두에 둘 필요가 있다.

따라서 『지배의 사회학』을 살펴보기에 앞서 『경제와 사회』를 저술한 목적을 알아 둘 필요가 있다. 이와 관련해 먼저 『종교사회학논집』의 '서설'과 '세계 모든 종교의 경제 논리 및 서론'을 살펴보는 것도 좋은 방편이 될 것이다. 베버는 거기에서 자신이 몰두했던 문제에 대해 이렇게 정리하고 있다. "왜 서유럽에서만 경제·정치·과학 등이 모두 관통되는 합리주의적 문화가 성립했는가. 우리는 이 점을 근대 유럽 문화의 후손으로서, 곧 근대 서유럽 문화가 쌓아 올린 것을 계승해 파악하고자 하는 것이다." 그리고 이러한 시각을 통해 과거를 반성하고자 한 베버의 연구는 현대에서의 독특한 '소외'와 일찍이 합리적인 것으로 성립되었을 행위가 비합리적인 것으로 화석화되어 버린 사태, 곧 자본주의와 법치주의 아래에서의 관료제적 지배(테크노크라시●)를 검토한다는 문제 의식을 예리하게 관철하고 있다.

그가 모든 문화적 영역에 관철되어 있다고 말한 '합리주의'란 무엇인가. 한마디로 말한다면, 그것은 객관적 법칙성(법·법칙)에 기초해 외부의 자연 또는 타인의 행동을 계산하고 그러한 생각 아래 자신의 행위를 목적에 맞추어 가장 유효하고 적합하게 조직해 집중시키는 방법적 태도를 가리킨다. 따라서 베버의 경우, '합리성'이라는 행위 주체의 태도와 행위 주체가 처한 상황(외부의 자연 및 타인)이 '예측 또는 계산 가능한 성격'을 지닌다는 점을 기본으로 하고 있다. 또한 따라서 '합리화'란, 합리적 행위를 하는 주체가 형성되는 것이며, 아울러 자신의 행위 환경을 예측이 불가능한 제멋대로의 힘(전제 군주의 자의나 예측되지 않는 자연의 변화, 알 수 없는 신의 의지 등)으로부터 분리시켜 합리적 행위가 가능한 코스모스(질서)로 바꾸어 가는 과정, 이른바 '탈마술화'를 의미한다(따라서 이 책을 포함해 『경제와 사회』를 읽을 때, 관찰자 또는 연구자로서 인식의 대상이 되는 행위가 '합리적'이라고 할 경우와 행위의 당사자로서 서로 복잡하게 얽혀 있는 사회적 여러 관계가 '합리적'이라고 할 경우의 양자 사이에는 커다란 방법적 차이가 있음에 주의할 필요가 있다).

이런 전제 아래 베버가 문제 삼은 것은, 경제에서의 자본주의와 지배에서의 관료제, 종교에서의 프로테스탄티즘, 학문에서의 근대 자연과학, 예술에서의 근대 서양 예술 등은 각 영역에서 철저하게 '합리화'되어 있는데, 왜 서유럽에서만 그와 같은 합리화가 성립하고 있는가 하는 문제이다.

물론 베버에게 이 같은 문제 제기가 단번에 이루어진 것은 아니다(그러한 사상의 편력 과정을 살펴보기 위해서는 『프로테스탄티즘의 윤리와 자본주의 정신』을 참조해야 한다). 이처럼 글로벌한 문제를 각 문명마다 경제·정치·사상(종교) 등의 상관관계 아래에서 통사적으로 추구한 성과가 바로 『종교사회학논집』에 정리되어 있으며, 그와 같은 통사적 분석을 위한 도구(개념 규정)를 비교사적으로 정리한 것이 바로 『경제와 사회』라고 말할 수 있다.

문명 분석의 방법과 『지배의 사회학』

앞에서 언급한 시각을 통해 여러 문명의 생성과 변화 과정을 파악한 베버는 '경제가 가진 기초적 의의'를 중시하며 생산에 쓰이는 여러 힘과 생산의 여러 관계를 정밀하게 분석했다. 그러나 베버의 분석은 이른바 경직된 '상부-하부 구조론'이나 상부-하부 구조론에 근거한 단선적인 '발전 단계론'을 따르지 않고 오히려 그와 같은 구도를 재검토할 것을 목표로 삼았다.

이 같은 베버의 태도에는 『프로테스탄티즘의 윤리와 자본주의 정신』의 연구를 통해 얻은 경험이 결정적으로 작용했다. 이 연구에서 행한 베버의 분석에 따르면, 근대 자본주의의 성립에 적합한(그러한 사회 관계를 만들고 담당할 수 있는) 인간 유형은 칼뱅주의●의 교의를 실천함으로써 탄생한 것이었다. 곧, 변덕이 심한 위정자의 자의적 정책에 기생해 투기적으로 떼돈을 버는 것, 말하자면 손에 들어온 이윤을 기존 질서 속에서 신분의 급상승을 위해 소비하는 것이 아니라 어디까지나 산업 자본이라는 목적에 철저히 부합하도록 모든 자의성이나 감정을 배제하고 재생산(자본 축적)을 위해 노력하는 인간 유형은 역사적으로 볼 때 칼뱅주의가 낳은 생활 태도였다. 또한 동시에 이는 구원에 대한 보증을 노동의 성과 속에서 추구하며 생활을 절도 있게 하는, 이른바 '세속 내에서의 금욕'이라는 태도를 통해서만 길러지는 것이라고 했다. 이 같은 분석은 이 책의 마지막 장에서 결론으로 재인용되고 있다.

그렇지만 베버는 '경제 체제로서의 자본주의가 종교 개혁의 산물'이라는 엉뚱한 공론을 주장하지는 않았다. 이 또한 『프로테스탄티즘의 윤리와 자본주의 정신』의 명제였다. "나는 경제적 발전이 종교적 사상의 운명에 미친 영향의 의미를 매우 중시한다." 베버는 근대적 자본주의가 성립하기 위한 '객관적 가능성'이 경제적, 정치적, 사상적으로 크든 작든 간에 각 문명에 잉태되어 있었음에도 불구하고, 지배(곧, 법의 형태)와 종교(곧, 인생관 및 노동관과 같은 윤리사상) 등과 같은 전통의 구속 앞에 완전히 전개되지 못하고 끝나 버린 것은 아닌가, 그렇다고 하면 '하부 구조'인 경제적 '생산 양식'이 법적이며 사상적 통일체인 '상부 구조'를 기계적으로 결정한다기보다 오히려 '생산 양식' 그 자체를 특정한 여러 인간적 관계의 양상으로 보고 지배·법·사상·학문 등의 상호 작용 속에서 상관적으로 파악해야 하는 것은 아닌가 하는 의문을 가졌다. 그리고 이러한 의문을 통해『종교사회학논집』에서 '이념과 이해(관계)의 긴장 관계'라는 정식화된 시각을 도출했다.

"(물질적이며 관념적인) 이해관계가 인간의 행동을 직접적으로 지배하는 것일 뿐, 이념이 이것을 지배하는 것은 아니다. 그러나 이념에 의해 창조된 세계상은, 길 위에 나 있는 바큇자국과 마찬가지로 이해관계의 동력이 움직이는 방향을 결정한다."

역사 변혁의 방향을 결정하는 요인은 무엇인가. 베버는 '각 개인이 재산(금전·명예·구원)을 지속적으로 추구하며, 현실 속에 형성되어 있는 사회적이며 경제적인 관계(이해관계)와 인생·세계·행위의 의미와 목적을 말해 주는 여러 관념(이념)은 각각 유형적인 고유 법칙을 갖고 있어 어느 한쪽만으로는 사회 구성의 변화를 일률적으로 규정할 수 없다'고 생각했다. 또한 둘 사이(그보다는 문화의 여러 영역)에 '친화성'이 생기고 상승 작용이 나타날 때, 이해관계 그 자체는 무정형하지만 일정한 변혁의 방향으로 수렴되어 간다고 했다.

베버의 사회학에는 몇 가지 방법적인 특징이 담겨 있다. 첫 번째로는 마르크스주의의 경직된 '상부-하부 구조론'과 '발전단계론'을 '이념-이해

관계'의 유형론●적 고찰로 바꾸려는 태도이다. 두 번째는 사회 제도와 종교 등 원래 '사회적인 것'을, 그것을 구성하는 개인의 이해관계와 이념의 교착에 비추어 해석하려는 태도이다. 이러한 시각과 방법을 통해 베버는 앞에서의 과제에 대해 먼저 '사회적 행위'가 엮어 내는 연관 관계를 분석할 수 있는 실마리를 확보하려고 했다. 이렇게 하여 사회적 행위(관계) 속에서의 '경제적' 행위(관계)와 나란히(또는 그를 포함하여) 중요한 '지배' 행위(관계)를 분석한 것이 『경제와 사회』 제2부 9장 1~7절이며, 이것이 곧 『지배의 사회학』이다.

『지배의 사회학』의 구조

베버는 '타인의 행위에 관계되며 …… 지향되고 있는 행위'를 일반적으로 '사회적 행위'라고 부르고 있다. 그 같은 행위자가 타인의 행동을 어떻게 판단하고 또한 자신의 태도를 결정하는가를 살펴봄으로써, 베버는 원래의 사회 현상과 제도를 분석하고자 한 것이다. 이때 먼저 눈길을 끄는 것이 어느 한 행위자는 '힘', 곧 '자신의 의사를 타인에 강요할 가능성'을 지니고 있다는 현상이다. 그러나 베버는 "'힘'이라는 개념은 사회학적으로 너무 무정형하여", "'지배'라는 사회적 개념을 …… (자신의) 명령을 통해 특정한 사람들을 순종시킬 수 있는 가능성을 의미하는 것으로 규정"하고 있다.

따라서 『지배의 사회학』의 경우, 형식적으로 말하자면 가장 일반적 개념인 '(사회적) 힘'이 있으며, 그다음 하위 개념으로 '지배(힘)'와 '경제력' 등이 놓여 있는 구조이다. 그러나 실제로 지배력과 경제력은 깊이 연관되어 있으며, 더욱이 '지배' 그 자체도 명령에 복종하게 하는 권위적 지배력과 시장-소유 관계에서 유래한(형식적으로는 자유롭고 권위적이지 않은) 사실적 지배력으로 나뉜다. 그럼에도 복잡한 현실의 특징을 찾아내고 분석하기 위해서는 주요 특징만을 단적으로 개념화할 필요가 있다(베버는 이를 '이념형'이라고 불렀다). 이렇게 하여 '한 사람의 의사(명령)가 타자의 행위에 대해 …… 명령이라는 이유만으로 그것이 행동의 격률(그 사람으로서는 주관적 원칙)로 여겨질 정도로 강한 영향을 미치게 되는 사태'가 좁은 뜻의 '지배' 개념으로 정의되고 있다.

이러한 '지배'는 일반적으로 그 지배의 존재가 자신에게 이익이 될 것이라고 느끼는 사람들이 조직을 만들어(지배 '장치') 피지배자 전체에 대해 '행정'을 실시하는 형태로 나타난다. 따라서 지배의 분석은 첫째, 지배자–지배 장치와 피지배자의 관계와 둘째, 지배자와 지배 장치의 관계라는 두 가지 측면에서 진행되어야 하는 것이다.

이때 사회 현상을 행위자 개개인의 의식에 적용시켜 분석하고자 하는 '요해사회학적인 방법적 개인주의'의 입장에서는 당연히 다음과 같은 문제가 중요시된다. 피지배자들이 명령을 받았을 때에 단순히 '그에 따르는 것이 득이 되므로' 또는 '기분이 좋기 때문에' 등의 이유가 아니라, '이것이 명령이기 때문에'라는 이유로 복종하게 되는 현상은 도대체 어떻게 하여 생겨나는 것인가 하는 문제이다. 이에 대해 베버는 한마디로 이렇게 말하고 있다. "피지배자 쪽(말을 듣는 쪽)에서 그 지배가 '정당'하거나 '타당'한 것이라는 '신화'가 움직이고 있기 때문"이라는 것이다. 특히 이 점을 베버가 중시하는 것은 베버 자신의 이데올로기론에 따른 바가 크다. 베버에 의하면 좋은 운명이나 환경 속에 놓인 인간은 자신들의 그 특권을 '정당한 사유'에 의해 당연히 부여받은 것으로 해석한다. 곧, 이것이 '행복의 신정론神正論●'이다. 이 같은 내적 이해를 발생시키는 상황과 이념의 관계에 대해서는 이 책에도 자세히 언급되어 있지만 그것은 다름 아닌 '정당한 지배(력)'라는, "신화는 …… 지배 질서가 대중의 눈에 문제시되지 않는 한, 비특권적인 계급에게도 수용된다"는 것이다. 따라서 '지배'의 분석에서 중요한 것 가운데 하나는 어떠한 신화에 의해 그 정당성이 설명되고 있고 납득되고 있는가 하는 '정당성의 근거'와 관련된 점이다.

『지배의 사회학』은 그처럼 정당성을 지탱하는 관념을 하나의 축으로 삼고, 아울러 그 같은 관념을 지탱시키고 만들어 내는 사회·경제 체제를 또 다른 축으로 삼아 이들 양 축 사이의 상관관계 속에서 '지배'라는 사회 관계(지배를 실시하는 행정의 형태, 복종을 강요하는 군사의 형태)를 유형적으로 분석한 것이라고 말할 수 있다.

정당한 지배의 세 가지 유형

베버가 정당성의 근거라는 시각을 통해 지배의 여러 형태를 유형화하면서 가장 중시한 것은 '법률에 의한 지배'의 가장 '순수한 형태'인 '관료제 지배'였다. 그렇게 생각한 것은 관료제의 지배 아래에서 '지배 장치'를 구성하는 것은 누구든(적어도 형식적으로) '개인의 재량에 의해' 명령의 내용이 좌우되지 않을 뿐 아니라 지배자 자신 역시 법에 복종하지 않을 때에는 정당한 지배라고 인정되지 않기 때문이다. 따라서 베버는 이러한 근거를 통해 인간을 둘러싼 모든 관계가 근대 문화, 특히 근대 자본제를 관통하고 있는 '합리성, 곧 예측 및 계산 가능성'으로 정리될 수 있다고 본 것이다.

이에 비해 전근대(또는 비서유럽)를 특징짓는 요소는 '전통적 지배'로, 그 순수한 형태는 '가부장적 지배'이며, 그다음으로는 '가산적 지배'를 꼽았다. 오랜 세월 동안 지속되며 익숙해진 이 같은 지배는 쉽게 훼손할 수 없는 불가침의 전통과 근거로 인해 존속이 가능했으며, 전통의 신성성神聖性에 귀의해 일어나는 지배자 개인에 대한 숭배가 매개 고리이다. 이곳에서 인간을 둘러싼 모든 관계(큰 틀로 보면 전통에 규제를 받는)가 미세한 부분에 이르기까지 예측 불가능한 지배자 및 그 지배 장치의 자의성에 의해 좌우되며 형태를 이루게 된다. 바로 이 점에서 '전통적 지배'는 '법률에 의한 지배'와 대칭을 이루게 된다.

이와 달리 제3의 지배 형태로 '카리스마적 지배', 곧 '지도자'의 비범한 자질(카리스마)에 대한 '감정적 귀의'에 근거한 '교단' 또는 '종사단'이라는 지배가 있다. 특히 이는 전통적 지배라는 일상적 지배와는 전혀 대조적이며, 그것들의 성립과 변혁에 관한 지배 형태일 뿐 아니라, 특히 법에 의한 지배와는 대극을 이룬다. '의법적 지배'가 그 지위에 있는 사람에 대해 의문을 품지 않는 이른바 자동적으로 기능하는 질서적 지배인 데 비해, '카리스마적 지배'는 기존의 질서를 초월해 있는 지도자의 카리스마 아래에서 '제도와는 정반대의 것'으로 돌출한 것이다.

위와 같은 세 가지 유형은 이념형으로, 물론 서로 독립되어 있는 것이 아니며 또한 단순히 병존하거나 연속적으로 뒤따라 일어나는 것도 아니다. 현실적으로 상호 경계가 유동적일 뿐 아니라 역사적으로도 서로 전화轉化하는 것이다. 이 점에 관해 베버가 특히 중요시하는 점은 의법적-관료제적 지배의 성립과 카리스마적 지배의 변질에 관한 문제이다.

이 두 가지 현상은 『경제와 사회』에서뿐 아니라 베버의 사회학 전체에서 볼 때 매우 중요한 문제이다. 일반적으로 사회 관계에서 '관료제적 합리화'와 '카리스마적 돌출'은 각각 '내부와 외부에서 전통에 대해 가할 수 있는 제1급의 혁명 파워'를 가지고 있기 때문이다.

먼저 첫 번째로 그가 중요시했던 관료제의 성립에 관해 살펴보자. 전통적 지배 아래에서도 광대한 영토는 물론, 국민의 가장인 왕가의 재산 (가산)을 관리하고 더욱 많은 수탈을 위해 '가산적 지배'가 발전한다. 이 경우, 토목이나 치수에 필요한 기술적 수요나 현물 공조의 체계적인 금납화를 갖추기 위해 '가산 관료제'가 형성된다. 그러나 이 같은 관료제는 지배자(지배자의 자의성)에 대한 개인적 숭배를 근거로 하고 있어, 행정이라기보다는 왕실의 회계 관리를 주로 하는 것이기 때문에 그 자체로는 법에 의한 '의법적인' 관료지배제에 도달할 수 없다. 의법적 관료제 지배가 되기 위해서는, 첫째로 가산 관리가 '봉신^{封臣}화'되어 쌍무적인 주종 계약에 근거한 봉건제·신분제 국가로 발전해야 하며, 둘째로 법률의 근거를 전통이나 군주의 자의성으로부터 분리해 정돈하고자 하는 '사법의 합리화'가 진행되어야 하고, 셋째로 정치 과정에 기생하지 않는 산업 자본 쪽에서 예측 가능하고 안정된 행정에 대한 수요가 강하게 표출되는 등의 특수한 역사적 요건을 필요로 한다. 이러한 의미에서 베버의 관료제 지배란 서유럽의 특수한 이념이지만 보편적 의미를 지닌다고 할 수도 있다.

두 번째로 베버가 중요시했던 카리스마적 지배는 흔히 비일상적 형태로 변형되며, 그 자체 역시 (특히 안정을 요구하는 경제력 앞에서는) 영속되지 않고 지도자의 죽음과 함께 변질되는 것이다. 카리스마는 애초에는 지도자 개인에게 속한 것이라고 간주되지만, 이후에는 지도자의 가계나 그가 누린 지위 자체에 속하는 것으로 여겨지면서 '일상화'되며, 여기에서 다만 자발적(민주제적) 대중 동원이라는 점에서 그 명맥만을 남기게 된다. 이 같은 카리스마적 지배 역시 집안이나 지위 자체에 귀의함으로써 전통적 지배로 전화되거나 일부의 헌신적 귀의자(제자단이나 종사단)에 의해 관료제적 지배 장치로 전화되기도 한다. 특히 후자의 경우로 중시되는 것이 서유럽에서 발달한 교권제^{敎權制}이다. 이는 반전통적인 카리스마적 구도^{求道} 집단이 '금욕적인 산업 생활'을 내부로 끌어들이는 관료제화 속에서 칼뱅파의 영향 아래 '세속 내에서의 금욕'을 통해 산업 자본주의의 토대를 구축한다는 사실을 베버가 중시하기 때문이다.

『지배의 사회학』이 남긴 문제들

단순한 개인의 집합이 아닌 관계를 구성하며 구조화된 사회를 대상으로 그를 개인의 행위와 동기를 통해 분석하고자 한 베버의 사회학은, 흔히 지칭하는 것만큼 유형론적이며 정태론적인 것은 아니다. 이념(사상)과 이해관계(경제)라는 상관관계 속에서 '지배'에 대한 분석은 역사 변혁의 동인이 되는 카리스마적 지배와 관료제적 합리화라는 두 가지 내용을 명백히 밝히고 있다. 물론 단순히 전자가 사상적 측면, 후자가 경제적 측면의 변화만을 가리키는 것은 아니다. 양자 모두 정치적 행정뿐 아니라 공장과 사무실 또는 군사 기구나 연구 기관에서 일어날 수 있는 지배와 복종 관계로, 문화를 관통하고 있는 '생산 양식'의 문제인 것이다.

그러나『지배의 사회학』은 변혁 그 자체가 전 사회적으로 어떻게 구조화되고 있는가 하는 문제는 다 파헤치지 못하고 끝났다.『프로테스탄티즘의 윤리와 자본주의 정신』에서처럼 그 같은 '합리화'는 '정신이 결여된 전문화', 곧 인간관계가 기계적으로 자동화되는 것으로서 도저히 그 자체만으로 긍정할 수 없다. 그러한 숙명을 돌파해야 할 카리스마적 지배 역시 상승기를 지나면 숙명에 굴복하지 않을 수 없는 듯하다. 이는 만년의 베버가 지나치리만큼 주목했던 러시아혁명이 관료제화되지 않을 수 없었다는 문제에서도 단적으로 상징된다.

이 같은 현실 속에서 베버의 사회학은 단순한 유형적 정리를 넘어 어디까지 그 추구가 가능한 것인가. 변혁은 단순한 자연 현상이 아니다. 변혁 그 자체는 스스로의 행위를 통해 현실을 만들어 내고 구성하는 것이다. 또한 현실을 역사적, 구조적으로 분석하고, 어떤 유형의 성립 원리 속에서 모순을 초래하고 발전을 촉구하는 요소들을 도출해 내는 일이다. 그리고 그 같은 요소를 목적 의식에 적합하도록 전개시켜 보다 나은 미래를 실현시키는 일이다. 『지배의 사회학』은 오늘날 우리에게 학문적 태도에서 바로 그와 같은 태도를 심화시킬 것을 요구하고 있다고 하겠다.

NOTES

융커
19세기 중엽 이후, 독일 동부의 엘베 지방에서 대농장을 경영했던 지주 귀족을 가리킨다. 프로이센의 군인과 관료 가운데 많은 수가 이 계층의 출신이었다. 매우 보수적으로, 자유주의적 개혁에 반대했다.

테크노크라시
고도의 지식을 갖춘 전문 기술자들이 합리적인 관리를 수행하는 사회 경제 체제.

칼뱅주의
스위스의 종교개혁자 칼뱅(1509-1564)에 의해 주창된 사상. 신의 주권을 절대적인 것으로 간주하고 신에 대한 인간의 절대 복종을 설교하며 엄격한 윤리적 생활과 금욕을 요구했다.

유형론
각각의 존재 또는 현상들 사이에 놓여 있는 차이점 속에서 유사점과 공통점을 발견하고 그것을 기초로 유형을 설정해 그에 따라 본질을 이해하고자 하는 방법.

신정론
신의론·변신론이라고도 한다. 세계에는 모든 악이 존재하고 있지만 이는 전능한 신의 본성과 전혀 모순되지 않는다며 신의 의로운 뜻을 변호하는 주장을 말한다.

이데올로기와 유토피아
(Ideologie und Utopie)

현대 사회의 이데올로기 문제를 지식사회학의 입장에서 분석한 책이다. 이론과 실천의 매개를 모색한 한 지식인의 격투의 기록인 동시에, 사회학적 사상사의 기록을 통해 현대의 정치적, 문화적 위기를 극복하고자 한 도덕 철학서이기도 하다.

INTRO

만하임(1893~1947)은 세기말의 부다페스트에서 유대계 헝가리인 아버지와 독일인 어머니 사이에 태어났으며, 어릴 때의 이름은 카롤리Karoly였다.

부다페스트와 프라이부르크, 하이델베르크, 베를린의 각 대학에서 수학하며 지멜의 영향을 받았다. 1914년 귀국한 뒤, 루카치●를 중심으로 한 '혁명적 문화주의자' 서클에 참가해 정신과학자유학원을 거점으로 문화 혁명을 추구했다.

1918년 「인식론의 구조 분석」이라는 논문으로 박사 학위를 받았다. 1919년의 헝가리혁명 때에는 공산당과는 다른 방면에서 참가하며 새로운 문화 이론의 확립을 위해 노력했으나 반혁명이 성공하면서 다음 해 독일로 망명했고, 이후 카를로 개명했다.

루카치의 마르크스주의와 A. 베버●의 문화사회학에 자극을 받으며 M. 셸러●가 제창한 지식사회학에서 이론적 활로를 찾았다. 『역사주의』(1924), 『지식사회학의 문제』(1925), 『보수적 사고』(1927) 등의 저술로 지식사회학의 체계화를 모색했으며, 1929년에 발표한 것이 이 책 『이데올로기와 유토피아』이다. 그리고 1936년의 영어판에는 '지식사회학의 서론'이라는 부제와 함께 장문의 서문을 덧붙이기도 했다.

1933년 나치가 정권을 손에 넣자 영국으로 망명한 만하임은 자유주의와 파시즘을 초월한 제3의 길로서 '자유를 위한 계획'을 주장했다.

지식사회학의 과제란 무엇인가

먼저 영어판 서문을 보면, "이 책은 사람들이 실제로 어떻게 사고하고 있는가 하는 문제를 다룬다"로 시작된다. 만하임의 방법은 '지식사회학'이며, 그 주요 명제는 '사고의 사회적 기원이 애매한 채로 방치되어 있는 한 그 정확한 이해에는 절대 도달하지 못하는 사고방식이 존재하게 된다'는 것이다. 그리고 그 방법적 특징으로 첫째, 각 개인의 사고를 낳게 된 역사적, 사회적 상황의 구체적 틀 속에서 그 내용을 이해한다는 점과 둘째, 각 개인의 사고방식은 그것이 속해 있는 집단의 행위와의 연관성을 분리할 수 없다는 두 가지 점을 꼽고 있다. 지식사회학의 명제는 결국 다음과 같은 현대 사회의 모랄에 관한 물음에 답하는 것이 된다. '이데올로기와 유토피아의 문제가 철저한 방식으로 제기되고 있는 시대에 인간은 과연 사고와 생활을 지속해 나갈 수 있는 것인가.'

이데올로기와 유토피아

서론에 해당하는 이 장은 이데올로기를 파악하는 방식에서 나타난 변화를 검토하며 이데올로기론부터 지식사회학이 성립하는 과정을 역사적으로 추적했다.

만하임은 적대자의 '이념'을 말 그대로 받아들이지 않고 그 존재의 위

{
　(1) 부분적 이데올로기 개념(베이컨)
　(2) 전체적 이데올로기 개념
　　{
　　　(A) 특수적 파악(마르크스)
　　　(B) 보편적 파악
　　　　{
　　　　　(a) 몰평가적 태도
　　　　　(b) 평가적 태도(만하임)

치라는 함수로 이념을 파악함으로써 다양한 이데올로기 개념의 공통항을 발견해 냈다. 또한 그는 적대자의 이념의 허위를 폭로하는 위의 첫 번째 방법적 특징에서, 적대자의 모든 세계관이 지닌 사회학적 이데올로기의 폭로를 꾀하는 두 번째 방법적 특징으로의 이행을 근대 정신사 위에 자리 잡게 했다. 그렇지만 이 같은 이행을 완수한 마르크스주의 역시 그자신의 사상의 입각점을 절대시하고 있다는 점에서 아직 전체적인 이데올로기 관념의 특수한 파악 단계에 머물러 있다.

"그와는 반대로 전체적인 이데올로기 개념을 보편적으로 파악하기 위해서는 적의 입장뿐 아니라 자기 자신의 입장조차 이데올로기로 간주할 용기가 있어야만 한다." 바로 이것이 지식사회학의 태도이다.

그러나 거기에는 모든 사상이 '존재에 의해 구속된다'며 타자를 폭로할 의도를 저버리는 '몰평가적' 태도와 다양한 사상이 현실을 바르게 파악하고 있는지 여부를 판단하는 '평가적' 태도의 2단계가 있다.

지식사회학이 '사회학에 근거한 시대 진단학'이 되기 위해 평가적 태도로 이행해야 하는 것은 필수적이다.

정치학은 과학으로 성립할 수 있는가

'이론과 실천의 문제'라는 부제가 붙은 이 장은, 정치학이 모든 사고 속에 내재하고 있는 이데올로기적 성격에도 불구하고 여전히 과학적 성격을 갖는 것이 어떻게 하여 가능한가를 주제로 삼고 있다. 먼저 이론과 실천이라는 정치학의 개념이 다양한 집단에 의해 얼마나 서로 다른 색채를 띠고 있는가를 종래의 정치 사상의 분석을 통해 실증해 보이고 있다. 그렇지만 당파적 견해가 상호 보완적인 것이라고 생각하게 되면, '정치 영역 전체의 움직임에 관한 지식으로서의 정치사회학'이 불가능한 것은 아니다. 정치학은 각 사상 간의 '동적인 종합'을 꾀하려는 학문이므로 그 담당자는, 알프레트 베버의 말을 빌리면 "사회적으로 유동하는 엘리트층"을 가리키게 된다. 그들은 '교양'을 통해 서로 연결되어 있을 뿐, 당파성을 지니지 않고 있으므로 '다양한 역사적 사건 속에서 전체적인 방향 파악이 가능한 지점을 찾아내 주변의 어둠 속에서 잠들지 않는 보초'처럼 어려운 임무를 해낼 자격을 갖추고 있는 것이다.

유토피아적 의식

이 장은 존재를 초월한 표상을 이데올로기와 유토피아로 나누는 데에서 시작한다. 여기에서 존재란 '구체적으로 통용되고 있는 생활의 질서'를 의미하며, 이데올로기는 '현실의 질서를 은폐하는 것'으로 보았고, 유토피아는 '현실을 자신의 관념에 맞추어 변형시킬 수 있는 것'으로 보았다. 이어서 근대사에 나타난 유토피아 의식의 형태 변형을 지식사회학적으로 분석하는 작업을 통해 '모든 사회 계층은 각각의 유토피아와 연결되지 않으면 역사를 변형시킬 수 없다는 것'을 실증하고 있다. 재세례파에서 공산주의에 이르기까지 네 단계를 거쳐 현실로 접근해 내려온 유토피아가 현대의 정치 영역에서는 완전히 파멸되었다고 지적한 만하임은 다음과 같은 경구로 이 책을 끝내고 있다.

"이데올로기적인 것의 몰락은 특정한 계층의 위기를 나타내는 데 지나지 않는다. 그러나 유토피아적인 것의 완전한 소멸은 전체로서의 인간의 생성 형태를 변화시키며, 인간 자신이 사물이 되는 것과 같은 정적인 즉물성을 가져온다. 그리고 결국 자신을 지배하는 인간은 충동에 의해 행동하는 인간이 되어 역사에 대한 의지와 역사에 대한 전망을 잃게 된다."

죄르지 루카치(György Lukács, 1885~1971)
헝가리의 철학자·문학사가. 『역사와 계급의식』을 저술해 마르크스주의의 새로운 지평을 열었다. 한때 루마니아로 추방되었다가 돌아와 미학 연구에 몰두했다.

알프레트 베버(Alfred Weber, 1868~1958)
독일의 사회학자. 막스 베버의 동생으로 역사를 사회 과정과 문명 과정, 문화 운동이라는 세 가지 계기의 통합을 통해 설명하고자 하는 문화사회학을 제창해 지식사회학의 길을 개척했다.

막스 셸러(Max Scheler, 1874~1928)
독일의 윤리학자. 현상학적 가치윤리학에서 출발해 1924년 저술한 『지식사회학의 문제』를 통해 지식사회학이라는 말을 처음 사용하며 바이마르공화국 시기에 여러 이데올로기의 항쟁에 대한 해결을 꾀했다.

영구혁명론
(Permanent Revolution)

 이 이론은 마르크스의 이론에 후진국인 러시아를 적용해서 구성한 트로츠키의 독자적인 이론이다. 제4인터내셔널의 전야에 추방의 위기에 처해 있던 트로츠키의 역사 인식과 혁명 이론을 세계 혁명으로 발전시킨 역작이다. 국제 사회주의 운동에 끼친 영향이 매우 큰데, 특히 중국의 마오쩌둥 사상에 큰 영향을 끼쳤다.

INTRO

트로츠키(1879~1940)는 1879년 남부 러시아의 중농의 유대인 집안에서 태어났다. 1896년 실업학교 재학 중에 노동자 조직에 참가했으며, 1898년에 체포되었다가 탈주 후 입당했다.
그 뒤 망명 중인 레닌을 보좌하기 위해 런던에 파견되어 망명 사회주의자들 사이에서 두각을 나타냈다. 1903년부터 1905년의 제1차 혁명 직전까지 레닌에 대립하는 멘셰비키●에 속했으며, 제1차 혁명 때에는 수도 소비에트의 의장으로 활약했다. 그 뒤 러시아혁명의 임무를 '농민에 종속된 프롤레타리아의 독재, 곧 국제 혁명의 개시'에서 모색하고자 한 '영구혁명' 사상을 발표했다. 이후 1917년 여름 볼셰비키에 합류하기까지 당의 통합을 바라는 조정주의자로서 중간적 입장을 견지했으며, 레닌으로부터 때때로 분열(멘셰비키, 나중에는 볼셰비키 좌파)의 입장을 버리지 않는 공론가라는 비판을 받았다. 그러나 제1차 세계대전의 발발과 함께 두 사람은 국제주의의 입장에서 서로 접근해 1917년 2월혁명 이후 레닌이 '4월 테제'를 발표할 즈음에는 두 사람의 대립이 해소되었다.
10월 봉기 이후 트로츠키는 군사혁명위원회의 위원장에 이어 혁명 정부의 총리, 내전 시기의 국방장관 등을 역임하며 혁명 권력의 수립에 큰 역할을 수행했다. 그러나 인간적으로는 물론, 당시의 코뮌 사상과도 전혀 맞지 않았던 레닌이 중앙집권화를 강행했기 때문에 당내에 많은 적을 만들게 되었고, 레닌의 사후에는 지노비예프, 카메네프 등과 손잡은 스탈린에게 공격을 받으며 몰락했다. 스탈린은 레닌과 대립할 무렵의 트로츠키의 문건을 모아 '트로츠키는 영구혁명론, 레닌은 일국사회주의론'이라는 공식을 만들어 내며 트로츠키를 '반레닌·반농민·반민족주의자'라고 공격했다. 이 같은 선전은 당은 물론 그 밑의 대중들에게까지 파급되어, 트로츠키는 1927년에 중앙위원회에서 해임되고 1929년에 국외로 추방당하게 되었다. 이후 1940년 망명지인 멕시코에서 암살당했다. 이 책 『영구혁명론』(1930)은 추방당하기 직전에 그 같은 스탈린 등의 공격에 대한 반론으로 쓰여 망명지에서 출판되었다. 트로츠키의 역사 이론과 혁명 이론을 밝힌 중요한 저작으로 손꼽히고 있다.

'영구혁명론'의 세 개 기둥에 대해

트로츠키는 서론에서 '영구혁명론'의 세 개 기둥을 거론하고 있다. 그 것은 첫째, 민주주의 혁명에서 사회주의 혁명으로의 이행 문제, 둘째, 사회주의 혁명의 영속성에 관한 문제, 셋째, 사회주의 혁명의 국제성에 관한 문제이다. 이 세 개의 기둥은 세계 경제의 단일성과 계급 대립의 보편성으로 인한 동일한 사태의 다양한 측면이며 상호 분리가 불가능한 것이다.

트로츠키는 자본주의 아래에서 발전한 여러 생산력은 이미 민족 국가 의 틀을 넘어서게 되며, 각 민족의 경제는 시장과 분업을 통해 더 이상 스스로 완결할 수 없는 세계 경제 속으로 편입하게 된다고 말한다(제국 주의 전쟁은 그것이 나타난 한 양상이다). 이러한 발전 과정은 불가피하게 '불 균형'을 나타내게 되며, 후진국에서는 수공업에서 매뉴팩처, 공장제라 는 단계를 거치지 않고 수공업과 매뉴팩처의 두 단계가 극도로 압축되 며 공장제가 출현하게 된다. 이리하여 자본주의가 충분히 발달하지 않 은 채, 아직 부르주아지가 지도 계급이 아님에도 불구하고 이미 프티 부 르주아지와 프롤레타리아트의 계급 분화가 진행되어 프롤레타리아트와 부르주아지 사이에 첨예한 대립이 형성되게 된다.

이 같은 계급적 사정으로 후진국에서는 부르주아 혁명(민주 정체, 토지 해방, 민족 독립 등의 실현)에서조차 부르주아지가 변혁 운동의 주된 세력이 되지 못하며, 농민 등 프티 부르주아지 역시 독립된 정치 세력을 갖지 못 하게 된다. 따라서 그런 곳에서는 부르주아 혁명적 과제 역시 소수이기 는 하지만 프롤레타리아트가 계급적 선진성을 발휘해 '농민들에게 지지 받는 프롤레타리아 독재'를 수립하면서 해소되게 된다.

그렇지만 권력을 장악한 프롤레타리아트는 부르주아지가 신성시하는

'소유권'과 충돌하며 곧바로 생산·분배·행정·군사·교육·도덕·습관 등을 포함한 모든 사회적 여러 관계의 영속적인 사회주의적 변혁으로 계속해 이행하게 된다. 더욱이 앞에서 언급한 '세계 시장의 가혹한 구속력' 때문에 국민 경제의 틀을 초월하는 여러 생산력에 대응해야만 하는 사회주의 혁명은 민족의 틀 안에 갇혀 있을 수만은 없게 된다. 만일 국민 경제의 틀 안에 고정된다면 혁명은 단지 모순을 축적시키는 단순 개량으로 변질될 뿐이며, 혁명은 세계 경제 전체의 변혁을 통해서만 현실적으로 수행될 수 있다.

위와 같이 '영구혁명론'은 당초 오직 선진국(특히 영국)을 모델로 한 마르크스주의의 경제 이론을 후진국의 현실에 맞추어 세계자본주의를 축으로 전개한 점에서 큰 의미를 지닌다. 동시에 유물론적 역사관과 혁명 이론의 입장을 견지하고 있다.

이 책의 주요 특징은 첫째, 객관주의, 곧 '진화론적 발전단계론'으로 현실을 재단해 그에 따라 행동 프로그램을 종속시켜 가려는 것을 거부하고, 둘째, '여러 조건이 서로 겹치는 정도에 따라서는 이론적으로 불가피한 단계에서도 특히 혁명의 시대에는 압축되어 제로가 될 수 있다'는 발전의 다이너미즘을 중시하며, 셋째, 그러한 발전의 다이너미즘 속에서(후진국 고유의) 자연 발생적으로 혁명을 희구하는 이론적 방향을 제시한 점 등에서 큰 의미를 지니고 있다.

그렇지만 이 발상 역시 실제의 정치 과정에서는 레닌형의 정치 사상, 곧 불확실한 요소를 오히려 중시하며 '예상'을 벗어나는 '어떠한 사태에도 대비할 수 있는 조직'을 의식적으로 건설하고 중앙집권적으로 통솔한다는 사상과는 커다란 차이를 보인다.

1917년 봉기와 1924년 레닌의 사망 등의 중대한 사건을 거치며 중앙

집권과 분권, 민족주의와 국제주의 등의 대립을 거친 뒤, 러시아혁명이 일정한 방향으로 진행되고 있던 과정에서 트로츠키가 걸어야만 했던 길을 해석해 낼 열쇠는 이 같은 레닌과의 사상적 차이에서 찾을 수 있겠다.

스탈린과의 대결

스탈린은 트로츠키가 첫째, 부르주아 혁명과 사회주의 혁명의 차이를 무시하고, 둘째, 농민 문제를 전적으로 무시하며, 셋째, 러시아 소비에트의 권력 유지를 위해 서유럽 프롤레타리아트가 자국 정부에 가하는 압력을 무시하고, 넷째, 단독으로 사회주의를 건설하려는 러시아 민족의 능력을 무시하고 있다고 비판했다. 스탈린은 『영구혁명론』의 제2절과 3절의 논쟁점, 곧 영속성과 국제성에 대해서도 역시 비판을 가하고 있지만, 가장 핵심을 이루는 비판은 첫 번째 논쟁점인 2단계 이행론이었다. 따라서 트로츠키도 이 부분의 반격에 가장 많은 지면을 할애하고 있다. 트로츠키가 행한 반론의 골자는 다음과 같다.

첫 번째로 자신은 민주주의 혁명(특히 농지 해방)과 사회주의 혁명을 혼동하거나 전자를 무시하고 있지 않다는 것을 논증하면서 스탈린의 비판이 왜곡에 근거해 있다고 폭로하고 있다.

두 번째로 1917년 이전의 레닌의 입장인 '프롤레타리아트와 빈농의 민주 독재●'와 트로츠키의 입장인 '농민들에게 지지받는 프롤레타리아 독재' 사이에는 기본적인 대립이 없었다는 점을 논증해 보였다. 곧, 레닌은 프롤레타리아 독재에 대한 농민의 협력 형태가 불명확하므로 프롤레타리아 독재를 언명하는 것을 피했을 뿐이고, 그러한 '프롤레타리아트와 빈농의 민주 독재'의 슬로건을 어디까지나 부르주아지와의 철두철미한 대립으로 내걸고 있으며, 그 점에서 레닌 역시 트로츠키를 전혀 비판하지 않았다는 점을 열심히 증명했다.

세 번째로 이상의 관점을 러시아혁명의 결론을 통해 보충하면서 자세히 논하고 있다. 곧, 2월혁명 이후에 발생한 이중의 권력적 상태를 조건부 '프롤레타리아트와 빈농의 민주 독재'라고 하더라도, 부르주아 시민혁명의 최대의 과제인 농업 문제는 10월혁명 이후 비로소 해결되었다는 점에 주목할 것을 촉구했다. 2월혁명에서 '프롤레타리아트와 빈농의 민주 독재'를 교조화해 프롤레타리아 독재를 피안화한 레닌의 '4월 테제'에 반대한 스탈린 등이 동일한 잘못을 후진국에 강요하고 있다고 생각했기 때문이다. 사실 스탈린 주변에서는 당시 멘셰비키와 같은 입장에서 중국을 비롯한 후진국의 프롤레타리아트에 대해 케렌스키 내각에 해당하는 정권을 만들도록 투쟁하라고 지도하고 있었다.

네 번째로 위와 같은 논증을 거쳐 스탈린의 『영구혁명론』 비판 가운데 위의 세 번째와 네 번째 내용을 반박하고 있다. 곧 첫째, 구소련 연방은 세계대전의 여러 가지 작용과 열강의 새로운 대립 그리고 '유럽 프롤레타리아의 압력' 등이 때마침 겹쳐졌기 때문에 오늘날까지 존속할 수 있었으며, 따라서 그 '압력'으로 '세계 부르주아를 중립화시키는 작업'은 환상에 지나지 않는다는 점, 둘째, 선진 유럽의 혁명 없이는 러시아 사회주의 경제도 존속할 수 없다는 점, 셋째, 일국사회주의는 여러 생산력과 민족 시장의 모순으로 인해 결국은 소비에트 관료만을 만족시킬 뿐이어서 종국에는 민족적 개량주의와 민족 메시아니즘으로 추락하지 않을 수 없을 것이라고 재차 논박했다.

위와 같은 주장은 당시의 역사적 사실이나 스탈린의 주장에 견주어 보면 틀림없이 이론적으로 매우 뛰어난 것이다. 그렇지만 당은 이미 과거의 선진적인 노동자와 병사들로 구성된 '봉기하는 당'의 단계를 지나, 레닌의 절대적 권위 아래 대량으로 입당한 당원들과 경영 간부들로 구성된 '통치하는 당'으로 변신해 있었고, 더욱이 국내 정책상 농민의 프티부르주아적 이해와 타협하지 않을 수 없었다.

그러한 가운데 '반레닌·반농민·반민족의 화신 트로츠키'라는 선전은 트로츠키가 당의 원칙 아래에서 반론을 주저하고 있을 동안 급속히 대중에게 확산되면서 트로츠키의 지도권을 밑동에서부터 붕괴시켰다.

NOTES

멘셰비키
1903년 러시아 사회민주노동당의 제2차 대회에서 당의 규약 문제를 둘러싸고 볼셰비키(다수파)와 대립한 소수파. 러시아혁명을 부르주아 혁명으로 이해하고 무장 봉기를 포함한 혁명적 투쟁 방식에 반대했다.

프롤레타리아트와 빈농의 민주 독재
레닌을 비롯한 볼셰비키의 주장. 프롤레타리아트는 정권에도 참가해 프티 부르주아지와 농민 대중을 끌어들여 부르주아지에게 대항하게 하며 민주주의적 변혁을 철저히 수행하자는 노선이다.

정치학 개론
(A Grammar of Politics)

주권 국가의 전능성을 배격하고 정치적 다원주의를 주장했던 래스키는 이 책에서 국가를 '사회의 기초적 제도'로 규정하면서 종래의 입장을 반전시켰다. 제1차 세계대전 이후라는 위기적 상황 속에서 '국가 주권에 대한 개인의 자유를 확보'하기 위해 저자가 행한 사색은 오늘날의 우리에게도 여전히 많은 점을 시사해 주고 있다.

INTRO

래스키(1893~1950)는 1893년 6월 30일 영국의 맨체스터에서 태어났다. 그는 맨체스터에서 고등학교를 마친 뒤, 옥스퍼드대학교의 뉴칼리지에서 수학했다. 재학 중 페이비언협회●와 여성 참정권 운동에 참가했으며, 1914년 옥스퍼드대학교를 졸업한 뒤에는 미국으로 건너가 하버드대학교 등에서 근대사를 강의하는 한편, 홈스●와 월터 리프맨● 등 자유주의자들과 친교를 맺었다. 1920년 영국으로 돌아온 이후, 런던정치경제대학교에서 그레이엄 월러스●의 뒤를 이어 정치학 강좌를 담당했다. 또한 이해 페이비언협회의 회원으로 가입했고, 영국 노동당에도 입당해 사회주의자로서의 활동을 시작했다.

이후 래스키는 정치학자로서 『근대 국가에서의 자유』(1937), 『정치학 입문』(1937), 『국가─그 이론과 현실』(1946), 『현대 혁명의 고찰』(1950), 『신앙·이성 그리고 문명』(1951) 등의 많은 저작을 발표했다.

1945년 제2차 세계대전 종료 이후의 총선거에서 노동당이 대승리를 거둘 때, 그는 당의 집행위원장이었다. 1950년 2월의 총선거 때에는 와병 중인데도 노동당을 위해 가두 연설에 참가했다가 이로 인해 병이 악화되어 3월 24일 사망했다.

『정치학 개론』(1925)을 출판하기에 앞선 1917년부터 1921년까지 래스키는 헤겔과 보즌켓●의 '주권적 국가관'을 비판한 '다원주의적 국가관'에 관해 이 저술에서 자세히 서술하고 있다.

관념적 국가관에 대한 비판

정치학의 최대 과제는 국가의 성격을 관념이 아닌 현실에 입각해 검토하는 일이다. '관념론적 국가 이론'은 "모든 개인은 그 내용이 자명한 것은 물론, 그것을 표현하는 방법에서도 의심의 여지가 없는 '진실 의사'를 지니고 있다. 그리고 이 '진실 의사'의 내용은 국가의 모든 구성원에게 공통된 것이다. 국가는 국민들이 가진 바로 이와 같은 '진실 의사'의 최고 체현자이다. 개인의 자유가 자신의 본질을 표현하는 것, 곧 '진실 의사'에 복종하는 것이라고 하면 국가에 대한 복종이야말로 그 핵심이 된다"라고 주장함으로써 관념론적 국가 이론은 국가 권력의 일원성과 절대성을 기반으로 삼고자 했다.

그렇지만 우리의 경험에 입각해 생각해 보면, 국민 모두에게 공통되는 '진실 의사'가 존재한다는 전제와 그것이 국가에 의해 체현된다는 주장은 모두 허구라고 판단하지 않을 수 없다.

인간이란 '동시다발적으로 행동하며 전체로서의 인격을 만들어 내는 점에서 원래부터 충동의 덩어리'에 불과하다. 그리고 그 같은 인간은 어떠한 선험적 이념에 의해서도 완전히 통일되지 않은 독자성을 지니고 있다. 그 때문에 바로 인간은 자유를 누리지 않으면 안 되는 것이다. 우리가 진실한 의미에서 자기 자신인 점이 바로 자유의 본질이다.

'인간의 정신 생활에 중요한 면이 있다면 그것은 바로 외부로부터의 강제가 없다는 점이다. 극단적인 경우에는 법에 대한 불복종과 법이 부과하는 형벌을 받아들이지 않을 결심을 할지도 모른다. 나 자신의 자유는 내가 사회의 다른 사람들과 서로 다른 점을 강조하고 그 같은 차이에 기초해 행동하는 것이다'라고 말할 수도 있다. 따라서 '국가의 의지'라는 것의 실상은, '국민들 사이에 일치하는 의사'가 아닌, '서로 다른 개성을 가진 사람들의 의사가 동일한 목적에 이끌려 만들어 내는 다양한 종류의 결합'일 따름이다.

이러한 이유로 모든 인간에게 공통되는 '진실 의사'의 존재를 전제로 하고, 그것이 국가의 활동에 의해 실현된다고 주장하는 '관념론적 국가 이론'은 놀랄 만한 역설이라고 말하지 않을 수 없게 된다.

어소시에이션으로서의 국가의 특징

인간 개개인이 그와 같은 독자적 존재라고 한다면, 그들 각각의 국가적인 통합은 어떻게 달성 가능한가. 또 국가란 무엇인가.

이미 언급한 것과 같이, 인간은 '본질적으로 충동의 덩어리'에 불과하지만 그 같은 충동을 만족시키기 위해 인간은 자신과 동일한 목표를 지닌 다른 인간과 연대해 결합된 힘을 통해 자신의 욕구가 더욱 크게 만족되기를 바란다. 이 같은 과정을 통해 성립되는 것이 '한 집단의 사람들이 공통적으로 가지고 있는 목적을 추구하기 위한 사회적 통합'인 어소시에이션이다.

어소시에이션은 '특정한 욕구를 충족시키기 위한 사회적 결합'이므로 인간이 지닌 욕구의 다양성과 공통 목표의 복잡성에 대응해, 예를 들어 노동조합과 사용자 단체, 예술 협회, 종교 단체 등과 같이 다수가 존재할 수 있게 된다. 우리가 생활하고 있는 전체 사회는 그와 같은 각각의 목적을 담당하는 수많은 어소시에이션에 의해 다원적으로 그리고 연합적으로 구성되어 있다. 국가 또한 그러한 다원적 전체 사회를 구성하는 한 단위로서 하나의 어소시에이션이다. 그것은 정해진 목적을 달성하기 위해 사람들에 의해 만들어지고 통합된 하나의 형태에 지나지 않는다. 그런 까닭에 다른 어소시에이션은 물론, 그를 구성하는 사람들을 위에서부터 감싸거나 무제한으로 구속할 근거를 갖는 것은 아니다.

국가는 우리의 충성을 일원적으로 독점하는 조직이 아니다. 다른 어소시에이션 역시 국가와 마찬가지로 우리의 충성의 대상인 것이다. 우리는 어떤 인간관계라고 해도 전인격적으로 포섭되지 않으며, 따라서 사회생활에서 인간의 결합 방식이나 충성의 대상 역시 다원적이다.

인간이 국가라는 어소시에이션을 만들어 그 구성원이 되는 것은 다른 많은 어소시에이션과의 관계를 조정할 역할을 국가에 기대하기 때문이다. 충실한 인생은 그 사람이 지닌 원래의 충동이 조화롭게 만족되는 데에서 실현된다. 우리가 가지고 있는 하나하나의 개별적 충동은 제각기 독자적으로 움직이는 것이 아니며, 각기 조정되고 조화를 이룸으로써 비로소 '전체로서의 인격'을 실현하는 것이 가능하기 때문이다.

따라서 인간의 특정한 욕구와 목적에 근거해 만들어진 어소시에이션에만 전체 사회의 구성을 위임해 그들 사이에서 발생하는 대립과 항쟁을 무정부 상태로 방치해 둘 수는 없다. 수많은 어소시에이션 사이에 대립이 발생하는 사회 문제를 인간이 원래 가지고 있는 욕구의 조화로운 만족이라는 '전체로서의 인격'의 요청에 대응해 해결할 필요가 있으며, 그와 같은 조정의 역할에 의해 성립된 어소시에이션이 바로 국가이다.

이미 언급한 바와 같이 인간의 인격은 각기 독자성을 지니고 있지만, 적어도 최소한의 수준에서는 사람들 사이에 동질적인 욕구가 있다. '국가라는 어소시에이션 속에서 사람들은 프로테스탄트도 가톨릭도 아니며 또한 사용자도 노동자도 아니다. 국가는 인간이 인간으로서 살아가는 수준을 관리하는 것이며, 거기에서 사람들은 동일한 욕구를 갖고 있다.' 이러한 동일한 욕구의 내용은 예를 들어 '소비자로서의 이익'일 수도 있고, '시민으로서의 권리'일 수도 있다. 또한 보다 포괄적으로 '사회생활의 여러 조건인 모든 권리의 체계'이기도 하다.

이처럼 국가는 우리의 모든 공통적 요구인 '소비자로서의 이익, 시민으로서의 이익, 권리 체계의 보장'을 목적으로 종합적으로 구성된 어소시에이션이며, 그 역할은 그 같은 공통의 목적을 달성하기 위해 다른 어소시에이션과의 관계를 조정하는 것으로 한정된다. 이러한 의미에서 국가는 실로 '공공 서비스를 위한 단체'에 지나지 않게 되는 것이다.

국가와 정부는 다르다

어소시에이션으로서의 국가의 역할을 담당하고 수행하는 것은 이른바 정부이다. 그런데 언제부터인가 정부는 국민 가운데 특정한 소수의 사람들로 구성되게 되었다. 정부를 구성하는 이러한 소수의 사람들은 그 밖의 다른 사람들과 마찬가지로 자신의 특수한 경험을 통해 형성된 독자적 가치관의 지배를 받고 있다. 그 때문에 그들이 비록 성실하게 선의를 가지고 국가의 목적을 수행하고 있을 때조차도 그들이 국가의 목적에 알맞는 것이라 생각하며 결정을 내리는 정책은 그들 자신의 환경이 만들어 낸 일련의 가설에 의해 제약을 받고 있는 것이라고 볼 수 있다.

정부를 통한 국가 의사의 결정과 그 집행에는, 정부를 구성하는 사람들이 '자신이 선하다고 생각하는 것이 바로 전 인류에게도 선이 된다'고 생각하는 위험성과 '자신의 이익을 사회의 복지와 혼동'할 위험성, 곧 '특수한 상대적 진리를 보편적 진리로 확대'할 위험성이 내포되어 있는 것이다. 따라서 정부가 국가의 목적이나 기능을 왜곡하거나 일탈하는 일은 어느 면에서는 필연적이라고 할 수 있다. 국가의 목적이 우리에게 유용하다고 하여 정부의 활동 역시 항상 우리들에게 유용하다고 볼 수는 없다. 그 때문에 정부와 국가가 엄밀하게 구별되지 않으면 정부의 행동을 국가의 본래 목적에 충실하게 복종시키는 문제가 새삼스럽게 정치학의 연구 과제가 될 것이다.

정부는 '권력에 대해 영속적 권리'를 갖는 것이 아니다. 정부가 권력의 자리에 앉아 있을 수 있는 것은 시민의 요구에 적절히 대답할 수 있고 시민들로부터 신뢰받을 수 있는 경우에 한하며, 정부의 권력은 복종자인 시민들이 그 경험에 기초해 행하는 평가에 따른 것이다.

국가의 본질은 계급 관계의 표현

위와 같이 래스키는, 국가를 한정적 목적을 위해 국민들이 만들어 낸 어소시에이션으로 파악하는 '다원적 국가론'이야말로 현대 국가의 성격을 가장 잘 이해할 수 있는 이론이라고 주장했다. 국가가 개인과 각 어소시에이션을 선험적으로 초월하는 의미의 주권적 성격을 갖고 있지 않다는 점과 국가 의사의 형성과 집행에서 무수한 외부의 의사가 그것을 규제하고 있다는 점은 래스키의 주장 그대로이다. 그렇지만 이 같은 현대 국가의 내용이 래스키의 국가 이론의 정당성을 반드시 전적으로 입증하는 것은 아니다. 적어도 거기에는 다음과 같은 문제가 반드시 제기된다.

국가 권력의 기능은, 래스키가 말한 것처럼 단순히 각 어소시에이션의 관계 조정에 그치는 것일까. 또한 그것은 오로지 시민들의 공통의 필요에 대응한다는 목적을 지닌 '공공적 서비스'를 위한 단체인가. 아마도 우리의 경험상 그렇지 않다고 대답하게 될 것이다. 래스키 역시 오늘날과 같은 현대 국가에 직면하게 되면 자신의 이론을 수정하지 않을 수 없을 것이다.

『정치학 개론』의 초판이 출판되고 몇 년이 지난 뒤에 래스키는『위기에서의 데모크라시』,『국가 ―그 이론과 현실』 등의 저작을 통해 마르크스주의의 국가 이론에 공감을 표시하며 현대 국가의 성격은 자본가의 계급 지배를 위한 기구라는 입장으로 옮겨 갔다. 이른바 '계급국가론'으로의 전향이었다. 1938년의 『정치학 개론』의 제4판 출판에 즈음해 그는 새삼스럽게 '국가 이론의 위기'라고 이름 붙인 서장을 추가해 그와 같은 사고 변화를 이렇게 밝혔다.

"생산 수단이 특정한 계급에 의해 사유화되는 사회에서는 생산 과정에서 각각의 계급이 차지하는 지위의 차이가 상호 대립하는 이익과 요구를 만들어 낸다. 이처럼 좀처럼 완화되기 힘든 대립을 포함하고 있는 계급 사회에서의 국가는 필연적으로 '생활 수단을 소유한 계급의 이익을 위한 그리고 기존의 생산 과정을 유지하기 위한 권력 기구'가 되지 않을 수 없다. 거기에서 국가가 계급적 이해를 초월해 국민 공통의 필요를 충족시키기 위한 어소시에이션으로 성립된다는 것은 이미 불가능하다.

자본주의 사회에서는 정치 제도가 무엇이 되든 주권은 자본의 소유자에게 귀속되고, 자본 소유자의 이익에 기초해 습관이 통제되며 입법이 행해진다. '그리하여 국가는 생산 수단을 소유하는 계급의 행정 기관에 지나지 않게 되는 것'이다.

일찍이 나(래스키) 자신이 중심이 되어서 주장했던 '다원적 국가론'의 약점은 명백하다. '그것은 국가의 본질이 계급 관계의 표현이라는 것을 충분히 이해하지 못했기 때문이다.' 만일 국가가 주권적이라는 사실을 포기하게 되면, 국가는 지배 계급의 목적을 실현하는 기구라는 사실 역시 포기해야만 한다. 그 때문에 여타의 사회 집단에 대한 국가의 우월성이나 주권성이라는 주장은 필연적이었던 것이다.

이렇게 생각하면 '다원적 국가론자의 목적은 계급 없는 사회가 되지 않으면 안 된다. 거기에서는 주권적 강제 권력의 필요성이 소멸하며 따라서 그 같은 존재 기반 역시 소멸하게 된다." 국가에 의한 광범위한 강제 기구가 필요하게 되는 것은 생산 수단의 사유가 그 원인을 제공하는 투쟁 때문이다. 만일 사회주의 혁명에 의해 투쟁의 원인이 제거된다면, 그때 우리는 비로소 많은 수의 어소시에이션에 의해 다원적으로 그리고 연합적으로 구성될 수 있을 것이다. 그리고 그 같은 사회에서의 사회적 여러 권력 역시 다원적인 것이 될 것이다. 다원적 국가론자가 주장한 것과 같이 국가의 주권적 성격을 부정하기 위해 먼저 우리는 현대 사회의 계급적 구조를 파괴해야만 한다."

NOTES

페이비언협회
1883~1884년에 사회주의를 표방하며 영국에서 민주적 사회주의 국가를 건설하는 것을 목적으로 창립된 단체. 창립자는 스코틀랜드 출신의 철학자 토머스 데이비슨이며, 회원으로는 조지 버나드쇼와 그레이엄 월러스 등이 활약했다.

올리버 웬들 홈스(Oliver Wendell Holmes, 1841~1935)
미국의 법학자. 하버드대학교 교수를 거쳐 1902년 연방대법관 판사로 임명되었다. 저서로 『코먼 로』 등이 있다.

월터 리프맨(Walter Lippmann, 1889~1974)
현대 미국의 저명한 저널리스트. 사회심리학의 측면에서 정치학을 연구했으며, 국제정치학에 많은 업적을 남겼다. 저서로 『여론』 등이 있다.

그레이엄 월러스(Graham Wallas, 1858~1932)
영국의 정치학자이자 사회학자. 런던대학교 교수를 지냈으며, 페이비언협회의 지도자로 활동하기도 했다. 정치학에 심리학을 도입한 그의 업적은 높게 평가되고 있다.

버나드 보즌켓(Bernard Bosanquet, 1848~1923)
영국의 헤겔주의 철학자. 헤겔주의자 동료인 브래들리와 함께 비판 철학의 기초를 이루는 연구 업적을 남겼다.

미국의 민주주의
(De la démocratie en Amérique)

이 책에서 저자는 근대 민주주의 사회로의 이행을 필연적 현상으로 보았으며, 이러한 사회의 부정적 영향인 개인주의나 정치적 무관심 등에 관해서도 언급했다. 제1권에서는 잭스니언 데모크라시의 결과를 묘사했고, 제2권에서는 사회와 문화 일반에 걸친 민주주의 영향을 묘사했다.

INTRO

토크빌(1805~1859)은 프랑스 노르망디의 옛 귀족 가문에서 셋째 아들로 태어났다.

그의 집안은 정통 왕조파에 속해 7월혁명이 발발하며 탄생한 오를레앙 왕조를 지지하지 않는 사람들이 많았다. 그러나 그는 프랑스혁명 이후의 정치 흐름을 파악하고 민주주의가 새로운 체제로 자리매김할 것을 깨달으며 민주주의를 지원하기로 맹세했다. 이후 민주주의가 가장 잘 발달했다는 미국을 방문할 계획을 세우고 친구인 보몽과 함께 1831년 봄에 프랑스를 떠나 약 1년간 미국에 머물렀다.

그의 여행은 이 한 권의 책으로 결실을 맺었다.

『미국의 민주주의』(1835~1840)는 출판되자마자 유럽에서 높은 평가를 받아 토크빌은 일약 유명하게 되었으며, '현대의 몽테스키외'라고까지 불리게 되었다. 그 뒤 국회의원에 입후보해 당선되었으며, 집필 활동을 계속해 1840년 제2권을 출판했다.

제2권은 추상적이며 사변적이어서 당시로서는 쉽게 이해되지 않다가, 20세기 후반에야 비로소 재평가를 받았다.

저작 활동에 비하면 그의 정치 생활은 성공적이지 않았다. 1849년 외무장관에 취임했으나 5개월 뒤 내각 전체와 함께 나폴레옹●에 의해 퇴진당했고, 그 뒤 결핵에 걸려 정계를 은퇴했다. 그러한 역경 속에서도 1856년 다시금 불후의 명저인 『앙시앵 레짐과 프랑스혁명』을 출판했다.

미국의 민주주의를 유지시키는 일반적 요인

토크빌은 미국의 민주주의를 높이 평가했지만 그것이 훌륭한 리더십 때문이라고는 보지 않았다. 토크빌이 평가한 것은 통치자가 오랜 기간 동안 국민의 이해에 반하는 통치를 할 수 없다는 점, 국민의 이익과 권리 의식 그리고 법에 대한 의식과 공공 의식을 길러 주는 점, 그 가운데에서도 특히 국민의 행동을 활발하게 하며 약동하는 에너지를 제공하는 점이었다.

민주주의의 위험은 흔히 말하듯이 무정부적 취약성에 있는 것이 아니라 오히려 국민의 대다수를 배경으로 권력이 무소불위의 힘을 갖는 데 있으며, 강력한 국민의 대다수가 정치와 여론을 지배하고 때때로 압제적이 되며, 특히 때로는 소수의 뛰어난 사상을 지닌 사람들을 압살하는 데 있다.

미국에는 이 같은 '다수에 의한 전제專制'라는 위험이 끊임없이 존재한다. 그러나 이러한 위험이 방지될 수 있는 것은 먼저 폭압적 정치를 차단할 수 있도록 행정이 분권화되어 있기 때문이다. 또 하나는 민중의 일탈을 억제하는 독립적인 사법권이 존재하기 때문이다.

실제로 미국에서 법률가는 단순히 소송을 담당하는 것에 그치지 않고 사회와 정치 면에서도 중요한 역할을 수행하며 지식과 경험을 통해 국민의 이해와 의견의 조정 그리고 제도의 안정을 유지하는 일종의 지적인 아리스토크라시●를 형성하고 있다.

토크빌은 미국의 민주주의를 유지시키는 일반적 요인으로 지리적 이점과 법제적 요인, 풍습을 꼽았다.

법제적 요인이란 규모가 큰 공화국이 가진 강력함과 작은 공화제가 지닌 장점을 양립시킬 수 있는 연방제와, 다수의 전제를 완화시키고 자유를 존중하도록 가르치는 지방 자치 그리고 민중의 행동을 억제하는 사법권이다.

풍습이란 국민의 습성과 관행, 의견, 신앙 등을 한데 묶은 것으로, "아무리 좋은 조건을 갖추고 있고 최고의 법 제도가 있을지라도 그것이 습속과 어긋난다면 정치의 기본 구조를 유지할 수 없다"고 토크빌은 말하며 이를 매우 중시했다. 그는 그 가운데에서 종교를 특히 그러한 것으로 꼽았다. 다만 종교가 유지되기 위해서는 교회가 국가와 분리되어 있어야 하며 또한 종교가 새로운 사회에 적응하려는 자세를 취해야만 한다고 했다.

토크빌은 유럽 역사의 흐름을 통해 미국을 보고 미국의 특징이 여러 조건의 평등에 있다고 했다. 만일 이를 유럽 역사의 흐름 속으로 옮겨 놓으면 '여러 조건의 평등화'라는 흐름이 된다. 그는 이 흐름은 필연적인 것이며 인간의 힘으로 멈출 수 없는 '섭리적'인 것이라고 생각한 듯하다.

유럽에서도 불가피하게 법 앞에 사람들이 평등하고, 평등한 권리를 가지며, 재산과 지식 그리고 기타의 모든 것이 평등화되어 평균적으로 되거나 유사화되고 있다. 산업 발달에 의해 과거와는 다른 새로운 산업적 아리스토크라시가 등장하고 있는 것이다.

그렇지만 이 같은 아리스토크라시 역시 일반적으로 평등화 속에서 지나친 지배력을 발휘하지 못하며 또한 과거의 귀족만큼 강대하거나 엄격하지도 않다. 따라서 혁명의 가능성도 적을 것이다. 토크빌은 유럽에서의 평등화가 사회주의에 의해 이루어질 가능성은 그리 크지 않다고 보았다.

현대적 대중 사회에 대한 예언적 묘사

이 책의 제1권은 민주주의의 정치적 결과를 다루고 있으며, 제2권은 넓은 의미에서의 사회, 곧 개인의 일상생활과 지성, 도덕, 국민성을 이루는 관습, 감정의 양태 등에서 민주주의가 어떻게 작용하고 있는가를 살피고 있다. 실제로 제2권은 제1권보다 훨씬 폭넓게 다양한 문화 양상에 걸쳐 민주 사회의 모델, 곧 여러 조건이 평등한 사회 그리고 그런 사회에서 문화의 여러 양상은 어떠한 모습을 드러내고 있는가를 묘사하고 있다. 하지만 이는 당시의 미국 사회 그 자체에 대한 묘사라기보다는 훨씬 추상적인 민주 사회의 일반 '모델'에 대한 묘사에 가깝다.

그처럼 묘사된 사회는 당시에는 어느 나라에도 해당되지 않았다. 현대의 대중 사회가 되고 나서 비로소 그 윤곽이 겹쳐지는 내용들이다. 토크빌이 '대중 사회의 예언자'라고 불리는 이유가 여기에 있다.

그가 묘사한 사회는 과거의 귀족 사회도 아니며 소수가 지배하는 사회도 아니다. 모든 것이 평등화되고 평균에 가깝게 되어 있어 계급적으로 말하자면 중산 계급이 다수를 차지하는 지배적인 사회이다. 상류층이나 하류층은 이 같은 중산 계급의 대중에 비교하면 무력하다. 또한 이들 계급 사이에는 끊임없는 유동성이 존재한다. 계급과 인간관계뿐 아니라 사람들의 의견이나 감정 역시 그렇다고 말할 수 있다.

과거와 같은 귀족성과 달리, 이 같은 사회에서는 전통적 종속 관계가 존재하지 않으며 인간관계와 사고는 독립적이다. 또한 과거와 전통에 얽매이지 않고 자신의 이해 능력에 맞추어 사물을 직시한다. 아카데믹하기보다는 실제적이며, 형식에 얽매이지 않고 목적에 직접 도달하려고 한다. 과학과 문화 역시 이 같은 기질에 적합해야 충분히 발전하게 된다. 또한 그를 평가할 재능과 지식 역시 일반화되어 있다.

현대적 대중 민주주의의 부정적 영향

그렇지만 이것이 반드시 좋은 점만을 의미하는 것은 아니다. 대부분이 평등하고, 지성과 지식이 서로 비슷하며, 닮은꼴의 인간이 무수히 많이 존재하고, 어떠한 형식이나 틀을 따르지 않으면서 나름대로 움직이고 있는 듯한 사회에서 개인은 쉽게 대중 속에 매몰되며 무력감에 빠지게 되는 것이다. 대부분이 자신에 관해 깊이 생각하며 침착하고 차분하게 행동하는 것이 아니라, 경박한 생각이나 빠른 머리 회전으로 그때그때의 여론의 흐름에 휩쓸린다.

이와 같은 사회에서는 숫자만이 유일하게 권위를 가질 수밖에 없다. 사람들은 다수의 추세, 곧 '여론●'에 굴종하기 쉽다. '여론에 대한 신뢰는 일종의 종교가 되며 다수는 그 예언자가 된다.' 여기에서 '다수의 전제'라는 위험이 존재하는 것이다.

하지만 이러한 사회에서는 사회적 관계나 인간관계도 그다지 엄격하지 않고 대부분의 개인은 물질적으로 충분히 여유 있는 생활을 누릴 수 있다. 따라서 이들은 가족 또는 몇 안 되는 소수의 친구로 이루어진 친근하고 마음 편한 작은 서클 속에 갇혀 지내면서 일상생활의 안녕과 복지만을 추구하는 것이다.

그 결과 공적 사항이나 정치에 대한 관심을 잃게 되며, 보다 넓은 시야에서 사물을 파악할 수 없게 된다. 나아가 야심을 크게 품지 않게 되며, 활력도 쉽게 상실하게 된다.

고립되어 무력하게 된 개인은, 생활의 안락을 위해 국가 권력이 자신들의 안녕을 보장해 줄 것을 요구하고, 국가 역시 과거와 같은 압제자가 아니므로 후견인으로서 이들을 보호하게 된다. 이처럼 국가 권력이 작은 일에 이르기까지 개인의 생활에 관여하게 되고 행정적으로 권력이 집중화되기 때문에 권력은 차츰 강해지게 된다.

이와 같이 민주주의와 권력의 집중은 결코 모순되지 않으며 서로 상통하는 것이다. 개인은 그 속에서 자신의 안녕을 국가에 요구하며 생활을 국가에 의존함으로써 인간은 점점 더 왜소해지게 된다.

개인이 정치적으로 소외되지 않는 민주주의를 지향

민주화된 사회에 대한 토크빌의 태도는 좀 더 복잡하다. 귀족 사회는 소수를 위한 부와 지식, 영광과 미덕 그리고 세련된 예절과 습관을 만들어 냈다. 그렇지만 이는 민중의 극단적 빈곤과 무지 위에 세워진 것이다. 이에 비해 민주화된 사회는 귀족 사회만큼 화려한 사회는 아니지만 최대 다수의 최대 행복을 가능하게 하는, 보다 정의로운 사회이다. 결국 토크빌은 보다 정의에 가까운 민주 사회를 인정한다.

하지만 민주 사회는 '다수'와 집중된 권력의 '전제'가 함께 양립되어 있는 것으로, 토크빌이 인정하고자 했던 것은 '전제' 아래의 평등이 아닌, 자유에 대해 평등하고 구속이 없는 민주 사회뿐이었다. 그 사회에서 개인들은 활동적이며 공공의 문제에 관심을 갖고 적극 참여해야 한다.

그렇다면 그 같은 사회는 어떻게 가능한가.

토크빌은 결국 미국과 같이 소규모의 정치 현장, 곧 기본적으로 지방 정치와 지방 자치를 확립하는 데 있다고 생각했다. 소규모 정치의 현장에서는 공공의 문제가 어떻게 자신의 이해와 직접적으로 관계되는가를 쉽게 인식할 수 있다. 또한 자신의 이익을 공공의 이익과 연결시킴으로써 보다 나은 이익을 실현해 낼 수 있다는 생각도 생겨나게 된다. 자발적인 결사 역시 이 같은 기능을 수행할 수 있으며, 이는 특히 국가 권력의 비대화를 유효하게 억제할 수 있다.

종교 역시 중요하다. 좁은 범위에 해당하는 신변의 물질적 안녕에 대한 관심으로부터 보다 넓은 정신적 문제로 시선을 향하게 해 줄 수 있기 때문이다.

NOTES

루이 나폴레옹(Louis Napoléon, 1808~1873)
나폴레옹 3세를 가리킨다. 나폴레옹 정권이 붕괴한 뒤 망명 생활을 했지만 2월혁명 이후 대통령이 되었다. 1851년 쿠데타를 일으킨 뒤 이듬해 스스로 나폴레옹 3세라고 자칭했다. 토크빌은 이 쿠데타가 일어났을 때 체포되었다.

아리스토크라시aristocracy
원래는 '귀족 정치', '귀족 사회', '특권 계급', '상류 계급' 등의 뜻을 지니지만 의미가 전화되어 '최고 시민에 의한 정치'라는 뜻으로 사용하게 되었다. 여기에서도 그런 의미로 사용되었다.

여론
근대의 민주 정치의 발전 과정 속에서 발생한 사회학적, 사회심리학적인 용어이다. 정치의 정당성이 필요할 때 문제시되는 사항에 대한 정치 성원들의 현재의 의견 또는 바람 등을 의미한다.

정치 권력
(Political Power)

사회의 통제 과정에서 정치 권력이 어떠한 역할을 수행하는가를 객관적으로 분석하려고 한 이 책은 '당위'나 '이념'으로서의 정치를 추구해 온 기존의 방향을 전환시켜 '현실적'인 정치를 파악하고자 한 최초의 시도였다. 이 책은 이후 정치의 구조 기능에 관한 분석에 커다란 영향을 끼쳤다.

INTRO

메리엄(1874~1953)은 아이오와주립대학교를 나와 컬럼비아대학교의 대학원에서 경제학과 정치학을 공부했다. 그 무렵 컬럼비아대학교는 정치학의 새로운 연구 중심지였으며, 이곳에서 연구 생활을 시작하게 된 메리엄은 1900년 시카고대학교에 취직해 이후 반세기 동안 정치학자로 활동하다가 1953년에 죽었다. 연구 생활 이외에 현실 정치에도 강한 관심을 보여 시카고에서 몇 년 동안 시의회 의원을 지냈으며 시카고의 시장 선거에 입후보한 적도 있다.

정치학자로서의 메리엄은 정치학의 과학화를 제창해 심리학과 사회학 등 새로운 성과를 정치학에 적극적으로 수용하고자 했다. 메리엄의 지도 아래 시카고대학교는 미국 정치학의 메카가 되었다. 메리엄이 '현대 정치학의 대부'로 불리고 있는 것도 이러한 이유 때문이다.

『정치 권력』(1934)의 초고는 1932년 베를린에서 독일의 의회 선거를 지켜보며 불과 6주 만에 완성되었다. 이 책은 메리엄이 정치학에 관해 스스로 제창한 새로운 연구 방법을 정치 권력에 적용한 명징한 분석인 동시에 대공황 속에서 나치가 정권을 탈취하는 격동의 시대가 짙게 반영되어 있는 시대의 저작이기도 하다.

모든 인간 집단에서 일어나는 권력 현상을 분석해 내고, 그러한 시각을 통해 현실 정치를 분석하고자 한 이 책은 이후의 정치학에 이루 말할 수 없을 정도로 큰 영향을 끼쳤다.

권력은 모든 조직에서 나타나는 현상

전통적인 정치학과 정치 사상이 국가 또는 정치 권력의 본질을 문제 삼아 온 데 비해 이 책의 저자인 메리엄은 사회의 통제 과정에서 정치 권력이 담당하는 역할과 그 결과로 나타나는 정치 상황을 객관적으로 그리고 사실적으로 분석하고자 했다.

그것은 '당위'로서의 정치와 '이념'으로서의 정치를 추구해 온 종래의 방향을 전환해서 '현실적'인 정치를 파악하고자 한 최초의 시도라고 말할 수 있다. 또한 과학으로서의 정치학에 관한 방향을 의식적으로 권력 현상의 분석에 적용하고자 한 시도라고 할 수 있다.

이러한 방법적 자각의 결과, 이 책에서 거론하고 있는 분석 대상은 전통적인 정치관의 틀을 크게 뛰어넘는 광범위한 것이 되었다. 예를 들어 '권력'이라는 중심적 개념에 관해 살펴보면, 권력은 거의 모든 형태의 조직에서 나타나는 현상으로 이해되고 있다. 또한 정치적 조직과 다양한 형태의 비정치적 조직 사이에는 많은 유사성과 상호 교환성을 발견할 수 있게 된다. 그렇다고 하면 이와 같은 관점에서 권력 현상을 분석하기 위해서는 인간과 사회에 관한 기존의 지식을 총동원하지 않을 수 없다.

실제로 이 책은 그 무렵에 빠른 속도로 발전하고 있던 생물학과 생리학, 심리학, 정신분석학, 사회학, 인류학 등의 성과를 전면적으로 수용해 정치 권력을 인간의 사회적 활동의 결과로서 파악하고자 한 것이다.

권력의 탄생에서 죽음까지

사회계약론●적 입장에서 말하자면, 권력의 모체는 정치 사회가 형성될 때 그 구성원들 사이에 맺어지는 계약이라고 여겨져 왔다. 그러나 메리엄은 권력이라는 말이 생겨나기 훨씬 이전부터 권력 그 자체가 존재하고 있었다고 주장하고 있다. 곧, "권력은 다름 아니라 집단의 통합 현상이며, 집단 형성의 필요성과 유용성에서 생겨난 것이다"라는 인식에서부터 출발하고 있다. 따라서 거기에서는 사회의 다양한 집단 사이의 긴장 관계와 집단 구성원의 퍼스낼리티 그리고 그와 같은 집단의 상황과 구성원의 퍼스낼리티를 조정하고자 나선 지도자(또는 권력 추구자)가 문제가 되는 것이다.

이 같은 시각에서 권력과 권력 관계란 사회의 거의 모든 곳에 존재하는 것이 되며, 무법자의 세계라고 해도 법과 권력은 엄연히 존재하게 된다. 그리고 정치 권력은 반드시 '권력 집단'의 제1인자에게만 한정된 것이라고 주장할 수 없게 되며, 설령 제1인자라고 해도 그 지위는 끊임없이 위험에 노출되게 된다. 따라서 정치 권력은 자신의 지위를 유지하기 위해 다양한 기술을 구사하고 스스로를 미화시킴으로써 사회적 통합에 관한 자신의 유용성과 우월성을 과시해야만 한다. 더욱이 힘의 행사를 통해 사회 관계를 조정해 가는 이상, 그러한 유용성과 우월성을 통해 스스로를 공식적인 정의의 구현자로 인식시킬 필요가 있게 된다. 바로 여기서 등장하는 것이 권력의 공식적인 모습이다.

그러나 정치 권력에는 감추어진 또 하나의 얼굴이 있다. 끊임없는 권력의 추구와 그에 수반되는 '힘의 숭배와 힘을 과시하려는 취향'이 그것이다. 완전한 통치 형태란 있을 수 없는 것으로, 권력욕과 그러한 권력욕이 가져온 궁핍화는 권력에 항상 존재하는 양태이다. 어느 한 사회의 구성원들이 정치 권력의 뒷면을 강하게 의식하게 되면 통합 기능이 약해지며 권력의 마이너스 측면이 점점 더 부각되게 된다. 정치 권력의 발전은 이러한 사태를 피하고자 노력해 온 장치라고 말할 수 있다. 의회주의를 비롯한 다양한 제도의 실험도 완전한 구제책은 아닐 것이다. 그리고 반란과 혁명은 때때로 정치 권력을 죽음으로 내모는 결정적인 일격이 된다.

미란다·대중사회화와 그에 따른 여러 문제

정치 권력의 궁극적인 기초가 물리적인 힘에 있다고 해도 그러한 물리적인 힘에만 의존한다면 권력은 그 자신을 유지할 수 없다. 자기 유지를 위해 권력이 취하는 상투 수단은 크레덴다credenda●로 자신을 치장하는 일이다. 대중사회화 현상이 진전되어 정치 권력의 실태적 기반이 확대되면 대중의 심리적 동원은 권력 유지를 위한 불가결한 요소가 되며, 거기에서 미란다miranda●가 수행해야 할 역할 역시 더욱 커지게 된다. 따라서 대중사회적 상황 아래에서 권력은 조직화의 급속한 진행과 그에 따른 개개인의 퍼스낼리티의 변화를 이해하는 사람만이 성공적으로 그 권력을 담당할 수 있게 될 것이다.

군중의 의사 표시와 대중의 행동 그리고 그러한 행동의 저변에 깔려 있는 인간의 퍼스낼리티 등에 대해 어떻게 대응하며 또한 어떻게 조직화해 이를 통합시킬 것인가 하는 문제는 권력의 새로운 기술에 관한 핵심을 구성하게 된다. 저자 메리엄은 "히틀러나 무솔리니의 권력 장악은 선이냐 악이냐의 문제를 떠나 그 권력이 조작하는 대중의 심리와 대중을 구성하는 개개인의 인간적 퍼스낼리티가 추구하는 내적 목적에 대한 날카로운 이해 위에 성립된 것이다"라고 주장하고 있다.

NOTES

사회계약론
정치 사회 및 정치 권력의 성립 원리를 사회 구성원의 전원 일치에 의한 합의나 계약에서 구하려는 사고 방식. 근대 정치 이론의 핵심을 이루는 개념으로, 홉스와 로크, 루소 등이 대표적 이론가들이다.

크레덴다와 미란다
메리엄이 만들어 낸 조어. 크레덴다는 피지배자에게 권력의 존재를 정당한 것으로 인식시켜 그 존속에 동의하게 하는 것(존경, 복종, 희생 등)을 의미하며, 미란다는 권력을 미화시켜 감탄과 찬사를 자아내게 하는 다양한 내용을 의미한다. 정치 권력이 인간 심리에 기초한다는 것을 직접적으로 표현한 용어이다.

고독한 군중
(The Lonely Crowd)

 저자는 제2차 세계대전 직후의 미국 사회를 관찰하고 현대 대중 사회에서의 미국인의 사회적 성격을 타인 지향형이라고 특징지었다. 또한 사회성의 그늘에 불안과 고독감을 지니고 있는 성격 유형을 '고독한 군중'으로 파악했다. 그러한 분석적 시각은 그 뒤 활발히 논의된 탈공업화 사회론의 선구가 되었다.

INTRO

리스먼(1909~2002)은 미국의 펜실베이니아 주 필라델피아에서 태어나 처음에는 의사가 되기 위해 하버드대학교에서 생화학을 공부했다. 그러나 졸업한 뒤에는 법학부로 옮겨 법학 이외에 역사학과 문화인류학, 정치학 등에 관한 지식도 쌓았다. 그 뒤 변호사로서 실무를 담당하기도 하고 법학 교사가 되기도 했지만, 제2차 세계대전 이후 시카고대학교와 하버드대학교에서 교편을 잡았다.

『고독한 군중』(1950)은 1950년에 출판되어 수많은 논쟁의 표적이 된 베스트셀러이다.

현대 미국 사회를 타인 지향적이라고 규정하고 그러한 시각으로 살펴본 정치 권력의 분석이 매우 독창적이다.

미국의 정치 실권은 대부분이 거부권을 행사하는 집단의 손에 들어 있다고 한 그의 분석은, 예를 들어 파워 엘리트의 존재를 강조한 C. W. 밀스의 주장과 크게 대조적이다.

또한 리스먼이 제기한 타인 지향형 사회에서 자율성의 문제는 대중사회론에서 주요한 테마로 거론되며, 앞으로도 사회학자들이 계속 추구해야 할 과제일 것이다.

주요 저서로 『군중의 얼굴』(1952), 『개인주의의 재검토』(1954), 『미국 대학론』(1956), 『현대문명론』(1963), 『대학 혁명』(1968), 『대학의 실험』(1970) 등이 있다.

사회적 성격의 변화 유형

리스먼은 사회적 성격을 인구 성장의 3단계에 따라 전통 지향과 내부 지향, 타인 지향이라는 세 가지 유형으로 구분했다.

인구의 출생률과 사망률이 모두 높은 '잠재적 고도 성장' 사회(미개발 부족, 인도, 이집트 등)에서 그 구성원들은 전통 지향형이며 제1차 산업에 주로 종사한다. 거기에서의 사회 질서와 행동 양식은 안정되어 있으며, 개인의 활동은 전통 의례와 일상적 습관, 종교 등에 순응한다.

다음 단계는 의학 등의 발달로 사망률이 낮아지면서 급속한 인구 팽창이 일어나는 인구의 '과도적 성장' 사회가 되는데, 이 같은 사회의 성격을 내부 지향형이라고 한다. 이러한 사회에서 개인이 행동의 방향을 결정하는 데에는 '내적', 곧 '유년기에 연장자에 의해 부여된' 동기가 영향을 미친다. 따라서 개인의 지향하는 목표는 일반화된 목표이고 또한 동시에 숙명적으로 거부할 수 없는 목표가 된다.' 르네상스 시대와 종교 개혁을 거친 서양이 이와 같은 사회의 전형이며, 거기에서는 제2차 산업이 지배적이다. 내부 지향형의 인간에게 일은 가장 중요한 것이며, 놀이는 부차적인 사항에 지나지 않는다. 그리고 소비 역시 소유욕을 채우기 위한 수단이거나 사회로부터 도피하기 위한 수단에 지나지 않는다.

제3단계는 사망률뿐 아니라 출생률도 함께 낮아져 고령화 사회가 되는 '초기적 인구 감퇴형' 사회이다. 이러한 것의 대표적인 사례로 현대 미국을 꼽을 수 있는데, 이러한 곳에서는 제3차 산업이 우위를 차지하며 외부의 타인의 기대와 취향에 민감한 타인 지향형의 사회적 성격이 지배적 경향이 된다. 곧, 타인 지향형에 속하는 인간의 목표는 동시대 사람들에 의해 결정되기 때문에 타인으로부터 전해 오는 신호에 끊임없이 세심하게 주의를 기울이게 된다.

미국의 권력은 비토 그룹이 장악

다음으로 리스먼은 사회적 성격의 변화 이론을 미국의 정치 분석에 적용했다. 먼저 정치 스타일이라는 관점에서, 내부 지향형은 '도덕주의자 (비분강개파)', 타인 지향형은 '내부 정보통'이라는 형태로 분류했고, 정치에 대한 '무관심파'의 오래된 전형은 전통 지향형으로 그리고 새로운 형태는 타인 지향형으로 분류했다. 더욱이 현대 미국의 정치는 매스 미디어의 발달을 빼놓고는 생각할 수 없으며, 거기에는 다음과 같은 문제가 포함되어 있다.

먼저 대중 사회는 타인 지향형 인간에게 정치를 소비의 대상으로 제시하고 있다는 점, 두 번째로 매스 미디어는 그것을 받아들이는 층이 넓은 만큼 다양한 집단의 압력에 민감하게 반응해 타인 지향적 관용의 무드 속에서 생산되고 소비된다는 점이다. 세 번째로 그럼에도 불구하고 정치적인 면에서 오히려 미국의 매스 미디어는 오늘날에도 내부 지향적인 도덕화 경향을 보이고 있다는 점을 지적하고 있다.

다음으로는 위와 같은 미국 사회의 타인 지향화 경향이 권력의 구조와 어떤 관련을 맺고 있는가를 문제로 삼았다. 19세기의 미국에는 명확한 형태의 지배 계급이 존재하고 있었으나, 현대의 미국에서 권력은 여러 곳으로 분산되어 있는 '거부권 행사 집단'의 손안에 들어가 있다고 말할 수 있다. 이처럼 다양한 집단에 의해 만들어진 무정형의 권력 구조는 실로 타인 지향형의 정치 양식에 적합한 것으로, 지배자와 피지배자 또는 이편과 저편의 구별조차 곤란하게 한다.

타인 지향형 인간의 자율성 문제

위와 같이 타인 지향형 성격과 연관지어 미국의 정치를 관찰한 리스먼은 마지막으로 타인 지향형 인간의 자율성에 관한 문제를 거론하고 있다. 보통 성격학적으로 보아 적응형과 아노미형, 자율형의 세 가지 패턴으로 인간을 분류할 수 있지만, 제1의 유형은 어느 사회에서든 전형적인 성격 구조를 가진 자, 제2의 유형은 적응형의 성격 패턴에 동조할 수 있는 능력이 결여된 자, 그리고 마지막으로 제3의 유형은 사회의 규범에 동조할 수 있는 능력을 지니고 있지만 실제로 그에 동조하는가의 여부에 관해서는 선택의 자유를 가지고 있는 자를 가리킨다.

그렇다면 타인 지향형 사회에서 자율형은 어떻게 가능한 것인가. 무엇보다도 고도의 자아 의식이 필요하다는 것이 저자 리스먼의 주장이다. 또한 리스먼은 일과 놀이 속에서 자율성의 확립에 방해가 되는 이른바 '인격화의 과잉'을 지적하며, "길게 내다보아 결국 나는 근대 공업의 비인간화에 반대하는 것보다 오히려 그것과 보조를 맞춰 나가는 것이 의미가 있다고 생각한다. 그리고 일의 세계에서는 오토메이션을 추진하는 편이 현명하다고 생각한다. 그렇지만 그것이 일 그 자체를 위한 것이어서는 곤란하다. 그것은 놀이와 소비를 위한 것이어야만 한다"라고 주장한다. 놀이의 영역에서 재능을 발휘하는 것이 현대 사회의 과제가 되는 이유가 바로 여기에 있다.

NOTES

거부권 행사 집단veto group
자신의 권익에 반하는 일을 그만두게 할 수 있는 힘을 지닌 집단. 이른바 자기 방어적 집단으로, 많은 수의 그와 같은 집단이 실제로 미국의 정치를 움직인다고 여겨지고 있다.

현시적 소비|conspicuous consumption
자신의 지위 또는 자신이 동경하는 지위가 요구하는 역할에 걸맞게 타인에게 보이기 위해 소비하는 것으로서 베블런의 개념이다.

파워 엘리트
(The Power Elite)

권력사회학에 관한 중심적 의제를 제안하고 있다는 점과 현대 미국의 권력 구조 전체를 분석하고 있다는 점에서 공적이 매우 크다. 밀스는 이 책에서 현대 미국에서 고도의 권력이 집중되고 있는 사실에 주목하고, 이 권력 담당자를 '파워 엘리트'라고 불렀다. 여기에서 그가 밝힌 이론은 오늘날에도 유효한 학설로 받아들여지고 있다.

INTRO

밀스(1916~1962)는 1916년 텍사스에서 태어나 텍사스대학교에서 철학을 공부한 뒤 위스콘신대학교에서 사회학을 전공하고 박사 학위를 받았다. 1946년 이래 컬럼비아대학교에서 사회학을 강의하며 그 무렵의 보수적 분위기에 대항해 홀로 일어서 도덕적 리더십을 발휘하지 못하는 사회학 분야의 '기득권층'에게 반란을 일으키며 아카데미즘 내부로부터 미국 사회에 대한 고발을 계속했다.

밀스의 사고의 원점은 프래그머티즘과의 대화에 있으며, 듀이의 영향이 짙다. 또한 베블런과 거스를 통해 베버로부터도 영향을 받았는데, 이런 점에서 사회적 행위 이론의 계승자로 여겨지고 있다. 마르크스주의와는 성격을 달리하지만 좌파로 분류된다.

주요 저서로 『화이트 칼라』(1951), 『제3차 세계대전의 원인』(1958), 『사회학적 상상력』(1959), 『들으라, 양키들아』(1960), 『마르크스주의자들』(1962) 등이 있다.

밀스는 1962년 심장병으로 46세의 젊은 생을 마감했다.

이 『파워 엘리트』(1956)는 1956년에 발표된 밀스의 대표작 가운데 하나이다. 『화이트 칼라』와 마찬가지로 판화적 캐리커처를 담고 있다고 하여 이 점 역시 비판받기도 했으나 수많은 역사적 소재를 통해 현대 미국의 깊숙한 내부에 빛을 투영했다는 점에서 두 권 모두 높이 평가되고 있다.

파워 엘리트의 출현

이 책은 주로 현대 사회의 정점에 관해 날카로운 분석의 메스를 가하며 미국 사회의 전체상을 다음과 같이 묘사하고 있다.

현대 미국 사회의 정점은 점차 통일되어 종종 의식적으로 상호 조정되고 있는 것처럼 보인다. 곧, 정점에는 파워(권력) 엘리트가 출현하고 있는 것이다. 그 중간 레벨에는 꼼짝하지 못하는 상태에 빠진 채 균형 상태를 이루고 있는 여러 세력들이 표류하고 있다. 다시 말해 중간 레벨은 사회의 저변과 정점을 연결해 주는 매개 역할을 수행하지 못하고 있는 것이다. 이러한 사회의 저변은 정치적으로 분단되어 스스로 원하든 원하지 않든 점차 더욱 무력해지게 된다. 곧, 그 저변에서 대중 사회가 출현하고 있는 것이다. 여기에서 말하는 파워 엘리트란, '중요한 영향을 가져올 결정을 내릴 수 있는 사람들'이라고 정의되고 있다. 하지만 정작 문제는 우연이든 의식적이든 그러한 결정을 내릴 수 있는 중요한 위치 그 자체에 있다.

구체적으로 살펴보면, 제2차 세계대전 이후의 미국 사회에서 전국적 규모를 지닌 권력적 소재는 크게 경제, 정치, 군사의 세 개 영역에 놓여 있었다. 이들 세 개 영역은 전후에 더욱 확대되고 중앙 집중화되었으며, 각각 자율적으로 운영되는 이들 제도적 질서의 정점에 출현한 최고위층이 바로 경제적, 정치적, 군사적 엘리트를 구성하고 있다.

먼저 경제의 정점에서는 회사의 소유주나 최고 경영자가 군림하고 있다. 거대 주식회사가 발달하는 과정에서 재산을 기초로 얻은 경영상의 지위는 사유재산제도에 힘입어 모든 권력과 특권을 집결시키며 재산 계급은 사회의 부호로 재편성된다. 이들은 자신의 재산에 수반된 제도적 권력을 손에 넣은 것이다. 회사 조직에서 경제적 주권을 차지하는 것은 물론, 금전을 매개로 정당에 대한 발언권을 강화하고, 주요 정치가와의 개인적 관계를 통해 정부 내의 지위에 대해서도 영향력을 행사한다. 그리고 스스로 정부의 포스트에 취임해 정치와 경제의 정점을 차지하고 있다.

군사적 질서의 정점에는 통합참모본부와 상층 군부의 주변에 몰려 있는 군인 정치가 엘리트●들이 자리 잡고 있다. 세계대전과 그 이후에 미국의 국제적 지위와 국제적 상황 때문에 정치가 군부에 침투해 군부 역시 정치와 밀접한 관련을 맺게 되었다. 이러한 군부의 등장은 제2차 세계대전 이후 권력의 구조 변화에 중요한 요소를 구성한다.

마지막으로 미국의 정치 제도가 중앙 집권화되고 의제 채택과 그 결정의 중심이 의회에서 행정부로 이행하는 가운데 미국 정부의 결정이 대통령제 아래의 행정부를 정점으로 하는 50명 안팎의 정치 간부들의 손에 장악되었다.

더욱이 현재 경제와 정치, 군사 부문의 각 제도 사이에는 몇 가지 객관적 이해가 서로 일치하고 있고, 이들 제도 속에서 지배적 지위를 차지하고 있는 사람들은 사회적으로 유사성을 지니며, 심리적인 친근성을 느낀다. 동시에 최하층에게 영향을 미치는 결정은 그 분야뿐 아니라 다른 제도에도 영향을 미치고 있어 이들이 내리는 하나의 결정이란 실은 거의 전체적인 성격을 지니게 되는 것이다.

다원적인 균형 관계의 붕괴

미국이 건국된 이래로 자유주의적 사상은, 자주 독립적인 중산 계급이 중심을 이룬 위대한 미국 공중公衆이 정통성을 지닌 권력의 담당자가 되어, 명확히 분권된 민주주의적인 정치 제도 속에서 대립하는 독립된 각 집단 간의 다원적인 힘의 균형을 달성하는 것이라고 상정되어 왔다. 그러나 더 이상 그것을 현대의 미국에서는 찾아볼 수 없게 되었다.

의회는 두 손과 두 발을 들고 있는 상태이며, 의원은 선거구의 이해만을 중시해 직업적 정치가의 권력은 중간 레벨로 전락하고 말았다. 중산계급● 역시 블록별로 조직되어 복지 국가의 내부에서 제 몫만을 챙기고자 하는 현실적 이익 집단으로 분산되었다.

권력의 저변에는 국민 사회로부터 대중 사회로의 이행이 진행되고 있다. 대다수의 사람들은 매스미디어를 통해 받은 인상에 기초한 단순한 의견의 수용자에 불과하며, 개인의 신속하고 유효한 반응은 불가능하게 되었다.

제도가 부패하고 있기 때문에 상층부의 부도덕성은 불가피한 현상으로 등장하고 있다. 이것이 미국 엘리트의 구조적 특징이다. 더욱이 권력 엘리트들에게 정확한 지식을 제공해야 할 의무를 지닌 지식인들은 엘리트의 대변인들을 지원하는 역할에만 그치고 있다.

이처럼 밀스는 지식인 계급을 내부로부터 통렬히 비판하며 다가올 미래를 일관되게 짙은 회의론으로 묘사하고 있다. 그런데도 이 책은 현대 미국의 권력 구조를 분석하는 데 부동의 지위를 차지하고 있다. 물론 이에 대해 아카데미즘 내부로부터는 파슨스와 달에게, 마르크스주의자로부터는 폴 스위지 등에게 비판을 받기도 했다. 반면, 돔호프는 '상층계급론'에서 밀스를 계승해 그의 이론을 발전시켰다.

NOTES

엘리트elite
일반적으로는 어느 한 사회에서 높은 지위를 차지하고 있는 기능적인 집단을 의미한다. 한 사회에서 정치 권력을 어느 시점에서 현실적으로 행사하고 있는 개인들로 구성된 작은 그룹을 정치 엘리트라고 부르기도 한다.

중산 계급(또는 중간 계급)
자본주의 사회에서 부르주아지와 프롤레타리아트라는 기본 계급 사이에 있는 부차적인 계급으로, 농민과 소상인, 수공업자 등을 구 중간 계급이라 하고, 화이트 칼라를 신 중간 계급이라고 한다.

위르겐 하버마스(Jürgen Habermas)

후기 자본주의 정당성 연구

(Legitimationsprobleme im Spätkapitalismüs)

현대 자본주의 사회의 경제와 정치, 사회의 상황을 상호 관련지어 분석하는 한편, 그러한 사회에서의 변혁과 인류의 해방에 관한 방법을 새로운 실천과 행위 규범의 확립을 통해 실현해야 한다고 역설하고 있다.

INTRO

하버마스(1929~)는 1961년 교수 자격을 획득한 이래 1961~1964년에 하이델베르크대학교에서 철학을 강의했으며, 1964년부터는 프랑크푸르트대학교에서 철학과 사회학 강좌를 담당했다. 1971년부터는 독일 남부에 위치한 바이에른 지방의 슈타른베르크에 있는 마르크스프랑크연구소의 소장직을 맡았다. 호르크하이머와 아도르노, 마르쿠제 등으로 유명한 '프랑크푸르트학파', 이른바 '비판 이론'의 대표적 이론가이다.

이 책 『후기 자본주의 정당성 연구』(1973)에서도 살펴볼 수 있듯이 하버마스의 이론적 관심은 다양한 방면에 걸쳐 있어 그의 학문을 간단히 특징짓기는 매우 어렵다. 그렇지만 거기에 일관되게 흐르고 있는 것은, 한편으로는 마르크스를 연구하며 다른 한편으로는 경제 활동이라는 질적으로 다른 인간 실천의 영역을 비판적으로 재구성하고자 하는 시도이다. 이 책의 마지막 부분은 실로 그러한 관심을 정당성의 문제와 연결시켜 전개하고 있는 대목이다.

또한 이 책이 무엇보다 의미를 지니는 것은, 후기 자본주의 사회 전체를 다면적으로 고찰하여 거기에서 보이는 다양한 위기적 양상과 문제를 지적하고 있다는 점에 있다.

하버마스가 보여 준 포괄적 시각과 예리한 분석은 이 방면의 저술로 타의 추종을 불허한다. 현대 사회 전체에 대한 조감도를 그려보고자 할 때 이 책은 반드시 많은 것을 시사해 줄 것이다.

경제 영역에 대한 국가의 개입이 사회적 위기를 초래

인간 사회는 두 개의 얼굴을 가지고 있다. 그 가운데 하나는 언어 등을 매개로 한 행위 규범의 세계인데, 이 세계는 인간의 자기 동일성과 긴밀한 관계를 맺고 있다. 또 다른 인간의 사회는 각각의 개인이 하나의 톱니바퀴가 되어 서로 맞물려 만들어 내는 하나의 체계라는 얼굴이다. 후자의 세계는 무엇보다 인간의 경제 활동과 불가분의 관계를 맺고 있다. 여기에서 인간은 어떤 일정한 기술적 합리성●에 따라 행동해야만 하는 것으로 여겨지고 있다. 하버마스는 현대 사회를 분석할 때 후자의 체계적 시점을 통한 분석만으로는 한계가 있다고 지적하며, 이들 두 가지 측면 모두를, 그리고 이들 상호 간의 관계를 분석할 필요가 있다고 강조하고 있다.

하버마스가 이러한 틀에 기초하여 분석하고자 한 후기 자본주의는 한편에서는 기업의 집중과 시장의 조직화가 이루어지고 있으며, 다른 한편에서는 시장에 대한 국가의 개입이라는 특징을 보이는 사회이다. 하버마스는 이를 '조직화된' 그리고 '국가에 의해 통제된' 자본주의라고 이름 짓고 자유주의적 자본주의와 구별하고 있다. 하버마스가 규정한 자본주의의 기본적 특징은, 그 이전 단계에서 나타난 경제적 위기에 국가가 개입하여 그를 해소하고, 그러한 과정을 통해 사회의 각 계급들 간의 대립을 둔화시켜 사회적 위기를 예방하는 데 있다. 그러나 실제로 그러한 방책은 부차적으로 정치와 문화에 다양한 영향을 미쳐 오히려 정치와 문화 영역에 위기적 현상을 낳게 된다고 하버마스는 지적하고 있다.

하버마스는 그러한 위기를 '체계의 위기'와 '자기 동일성의 위기'로 구분하고, 전자에서는 경제적 위기와 정치 영역에서의 합리성의 위기, 후자에서는 정치 영역에서의 정당성의 위기와 문화 영역에서의 동기 부여의 위기를 각각 논하고 있다.

경제 영역에 대한 국가의 개입은 시장 그 자체를 지탱하거나 대규모 계획을 통해 자본 축적을 보충하는 등 현대 사회에서 경제 체계의 중요한 요소를 이룬다. 바로 이 점에서 경제 영역은 그 자립성을 상실하고 '정치화'의 길을 걷게 된다. 그러나 민주주의 아래에서 정치 권력은 그 정당성의 근거를 자본 확보에 의한 것으로만 한정시킬 수 없어 권력은 보다 광범위한 정당성을 획득하기 위해 고심하지 않을 수 없게 된다.

정치는 이와 같은 경제적 위기를 회피할 것을 지상 명령으로 삼고 있지만 자본주의적 무질서는 국가 기구에도 반영되어 통치는 무원칙적인 타협의 양상을 강하게 띠게 된다. 그리고 자본 축적에의 관심과 대중의 물질적 요구는 경제 성장의 적극적인 추진을 요구하며, 그러한 관심 사항이 충족되지 않으면 합리성의 위기가 초래된다. 그리하여 행정은 일정한 무질서 속에서 경제 성장을 유지시켜야만 하고, 여기에서 인플레이션과 공공 재정의 만성적 위기가 생겨나게 된다.

권력은 스스로의 경제 활동에 대한 개입을 정당화시킬 근거를 엘리트주의와 체계 이론에서 찾으며 대중의 정치적 변혁 성향에 의존하게 된다. 그렇지만 국가의 활동 확대란 이제까지 정치로부터 자립된 것으로서 존재해 온 문화 영역의 '정치화'를 낳아, 자체 기반인 정치적 변혁 성향을 파괴하게 된다(예를 들면 '시민 운동'의 등장). 권력에 대한 대중의 기대가 점차 커지면서 각 정당은 그러한 기대감을 경쟁적으로 선동하게 되어 재정적 수단을 통한 대응에는 항상 많든 적든 불만을 낳을 수밖에 없고 또한 거기에서 정당화의 위기가 발생한다.

마지막으로 문화 영역에서는 네 가지 '동기 부여의 위기'가 나타난다. 첫 번째로 공리주의적 행동 양식과 학문의 발전은 전통적 세계관의 파괴를 가져오고 비판의 주관화가 뚜렷하게 진행된다. 두 번째로 자본주의 자체의 변질에 의해 업적주의와 경제적 개인주의라는 자본주의의 이데올로기 자체가 위기에 봉착하게 된다. 세 번째로 경제 시스템과 문화와의 단절을 민감하게 자각하게 된다. 네 번째로 문화적 전통의 구속력이 약해지는 가운데 이에 대한 '항의'와 '퇴행'이 확대된다.

후기 자본주의에서의 정당성 문제에 접근하는 하나의 시각으로서, 하버마스는 사회 전체를 하나의 체계로 생각하며 엘리트가 이를 조작한다는 입장을 거론하고 있다. 이러한 입장에 대해 하버마스는 "개인 스스로의 의미 부여나 행동 규범으로부터 완전히 독립된 정당성을 획득하려는 것으로서, 이는 이른바 체계의 자기 완결성이라는 망상을 추구하는 것에 불과하다"라고 비판하고 있다. 말하자면 그것은 인간의 자발성에 기초한 사회의 '이성화'를 방해하는 허구의 이론일 뿐인 것이다. 하버마스 자신은 이에 대해 반대 방향에서, 곧 동기 부여에서 출발점을 찾는 이른바 기술적 조작의 차원이 아닌 실천적 관심에서 정당성의 문제에 관한 근거를 찾으려 한다.

정당성의 문제란 실천의 세계●에 있어 진리에 관련된 문제로, 그에 관한 인간의 관심과 그를 위한 방법은 이른바 자연과학적 진리와는 전혀 다른 것이다. 그러한 진리가 실현되는 것은 강제가 아니라 규범의 타당성에 관한 자유로운 이성적 토론이며, 그러한 과정을 통해 개인은 일반적인 이해관계에 대한 합의에 도달하게 된다. 그리고 사회의 '이성화'는 이러한 커뮤니케이션을 통해 비로소 합리적인 동기 부여가 가능하게 되는 것이다.

끝으로 하버마스는 이러한 자신의 입장을 인간에 대한 존경이라는 유럽적 문화 전통과 연결지어 "이성에의 참가"라고 선언하고 있다.

기술적 합리성

대상에 대한 이론적 인식에 기초하여 대상의 지배를 실현하기 위해 행사하는 인간 이성의 한 작용. 하버마스는 이러한 의미의 합리성이 인간의 이성 전체를 참칭僭稱하는 것을 현대의 중요한 경향으로 파악하고 있다.

실천의 세계

한쪽에 의한 다른 한쪽의 지배가 아니라, 일정한 공통의 규범에 기초한 인간 상호 관계의 세계를 가리킨다. 하버마스는 기술적 합리성에 대한 이 영역의 자립성을 주장하며 마르쿠제 역시 이 점을 지나치고 있다고 말한다.

2장

경제

—

현대 세계에서 경제의 존재는 국가와 개인이라는 차원을 넘어 근본적 상황
인식의 전환을 요구하고 있다. 산업혁명 이후 계급의 대립과 경제 발전,
시민적 자유와 공적 개입 그리고 자유무역과 보호무역 등 경제의 존재는
우리가 '세계' 속에서 살아가는 데 항상 의식하고 있어야만 할 정도로
비대해졌다. 앞으로 경제 시스템이 더욱 거대해지고 복잡해질 것이다.
그리고 경제 그 자체가 더욱 더 파악하기 어려워질 것이라는 점 역시 의문의 여지가 없다.
과연 경제는 어떠한 과정을 통해 현재의 거대화 및 복잡화에 이르렀으며,
또 어떠한 역사와 이론의 길을 걸어 오늘날에 이르렀는가.
이 주제를 다루기 위해서는 먼저 '경제' 그 자체를 밝힌 저술을
살펴보는 편이 유익할 것이다.

정치경제학 원리의 연구

(An Inquiry into the principles of Political Economy)

자본주의의 모순에 대한 구제책을 화폐 및 통화주의적 입장에서 상세히 논했다. 화폐론과 유효수요론, 외국무역론 등의 분야에서 거의 같은 시기에 출간된 스미스의 『국부론』과 대조적인 이론 구성을 보이고 있으며, 케인스 이후, 스튜어트의 입장에서 구제 방안을 찾는 새로운 모습으로 부활되고 있다.

INTRO

스튜어트(1712~1780)의 『정치경제학 원리의 연구』(1767)는 중상주의● 시대의 여러 학설을 총괄해 체계화한 저술로 1767년 출판되었다. 원제는 'An Inquiry into the Principles of Political Economy, being an Essay on the Science of the Domestic Policy in Free Nations, in which are considered Population, Agriculture, Trade, Industry, Money, Coin, Interest, Circulation, Banks, Exchange, Public Debt and Taxes'로, 곧 '정치경제학 원리의 연구 — 자유 국가들의 국내 정치 과학에 관한 한 시론. 인구, 농업, 상업, 공업, 화폐, 주화, 이자, 유통, 은행, 환전, 공채, 주세의 고찰'이라고 번역할 수 있다.

이 책은 상·하 두 권을 합해 약 1,300쪽에 이르는 대작이며, 전체는 모두 다섯 편으로 나누어져 있다. 초판은 런던의 한 출판사 겸 서점에서 발행되었는데, 이곳에서는 9년 뒤 『국부론』도 간행되었다.

스미스는 분명히 스튜어트의 모든 명제를 염두에 두면서 그로부터 많은 것을 배웠지만, 거의 모든 점에서 비판적이었으며 스튜어트의 이름마저 완전히 감추고 있었다. 이런 『국부론』의 명성에 가려 『정치경제학 원리의 연구』의 이름은 완전히 퇴색했다. 다만 마르크스가 정당하게 『잉여가치학설사』 제1장에 스튜어트의 이름을 올려놓았을 뿐이다. 한편 케인스에 의해 스튜어트에 대한 관심이 부활되었다는 견해도 있는데, 이는 스튜어트의 화폐유통주의적 구제 정책이 케인스에게도 관통되고 있기 때문일 것이다.

정치경제학Political Economy이라는 말은, 영국에서 스튜어트에 의해 최초로 자신의 책 이름으로 채택되었다. '폴리티컬'은 '(도시) 국가(폴리스)'라는 의미이며, '이코노미'는 '오이코스(집)'

와 '노미아(매니지먼트)'의 합성어로 가정家政을 뜻한다. 따라서 폴리티컬 이코노미는 국가적 규모의 가정을 가리키며, 곧 경국제민經國濟民의 기술을 말한다. 요즈음의 단어로 말하면 경제 정책이 된다.

스튜어트는 스코틀랜드의 명문 귀족 출신으로, 1745년에 일어난 자코뱅당의 반란에 가담하여 국외로 추방당했다. 1762년 귀국이 허용되기까지 17년 동안 유럽 각지를 편력하며 이 대작의 초고를 다듬었고, 귀국한 뒤에도 수년 동안 연구를 거듭해 이 책을 세상에 내놓았다. 그는 정치에 관심과 책임을 가진 귀족으로 이른바 나라를 걱정하는 학자적 입장에서 정책 건의를 꾀한 것으로 여겨진다.

중상주의에 관한 총괄

스튜어트는 중상주의에 관해 마지막으로 종합하는 과정에서 초기 자본주의의 여러 모순을 선명히 보았다. 그것은 그가 '몰락 또는 자본가로의 변신'이라는 기로에 처해 있던 당시의 토지 귀족으로서 신체제를 비판적인 시각으로 냉정하게 볼 수 있었기 때문이다. 스튜어트의 비판은 보수적 입장에서 가한 비판이기는 했지만 체제의 모순을 올바르게 파악한 비판이었다.

그는 자본주의의 등장이 역사적으로 불가피하다는 점을 잘 파악하고 있었으며, 그것이 시민적 자유와 평등한 권한이라는 점에서 봉건제와는 다르다는 것을 알고 있었다. 그렇지만 초기 단계에서는 그와 같은 자유가 반드시 사회적 질서를 보장한다고 생각하지 않았기 때문에 개인적 자유와 이기심의 추구로 인한 끊임없는 사회적 혼란을 정부가 나서서 구제해야 한다고 생각한 것이다.

스튜어트는 근대적 시민권이 행사될 경우에 발생할 사회적 혼란을 원리적으로 해명하고, 그 원리에 입각해 위정자가 취해야 할 정책에 대해 상세하게 논했다. 그가 생각한 원리와 그에 기초한 처방의 근간을 이루는 논점은 다음과 같다.

경제 순환의 구조

사회의 존립을 위해 근본적으로 필요한 생산 수단은 농업이지만, 농업 생산력이 높아져 보다 적은 수의 농민들이 보다 많은 잉여 생산물을 생산할 수 있게 되면 여분의 농민들은 농업으로부터 해방된다(스튜어트는 본원적 축적기의 인클로저를 말하고 있는 것이다).

이 같은 잉여 일손을 스튜어트는 '자유로운 일손'이라고 불렀다. 이 자유로운 일손의 일부는 지주였으나 그 밖에는 상공업에 전념할 수밖에 없는 사람들로, 이를 스튜어트는 '근로자'라고 이름 지었다. 그 결과 사회는 지주와 농민 그리고 상공업자로 나뉘게 된다. 여기까지는 아직 봉건 사회의 사농공상士農工商적 사고방식이 유지되고 있다.

근대 사회에서 농민은 지주에게 화폐 지대를 지불하지만, 그 화폐가 상공업에 대해 유효 수요로 지출되면 토지에서 추방되거나 해방된 근로자는 상공업에 취업할 수 있게 된다. 그러나 지주의 손에 의해 화폐가 사장되면 상공업에 대한 수요가 결핍되어 근로자는 직업을 가질 수 없게 된다. 본원적 축적기의 모순을 해결할 수 있는가의 여부는 지주가 화폐를 지출하는가 또는 사장시키는가 하는 점에 달렸다. 따라서 화폐는 경제의 순환을 좌우하는 기동력이 된다.

상대적 이윤과 적극적 이윤

이 같은 순환이 순조로울 경우에는 농산물과 공예품 그리고 화폐가 과부족 없이 서로 교환되며, 이 경우 모든 상품의 가치 관계에 관한 주요 결정 요인은 거의 대부분이 상품 생산에 필요한 노동이 될 것이다. 여기서 말하는 노동이란, 노동 일반을 가리키는 것으로, 공업 노동은 물론 농업 노동도 포함된다. 이는 스미스(『국부론』 참조)의 분업론과 노동가치설에 근접하는 대목이다. 이 경우 각각의 상품은 수급의 균형을 이루고 있기 때문에 모든 사람이 소액의 적정한 이윤(최저 생활비를 넘어서는 정도의 수입이라 할 만한 이익)을 손에 넣을 수 있으므로 스튜어트는 이를 적극적 이윤 또는 근로 이윤이라고 했다. 이는 나중에 스미스가 이윤 범주를 확립하는 데 참고가 된 부분이다.

그러나 이 같은 균형 상태는 실제 상황에서 예외적으로만 일어난다고 스튜어트는 생각했다. 그의 주된 관심은 수급 관계가 불균형인 경우에 있었다. 개개의 상품의 수급이 불균형한 상태일 경우, 비싸게 팔아 돈을 버는 사람이 있는 한편, 싸게 팔아 손해를 보는 사람도 생길 것이다. 이같이 유통 과정에서 생기는 양도 이윤을 스튜어트는 상대적 이윤이라고 불렀다. 한 사람의 이윤은 곧 다른 한 사람의 손해를 가져오므로, 이 경우 사회 전체의 이윤은 제로가 된다. 따라서 이윤의 범주 역시 존립할 수 없게 된다.

부의 균형의 진동

스튜어트의 이론 체계에서 화폐는 중요한 개념을 차지한다. 금속 화폐●는 가장 내구적이며 안전한 부이다. 다른 일반적 상품은 정도의 차이는 있지만 대개 내구적이라고 할 수 없으며, 시간에 따라 부식되거나 소비되어 없어져 버린다. 따라서 상품과 화폐가 교환될 경우, 상품을 구입한 사람은 시간적 차이는 있지만 시간이 지나면서 빈곤하게 되며, 화폐를 지니는 사람은 최초의 부를 계속 유지하게 된다. 곧, 교환은 거의 대부분 부의 사회적 밸런스를 시소의 양끝에서 일어나는 상하 운동처럼 진동시킨다. 토지 귀족인 스튜어트는 이러한 개념을 통해 전통 귀족의 몰락과 신흥 부르주아지의 번영을 표현했다.

국제 무역에서 두 나라 사이 역시 시소의 양끝과 같은 관계에 놓여 있다고 할 수 있다. 수출을 하여 금속 화폐를 손에 넣은 국가는 계속하여 부를 증가시키게 되며, 수입한 상품을 소모하는 국가는 시간이 흐를수록 점차 부를 잃게 되는 것이다. 이런 점에서 볼 때 중상주의에서 특유의 수출 장려 정책이 중시되는 것은 당연하다. 스튜어트에게는 교환이 두 당사자 모두에게 이익이 된다는 고전학파적인 견해가 없었다.

직업과 수요의 균형

그런데 화폐는 '유통의 일반적 등가물'이며, 일반적 구매 수단이기도 하다. 화폐가 있으면 무엇이든 살 수 있다. 따라서 사람들은 화폐를 모아 쌓아 두려고 한다. 스튜어트는 이러한 생각 아래, 축장蓄藏 수단으로서 화폐의 기능을 강조하고 있다(이는 고전파의 생각과 대립되는 견해이다).

지주가 받은 화폐 지대를 축장하면 상공업에 대한 유효 수요가 부족해 상업이 부진하게 되고 실업이 발생할 것이다. 따라서 상공업에서 농업 쪽으로 식료품 및 재료를 구입하는 수요도 감소하게 되므로 농민 역시 농산물의 환금에 어려움을 겪게 된다. 또한 농업이 부진하면 지가가 하락해 지대 역시 늘어날 수 없게 된다. 지주의 화폐 축장은 산업과 농업의 부진을 가져오는 것은 물론, 나아가 지주 자신에게도 악영향을 미치게 된다. 축장 수단이라는 기능을 가진 화폐의 성질로 보자면, 이 같은 폐해는 화폐 경제, 곧 근대 사회에서는 필연적이다.

하지만 순조로운 수출로 국내 수요의 부족한 부분을 국외 수요가 메워주는 한 그다지 큰 문제가 일어나지 않는다. 그러나 수출 호조가 지속되면 근로자는 높은 이윤을 손에 넣을 수 있어 생활이 윤택해지고, 높아진 생활비가 거꾸로 제품 코스트에 반영되어 제품 가격이 높아지게 되므로 결국은 수출 부진과 수입 증가를 피할 수 없게 된다.

이 같은 곤란은 수입 억제 및 수출 장려 정책으로 당장은 회피할 수 있지만, 한번 윤택한 생활을 맛본 근로자의 생활은 원래의 상태로 되돌아갈 수 없다. 그렇게 하는 사이에 무역 그 자체가 차단되어 아우타르키●적인 자급자족 경제를 감수할 수밖에 없게 될 것이다. 스튜어트는 이같은 상태를 무역 발전에서 '국내 상업'의 단계라고 부르며 이에 대한 검토와 대책을 방대한 양으로 정리했다. 이 경우 화폐 축장은 유효 수요의 부족을 가져오는 결정적 장애가 된다. 그렇지만 화폐는 축장 수단으로의 기능을 원래 지니고 있으므로 빠르거나 늦거나 하는 등의 시간적 차이는 있지만 근대 사회는 애초부터 '직업과 수요'의 균형이 허물어질 수밖에 없는 숙명을 안고 있는 것이다.

재주 좋은 손skillful hand●과 사치

화폐 경제가 이처럼 곤혹스러운 법칙성을 갖고 있기 때문에 정부는 밤낮으로 경제 동향에 신경을 곤두세우며 '재주 좋은 손'을 휘두르지 않으면 안 된다. 이러한 정책은 애덤 스미스의 '보이지 않는 손'과 대조를 이룬다.

예를 들어 앞에서의 '국내 상업'에서 정부는 지주의 손아귀에 사장되어 있는 화폐를 무슨 수를 써서라도 유통으로 방출시켜 산업에 대한 유효 수요를 창출하고, 이를 지렛대로 하여 화폐적 경제 순환을 계속 회전시키지 않으면 안 된다. 여기서 문제가 되는 것이 사치에 대한 장려책이다. 지주가 가진 자연스러운 이기심에 따른다면 화폐는 사장되기 쉬우므로 이를 유효 수요로 전환시키기 위해서는 정책적인 유도와 압력이 필요하다. 그렇지만 어떠한 정책이 유효하고 확실하게 그러한 전환을 가져올 것인가는 분명하지 않다. 궁정 생활을 호화롭게 하여 유행을 퍼뜨림으로써 지주의 사치를 기대하는 점도 기술되어 있으며, 지대를 인상해 정부 자신이 무도회와 관병식 등을 거창하게 거행하는 것도 화폐를 낭비하는 생산적 시도라고 적혀 있다.

어쨌든 그때그때의 사정에 따라 임기응변술을 총동원해 유효 수요를 만들어 내지 않으면 안 되므로 이러한 정책은 뒷날 애덤 스미스에게 비판의 대상이 되었다. 스튜어트는 이 같은 정책을 통해서도 충분한 유효 수요가 창출되지 않을 경우에 대비해 토지를 담보로 지주에게 화폐를 대출하는 일종의 토지 은행의 설립을 제안하면서 그 방안을 상세히 논하고 있다.

이 같은 정책 논의는 말할 것도 없이 화폐적 경제 이론에 근거한 것으로, 문제는 항상 유통에 초점이 맞추어져 있었다. 그러나 유효 수요의 증대는 그 자체가 거꾸로 물가 인상을 가져오므로 정책의 기본 과제인 무역의 균형 문제를 해결하지 못한 채 무리하게 복잡한 정책만을 거듭하는 꼴이 된다.

스튜어트가 고민한 것은 바로 이것이었으며, 복잡하고 상세한 정책론에 매달려 고투한 것도 바로 이 때문이었다. 이 모든 문제를 해결할 수 있는 길은 노동의 생산성 향상과 물가 인하였다. 그러나 스튜어트의 유통주의적 관점에서는 결코 자각적으로 이 점을 직시할 수 없었다. 문제의 소재를 생산 분석으로 전환한 사람은 다름 아닌 애덤 스미스였다.

화폐와 생산력

이처럼 스튜어트는 한 나라의 경제 운영을 유통과 화폐의 측면에서 파악하려 했다. 곧, 축장 화폐를 유통으로 끌어내 유효 수요를 증가시킴으로써 생산을 자극하고 실업자의 취직을 간접적으로 촉진하고자 한 것이다.

실제로 이같이 된다면 한 나라의 생산력은 확대될 것이다. 따라서 스튜어트의 중상주의적 유통주의의 입장에서도 국민 생산력이 문제가 된다고 할 수 있다. 인클로저에 의해 배출된 실업자들을 공업 부문에 취업시키고자 한 것은 스튜어트에게 주요한 정책 목표였다. 그 점에서 스튜어트의 학설은 원시 축적●기의 경제 이론을 형성한다고 할 수 있다.

그러나 유효 수요의 자극을 통해 생산 규모를 확대시키고자 하면 자칫 국내 물가가 상승해 오히려 수출을 방해하는 경향이 생기므로 중상주의적 유효 수요 창출 정책은 중상주의의 특징인 수출 촉진 정책과 상반되는 결과를 내포하고 있다. 스튜어트의 이론 체계에 포함된 모순은 중상주의에서 고전학파로의 일대 방향 전환을 가져오게 한 요인이 되었다.

스미스는 이 문제를 자유로운 자본 투하를 통한 노동자의 직접 고용과 노동자들 사이의 분업에 의한 생산성 향상을 통해 해결하고자 했다. 스미스의 정책으로는 실업자가 직접 고용되며 국내 물가는 내려가고 수출이 촉진되므로 스튜어트의 정책 체계에 담긴 모순이 한꺼번에 해결되는 것이다. 여기에서 바로 '눈에 보이지 않는 손'의 세계가 열리는 것이다. 스미스는 분석의 시점을 유통에서 생산으로 바꾸고, 분석의 기초를 화폐에서 생산 자본으로 옮겨 놓은 것이다.

중상주의

스미스가 중농주의와 대비하며 비판적으로 붙인 명칭이다. 수출 진흥과 수입 억제, 식민지 무역의 독점 정책 등을 통해 부의 대표 격인 귀금속을 획득하려는 정책과 그 이론 체계를 말한다.

금속 화폐

귀금속은 그 가치 자체가 오랜 세월 동안 고가인 채로 유지되는 부이다. 따라서 스튜어트는 금화와 은 화는 교환을 통해 손에 넣게 되면 사장되기 쉽다고 여겼다.

아우타르키

한 나라가 자국 영토 안의 생산물만으로 국민의 생활 필수품을 자급할 수 있는 상태.

재주 좋은 손

화폐 경제는 자유롭게 방임해 두면 끊임없이 빈부의 차가 생기고 수급상의 균형을 잃는 경향을 보여, 정부가 지속적으로 경제 정세를 주목하면서 능숙하게 방향을 잡아 주지 않으면 경제가 제대로 유지되지 않는다고 생각되었다.

원시 축적

자본주의 초기에서 자본은 스스로의 힘으로 노동자를 고용하고 유지할 수 없으므로 정책에 의해 노동자의 고용을 촉진시켜 주어야만 한다. 이처럼 국가의 개입에 의한 자본과 임노동과의 관계 형성을 원시 축적이라고 부른다.

경제표
(Tableau économique)

경제표는 인체의 혈액 순환을 본떠서 만든 경제 순환표로, 경제학을 처음으로 하나의 과학으로 발전시켰다는 점에서 큰 의의를 지닌다. 농업을 순 생산물로 보는 관점 때문에 애덤 스미스의 비판을 받았지만, 사회적 재생산 구조를 파악한 이론으로서 마르크스의 재생산 표식론과 레온체프의 생산 관련표 등에 큰 영향을 끼쳤다.

INTRO

케네(1694~1774)는 중농주의physiocratie의 창설자로 여겨지고 있지만 처음부터 경제학자는 아니었다.

파리대학교 등지에서 의학을 공부한 뒤 외과 의사로 이름이 유명해져 1749년 루이 15세의 총애를 받고 있던 왕비 퐁파두르 부인의 시의로 선발되었으며 나중에는 국왕의 시의까지 지냈다.

베르사유 궁전에 머무는 동안 케네의 방에서는 종종 '이층 가운뎃방의 회합'이라는 모임이 열렸다. 이 모임에는 드니 디드로(Denis Diderot, 1713~1784), 장 르 롱 달랑베르(Jean Le Rond d'Alembert, 1717~1783), 이 외에 그 무렵 프랑스에 와 있던 애덤 스미스도 참석했다.

이러한 모임을 통해 사회 인식이 깊어진 케네는 『백과사전』에 '차지농借地農'과 '곡물'의 두 개 조항을 집필하며 프랑스 농업의 재건을 검토했다. 케네는 그 무렵 프랑스의 거의 모든 지방에서 이루어지고 있던 이포식 우경 농업인 '분익소작●'보다 북부 지방에서 시행되고 있던 삼포식 마경 농업인 '정액 차지농'의 우월성을 강조하며 이를 전 지역에 실시하기 위해 곡물 거래를 자유화해 농업 생산물의 가격을 인상하고, 농민에 대한 과중한 세금을 폐지해 농업을 통한 자본 형성을 촉진하는 정책을 제언했다. 『경제표』(1785)는 그 같은 정책의 이론적 근거를 밝힌 것이다.

사회적 총자본의 재생산 과정을 과학적으로 분석

케네는 중농학파의 창시자로, 『경제표』는 그의 대표작이다. 당시 케네의 주위에는 빅토르 리케티 마르키스 드 미라보(Victor Riqueti, Marquis de Mirabeau, 1715~1789), 메르시에 드 라 리비에르(P. P. F. J. H. Mercier dé la Rivire, 1720~1793), 피에르 사뮈엘 뒤퐁 드 느무르(P. S. Dupont de Nemours, 1737~1817), 안 로베르 자크 튀르고(Anne-Robert-Jacques Turgot, 1728~1781) 등과 같은 많은 경제학자들이 있었으며, 이들은 케네 학설의 보급과 전파에 노력을 기울였다.

『경제표』는 형식이 서로 다른 세 종류의 '표'를 가리킨다. '원표'와 '약표', '범식'의 순서로 간행되었지만, 오늘날 가장 널리 알려진 것은 '범식'이다. 케네의 '표'는 사회를 구성하는 세 가지 계급의 존재를 전제로 하고 있다. 곧, 차지 농업 경영자●인 '생산 계급'과 이들로부터 지대를 얻어 생활하는 '지주, 주권자, 10분의 1 조세 징수자 계급' 그리고 생산 계급의 생산물을 원재료로 사용해 가공·판매하는 상공업 경영자로 구성된 '비생산 계급'이 그들이다. 비생산 계급은 비용 회수를 초과하는 생산적 잉여를 낳지 못하지만, 생산 계급은 생산적 잉여로서 '순 생산물'을 생산하고, 이것은 지대로써 지주 계급이 가져가게 된다.

'원표'는 지주 계급이 생산 계급 및 비생산 계급의 생활을 위해 이들에게 지출한 금액이 특히 생산 계급에게서 얼마만큼의 '사전 지불', 곧 투자를 낳는가와, 더욱이 이 같은 '사전 지불'이 그와 동일한 금액의 생산물과 '순 생산물'을 생산할 수 있는가를 밝히기 위해 사회적 재생산 과정을 수많은 지그재그 형태의 선으로 나타낸 것이다.

'약표'는 '원표'의 개념을 보충 설명하기 위해 쓰인 것으로, 생산 계급과 비생산 계급 간의 거래를 두 개의 선으로 집약해 표현하고 있다. '약표'는 재생산 과정을 시간적 경과를 통해 밝히고자 한 '원표'와는 멀어졌지만 다음에 나타낼 '범식' 표현에는 접근해 있음을 보여주고 있다.

'범식'은 생산 계급을 중심축으로 하여, 보조적 존재로서의 비생산 계급과 나아가 지주 계급 사이에서 생산물이 가치와 소재라는 양 측면에서 어떻게 지속적으로 보전되며 사회적 재생산으로 이어지고 있는가를 구조적으로 표시한 것이다.

여기에서는 생산 계급에게 100억의 '원래의 사전 지불(고정 자본)'과 20억의 '연간 사전 지불(유동 자본)'이 투하되어 매년 50억의 생산물이 생산되는 것을 전제로 하고 있다. 또한 지주 계급은 '토지의 사전 지불(토지에 대한 본원적 투자)'을 실시해 그 대가로 생산 계급으로부터 매년 20억의 '순 생산물'을 지대로써 화폐의 형태로 받고 있다. 더욱이 비생산 계급은 10억의 '사전 지불'을 투하해 20억의 가공 생산물을 생산하는 것으로 전제되어 있다.

생산 계급의 생산 총액 50억은 가치 시점에서 보자면, '연간 사전 지불' 금액 20억과 '원래 사전 지불의 이자(매년 없어지는 고정 자본의 회수 부분과 보험료)'인 10억 그리고 '순 생산물' 20억으로 구성되어 있다. 비생산 계급의 생산총액 20억은 '사전 지불'의 회수 20억(연도 내에 생활에 충당하는 임금 10억과 다음 해의 사전 지불로 이월해야 할 10억)으로 구성되어 있다.

또한 소재라는 관점에서 보면, 생산 계급의 생산물은 40억의 '생산 자료(식량 및 종자)'와 10억의 '가공품의 원료'로 구성된다. 비생산 계급의 생산물은 10억의 생산 소비재와 10억의 완성 생산 수단으로 구성된다. 비생산 계급의 생산물은, 생산 계급이 생산한 생산물의 가공이므로 사회적 재생산 총액에는 계산되지 않으며, 생산 계급의 생산 총액 50억이 사회적 재생산 총액으로 규정된다.

위와 같은 전제 아래, 사회 전체에서 생산물이 가치와 소재라는 양 측면에서 어떻게 지속적으로 보전되며 재생산, 곧 물적, 계급적 두 방면에 관한 생산 조건의 재생을 가져오는가를 표시하고 있다. 표에서 다섯 개의 선은 생산물의 유통을 나타낸다.

먼저 지주 계급은 전년도 말에 생산 계급에게 받은 지대 20억 가운데 10억씩 생산 및 비생산 계급에게 지출하고 같은 금액의 식량과 생활 소비재를 손에 넣음으로써 연도 내의 생활이 가능하게 된다(표의 중앙에서 좌우로 그어진 두 개의 사선이 이것을 나타낸다). 비생산 계급은 10억의 화폐로 생산 계급으로부터 가공을 위한 원재료를 구입하고(비생산 계급의 '사전 지불' 10억에서 왼쪽으로 그어진 사선), 더욱이 지주 계급으로부터 받은 10억의 화폐로 생산 계급으로부터 식량을 구입한다(비생산 계급에서 그어진 아래쪽 사선). 이렇게 하여 생산 계급에게는 30억의 화폐가 유입되지만, 이 가운데 10억을 지출해 마멸해 버린 '원래 사전 지불'의 보전을 위해 비생산 계급으로부터 가공품을 구입하게 된다(생산 계급의 '연간 사전 지불' 20억에서 오른쪽으로 그어진 사선).

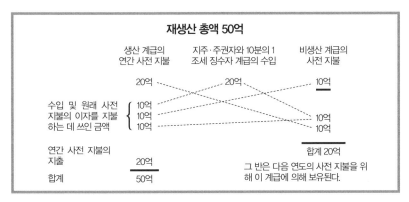

경제표의 범식

이 같은 생산물 유통의 결과, 생산 계급에게는 가치 면에서 볼 때 50억의 금액이 존재하게 되고, 소재 면에서 볼 때에는 20억의 농산물과 10억의 가공품 그리고 20억의 화폐가 존재하게 된다. 이는 각각 '연간 사전 지불'의 보전 부분과 '원래 사전 지불의 이자' 및 지주 계급에게 납입해야 할 지대이다.

한편, 비생산 계급에게는 가치 면에서 볼 때 20억의 금액, 소재 면에서 볼 때 10억의 식량과 10억의 화폐가 존재하고, 전자는 비생산 계급의 생활 재료로 연도 내에 소비되며, 후자는 다음 연도의 '사전 지불'로서 유보된다. 이렇게 하여 연도 말기에는 처음과 마찬가지의 조건이 세 종류의 계급 사이에 형성되어 사회적 재생산이 가능하게 된다. '범식'은 이 같은 사회적 재생산 구조를 밝힌 내용이다.

그런데 '범식'에는 해마다 재생산 규모가 동일한 것으로 상정되어 있으며 생산 확대는 나타나 있지 않다. 곧, 재생산은 확대 재생산이 아니라 단순 재생산으로만 묘사되고 있는 것이다. 이는 케네가 확대 재생산에 대한 의식을 하지 않았다는 것을 의미하는 것은 아니다. '범식'에 나타나 있는 것처럼, 여기에는 생산 계급의 '사전 지불'을 증대시켜야 할 이윤의 범주가 명시되어 있지 않다. 케네에게 확대 재생산에 관한 자금은 순 생산물의 유일한 형태인 지대였다. 지대야말로 '자유롭게 처분할 수 있는 부'로서, 지주 계급이 지대에서 사용하는 지출이 비생산 계급에게 돌아가는 '장식을 위한 사치'를 증가시키기보다, 가능한 한 생산 계급에게 귀속되는 '생활의 사치'를 증가시킴으로써 그것이 생산 계급의 '사전 지불'로 전화되어 생산 확대로 이어진다고 생각한 것이다.

지대를 '자유롭게 처분할 수 있는 부'라고 간주한 점에서 조세 제도상의 개혁, 곧 지대 수입에만 과세하는 '토지 단일 과세'의 설정이라는 조세 개혁안이 생겨나는 것이다. 이는 프랑스 경제 발전의 기초가 되는 농업 발전을 지배자인 지주 계급의 부담을 통해 추진하고자 한 발상이다.

케네는 『경제표』에서 토지 면적과 투자 금액, 생산 금액 등을 수량적으로 설명하고 있다. 말하자면 『경제표』는 현실적 경제 질서의 묘사와 무관한 것을 의미한다. 이는 케네가 18세기의 사상가들에게 공통되는 자연법 사상●에 입각해 구체제 속의 '실정법'을 뛰어넘어 사회에 관철하고 있는 '(가장 완전한 통치를 구성하는) 자연적 질서의 일반 법칙'을 밝히려고 했기 때문이다.

곧, 표를 통해 나타낸 질서야말로 구체제가 지닌 일체의 '인위적' 제도와 정책을 폐기함으로써 달성될 수 있다는 궁극적 목표를 제시해 보인 것이다.

NOTES

분익소작分益小作

그 무렵의 프랑스에서 지배적이었던 농업 경영 형태로, 지주와 소작농 사이에 수확을 일정 비율로 분배하는 제도. 이 제도 아래에서는 소작농이 경영 개선에 노력을 기울여도 자신의 경제적 지위 향상으로 이어지지 않는다.

차지借地 농업 경영자

지주로부터 토지를 빌려 정액의 지대를 지불하고 자본주의적 농업 경영을 행하는 사람. 영국에서는 이같은 경영자가 존재했으나 프랑스에서는 북부 지방을 제외하고 거의 존재하지 않았다.

자연법 사상

현실적이며 인위적인 제도 또는 실정법을 초월한 보편적이며 당위적인 제도와 법을 가리킨다. 이 사상의 기원은 고대 그리스 시대까지 거슬러 올라가며, 근대 자연법은 합리주의적 성격을 지니고 현실 사회를 비판하는 근거를 형성한다.

국부론

(An Inquiry into the Nature and Causes of the Wealth of Nations)

자본주의 체제가 가격의 기능을 통해 질서를 형성하고 있음을 주장함으로써, 자유 경쟁으로 자본을 축적하는 것이 국부를 증진시키기 위한 바른 길이라고 설명했다. 이후 각 파의 경제학설이 이에 대한 비판이나 정밀화를 통해 탄생했지만 그 시야는 매우 좁다고 할 수 있다. 오늘날 부족한 고전적이며 원형적인 사고를 보충해 준다는 점에서 많은 것을 시사하고 있다.

INTRO

스미스(1723~1790)는 1723년 영국의 에든버러 부근에서 태어나 1737년부터 진보적인 글래스고대학교에서 수학했다. 이들 두 지역은 당시 영국에서 자유주의적 기풍이 가장 강했던 곳으로, 스미스의 자유주의 사상을 배태시키기에 매우 적합한 땅이었다. 1740년에 옥스퍼드대학교로 전학했으나 1746년 퇴학당하고 귀향했다. 그 뒤 1751년부터 모교에서 윤리학과 도덕철학을 강의했으며, 1759년에는 당시 유럽에서 명성을 떨친 『도덕감정론』●을 출판했다.

1764년부터 약 2년에 걸쳐 프랑스 등지를 여행하며 중상주의 사상가들과의 접촉을 통해 이들의 사상과 이론을 흡수했다. 귀국 후 집필 활동에 전념하며 『국부론』(1776)을 저술했다. 그 뒤 글래스고대학교의 총장을 역임한 뒤 1790년 사망했다.

『국부론』의 원제목은 '모든 국가의 부의 성질과 원인에 관한 한 연구'이다. 스미스는 이 책에서 그때까지 남아 있던 봉건제와 중상주의적 통제 정책을 비판하며 자유주의적 시스템이 어떻게 생산력 증진을 가져오고 일반 시민들을 전반적으로 부유하게 만들 수 있는가를 논증하고자 했다. 이 과정에서 역사상 최초로 가치 법칙을 수립하며 분업론(제1편)과 자본축적론(제2편)을 사회적 생산력 구조의 기본 축으로 삼아 자신의 논리를 전개했다.

『국부론』은 유통주의적 중상주의 이론과 간섭주의적 정책 체계를 변화시켰으며, 이후의 거의 모든 경제학설에 발상의 근원을 제공했다.

봉건제와 중상주의를 비판

스미스는 전 생애에 걸쳐 세 번의 혁명을 경험했다. 그 하나는 미국혁명으로, 『국부론』은 1776년 미국이 독립을 선언한 해에 출판되었다. 이는 영국의 중상주의 식민지 체제●의 붕괴를 뜻했다. 또 하나는 프랑스혁명으로, 이는 봉건제의 해체가 세계사적 필연임을 입증한 사건이었다. 그리고 나머지 하나는 영국의 산업혁명으로, 『국부론』이 그 개막을 예고했을 뿐 아니라 영국은 그 같은 높은 생산력을 배경으로 자유 무역 정책을 추진하게 되었다.

이처럼 세 번의 혁명은 『국부론』의 내용과 깊이 관련되어 있는데, 이는 스미스가 세계사적 필연인 근대 시민 사회에서 생산력의 구조를 해명해 냄으로써 봉건제와 중상주의적 통제 정책을 비판하고 자유주의적 합리성을 논증하고자 했기 때문이다.

노동 생산물을 교환하는 분업 사회

『국부론』의 본문은 분업론부터 시작되는데, 이 가운데 특히 핀 공장의 분업 이야기는 너무도 유명하다. 보통 사람이 혼자서 핀을 만드는 데 비해 작업장 안에 분업 조직이 성립되어 있으면 한 사람당 생산 능력이 240배 내지 4,800배로 커진다는 것이다. 스미스는 이 같은 평범한 경험적 사실에 날카롭게 주목하며 근대 사회의 눈부신 생산력 발전에 관한 비밀의 열쇠를 찾아낸 것이다.

분업은 작업장 내부뿐 아니라 사회적 규모에서도 실시되는데, 직업의 분화가 그것이다. 곧, 한 사람이 여러 가지를 만들어 자급자족하는 것이 아니라 모든 사람이 각각 하나의 상품에만 전념하여 그것을 생산해 시장에 판매하고, 거기에서 벌어들인 화폐로 다시 시장을 통해 생활에 필요한 각종 생필품을 사들여 생활하게 된다. 이 점에서 근대 시민 사회는 가장 발달한 분업 사회이며 동시에 교환 사회이다. 여기에서는 각자가 한 가지 직업에만 전념하게 되므로 기술이 향상되고, 그에 따라 사회 전체의 생산력이 더욱 높아지게 된다.

분업이란 노동의 분할Division of labour을 가리킨다. 분업 사회는 사회 전체의 노동이 각각의 직종으로 나뉘고, 그 노동 생산물이 서로 교환되는 사회이다. 가령, 생산물이 각각의 생산물을 생산해 내는 데 필요한 노동과 동일한 형태로 교환된다고 하면, 일상적으로 이루어지는 생산물의 교환은 실제로 두 명의 같은 노동량이 교환되는 것이 된다. 바로 여기에서 스미스의 노동가치론의 세계가 시작되며, 이 경우 각 개인은 자신이 사회(곧 시장)를 위해 제공한 노동량에 대응해 사회(곧 시장)로부터 다른 사람의 것과 같은 노동량의 생산물을 획득하는 것이 된다. 곧, 개인이 사회를 위해 움직이고, 사회는 그 개인을 위해 움직이며, 사람들은 노동에 대응해 분배를 받게 되는 것이다.

마치 사회주의적 이상에 비견될 만한 이 같은 교역 관계가 애초에 스미스가 묘사한 분업 사회의 원래 모습이었다. 스미스가 오늘날에도 여전히 높은 평가를 받는 것은 그가 세운 체계의 바탕에 이 같은 노동론적 이상 사회의 모습이 담겨 있기 때문이다.

자본은 생산력을 구성하는 기본 축

그런데 작업장에 많은 수의 노동자를 고용해 생산력적 분업을 조직하는 것은 자본이다. 자본이 없으면 기업을 일으키는 것은 물론, 공장을 운영하는 것과 분업을 조직하는 것도 불가능하다. 따라서 현대 사회의 거대한 생산력을 실현시키는 조건 또한 자본이라고 말할 수 있다. 스미스는 분업에 주목함으로써 그 조건이 되는 자본의 생산력적 의미를 최초로, 그리고 전면적으로 인정하게 되었다. 중상주의는 화폐가 근대 사회의 순조로운 경제 순환에서 가장 중요한 필수 요소라는 견해를 가지고 있었으나, 분업의 생산력과 자본을 연결지어 이를 근대 사회의 생산력을 구성하는 기본 축이라고까지 생각하지는 못했다. 곧, 유통주의적 관점이었기 때문에 스미스와 같은 생산 분석을 기초로 할 수 없었다. 중농주의에서는 농업에서 자본 투하에 의한 생산력의 효과는 분석되었으나 공업에서도 마찬가지의 효과가 나온다는 분석은 행해지지 않았다.

그 같은 자본을 아낌없이 생산에 투입시키기 위해서는 투하한 자본에 비례한 수입이 보장되지 않으면 안 된다. 만일 이것이 보장되지 않는다면 어느 누가 일부러 막대한 자본을 투자해 경영 관리의 위험과 그에 따른 마음고생을 감당하려고 하겠는가. 따라서 자본에 기초한 생산 양식에서는 자본 금액에 비례하는 평균 이윤이 불가피하게 요구된다. 이는 자본이라는 재산에 기초한 소득으로, 임금과는 성격이 다르다. 스미스는 이러한 과정을 통해 봉건제 이후, 일종의 독자적 재산 소득이라고 알려져 온 지대 이외에 이윤과 임금을 역사상 처음으로 명확하게 구분 짓게 되었다. 중상주의나 중농주의에서는 대체로 이윤과 임금이 동일한 시민층의 수입으로 여겨지며 확실히 구별되지는 않았다.

이윤과 임금 그리고 지대가 이처럼 확연히 구별되면, 자본가와 노동자 그리고 지주로 구성되는 근대 사회의 3대 계급의 구별 역시 확연해진다. 이 같은 구분은 스미스에 이르러 비로소 확립된 것이다. 중농주의나 중상주의에서도 사회는 지주와 농민 그리고 상공업자로 구분되어 있었으나 여전히 봉건 사회적 잔재가 짙게 남아 있었다.

생산물의 교환 구조를 가치와 가격론으로 설명

이같이 근대 시민 사회는 스미스에 의해 분업 사회이자 계급 사회로 확정되었다. 그러나 거기에서 실시되는 생산물의 교환 구조를 가치와 가격론으로 설명할 경우 두 가지 방법이 있다.

단지 분업 사회만을 염두에 두고 계급을 도외시한다면, 상품은 생산에 투입된 노동량에 따라서만 교환된다. 이런 견해는 뒷날 투하노동가치설로 일컬어지게 된다. 이 입장에 계급 사회를 고려하게 되면, 이윤과 지대는 노동이 생산한 가치의 분해된 부분 또는 공제된 부분이라는 결론에 이르게 된다. 이러한 잉여 가치의 파악은 분해가치설로 불리며 나중에 리카도를 거쳐 마르크스로 이어지게 되는 것은 두말할 나위도 없다.

그러나 앞에서 언급한 것처럼 이윤이 당연히 자본에 귀속되는 것은 불가피하다는 견해가 있기 때문에, 토지 소유와 자본의 투하 아래 생산된 여러 상품의 가격은 평균 이윤과 지대 그리고 임금을 합친 가격으로 결정된다는 설명을 받아들일 수밖에 없게 된다. 이는 뒷날 구성가치설로 불리며 마르크스를 거쳐 영국의 정통파 경제학자들의 생산비가격론으로 발전한다. 이 입장은 물론 노동이 상품의 전체 가치를 생산해 낸다고 하는 최초의 가치 규정에는 어긋난다. 이 때문에 가치의 크기 역시 투하노동량에 의한 것이 아닌, 그 상품을 시장에서 구매하여 지배할 수 있는 타인의 노동량에 의해 측정될 수 있다. 이러한 가치척도론은 지배노동가치설로 불리며 구성가치설과 연결된다.

이러한 혼란은 스미스의 계급 사회관의 혼란에서 비롯된 것이다. 분해가치설●에서는 상품의 전체 가치가 노동, 곧 생산에 의해 규정된다. 따라서 이윤과 임금에 의존하는 유산 계급은 무산 계급인 노동자와 대립하게 되는 것이다. 그러나 구성가치설에서는 가치의 크기가 유통 과정을 통해 측정되는 만큼, 노동자는 생산 수단을 박탈당한 무산자로서가 아니라 노동 능력이라는 귀중한 재산을 부모에게 물려받은 시민으로 등장해, 마찬가지로 사유 재산의 소유자인 지주·자본가와 동일한 시민 관계를 이루게 되나, 이들 삼자는 모두 세 가지 사유 재산에 대해 각각 세 가지 소득을 획득하는 것이 된다.

보이지 않는 손

분업 사회에서 여러 상품이 동등한 노동량의 교환이라는 형태로 이루어지기 위해서, 또한 계급 사회에서 평균 이윤율이 지켜지기 위해서는 반드시 어떤 한 조건이 필요하다. 곧, 봉건적 제약과 중상주의적 보호 및 간섭 정책, 특권 사회, 독점 기업 등이 존재하지 않으며 오로지 사유 재산권에 기초한 근대적 시민권이 자유롭고 평등하게 행사되어야 한다는 조건이다.

이 같은 조건 아래에서는 각 생산자가 자유롭게 경쟁할 수 있으므로 자연적으로 등가 교환과 평균 이윤율이 성립될 수 있다. 이런 과정을 통해 성립된 가격을 스미스는 자연 가격이라고 했다. 곧, 어떠한 상품이라도 그 상품이 부족하면 시장 가격이 상승해 평균 이상의 이윤을 얻게 되기 때문에, 다른 부문에서 이 부분으로 자본이 유입되어 상품의 생산과 공급이 늘어남에 따라 시장 가격이 하락하면서 재차 평균 이윤만 얻을 수 있게 된다는 것이다. 반대의 경우도 마찬가지이다. 이렇게 하여 시장 가격은 끊임없이 자연 가격에 수렴되게 된다.

이 상태는 각 분업의 부문 사이에 균형이 잘 갖추어진 상태이며, 사회적 자원이 사장되거나 반대로 낭비되지 않는 상태 그리고 사회적 욕망이 구석구석까지 충족되는 상태를 의미한다. 뒷날 이러한 상태는 가격

법칙의 한 측면 또는 완전 경쟁의 상태로 여겨졌으며, 근래에는 가격의 자동 조절 기구라고도 불리지만 그 원형은 스미스가 상세히 묘사한 그 대로이다.

스미스는 모든 시민들이 제각기 흩어져 밤낮없이 자신의 이기심만을 추구함에도 불구하고 사회의 전체적 결과가 이 같은 조화를 이룰 수 있는 것은 '보이지 않는 손Invisible hand'이 이끌어 주기 때문이라고 했다. 이 표현은 방대한 양의 『국부론』 가운데 제4편 제2장에서 단 한 번만 사용되었을 뿐이지만, 스미스의 시민 사회의 분석을 특징짓는 단어로서 줄곧 인식되어 왔다. 스미스가 이런 생각을 펼친 것은 그 무렵의 중상주의적 보호 및 간섭 정책 체제를 근본적으로 비판하기 위함이었다.

잉여 가치를 투자하는 일이 자본 축적

그렇다면 이 같은 조건 속에서 자본주의는 어떤 발전을 보이게 되는가. 스미스에 따르면 자본주의의 발달이란 자본 축적의 과정과 그 의미를 같이한다. 그리고 그 기본 구조를 맨 처음 조직적으로 해명한 것 역시 스미스의 공적에 속한다.

스미스에 의하면, 물건을 만들어 가치를 생산하고 나아가 이윤과 지대를 부가하게 되는 노동은 생산적 노동이다. 농업이든 공업이든 이는 사회 존립의 물질적 기반을 생산하는 일이 된다. 그런데 생산적 노동을 고용해 각 작업장에 분업을 조직함으로써 생산력을 높이는 경제적 조건이 바로 자본이다.

자본가는 여기에서 나온 생산물을 판매해 그 같은 생산을 반복하거나 지속하기 위해서는 먼저 판매 가격 속에 임금 부분을 유지, 보전해야만 한다. 나머지는 지대와 이윤으로, 이 역시 자본가와 지주가 모두 소비해 버리게 되면 생산을 되풀이해도 생산 그 자체는 규모가 확대되지 않는다(단순 재생산). 그러나 지주와 주인인 자본가가 이를 절약해 신규 투자를 하게 될 경우에 생산 규모는 확대된다(확대 재생산). 이와 같이 잉여 가치를 절약해 투자하는 일이 자본의 축적이며, 이것이 바로 자본주의 발전의 원형이라고 간주했다.

그런데 자본이 급속히 축적되는 국가에서는 생산력도 따라서 급증한다. 투자할 곳을 찾는 자본이 해마다 급증하게 되므로 자본 사이의 경쟁이 치열해지고 평균 이윤율은 낮아지게 된다. 노동 수요 역시 매년 급증하면서 임금이 높아지는데, 미국과 영국이 이 같은 사례에 해당했다. 스미스는 이런 상태를 공평한 상태라고 평가했다. 이윤은 불로 소득이므로 이윤율이 적어지고 임금이 높아지는 것이 공평하다고 생각한 것이다. 스미스는 사회적 생산력이 높아질 경우에는 물론, 사회의 대다수의 사람들이 전반적으로 부유해진다고 여기며 자본의 축적을 겁내지 않고 오히려 칭송했다. 반대로 자본이 축적되지 않는 저성장 국가는 이윤율이 높고 임금이 낮다는 점에서 불공평하다고 보고 이를 비판했다. 그 무렵에는 중국과 벵골이 이 사례에 속했다.

시민권 보장을 통한 자본주의의 발전

위와 같이 『국부론』 제1편과 제2편에 수록된 기본적 이론의 내용을 살펴보았으나, 현실에서는 자본 축적이 급속히 이루어지며 공평한 분배가 실현된 나라가 있는가 하면 그 반대의 경우도 있었다. 이러한 불균등한 발전을 가져온 사정이 무엇인가를 역사 분석을 통해 확인한 것이 바로 제3편의 내용이다.

제1편과 제2편에서 근대 시민권의 충분한 행사는 단순히 가정으로서

만 거론되고 있다. 그런데 각국의 역사를 되돌아보면, 영국에서도 봉건 시대에는 그 같은 조건이 충족되지 않았으며 아울러 생산력도 좀처럼 진전되지 않았다. 그것이 급진전하게 된 것은 시민혁명 이후의 일이었다. 앞에서의 중국과 벵골과 같은 사례는 말할 것도 없고 일찍이 번영을 자랑했던 이탈리아와 독일 그리고 스페인과 포르투갈에서도 여전히 봉건적 폭정●이 자행되었기 때문에 국부國富가 정체되어 있었으며, 이는 앙시앵 레짐 속의 프랑스 역시 예외가 아니었다.

스미스는 각국의 역사를 비교, 검토하며 시민권의 충분한 보장만이 근대 사회의 생산력 해방을 가져올 수 있는 조건임을 확인했다. 그 점에서 스미스가 내건 조건은 자연법적이었다. 실제로 그는 이를 기준으로 각 나라와 각 시대의 봉건제를 맹렬하게 비판했다. 그뿐만 아니라 근대 시민법이 확립되는 역사적 필연성도 분석했다. 인간의 자연적 본성인 이기심 때문에(여기에도 자연법적 인간관이 스며들어 있다) 상품 경제는 봉건제의 멍에에도 불구하고 조금씩 발전하게 된다. 그리고 상품 경제는 영주의 권력을 붕괴시키고 불가피하게 시민권을 확립하게 한다. 영국의 시민혁명이 그랬던 것처럼 프랑스도 그럴 것이라고 예측한 것이다. 스미스에게 시민법은 자연적인 것이며, 그것은 규범일 뿐 아니라 역사적 필연성을 의미하기도 했다.

이처럼 『국부론』의 기본 이론은 가정에 근거한 가설이 아니라 역사적 경험에 기초한 현실적 이론인 것이다. 이 점에서 『국부론』의 논리 구성은 독점 시대에 완전 경쟁만을 전제로 변함없이 가격의 자동 조절 기능만을 논한 비현실적 이론과는 다른 것이다.

자유무역주의는 역사의 필연

제4장에서 스미스는 중상주의의 정책 체계를 비판하고 자유 무역 정책으로 이행하는 것이 역사적 필연임을 논증하고자 했다. 스미스가 살펴본 바에 따르면, 중상주의의 정책 체계는 수입을 억제하고 수출을 장려해 식민지 무역을 독점하는 것으로 이루어져 있으며, 그 요점은 무역 균형을 유지하며 국외로부터 금속 화폐를 확보하려는 것이었다.

이미 제1편과 제2편에서 밝힌 것처럼 스미스는 철저한 생산력적 분업 및 자본 축적의 이론을 기준으로 중상주의의 정책 체계를 비판하고 있다. 보호와 억제 정책은 한 나라의 자본을 자연스럽지 않은 왜곡된 흐름으로 유도하며, 아울러 철저한 생산력적 분업 구조를 왜곡해 자본의 축적을 방해한다고 본 것이다.

그뿐 아니라 자유무역주의로의 이행은 역사의 필연이라고 보았다. 원래 중상주의 정책은 국가 권력의 도움을 받아 산업 자본의 보호 육성을 목표로 한 것이며, 수입 제한이나 식민지 지배 역시 이를 돕기 위한 것이다. 그러나 어느 한 국가가 국가 권력을 이용해 이 같은 정책을 취한다면 다른 열강 역시 그러한 정책을 택하지 않을 수 없게 된다. 따라서 국제 무대에서는 여러 열강의 힘의 대립이 빈번히 일어나며 식민지 쟁탈 전쟁이 끊이지 않게 된다. 그 무렵 북아메리카 식민지는 본국의 억압 정책을 참다못해 죽을 각오로 독립 전쟁을 일으킨 형세였다. 이렇게 되자 본국 정부는 무거운 세금에 더해 거액의 공채를 발행함으로써 감당하기 어려운 군사비까지 부담하지 않을 수 없었다. 그리고 그 부담은 결국 국민 경제로 전가되었다. 곧, 자본 축적을 촉진하기 위한 강제 정책이 역사의 변증법●에 의해 정반대의 것으로 전화된 것이다.

따라서 본국의 자본 축적과 보호라는 관점에서 식민지 독립, 곧 식민지를 포기하고 자유 무역으로 이행하게 되었지만, 영국에서는 이미 높은 수준에 도달해 있던 생산력 때문에 이 같은 이행이 가능했다. 다시 말해 이러한 정책 전환은 역사적 필연이었던 것이다. 스미스는 이 같은 사정을 상세히 그리고 흥미진진하게 제4장에서 분석하고 있다.

자연적 자유 체제와 값싼 정부

스미스는 역사적으로 반드시 성립될 수밖에 없는 규범적인 시민 사회를 '자연적 자유 체제'라고 불렀다. 이 체제 속에서의 국가의 역할은 국방과 사법 그리고 약간의 공공사업에 그치게 된다. 『국부론』의 최종 편인 제5편은 이처럼 정부의 역할과 조세 징수 방법을 논하고 있다.

사법은 국내의 시민권을 보장함으로써 분업과 자본 축적의 급성장에 필요한 정치적, 사회적 여건을 마련한다. 국방은 동일한 임무를 국제 무대에서 수행한다. 약간의 공공 사업이란 교육과 도로 그리고 항만 설비와 같이, 사회 총자본에 의해 공급되며 거기에서 막대한 이익이 생겨나지만 상업적인 개별 자본으로서는 도저히 해낼 수 없는 사업을 국가가 대신 수행하는 것이다. 이처럼 국가에는 일국의 자본 축적을 위한 역할이 주어져 있으며, 이것이 바로 스미스가 주장한 국가론의 가장 큰 특징이기도 하다.

이 경우에 관리는 사회적 분업의 일부분을 구성하게 된다. 관리는 물건을 만들어 내지 않기 때문에 비생산 노동자이지만 앞에서 언급한 국가의 역할을 담당함으로써 간접적으로 국가의 부를 생산하는 데 기여한다. 관리가 사법의 임무를 방치하면 순조로운 생산은 불가능하게 된다. 따라서 『국부론』의 사회적 분업론은 관리의 분업 기능을 분석함으로써 비로소 완결된다. 정부와 관리는 시민 사회 위에 군림하는 지도자가 아니라, 시민 사회의 내부에 존재하며 사회적 분업의 일부분을 담당하는 보통 시민과 전혀 다를 바 없는 존재이다. 따라서 이를 시민의 정부라고 부를 수 있게 되는 것이다. 이 역시 스미스가 생각한 국가론의 한 특징이다.

이러한 그의 국가론은 뒷날 학자들에 의해 값싼 정부라고 불리게 되었다. 이는 자본의 측면에서 보자면, 세금 납부는 일종의 코스트가 되므로 납부금이 적으면 적을수록 좋다는 일반론을 나타낸 것이다. 실제로 시민 정부의 비용은 자본 축적에 대한 정부 자신의 역할에 비례하고 있다. 예를 들어 혁명 이전의 프랑스 정부는 호화로운 궁정 생활과 대외 전쟁에 여념이 없었으며 제대로 된 자본 축적의 조건을 갖추고 있지 못했다. 따라서 자본이라는 관점에서 보면 비용이 비싼 정부였다. 이 같은 봉건 국가 또는 중상주의 국가에 비하면 시민 정부는 자본의 측면에서 훨씬 코스트가 저렴한 값싼 정부인 것이다. 곧, 스미스의 값싼 정부론은 봉건 국가와 중상주의 국가를 비판하기 위한 의도에서 제시된 것이다.

위와 같이 『국부론』은 분업과 교환, 자본 축적과 경제 성장, 근대 시민권과 근대 생산력, 국가와 경제 등 근대 사회의 모든 측면과 관련해 경제를 논하고 있다. 더욱이 근대 사회를 특징짓는 일반적 법칙을 제시할 뿐 아니라 그 상관관계까지 분석하고 있다. 이처럼 근대 시민 사회의 총체적 구조가 통일적으로 그리고 체계적으로 해명되고 있다는 점이 바로 『국부론』에 뛰어난 저서로서의 명예를 부여하고 있다.

『도덕감정론』

'모든 시민은 제각기 자신의 이기심만을 추구하지만 사회가 조화를 유지하고 있는 것은 어째서인가'라는 문제에 대해 이를 개인의 행위가 타인의 동감에 의해 자율적으로 규제되는 점을 통해 설명하고자 한 시민 사회의 사회 철학.

중상주의 식민지 체제

영국은 제품과 원료 시장을 독점하고 금과 은을 획득할 목적으로 인도와 미국을 식민지로 삼고자 했으며, 식민지 시장을 두고 유럽 열강과 쟁탈전을 벌였다.

분해가치설

투하노동가치설에 입각해 이윤과 지대를 노동자가 생산한 가치에서 무상으로 공제되는 것으로 보는 시각이다. 이러한 분해가치설은 리카도의 잉여가치론으로 계승, 발전되었다.

봉건적 폭정

신분제를 기초로 제3의 신분을 지닌 사람들의 사유 재산권이 침해되거나 이주와 영업 그리고 기타 개인적 자유가 억압되는 강제 및 여러 제한을 말한다. 이 같은 상태가 남아 있는 국가에서는 근대적 생산력의 발전이 큰 방해를 받았다.

역사의 변증법

정치가와 대자본가가 자신들의 이익에 따라 사회를 움직이고자 해도 그들이 택한 정책의 궁극적 결과는 당초의 의도와는 정반대로 결말이 난다. 역사 발전의 자연 법칙은 실로 이 같은 과정을 거쳐 관철된다.

정치경제학과 조세의 원리
(On the Principles of Political Economy and Taxation)

리카도는 지주 계급의 이익이 사회 전체의 이익과 대립된다는 명제를 증명하고자 이 책을 저술했다. '시민 사회' 경제학의 개척자인 스미스와 그 비판자인 마르크스 사이에 위치하는 리카도의 경제학은 시민 사회와 자본주의 그리고 사회주의의 관련성을 파악하는 데 더없이 중대한 의미를 지닌다.

INTRO

리카도(1772~1823)는 에이브러햄 이스렐 리카도의 셋째 아들로 런던에서 태어났다. 아버지는 네덜란드 태생의 유대인이었으나 1771년 영국 국적을 취득한 증권 중매인이었다.

데이비드는 공립소학교 교육을 마치고 1783년부터 2년간 암스테르담의 '탈무드 토라(Talmud tora, 유대교 학교)'에서 수학한 뒤 귀국하여 14세 때부터는 아버지의 일을 돕는 생활을 시작했다. 그러나 데이비드는 추상적이며 일반적인 추리를 좋아했으며, 결혼 이후인 25세 무렵부터는 수학과 화학, 지질학, 광물학 등에 관심을 기울였다. 특히 지질학과 광물학에 대한 흥미는 만년까지 지속되었으며, 1808년에는 그 전해에 막 창립된 런던지질학회의 회원으로 가입해 활약하기도 했다.

21세 때 퀘이커 교도인 외과 의사의 딸 프리실라 앤 윌킨슨과 결혼해 자신의 가족은 물론 유대인 사회로부터 절연당했다. 결혼 후 그는 가장 자유주의적 종파인 유니테리언파에 속해 일에서도 독립된 증권 중매인으로 활동했다. 더욱이 1806년 이후에는 소수의 국채 인수업자 가운데 한 사람이 될 정도로 사업에도 성공했다.

리카도는 1799년 종종 찾곤 했던 바스라는 온천지의 순회 도서관에서 스미스의 『국부론』을 읽으며 경제학에 흥미를 갖기 시작했다. 경제학계의 데뷔작은 익명으로 『모닝 크로니클』지에 기고한 「금 가격」(1809)이었다. 이는 나폴레옹 전쟁(1793~1815) 중에 잉글랜드 은행에 의한 정화正貨의 태환 정지(1797)가 초래한 인플레이션, 곧 통화 문제를 논한 것이었다. 이 글이 호평을 받으며 다음 해 초에 『지금地金의 고가高價, 지폐의 평가 절하를 나타내는 증거』를 간행해 일약 통화 문제의 전문가가 되었다.

이후 통화, 곧 은행 문제와 곡물법 등의 농업 문제, 공채 문제 등에 관한 시론적 팸플릿을 몇 권 펴냈으며, 아울러 맬서스●의 『경제학 원론』에 대한 평주와 가치론, 의회 개혁론 등에 관한 원고를 발표했다. 절친한 친구였던 맬서스와는 수많은 편지를 주고받으며 논쟁을 벌였다. 1819년 이후에는 하원 의원에 당선되어 의회 개혁에도 힘을 기울였다.

마르크스가 인정한 최고의 '고전'

리카도의 『정치경제학과 조세의 원리』(1817)는 영국의 산업혁명 (1760~1830)의 종반기에 산업 자본, 곧 대규모의 공업 제도가 확립된 시기를 맞아 저술됨으로써 그 완성에 커다란 기여를 한 책이다.

프랑스혁명(1789)을 둘러싸고 20년 가까이 지속된 나폴레옹 전쟁이 종결되면서 영국은 농업 공황에서 비롯한 심각한 전쟁 후유증과 노동자 계급의 빈곤poverty and distress이라는 새로운 시대 문제에 직면하게 되었다. 지주 계급이 지배하는 의회는 '곡물법●'을 제정해 곡물 수입에 높은 관세 정책을 채택함으로써 값싼 외국산 곡물의 유입을 억제하며 국내 농업과 지주의 이익을 보호하려 했다. 이때 곡물법이 국민 경제에 미치는 영향이라는 문제를 놓고 맬서스는 지주의 입장에서 그리고 리카도는 산업 자본의 입장에서 대립하며 보호 무역 대 자유 무역이라는 정책 논쟁을 벌였다.

논쟁 중에 리카도가 시론적 팸플릿인 『저가 곡물이 자본의 이윤에 미치는 영향에 관한 한 주장』(1815, 이하 『이윤론』으로 약칭)을 쓴 것을 친구인 제임스 밀에게 보여 찬사를 받으며 그의 권유에 의해 증보판으로 쓴 것이 바로 『정치경제학과 조세의 원리』이다. 그 점에서 이 책은 『이윤론』과 마찬가지로 시론적 성격이 강하다. 하지만 단순한 『이윤론』의 증보판에 그치는 것은 아니었다.

이 책의 집필 과정에서 리카도는 난해한 가치론을 정면으로 다루며 스미스의 이원론적인 가치론(지배노동론과 투하노동론●의 병립)을 비판하고 투하노동가치론을 더욱 정교한 이론 체계로 가다듬었다.

『정치경제학과 조세의 원리』는 첫째, 투하노동가치론에 기초한 점과 둘째, 자본주의 사회를 구성하는 3대 계급(지주·자본가·노동자)의 소득, 곧 지대와 이윤, 임금의 대립 관계를 분배론의 형식으로 밝힌 점, 셋째, 더욱이 자본 축적의 진행 그 자체가 이윤율의 저하로 자본주의에 치명적인 결과를 가져온다는 것을 강조한 점(잘못된 이론이기는 하지만) 등에서 자본주의를 분석한 획기적 이론서로 경제학사에 남을 불후의 고전이다. 이 책의 토대를 이루는 이론적 기초는 스미스의 이론을 비판한 것과 함께 당시 곡물법에 대한 비판이라는 시론의 형태로 탄생했다는 점 역시 그냥 지나칠 수 없다.

뒷날 마르크스는 리카도의 이 이론을 최고의 '고전'으로 간주하며(리카도를 '고전경제학의 완성자'라고 칭송), 아울러 그 안에 내포된 이론적 모순을 비판, 극복하는 고투(『잉여가치학설사』)를 거쳐 『자본론』을 저술하기에 이르렀다.

자본 축적에 따른 지대의 성립과 증가, 이윤의 저하를 논증한 『이윤론』

시론인 『이윤론』의 집필 목적은, 곡물 수입에 관한 관세 정책과 맬서스를 비판하며 영국의 공업 제품을 대규모로 수출하고 대신 후진적 농업국으로부터 값싼 곡물을 자유 수입해야 한다는 점을 주장하기 위한 것이었다. 이 정책론은 이미 리카도의 독자적 이론인 자본축적론에 의해 그 기초가 단단히 형성되어 있었다.

첫 번째 원리로 먼저 리카도는 '농업 이윤이야말로 상공업 이윤을 규제하는 것이나 그 역은 성립하지 않는다'고 생각했다.

두 번째로 그가 생각한 농업 이윤의 경향은 다음과 같다.

"사회가 진보하고 자본이 축적됨에 따라 인구가 증가하고 따라서 식량 수요도 증대된다. 그렇지만 토지는 풍년의 여부와 그 토지의 위치라는 점에서 질적 차이가 있으며, 더욱이 양질의 토지는 한정되어 있다. 여기에서 증가하는 식량 수요를 충족시키기 위해 필연적으로 경작은 보다 열등한 토지로 이행하지 않을 수 없게 된다. 만일 면적이 같은 A와 B라는 두 곳의 토지에 동일한 양의 자본과 노동을 투하해 제1등지인 A 토지의 수확량을 밀 100쿼터, 제2등지인 B 토지의 수확량을 밀 90쿼터라고 한다면, 그 차액인 10쿼터가 현재 '지대'로 되어 있다. 당초 제1등지에서만 경작이 이루어지고 있을 때에는 수확은 '임금'과 '이윤'으로만 배분되며 '지대'는 생겨나지 않는다. 왜냐하면 우량 토지가 풍부하게 존재하고 있기 때문이다. 그러나 인구가 증가함에 따라 늘어난 식량 수요에 대응하기 위해 제2등지에서도 경작을 시작하게 되면 제1등지에 지대가 발생한다. 다만, 이 경우 제2등지(한계 경작지)에는 지대가 성립되지 않는다. 그리고 80쿼터밖에 생산되지 않는 제3등지까지 경작이 넓어지게 되면, 이번에는 제2등지에 10쿼터의 지대가 발생하며, 제1등지의 지대는 20쿼터로 늘어난다. 다만, 이 경우에도 한계적 최종 경작지인 제3등지에서의 지대는 제로이다."

이것이 리카도의 '차액지대제'이다. 그는 여기에서 지대가 자본 축적이 진행됨과 더불어 계속 증가하고 있는 점을 명백히 밝히고 있다.

그렇다면 이윤은 어떠한가. 리카도는 곡물 임금(실질 임금)은 불변하는 것을 전제로 하고 있다. 제1등지에서만 경작되고 있을 때 100쿼터는 임금과 이윤으로만 배분된다(지대는 제로). 제2등지가 경작지에 포함되면 이번에는 90쿼터가 임금과 이윤으로 분할된다(따라서 100에서 90을 뺀 차액 10쿼터가 지대가 된다). 이 경우, 곡물 임금은 항상 같거나 변하지 않는 것으로 전제되어 있으므로 이윤이 감소할 수밖에 없다. 또 80쿼터밖에 수확되지 않는 제3등지를 경작하게 되면 이윤은 더욱 감소하게 된다.

이 같은 방식으로 자본이 축적됨(인구의 증가로 나타난다)에 따라 토지, 곧 농업 생산력이 낮아지면서 농업 이윤은 저하된다. 물론 농업 개량이 그 같은 저하를 일시적으로 저지할 수 있지만 그러나 결국에는 자본 축적→인구 증가→식량 수요의 증가→열등지 경작으로 이행→농업 이윤의 저하라는 구도가 관철되게 된다. 자유 경쟁 속에서는 농업과 공업, 상업 간의 자유로운 자본 이동을 통해 각 부문 사이에 균등하고 일반적인 평균 이윤율이 성립하지만 이 경우, 앞에서의 제1원리에 의해 농업 이윤이 상공업 이윤을 규제한다. 그리고 이 농업 이윤의 수준은 최종 경작지의 생산력에 의해 제약을 받는다. 새로운 시장의 발견처럼 생산 외부의 수요 증대가 가져오는 상공업 이윤의 상승은 일시적 또는 단기적인 것에 지나지 않는다. 그것은 곧 농업 이윤의 수준까지 저하시키게 된다. 이처럼 리카도는 이윤율의 장기적 결정 요인을 토지, 곧 농업 생산력의 상태('식량 획득의 난이도')라는 생산 기구 속에서 모색한 것이다.

『이윤론』에서 리카도의 주요한 이론적 성과는, 자본 축적에 따른 지대의 성립과 증가, 이윤의 저하를 논증해 낸 점에 있다. 그리고 이 논증은 주로 실물(곡물)론에 의해 이루어졌으나(스라파가 말하는 '곡물 비율의 이론●'), 다른 한편에서는 '생산의 난이도'에 의해 '교환 가치'가 규제를 받는다는 식의 투하노동가치론에 의한 설명도 맹아적으로 존재하고 있었다. 곧, "농업과 제조업 가운데 어느 쪽도 '개량'이 이루어지지 않는다는 가정 아래, '부의 증대(자본 축적)'는 '가치'에 어떤 영향을 미치는가?"라는 물음에 대해 "제조품의 가격에는 변화가 없다. 그러나 농업에서 열등지로 경작의 이행, 곧 '생산의 어려움(난이도)'의 증가는 '농산물 및 노동가격을 상승시키고 그에 따른 임금의 일반적 상승 결과로 일반적 이윤이 저하된다"라고 쓰고 있다.

여기에서는 뒷날 『정치경제학과 조세의 원리』의 중심 명제가 되는 '임금 상승→이윤 하락'이라는 구조가 가치론에 의해 정립되고 있다. 그러나 이 구조는 '임금 상승이 가격 상승을 가져오지는 않는다'라는 전제, 곧 가치 고정이라는 전제 아래에서만 성립한다. 이런 점에서 『이윤론』에서 행한 논증은 그다지 설득적이지 않다. 따라서 이 같은 문제를 해결하고자 한 것이 바로 『이윤론』에서 『정치경제학과 조세의 원리』로의 이론적 비약이었다. 이는 다른 한편으로는 스미스가 주장하는 가치론의 극복을 뜻하기도 한다. 다음으로 『정치경제학과 조세의 원리』의 내용을 살펴보자.

가치론

먼저 서문을 살펴보자.

"대지의 생산물 …… 은 사회의 세 계급, 곧 토지의 소유자와 그 경작에 필요한 자재 또는 자본의 소유자 그리고 근로를 통해 그 토지를 경작하는 노동자 사이에 분배된다."

지주와 자본가, 임금 노동자라는 자본주의 3대 계급이 비로소 여기에서 전제가 되고 있다. 그런데 세 계급에 대한 '지대, 이윤, 임금'의 배분율은 사회의 단계에 따라 근본적으로 달라진다. 주로 '토양의 실제 비옥도, 자본의 축적과 인구 증가, 농업에 이용되는 숙련도와 창의성 그리고 공구'에 의해 좌우된다.

"이 같은 분배를 규정하는 법칙을 확정하는 일이야말로 경제학의 중심 과제이다." 이처럼 리카도의 '경제학 원리'는 '분배 법칙'을 정하는 것을 이론적 과제로 삼았으며, 이를 가치론의 입장에서 전개하고 있다는 점에서 그가 경제학사에서 남긴 이론적 공적을 찾을 수 있다.

제1장 '가치론'은 총 7절로 구성되어 있는데, 여기에서는 제4절과 제5절의 '가치수정론', 제6절의 '불변의 가치척도론' 그리고 제7절을 소개하고자 한다. 아울러 이 책의 이론적 내용을 밝히는 데 중요한 의미를 지니는 제1절과 제3절 그리고 제2장의 전반부와의 관련성에 초점을 맞추어 설명하고자 한다.

제1장 제1절의 표제는 "어느 한 상품의 가치, 곧 그 상품이 교환되는 다른 어떤 상품의 수량은 그 상품의 생산에 필요한 상대적 노동량에 의존하며 그 노동에 대해 지불되는 보수의 많고 적음에는 영향을 받지 않는다"라고 되어 있다. 투하 노동량에 의한 가치 결정을 선언한 이 명제는, 동시에 그 자체에 모순을 내포하고 있는 스미스의 가치 결정 원리, 곧 지배노동설에 대한 거부 선언이기도 하다.

스미스는 하나의 상품 생산에 필요한 투하 노동량과 그 상품이 시장에서 지배, 곧 구매할 수 있는 노동량을 '같은 의미의 표현'이라고 생각했다. 또한 노동의 생산성이 두 배가 넘으면 노동자도 두 배의 보수를 받을 수 있다고 생각했다. 스미스가 상정한 '자본 축적과 토지 소유에 선행하는 초기의 미개 사회 상태', 곧 독립 생산자로 구성되어 있는 사회라면 이는 타당할 것이다. 그러나 자본주의라는 계급 사회를 전제로 하는 리카도에게 노동자는 임금 노동자를 가리킬 뿐 결코 독립 생산자가 아니었다. 임금 노동자의 보수(임금)는 노동의 생산성에 비례하지 않는다. 또 노동 생산성의 증감에 의해 '식품과 그 밖의 필수품'의 가치가 폭락하면

'노동의 가치' 역시 폭락하게 된다. 그런데 '노동자의 임금'을 이루는 '식품과 그 밖의 필수품'의 일정량을 생산하는 데 노동 생산성이 만일 2분의 1로 저하되고 그에 따라 '필요 노동량'이 두 배가 된다고 할 경우, '식품과 기타 필수품'의 가치는 투하 노동량으로 평가하면 두 배로 폭등하지만, 지배 노동량(교환되는 노동량)으로 측정하면 불변하는 것이다. 곧, 투하 노동량과 지배 노동량이 일치하지 않게 된다. 또한 거꾸로 노동의 보수가 두 배가 넘었다고 해도 노동의 생산성이 두 배가 넘지 않으며 생활 수준이 동일하다는 것을 전제로 한다면 노동 임금은 저하된다. 따라서 상품의 가치는 '노동자에게 그 노동과 교환하여 제공할 수 있는 상품에 비교되는 분량'에 의해 결정되는 것이 아니라 '노동이 생산하는 상품에 비교되는 분량'에 의해 결정되는 것이다.

따라서 리카도는 '투하 노동량의 증감→상품 가치의 등락'이라는 원리를 확립하고 '임금의 등락→상품 가치의 등락'이라는 이론을 배제했다. 이 같은 가치론에 의해 일정한 가치의 내부 분배율로 '임금 저하→이윤 상승, 임금 상승→이윤 저하'라는 대립적 관계를 정식화할 수 있게 된 것이다.

제1장 제3절의 표제는 "상품에 직접 사용된 노동이 상품의 가치에 영향을 미칠 뿐 아니라 그 같은 노동을 도운 기구나 도구, 건물에 투하된 노동 역시 상품의 가치에 영향을 미친다"이다. 이 절에서 리카도는 '자본'을 거론하고 있지만 '초기 상태'에서도 수렵군의 화살과 같은 형태로 자본이 이미 존재하며 상품 가치를 결정하는 투하 노동량이란 과거의 노동과 현재의 노동, 두 가지로 구성되어 있다고 했다. 자본의 소유자와 노동의 제공자가 서로 다른 계급으로 분리되어 있는 사회에서도 상품 가치는 자본 형성의 노동과 직접 노동의 합계로, 곧 투하 노동에 의해 결정된다.

따라서 생산물을 '이윤'과 '임금'으로 나누는 분할은 모든 상품의 상대 가치에는 영향을 받지 않는다는 입장이다. 이는 스미스가 투하노동설의 타당성을 '초기 상태'로 한정하고 '자본 축적과 토지 소유' 이후의 계급적 사회에서는 임금과 이윤, 지대의 소유에 의해 가격이 결정된다는 '구성가격론'을 취하고 있는 데 대한 비판이다. 구성가격론에서는 소득이 곧 가격이므로 임금 상승이 곧 가격 상승이 된다. 그러나 '분해가치론'의 입장을 취하는 리카도에게 투하 노동량은 곧 가치이므로, 이는 일정한 가치가 임금과 이윤(임금과 지대)으로 분할된다. 따라서 임금 상승이 즉각적으로 가격 상승이 되지 않으며, 오히려 임금 상승에서 이윤 하락으로 이어지게 된다. 이는 가치론을 기초로 한 분배론이라는 점에서 의미가 크다.

지대론

제2장은 '지대론'이다. 제1장 제3절의 이론적 내용이 '자본 축적', 곧 이윤은 투하노동가치의 원리를 뒤집는 것이 아니라는 것을 논증한 데에 대해, 제2장에서는 '토지 소유', 곧 지대가 투하노동가치의 원리를 부정하지 않는 점을 논증하는 것을 내용으로 삼고 있다.

다시 말해 '토지의 소유와 그 결과인 지대의 창조가 생산에 필요한 노동량과 무관하게 여러 상품의 상대 가치에 어떠한 변동을 가져오는가'라는 문제를 살피고자 한 것이다. 『이윤론』에서는 지대의 성립과 그 지대의 증가 법칙을 주로 실물 사례를 통해 설명했다. 『정치경제학과 조세의 원리』에서는 가치론을 농산물의 가치론으로 구체화시켜 가치 법칙에 기초해 설명하고 있다. 곡물의 가치는 가장 열등한 토지에서 곡물 1쿼터를 생산하는 데 필요한 최다 노동량에 의해 규제된다. 우량 토지에서 1쿼터를 생산하는 데 필요한 노동량은 보다 적어진다. 따라서 그 개별적 가치도 낮아지지만 일물일가一物一價의 법칙●에 따라 가장 열등한 토지에서 생산된 곡물의 가치(사회적 가치)로 판매되게 된다. 그 차액, 곧 우량 토지의 초과 이윤은 지대가 된다. 토지 소유, 곧 지대는 투하노동가치의 원리를 전혀 부정하는 것이 아니다. 가장 열등한 토지에서 생산된 곡물 가격은 임금과 이윤만으로 분할되며, 우등 토지의 지대는 초과 이윤이므로 이 경우 지대는 가격 구성 부분에 포함되지 않는다.

자본의 축적이 진행되면 지대와 임금, 이윤에 어떠한 영향을 미치게 되는가. 이러한 현실적 테마를 다룬 것이 제2장(후반)과 제5장, 제6장이다. 첫째, 지대는 화폐 지대와 곡물 지대가 모두 증가한다. 둘째, 임금은 곡물 가치의 상승에 의해 화폐 임금은 상승하지만 곡물 임금은 저하한다. 셋째, 이윤은 화폐 이윤과 곡물 이윤이 모두 저하하고, 이윤의 제로 상태(정체 상태)가 도래하는 것 역시 이론적으로는 가능하다. 이것이 바로 세 계급의 상태에 관한 리카도의 결론이다.

'자연 법칙'에 의한 이윤율 저하를 막기 위해 먼저 농업 개량(공장적 대농업)과 둘째로 값싼 곡물의 자유로운 수입이 필요하다(정책론으로서의 곡물법 비판, 곧 자유무역론)고 주장했다. 제7장 '외국무역론'에서 논하고 있는 '비교생산비설'에 의하면, 영국은 비교생산비가 적은 공업품 생산을 특화해 비교생산비가 비싼 농산물을 수입하는 쪽이 유리하다(국제분업론)고 주장했다. 이는 또한 곡물 가격과 임금 상승을 막음으로써 이윤율의 저하도 막을 수 있으며, 자본 축적을 고도로 지속시키는 효과가 있다는 주장을 폈다.

지속적으로 자본 축적이 가능한 발전 상태에서는 사회의 최다수를 구성하는 노동자 계급의 고용이 증가한다. 노동 수요가 노동 공급을 상회하면 시장 임금은 자연 임금(식품 및 필수품 가격에 의해 결정된다)을 웃돌게 되며, 편의품의 소비 확대로 생활 수준이 향상된다. 이를 통해 노동자 계급은 체제 안에 존재(생활)할 수 있게 되며, 따라서 그들에게 선거권을 부여할 수 있게 된다. 결국 리카도는 낙관론자였던 것이다.

NOTES

토머스 로버트 맬서스(Thomas Robert Malthus, 1766~1834)

리카도의 친구이자 논적이기도 하다. 케임브리지대학교를 졸업한 뒤 목사가 되었다가 나중에 동인도회사가 운영하는 대학의 경제학 및 역사학 교수가 되었다. 저서로 『인구론』, 『지대론』 등이 있다.

곡물법Corn Law

나폴레옹 전쟁 중에 영국의 곡물 가격이 폭등했다가 전쟁의 종결과 동시에 폭락함에 따라 제정되었다(1815. 3. 20). 곡물 1쿼터가 80실링 이하의 가격일 경우에는 수입을 금지할 것 등이 주요 내용이다.

지배노동론과 투하노동론

지배노동론은 한 상품의 가치가 그 상품이 시장에서 지배 또는 구매할 수 있는 노동량에 의해 결정된다는 주장이고, 투하노동론은 그 상품의 생산에 필요한 투하 노동량에 따라 결정된다는 견해이다. 이 가운데 지배노동론은 마르크스에 의해 계승되었다.

곡물 비율의 이론

초기 리카도 이윤론의 특징에 『리카도 전집』의 편집자 피에로 스라파Piero Sraffa가 이름을 붙인 것. 농업에서는 투입 내용과 산출 내용이 모두 곡물로 나타나게 되므로 가치론에 의존하지 않고 곡물의 비율만으로도 이윤을 결정할 수 있다는 이론이다.

일물일가一物一價의 법칙

동일한 시기에 동일한 시장에서 동질의 상품을 매매할 때에는 하나의 가격만 성립한다는 법칙. 자유 경쟁의 경우 상품 가격은 전체의 수요와 공급이 일치하는 곳에서 결정된다.

정치경제학의 원리
(Principles of Political Economy)

밀은 스미스와 리카도 등의 고전학파 경제학 이론을 계승하면서도, 경제 공황이나 빈곤 등 새로운 역사적 과제에 대해서도 고려하고 있다. 이러한 밀의 이론은 마셜을 탄생시킨 뿌리가 되었다. 밀의 경제정책론은 복지론까지 언급하고 있어 최근에는 복지국가론의 선구로서 연구되고 있다.

INTRO

밀(1806~1873)은 경제학자이자 리카도의 친구였던 제임스 밀의 큰아들로 1806년에 태어났다. 3세 때부터 14세 때까지 아버지에게 직접 조기 교육을 받으며 그리스어와 라틴어, 논리학, 역사학, 경제학 등 거의 모든 학문을 익혔다.

주요 저서인 『정치경제학의 원리』(1848) 이외에 그는 『논리학 체계』(1843), 『경제학 시론집』(1861), 『여성의 종속』(1869) 등 많은 저술과 논문집을 남겼다. 1873년에 죽은 뒤에도 『자서전』(1873)과 『종교에 관한 에세이 3편』(1874), 『사회주의론』(1879), 『서간집』(1910) 등이 발간되었다.

그는 사회적 활동에도 큰 발자취를 남겼으며, 특히 『정치경제학의 원리』를 집필 중이던 1846년에 아일랜드에 대기근이 일어나자 곧바로 집필을 중단하고 아일랜드 문제의 해결과 아일랜드 농민의 구제를 위해 신문 등에 평론을 연재한 일은 매우 유명하다. 뒷날 그는 『잉글랜드와 아일랜드』(1868)를 출판하기도 했다.

1865~1868년에는 하원 의원으로 선출되어 선거법 개정과 여성참정권 문제 등에 관해 활약하기도 했다.

이 책 『정치경제학의 원리』는 전체 다섯 편으로 구성되어 있는데, 제1편부터 제3편까지는 이론편 또는 정태론에 속하며 제4편은 동태론이다. 그리고 제5편에서는 재정학과 경제 정책 이론을 각각 논하고 있다.

근본 사상

밀은 먼저 생산 활동이 기본적으로 자연과학(물리학, 화학)의 분야에서 해명될 수 있는 자연 법칙에 제약을 받고 있다고 지적한다. "경제학은 외적 자연의 여러 사실과 인성에 관한 여러 진리가 결합해 제2차적 법칙이나 부의 생산을 결정하며, 그 속에서 과거와 현재의 빈부의 차이를 설명하고 장차 이용하게 될 부의 증가에 대한 근거를 담고 있는 법칙을 찾아내고자 하는 것이다."

그러나 "생산 법칙과 달리 분배 법칙은 일부 인위적 제도에 속한다"고 했다. 곧, 생산은 인간의 힘이 미치지 않는 자연의 대법칙에 근본적으로 제약받고 있어 그 조건을 바꾸기가 불가능하지만, 분배는 법규와 관습 등 인간이 만들어 낸 것들에 의해 실행되는 점이 많다고 했다. 곧, 사회 구성원의 의지 여하에 따라 분배 제도는 크게 변화될 가능성이 있는 것이다. 생산과 분배를 이와 같이 구분해 파악하는 것은 경제 사회를 보는 시각으로서는 잘못된 것이다. 그러나 별도로 마련된 분배 원칙에 기초하는 사회의 존재를 긍정하고 있어, 이 같은 생산과 분배를 구분하는 사고 방식에 의해 제도의 개혁, 곧 분배 제도의 개혁이 긍정적으로 이해될 수 있다는 사회과학적 바탕을 마련했다는 점에 의의가 있다.

밀은 토지수확체감의 법칙●을 생산 법칙 가운데 경제학이 거론해야 할 중심 법칙으로 보았다. "농업 기술과 지식이 주어졌다고 할 경우, 노동을 증가시켜도 생산량은 거기에 비례해 증가하는 것이 아니다. 곧, 노동을 두 배로 늘려도 생산물은 두 배로 증가하지 않는다. 바꾸어 말하면, 생산물을 증가시키려면 대체로 토지에 대해 그에 해당하는 비율 이상으로 많은 노동을 사용해야 한다는 것이다. 농업에 관한 이러한 일반적 법칙은 경제학에서도 가장 중요한 명제가 된다."

이에 따르면 인구가 증가해 보다 많은 생활 재료, 특히 식량이 필요하게 되면 인간은 생활 수준을 낮추어야 한다. 여기에서 맬서스의 인구론과 수확 체감이라는 사고가 밀의 사고에 커다란 뿌리를 내리고 있는 것을 엿볼 수 있다. 그러나 인간은 끊임없이 생활의 향상을 추구하고 있으며, 그러한 욕망의 추구가 없으면 사회의 진보는 이루어지지 않는다. 그렇다면 어떻게 해야 할 것인가.

자본의 축적과 생산 기술의 개량 등과 같은 생산력의 발전이 하나의 해결의 열쇠가 되며 또한 인구 증가의 제한 역시 또 다른 해결책이 될 것이다. 그러나 이 둘 사이에는 상관관계가 있으며, 생산력이 낮은 사회에서는 인구 억제도 그다지 효과적으로 실행되지 않는다. 더욱이 양자의 실현은 인간의 지적 그리고 도덕적 수준의 향상과 관련되어 있다.

"인구가 한층 제한되고 더욱이 그와 같은 개선이 이루어진다면 한 국민은 물론 인류 전체가 오늘날보다 큰 몫을 누리게 될 것이다. 개량을 통해 자연에서 얻게 되는 수확의 전부를 다만 증가하는 인구 부양에만 헛되이 써 버리는 일은 없을 것이다. 또한 총생산물은 증가하지 않더라도 인구 1인당 생산물은 더 많아질 것이다."

여기에서 밀이 '개량'이라고 부르고 있는 것은 '산업상의 신발명'과 그 보급을 가리킬 뿐 아니라 '제도·교육·여론 및 인간관계에 관한 일반 사항의 개량'을 포함하고 있다. 곧, 광범위한 의미에서의 인간의 질적 향상이다. 인간은 인간의 노력에 대한 보수가 정당하게 지불되는 분배 제도 아래에서만 향상될 수 있다. 따라서 그 무렵의 사유재산제●에 기초한 경쟁 체제만이 유일한 절대적 제도라고 주장할 수는 없다. 또한 경쟁이 나쁘다고만 할 수도 없다. 밀은 이렇게 말하고 있다. "나는 경쟁에 아무런 불편한 점이 없다거나 사회주의적 저술가들이 경쟁은 동일 직업에 종사하는 사람들 사이에 질서와 적의를 가져오는 원천이라고 하여 그것을 거부하는 도덕적 반대론이 전혀 근거가 없는 것이라고 주장하는 것은 아니다. 그러나 경쟁이 만일 어떤 고유한 폐해를 동반하고 있다면 그것은 보다 큰 폐해를 방지하고 있는 것이기도 하다."

이와 같이 밀은 항상 어느 한편에 치우치지 않고 매우 다면적 태도로 사물을 인식하고자 노력했다. 이는 때로는 답답한 것처럼 보이고 흔히 매력이 덜한 것처럼 보이기도 했다. 밀이 그 자신이 행한 작업에 비해 명성이 그리 높지 않은 것도 이 같은 그의 태도에 한 원인이 있을 것이다.

현재의 분배 제도와 다른 제도를 가진 사회란 어떤 사회를 의미하는가. 그것은 넓은 의미에서 사회주의를 가리키며, 역사의 흐름이 어찌 되었든 간에 그 방향으로 흐르고 있다는 것을 밀은 충분히 인식하고 있었다.

"요즈음처럼 평등 개념이 비교적 빈곤한 계급 사이에 날마다 널리 보급되고, 인쇄물에 의한 토론이 금지되거나 언어의 자유가 전적으로 억압되지 않는 한, 인류의 진보 단계에서 인간을 고용자와 피고용자라는 두 개의 세습적 계급으로 나누는 일이 영구히 지속될 것이라고 생각하지 않는다. 이 관계는 임금을 받는 자에게나 그것을 지불하는 자에게나 모두 거의 마찬가지로 불만족스러운 것이다."

"고용주와 노동자라는 관계가, 어느 경우에는 노동자와 자본가의 공동 조직이라는 형태, 또 다른 경우에는—아마도 최후에는 모든 경우에서—노동자들 사이의 공동 조직이라는 두 개의 형태 가운데 어느 한쪽의 조합 영업에 의해 바뀔 것이라는 점은 거의 의문의 여지가 없다."

"나는 산업적 구조가 사회 진보와 더불어 나타나게 될 형태에 대해 사회주의적 저술가들이 말하고 있는 견해에 찬성한다. 또한 그와 같은 변혁에 착수해야 할 시기는 이미 성숙해 있다."

이처럼 밀은 어느 면에서 사회주의적 개혁에 전반적으로 찬성하고 있는 듯한 주장을 전개하고 있다. 이는 경쟁에 관한 앞에서의 인용문에서처럼 어디까지나 자유와 개성의 존중이라는 조건을 충족시킨 뒤에, 곧 인간의 질적 향상을 보증하는 사회 개량인 것이다. 더욱이 급격한 강제적 사회 변혁이 아니라 점진적이며, 사회 전체의 구성원의 지적 향상에 걸맞고 또한 현 체제의 장점을 보다 잘 활용한 개혁이어야만 한다는 것이 밀의 주장이었다. 따라서 폭력적 개혁이나 중앙 집권적인 사회 제도가 아무리 공평한 분배나 평등을 추구하는 사회주의적 성격을 가졌다 해도 밀은 그것을 거부했다.

밀의 근본적 견해는 위와 같은 것이지만, 그 같은 입장을 보강하기 위해 많은 경제 이론상의 주장을 제기하고 있다. 임금론·가치론·이자론(욕망제한설)·기계론(보상설)·국제가치론 등이 특히 유명하다. 여기에서는 그 가운데 임금론과 가치론에 대해 약간 살펴보고자 한다.

임금론

밀의 임금론은 아버지인 제임스 밀의 입장인 임금기금설●을 계승했다는 해석이 많다. 그러나 밀은 임금기금설이 불충분하다는 사실을 매우 깊이 인식하며 자신의 주장을 전개해 나가고 있다.

밀은 인구를 노동의 공급, 곧 노동자 인구라는 의미로 받아들이며, 노동에 대한 수요를 나타내는 자본을, 유동 자본 가운데 직접 노동을 구매하는 데 사용되는 부분과 비생산적 노동자(하인·병사 등)의 임금 및 급료와의 합계로 간주하여, 이 둘(주로 노동자 인구와 그 자본)의 비율이 일반 노동률을 결정한다고 생각했다. 따라서 자본(이를 임금 기금으로 부른다면)

의 증감과 노동자 인구의 증감이라는 조건에 의해, 곧 노동에 대한 수요와 공급에 의해 임금이 오르고 내리게 된다. 그러나 밀은 여기에 제한을 가하고 있다. 다시 말해 이렇게 하여 임금이 낮아져도 노동을 구입하는 것은 재화를 사는 경우와 다르기 때문에 노동자를 불필요하게 많이 고용할 수 없으며, 반대의 경우에도 모든 노동자가 모두 직업을 잃게 되는 것은 아니라고 했다. 따라서 고용주 계급이 이용할 수 있는 총자본력이라는 의미에서는 노동자의 고용에 한계가 있지만 그 한계 안에서는 고용된 노동의 양이 상당히 유동적이어서 고정량이라고 말할 수 없다. 이는 밀이 그 무렵의 형식적 임금기금설에 대해 매우 강하게 비판적 입장을 취한 것이라고 할 수 있다.

가치론

밀은 가치론을 제3편 교환의 첫 부분에서 다루고 있다. 스미스와 리카도, 마르크스 등 여타의 주요 경제학자들은 가치론을 경제학 전체의 기초로 간주하며 무엇보다 생산론을 해명하는 이론으로 받아들이고 있는 반면, 밀은 그 교환을 규제하는 법칙을 해명하는 데 불과한 것으로 인식했다. 곧, 가치 이론이 가격 이론으로 바뀌고 있는 것이다.

그렇다고 해도 밀이 경제학상의 선배들의 작업을 부정한 것은 아니었다. 오히려 "가치 법칙에는 오늘날의 저술가 또는 장래의 저술가가 규명해야만 할 것은 다행히 아무것도 남아 있지 않다. 이 문제에 관한 이론은 이미 완성되어 있다. 단 하나, 극복하지 않으면 안 될 곤란한 점은 이 이론을 적용하는 데 발생하게 되는 주요한 분규를 사전에 예상하고 그것을 해결할 수 있도록 이 이론을 서술하는 것뿐이다"라고 말하며 그 작업을 계승하고 있다.

밀은 '수요와 공급에 의한 가격 결정'을 주장했다. 다만, 자연적 독점재와 인위적 독점재, 역사상의 산물 등 공급이 뚜렷하게 제한되어 있는 것은 비싸고, 농업 생산물과 같이 인간의 힘만이 아닌 자연의 조건에 의해 생산량이 결정되는 것은 조금 다른 동향을 보이며, 공업 생산물은 가장 순수하게 수요에 반응하는 것이라고 그 차이를 지적하고 있다. 그리고 이에 덧붙여 생산비의 관점을 제시하고 있다. 수요와 공급에 의해 결정되는 것은 시장에서의 가격이지만 그 바탕에는 그 같은 재화를 생산하는 데 필요한 비용이 있다고 밀은 주장하고 있는 것이다.

현대 경제 이론과의 관계

밀은 종래 영국 고전경제학에 가장 마지막으로 등장한 경제학자로 여겨지는 일이 많았다. 그러나 최근 들어 오히려 고전경제학을 계승한 신고전학파 경제학의 창시자로 더욱 빈번히 다루어지고 있다.

리카도 경제학의 뒤를 이은 밀의 『정치경제학의 원리』는 19세기 후반을 통해 볼 때 가장 신뢰할 만한 경제학 교과서이자 광범위하게 사회과학 전반(오늘날로 말하면 사회학을 포함해)을 다룬 고전적 서적으로 읽혔다. 신고전학파 경제학은 마셜에 이르러 대성하게 되는데, 밀의 경제학은 마셜을 낳은 원류의 하나라고도 말할 수 있다.

동시에 또한 사회주의적이기조차 한 그의 주장은 영국의 페이비언협회와 노동당으로 대표되는 사상의 한 뿌리로서, 한 시대 이전에 살았던 로버트 오언의 공상적 사회주의와 나란히 재평가되고 있다. 또한 밀의 경제정책론은 사회의 모든 계급에게 경제적, 사회적 평등과 복지를 가져올 것을 주장한 점에서 재평가되며, 복지국가론의 선구로서 새삼 연구되고 있다.

NOTES

토지수확체감의 법칙

리카도의 자본 이윤율이 장기적으로 저하되는 현상을 설명하기 위한 것으로, 어떤 일정한 토지에 투입된 노동과 자본이 증가해도 생산물은 그에 비례해 증가하지 않고 체감률에 따라 증가한다는 법칙.

사유재산제

영어의 사적 재산private property과 같은 의미이지만, 축적하여 소유하고 있는 재화라는 의미가 강하며 노예제와 봉건제, 자본주의는 이 제도의 각기 다른 한 형태이다.

임금기금설

이 설은 노동조합에 의한 임금 투쟁이 무효임을 이론적으로 밝힌 것이다. 이에 따르면 국가가 임금을 지급할 수 있는 자본(기금)은 일정하여 기금이 증가하거나 노동자 계급이 줄어들지 않는 한 임금은 올라가지 않는다는 주장이다. 그러나 만년에 밀은 이 주장을 스스로 부정했다.

자본론
(Das Kapital, Die Kritik der politischen Ökonomie)

시민 사회와 자본주의 사회에 대한 내재적 비판을 의도한 것으로, '사회
주의의 바이블'로 평가된다. 역사와 인간에 대한 탐구를 철저하게 추구
하며 사회주의의 과학적 관점을 수립한 그의 학설은 20세기에도 여전히
세계의 현실 정치와 노동 운동에 거대한 영향력을 발휘하고 있다.

INTRO

마르크스(1818~1883)는 유대계 변호사의 아들로, 프로이센 라인 주에 있는 트리어에서 태어
났다. 본대학교와 베를린대학교에서 법학과 철학, 역사 등을 수학한 뒤, 1844~1846년에 독
자적 사회주의 사상을 확립했다. 1848년 혁명의 실패를 계기로 영국으로 망명해 이후 평생
동안 런던에서 지내면서 빈곤과 병마와 싸우며 국제 노동 운동과 경제학 연구에 종사했다.
과학적 사회주의라고 불리는 마르크스주의의 창시자로 현대에 이르기까지 세계의 정치와
경제, 사상에 거대한 영향력을 남겼다.

『자본론』(제1권은 1867년, 제2권은 엥겔스 편집으로 1885년, 제3권은 마찬가지로 엥겔스 편집으로
1894년에 출판)은 더 말할 것도 없이 방대한 마르크스의 저작물 가운데에서도 압권을 이루며
경제학에 관한 저술을 대표하는 저작이다. 그러나 그 내용을 제대로 이해하기 위해서는 경
제학 연구에 관한 그의 발자취를 처음부터 살펴보지 않을 수 없다.

마르크스는 1844~1845년에 쓰인 『1844년의 경제학–철학 초고』●에서 중요한 방법적 메모
를 남기고 있다.

"소외되고 외면당한 노동의 개념으로부터 분석을 통해 사적 소유의 개념을 발견해 낸 것처
럼, 우리는 이 두 가지 요소를 통해 국민경제학상의 모든 범주를 전개할 수 있게 되었다. 예
를 들어 매춘이나 경쟁, 자본, 화폐와 같은 각 범주 속에서 우리는 앞에서 언급한 최초의 기
초에 한정되거나 발전된 표현만을 재발견하게 될 것이다."

1850년부터 런던에서 재개된 마르크스의 경제학 연구는 1857년과 1858년 사이에 마침내
첫 결실을 맺어 부르주아 경제학을 비판하는 독자적 체계 구상을 소개하는 한 권 분량의 내
용이 집필되었다. 1858년 4월 2일 엥겔스에게 보낸 편지에서 자신이 쓰게 될 경제학 비판의
체계는 자본(자본 일반, 경쟁, 신용, 주식 자본), 토지 소유, 임금 노동, 국가, 국제 무역, 세계 시
장이라는 '여섯 권으로 나뉘게 될 것'이라고 밝혔으며, 실제로 1857년 10월부터 1858년 3월

까지 방대한 분량의 '일곱 권의 노트'가 작성되었다. 이 노트는 뒷날 간행된 『경제학비판 요 강』이었다. 그 내용은 '자본 일반'에 해당하는 것으로, 화폐에 관한 장과 자본에 관한 장(자본 의 탄생 과정, 자본의 유통 과정, 과실로서의 자본)으로 구성되어 사실상 『자본론』의 원형이라고 도 말할 수 있는 것이었다.

그리고 1859년 6월 드디어 『정치경제학 비판』의 제1분책, '제1부 자본 제1편(제1장 상품, 제2장 화폐 또는 단순 유통)'이 간행되었다. 이후 마르크스의 연구와 본격적인 집필 준비가 진행되어 1867년에는 『자본론』 제1권이 1859년에 쓴 앞에서의 저작의 요약을 포함해 간행되었다. 동 시에 그 서문에는 『자본론』이 제1권 자본의 생산 과정, 제2권 자본의 유통 과정, 제3권 전체 과정의 여러 양태, 제4권 학설사라는 구성으로 진행될 것이 예고되었다. 이때 이미 제2권 이 후의 주요 원고도 작성되어 있었으나 불행하게도 그 완성과 간행은 마르크스 생전에 실현되 지 못했다. 이와 같은 과정을 거쳐 탄생한 『자본론』은 그 자체가 미완성일 뿐 아니라 미완의 체계인 『정치경제학 비판』의 기초편인 '자본 일반'에 해당하는 것으로 간주되어 왔다. 이것만 보더라도 마르크스가 꿈꾼 자본주의 비판은 얼마나 거창하고 거대한 것이었던가를 짐작하 게 한다.

『자본론』이 탄생하기까지

마르크스는 엥겔스와 함께 저술한 『공산당 선언』에서 "만국의 노동자 여, 단결하라"라고 호소했지만 1848년 혁명이 실패함에 따라 영국으로 망명해 런던에서 정치 활동을 펴는 한편, 경제학 연구에 본격적으로 매 달렸다.

1859년에는 '자본, 토지 소유, 임금 노동, 국가, 외국 무역, 세계 시장이 라는 순서로 부르주아 경제 체제를 고찰한다'는 독자적 체계의 제1부 '자 본'의 제1편 '자본 일반'으로 『정치경제학 비판』을 간행했다. 이어 1867년 에는 그 후속으로(단, 앞의 내용을 제1장으로 개괄) 『자본론』 제1권이 간행되 었다. 『자본론』 자체는 자본의 생산 과정과 자본의 유통 과정, 자본의 전체 과정에 관한 여러 양태, 학설사 등의 네 권으로 구성되어 있지만, 제2권과 제3권은 마르크스가 죽은 뒤에 엥겔스의 편집을 통해 각각 1885 년과 1894년에 간행되었고, 제4권은 카우츠키의 편집으로 1905 ~1910년에 출판되었다.

『자본론』의 이러한 체계는 그 뒤 마르크스 경제학의 기본 문헌으로 국제 노동 운동과 사회주의 연구에 불멸의 빛을 발해 왔지만, 이는 앞에서 설명한 마르크스의 경제학 체계 구상에서 어느 부분이 실현된 것인가에 대한 정설은 아직 없으며 여전히 국제적으로 논쟁이 계속되고 있다.

사용 가치와 생활

인간답게 살고 싶다는 욕망은 어느 시대라도 변함이 없을 것이다. 굶주림을 피하기 위해서는 빵이 필요하고, 자유를 호흡하기 위해서는 공기, 심장의 움직임을 표현하기 위해서는 연필이 필요하다. 사물이 단순한 사물이 아닌 빵이나 공기, 연필인 것은 각각의 사물에 인간의 다양한 욕망(물질적 또는 정신적)을 만족시키는 힘이 담겨 있기 때문이다. 어느 한 사물을 필요로 하는 유용성(효용)은 그 사물을 사용 가치가 있는 것으로 만든다. 욕망의 자각과 개발, 사물의 유용성과 사용 가치의 발견은 생활(물질적 또는 정신적)을 풍요롭게 하는 인류의 역사적 행위이다.

사용 가치는 공기나 물, 숲과 같이 인간의 도움을 필요로 하지 않는 자연적 존재일 경우도 있지만, 대개의 경우는 인간의 노동(물질적)과 자연 재료의 결합에 의한 생산물이다. 노동은 인간적 생명의 발현 또는 실증이라고 말할 수 있으나 실은 인간 내부의 자연인 머리와 손, 발을 외부의 자연에 사용해 그 질료●의 형태를 변화시키며 자연 자신도 변화시킨다는 인간과 자연의 교류 과정이다. 그러므로 노동은 사용 가치의 아버지이며 자연 질료는 사용 가치의 어머니이다. 사용 가치를 낳는 이와 같은 물질적 노동을 구체적으로 유용적 노동이라고 하자. '유용 노동'은 생산하는 사용 가치의 유용성의 종류에 따라 사용 가치의 물질적 소비(의식주)뿐 아니라 사용 가치의 정신적 소비, 곧 정신적 노동(붓을 잡고 그림을 그리는 등)도 가능하게 해 준다. 말할 것도 없이 인간의 생활은 물질적 노동(물질적 생산)과 물질적 소비, 정신적 노동(정신적 생산)으로 이루어져 있으므로 유용 노동은 실로 인간 생활의 가장 중요한 요점이라 할 수 있다. 이는 영원한 진리이다.

"유용 노동은 어떠한 사회 체계와도 관계가 없는 인간의 생존 조건이며, 인간과 자연 사이의 질료 변환(물질 대사), 곧 인간의 생활을 매개로 하기 위한 영원한 자연적 필연이다."

그런데 유용 노동은 목적·양식·대상·수단·결과와 같은 여러 계기에 의해 제한을 받는다. 노동 양식과 노동 대상, 노동 수단이라는 세 가지 요인이 목적을 결과로 실현시키는 효율을 유용 노동의 생산력이라고 한다. 이 생산력은 여러 가지 다양한 사정, 특히 그 가운데에서도 노동자의 숙련도와 과학 기술의 응용 가능성, 생산 과정의 사회적 결합, 생산 수단(노동 대상과 노동 수단)의 범위와 성능, 자연의 사정 등에 의존하게 된다. 그 가운데 자연의 사정이란, 인간 그 자체로서의 자연과 토지의 풍요로운 정도, 항해가 가능한 하천 등과 같은 외부 자연을 둘러싼 사정을 가리킨다. 이러한 여러 요인에 의존해 유용 노동의 생산력이 높아지면 풍부한 생산물과 많은 사용 가치를 손에 넣을 수 있으며, 반대로 생산력이 낮아지면 빈약한 생산물과 적은 사용 가치를 손에 넣게 된다.

유용 노동은 노동자에게 주어진 욕망 충족에 필요한 사용 가치의 양만큼만 생산하게 되면 '필요 노동'에 머물게 되고, 그 한도 이상으로 생산하게 되면 '잉여 노동'이 된다. 잉여 노동은 노동자의 욕망 증가와 비노동자의 생존, 인구의 확대, 더욱이 유용 노동 시간의 단축과 정신적 노동 시간의 확대 등도 보장해 주게 된다. 일정한 유용 노동(시간)을 필요 노동(시간)과 잉여 노동(시간)으로 나누는 비례를 결정짓는 것은 오직 유용 노동의 생산력뿐이다. 생산력은 사용 가치를 증가시킬 뿐 아니라 인간의 생활 구조와 인구 구성까지도 좌우해 온, 역사상 유력한 요인이었다.

위와 같이 생활과 욕망, 물질적 생산과 정신적 생산, 유용 노동과 자연 질료에 의한 사용 가치의 생산, 유용 노동의 생산력 등에 대한 설명은 '어떠한 사회 형태와도 무관한 채' 유구한 인류사의 보편적 관계를 나타내는 것이다. 곧, 봉건 사회와 자본주의 사회, 원시 공동체, 사회주의에서도 체제를 초월해 나타나는 공통된 경제 법칙인 것이다. 각 체제는 이른바 체제 초월적인 이러한 법칙을 각각의 독자적 체제 법칙을 통해 다양한 형태로 관철시키고 있다. '사용 가치와 생활'이라는 관점은, 사회주의에서 '인간적 본질과 생명의 감성적 획득'을 발견한 마르크스(『1844년의 경제학-철학 초고』), 또는 역사와 사회주의에 대해 『자본론』의 끝 부분(제3권 제48장)에서 다음과 같이 말하고 있는 마르크스에게 거의 모든 경제 분석의 원점이라고 말할 수 있다.

"사회의 현실적 부와 사회의 재생산 과정이 끊임없이 확대될 가능성역시 잉여 노동 시간의 길이가 아닌 그 생산성에 관련되어 있다. 또한 그러한 생산성이 이루어지기 위한 생산 조건이 풍부하게 갖추어져 있는가, 아니면 빈약한가에 달려 있다. 실제 자유의 영역은 궁핍이나 외적인 합목적성에 쫓겨 노동을 하지 않을 때 비로소 시작된다. 이는 당연한 일이지만 본래 물질적 생산의 영역을 넘어선 저편의 피안에 있는 것이다.

미개인은 자신의 욕망을 충족시키기 위해 그리고 자신의 생활을 유지하고 재생산하기 위해 자연과 격투를 벌여야 하지만, 문명인 역시 마찬가지로 그렇게 하지 않으면 안 된다. 이는 어떠한 사회 형태에서도 물론 그러하며 또한 생각해 볼 수 있는 모든 생산 양식 아래에서도 마찬가지이다. 그러나 인간의 발전에 따라 자연히 필연성의 영역이 확대된다. 왜냐하면 욕망이 확대되기 때문이다. 그러나 동시에 그러한 욕망을 충족시켜 주는 생산력도 확대된다.

자유는 그 영역 안에서는 다만 다음과 같은 경우에서만 존재할 수 있게 된다. 곧, 사회화된 인간(서로 연합한 생산자)이 마치 맹목적인 힘에 의해 이끌리듯, 자신과 자연의 질료 변환에 의해 지배되는 것을 포기하고 그러한 질료 변환을 합리적으로 규제해 자신들의 공동의 통제 아래에 놓는 것, 다시 말해 최소한의 힘을 소비해 자신의 인간성에 가장 적합한 조건 아래에서 질료 변화를 행하고자 하는 때이다.

그렇지만 이 역시 아직은 필연의 영역에 속한다. 이 영역의 피안에서, 자기 목적으로 인정되는 인간 능력의 발전에서만 진실한 자유의 영역이 시작되는 것이다. 그러나 그것은 오로지 그 같은 필연의 영역을 기초로 삼은 토대 위에서만 개화할 수 있다. 노동 일수의 단축이야말로 그 근본 조건이다.”

상품과 화폐

사용 가치의 생산에서 다음과 같은 변화가 일어났다고 가정해 보자. 생산 관계라는 측면에서 각 생산자가 생산 수단을 사적으로 소유하고 상호 독립해 유용 노동에 종사한다. 생산력 측면에서는 그 유용 노동을 부문별, 종류별로 사회적으로 분할하는 이른바 사회적 분업이 발전하게 되어 노동자의 숙련도 등도 점점 향상된다. 생산 현장에서 일어나는 이러한 변화는 당연히 생산물의 사적 교환이라는 새로운 관계를 동반한다. 사용 가치의 생산은 여기서 교환을 목적으로 한 사회적 사용 가치의 사적 생산이 된다. 사용 가치의 생산은 단순한 형태에서 특수한 형태로 진화해 '상품'을 생산하게 된다(한편, 사회적 분업 그 자체는 고대 인도의 공동체●에서도 나타나는 것처럼 사적 소유가 존재하지 않고서도 성립하는 것이기 때문에 상품 체제를 넘어선 사회 관계이다. 원래 '전체적 인간'의 창조를 추구하며 '인간의 분할'을 강요하는 사회적 분업의 폐지를 주장하는 마르크스와 같은 입장에서 보면, 사회적 분업은 초역사적 관계는 아니다).

상품 생산은 사용 가치의 생산에, 앞에서 설명한 생산 수단의 사유와 사회적 분업의 발전이라는 두 가지 특징이 나타나는 한, 언제 어디서나 성립되는 사회 체제이다. 고대 사회의 노예 주인이나 봉건 사회의 영주, 수공업자, 자유 농민, 때로는 농노 그리고 근대 사회의 자본가에게서도 상품 생산은 공통적으로 성립한다. 다만 자본주의 이전의 상품 생산은 사회적 생산의 단순한 한 측면에 불과하며 비상품적인 사용 가치의 생산(사적 소유와 잉여 노동의 계급적 착취에 의한)이 지배적이었다. 상품 생산이 전면화되고 지배적이 되는 것은 자본주의적 생산 양식의 기초 위에서만 가능하다. 그렇지만 후자의 연구는 '상품 분석과는 무관한 것'으로, 상품 생산은 사용 가치 생산의 역사적 형태이기는 하지만 '역사적으로 매우 상이하고 다양한 경제적 사회 구조에 공통된 발전 단계'를 전제로 하는 것이다.

상품이란 교환되는 사용 가치 바로 그것이다. 그러므로 상품은 사용 가치라는 속성 이외에 다른 사용 가치와 교환될 수 있는 능력, 곧 교환 가치라는 속성을 지니지 않으면 안 된다. 그러나 이미 아리스토텔레스가 발견한 것처럼 '교환은 동등한 성질 없이는 성립되지 않으므로' 상품이 교환 가치를 갖는다는 것은 모든 상품에 공통된 제3자, 곧 동등성이 상품 속에 포함되어 있기 때문이다. 여기서 말하는 동등성이란(아리스토텔레스는 동등성의 내용까지 발견하지는 못했다) 상품을 생산하는 상품 생산의 노동 가운데에 유용 노동이 아닌 부분, 곧 지출 형태에 관련되지 않으며 사회적으로 공통된 '동등한 인간적 노동'을 말한다. 이를 다른 말로 바꾸면, 인간의 두뇌나 근육, 신경, 손과 같은 생리학적 의미를 지닌 인간 노동력의 지출이다. 다만, 이 경우 인간적 노동력이란 '보통의 인간이 특수한 발달을 거치지 않고도 육체 내부에 가지고 있는 단순한 노동력'을 의미한다. 따라서 복잡한 노동일 경우는 이 같은 단순 노동의 몇 배수로 보아야만 한다. 어찌 되었든 이와 같은 '추상적·인간적 노동'이라는 사회적 실체가 상품으로 결실을 맺어 대상화되는 것이야말로 상품이 지닌 동등성의 구체적 내용이며, 달리 이는 상품의 '가치'라고 불리는 것이다(한편, 이와 같은 노동 그 자체는 상품 생산에만 한정되는 것이 아니라 모든 생산 양식에도 공통된 존재이지만 사적 소유와 사회적 분업의 발전이라는 조건 아래에서 이 노동은 상품의 가치로서 나타나게 된다).

상품이 가진 가치의 실체가 추상적·인간적 노동이라면, 상품 가치의 크기는 '표준적인 생산 조건, 노동 숙련도, 노동 강도 아래에서 특정한 사용 가치를 생산하기 위해 필요한' 추상적·인간적 노동의 양(시간)으로 측정될 수 있다. 사회적 필요 노동 시간이야말로 상품에 내재하는 가치의 척도인 것이다.

이리하여 상품은 사용 가치 및 가치라는 상호 이질적이며 무관한 두 가지 요소의 통일체가 되며, 상품 생산 노동은 이 대립적인 두 가지 요인으로 물상화되어야 할 유용 노동과 추상 노동이라는 이중적 성격의 통일체인 것이다. 상품의 사용 가치는 유용 노동과 자연 질료의 감성적 대상화이지만, 상품의 가치는 추상 노동이라는 사회적 관계(인간관계)의 초

감성적인 물화物化이다. 여기서 상품은 더 이상 사용 가치만이 아니며 상품 생산 노동도 더 이상 유용 노동일 수만은 없게 된다. 이처럼 사용 가치와 유용 노동의 '소외' 형태인 상품과 상품 생산 노동에 내재하는 모순은 생산력의 변동을 통해 표면화된다.

예를 들어 어느 한 상품의 생산력이 상승할 경우, 유용 노동이라는 측면에서는 보다 큰 사용 가치량과 욕망 충족 능력을 낳게('상의 두 벌이 있으면 두 명이 입을 수 있다') 되지만, 추상 노동의 측면에서는 동일한 노동이 불변 또는 보다 작은 가치량밖에 낳을 수 없다고 하는 모순을 낳거나 동일 상품이 사용 가치와 품질은 변하지 않았지만 가치는 감소('상의 두 벌이 이전의 상의 한 벌의 가치밖에 지니지 않는다')하는 모순을 낳는다.

그러나 상품 형태에서 소외와 모순은 개개의 상품(이는 상품으로서는 추상적 상태이다)보다도 상품 관계라는 현상 형태를 통해 발전되고 완성된다. 상품 관계의 가장 단순한 형태는 '쌀 50kg=상의 한 벌'이다.

여기에는 쌀과 상의라는 이질적 사용 가치의 관계와 쌀과 상의라는 등가의 가치 관계가 이중으로 포함되어 있다. 가치 관계라는 면에서 쌀은 그 자신의 가치를(추상적 노동량이 아닌) 상의에 의해 상대적으로 표현하고 있으며(상대적 가치 형태●), 상의는 오로지 쌀의 가치를 나타내 주는 재료가 되고 있다(등가 형태●). '상대적 가치'는 하나의 상품 내부에, 사용 가치에 내적으로 대립하는 '가치'와 달리 상품 관계에서 다른 상품의 양에 의해 외적으로 규제되는 것이므로, 가치의 소외 형태인 동시에 사용 가치에서 더 한층 분리된 형태이다. 예를 들어 상의를 만들어 내는 생산력이 두 배가 넘어도 쌀의 사용 가치나 그 자체의 가치는 변화하지 않지만 상대적 가치는 증가해 50kg의 쌀은 상의 두 벌과 등가가 되기 때문이다.

또한 등가 형태에 있는 상품은 직접 그 물량을 통해 가치를 표현하게 되므로 그 상품은 '만들어지는 것과 동시에 등가 형태를 지니는 것'과 같은 착각을 일으키게 된다. 이처럼 등가 형태의 불가사의한 성격 역시 가치 형태의 가치로부터의 소외를 나타낸 것이다.

상품 관계에 담긴 소외와 모순은 '화폐 형태'라는 상품 관계의 최고 형태에서 그 정점에 도달해 상품 세계의 모든 주민들에게 상품='자립'이라는 환영('물신 숭배●')을 심어 줌으로써 상품 생산 사회의 본질을 불투명하게 만들어 버린다.

더욱이 화폐 상품이 '화폐'가 되고 상품 관계가 상품과 화폐의 관계로 진화되면, 상품 사회의 모순은 한층 더 새로운 형태로 전개된다. 한 예로, '상품 유통'은 사회적 분업에 의해 더욱 다양화된 욕망과 더욱 증가한 생산력을 배경으로 '사용 가치'의 위치와 소유의 변환('사회적 질료 변화')을 발전시키는 한편, 상품(W)에서 화폐(G)로, 화폐에서 상품(W)으로의 형태 전환(W-G-W, 판매 및 구매)이라는 '가치' 형태의 변환을 촉진한다. 특히 후자의 운동에는 공황의 가능성이 내포되어 있다.

자본에 의한 생산

상품 생산과 상품 유통을 통해 생겨난 화폐가 상품 유통, 곧 W-G-W의 수단으로 사용되는 것을 그만두고 상품의 판매를 위한 구매, 곧 G-W-G의 수단으로 사용될 경우에 화폐는 '자본'이 된다. 왜냐하면 G-W-G라는 운동은 화폐에서 화폐로의 순환 운동이자 교환 가치를 그 동기와 목적으로 한 운동이며, 이른바 '과정으로의 가치'여서 그 완전한 형태는 G-W-G', 곧 가치 증식 운동이기 때문이다. 자본이란 잉여 가치를 낳는 화폐의 유통이며, 그 주체가 되는 화폐 소지자는 자본가이다.

G-W-G'는 상인 자본뿐 아니라 생산 자본과 이자를 낳는 자본도 표

현하고 있는 자본의 일반 공식이다. 어느 사회든 생산 양식이 그 사회의 성격을 결정하기 때문에 자본주의 사회의 대표적 자본은 생산 자본이다. 생산 자본은 자본의 운동에 생산을 포섭해 들여옴으로써 곧바로 상품 생산을 전면화한다. 이와 같은 생산 자본이 성립할 수 있는 기본 조건은 '노동력의 매매'이다.

노동력과 인격의 자유로운 소유자이며 동시에 노동력의 실현에 필요한 생산 수단을 소유하지 않은, '이중의 의미로 자유로운' 노동자는 특정한 사용 가치를 가진 특정한 노동력을 자본가에게 '일정한 시간을 정해' 판매하게 된다(따라서 노동자가 인격은 물론, 노동력의 소유권까지 포기하는 것은 아니다). 이 노동력 상품의 가치는 다음과 같은 세 가지 요소에 의해 규정된다. 첫째는 노동자의 생산 수단의 가치(생활 수단에는 의식주 등 '자연적 욕망'의 대상뿐 아니라 '역사적 산물'인 '필연적 욕망'이라는 대상도 포함되어 있다)이고, 둘째는 노동자 가족의 생활 수단의 가치이며, 셋째는 노동력을 양성하는 비용이다.

자본가는 노동 시장에서 노동력을 구입하고, 생산 수단 시장에서는 생산 수단(노동 수단과 노동 대상)을 상품으로 구입해 생산 과정에 투입한다. 이러한 생산 과정은 '노동 과정'과 '가치 형성 및 증식 과정'이라는 이중의 의미가 통일된 것이다. 전자는 이미 설명한 것처럼 어느 사회 형태에서도 공통된 사용 가치를 형성하는 유용 노동이며 노동력과 노동 수단, 노동 대상이 그 주요 요인이다(한편, 토지 등의 일반적 노동 수단도 동반된다). 후자는 자본주의적 상품 생산에만 나타나는 독자적인 것으로 가치를 형성하는 추상 노동이며, 노동력이 자신의 가치를 넘어서 '새로운 가치를 창조'해 냄으로써 '가변 자본'으로 기능하고, 노동 수단과 노동 대상은 '옛 가치만을 이전'함으로써 '불변 자본'으로 기능을 하는 과정이다.

노동력이 수행하는 새로운 가치 창조 가운데, 노동력의 가치를 초과하는 부분이 바로 '잉여 가치'이며, 자본가는 이를 생산자인 노동자에게 귀속시키지 않고 무상으로 착취(노동의 소외)한다.

어떤 사회 제도이든 노동자는 자신의 재생산에 필요한 생활 수단을 직접적 또는 간접적으로 생산하는 '필요 노동 시간'('필요 노동')을 초과해 '잉여 노동 시간'('잉여 노동')을 실현하고 있지만, '노동력의 독자적 사용 가치'에 대한 체제를 초월한 이 법칙을 자본가는 노동력 상품의 구입자 또는 생산 수단의 소유자로서 체제적으로 이용하고 있는 것이다. 자본주의 사회가 다른 사회와 구별되는 점은 바로 잉여 노동의 잉여 가치화에 있다. 잉여 가치가 가변 자본에 대해 갖는 비율(m/v)이란 잉여 가치율 또는 착취율의 비율을 나타낸 것이다.

자본의 생산 과정에서 나타나는 '노동 과정'과 '가치 형성 및 증식 과정'이라는 이중성은 다름 아니라 상품 속에 내재된 두 가지 요소와 상품 생산 노동에 담긴 이중적 성격이 나타난 것이다. 앞에서도 언급한 것과 같이 상품 사회에는 점차 가치가 사용 가치보다 우위를 점하게 되어 마침내 가치의 자립화인 화폐와 화폐 물신화를 낳아 인간적 본질을 더욱 소외시키게 된다. G–W–G의 운동에 사용되는 자본의 생산 과정은 처음부터 '가치 증식 과정●'이 목적이 되고 '노동 과정'은 수단이 되어 노동 과정의 발전은 다만 수단의 범위에만 그치게 됨으로써 자기 목적화를 실현하지 못하게 된다. 그러므로 가치 증식 과정의 효율을 나타내는 잉여 가치율이 생산 자본의 효율로서 노동 과정의 효율을 나타내는 생산력보다 우위에 놓이게 된다(다만, 생산 자본의 실현 운동에서는 잉여 가치가 '이윤'에 의해 소외되며, 이윤의 총자본에 대한 비율인 P/C, 곧 이윤율 쪽이 잉여 가치율보다 우위를 차지하게 된다). 어찌 되었든 가치 증식 과정이 지배적이게 된 결과, 노동의 생산력이 자본의 생산력으로 나타나고 자본의 자립화와 자본 물신화가 생겨나 상품 사회보다 한층 더 인간적 본질의 소외가 진행되게 된다.

자본의 목적이 잉여 가치의 생산에 있으며 노동 과정이 그 수단이라고 한다면, 그를 실현하는 데에는 다음과 같은 두 가지 방법과 형태가 있게 된다. 첫째는 노동 과정에서 '노동일(1일 노동 시간)'의 연장에 의한 가치 증식 과정에서 잉여 노동 시간의 절대적 창출이고, 둘째는 노동 과정에서 노동 생산성의 증가에 의한, 노동자를 위한 생활 수단의 가치 저하→잉여 노동 시간의 상대적 창출이다. 여기에서 첫 번째 것은 '절대적 잉여 가치의 생산'이며, 두 번째 것은 '상대적 잉여 가치의 생산'이다. '절대적 잉여 가치의 생산'이야말로 자본주의 체제의 일반적 기반이지만, 노동일의 연장에는 육체적이고 정신적인 한계가 있기 때문에 노동일의 표준화를 둘러싸고 노사 간의 계급 투쟁이 격화되기 쉽고 국가도 여기에 개입하게 되므로 두 번째의 '상대적 잉여 가치의 생산'이 필요하게 된다.

이것은 노동 과정의 변혁을 그 조건으로 삼고 있지만, 자본주의는 이 방법을 통해 '독자적 생산 양식'인 협업이나 매뉴팩처, 대공업을 창조한다. 이들 생산 양식은 사용 가치를 낳는 유용 노동의 형식이라는 점에서는 인간과 사회의 역사적 진보를 나타내는 것이지만, 어디까지나 가치 증식의 수단이라는 제약에 의해 자유롭게 무한히 발전하는 것이 아니며, 오히려 노동자에 대한 억압 기구로 변모하게 된다. 이 점에 대해서는 마르크스가 매뉴팩처에 대해 서술한 다음의 문장 속에 명확히 묘사되어 있다.

"매뉴팩처적 분업은 수공업 활동의 분해와 노동 도구의 특수화, 부분 노동자들의 형성, 전체 기구 안에서 이들 노동자들의 집단화와 결합에 의해 사회적 생산 과정의 질적 편제와 양적 비례성, 곧 일정한 사회적 노동 조직을 창조하며 동시에 노동의 새로운 사회적 생산력을 발전시킨다. 사회적 생산 과정의 자본주의적 독자 형태인 매뉴팩처적 분업은 자본의 자기 증식을 노동자의 희생을 통해 높여 가기 때문에 하나의 특수한 방법에 지나지 않는다. 이는 노동의 사회적 생산력을 노동자를 위해 또한 자본가를 위해 발전시키기 때문이 아니라, 개별적인 노동자를 불구로 만들기 때문에 그런 것이다. 그러므로 매뉴팩처적 분업이 한편에서는 사회의 경제적 형성 과정에서 역사적 진보와 필연적 발전 계기로 나타난다면, 다른 한편에서는 문명화되고 정밀화된 착취의 수단으로 나타난다."

자본제 생산 양식에서 유용 노동의 생산력 발전과 '노동의 소외●'라는 이 같은 모순은 대공업 단계에서 최고에 도달하며, 노동 수단에 대한 노동자들의 거센 반역이 시작된다. 그러나 이와 같은 체제 모순에 대한 참된 해결책은 '자본제적 생산 과정 그 자체의 기구에 의해 훈련되고 결합되고 조직된 노동자 계급의 반역'과 '경제학 비판'을 통해서만 해결될 수 있다고 마르크스는 주장하고 있다.

전체의 개관

제1권은 '자본의 생산 과정'이라는 제목 아래 7편, 25장으로 구성되어 있다. 처음의 두 편을 제외하면 자본주의적 생산론에 관한 내용이라고 할 수 있으며, 전체 『자본론』 속에서도 독립성이 매우 강하다.

제1편 '상품과 화폐'(1~3장)에는 '상품의 두 가지 요소● 사용 가치와 가치'의 절로 시작되는 상품 분석과 화폐의 성립 그리고 그 기능과 상품 유통의 분석이 포함되어 있다.

제2편 '화폐 자본으로의 전화'(4장)는 노동력의 상품화를 계기로 화폐

가 생산 자본으로 전화해 가는 과정을 서술하고 있으며, 생산 자본의 분석을 시도하고 있다.

제3편 '절대적 잉여 가치의 생산'(5~9장)에서는 자본에 의한 생산은 '노동 과정'과 '가치 증식 과정'의 통일이며, 가치 증식은 노동 수단과 노동 대상에 대한 투자, 곧 '불변 자본'이 아니라 노동력에 대한 투자, 다시 말해 '가변 자본'의 작용에 의한 것인 이상, 잉여 가치 생산을 낳는 첫 번째 방법은 노동 시간의 연장에 의한 절대적 잉여 가치의 생산임을 영국에서의 계급 투쟁과 국가를 둘러싼 역사적 사실을 배경으로 해명하고 있다.

제4편 '상대적 잉여 가치의 생산'(10~13장)에서는 잉여 가치 생산의 두 번째 방법인 노동의 생산력 증대에 따른 노동력의 가치 하락에 의해 '필요 노동 시간'이 단축되는 것을 설명하고 있다. '분업'과 '매뉴팩처', '대공업'과 같은 생산력 발전의 여러 형태가 자본주의 체제 아래에서는 가치 증식이라는 목적 실현의 수단이 된다는 사실을 다시금 역사적 사실을 통해 명백히 밝히고 있다.

제5편 '절대적·상대적 잉여 가치의 생산'(14~16장)은 말 그대로 통일적 고찰로, 잉여 가치율을 규정하는 세 가지 요인(노동의 연장, 강도, 생산성)을 다양하게 조합한 연구이다.

제6편 '노임'(17~20장)은 이른바 임금론에 해당하는 것으로, 마르크스 이론의 특징은 '노동력'의 가치 또는 가격이라는 본질이 '노동'의 가치 또는 가격, 곧 노임으로 나타난다고 설명하는 점에 있다. 노임이 시간 임금과 매출액 임금 등 다양한 형태를 취하게 되는 것이 본질을 은폐하기 위한 것이라는 점도 곁들여 설명되고 있다.

제7편 '자본의 축적 과정'(21~25장)은 자본이 생산해 낸 잉여 가치가 추가 자본으로 전화하고, 여기에서 다시 자본 축적으로 이어지는 과정

을 다루고 있다. 자본의 축적에는 자본의 노동자 지배의 확대와 기술적 구성의 고도화(노동력의 양에 비해 노동 수단과 노동 대상의 양이 증가하는 것)에 의한 자본의 유기적 구성의 고도화(가변 자본에 대한 불변 자본 비율의 상승), 상대적 과잉 인구(실업률)의 형성 그리고 산업 예비군화 등이 포함되어 있다. 한편, 생산 자본이 활동할 수 있는 전제 조건을 인위적으로 창출하는 일과 모든 자본의 '본원적' 축적도 언급되고 있다(24장).

이 장의 마지막 절인 '자본제 생산의 역사적 경향'은 단편적이기는 하지만, 자본주의가 발전하게 되는 국제성의 문제와 자본의 집중과 독점, 노동자 계급의 반역 등의 자본주의 미래상과 협업과 생산 수단의 공동 점유라는 '자본주의 시대의 성과에 뿌리를 둔' 개체적 소유의 재건 등의 사회주의 미래상을 제시하고 있다는 점에서 매우 흥미롭다.

제2권은 '자본의 유통 과정'이라는 제목으로 3편, 21장으로 구성되어 있다. 제1권이 다루고 있는 생산 과정과 함께 화폐의 노동 수단과 노동 대상, 노동력으로의 전화, 상품이 화폐로 재전화되는 것과 같은 협의의 유통 과정으로의 통일 그리고 넓은 뜻의 유통 과정이 연구되어 있다. 자본이 생산·유통·소비를 지배하게 될 때 등장하는 모순의 존재 양태와 잉여 가치의 생산이라는 실체가 은폐되고 환상이 생겨나게 되는 필연성에 대한 해명이 제2권 전체의 과제이다.

제1편 '자본의 여러 변형 형태와 그 순환'(1~6장)은 자본이 화폐와 생산 요소, 상품의 차례로 형태를 변화하며 순환되는 여러 조건과 순환의 세 가지 형식(화폐 자본의 순환, 생산 자본의 순환, 상품 자본의 순환)을 다루고 있다. 아울러 유통 시간과 유통 비용도 설명하고 있다.

제2편 '자본의 회전'(7~17장)은 순환의 반복 주기인 회전의 의미를 명백히 하고 고정 자본과 유동 자본에 대한 정의를 내리고 있다. 특히, 가

치 증식의 본질을 나타내는 불변 자본과 가변 자본이 구별되는 점을 강조하고 있다.

제3편 '사회적 총자본의 재생산과 유통'(18~21장)은 앞의 두 편에서 개별적 자본 유통에 대해 언급한 것과는 달리, 사회적 총자본이 사용 가치적 가치로 어떻게 변환되어 유통되고 재생산되는가에 대한 여러 조건을 파악한 것이다.

생산 수단의 생산과 소비 수단의 생산이라는 두 개 부문으로 분할해 C·V·M●(불변 자본, 가변 자본, 잉여 가치)의 세 가지 가치 구성이라는 기본 시각으로부터 이제까지의 성과인 모든 개념을 총동원하며 설명해 내고 있는 '재생산 양식'은 가히 천재적이다.

제3권은 '자본주의적 생산의 총과정'이라는 제목 아래 7편, 52장으로 구성되어 있다. 여기에서는 이윤과 이자 등 잉여 가치의 분배 형태를 다루고 있으며, 상인과 은행, 지주가 새로이 등장하고 이들의 생산 자본가로서의 역할이 설명되고 있다. 그리고 전체 유산 계급의 내부 관계가 (생산)자본 및 노동에 의한 잉여 가치의 생산으로부터 어떻게 자립되어 있고 어떻게 규제받고 있는가에 관해 연구되어 있다.

제1편 '잉여 가치의 이윤으로의 전화와 잉여 가치율의 이윤으로의 전화'(1~7장)에서는 잉여 노동의 착취로 얻게 되는 잉여 가치가 자본가의 의식 속에서는 자본이 만들어 낸 이윤으로 신비화되며, 이윤과 자본의 비율, 곧 이윤율을 좌우하는 여러 요인(회전율 등)이 설명되고 있다.

제2편 '이윤의 평균 이윤으로의 전화'(8~12장)에서는 다른 부문과의 자본 구성의 차이에서 연유하는 불균등한 이윤율과 경쟁에 기초해 균등화되는 일반적 이윤율(평균 이윤율)의 형성, 이를 전제로 한 생산 가격의 성립과 같은 부분 안에서 경쟁을 기초로 한 시장 가격의 성립 등이 다루어

지고 있다.

제3편 '이윤율의 경향적 하락 법칙'(13~15장)에서는 자본주의적 생산과 축적은 노동 생산력의 증대와 자본 구성의 고도화를 가져와(마르크스는 이를 인간에게서 '소외되어 자립하게 된 사회적 힘'이라고 했다), 잉여 가치율이 일정할 경우 일반적 이윤율을 저하시키며 자본의 집중과 공황, 위기를 초래한다고 분석하고 있다.

제4편 '상품 자본과 화폐 자본의 상품 취급 자본과 화폐 취급 자본으로의 전화(상인 자본●)'(16~20장)에서는, 생산 자본의 유통 과정에서 그 역할을 수행하는 상인 자본에는 이윤의 일부가 상업 이윤으로 분배되고 있다고 서술하고, 상인 자본의 회전과 상업적 판매 가격에 대한 설명을 부연하고 있다.

제5편 '이윤의 이자와 기업가 이득으로의 분리, 이자를 낳는 자본'(21~36장)에서는 산업 자본에 필요한 부족 자본을 빌려 주는 '이자를 낳는 자본'의 형성과 이윤이 이자와 기업가의 이득(산업 자본가의 소득)으로 분열되는 것 그리고 자본주의적 생산에서 신용의 역할(이윤율 균등화의 매개, 유통비의 절약, 주식 회사의 성립) 등을 밝히고 있다.

제6편 '초과 이윤의 지대로의 전화'(37~47장)에서는, '토지 소유의 존재는 자본 지배에 대한 제한을 가져오며, 생산 자본가는 이윤의 일부를 토지 소유자에게 지대로서 분배한다. 그러나 지대는 토지의 비옥함 정도와 위치 등의 차이에 근거하는 차액 지대와 토지 소유 그 자체에 기초하는 절대 지대라는 두 가지 형태로 나뉜다'고 설명하고 있다.

제7편 '여러 수입과 그 근원'(48~52장)은 자본-이윤(이자 포함), 노동-노임, 지주-지대라는 소득의 원천에 대한 '삼위일체적 법칙' 속에서 자본주의의 '물신 숭배'가 완성된다는 점과 분배의 여러 관계는 곧, 생산의 여

러 관계라는 점 등을 논하며, 마지막으로 미완성의 장인 '여러 계급'으로 끝을 맺고 있다.

NOTES

『1844년의 경제학-철학 초고』
마르크스가 1844년 파리에서 쓴 초고. 경제학에 대한 마르크스의 첫 번째 연구 성과를 담고 있는, 마르크스주의의 탄생을 알리는 기념비적 저술이다. 『마르크스와 엥겔스 전집MEGA』 제1부 제3권을 통해 처음으로 출판되었다.

질료
소재 또는 재료라는 뜻. 아리스토텔레스에 의하면 물질은 질료와 형상의 두 가지 측면으로 나뉜다. 마르크스의 경우, 경제 현상은 모두 질료적 내용과 사회적 형태의 통일을 뜻한다. 예를 들어 상품은 사용가치와 가치라는 두 가지 요소로 구성되어 있다.

고대 인도의 공동체

부분적으로는 19세기까지 지속된 고대 인도의 소규모 공동체. 토지의 공유와 공동 경작, 방적과 직포의 가내적 부업, 수장·관리·대장장이·목수 등 공동체에 필요한 경비에 따른 고정적 분업에 기초한 자급 자족의 공동체이다.

상대적 가치 형태와 등가 형태

상품의 가치적 성격은 상품과 상품의 사회적 관계를 통해서만 나타난다. 어느 한 상품의 가치는 단지 상대적인 것으로, 다른 상품의 양에 의해서만 나타난다. 전자가 상대적 가치 형태이며 후자가 등가 형태 이다.

물신 숭배

페티시즘이라고도 한다. 종교의 세계에서는 인간의 머릿속에서 만들어진 산물이 인간으로부터 자립해 거꾸로 인간을 지배하기 쉽다. 마르크스는 이와 비슷한 환상이, 인간의 손에 의해 만들어진 생산물이 상품과 화폐, 자본의 형태를 띨 때 일어난다고 보며 이를 물신 숭배라고 했다.

가치 증식 과정

마르크스는 자본주의적 생산을 노동 과정과 가치 증식 과정의 통일이라고 파악했다. 전자는 사용 가치 의 생산 과정이지만 후자는 노동력이 자신의 가치 이상의 가치를 창조하도록 소비되어 자본의 가치를 증가시키는 과정이다.

노동의 소외

노동은 본래 인간적인 모든 생명력이 발현되는 과정이지만, 만일 노동에 강제나 상실 그리고 대립이나 고독을 포함하게 될 때 본래의 성격은 부정된다. 이러한 상태를 소외된 노동이라고 하고 사적 소유의 원인으로 보았다.

C·V·M

자본주의적 생산 과정에서 노동 수단과 노동 대상은 '불변 자본'으로 자기의 가치를 새로운 생산물로 이전(C)하는 데 지나지 않지만, 노동력은 '가변 자본'으로 자기와 동등한 가치(등가치)와 잉여 가치를 창조 한다(V+M).

상인 자본

마르크스에 따르면, 상인의 상업 활동은 자본의 가치 증식 활동(G-G′)의 한 형태로서 생산 자본, 화폐 자본과 동일한 것이라고 했다. 자본주의에서 상인 자본은 생산 자본에 봉사하게 된다.

경제학 원리
(Principles of Economics)

마셜 학설의 특징은 수학을 경제학에 응용해 이론을 도식화한 점에 있다. 또한 빈곤의 여러 원인을 연구하고 그것을 극복함으로써 인간 사회의 진보 가능성을 추구한다는 데 경제학의 과제를 두는 등 현실적 문제를 경제에 편입시키고자 하는 노력이 높이 평가받고 있다.

INTRO

마셜(1842~1924)의 『경제학 원리』(1890)는 1890년에 초판이 출판된 이래 1920년의 제8판에 이르기까지 30년간에 걸쳐 일곱 번 개정되었다. 더욱이 1961년에는 마셜의 조카인 G. W. 마셜이 상세한 역주를 단 제9판(집주판)을 간행하기도 했다. 제9판은 『경제학 원리』 제8판을 그대로 복제하여 수록한 제1권 텍스트와, 각 판의 차이와 미간행의 관계 논문 등을 수록한 제2권 노트로 구성되었다. J. A. 슘페터가 지적한 것과 같이 마셜의 『경제학 원리』를 읽었다는 것만으로 마셜을 안다고 할 수 없다. 마셜이 주장한 학설의 전체 체계를 이해하기 위해서는 그의 『산업과 무역Industry and Trade』(1919)과 『화폐, 신용, 상업Money, Credit and Commerce』(1923) 등을 참고할 필요가 있다.

마셜이 이들 저작 속에서 서술하고 있는 내용은 다방면에 걸쳐 있다. 그 가운데에는 오늘날에도 많은 점을 시사해 주는 것이 포함되어 있는 반면, 그 자체에 많은 문제점을 내포한 것도 있다.

마셜이 경제학계에 남긴 성과는 먼저 제자인 피구를 통해 『후생경제학』으로 결실을 맺었으며, 케인스에 이르러서는 '케인스 혁명'으로 나타났다. 더욱이 수익 체증 아래에서 발생하는 '마셜의 문제●'에 대한 P. 스라파의 비판을 거쳐 로빈슨의 『불완전 경쟁의 경제학』과 J. 슈타인들의 동태적 과점 이론, 또는 E. T. 펜로즈에 의해 소개되는 새로운 '기업 이론'의 기초로도 그의 성과는 이어지고 있다.

시대 배경과 평가

마셜이 본격적으로 경제 이론의 연구에 몰두하기 시작한 것은 1867년, 그의 나이 25세 때부터라고 한다.

이 시기를 전후해 경제학의 이론 면에서는 J. S. 밀의 『정치경제학의 원리』(1848)와 K. 마르크스의 『자본론』 제1권(1867), W. S. 제번스의 『정치경제학 이론』(1871), C. 멩거의 『국민경제학 원리』(1871) 그리고 L. 월러스 『순수경제학 요론』(1874~1877) 등이 간행되었다.

한편, 이 시대는 영국의 황금기라 일컬어진 빅토리아 시대의 말기로, '대불황'이 도래하여 영국의 고전학파 경제학●이 위기에 처한 시대이기도 했다. 또 찰스 다윈과 허버트 스펜서가 출현해 자연법과는 반대되는 진화론을 주장하며 사상계에 커다란 충격을 주었던 시기였다. 마셜은 처음에는 수학이나 물리학을 연구할 뜻을 품었으나, 그 무렵의 새로운 사상에 이끌려 인간 진보의 가능성을 모색하며 '가능한 한 철저히 경제학을 연구하고자 결심'했다.

그 성과로 1890년에 『경제학 원리』의 초판이 발행되었다. 그 뒤 마셜은 영국의 케임브리지학파의 창시자가 되어 A. C. 피구와 J. M. 케인스, D. H. 로버트슨 등과 같은 유능한 후계자들을 길러 냈다. 제자 가운데 한 사람인 J. 로빈슨 여사는 "마셜의 『경제학 원리』는 바이블이었으며 우리는 그 이상의 것을 전혀 알지 못했다. …… 마셜은 경제학의 모든 것이었다"라고 말한 적이 있다.

경제학의 연구 방법과 『경제학 원리』의 구성

마셜은 경제학을 다음과 같이 정의했다.

"경제학은 일상생활을 영위하는 개인에 관한 연구이다. 그것은 또한 개인적이며 동시에 사회적 행동 속에서 복지를 위한 물질적 조건의 획득 그리고 그 조건의 사용과 밀접하게 관련된 측면을 다루는 것이다. 따라서 경제학은 한편에서는 부에 대한 연구이며, 보다 중요한 다른 한편에서는 인간 연구의 일부인 것이다."

그는 경제적 문제들 사이에 걸쳐 있는 복잡하고 다양한 상호 의존 관계를 파악하기 위해서는 역학적 추론보다는 생물학적 추론이 더욱 적절하다고 간주하고 『경제학 원리』의 서문에서 다음과 같이 설명하고 있다.

"경제학자가 동경하는 메카는 경제학적 동태학●이 아니라 경제학적 생물학에 있다. 그러나 생물학적 사고는 동태학보다 훨씬 복잡하므로 원론 편에서는 비교적 역학적인 추론에 많이 의존하고 있다. '균형'이라는 용어를 때때로 사용했지만, 이 때문에 정태학●적 추론에 속해 있다는 인상을 줄지도 모른다. 아울러 이 책은 현대 산업 생활의 정상적 상태를 주로 다루고 있으므로 이 책의 핵심 개념은 동태학적인 것보다 오히려 '정태학적'이라는 인상을 받기 쉬울 것이다.

그러나 실제로 이 책에서는 항상 운동을 일으키는 모든 힘을 다루고 있어 그 기조는 정태학보다 오히려 동태학에 가깝다. 그렇지만 다루고자 하는 힘은 그 수가 너무 많다. 따라서 조금씩 거론하면서 주요 연구에 대한 보조가 될 수 있도록 몇몇 부분적 해법을 제시하는 것이 적합할 것이다.

이런 방법을 통해 우리는 먼저 어느 특정한 재화의 공급과 수요 그리고 가격의 직접적 관계만 도출하고 그 밖의 모든 힘은 작용하지 않는 것으로 간주하기로 한다. 이러한 힘이 실제로 작동하지 않는 것은 아니지만 일단 그 작용을 무시하는 것이다. …… 두 번째 단계에서는 우리는 반쯤 잠들어 있다고 가정한 각각의 힘을 차례로 불러내 몇 개의 그룹의 재화에 대한 수요와 공급 상태로 이행시켜 거기에서의 상호 관계를 관찰하게 될 것이다. 그런 과정을 통해 동태학적 문제의 영역이 확대되고, 잠정적으로 정태학적 가설의 영역이 축소되어 마침내 국민 분배와 같은 중심 과제가 다수의 생산 요소를 통해 부각될 것이다.

'대체代替'라는 동태학적 원리는 항상 작용하고 있어 어느 한 생산 요소의 수요와 공급이 다른 각 요소의 수급에 의해, 예를 들어 그것이 멀리 떨어진 산업 분야에서 작동하고 있는 것이라고 할지라도 간접적 경로를 통해 영향을 받게 될 것이다. 이처럼 경제학의 주요 관심은 좋든 싫든 변화하며 진보하는 인간에게 집중된다. 단편적인 정태학적 가설은 동태학적—아니 오히려 생물학적—사고에 대한 일시적 보조 수단으로는 유용하지만, 경제학의 핵심 관념은 경제 원론만을 다룰 경우에도 현실에서 작용하는 모든 힘과 운동에 대한 관념이어야만 한다."

이 같은 방법론에 기초해 저술된 『경제학 원리』 제8판(1920)은 다음과 같이 구성되어 있다.

제1편 예비적 고찰

제2편 몇 가지 기본적 개념

제3편 욕망과 그 충족

제4편 생산 요인(토지·노동·자본 그리고 조직)

제5편 수요 및 공급 그리고 가치의 일반적 관계

제6편 국민 소득의 분배

부록(A~Z)

수학적 부록(노트 1~24항)

내용은 크게 네 부분으로 나누어지는데, 먼저 경제학 연구를 위한 서론(서문, 제1편, 제2편)을 전개하고, '욕망과 그 충족'(제3편) 및 '생산 요인'(제

4편)의 수요와 공급 분석으로 옮겨 간 뒤, 이들의 분석 성과를 종합해 '수요 및 공급 그리고 가치의 일반적 관계'(제5편)를 설명하고, 여러 생산 요소들 간의 '국민 소득의 분배'(제6편)라는 '중심적 대과제'를 규명하고 있다.

수요 분석과 공급 분석

마셜은 수요의 분석에서, 노력과 활동과의 관계를 고찰하며 욕망 연구에서 본격적으로 시작할 것을 제안하고 있다. 경제학에서 중요한 위치를 차지하는 수요 이론에 대해 그는 "욕망 이론을 제외하고 노력 이론보다 그 위에 오는 것은 아무것도 없다"고 하며, "건전한 사회에서는 먼저 새로운 활동이 일어나고 이어서 새로운 욕망이 싹튼다"라는 견해를 제시했다. 또한 수요의 실체인 '욕망과 그 충족'의 분석에서, 욕망은 직접 측정하는 것이 불가능하므로 욕망에 의해 간접적으로 일어나는 외적 현상, 곧 가격이라는 매개를 통해 그것을 측정하고자 한다고 말하고 있다. 말하자면, 경험에 의해 주어진 한계효용체감의 법칙을 가격 차원에서 '한계수요가격체감의 법칙'으로 번안해 분석한 것이다.

이 같은 방식으로 한 개인의 평균적 수요 분석을 통해 시장 전체의 일반적 수요 분석으로 나아가며 다음과 같은 명제를 도출하고 있다.

"매각하려는 양이 많으면 많을수록 구입자를 찾기 위한 가격을 낮추어야만 한다. 이를 다른 말로 바꾼다면, 필요(수요)로 하는 양은 가격 저하에 의해 증가하며, 가격 상승을 통해서는 감소한다는 것이다."

이는 잘 알려진 것과 같이 수요 공급의 그래프에서 오른쪽 아래로 휘어지는 수요 곡선을 의미한다. 또한 여기에는 수요 곡선 상 임의의 위치에서의 경사도를 나타내는 '수요의 탄력성●' 개념이 고안되어 있다. 그리고 '소비자 잉여' 분석도 실시되고 있다.

　다음은 공급 분석으로, 일반적으로 생산 요소는 토지·노동·자본으로 분류된다. 그러나 마셜은 본원적 생산 요소를 '자연'과 '인간'으로 간주하고 자연, 곧 토지가 생산에 기여하는 역할은 '수익 체감'의 경향을 나타내며, 노동이 생산에 기여하는 역할은 '수익 증대'의 경향을 나타낸다고 보았다. 왜냐하면 인간의 근로가 만들어 내는 자본과 조직은 생산을 한층 효율적으로 증가시키기 때문이다. '노동과 자본의 증가는 일반적으로 조직을 개선시키지만, 이는 또한 노동과 자본의 효율적 역할도 상승시킨다.' 여기에서 마셜은 "자본 속에는 대부분의 지식과 조직이 포함되어 있다"며, "지식은 자연을 이용해 욕망 충족에 도움이 되도록 만드는 것"으로 인간 고유의 창조성이며, "조직은 지식의 작용을 강화시키는 것"으로 파악했다.

　따라서 그는 조직을 '별개의 생산 요인'으로 취급할 수 있다며 『경제학 원리』 제4편 속에 다섯 개의 장을 마련해 이를 분석하고 있다. 마셜은 여기에 생물 진화론의 '생존 경쟁', '자연 도태', '적자생존' 등의 사상을 도입해 '산업 조직'의 분석에 활용했다. 마셜은 유기체인 조직이 고등화됨에 따라 여러 기능이 '분화'되거나 '종합'되는 작용에 주목하며 다음과 같이 설명하고 있다. 기능의 세분화는 "산업과 관련지어 말하자면 분업, 곧 전문적 기능과 지식 그리고 기계의 발달이라는 형태로 나타난다"고 했다. 또한 이들의 종합, "곧 산업 조직체의 증가는 상업상의 신용 발달, 바다와 육지의 교통, 철도와 통신, 우편과 인쇄기 등에 의한 운송 통신 수단의 발달 및 그 이용의 발달로 나타난다"고 했다.

　마셜은 이러한 기능을 통일적으로 파악함으로서, 경제 사회는 유기체로서 발전한다는 이른바 '유기적으로 성장을 계속하는 경제'의 모습을 그려 내고 있다.

그 밖에 '산업 조직'의 장에서는 조직의 경제성을 '내부 경제'와 '외부 경제'의 두 가지 측면으로 구별해 분업과 기계에 미치는 영향 및 산업 입지와의 관계는 물론 '대규모 생산', 곧 개인 내지는 기업에 대한 자본 집중과 대기업과 중소 기업의 공존 문제까지 거론하고 있다.

수요 및 공급 그리고 가치의 일반적 관계

마셜은 수요와 공급에 대한 분석을 가치 이론으로 통합하고 있다.

마셜에게 가치 이론은 생산·교환·분배를 모두 관통하고 있는 기본 원리이다. 따라서 마셜은 자유 경쟁 아래의 시장 경제에서 생산물 및 생산 요소의 가치(가격)는 수요와 공급의 상호 관계에 의해 결정된다고 설명하고 있다. 그리고 수요와 공급의 관계에 의해 규제되는 생산물의 가격 문제는, 생산물 공급자의 입장에서 보면 관련된 '시간'을 기준으로 '시장 가격'과 '정상 가격'으로 분류된다.

시장 가격은 현재 수중에 가지고 있는 일정 불변의 상품 속에서 시간을 통해 교환에 의해 얻어지는 가격이다. 예를 들어 생선 가게나 야채 가게에서 파는 생선과 야채의 가격이 매일 변하는 것과 같은 것이다. 이들 가게에서는 소비자의 주관에 따른 효용이 주도적 역할을 한다고 간주했다. 한편 후자의 정상 가격은 생산비가 주도적인 영향력을 발휘하는 가격으로, 이른바 고전학파 경제학의 '자연 가격'에 대응되는 개념이지만, 마셜은 이를 '단기 정상 가격=준 정상 가격'과 '장기 정상 가격=참된 정상 가격'으로 분류했다.

'단기'란 "생산자가 수요 이동에 대해 특정한 생산 조정 기능이나 자본 및 산업 조직에 관한 특정한 장비로 대응이 가능한 정도의 시간적 여유"

이며, '장기'란 "경제적 여러 동력이 정상적으로 작동할 수 있을 만큼 충분한 시간적 여유를 가지고 있어서 일시적 숙련 노동력이나 그 밖의 생산 요인의 부족이 해소되어 있는 상태이다. 또한 생산 규모가 증가되어 그 결과 정상적으로 나타나는—곧, 달리 중대한 새 발명이 없더라도 정상적으로 발생할 것으로 기대되는—여러 가지 경제가 전개될 수 있을 정도로 시간의 여유가 있는 상태"라고 말하고 있다.

따라서 단기에서는 생산의 양식과 규모가 거의 일정하게 유지되고 있기 때문에 생산자의 행동은 설비를 얼마나 적극 활용할 것인가, 곧 설비 가동률을 어느 수준으로 유지할 것인가를 검토할 때 수요에 대한 기대에 제한을 받게 된다. 예를 들어 수요가 클 것으로 기대될 때에는 처음부터 기업은 높은 임금을 지불하고 능률이 떨어지는 노동자라도 고용해 생산 설비를 모두 가동함으로써 생산물을 시장에 공급할 수밖에 없다. 반대로 수요가 그다지 기대되지 않을 때에는 가동률을 떨어뜨려 될 수 있는 한 공급을 수요에 맞추려고 할 것이다. 그러나 단기적 조정으로 수요와 공급의 균형을 맞출 수 없는 경우에는 장기 조정을 기다리는 수밖에 없다.

'장기'에는, 단기라는 시간적 제약이 없으므로 수요에 대한 기대에 맞추어 자본을 투입해 공급 조건을 충분히 조정할 수 있다. 그 결과 대규모 생산에 따른 내부 경제와 외부 경제●를 정상적으로 향유하며 정상적인 능력으로 관리되는 '대표적 기업'에 접근할 수 있다.

'대표적 기업'이라는 개념은 마셜의 이론이 주로 기업 차원의 장기 이론인 까닭에 만들어진 개념이다. 이는 계속 성장하는 기업이 있는가 하면 쇠퇴하는 기업이 있는 것처럼 산업 내의 기업 조직이 반드시 똑같지 않아 이 같은 곤란함을 해소하기 위해 마셜이 새로 고안한 것이다.

마셜에게는 이 같은 대표적 기업의 생산비를 기준으로 정상적 생산비, 곧 정상 가격이 산정된다. 또한 여기에서는 기업의 생산 비용에 관한 분석에서 '주요 비용(주로 원재료비 및 노동자의 임금 등)'과 '보조 비용(공장의 내구적 고정 비용 및 간부 직원의 급여 등)'의 구분이 채택되고 있다. 그 밖에 '수익 체증'이 일어날 경우 등과 같은 난해한 문제에 대한 검토와 '독점 이론'을 규명하면서 이후의 불완전경쟁론 또는 현대독점이론 등에도 중요한 시사점을 제공하고 있다.

국민 소득의 분배

마셜에게 경제학의 궁극적 과제는 빈곤의 추방이었다. 마셜은 빈곤을 가져오는 여러 요인에 대한 연구를 통해 자본주의 경제에서 '인간의 타락을 가져오는 여러 원인'을 제거할 수 있다고 생각했다. 그는 분배의 문제를 경제학 연구에서 가장 '중심적인 문제'로 간주했다. 분배의 문제를 분석하며 그는 '안락 기준'과 '생활 기준'을 구별해 다음과 같이 설명하고 있다.

'안락 기준'은 단순한 '인위적 욕망'에 지나지 않지만 '생활 기준'은 '욕망을 고려한 활동 기준'을 의미한다. 따라서 '생활 기준'의 상승은 지성과 활력, 자주성의 향상을 뜻하고 동시에 지출의 형태를 보다 면밀히 고려해, 식욕만 충족시키고 체력은 증진시키지 않는 음식은 피하며, 육체적으로나 도덕적으로도 불건전한 생활을 가급적 피하려고 한다. 전체 주민의 생활 기준이 향상되면 국민 분배의 몫도 대폭 상승해 각 계급과 각 업종의 분배의 몫도 증가한다'고 보았다. 여기에서 마셜은 인간 사회의 진보 가능성이 존재한다고 본 것이다. 더욱이 마셜은 기업가를 '개량된 참신한 사업 방법을 개척하는 사람', 곧 기술 혁신●을 행하는 참된 기업가와 '관행만을 뒤쫓는 사람', 곧 추종자로 분류하고 '생활 수준의 향상'을 뒷받침하는 '유기적 성장'은 전자, 곧 '개량된 참신한 사업 방법'을 개척하는 혁신적 기업가들에 의해 추진된다고 보았다.

또한 이때 혁신적 기업가의 가득액稼得額은 '첫째, 그의 재능, 둘째, 그의 공장과 기타 물적 자본, 셋째, 그의 기업, 곧 사업 조직과 영업 관계 등과 같은 각각의 가득액의 합계' 이상의 것이 된다. 그것은 그가 실제로 벌어들이는 '기회 수입'과 기업을 적정한 가격으로 매각할 때 생기는 '기회 비용'에 차이가 있기 때문이다.

마셜은 이 차액을 '복합적 준지대'라고 부르고 있지만, 이것이야말로 그러한 기업가가 '그 특정 사업체에 있다'는 존재 가치를 나타내는 특별 가득액인 것이다. 그리고 이는 '그 사업체에 종사하고 있는 많은 사람들에게 관습적인 순서와 공정함을 고려하면서 교환을 통해 분배해 나갈 수 있는 것'이며, 그 결과 기업가 자신에 대한 분배의 몫이 증가하고 동시에 노동자의 임금도 상승하는 것이다.

이와 같은 경제에서는 경쟁의 한 형태인 '대체' 과정을 통해 '적자생존의 법칙'이 작용하고 있기 때문에 일반적인 사업 방법을 수행하는 기업가들도 이에 대응해 차츰 '개량된 사업 방법'을 택하지 않을 수 없게 된다. 마지막에는 이 같은 환경 속에서 발전하는 데 가장 적합한 기업 조직만 살아남게 되는 것이다. 따라서 임금의 상승은 노동자의 육체적, 지성적, 도덕적 능력을 강화하고, 능률을 향상시키면 노동을 통해 얻어지는 소득도 더욱 증가시킬 수 있다.

마셜은 이 같은 변화와 더불어 '생활 수준'을 향상시킴으로써 노동자가 담당하고 있는 생산 능력을 높일 수 있으며, 기업가는 지금의 사회 제도 아래에서 '경제 기사도'를 준수함으로써 자신의 임무를 완수할 수 있다고 주장했다. 경제 기사도를 몸에 익힌 기업가는 늘어난 자금으로 공공의 복지를 증가시킬 수 있다.

"경제 기사도라는 사회적 가능성이 널리 이해된다면 여러 가지 면에서 해악의 발생을 억제할 수 있을 것이다. 사회적 지식이 보급되어 부유한 사람들이 공공의 복지에 더 큰 관심을 갖게 된다면, 그들의 재력과 자금을 가난한 사람을 위해 활용할 수 있게 되어 빈곤이라는 인류 최대의 해악을 땅 위에서 없애는 데 이바지할 수 있게 된다."

이와 같은 사고의 배경에는 '욕망을 고려한 활동'이 인간의 생활 환경을 차츰 변화시키고, 그를 통해 인간 자신이 진화될 수 있다는 마셜의 진화론적 인간관이 담겨 있음을 알 수 있다. 이는 또한 케인스가 지적하고 있는 마셜의 이중적 본성, 곧 목사적 측면과 과학자적 측면이 잘 조화된 것으로 간주할 수 있을 것이다.

마셜의 문제

내부 경제를 잘 경영하는 기업은 이론적으로 자유 경쟁을 통해 같은 종류의 산업 안에서 다른 기업을 도태시키고 결국에는 시장을 완전히 독점하게 되지만, 그 무렵에 그와 같은 일은 일어나지 않았다는 문제를 가리킨다.

영국의 고전학파 경제학

18세기 말 애덤 스미스에 의해 창시된 이후 리카도에 의해 완성된 경제학. 자본주의 경제의 내적 법칙성을 자연법적으로 인식하며 상호 관련되는 경제 현상을 통일적으로 설명하고자 했다.

정태학과 동태학

경제 분석 이론의 특징을 구별하는 개념. 정태학에서는 시간적 요소가 포함되지 않지만 동태학에서는 기대·예상 등과 같은 요인이 포함되어 시간의 경과를 통한 변화의 양태가 분석된다. 엄밀한 정의는 학자들에 따라 조금씩 다르다.

수요의 탄력성

수요(가격)의 탄력성이란 가격의 변화율에 대한 수요량의 변화율을 비율로 나타낸 것이다.
곧 $\eta = \left| -\dfrac{\Delta D}{D} \middle/ \dfrac{\Delta P}{P} \right|$. $\eta > 1$일 때는 탄력적, $\eta < 1$일 때에는 비탄력적이라고 한다.

내부 경제와 외부 경제

내부 경제란 개별 기업이 새로운 기계를 도입하고 기업 조직을 개선함으로써 생산비를 줄이는 것을 말하며, 외부 경제는 각 기업이 스스로 노력하지 않아도 산업 전체의 규모 확대로 손에 넣게 되는 경제성을 말한다.

기술 혁신Innovation

기술 혁신의 경제적 중요성을 이론화한 사람은 슘페터이다. 여기에는 신제품 도입과 생산 기술의 개선과 같은 내용뿐 아니라 작업의 데이터화 등 경영 조직과 관리 조직의 변화도 포함되어 있다.

후생경제학
(The economics of welfare)

이 책에서 피구는 공리주의 철학에 기초해 사회의 경제적 후생을 증대하기 위한 생산과 분배의 조건과 방책을 추구하고 있다. 성장과 복지, 공해, 소득, 물가 등을 둘러싼 정책의 질이 다각적으로 문제시되고 있는 오늘날, '후생경제학'의 원점으로 되돌아가 기본 사색을 거듭할 원전으로 필독서이다.

INTRO

피구(1877~1959)는 군인의 아들로 태어나 해로 스쿨을 거쳐 케임브리지대학교의 킹스 칼리지에서 수학했다. 1903년부터 1년간 런던대학교에서 강사를 지낸 뒤, 모교로 돌아와 강의를 했으며, 1909년 마셜의 뒤를 이어 경제학 교수가 된 이후 1942년 로빈스●에게 그 자리를 물려줄 때까지 경제학자로 크게 활약했다.

『후생경제학』(1920)은 피구의 대표작으로 후생경제학 분야에서는 손꼽히는 고전이다. 원래 처녀작인 『부와 후생Wealth and welfare●』(1912)을 발전시킨 형태이지만, 1924년의 2판, 1932년 4판으로 판을 거듭하던 중 제2판에서 삭제된 부분을 그 뒤 『산업변동론●(Industrial fluctuations, 1927 ; A study in public finance, 1928)』으로 독립시켰다.

그 밖의 저서로는 『실업문제Unemployment』(1913), 『실업의 이론The theory of unemployment』(1933), 『고용과 균형Employment and equilibrium ; a theoretical discussion』(1941) 등의 실업에 관한 연구서가 있다. 이 책들은 케인스의 비판(1936년에 출간한 『일반 이론』)을 유발했으나, 부분적으로는 케인스의 비판을 받아들이면서도 그에 대항한 고전학파적 학설이다. 더욱이 『사회주의 대 자본주의Socialism versus Capitalism』(1937)와 같은 체제 비교론의 선구적 저술도 있다.

피구가 확립한 후생경제학은, 로빈스가 『경제학의 본질과 의의』에서 "개인들 사이의 효용의 비교라는 피구의 전제는 과학적 인식을 넘어선 가치 판단에 지나지 않는다"고 비판하면서 다음 세대의 '신후생경제학' 시대로 들어섰다. 신후생경제학은 '팔레트 최적' 기준에 보상 원칙을 가미한 N. 칼도어, J. R. 힉스 등과 사회적 후생 함수라는 사회적 가치 판단을 도입한 A. 버그슨, P. A. 새뮤얼슨 등으로 분류되며 오늘날 이론적으로 더욱 정밀화되고 있다. 그렇지만 성장과 복지, 공해, 소득, 물가 등이 선진국에서 공통의 과제가 되고 있는 오늘날, 이 책이 지닌 실천적 성격은 새삼 되돌아볼 필요가 있을 것이다.

경제적 후생에 관한 이론 체계를 확립

마셜의 경제학 체계가 빅토리아 시대 후반부터 20세기 초입에 걸친 대영제국의 절정기의 경제 사회를 배경으로 했다면 피구의 경제학 체계는 1900~1920년의 대영제국의 패권 상실기라는 경제 사회를 배경으로 성립된 것이다.

피구의 시대에 영국의 자본주의는 독일과 프랑스, 미국, 일본 등 후발 자본주의 국가와의 경쟁에서 패배하기 시작하고 있던 때였다. 막대한 부와 사회의 활력을 가져다주었던 식민지 역시 독립의 길을 걷고 있었으며, 자본가 계급도 시민 사회의 지도자로서 자신감을 상실하고 있었다. 한편, 노동자 계급은 대불황으로 인한 실업 등으로 곤경에 처해 있었지만, 노동조합과 사회주의 정당을 통해 뚜렷하게 경제적, 정치적 권리와 지위를 향상시키며 분배의 평등과 복지의 확대를 요구하는 목소리를 나날이 드높이고 있었다. 곧, 자본이 노동과 타협해 체제 개량의 길을 모색하지 않으면 안 되는 상황이 벌어지고 있었던 것이다.

피구의 대표작인 『후생경제학』은 이러한 시대의 과제를 정면에서 다룬 저작이다. 애덤 스미스 이후로 실천적 과제를 다루어 온 영국 경제학의 전통을 피구도 충실하게 계승했다. 사실, 이 저서의 대부분은 20세기의 전반기를 아우르는 영국의 경제 정책에 관한 평론에 해당한다. 본격적 평론에 앞서 제시된 분석적 부분이 바로 자본주의 사회에서 경제적 후생에 관한 자유주의적 이론 체계를 창안해 현대 경제학의 고전 가운데 하나로 손꼽히는 대목이다.

먼저, 이 책의 구성을 살펴보면, 제1부는 후생과 국민 분배, 제2부는 국민 분배의 규모와 각각의 용도별 자원의 분배, 제3부는 국민 분배 몫과 노동, 제4부는 국민 분배 몫의 배분을 각각의 주제로 다루고 있다.

850쪽에 달하는 방대한 저술을 극히 단순화시켜 말하자면, 제1부는 후생경제학의 기초 이론, 제2부는 자본의 경쟁론, 제3부는 노임론, 제4부는 자본과 노동에 관한 복지정책론을 각각 전개하고 있다고 말할 수 있다. 물론 제1부와 제2부의 전반부는 분석적 이론 부분에 해당하며, 제3부와 제4부는 응용편에 해당한다.

피구는 제1부의 '사회적 후생' 가운데 직접적 또는 간접적으로 화폐척도에 관련될 수 있는 부분을 '경제적 후생'이라고 정의하고, 이 경제적 후생에 작용하는 경제적 여러 요인은 대개의 경우 '국민 분배 몫(national dividend, 내용적으로는 국민 소득과 동일)'을 통해 나타난다고 했다. 경제적 후생과 국민 분배 몫의 동등한 대응 관계를 나타낸 다음의 구절은 너무나 유명하다.

"일반적으로 경제적 원인은 한 나라의 경제적 후생에 직접 작용하지 않고 경제학자가 국민 분배 몫 또는 국민 소득으로 부르는 경제적 후생의 객관적 대상물의 형성과 사용을 통해 작용한다. 경제적 후생이 전체 후생 가운데 화폐 척도와 직접적 또는 간접적으로 관련시킬 수 있는 부분인 것과 마찬가지로 국민 분배 몫 역시 국외에서 획득한 소득을 포함한 사회의 객관적 소득 가운데 화폐로 측정될 수 있는 부분이다. 경제적 후생과 국민 분배 몫이라는 두 개의 개념은 어느 한쪽에 대한 어떤 서술 내용이라도 다른 한쪽의 내용이 거기에 상응하는 서술을 의미하므로 동격인 것이다."

이어서 피구는 국민 분배 몫의 생산과 분배, 변동 또는 증대와 평등, 안정을 기준으로 한다는 후생경제학의 유명한 세 가지 명제를 제시하고 있다.

제1명제는 여타의 사정이 동일하다면, 국민 분배 몫의 증가는 경제적 후생을 증가시키는 경향을 나타낸다(생명 명제)는 것이다.

제2명제는 여타의 사정이 동일하다면, 국민 분배 몫 가운데 가난한 사람들에게 돌아갈 취득분의 증가는 경제적 후생을 증가시키는 경향을 보인다(분배 명제)는 것이다.

제3명제는 여타의 사정이 동일하다면, 국민 분배 몫의 변동 감소는 경제적 후생을 증가시키는 경향을 보인다는 것이다.

단, 제3명제는 이 책의 제2판(1924) 이후에 삭제되어 『산업변동론』에 수록되었으므로 후생경제학에서는 일단 제외해 두기로 한다. 여기에서 피구가 의도한 것은 경기 변동을 수반한 실업과 불안정한 국민 분배 몫이 신용 할당 등의 화폐 정책과 산업 활동 그리고 기업가 심리를 정당화시키기 위한 재정 정책에 의해 극복될 수 있다고 하는 흥미로운 관점이다.

제1명제는 매우 자명한 것이다. 요컨대, 파이가 커지면 나눌 수 있는 파이의 몫도 늘어나므로, 국민 분배 몫이 극단적으로 커지면 경제적 후생 역시 극단적으로 커진다는 말이다. 원래 피구는 이 같은 상식을 긍정하면서 첫째, 예를 들어 파이가 커져도 가난한 사람들에게 돌아가는 몫이 감소한다면 사회 전체의 경제적 후생은 증가하는 것이 아니기 때문에 제1의 명제가 성립하기 위해서는 '가난한 사람들에게 돌아가는 몫이 줄어들지 않는다'라고 못박아 놓을 필요가 있다고 했다(제2명제 전개를 위한 포석). 이어 두 번째로 국민 분배 몫을 증가시키는 요인이 동시에 경제적 후생을 감소시킬 경우(예를 들어, 기관차에서 튕겨 나온 불꽃으로 철도 주변의 숲이 불타는 손해를 입었는데도 숲의 소유자는 아무런 보상도 받지 못했다는 사례)에는, 어느 자본이 추가 투하되어 낳게 되는 '사회적 한계생산력(발생하는 한계 순 생산물의 총합)'이 그 '사적인 한계생산력(자본 투자자에게만 귀속되는 한계 순 생산물)'보다 작기 때문에 '늘어난 후생과 감소한 후생 간의 격차'가 실제적인 경제적 후생이 된다고 했다.

제2명제는, 국민 분배 몫의 크기에 변화가 없어도 가난한 사람에게 돌아가는 부분이 커질 수 있다면 사회 전체의 경제적 후생은 증가한다는 것이다. 그에 대한 근거는 한계효용체감의 법칙에 있으며, 부유한 사람들의 소득의 한계 효용은 분명히 가난한 사람들의 한계 효용보다 낮기 때문에 부자에게서 가난한 사람에게 소득이 이전된다면 국민 분배 몫의 증가가 없어도 사회 전체의 경제적 후생이 높아지게 된다.

이 명제는 자본가 계급의 전통적 이데올로기인 맨체스터학파의 자유 방임주의에 대한 비판이기도 하다.

제2부에서는 한 나라의 자원이 가장 적절하게 분배되는 조건과 그를 방해하는 조건에 대해 검토하고 있다. 곧, 모든 자원을 사용할 때 각각의 용도의 사회적 한계생산력이 균등하도록 분배하는 일이 경제적 후생을 극대화한다는 조건이다. 그런데 사기업의 자유 방임은 자원을 각각의 용도에서 사적 한계생산력이 균등하도록 분배해도 사적 한계생산력과 사회적 한계생산력 사이에 괴리를 가져오기 쉽다. 이 때문에 정부의 개입이 필요하게 된다. 더욱이 독점이 되면 자원의 사적 한계생산력에 대한 균등 배분이라는 조건조차 충족시킬 수 없기 때문에 정부의 개입은 한층 더 필요하게 된다.

제3부는 경제적 후생과 임금과의 관계를 다룬다. 경제적 후생을 극대화시키기 위해 노동을 각각의 용도로 분배했을 때 노동의 한계 생산물의 가치와 동등한 임금률이 '공정 임금'이다. 현실의 임금률이 공정 임금과 괴리되는 한 정부는 노동 시간 규제와 직업 개입, 최저 임금제 등의 부분에 개입해야 한다.

제4부는 앞에서 언급한 제1명제와 제2명제 사이의 모순(부조화)을 검

토하고 있다. 곧, 첫째로 국민 분배 몫을 증가시키는 원인이 다른 한편으로 가난한 사람들의 취득분을 감소시키는 것은 아닌가 하는 점과 둘째로, 가난한 사람들의 취득분을 증가시키는 원인이 다른 한편으로 국민 분배 몫을 감소시키는 것은 아닌가 하는 점이다. 피구는 첫 번째 모순에 대해 대체로 부조화가 발생하지 않을 것이라고 그것을 부정하고 있으며, 두 번째 모순에 관해서는 부자에게서 가난한 사람에게로 소득이 이전(과세와 보조금)되는 것과 같은 여러 형태를 상세하게 분석해 '게으름과 낭비를 유리하게 바꾸는' 최저 임금제 이외에 부조화란 있을 수 없다고 결론 짓고 있다.

NOTES

리오넬 찰스 로빈스(Lionel Charles Robbins, 1898~1984)
1930년대 런던학파의 중심 인물. 런던대학교 LSE의 교수를 지냈으며, 『경제학의 본질과 의의』에서 근대 경제학의 새로운 방법론을 통해 신후생경제학의 기초를 확립했다.

『부와 후생』
1908년 케임브리지대학교 교수로 취임할 때 했던 강연인 '경제학과 실천의 관계'를 체계화한 저술로, 『후생경제학』은 원래 이 책의 개정판으로 의도되었으나 결국은 독립된 대작이 되었다.

『산업변동론』
산업 변동에 대한 포괄적 연구로, 원인과 대책의 2부로 나누어져 있다. 『후생경제학』 초판 제4부 '국민 재분배의 변동성'으로 제시되었으나, 제2판 이후는 모습을 감춘 동태 문제에 관한 본격적 연구이다.

경제 발전의 이론
(Theorie der wirtschaft-lichen Entwicklung)

이 책은 기업가와 자본, 신용의 분석을 통해 근대 자본주의 사회에서 경제 발전의 담당자와 수단, 방법 등을 서술한 것이다. 자원과 에너지, 환경 등의 제약 아래 기업가들의 발전 의지가 문제시되고 있는 오늘날, 이노베이션의 메커니즘을 주장한 이 저서는 고전적 명저로 주목할 가치가 있다.

INTRO

슘페터(1883~1950)는 마르크스가 죽은 1883년에 오스트리아의 직물 제조업자의 아들로 태어났다. 이해는 또한 케인스가 태어난 해이기도 하다. 1901년 빈대학교에 입학해 주로 뵘바베르크와 프리드리히 폰 비저의 지도를 받았다. 체르노비치대학교와 그라츠대학교의 교수를 거쳐 제1차 세계대전 이후에 오스트리아의 재무장관, 비더만 은행의 총재를 역임했다. 1926년 본대학교 교수로 영입되었으나, 1931년 이후 미국으로 건너가 하버드대학교 교수로서 그리고 이론 경제학계의 거두로서 불후의 업적을 남겼다.

슘페터는 매우 조숙한 천재로 이미 30세가 되기 전에 학계에서 독보적인 지위가 거의 결정되었다. 마리 발라의 이론을 비판적으로 받아들이며 정태를 논한 『이론 경제학의 본질과 주요 내용Das Wesen und Hauptinhalt der theoretischen Nationalökonomie』(1908)은 그의 첫 저술로서 25세 때 작품이다. 이어서 동태를 논한 이 책, 곧 『경제 발전의 이론』(1912)을 발간했고, 나아가 『경제학사Epochen der Dogmen — und Methodengeschichte, in Grundriss der Sozialökonomik』(1914)를 저술해 3부작을 완성했는데, 이것은 모두 그가 30세 전후에 마친 일이었다.

슘페터는 미국으로 건너간 이후 3대 저작을 저술했다. 『경기순환론Business Cycles』(1939), 『자본주의, 사회주의, 민주주의Capitalism, Socialism and Democracy』(1942), 『경제학사History of Economic Analysis』(1954)가 그것이다. 앞의 두 책은 『경제 발전의 이론』에서 전개한 기본 사고를 이론적으로 그리고 역사적, 통계적으로 분석하며 아울러 자본주의에 관한 경제사회학적인 견해를 종합적으로 전개한 것이다. 뒤의 책은 슘페터가 죽은 뒤 부인의 편집에 의해 간행된 대작으로 유명하다.●

미국 자본주의의 발전 메커니즘을 체계화

고전학파 경제학이 19세기 초엽 영국의 경제 생활을 이론화한 것이라면 이 책은 20세기 초반의 신흥 국가인 미국의 경제 생활을 이론화한 체계라고 말할 수 있다. 미국에서는 대부분의 사람들이 자유롭게 경제 무대에 참가할 수 있었으며, 사적인 경제 왕국의 수립을 목표로 한 기업가들의 발전 의지 역시 대단히 강했다. 이 책은 기업가와 화폐 자본, 신용의 분석을 통해 근대 자본주의 사회에서의 경제 발전의 담당자와 수단 그리고 그 방법을 서술한 것이다.

슘페터의 체계는 순환 서술과 발전 서술로 구성되어 있다. 국민 경제의 순환이란 전체 경제가 마치 혈액 순환과 같이 해마다 동일한 경제 활동을 동일한 양식으로 반복하고 있는 것으로, 이 같은 경제 현상을 이해하려고 할 때에는 균형 이론을 통해 이해해야 한다는 것을 의미했다. 곧, 인구와 욕망 상태, 지리적 환경, 사회, 경제 조직, 생산 방법 등 일정한 조건 아래에서 생산되고 교환되는 재화의 수량과 가격이 어느 경우에 최적의 균형 상태에 도달하는가를 추구한 것이다.

이 책의 제1장은 『이론 경제학의 본질과 주요 내용』에 명백하게 밝힌 바가 있는 순환론 또는 정태론을 한층 세련되게 정리한 것이다. 순환에서는 일체의 가치가 본원적 생산 요소인 토지 용역과 노동 용역에 귀속되어 잉여 가치 또는 초과 이윤이 발생할 여지가 전혀 없다. 곧, 완전 경쟁을 이룩한 균형 상태에서 가격은 생산비와 동일하다는 생산비의 법칙이 실현되어 있는 것이다.

제2장에는 이 책의 주제이기도 한 발전 이론이 전개되어 있다. 발전이란 경제 궤도의 변경이며, 따라서 그러한 변화는 연속적이고 장기적이라기보다는 오히려 단속적이고 비약적이어서 앞에서 언급한 순환과는 그

질을 달리하는 것이다. 경제 발전 내지 경제 성장에 관한 규명은 이미 고전학파에 의해 많이 연구되었으나, 그들의 기본적 사고방식은 경제 발전이 경제 외적인 면에서 연유하는 영향에 의해 좌우된다는 것이었다. 곧, 신기술의 발명과 인구의 증가, 자연계의 변동 그리고 전쟁 등에 의해 경제가 수동적으로 그 궤도를 변경한다는 사고였다. 이에 대해 슘페터는 경제 사회에서 내재적 진화의 법칙을 명백히 밝히며 경제 내적 요인에 의해 경제 스스로가 주도적으로 자신을 변혁해 간다고 주장했다.

슘페터는 경제 발전을 설명하기 위해 먼저 발전이 없는 상태, 곧 순환 내지는 정태적 상태에서 설명을 시작하고 있다. 이는 그를 통해 발전 그 자체의 경제적 해명을 이론적으로 밝힐 수 있기 때문이었다. 지금 여기에 기업가가 신상품의 생산과 새로운 생산 방법의 도입, 새로운 시장의 개척, 새로운 자원의 획득 및 이용 그리고 새로운 조직의 달성(예를 들어 독점) 등을 통해 생산 요소의 새로운 통합에 성공했다고 하면, 지금까지 유지되었던 경제 균형은 파괴되고 경제 발전이 일어나게 된다. 기업가에 의한 이러한 생산 함수의 혁신이 생산 요소의 새로운 결합이며, 슘페터는 이를 경제 발전의 전형이라고 생각하고 경기 순환 및 자본주의 경제의 특징이라고 보았다.●●

기업가란 다름 아니라 이처럼 생산 요소의 새로운 결합을 통해 종래의 생산 요소에 한층 유리한 용도를 부여하는 기능을 실현하는 사람이며, 자본은 그 같은 새로운 결합에 필요한 생산 요소를 기업가가 획득할 수 있도록 만드는 경제적 구매력이다. 더욱이 신용이란, 바로 그런 의미의 자본을 기업가를 위해 창조하는 것이 된다.

이처럼 슘페터는 경제 내적 요인으로서의 자본의 작용, 곧 창조적 파괴 과정 속에서 자본주의 경제의 기동력을 갈파해 낸 것이다.

새로운 결합에 필요한 구매력은 은행의 신용 창조에 기초한 강제적 저축에 의해 충당된다. 곧, 앞에서와 같은 순환 경제일 때의 생산자보다 한층 높은 가격을 불러 자기가 필요로 하는 생산 요소에 흡인하고 전용함으로써 무에서 새로운 것이 창조된다. 그리고 그는 은행에 의한 신용 창조를 계기로 이루어지는 새로운 결합을 통해 경제 발전의 전형을 이루게 된다.

제3장에서는 경제 발전을 가능하게 하는 신용의 문제를 규명하고, 제4장에서는 경제 발전에 의해 발생하는 기업가의 이윤을 설명하고 있다. 그리고 제5장에서는 그 이윤에서 지불되는 자본 이자에 대해 논하고 있다.

그런데 혁신의 특징은 그것이 집합적으로 발생하는 데 있다. 곧, '근본적으로 새롭고 아직 한 번도 시험되지 않은 것이지만, 그에 대한 사회의 각종 저항을 극복하게 되면 그것과 동일한 것을 이룩하는 일이 매우 손쉬워진다. 마찬가지로 어느 한 가지 혁신이 성공하게 되면 항상 그에 동반해 일련의 혁신이 한꺼번에 일어나게 된다'는 것이다. 이처럼 이노베이션에 이어 이미테이션(모방)이 일어나 그 같은 혁신이 집단적으로 발생함으로써 경기의 상승, 곧 번영을 가져오게 된다는 것이다. 반면 그 반대인 정리 과정은 불황이 되는 것이다. 슘페터는 경기 순환은 자본주의의 고유 현상이라고 간주하며 제6장에서 경기의 회전을 다루고 있다.

슘페터는 새로운 결합이 가격 수준에 미치는 영향에 대해서 처음에는 강제적 저축으로 인플레이션 현상이 일어나지만, 그다음의 발전 과정에서는 생산량의 증대를 통해 신용 인플레이션이 금방 제거되고 오히려 디플레이션에 휘말려 들게 될 것이라고 보았다. 그렇지만 이노베이션을 위해 만들어진 은행 신용이 유통에 체류해 있으며 더욱이 그 같은 종류의 새로운 결합이 거듭될 경우에는, 발전 이후에 반드시 디플레이션이 오는 것은 아니라고 했다.

이노베이션은 자본주의 속에서 태어나는 것이지만 국가 또는 정부가 이노베이션적 역할을 수행한 경우에는 그 이론의 적용 범위를 더욱 넓게 확대해서 이해할 수도 있을 것이다. 아폴로 계획처럼 국가에 의해 대규모 프로젝트가 추진되고 더욱이 기술 혁신이 점점 대형화되는 경향을 보이고 있는 이상, 이노베이션의 주체로 정부를 고려하게 되는 것은 오히려 당연한 일이 될 것이다. 반세기 이전에 간행된 이 책은 이미 고전이 되었지만 그런 점에서 현대적 저술로 오늘날에도 충분한 존재 이유를 지니고 있다고 할 것이다.

분명히 현대는 기업 규모가 확대되며 자유 경쟁을 넘어 독점 경쟁이 벌어지고 있다. 또 이노베이터로서의 기업가의 이니셔티브 역시 개인에서 집단 그리고 조직의 손으로 바뀌며 혁신의 자동화가 진행 중이다. 아울러 풍요로운 사회가 도래하며 이른바 문화의 시대를 맞이하기 위해 경제 행위와 그 성과에 대한 평가 역시 한 세대 이전과는 달리 그 중요성이 계속 감소하는 추세이다. 그러나 이노베이션의 담당자나 그 결과물이 어디로 귀속될 것인가 하는 점은 달라질 수 있어도 이노베이션 그 자체는 여전히 현대 자본주의의 본질적인 문제가 될 것이다. 그러한 의미에서 이 책은 현대적 저술서로도 여전히 충분한 자격을 갖고 있는 것이다.

앞에서 살펴본 것처럼 슘페터의 체계는 상호 대응하는 세 가지의 대비로 특징지을 수 있다. 첫 번째는 경제의 실체에 관한 것으로, 균형화 경향과 순환 궤도의 혁신의 대비이며, 두 번째는 이론적 도구로서 정태학과 동태학의 대비이다. 그리고 세 번째로는 경제 주체로서의 단순한 업주와 기업가(이노베이터)의 대비●●●를 들 수 있다.

동태는 정태에 대립하는 이론 영역이다. 정태와 동태의 이원성 또는 경제 과정 그 자체의 이원성에 대한 인식이야말로 슘페터의 이론 체계에서 근본을 이루는 것이다. 이 같은 이원성을 주장하는 바탕에는 경제학의 발전 현상을 실로 경제적, 곧 경제 내적 요인으로 규명하고자 하는 입장이 관철되어 있다. 슘페터가 이 책의 서문에서 "나는 오히려 과학적 정신을 가지고 사회 현상의 과학적 서술에 접근하려는 사람들이 존재해 줄 것을 바라고 있다"고 말한 것은 바로 그와 같은 의미에서였다.

NOTES

●

슘페터의 학설과 그에 관해 더 자세히 알기 위해서는 다음과 같은 책을 참고할 수 있다. 세이무어 E. 해리스**Seymour E. Harris** 편 『사회과학자 슘페터**Schumpeter Social Scientist**』(1951).

●●

이에 대해서는 카를 푀를**Carl Förl**의 『경제 순환의 화폐적 구조**Geldschöpfung und Wirtschaftskreislauf**』(1937)를 참조하기 바란다.

●●●

기업가를 개척적 기업가와 추종적 기업가의 두 가지 종류로 나누어 대응 법칙을 전개한 앨프리드 마셜의 『경제학 원리』(1890)를 참조하기 바란다.

제국주의론
(Imperialism, the highest stage of capitalism)

 제국주의는 단순히 정책만이 아니라 독점을 경제적 본질로 하는 자본주의의 최고 단계이자 사멸해 가는 자본주의라고 규정하며 현대 자본주의에 관한 분석적 시각을 확립했다. 반제국주의 투쟁이 반자본주의 투쟁이라고 주장한 이 책은 20세기 제3세계 정치에 큰 영향력을 끼쳤다.

INTRO

레닌(1890~1924)의 『제국주의론』(1916)은 제1차 세계대전 전야에 '세계 자본주의의 경제 개관도'를 그려 내고자 하는 것을 기본 목표로 저술되었다.

레닌은 1915년 중반부터 제국주의에 관련된 문서를 체계적으로 수집하며 그 자료를 발췌하고 비판적 해설을 적어 넣으면서 저술 계획을 세우기 시작했다. 이것이 이른바 『제국주의 노트』(『레닌 전집』 제39판 수록)이다. 이를 바탕으로 쓰인 『제국주의론』은 1916년 6월 말에 완성되어 다음 해 상트페테르부르크에서 출판되었다.

이 책은 짧은 도입부에 이은 열 개의 장으로 구성되어 있다.

전반부의 제1장에서 제6장까지는 생산 및 자본의 집적으로 시작되는 제국주의의 '다섯 가지 기본적 표식'이 서술되고 있다. 이 표식은 단순한 나열이 아니라 충분한 상호 관계의 분석을 통해 기초적인 것과 그로부터 파생되는 것의 순서로 서술되어 있다.

제7장과 제8장, 제10장에서는 제국주의의 경제적 여러 특징을 종합한 뒤, 제국주의가 '자본주의의 특수한 단계'로서 '기생적이자 부패해 가는 자본주의'이며 더욱이 '사멸해 가는 자본주의'라고 분명히 묘사하고 있다.

제9장은 제국주의에 관한 여러 학설에 대해 비판을 가한 내용이 실려 있다.

생산의 집적은 독점으로 발전

　제1차 세계대전이 일어나기 전에 세계 자본주의 경제의 국제 관계는 독일 대 영국·프랑스·러시아라는 제국주의적 대립으로 특징지을 수 있다. 이러한 제국주의적 대립을 가져온 근본 원인은 정치적, 경제적 관계에서뿐 아니라 열강의 경제 생활의 기초 속에서도 파악하지 않으면 안 된다.

공업의 놀랄 만한 성장과 생산이 대규모 기업으로 더욱더 급속히 집중되는 과정은 자본주의가 지닌 가장 근본적 특징 가운데 하나이다. 이와 같은 생산의 집적은 그 발전의 일정 단계에서 필연적으로 독점에 접근하게 된다. 왜냐하면 소수의 거대 기업이 서로 독점적 협정을 맺는 일은 비교적 간단한 일이기도 하며, 동시에 너무 커진 기업 규모로 인해 경쟁 자체가 곤란해져 독점 경향이 나타나기 때문이다. 이처럼 경쟁이 독점으로 전화되는 것은 현대 자본주의 경제에서 주목할 만한 현상 가운데 하나이다.

마르크스는 이미 『자본론』에서 자유 경쟁은 생산의 집적을 가져오며 그 집적은 독점으로 발전할 것임을 시사했다. 레닌은 19세기 말에서 20세기에 걸쳐 독일과 미국, 영국 등에 관한 풍부한 자료를 기초로 "생산의 집적에 의한 독점의 발생은 대체로 현재의 자본주의 발전 단계에서 일반적이고 근본적인 법칙"이라고 밝혔다.

독점이 경제 생활의 기초로 정착함으로써 자유가 아닌 지배와 강제의 관계가 생겨나고 자본주의는 제국주의라는 새로운 단계로 진입하는 것이다.

독점 자본으로 성장한 은행의 새로운 역할

생산의 집적이 이루어지는 것은 생산 부문에서만이 아니다. 은행을 중심으로 한 금융업에서도 업무의 집적이 진행되고 독점이 형성된다. 그리고 근대적 독점체의 현실적 힘은 은행의 역할을 제외하고서는 평가할 수 없다.

은행의 본래 임무는 지불의 중개 역할에 있다. 그런데 소수의 은행에 업무가 집중되어 독점적인 거대 은행이 형성되면 이들 거대 은행은 산업들 사이에 일시적 융자뿐 아니라 장기적 금융과 투자, 인적 결합 그리고 기타 다양한 부문에서 관계를 맺으며 화폐 자본의 대부분과 생산 수단 및 원료 자원의 대부분을 자유롭게 다루는 전능한 독점자로 전화된다. 그리고 이 거대한 전화는 자본주의가 자본주의적 제국주의로 성장하고 전화하는 기본 과정의 하나가 된다.

금융 자본과 금융과두제의 지배력 강화

이처럼 산업에서 산업 독점이 형성되고 금융업에서 은행 독점이 이루어지는 단계가 되면, 양자는 공통의 독점적 이익을 추구하며 항구적 융합·유착 관계를 맺게 된다. 생산이 집적되며 또한 그를 통해 성장한 독점체인 은행이 산업과 융합 또는 유착하는 것이 바로 금융 자본의 발달사이며 금융 자본의 내용이다.

힐퍼딩은 그의 대표작 『금융자본론』(1910)에서 이미 금융 자본의 개념을 '현실적으로 산업 자본으로 전화되어 있는 은행 자본'인 것으로 정식화했으나, 레닌은 이와 같은 힐퍼딩의 금융 자본에 관한 정의는 불완전한 것이라며 비판하고 독점이라는 요소를 특히 강조했다. 금융 자본은 독점을 기반으로 하고 있기 때문에 비로소 비즈니스 데모크라시●를 대신해 이른바 금융과두제를 형성할 수 있으며 또 자유로운 경쟁 대신 지배와 강제를 현실화시킨다는 것이었다.

금융과두제에서 지배의 주요 형태는 '참여 제도'이다. 곧, 금융과두 지배자는 모기업을 직접 통제하고, 모회사는 자회사를 지배하며, 자회사는 또한 손자 회사를 지배한다. 그러나 주식회사의 경우에는 40~50%의 주식 소유로 전체에 대한 지배가 충분히 가능하므로 소수자가 지배할 가능성이 더욱 높아진다. 주식 소유의 '민주화'는 실제로 금융과두제의 지배력을 강화시키는 수단이 된다.

일반적으로 자본주의 아래에서는 자본의 소유와 자본의 생산 투입이 분리되는 경향을 보이지만, 제국주의는 그 같은 분리가 더욱 뚜렷하게 진행되어 다른 모든 형태의 자본에 대해 금융 자본이 압도적 우위를 나타내는 자본주의 최고의 단계인 것이다.

후진국에 대한 자본 수출의 확대

자유 경쟁이 지배하고 있는 자본주의의 대외 경제 관계는 상품의 수출이 그 전형이다. 그러나 독점이 지배하는 현대 자본주의에서는 자본의 수출이 전형적인 것이 된다.

이는 독점적 지위를 획득한 소수의 선진 제국에서 방대한 양의 '잉여 자본'이 형성되기 때문이다. 이는 결코 선진국 내부에 자본을 투자할 곳이 절대적으로 소멸했다는 점을 뜻하는 것은 아니다. 독점 지배가 확립된 선진국에서는 보다 많은 자본의 투자가 생산 증대와 가격 하락을 가져와 이윤을 저하시키기 때문이다. 곧, 자본이 '과잉'되어 있는 것이다. 그 결과 이러한 '과잉 자본'은 후진국으로 수출된다. 후진국은 자본량이 적고 지가와 임금, 원료가 비교적 싸기 때문이다.

자본의 수출은 단순한 상품 수출과 달리 수출국과 수입국의 관계를 더욱 단단하고 항구적인 것으로 만들어 준다. 자본 수출국은 자신이 투자한 자본의 안전을 위해 자본 수출을 받아들인 나라의 경제뿐 아니라 정치적 사정에 대해서도 수수방관하지 않는다. 따라서 자본 수출에 수반되는 대외 진출은 매우 정치적이며 강권적인 성격을 띠게 된다. 제국주의적 대외 진출의 근거에는 자본 수출이 있으며, 그 자본 수출의 바탕에는 독점이 놓여 있는 것이다.

자본 수출의 형태를 통해 제국주의의 유형 분석이 가능하다. 곧, 영국은 식민지 영토가 가장 넓으므로 '식민주의적 제국주의'라고 부를 수 있다. 또 프랑스는 주로 러시아 등 유럽 여러 나라의 국채를 구입하는 형태로 자본을 수출하고 있으므로 '고리대금적 제국주의'라고 할 수 있다. 독일은 식민지가 많지 않으며 유럽과 미국에 균등하게 자본을 수출하고 있으므로 '제3의 변종'에 속한다고 해도 좋을 것이다.

자본과 힘으로 세계를 분할

자본 수출이 증가하고 금융 자본의 국제적 세력 범위가 확대되면서 세계를 무대로 한 다양한 독점적 협정(국제 카르텔)이 형성되게 된다. 이는 바로 '자본과 생산의 세계적 집적 단계'를 가리키는 것이다.

20세기 초에 전기와 석유, 해운, 철도 레일, 아연 등에 대한 국제 카르텔이 형성되었다. 리프만●에 의하면, 독일이 참가한 국제 카르텔 수는 1897년에 전부 약 40개에 그쳤으나 1910년경에는 이미 약 100개에 달했다고 한다.

국제 카르텔의 형성은 자본주의 아래에서는 결코 국제 평화를 기대할 가능성이 없다는 점을 말해 준다. 그것은 자본가는 세계를 '자본'과 '힘'으로 분할하고 있지만, 그 힘은 경제적, 정치적 발전에 따라 변화하기 때문이다.

열강에 의한 식민지 분할의 완료

자본가 단체에 의한 세계의 경제적 분할은 국가에 의한 세계의 정치적·영토적 분할이라는 형태를 취할 때 보다 더 강력하고 안정적인 것이 된다. 따라서 세계에 대한 경제적 분할과 더불어 열강에 의한 세계의 영토 분할이 진행되게 되는 것이다. 실제로 제국주의 시대로의 이행기인 19세기 말의 20년 동안은 열강에 의한 식민지 탈취가 매우 심했던 시대로, 지구 상에서 식민지가 아니었던 토지의 대부분이 이 시기에 소멸했다.

물론 식민 정책은 자본주의 이전에도 또한 자본주의의 최신 단계의 이전에도 존재했다. 그러나 독점이 지배하는 '현대 자본주의'에서는 식민지 영유에 대한 그러한 의지가 한층 더 강해졌다. 왜냐하면 독점은 모든 원료 자원을 손아귀에 넣을 때에만 강력한 힘을 발휘하며, '식민지 영유만이 경쟁자와의 투쟁에서 생기는 우발적 사건에 대해 독점의 성공을 완전히 보장해 주기' 때문이다.

열강에 의한 세계의 분할이라 해도 그것이 반드시 전 세계가 제국주의 국가와 식민지로 양분된다는 것을 의미하는 것은 아니다. 이 둘 사이에는 정치적으로, 곧 형식적으로는 독립국이면서도 금융 또는 외교적으로는 종속 상태인 다양한 형태의 국가가 존재하고 있다.

자본주의의 특수한 단계로서의 제국주의

앞에서 살펴본 제국주의의 경제에 관한 여러 특징을 종합해 제국주의의 정의를 내려 보면, '제국주의란, 독점체와 금융 자본의 지배가 성립해 뚜렷하게 자본 수출의 중요성이 강조되면서 국제 트러스트에 의한 세계 분할이 시작되고 최강의 자본주의 국가들에 의한 일체의 영토 분할이 종료된 발전 단계의 자본주의'라고 정의할 수 있다.

이 같은 제국주의는 자본주의 속에서 우연히 그리고 외부적 사정에 의해 발생하는 것이 아니라, 자본주의에 내포된 일반적인 여러 가지 기본 특징들이 직접 연계되거나 발전하는 가운데 생겨나는 것이다. 따라서 제국주의를 일반적인 자본주의와 비교할 때, 가장 명백한 점은 제국주의가 자본주의의 특수한 단계라는 점이다. 카우츠키는 제국주의를 '금융 자본이 즐겨 채택한 정책'이라고 정의하고 있으나, 이는 제국주의를 그 정책적 근간이 되는 경제로부터 분리해 금융 자본을 기초로 제국주의 이외의 정책도 가능한 것처럼 묘사했다는 점에서 잘못된 것이라고 보지 않을 수 없다.

제국주의는 기생적이며 부패하는 자본주의

이처럼 근대 제국주의의 경제적 기반은 자본주의적 독점에 있다. 그러나 그 같은 독점은 불가피하게 정체되고 부패하는 경향을 보인다. 일반적으로 독점에는 경쟁에 의한 진보나 발전에 대한 자극이 적기 때문이다. 물론 독점이라고 해도 자본주의 체제 속에서는 세계 시장으로부터 경쟁을 완전히 그리고 장기간에 걸쳐 배제할 수 있는 것은 아니다. 그 같은 경쟁에도 불구하고 독점이 진행되면 산업과 국가에 각각 그에 따른 정체와 부패의 경향이 나타나게 된다.

더욱이 제국주의 단계에서 지배적 자본인 금융 자본은 생산과는 무관한 금리 생활자 계층을 비정상적으로 증가시키고, 자본 수출은 특히 그 같은 경향을 더욱 강화해 해외 여러 나라는 물론 식민지에서의 노동 착취를 통해 생활하는 기생 계층을 증가시킨다. 곧, 국가 전체의 기생성이 부각되는 것이다.

따라서 제국주의는 기생적이며 또한 계속해서 부패하는 자본주의라고 특징지을 수도 있다.

세계가 한 줌의 금리 생활자 국가와 다수의 채무자 국가로 분열되면, 다른 국가의 착취를 통해 높은 독점적 이윤을 획득하는 제국주의, 곧 금리 생활자 국가는 그 같은 높은 이윤의 일부로 일부 프롤레타리아 상층부를 매수할 수 있게 된다. 일찍이 이 점을 지적한 사람은 비마르크스주의자였던 J. A. 홉슨이었다.

독점 이윤의 일부를 통한 프롤레타리아 상층부의 매수와 그에 따른 노동 운동의 분열이라는 경향이 영국에서는 19세기 말 이전부터 나타났다. 이는 제국주의의 두 가지 특징인 방대한 식민지 영토와 세계 시장이라는 독점적 지위가 영국에서 그리고 19세기 중엽부터 존재했기 때문이다.

제국주의는 사멸하는 도중에 있는 자본주의

제국주의 비판의 근본 문제는 '제국주의의 기초를 개량주의적으로 개선할 수 있는가라는 문제와 제국주의에 의해 생긴 여러 모순이 한층 격화되고 심화되는 방향으로 사태가 전진할 것인가 아니면 둔화되어 후퇴할 것인가 하는 문제'인 것이다.

제국주의는 독점과 금융과두제의 지배를 통해 정치 면에서 반동과 민족적 억압을 가져오기 때문에 20세기 초 이후로 거의 모든 제국주의 국가에서는 제국주의에 대한 민주주의적 프티 부르주아 반대파가 생겨났다. 카우츠키는 그에 동조하는 카우츠키주의자와 함께 마르크스주의와 절연한 채 이들 프티 부르주아적 반대파와 손을 잡은 것이다.

카우츠키주의의 반동적 성격은 그의 '초제국주의론'에 의해 단적으로 파악할 수 있다. 카우츠키는 지금의 제국주의적 정책은 새로운 초제국주의적 정책에 의해 사라지게 되며, 각국의 금융 자본 사이에서 일어나는 상호 투쟁이 국제적 연합에 따른 금융 자본에 의한 세계의 공동 착취를 대신하게 될 것이라고 예상했다.

초제국주의라는 카우츠키의 주장이 얼마나 모순에 가득 찬 것인가는 인도와 인도네시아 그리고 중국을 둘러싼 영국, 프랑스, 일본, 미국 등 제국주의 국가들의 동맹과 대립을 살펴보면 곧 자명해진다. 일반적으로 자본주의 아래에서 세력 범위와 식민지의 분할은, 분할에 참가하는 국가의 경제적, 금융적, 군사적 그리고 기타의 힘에 기초해 실행될 뿐이다. 그리고 그 같은 힘의 변화는 이른바 불균형하게 발전하는 결과로 인해 결코 하나의 모습으로 나타나지 않는다. 제국주의적 동맹이란 자본주의적 현실 속에서 불가피한 전쟁과 전쟁 사이에 잠시 동안 찾아오는 휴식 시간에 지나지 않는 것이다.

경제적 본질이란 점에서 제국주의는 독점자본주의●이다. 독점자본주의가 자본주의의 여러 모순을 얼마나 심화시켰는가 하는 점은 물가 폭등이나 카르텔의 압박을 살펴보면 금방 알 수 있다. 독점을 기반으로 한 제국주의에 부패하는 경향이 있다는 이유로 그것이 자본주의의 급속한 발달을 저해할 것이라는 사고방식은 잘못된 것이다. 오히려 전체로 볼 때 자본주의는 이전과는 비교할 수 없을 정도로 급속히 발전한다. 다만 그 같은 발전은 더욱 큰 불균형을 가져오며 동시에 자본력이 한층 더 강한 국가들의 부패 속에서 나타난다.

제국주의의 경제적 본질이 앞에서 언급한 대로라면 제국주의는 과도기적 자본주의, 정확히 말해 사멸하는 도중에 있는 자본주의로 볼 수 있을 것이다.

제국주의의 경제적 기반인 독점은, 한편에서는 부패와 정체의 경향을 보이지만, 다른 한편에서는 생산의 거대한 집적을 가져와 생산의 사회화를 촉진한다. 생산의 사회화는 거대 기업의 출현, 그에 의한 원료 공급과 수송의 체계적 조직, 생산 공정의 중앙 집권적이며 계획적인 관리, 생산물의 계획적 분배 등으로 나타난다. 그러나 이와 같은 생산의 사회화는 사유의 경제와 사적 소유라는 자본주의의 외피와 극도로 모순되며 아울러 그 모순을 심화시켜 조만간 불가피하게 그 외피가 제거될 것이라는 점은 명백한 것으로 보인다.

NOTES

비즈니스 데모크라시
기업가로서의 재능이 있다면 누구나 언제라도 자금 조달이 가능하다는 제도를 가리킨다.

로베르트 리프만(Robert Liefmann, 1874~1941)
독일의 경제학자. 카르텔과 콘체른, 트러스트 등 자본주의 기업 조직의 발전에 관해 실증적인 연구를 했다. 레닌도 '가치 있는 것'으로 이용했다.

독점자본주의
자유 경쟁 속에서 생산의 집적을 통해 형성된 독점이 결정적 중요성을 띠는 자본주의를 말하며, 제국주의의 '경제적 본질'을 이룬다.

고용·이자 및 화폐에 관한 일반 이론
(The General Theory of Employment, Interest and Money)

이 책은 경제학자를 대상으로 쓰인 이론서로, 먼저 종래의 세의 법칙 또는 판로 법칙에 관한 사고방식을 비판한 뒤, 유효수요이론이라는 새로운 이론을 전개하며 실업의 원인과 대책을 해명하고 있다. 실업과 빈곤 등 자본주의의 오랜 병폐를 치유할 처방전을 최초로 제시하고 있다.

INTRO

영국의 경제학자 케인스(1883~1946)는 케임브리지대학교의 윤리학 및 경제학 강사였던 존 네빌 케인스와 렌스 에이더 사이에 장남으로 태어났다. 케임브리지대학교를 졸업한 뒤 모교에서 화폐론을 담당하는 강사를 맡기도 했다.

케인스는 제1차 세계대전 이후 파리강화조약에 반대하며 재무부의 수석대표 자리를 사퇴하고 쓴 『평화의 경제적 귀결』로 유명해졌다. 특히 1929년 공황 이후의 불황기에 만성적인 대량 실업으로 자본주의 체제가 붕괴의 위험에 처하자, 『고용·이자 및 화폐에 관한 일반 이론』(1936)을 통해 그러한 상황을 초래한 과거의 경제 이론을 근본에서부터 뒤엎으며 실업 구제와 불황 극복을 위한 정부의 적극적 재정 지출 정책을 합리화하는 새로운 이론을 전개했다. 이 책이 경제학에 미친 영향은 실로 거대해 이를 케인스 혁명이라고 부른다. 케인스는 1946년에 죽었지만, 제2차 세계대전 이후 모든 선진 자본주의 국가들에서는 그의 정책을 채택해 미증유의 고도 성장을 실현하게 되었다.

이 책의 진단과 처방은 자본주의의 오랜 병폐였던 실업과 빈곤 그리고 불평등을 치유하는 데 큰 도움을 주었다고 평가되었다. 그러나 장기간에 걸친 이러한 정책의 적용은 마침내 디플레이션과 공해, 자원 낭비, 국제 통화의 위기 등 새로운 병을 낳아 자본주의 체제를 근본부터 흔들게 되었다. 따라서 현재는 그 유효성에 대한 재검토가 요구되고 있다.

세계 공황이 초래한 풍요 속의 빈곤

1929년에 시작된 세계 경제의 공황은 그 뒤 10년 넘게 모든 자본주의 국가들을 만성적인 불황에 빠져들게 하며 체제 붕괴의 위험을 가져왔다. 이에 대해 각국의 정부는 여전히 전통적 자유 방임 정책을 고집하며 적극적 대책을 취하지 않았다. 이러한 때에 등장한 케인스의 『고용·이자 및 화폐에 관한 일반 이론』은, 당시의 실업은 자본의 과잉 아래 유효 수요가 부족해 연유한 실업, 곧 '풍요 속의 빈곤'이라는 점을 명백히 밝히며, 그로부터의 탈출을 위해서는 국가의 재정 확대라는 길밖에 없다는 것을 이론적으로 합리화했다. 이를 통해 경제학의 이론과 정책에 일대 변혁이 일어났고 사람들은 이를 '케인스 혁명'이라고 높이 평가했다.

케인스 혁명은 이후의 경제학 이론과 정책의 전개에 초석이 되었다.

오늘날의 실업은 재화를 생산해 내기 위해 필요한 생산 설비나 원재료가 부족해 발생하는 실업이 아니라 오히려 그러한 것들은 풍부하게 존재해 있지만 생산물에 대한 소비가 적어 더 이상 노동자를 고용할 수 없기 때문에 일어나게 된 실업이다. '풍요 속의 빈곤'이라고 부르는 것은 그 때문이다. 이 책은 자본주의 경제의 고유한 성격으로 내재되어 있는 이 같은 구조적 실업의 원인과 그 치료 방법을 명확히 밝히고자 하는 목적에서 사회 전체의 고용량을 결정하는 메커니즘과 그것을 증가시키거나 감소시키는 전략적 요인의 실체를 규명한 수준 높은 이론서이다.

고전학파 경제학에 대한 비판

이 책이 쓰이기 이전의 경제학(일괄하여 고전학파 경제학이라고 부른다)에서 고용량은 노동 시장의 수요와 공급의 관계를 통해 결정되며, 경제를 자유로운 경쟁에 맡겨 두면 완전 고용은 자동적으로 달성된다고 생각했다. 왜냐하면 실질 임금률●이 주어지면 기업가는 그에 맞추어 이윤이 극대화될 수 있도록 노동 수요량을 결정하며 또한 노동자는 순수한 만족(임금의 효용과 노동의 고통 간의 차이)이 최대화될 수 있도록 스스로의 노동 공급량을 결정한다고 보았기 때문이다.

이 경우에는 실질 임금률이 지나치게 높아지면 노동 공급량이 노동 수요량을 초과해 실업이 발생하게 되므로, 실질 임금률은 노동자의 취업 경쟁을 통해 낮아지는 경향을 띠게 된다. 또한 실질 임금률이 지나치게 낮으면 노동 공급량이 노동 수요량을 밑돌게 되어 실질 임금률은 기업가들의 구인 경쟁을 통해 올라가는 경향을 보인다.

이러한 과정을 통해 실질 임금률은 최종적으로 노동의 수요와 공급이 일치하는 점에서 수렴하게 된다. 그 같은 일치점에서는 그때의 실질 임금률로 노동을 하고자 하는 노동자가 즉시 고용된다는 의미에서 완전 고용이 달성되는 것이다.

만일 오랜 기간 실업이 해소되지 않는다면 그것은 노동조합 등의 독점력이 실질 임금률을 부당하게 높게 유지하려 하기 때문이다. 이 같은 실업의 해결을 위해서는 조합을 해체해 실질 임금률을 개별적인 노사 간의 자유로운 경쟁에 맡기면 된다고 했다.

이 책의 서술은, 자본주의의 경제 현실을 무시한 이 같은 이론에 대한 비판에서부터 시작된다. 케인스에 따르면, 이 고전학파 이론이 애초부터 잘못된 점은 마치 기업가가 자신의 이윤을 극대화하기 위한 것과 마찬가지로 노동자 역시 자신의 순수한 만족(순만족)을 극대화하기 위해 노동 공급량을 조정한다는 가정에 근거를 두고 있다는 것이라고 지적했다. 그러나 자본주의 경제 아래에서 임금 노동자는 기업가와 달리 재산을 가지고 있지 않으므로 실질 임금률이 어떻든 날마다 일을 하지 않으면 안 된다.

실질 임금률은 물가 수준에서 화폐 임금률을 뺀 구매력이므로 화폐 임금률이 변하지 않더라도 물가가 올라가면 실질 임금률이 낮아지게 된다.

노동자는 물가가 올라갔다는 이유로 그에 맞추어 노동 공급량을 줄일수 없다. 이를 다른 말로 바꾸면, 과거의 경제학에서는 기업가와 노동자모두가 극대화 원리라는 동일한 기준에 따라 행동하는 평등한 인간이며, 자본주의 경제는 그러한 개인들의 단순한 집합체에 지나지 않는다는 원자론적 사회관에 입각해 전개한 이론인 것이다. 그러나 현실 속의 자본주의 경제는 행동 원리가 서로 다른 사람들의 집단, 곧 계급들로 구성되어있는 사회이며 그 때문에 노동의 고용량은 실질 임금률이 어떻든 기업가의 이윤을 극대화할 수 있는 쪽으로 일방적으로 결정되고 있는 것이다.

생산물의 공급량과 고용량을 다룬 유효수요이론

그렇다면 기업가 계급은 자신들의 이윤을 극대화하기 위해 전체적으로 고용량을 어떻게 결정하고 있는가.

기업가들도 만일 고용을 늘려 수입이 증가해 고용 비용을 상회하게된다면, 그 차이만큼의 총이윤을 늘릴 수 있다. 따라서 고용을 늘리려고 할 때 수입 증가와 고용의 증가가 일치하는 점에서 고용량을 결정하게 된다. 이것이 이윤 극대점이다. 이 경우, 생산 설비가 일정하다는 단기적 조건을 가정한다면, 공급 측의 사정이 변하지 않았기 때문에 생산물수요가 증가하면 생산물의 가격이 상승하고 수입이 증가하게 되므로 기업가들은 고용량을 늘려 생산물의 공급을 늘리게 된다. 반대로 생산물의 수요가 감소하면 생산물 가격이 하락해 수입이 감소하게 되므로 기업가들은 고용량을 감소시켜 생산물의 공급을 줄이려고 하게 된다. 이러한가격을 통해 생산물의 수요와 공급이 거의 일치하는 곳에서 고용량을 정하면 기업가의 이윤은 극대화가 된다.

따라서 사회의 생산물 공급량과 고용량을 좌우하는 것은 사회 전체의 생산물의 수요, 곧 유효 수요의 움직임이며 그 유효 수요의 크기가 어떻게 결정되는가를 알 수 있으면 사회의 생산물 공급량과 고용량은 동시에 파악된다. 이러한 유효 수요의 크기 결정에 관한 이론이 '유효수요이론'이며, 이것이 이 책의 핵심을 이루는 내용이다.

논의를 단순화시켜 외국 무역이나 정부의 활동이 없는 봉쇄 경제를 가정해 보면, 유효 수요는 소비자의 소비재에 대한 수요, 곧 소비 수요와 투자재에 대한 기업가의 수요로 설명될 수 있는 투자 수요가 조화를 이루고 있다. 그 때문에 유효 수요의 크기가 어떻게 결정되는가를 파악하기 위해서는 소비 수요와 투자 수요가 각각 어떻게 결정되는가를 파악하면 된다. 그러나 소비 수요와 투자 수요가 결정되는 원리는 전혀 다르므로 각각 개별적으로 검토하지 않으면 안 된다.

먼저, 소비 수요에 대해서 살펴보면, 소비 수요의 크기는 사람들의 개인적인 성격과 자산 상태 등 다양한 요소에 의해 좌우된다. 그 가운데에서도 사람들이 획득하는 소득의 수준에 의해 결정적인 영향을 받는다. 특히 사회 전체로 볼 경우에는 개인적 차이가 서로 상쇄되어 국민 소득 (이는 사회의 생산물 공급 총액과 일치한다)과 소비 수요의 사이에 밀접한 수량적 관계가 있음을 관찰할 수 있다.

국민 소득에 대한 소비 수요의 비율은 일반적으로 평균소비성향●이라고 한다. 국민 소득의 증가분에 대한 소비 수요의 증가분의 비율은 한계소비성향●이라고 하며, 그 크기는 어느 한 시대의 일정한 사회에서는 거의 변화가 없는 것으로 간주할 수 있다. 이와 같은 관계를 가지므로 소비 수요의 크기는 결국 국민 소득을 파악하면 어떠한 형태로든 결정이 가능하다고 할 수 있다.

한편, 투자 수요의 크기는 기업가가 투자를 통해 얻는 이윤을 극대화할 수 있는 범위 안에서 결정된다. 투자 이윤의 극대화를 위해 기업가는 추가 투자를 통해 얻어지는 예상 수익(이를 투자의 한계 효과라고 한다)이 투자를 위해 빌려 온 자금의 이자 지불액보다 높은 경우, 그 차액만큼 총이윤이 증가하게 되므로 투자를 계속하게 되며 또 자본의 한계 효율이 이자율과 일치하는 곳에서 투자량을 정하면 되는 것이다. 이처럼 투자 수요의 크기는 기업가들의 이익 예상과 금융 시장에서 정하는 이자율에 의해 결정된다고 말할 수 있다.

소비 수요와 투자 수요가 결정되고 유효 수요의 크기가 결정되면, 사회의 생산물 공급 총액, 곧 국민 소득은 이 같은 유효 수요량과 동등하게 결정되고 이로부터 고용량도 결정되게 된다.

그런데 유효 수요 가운데 소비 수요는 국민 소득의 크기에 의존해 결정되므로, 국민 소득과 고용량의 결정에서 기본적으로 중요한 것은 투자 쪽의 수요가 된다. 먼저 투자 수요가 결정되면 국민 소득과 소비 수요도 저절로 결정된다는 것이다.

예를 들어 평균소비성향이 80％인 사회에서 1조 원이 투자되었다고 가정하면, 국민 소득은 투자의 다섯 배인 5조 원이 되며 소비는 그것의 80％인 4조 원이 된다. 또한 사회의 한계소비성향이 60％일 때에는, 투자가 1,000억 원 증가하면 국민 소득의 증가는 투자 증가의 약 2.5배인 2,500억 원, 소비 증가는 그의 60％인 1,500억 원이 된다.

투자 수요의 증가에 대한 국민 소득의 증가 배율을 일반적으로 '승수乘數'라고 하며, 그 크기는 한계소비성향에 의해 결정된다. 이처럼 국민 소득의 수준이 유효 수요의 수준에 따라 결정된다는 이론을 유효수요이론이라고 한다. 또 국민 소득의 수준이 '승수'를 매개로 하여 투자 수요 증가분의 '승수'배만큼 증가한다는 것을 승수이론이라고 한다. 따라서 고용량은 국민 소득의 수준에서 직접 이끌어 낼 수 있는 것이다.

실업 원인을 규명

이 같은 과정을 거쳐 결정된 국민 소득 수준에서 산출되는 고용량은 반드시 완전 고용의 수준을 만족시키는 것은 아니다. 그것은 단지 그때의 가격에서 생산물의 수급이 거의 일치하고 기업가가 극대 이윤을 얻는 고용량이며, 설비의 유휴나 노동의 실업을 수반한 고용량일지도 모른다. 기업가가 그 이상으로 고용량을 늘려 생산물의 공급을 증가시키려고 하지 않는 것은 유효 수요가 부족하기 때문이다. 만일 유효 수요가 늘어난다면 기업가는 고용을 늘려 생산물 공급을 증가시키려고 할 것이다. 그런데 유효 수요 가운데 특히 중요한 기동력(모멘텀)은 투자 수요이다. 만일 완전 고용 시의 생산물 공급 총액(국민 소득) 가운데 소비 수요가 되지 않고 남는 것(저축)이 모두 기업가에 의해 투자 수요화한다면, 기업가는 고용량을 늘려 생산을 증가시킬 것이 틀림없다. 고용량이 적고 실업이 존재하는 것은 유효 수요, 특히 그 가운데에서도 투자 수요가 부족하기 때문이다. 그리고 여기에서 실업의 직접적인 원인을 파악할 수 있다.

이 경우 고전학파 경제학에서는 금융 시장에서 결정되는 이자율이 자동적으로 저축과 투자를 일치시켜 완전 고용을 실현한다고 주장해 왔다. 그에 따르면, 저축은 투자 가능 자금의 공급이며 투자는 그에 대한 수요를 의미하지만, 이자율이 너무 높으면 저축이 투자를 웃돌며, 반대로 이자율이 너무 낮으면 투자가 저축을 웃돌게 된다. 결국 균형 이자율은 저축과 투자가 대개 일치하는 곳에서 결정된다는 것이다.

만일 실제로 이와 같은 메커니즘이 작동하고 있다고 한다면, 완전 고용은 이자율의 움직임을 통해서 자동적으로 달성되게 된다. 그러나 이자율이 높으면 저축이 늘고 이자율이 낮으면 저축이 줄어든다는 이 이론의 바탕에는 이자는 저축에 대한 보수라는 사고방식이 깔려 있다. 그렇지만 이는 사실과 전혀 다르다. 예를 들어 장롱 속에 넣어 둔 현금은 예금의 일종이지만 언제까지 두어도 이자가 생기지 않는다는 점에서도 이는 명백하다.

고전학파 경제학이 오류를 범한 원인은 사람들이 소득을 손에 넣은 뒤에 행하는 두 가지 결의를 하나로 잘못 파악한 데 있다. 사람들은 소득이 들어오면 첫째로 그 가운데 일부는 현재의 욕망 충족을 위해 소비하고 또 일부는 장래의 욕망 충족을 위해 저축하려고 마음먹는다는 것이다. 둘째는 저축한 자산 가운데 일부는 현금 형태로 소지하며 또 일부는 이자가 생기는 채권의 형태로 보유하려고 한다는 것이다.

분명히 첫 번째 결의에 따른 저축에 대해서는 이자가 지불되지 않는다. 사람들이 저축이 가능한 자산을 현금의 형태로 보유하는 것은 다음 날 예정되어 있는 쇼핑을 위해서이며 또 장래의 이자율이 불확실하다는 이유 때문이다. 채권을 구입한 뒤 이자율이 올라가면 채권 가격이 하락하게 되므로 구입자가 자본 손실을 입게 되는 위험이 있다. 이자보다는 안전을 택하려는 사람들은 자산을 현금 형태로 소유한다.

화폐에는 교환이 편리하다는 점 이외에 가치가 안정적이라는 성질이 있다. 교환의 편리성과 안정성이라는 두 가지 성질을 지배하는 힘은 바로 유동성이다. 채권이 아니라 현금을 선택한 사람은 이자 대신 유동성을 선택한 것이다. 이자는 유동성을 일정 기간 포기(화폐를 일정 기간 빌려주는 일)한 데 대한 보수이다. 따라서 이자율은 사람들이 유동성(화폐)을 포기하지 않으려 하는 욕망을 나타낸 척도라고도 말할 수 있다. 낮은 이자율 때문에 현금을 보유하는 쪽을 선택한 사람도 이자율이 올라가면 손에서 현금을 풀어 놓을 수 있다. 그리고 사용 가능한 화폐 공급량과 사람들이 가진 유동성 선택의 정도에 기초한 화폐 수요량이 일치하는 곳에서 평균 이자율이 결정되는 것이다. 이 이자율을 유동성 선호 이자율이라고 한다.

이와 같이 이자율이 저축과 투자를 일치시키는 가격이 아니라 단순히 화폐 수요를 일치시키는 가격이라고 간주해도, 완전 고용이 자동적으로 달성되는 것이 아니라는 점을 이해하게 될 것이다. 만일 중앙은행의 화폐 공급량이 적어지거나 자산 소유자의 화폐 소유 욕구가 강해지면, 이자율은 높은 수준에서 결정된다. 이 경우 기업가는 이러한 이자율 아래에서의 이익 예상과 관련해 이윤 극대를 위한 충분한 투자를 행할 수 없게 된다. 투자가 적어지면 유효 수요는 불충분하게 나타날 수밖에 없고 국민 소득 수준과 고용량 역시 낮은 수준이 되어 실업이 발생하게 되는 것이다.

이 책에서는 이 같은 이론을 통해 실업의 궁극적 원인은 이자율이 지나치게 높은 것에 있으며, 특히 자산 소유자의 화폐 소유 욕망(화폐애)이 지나치게 큰 데에서 기인한 것이라고 결론짓고 있다.

관리 통화 제도를 통한 재정 정책을 제창

그렇다면 이와 같은 종류의 실업은 어떻게 해소할 수 있는가.

당연히 가장 먼저 생각해 낼 수 있는 정책은 지나치게 높은 이자율을 끌어내리는 것이다. 높은 이자율을 가져온 큰 원인이 금리 생활자가 된 자산 소유자들의 지나친 화폐애에 있다고 해도 케인스는 이를 혁명적 방법으로 제거하는 것, 곧 권력을 사용해 제거하는 것은 바람직하지 않다고 생각했다. 그 대신 케인스는 자산 소유자의 화폐 소유 욕구를 충족시키기 위해 화폐의 공급량을 무제한으로 증가시킴으로써 이자율을 끌어내리고 동시에 금리 생활자의 생활 기반을 알게 모르게 파괴하면서 안락사시키고자 한 것이다. 그리고 중앙은행의 공개 시장 조작● 등을 그 수단으로 거론했다. 그러나 그 무렵과 같은 심각한 불황기에는 이자율이 이미 매우 낮은 수준에 도달해 있어 화폐 및 금융 정책을 통한 더 이상의 이자율 저하는 수행하기 어려운 한계가 있었다.

케인스 역시 금리 생활자로서 사회의 기생 계급적 성격을 갖는 자산 소유자에 대해 심한 혐오감을 보이면서도 한편으로는 화폐 및 금융 정책의 이 같은 한계를 정확히 지적했다. 또한 예를 들어 이자율이 하락해 다소 그러한 정책 목표가 성공하더라도 불황기에는 투자의 한계 효율이 뚜렷하게 낮아져 있으므로 그를 통해 기업가의 투자를 증가시키는 일이란 거의 기대할 수 없었다.

따라서 두 번째의 정책 그러나 결정적 정책인 공공 투자 정책이 등장하게 된 것이다.

고전학파 경제사상가들은, 자본주의 경제는 자동적으로 완전 고용의 균형을 향해 가는 경향이 있어 경제에 대한 국가의 개입은 쓸데없는 혼란을 초래할 뿐이므로 국가는 국방과 치안 유지에만 그 역할을 한정시켜야 한다며 값싼 정부 또는 야경국가●라는 주장을 지지해 왔다. 그러나 이미 살펴본 바와 같이 승수이론은 예를 들어 그것이 공공 투자일지라도 투자가 증가되면 민간 투자를 압박하기는커녕, 그 승수의 배수만큼 유효 수요를 증가시켜 국민 소득 수준을 끌어올리고 있음을 말해 주고 있다.

또한 고전학파 경제사상가들은 균형 재정이 건전한 정부의 표상이라고 여겼다. 그러나 케인스의 승수이론은 재정을 꼭 1년 단위로 균형화시킬 필요는 없으며, 오히려 불황기의 재정 적자와 호황기의 재정 흑자를 통해 장기적 균형을 꾀하며 불황기의 실업과 호황기의 인플레이션을 동시에 제거할 수 있는 길을 제시했다.

이처럼 케인스의 『고용·이자 및 화폐에 관한 일반 이론』은 제2차 세계대전 이후에 보편화된 적극적 재정 정책의 효용을 최초로 이론적으로 밝힌 것이다. 다만, 적자 재정을 포함한 재정의 팽창 정책은, 통화 발행량을 중앙은행에 준비된 금의 양에 연계시키고 있는 금본위제에 커다란 제약을 가져왔다. 이에 대해 케인스는 관리 통화 제도의 채택을 제안하고 있다. 이 책에서 말하는 재정 정책은 이처럼 화폐 제도의 변혁까지 포함한 것이다.

유효 수요란 원리의 발상

"총수요 함수는 폐기해도 무관하다는 사고는 리카도학파 경제학에서 근본적인 것이었다. 리카도의 경제학은 과거 1세기 이상 우리를 가르쳐 온 내용의 기반이 되고 있다. 원래 맬서스는 유효 수요가 부족하다는 것은 있을 수 없다고 한 리카도의 학설에 맹렬히 반대했다. 그러나 그것은 헛된 것이었다. 맬서스는 무슨 이유로 어떻게 유효 수요가 부족해지거나 과잉될 수 있는가를 명확히 설명할 수 없었기 때문에 그 대안을 제시하는 데 실패했다. 따라서 리카도는 마치 이교 재판소가 스페인을 정복한 것과 마찬가지로 마침내 영국을 완전히 정복했다.

리카도의 이론은 재계와 정치계 그리고 학계에서 모두 인정되었고 유효 수요에 관한 논쟁 자체가 없어졌을 뿐 아니라 다른 견해는 완전히 그 자취를 감추어 다시금 논쟁이 일어나는 일조차 없었다. 이후 맬서스가 해결하고자 한 유효 수요라는 가장 큰 수수께끼는 경제학 문헌 속에서 사라졌다. 여러분은 고전학파 이론에 가장 성숙한 모습을 제공한 마셜과 에지워스 그리고 피구 등이 쓴 어떤 저작물 속에서 한 번이라도 그것에 관해 언급된 것을 본 적이 있는가. 그것은 카를 마르크스나 실비오 게젤 그리고 더글러스 소령의 지하 세계에서 겉으로 드러나지 않고 몰래 생존해 있는 데 지나지 않는다."

이와 같이 서술한 케인스는 이 책의 이론적 뿌리로서 중상주의 사상과 맬서스의 이론 또는 J. A. 홉슨의 과소소비설을 회상하고 있다.

NOTES

화폐 임금률과 실질 임금률
화폐 금액으로 표시된 1시간당 명목 임금의 크기를 화폐 임금률이라고 하며, 이를 소비재 물가 수준으로 나눈 것이 실질 임금률이다. 케인스는 고용 계약을 통해 결정되는 것은 전자이며 후자가 아니라고 역설했다.

평균소비성향
사회의 소득 가운데 얼마가량이 소비에 충당되는가 하는 대중의 성향을 가리킨다. 곧, 소득 가운데 소비가 차지하는 비율(소비되지 않은 몫은 저축된다)을 말한다. 이 개념은 케인스에 의해 최초로 명백히 밝혀졌다.

한계소비성향
사회의 소득이 증가하면 그 일부는 소비 증가로 이어지고 나머지는 저축 증가로 이어진다. 한계소비성향이란, 소비 증가에 대한 소득 증가의 비율을 말한다. 케인스가 한계소비성향의 크기가 안정되어 있다는 사실을 발견한 것이야말로 경제학에 남긴 탁월한 공헌이 아닐 수 없다.

공개 시장 조작
중앙은행이 통상적 증권 시장에서 증권이나 수표, 특히 국채 종류를 매매해 민간 경제의 통화유동량을 조절하고 증권 등의 매매 가격을 변동시켜 이자율(시장이자율)을 조정하는 금융 정책의 하나이다.

야경국가
개인의 자유로운 활동은 원래 사회의 권익과 일치한다는 자연조화사상을 기초로, 개인에 대한 국가의 우월성을 인정하지 않고 단지 국가는 개인이 잠자고 있을 동안 외적의 침입을 방지하고 치안을 유지하는 데에만 힘을 쏟아야 한다는 주장을 가리킨다.

경제학
(Economics ; An Introductory Analysis)

 현대 주류파 경제학의 대표적 저작이다. 케인스 이론을 중심으로 한 거시경제학과 신고전학파의 미시경제학을 종합하고 있어 '신고전학파 종합'이라고 간주되고 있다. 경제 이론을 과학적으로 분석한 업적으로 유명한 『경제 분석의 기초』와 함께 새뮤얼슨의 대표작 가운데 하나로 꼽힌다.

INTRO

『경제학』(1948)의 저자 새뮤얼슨(1915~2009)은 미국 인디애나 주에서 태어나 1935년 시카고대학교를 졸업하고 이어 하버드대학교 대학원에서 수학하며 1941년 박사 학위를 받았다.

그의 학위 논문은 '경제 분석의 기초'라는 제목으로 출판되어 오늘날 이론경제학의 한 고전으로 여겨지고 있으며, 그 업적으로 1970년 제2회 노벨 경제학상을 수상했다. 1947년 이래 매사추세츠공과대학의 교수로 재직하면서 경제 정책의 입안자로서도 폭넓은 활동을 했다.

『경제학』에서 다루고 있는 중심 명제인 '신고전학파 종합neoclassical synthesis'을 현대 경제 사회의 현실에 비추어 어떻게 평가해야 할 것인가. 존 로빈슨의 지적을 기다릴 것도 없이 오늘날의 주류파 경제학은 완전 고용을 확보하는 데에는 유효할지라도 그 내용은 설명하지 못하고 있다. 실업이 자원의 최대 낭비이므로 불황의 회피는 그 자체로 가능하다. 그러나 먼저 재정 금융 정책을 구사해 유효 수요를 조정하고, 그런 틀 속에서 사적 이윤 추구를 축으로 한 자원 분배에 자신을 갖는 신고전학파 이론이 유효하다는 사고는 목적을 위해 수단을 가리지 않는 경제학이라는 비판을 받고 있다.

제9판은 이에 대한 해답을 제시하려고 노력한 결과이지만, 현대는 주류파 경제학자의 가치 판단을 요구하고 있다.

경제학의 시대 조류에 귀 기울인 현대 경제학의 교과서

제2차 세계대전이 끝난 뒤, 많은 사람들이 미국에서 대불황이 일어날 것을 예상했던 시대적 배경 아래, 케인스의 소득결정이론●을 전면에 내걸고 적절한 경제 정책을 운용해 완전 고용을 달성한 미국의 현실을 이론적으로 해명한 책이다. 새로운 형태의 경제학 입문서로, 이후의 경제학 교과서의 저술 형식에 결정적 영향을 미쳤다. 1948년에 초판이 간행된 이래, 시대의 변화를 흡수하며 계속 개정되어 1992년에는 제14판이 간행되었다.

『경제학』의 중심 명제는 오늘날 '신고전학파 종합'이라고 간주되고 있다. 이제부터 그 명제를 해설하겠지만, 그에 앞서 개정을 거듭하며 시대의 요청에 부응해 온 궤적을 더듬어 보기 위해 먼저 이 책이 구성상 세 번의 변화 단계를 거쳤다는 것을 설명하겠다.

첫 번째는 초판으로 대표되는 케인스 혁명을 중심으로 한 거시경제학을 중시한 단계이다. 종래의 교과서와 같은 구성과 달리, 시장 기구를 다루는 거시(신고전학파)경제학은 '적당하다고 여겨질 정도로' 압축되어 있다. 제9판까지 계속되고 있는 또 하나의 특징은 정확한 현실 인식이 결여되어 있는 신고전학파에 대한 비판을 곁들여 경제적 사실에 대한 서술에 많은 페이지를 할애하고 있다는 점이다. 이는 그 무렵 새뮤얼슨이 가졌던 이론적 관심이었을 뿐 아니라, 실업과 인플레이션, 공채, 안전 보장 등 거시경제적 문제가 일반 대중의 경제적 관심사이기도 했기 때문이다. 특히 1930년대의 대량 실업 시대에 겪은 고통은 아직도 사람들의 기억 속에 생생하게 남아 있어, 전시 경제에서 평시 경제로의 전환에 따른 불안과 전시 중에 대량 발행된 공채의 경제적 귀결에 대한 불안 등을 가슴속에 품고 있었기 때문이다.

그러나 1950년대에서 1960년대 중반에 걸쳐 미국을 비롯한 선진 자본주의 경제는 몇 차례의 경기 후퇴를 경험하면서도 재정 금융에 의한 정책 융합을 통해 분명히 '꽤 효율적으로 기능'해 왔다. 경제성장률은 장기간 높은 수준을 유지했으며, 실업 대신 국제 수지 악화나 조금씩 다가오고 있는 인플레이션의 대책에 고심해야 하는 시대에 들어서 있었다. 완전 고용의 달성은 기정사실의 정치 목표처럼 여겨졌다. 새뮤얼슨은 케네디 정권에서 브레인 역할을 수행하며 전후 미국 경제의 번영에 자신을 갖고 있었다. 그 점에서 신고전학파의 부활을 포함한 '신고전학파 종합'의 시대가 도래한 것이다.

그러나 1960년대 말이 되면 존 로빈슨과 갤브레이스에서부터 래디컬한 이코노미스트들까지 다양한 측면에서 주류파 경제학에 대한 비판이 제기되어 새뮤얼슨 역시 그러한 비판을 무시할 수 없게 되었다. 이 때문에 제8판부터 이러한 비판을 수용한 제3단계 변화를 보이게 되었다. 베트남 전쟁을 계기로 대중에게까지 알려진 군산 복합 경제에 대한 비판과 대외 정책에 따른 국제 수지 악화와 인플레이션, 질적인 면을 도외시한 양적인 수요 확대 정책, 사회적 정의에 대한 무관심, 환경 파괴의 진전 등이 이러한 비판의 배경이었다. 완전 고용의 달성과 디맨드 풀형의 인플레이션 억제에 유효하다고 여겨져 온 '신고전학파 종합'도 코스트 푸시형의 인플레이션이 실업과 공존하는 경제 상황과 국내 및 국제적 소득 분배의 불평등, 사회적 공정성이라는 측면에서 최적의 자원 분배에 대한 해명 요구 등에는 적절한 해답을 제시하지 못했다.

따라서 제2단계에서 보였던 낙관론이 후퇴하며 분배와 소득 정책 이론을 확립할 필요가 있다고 주장하게 되었다. '차별의 경제학'과 '경제적 불평등' 등 두 개의 장을 제9판에 새로 추가해 '새로운 세계관'을 전체에 스며들게 했다. 또한 '정치경제학'이라는 표현이 사용되기 시작해 그 배경으로 마르크스 경제학을 해설한 '변화의 동향—경제학설의 진화'가 추가되었다. 여기에서 끊임없이 새로운 경제 이론을 수립하고자 하는 새뮤얼슨의 적극적 태도를 읽을 수 있다.

신고전학파 종합

'신고전학파 종합'을 이해하기 위해서는 먼저 새뮤얼슨이 경제학을 어떻게 정의하고 있는가를 살펴볼 필요가 있다. 새뮤얼슨은 제9판에서 경제학이란 "인간 또는 사회가 화폐를 매개로 한 경우와 그렇지 않은 경우를 포함해 몇 가지 대체 용도를 가진 희소성 있는 생산 자원을 사용해 여러 가지 상품을 생산하고, 그것을 현재 또는 장래에 소비하기 위해 사회의 여러 개인과 집단 사이에 분배하는 데 어떠한 선택적 행동을 취하고 있는가에 대한 연구이다. 이는 또한 자원 분배의 기능을 개선하기 위해 비용과 편익을 분석하는 것이기도 하다"라고 쓰고 있다. 경제학을 이와 같이 정의하면서 새뮤얼슨은 체제를 초월해 모든 사회는 경제적 조직에 관해 상호 관련되는 세 가지 기본적 문제에 직면해 있다고 했다. 곧, '무엇을', '어떻게', '누구를 위해' 생산할 것인가 하는 문제이다. 그리고 경제 체제의 차이란 이러한 문제를 해결하기 위한 수단이 서로 다른 데 지나지 않다고 했다.

새뮤얼슨은 우리가 생활하고 있는 현대가, 소련을 제외한 공업화된 국가들에서는 '공적이거나 사적인 그 어떤 기관이라도 경제적 통제에 일익을 담당하는' 혼합 경제 체제의 시대라고 파악했다. 그리고 바로 그곳에는 '신고전학파 종합'을 통해 경제가 바람직한 모습으로 운영될 수 있는 토양이 마련되어 있다고 했다. 이와 같은 새뮤얼슨의 주장을 달리 말하면 다음과 같다.

'인구 증가와 기술 진보는 계속되고 있다. 그러나 이용 가능한 자원은 한정되어 있으므로 이러한 조건 아래 생활 수준을 개선하려면 어떻게 하는 것이 좋을까. 자원의 최대 낭비(실업을 비롯한 자원의 유휴)를 막기 위해서는 어떻게 해야 하는가. 그에 대해 먼저 소비와 저축을 통해 자원을 적절히 분배할 필요가 있으며, 또 그것을 사적 부분에만 맡겨 놓아서는 안 된다. 사적 투자 의욕은 불안정하기 때문에 항상 적절한 경제 성장 정책을 유지하지 않으면 실업의 위기가 닥칠 우려가 있다. 그러나 동시에 과도한 자극책은 초과 수요를 발생시켜 인플레이션으로 이어진다. 따라서 가장 적당한 규모의 유효 수요는 정부에 의해 관리되어야만 한다. 그 수단으로서 재정 정책(재정 지출과 조세 조절)과 금융 정책(공개 시장 조작, 금리 정책, 준비율 정책)을 구사해야만 하며, 이러한 정책을 통해 거시적 효율성을 달성할 수 있게 된다.'

그러나 비효율적 자원 이용은 실업만이 아니다. 완전 고용 아래에서도 생산 요소 시장과 생산물 시장에서 가장 효율적 자원 분배가 실현되지 않으면 안 된다. 사적 부문이 압도적으로 큰 혼합 경제에서 이러한 최적의 분배는 신고전학파의 거시 이론이 주장해 온 시장의 가격 조절 기구에 의해 보증된다. 만일 이와 같이 생각할 수 있다면, 케인스에 의해 부정된 신고전학파 이론은 완전 고용이 유지되는 한 유효한 자원의 가격 결정 이론으로 다시 소생하는 것이 된다.

"여기에서 우리가 행한 거시 경제의 분석에 대한 한 가지 결과로 낙관적 결론을 내려도 큰 잘못은 없을 것이다. 이 같은 분석은, 자유방임주의는 그대로 두면 유토피아적 안정을 가져오게 된다는 고전학파적 믿음이나 고전학파의 원리를 더 이상 근대 세계에 적용할 수 없다는 제2차 세계대전 이전의 비관론 가운데 어느 쪽에도 속하지 않는 것이다. 그 대신 우리는 '신고전학파 종합'이라고 부르는 것이 적당하다고 여겨지는 생각에 도달하게 된 것이다. 그러한 사고방식을 말해 주고 있는 것은, 적당한 재정 금융 정책이 미시경제학의 정당성을 확인할 수 있는 경제 환경을 어떻게 보증해 주는가 하는 점이다. 재정 금융 정책을 적당히 보강함으로써 우리의 혼합 기업 제도는 지나치게 과열되거나 지나치게 슬럼프에 빠지는 것을 피할 수 있으며, 건전하고 점진적인 성장에 대한 전망을 지닐 수 있게 된다. 이러한 기본적 사항을 이해할 수 있게 된다면 소규모 '미시경제학'을 다룬 과거의 고전학파 원리에서 많은 관련성과 타당성을 빼앗은 패러독스 역시 지금은 그 효용을 잃을 것이다. 요컨대, 근대적 소득 결정 분석을 제대로 하게 되면 고전학파의 기초적인 가격 부여 원리의 정당성 역시 인정될 수 있으며, 경제학자는 미시경제학과 거시경제학 사이에 놓인 간격도 메울 수 있다고 말할 수 있게 된다."

신고전학파 이론의 패러다임을 이루는 경쟁과 효율, 후생은 완전한 경쟁 시장에서만 달성이 가능하다. 그러나 현대와 같이 고도로 독점화되고 제도상의 다양한 규제 장치, 곧 사회 보장 제도, 최저 임금 제도, 노동조합의 보장 등이 확립되어 있는 사회에서는 미시 이론을 전폭적으로 신뢰하기란 불가능하다. 새뮤얼슨은 그러한 비판에 답하기 위해 바로 이 제9판을 썼지만, 사실상 정부에 의해 효율적인 경쟁이 촉진되고 정합성이 있는 여러 정책을 확립해야 한다는 필요성만을 제창하고 있을 뿐이다.

NOTES

케인스의 소득결정이론
한 나라의 생산과 고용 수준은 총수요와 총공급이 교차하는 지점에서 결정된다는 이론. 케인스는 기술과 자원은 주어진 것으로 간주했기 때문에 실질적으로 균형 수준은 교차점에서의 수요(유효 수요)의 양에 의해 좌우되었다.

불확실성의 시대
(The Age of Uncertainty)

불확실성의 시대에 유일하게 확실한 사실은 서로 원자 폭탄을 떨어뜨리면 분명히 지구는 멸망한다는 점뿐이다. 저자는 "우리는 그 점을 아직도 정면으로 응시하고 있지 못하다"고 큰 소리로 외치고 있다. '불확실성'에 대한 새로운 인식으로 현대 사회에 커다란 영향을 끼쳤다.

INTRO

갤브레이스(1908~2006)는 미국의 진보적 경제학자로서, 1908년 캐나다에서 태어났다.

일찍이 맥루안이 1960년대에 그랬던 것처럼 갤브레이스 역시 현대 자본주의에 대한 명쾌하고 예언적인 분석을 통해 세계적인 명성을 얻었으며, 1970년대 후반부터는 세계 각국의 매스 미디어에도 많이 등장했다.

토론토대학교·캘리포니아대학교와 영국의 케임브리지대학교에서 수학했고 프린스턴대학교, 하버드대학교 등에서 교편을 잡았다. 한편, 국방자문위원, 물가행정국, 전략폭격조사단 등의 위원회에도 참가했으며, 케네디 정권에서는 인도 대사를 역임하기도 했다.

『불확실성의 시대』(1977) 외에 주요 저서로는 『미국의 자본주의American Capitalism : The Concept of Countervailing Power』(1951), 『대공황The Great Crash』(1929, 1955), 『풍요한 사회The Affluent Society』(1958), 『새로운 산업국가The New Industrial State』(1967), 『권력과 정치The Anatomy of Power』(1983), 『경제학의 역사Economics in Perspective : A Critical History』(1987) 등이 있다.

갤브레이스는 『불확실성의 시대』에서 애덤 스미스부터 케인스에 이르는 200년 동안의 주요 경제학자들의 사상을 현실 경제의 흐름과의 연관성을 중심으로 설명하고 있으며, 거대 기업의 문제와 빈곤 문제, 핵 문제 등 현대의 주요 문제들도 언급하고 있다.

모든 경제 철학과 원리의 유효성이 비판되는 시대

케인스가 20세기의 경제학에 커다란 영향을 미친 이래, 자본주의 경제 체제 역시 크게 변모한 것은 잘 알려진 사실이다. 그러나 1970년대에 들어와서는 경제에 관한 일반 이론이나 학술 논문 그리고 사상이 경제적 의사 결정에 영향을 크게 미치게 되었으며 또한 그 밖의 경제적 기득권이나 환경에 대한 난폭한 지배 그리고 비합리적인 것들로부터도 경제는 간섭을 받게 되었다. 그와 동시에 인간의 호흡에 절대적으로 필요한 대기의 오염을 방지해야 한다는 생존의 문제, 또는 경제 운영 능력을 입증하기 위해서는 어떤 무리를 해서라도 실업과 인플레이션을 멈추게 해야 한다는 문제들이 등장했다. 이러한 현대 경제의 상황은, 예를 들어 사상적으로 보수적이든 진보적이든, 자본주의적이든 사회주의적이든 이념과 신조를 떠나 누구든 그 같은 과제를 해결하도록 강하게 요구했다. 그렇지만 불행하게도 경제 운영상 선택의 여지는 거의 없었다.

갤브레이스에 따르면 현대가 '불확실성의 시대'라는 점은 경제에 관한 철학과 원리의 유효성이 모두 비판되고 있는 데에서 기인한다. 역사를 되돌아보면, 사람들은 각 시대마다 확신에 가득 찬 지도 원리를 신봉하며 그에 의지해 판단력을 발휘해 왔다. 예를 들어 애덤 스미스의 '보이지 않는 손', 마르크스의 '자본주의 붕괴론', 스펜서의 '사회진화론' 등이 그것일 것이다. 갤브레이스는 현대를 말하기 전에 역사의 관점에 서서, 어떠한 과정을 통해 그 같은 지도 원리가 육성되고 일정한 기능을 수행할 수 있었는가를 분석하면서 현대에 나타나고 있는 불확실성의 유래를 캐내고자 했다. 예를 들어 식민지주의를 지탱했던 제국주의 경제에 대해서는 이렇게 말하고 있다. "식민지 세계에는 부르주아지도 프롤레타리아트도 없다. 그러므로 그곳에서 투쟁의 대립 지점은 그보다 훨씬 앞선 곳에 있다. 이들 국가에서 생산 형태를 변화시키고 훈련된 혁명적 프롤레타리아트를 낳은 것은 다름 아닌 자본주의이기 때문에 식민지 세계에서 자본주의는 추진해야 할 것, 곧 진보적 힘으로도 여겨졌다. 만일 인도에서처럼 식민지주의가 봉건 체제를 타파하고 자본주의를 육성하는 데 도움이 되는 것이라면 그것은 진보적이라고 말할 수 있을 것이다." 그러나 그 같은 식민지가 오늘날처럼 '제3세계'라고 불리게 되면 경제 체제에 대한 관점이 변하게 된다. "이들 국가에서는 마르크스만큼 예언자로서의 높은 명성을 누린 사람은 없다. 또한 그보다 더 심한 식민지주의에 대한 모독도 없을 것이다. 자본주의 역시 평판이 매우 나쁘다. 만일 마르크스가 국제연합 총회에 초대되어 연설을 하게 되면, 경악과 함께 당혹 속에서 그를 맞이하게 될 것이다." 현대는 이 같은 국면에 이르고 있는 것이다.

이와 같은 과정을 거치며 차츰 변화해 온 이론적 지주는 전 세계가 하나의 과정을 끝낼 때 막다른 골목에 맞닥뜨리는 상태가 되어 결국은 새로운 해결책을 제시할 수 없게 된다. 곧, 확신 없는 시대를 맞이하게 되는 것이다.

'불확실성의 시대'의 상징, 다국적 거대 기업

그렇다면 현대와 같은 불확실성을 상징적으로 나타내는 경제 활동의 주체는 누구인가. 확실히 그 하나는 다국적 거대 기업이라고 말할 수 있다. 거대 기업의 가장 두드러진 성과는 이제까지의 국민적 특성이나 지방색을 갖춘 경제 상태를 약화시키고 모든 경제 국가를 서로 닮도록 만드는 것이다. 이는 미국의 거대 기업의 전략이나 음모로 여겨지고 있으나 실제로는 어느 국가를 배경으로 한 법인 기업일지라도 모두 공통된 강력한 경향인 것이다. 대규모 사업을 벌일 경우에는 사회주의 역시 거대 기업과 같은 조직을 사용하고 있다. 이는 자본주의와 사회주의라는 두 체제가 동일하게 수렴되는 경향을 보인다고 말할 수도 있을 것이다.

그렇다면 왜 필립스전자회사와 UGE, IBM, 엑슨 등 거대 기업이 그와 같이 불확실성의 시대의 도래에 이바지하고 있는 것인가. 그 이유 가운데 하나는 대기업을 둘러싼 신화와 진실 사이에 걸쳐 있는 커다란 괴리이다.

먼저 진실 쪽부터 살펴보자. 현대의 법인 기업은 정부 속에서 또는 정부를 통해서 권력을 행사한다. 그들은 가격을 지배하는 것은 물론, 그다지 주권을 행사하지 않는 소비자를 자신들에게 순응시킨다. 또한 소비자의 취향을 자신들의 생산물에 맞도록 만들어 버린다. 광고는 시각을 지배하면서 다른 것이 귀에 들어오지 않도록 한다. 더욱이 경영상의 지령은 위에서 흘러 내려오는 계층적인 것이 아니라 최고 경영진을 둘러싼 그룹을 통해서만 내려진다.

그러나 일반 시민이 다국적 기업에 대해 가지고 있는 신화는 위와 같은 진실과 전혀 다른 것이다. 기업 엘리트들은 일사불란한 통제와 노력 아래 '소비자는 왕'이라는 슬로건을 내걸고 위에서 아래로 계층적으로 흐르는 지휘 명령 체계에 따라 물건을 생산해 돈을 벌고 있지만, 선행을 베풀며 아울러 자신들 역시 번영하고 있다는 것 등이 그 신화의 내용이다. 곧, 우리는 우리의 생활을 가장 많이 변화시키는 제도를 실제로는 전혀 이해하고 있지 못하다. 보다 정확히 말하자면 조심스럽게 오해하려고 노력하고 있다. 그리고 한편에서 그 같은 대기업은 국가를 통해, 또는 어느 경우에는 예속되어 이사회의 체크를 받지 않는 곳에서 이를테면 군사 문명과의 관계를 강화하고 있는 것이다. 대기업이 가진 이미지와 그 실상의 차이야말로 현대 경제의 불투명함을 가장 확실히 말해 주는 증거일 것이다.

갤브레이스는 중소 기업과 지역 차원의 시민 경제에 대해 명확한 지침을 제시하고 있지는 않으나, 불확실성의 시대에서 적어도 이 하나만은 확실하다고 결론짓고 있다. "일단 서로에게 원자 폭탄이 떨어지는 일이 생긴다면, 이 작은 지구는 결코 살아남지 못할 것이라는 점이다. 경제인을 포함해 우리는 이 같은 현실을 아직 정면으로 응시하지 않고 있다."

아시아의 드라마

(Asian Drama : An Inquiry into the Poverty of Nations)

 수백 년이 걸린 서유럽과 아시아의 해후라는 문제를 사회과학 분야에서 날카로운 방법론적 통찰력이 뒷받침된 논리로 전개하고 있다. 아시아에 대한 올바른 인식을 촉구하고 있다는 점에 그 의의가 있으며, 이 책이 담고 있는 문제의 중요성은 많은 시간이 흘렀음에도 결코 줄어들지 않고 있다.

INTRO

뮈르달(1898~1987)은 지주 신분의 아버지 페터슨Pettersson과 어머니 소피 개리슨Sofie Garisson의 아들로, 1898년 12월 6일 스웨덴의 스톡홀름에서 태어났다.

스톡홀름대학교에서 공부하고, 1927년에 경제학 박사 학위를 받은 뒤 정치경제학 강사가 되었다. 1930년 제네바국제문제연구소의 부교수로 활동했다.

그의 활발한 저작 활동은 대학교 졸업과 동시에 시작되었는데, 『경제학설의 정치적 요소』와 『화폐적 균형론』, 『경제 이론과 저개발 지역』, 『빈곤으로부터의 도전』 등 이루 헤아릴 수 없을 정도이다. 『빈곤으로부터의 도전』은 뮈르달 자신이 쓴 『아시아의 드라마』(1968)의 요약이다.

1974년 노벨 경제학상을 수상한 뮈르달은 경제학자인 동시에 사회학자로서 1944년에 카네기재단의 원조를 받아 집대성한 흑인 문제 연구서인 『미국의 딜레마An American Dilemma』를 출판하기도 했다. 사회학에 대해서는 둘 이상의 분야에 걸치는 학문적 필요성을 강조하며 항상 날카로운 방법론에 관심을 기울였다.

국제 기관의 근무도 일찍부터 경험해 1947년부터 1957년까지 10년간 국제연합 유럽경제위원회의 위원장을 역임했다. 그의 아내인 알바 레이머 뮈르달은 인도 대사를 역임했으며, 1962년에 함께 『우리와 서유럽』을 펴내기도 했다.

아시아의 경제 현실을 제도적으로 분석

애덤 스미스가 『국부론』을 출판한 시기는 1776년이었다. 200년 뒤에 아시아 국가들의 빈곤에 관한 연구를 테마로 한 이 책이 세상에 나왔을 때, 저자 뮈르달은 처음부터 스미스를 의식하고 있었다. 실은 애덤 스미스뿐 아니라 마르크스도 의식했다. 그것은 두 사람의 선구적인 저서에 필적하는 문제 제기와 거기에 도전한다는 의미를 지니는 동시에 아울러 방법론적으로도 앞의 두 사람과 마찬가지로 제도적 분석을 분석 기초로 채택했기 때문이다.

근대 경제 이론은 사회 현상 속에서 경제적 요인만을 추출하고 그 밖의 것들은 조건으로 고정화시켜 이론 체계 밖으로 밀어내는 방법을 택함으로써 체계 자체를 이론적으로 조작하기 쉽게 한 것은 물론, 열역학이나 수학을 이용해 고도로 정교한 체제로 만드는 데 성공했다. 전문적인 분석 대상은 극도로 한정되어 있었으며, 학문적 성과에 대한 평가 기준과 인류에 미친 영향이라는 측면에서의 중요성을 도외시하는 경향도 아울러 생겨나게 되었다. 전문적 분석 도구에 적합하지 않은 문제는 현실적으로 그 문제가 중요한가 아닌가와는 별개로, 단지 적합하지 않다는 이유만으로 전문적인 이코노미스트들의 관심을 끌지 못했다. 그 결과 인류의 4분의 1을 차지하는 아시아의 빈곤 대중의 문제는 적절한 처방전 없이 방치되었다.

아시아의 빈곤 해결을 위해 먼저 아시아 경제의 현실이 해명되어야만 하지만, 앞에서 언급한 근대 경제 이론의 분석 대상은 너무나 그 범위가 좁고 부분적인 분석에 그치고 있었다. 뮈르달은 한 걸음 더 나아가 오히려 비현실적인 허구에 지나치게 접근해 있다고 생각하며, 문화적, 사회적, 정치적, 경제적 여러 요인의 상호 의존 시스템을 통해 고찰할 수 있는

'제도론적 접근'을 『아시아의 드라마』의 분석 방법으로 삼고 있다.

아시아에 대한 올바른 인식 촉구

그러면 『아시아의 드라마』가 어떻게 구성되어 있는가를 살펴보자. 이 책은 잘 알려져 있듯이 내용이 매우 방대하다. 전체 세 권(2,284쪽)으로 구성되어 있는데, 제1권은 방법론을 다룬 서론이 1부를 이루며, 이어서 2부에서는 인도와 파키스탄, 실론(스리랑카), 동남아시아의 정치적 문제를 분석하고 있다. 앞에서 언급한 것처럼 식민지 정책에 의해 만들어진 전통적 유산을 검토하지 않고서는 당면하고 있는 비참한 정체의 문제에 관한 해결책을 끌어낼 수 없기 때문이다. 3부에서는 경제적 현실로서 인구와 불평등한 소득 분배, 외국 무역과 자본 이동을 서술한 뒤, 초기 조건이 서로 다른 점에 주목했다. 그리고 초기 공업화 단계에 대해 유럽과 아시아를 비교하면서, 그 차이점이 너무 크기 때문에 유럽형과 비슷한 정책을 택하면 좋을 것이라는 식의 안이한 사고방식은 결코 허용될 수 없다는 매우 비관적인 결론이 이어지고 있다.

2권은 4부의 계획론에서 시작되어 서유럽의 근대 경제 이론을 아시아의 현실 분석에 적합하지 않은 것으로 배척하고 있지만, 전체를 통해 보면 목적 합리성과 민주주의적 가치 등 서유럽 사회를 목표로 하여 아시아의 현실을 강하게 부정하고 있는 사고가 엿보인다. 또한 서유럽적 가치의 실현을 위해 계획의 의의가 전면에 강하게 부각된다. 그렇지만 아마도 심정적으로는 뮈르달 자신의 정치적 기대감과 정반대이겠지만, 중앙 집권적 계획 역시 어느 면에서는 아시아 국가들에 현실적으로 더욱 효과적일지 모른다는 점을 용인하고 있어 흥미롭다. 더욱 재미있는 점은, 기대가 너무 컸던 탓인지 인도의 5개년 계획, 특히 공업화를 위해 야심적으로 기획한 제2차 계획의 실적이 너무도 부진한 것에 실망한 뮈르달과 달리 5개년 계획의 입안에서 중심적 역할을 수행한 마할라노비스는 근대 기술의 도입 및 육성이 점차 제도 그 자체도 변혁시켜 갈 것이라는 낙관적인 견해를 내비치고 있는 점이다.

그리고 5부와 6부에 걸쳐 노동 이용과 인구 규모에 대한 문제가 서술되고 있다. 그는 인도의 경험에 근거해 만일 인구 증가가 저지된다면 생활 수준의 향상으로 이어질 수 있을 것이라고 생각했다. 그러나 이 점에서도 공업 발전이 인구에 미치는 영향이라는 점을 둘러싼 비관론과 낙관론이 엇갈리고 있는 듯하다.

3권에서는 인구의 질적 문제, 곧 인재 개발과 건강, 교육, 문맹과 성인교육, 학교 제도 등의 문제가 거론되고 있다. 더욱이 여기에는 400쪽에 이르는 본론이 추가되어 있어 아시아에 관한 서유럽 경제학의 유용성이라는 문제적 시각에서 볼 때 함축된 의미가 매우 깊다.

뮈르달은 직접 서유럽의 방법론과 가치 체계, 제도적 요인 등을 아시아의 무대 위에서 검토함으로써 결국 아시아인들의 시각에서 볼 때 서유럽을 목표로 한 합리성에 기준을 두어 평가하고 있다는 인상을 지울 수 없게 되었다. 그렇지만 이 책이 수행한 공적은 구체적인 분석 성과보다는 오히려 장대한 드라마를 통해 아시아에 대한 올바른 인식을 촉구하고 있다는 점에서 찾아야 할 것이다.

NOTES

『복지 국가를 넘어Beyond the Welfare State』(1960)
선진 복지 국가에 관한 경제 계획을 논하며 그 국제적 의의를 탐구한 저서. 개발도상국가의 계획론과 관련지어 그의 사색적 발전 과정을 살펴볼 수 있는 중요한 저서이다.

『반주류의 경제학Against the Stream』(1973)
뮈르달의 제도학파적 방법론을 이해하는 데 매우 유용한 저서이다(특히 이론의 타당성에 관하여).

하워드 제이 셔먼(Howard Jay Sherman)

혁신의 정치경제학
(Radical Political Economy)

스태그플레이션과 공해, 차별과 소외, 빈곤 등과 같은 자본주의의 말기적 증세 아래 '민주공산주의'라는 가설을 통해 양 체제의 여러 모순을 정치경제학적으로 해명하고자 했다. 아울러 그 모순을 해소하기 위한 자본주의 및 사회주의에서의 실천 운동을 검토하고 있다.

INTRO

셔먼(1931~)은 대공황이 한창이던 1931년 1월 3일 시카고의 유대계 백인 중류 가정에서 태어났다. 1946년부터 1960년까지 시카고대학교와 캘리포니아대학교, 서던캘리포니아대학교 대학원, 캘리포니아대학교 대학원 등에서 수학했으며, 이 기간 동안 서던캘리포니아대학교와 캘리포니아대학교에서 조교로 근무하기도 했다.

1960~1961년에는 브루킹스연구소의 특별 연구원을 지냈다. 1961년 이후 웨인주립대학교의 조교수를 시작으로 캘리포니아공학연구소, 캘리포니아대학교(버클리캠퍼스와 리버사이드캠퍼스)의 강사 및 부교수를 지냈으며, 1968년에 교수가 되었다.

『혁신의 정치경제학』(1972)은 현대 미국의 혁신파(리버럴)의 주장을 집대성한 저술이다. 이 책의 제2부를 현대 자본주의론으로 보강한 것이 『Stagflation : A radical theory of unemployment and inflation●』(1976)이다.

과점경제론과 경기순환론을 통합시키기 위한 준비 작업으로 『Profits in the United States : An introduction to a study of economic concentration and business cycles●』(1968)가 있으며, 사회주의론으로는 『The Soviet economy』(1969)가 있다.

미국 혁신파의 주장을 집대성

현대 미국의 경제학은 크게 밀턴 프리드먼으로 대표되는 신고전학파 경제학과 폴 새뮤얼슨으로 대표되는 케인스학파 경제학, 폴 스위지로 대표되는 마르크스학파 경제학의 3대 흐름으로 분류할 수 있다. 하워드 셔먼은 현대 미국을 대표하는 혁신파(래디컬) 경제학자로, 『혁신의 정치경제학』은 근래에 분출된 뉴레프트, 혁신파, 비교조적 마르크스주의 사상 등이 정치경제학에 미친 거의 모든 결과물을 하나의 종합적인 총체로 결집시킨 저서이다. 이 책은 저자가 "1968년 1~8월에 '인간의 얼굴을 지닌 사회주의'를 수립하고자 했던 체코슬로바키아의 국민, 호치민과 베트남의 국민, 미국의 래디컬 레프트 운동에 헌사"하고자 한 것처럼, 1960년대 후반 전 세계적으로 거세게 일었던 래디컬한 운동과 베트남 전쟁에 대한 반전 운동이라는 시대적 배경을 바탕으로 자본주의 체제와 사회주의 체제를 비교, 검토한 것이다.

제1부는 도그마로부터 자유로워지고자 하는 연구 방법론을 설명하고 있으며, 역사 분석에 그러한 방법의 응용이 기술되어 있다. 혁신파는 "마르크스가 남긴 주요한 공헌이란, 세계의 이해에 대해 신성한 예지와 같은 것보다는 이론적 문제로서의 접근 방법과 실천을 위한 이론의 적용 방법을 제시"한 데 있다고 간주하고 "마르크스주의조차 의문"이라며 그러한 명제를 엄밀하게 이론적, 실증적으로 검증해 재구성하고자 했다.

제2부는 자본주의의 여러 모순을 미국의 실증 분석에 기초해 검토하고 있다. 각 장의 내용을 요약해 보면 다음과 같다. 제3장의 도브-스위지 논쟁에서는 피렌(1862~1935)을 원용하며 스위지론을 지지했고, 제4장에서는 마르크스파의 가격 이론과 신고전학파의 가격 이론의 양립 가능성을 주장했다. 제5장에서는 한계생산력설에 대한 정치적이며 논리적인 비판을 가했고, 제6장에서는 생태학적 관점에서 본 생산 관계와 생산력의 대립에 관한 현대적 형태에 대해 언급했다. 제7장에서는 과소 소비설과 과잉 투자설의 종합화를 시도했고, 제8장에서는 독점이 가져오는 경제적 불안정성을 검출하는 작업과 이윤 추구, 인플레이션론 그리고 낭비

론(낭비의 제도화)을 다루었다. 제9장에서는 국가 기관의 경제력 장악 과정과 그 피드백으로 나타나는 계급 독재의 완성 과정에 대한 분석을 했고, 제10장에서는 신 식민지와 다국적 기업이 등장한 현대 제국주의론을 다루었다. 제11장과 제12장에서는 인종 차별과 성차별, 소외에 관한 정치 경제학적 분석과 혁명론의 모색 등 신선한 문제 의식과 실용주의라고 부를 만한 명쾌한 논점 정리 그리고 아울러 잠정적인 결론을 제시하고 있다. 이러한 내용은 교조화되거나 고정화되기 쉬운 머리에 강렬한 인상을 전해 준다.

제3부에서는 제2부의 여러 가지 데이터가 소비에트 사회주의의 실증 분석에 기초해 검토되고 있다. 자본주의와는 질적으로 상이한 경제 체제라는 사회주의의 관점에서 보면 사회주의의 여러 모순을 자본주의와의 대비를 통해 검출하고자 한 방법이 기발하다는 느낌마저 들게 한다. 무엇보다 사실을 직시하고자 한 셔먼의 방법적 태도를 통해 소비에트 사회주의가 안고 있는 모순과의 대립이 검출된다.

사회주의는 완전한 인간주의와 민주주의를 달성함으로써 자본주의에 비해 훨씬 유리한 조건을 갖추고 있지만, 사회주의가 된다고 해서 모든 것이 일거에 해결되는 것은 아니다. 그러한 내용을 요약해 보면 다음과 같다.

제13장에서는 스탈린형의 사회주의와 마오쩌둥형의 사회주의의 형성 과정을 분석했고, 제14장에서는 계획 모델에 수학의 도입을 지지했으며, 제15장에서는 관료적 중앙 집권적 사회주의 아래에서의 공산당적 관료 엘리트층에 의한 노동자의 '착취' 존재를 다루었다. 제16장에서는 급격한 공업화에 따른 자원의 소비와 오염 문제를 다루었고, 제17장에서는 공급 측면의 정체 현상(보틀넥)에 의한 일종의 순환적 변동의 존재를 언급

했으며, 제18장에서는 물질적 자극을 통해 변화하는 제도와 정신적 자극을 통해 변화하는 제도에 관한 점을 비교, 검토했다. 제19장에서는 사회주의 아래에서의 민주주의의 문제를 살펴보았고, 제20장에서는 소비에트의 대외 팽창 비용과 그 이익을 비교, 고찰했다. 제21장에서는 사회주의 아래에서의 인종 차별과 성차별 그리고 소외를 검토하고 인종과 성적 차별의 측면에서는 미국보다는 해방되어 있으나 그럼에도 여전히 차별은 존재한다는 사실을 실증해 보이고 있다. 아울러 노동자의 소외는 물질적 자극을 통한 제도 변화가 먼저 이루어지면 이루어질수록 더욱 심각해진다고 지적하고 있다. 제22장은 사회주의의 정치경제학을 요약하며 "…… 소비에트 연방이든 중국이든 그 자체에 존재하고 있는 정치적 독재가 있다고 하면 공산주의가 가능하기 이전에 지금의 지도 체제를 전복시키는 작업은 정치 혁명이 될지 모른다. 최하층 이익 집단의 이익을 반영하고자 하는 고도의 민주적인 정치 체제만이 사회를 사회주의에서 공산주의로 평화적으로 이끌어 갈 수 있을 것이다"라고 예언하고 있다.

제4부는 셔먼이 자본주의와 사회주의의 여러 모순을 비판하는 기준을 '민주공산주의'라고 상정하고, 그 내용을 소개함과 아울러 모순 해소를 위한 자본주의 및 사회주의에서의 실천 운동을 검토하고 있다.

NOTES

『Stagflation』
경기순환론과 인플레이션론에 관한 혁신파(마르크스파)의 이론을 제시하며 인플레이션의 요인을 독점과 국가, 다국적 기업 등의 연결 고리를 통해 해명하고자 했다.

『Profits in the United States』
경제공황기부터 미국의 이윤율을 구조적(제1부), 순환적(제2부)으로 실증하고, 독점의 투자행동론과 과점경제 아래에서의 경기 순환 모델을 전개하고 있다.

제국주의의 경제학
(The Economics of Imperialism)

자본주의의 세계사 속에 제3세계가 지닌 의미에 대한 냉철한 인식과 그 반항에 담긴 의미를 명확히 밝히고 있는 이 책은 우리에게 제3세계 문제의 해결을 위한 이정표로 매우 유익한 내용을 제공해 주고 있다.

INTRO

브라운은 퀘이커 교도로 성장해 옥스퍼드대학교 코퍼스크리스티 칼리지에서 수학했다.

제2차 세계대전 이후 UNRRA(국제연합구제부흥사업국)의 요원으로 중동과 이탈리아, 발칸 반도 여러 나라의 복구 부흥 운동에 참여해 그 계획과 관리를 담당했다. 이후 셰필드대학교 강사와 상급 강사를 거친 뒤, 1978년부터 노던 칼리지의 학장을 맡았다.

『제국주의의 경제학』(1974)은 일련의 제국주의 연구에 관한 저자의 요약 저술과 함께 인도 아리갈대학교의 상급 연구 센터에서 행한 강의를 기초로 하여 집필된 책이다.

저자는 이 밖에 『제국주의 이후After Imperialism』(1963), 『경제학이란 무엇인가What Economics is About』(1970), 『제국주의론Essays of Imperialism』(1972) 등 일련의 제국주의 연구서를 발표해 영국의 제국주의 역사 및 정책 연구자로서 명성을 쌓았으며, 특히 500쪽이 넘는 대작인 『제국주의 이후』는 유명한 저작이다.

또한 브라운은 영국 뉴레프트의 이론적 지도자로 IWC(노동자통제협회)의 고문이며, 영국 노동 운동과 밀접한 관계를 맺고 있는 실천가이기도 하다. 이 방면의 연구로는 『노동주의에서 사회주의까지From Labourism to Socialism』(1972)가 있다.

현대 제국주의 논쟁점을 망라

현대 제국주의를 어떻게 규명할 것인가 하는 문제에 대해 최근 새롭게 제시된 역사적, 이론적 접근 방식이 큰 영향력을 발휘하고 있다. 그 가운데 하나는 J. 갤러허와 R. 로빈슨의 문제 제기에서 비롯된 것으로, 영국의 세계사 인식에 대한 재검토 작업인 '자유무역 제국주의론●'이며, 또 다른 하나는 저개발 이론에 관한 브라운과 아민 등에 의한 제3세계적 시각에서 출발하는 '신종속학파' 이론이다. 이 두 가지 이론은 모두 기존의 여러 선진 국가들의 입장을 바탕으로 한 제국주의론에 대해 제3세계 입장의 논리를 전개하고 있다는 점에서 매우 큰 의미를 지니며, 현대 제국주의의 분석에서 그냥 지나칠 수 없는 많은 논쟁점을 제기하고 있는 저작이다.

마이클 배럿 브라운의 『제국주의의 경제학』은 앞에서 저술한 대작 『제국주의 이후』에서 영국의 세계사를 16~17세기부터 현재에 이르기까지 일관된 제국주의의 역사로 구성해 낸 저자가 현대 제국주의의 이론을 어떻게 전개하는가 하는 점에 주목한 저작이다. '자유무역 제국주의'의 주창자인 브라운이 저개발국가의 현실을 수용해 어떠한 논점을 전개하고 있는가 하는 점 역시 주목의 대상이다.

먼저 구성을 살펴보면, 이 책은 모두 열세 장으로 이루어져 있다. 제1장은 정치경제학의 개념으로서의 제국주의, 제2장은 제국주의에 관한 고전학파 및 케인스학파의 이론, 제3장은 마르크스주의의 제국주의론, 제4장은 해외의 재화와 노예, 제5장은 세계 분업, 제6장은 자본주의 분야의 확대, 제7장은 보호 무역과 특혜, 제8장은 자본 수출, 제9장은 대기업, 제10장은 교역 조건과 이중 경제, 제11장은 신식민지주의, 제12장은 소비에트는 경제적 제국주의였는가, 제13장은 실천과 처방을 그 내용으로 하고 있다.

위의 내용과 같이 이 책은 대단히 광범위한 문제를 다루고 있어 현대 제국주의에 관련된 주요 분석의 논쟁점을 거의 모두 망라하고 있다고 말할 수 있다. 아래에 저자의 주장을 약간 소개하기로 한다.

저자는 고전학파가 제국주의를 자본주의의 전 단계적 요소가 자본주의에 혼합된 초기의 경제 잔존물로 보며, 완전 경쟁 가설과 투자가 곧 저축이라고 하는 세의 법칙에 그 근거가 있다고 한다. 그 때문에 고전학파에게 자유 무역은 평화적이고 조화적인 것이 된다. 이러한 완전 경쟁과 세의 법칙을 비판하는 케인스학파는 불충분한 구매력(과소 소비)과 미약한 투자 유인이 경제의 정체를 초래한다는 논지로 고전학파의 성장 신화를 비판하며, 따라서 수출과 해외 투자, 군사, 식민지 등의 필요성을 제시했다. 케인스학파는 제국주의를 중상주의적 국가 활동으로 파악하고, 마르크스주의의 '자본가에 대한 투쟁을 통한' 식민지 분석과 고전학파의 조화적 자유 무역에 반대하며, 자본주의를 관리가 가능한 것으로 파악하는 점이 특징적이라고 보고 있다(제2장).

저자는 근래 100년에만 국한시켜 제국주의를 파악하는 방법에 반대하면서 16~17세기 이후 400년에 걸쳐 민족 국가의 성립과 함께 제국주의를 파악해야 한다고 주장하고 있다. 그렇게 주장하는 것은 식민지와 시장의 특권적 지위, 국가 간의 불평등한 관계 등이 실로 자본주의의 역사 그 자체이기 때문이다.

이러한 관점에서 저자는 자본수출론에서 자본 수출을 독점 단계의 고유한 것으로 간주하는 레닌의 분석을 역사적 사실에 근거해 비판하며, 1860년대 영국에서는 자본 수출이 확대되고 있었지만 그것은 오히려 대규모 공장에 의한 예외적인 것이었다고 지적하고 있다. 그리고 레닌이 주장한 산업의 독점 형성은 오히려 1920년대에 들어와 비로소 새로운 단계를 맞이하게 되었고, 제1차 세계대전을 세계의 분할과 식민지의 재편성을 위한 전쟁으로 파악하는 것은 오류이며, 오히려 제2차 세계대전이야말로 바로 여기에 해당한다고 주장하고 있다(3장과 8장).

저자는 라틴아메리카는 정치적 독립과 경제적 종속이라는 오랜 역사를 지니고 있고, 바로 그 때문에 신식민지주의의 새로운 이론이 나오게 된다는 필연성을 인정하고 있다. 또한 중추 국가와 위성 국가 간의 관계를 설명하고 있는 프랭크● 이론을 검토하며 저개발을 초래하는 과정이 어느 시대나 지역을 막론하고 작용하고 있다는 그의 논리를 비판하고, 자본주의 제도 아래의 영국 식민지와 봉건제 아래의 스페인 및 포르투갈 식민지를 구분할 필요성과 정치적 독립 이후의 토착 자본가의 역할 등을 강조했다. 그리고 현재 당면한 과제로서는 종속적 경제 발전을 문제 삼아 이것이 다국적 기업이 여러 국가에 걸친 통합 전략의 일환으로 현지의 자본과 현지의 국가 자본을 끌어들여 발전하고 있다는 점에 주목했다. 그리고 저개발국가의 이중 구조는 농업과 공업의 이중 구조가 아니라 고이윤, 고임금이 가능한 국제 독점 부분과 저이윤, 저임금의 경쟁적 토착 자본의 이중 구조이며, 이것이야말로 당면한 문제점이라고 지적하고 있다(12장).

이 책은 현대 제국주의를 분석하는 데 해결하지 않으면 안 될 난제, 곧 한 나라의 분석과 세계 분석과의 관련성, 제국주의를 둘러싼 연관과 단절의 문제, 후진국 분석에서 자유무역 제국주의의 의미, 제3세계에서 정치적 독립 이후의 경제적 종속 문제, 이론·역사·정책의 통일로써 제국주의를 파악하는 점 등에 관한 매우 야심적인 논쟁점을 제기하고 있다.

NOTES

자유무역 제국주의론
갤러허J. Gallagher와 로빈슨R. Robinson에 의해 제기된 주장으로, 세계 체계로서 전개하는 영국 산업 자본의 자유 무역이 동시에 주변 세계의 식민지적, 곧 종속적 발전(제국주의)을 수반한다는 이론.

안드레 군더 프랑크Andre Gunder Frank
프랑크는 『라틴아메리카의 자본주의와 저개발』에서 라틴아메리카의 저개발의 원인을 중추와 위성 관계를 통해 파악한 다음, 세계 자본주의의 발전이 동시에 저개발의 발전을 촉진한다고 주장해 큰 영향을 미쳤다.

3장

법 사상

一

일찍이 독일의 법학자 사비니는 "법은 만드는 것이 아니라 이룩되는 것이다"
라고 했다. 사비니의 주장이 어느 면에서 정당하다고 하더라도 법은
'만들어지는 것'이라는 점을 무시할 수는 없다. 현대의 법치국가를 지탱하고
있는 법이란, 그 사회가 가진 그때그때의 이해 관계를 나타내지만
다른 한편에서는 이념이기도 하다.
그러한 까닭 때문에라도 우리는 법을 이해하기 위해 그 같은 법을 제정하도록
유도한 이념이 어떠한 것이었나를 알지 않으면 안 된다.
여기에서는 그처럼 이념을 제시함으로써 법의 내용에 결정적 방향을 제시했던
저술을 주로 선택했다.
법 사상의 고전을 통해 실정법의 바탕이 된 사상을 이해함으로써
현실의 법 제도를 한층 더 깊이 이해할 수 있게 될 것이다.

국가론
(Les six livres de la République)

당시로서는 가히 혁명적 의미를 담은 이론으로, 국가는 가족과 그들 상호 간의 공동 재산의 집단이며, 절대적이고, 항구적인 불가분의 주권적 권력을 지닌다는 근대적 주권 개념을 제창했다. 인간의 생존과 생활 체계를 신앙 문제에서 분리하고, 종교로부터의 국가의 독립을 주장했다.

INTRO

보댕(1530~1596)의 생애에 관해서는 아직까지 그다지 많은 사실이 알려져 있지 않다. 그는 14세 때(또는 15세) 카르멜회●에 입회한 것으로만 여겨지며, 그 이후의 행적에 대해서는 그다지 명백하지 않다. 1550년대 툴루즈대학교에서 법학을 공부하며 당시 프랑스에 소개되고 있었던 인문주의에 공감해 『젊은이들의 교육에 대하여』(1559)를 집필했다. 그 뒤 파리로 나와 법률 실무에 종사하며 1566년 『역사를 잘 이해하기 위한 방법』이라는 책을 출판했다.

이 책에는 이후 그의 저술에 관한 싹이 모두 담겨 있다. 법률가로서 꼭 성공했다고 할 수는 없지만 1571년 이후에는 프랑스 국왕의 동생인 알랑송 공公을 받들며, 종교 전쟁이 격화되는 가운데 정치적이며 세속적인 이해관계를 떠나 관용의 정책을 제창한 '폴리티크'에 접근했다. 1572년 8월 '성 바르톨로메오의 학살'은 위그노 교도들 사이에 공공연한 폭군방벌론(모나르코마키●) 주장을 낳았고, 보댕은 이 같은 새로운 정치적, 이론적 상황을 고려하며 자신의 정치적 입장을 확립하려고 했다.

그 성과가 『국가론』(1576) 여섯 권이며, 이는 1586년에 라틴어로도 출판되었다. 이후 그의 관심은 종교로 향해 『악마론』, 『우주론』 등의 저작을 남겼다. 한편, 만년에 보댕은 리그 반란에 휩쓸리게 되었으며, 그의 언동은 『국가론』과 관련해 많은 문제를 남겼다. 『국가론』은 1,000페이지가 넘는 대작으로, 제1권은 국가의 정의에서 시작되며 이어 정의의 각 부분, 특히 왕권을 검토하고 있다. 그리고 제2권에서는 국가형태론과 통치형태론 그리고 양자 간의 관계(폭군과 그에 대한 폭군방벌론을 포함)가 논의되고 있다. 제3권에서는 중간적 통치자 등 통치 기구가 다루어지고 있다. 제4권에는 국가 변혁(주권자의 교대)의 원인과 그 대책이 서술되어 있으며, 이어서 제5권에서는 풍토에 따른 인간성의 차이를 전제로 한 통치정책론이 전개되고 있다. 그리고 제6권에서는 감찰관과 재정(과세), 주조에 관한 자신의 주장을 설명한 뒤, 최선의 통치 체제로서 '정당한' 왕정을 찬미하고 '조화적 정의'를 검토했다. 한편, 보댕이 직접 쓴 라틴어판은 이후의 사상적 변화를 반영해 몇 가지 논점을 추가하고 있어 단순한 프랑스어판 번역이 아님을 덧붙여 명기한다.

정치 사상에 주권의 개념을 도입

이 책은 유명한 '성 바르톨로메오의 학살' 이후 정치적, 사상적으로 혼란한 와중에서 탄생했다. 서문에 따르면 이 책에는 두 가지 부류의 논리적 적이 있다. 첫 번째 적은 '폭군의 술책'을 정치학이라고 사칭한 마키아벨리이다. 보댕은 이에 대해 '정당한 통치'라는 전통적 가치를 옹호한다. 두 번째 적은 자유라는 이름 아래 권력에의 반항을 선동하는 폭군방벌론자(모나르코마키)이다. 보댕은 이에 대해서도 절대적 주권론이라는 새로운 무기를 들고 이들을 비판했다. 이 책의 과제는 이 같은 두 종류의 적에 대해 양면 작전을 가능하게 하는 국가 개념을 제시한 것이다. 그러나 그 양면 작전에 사용된 무기가 여러 모순을 담고 있기 때문에 이 책은 매우 복잡한 구조를 띠고 있다. '폭군과 무질서 가운데 어느 쪽이 더 나쁜가' 하는 물음에 대해 이 책에서 '무질서는 잔학한 폭군보다 더 나쁘다'라고 답하고 있는 것처럼, 보댕이 이 책을 쓴 최대의 주안점은 주권이라는 새로운 개념이 가진 의미를 철저히 자각하며 그것을 국가론의 한복판에 자리 잡게 하는 데 있었다.

『국가론』의 여섯 권은 '국가란, 주권을 수반한 많은 가족과 그들 상호 간의 공통된 사항에 대한 정당한 통치'라는 문장으로 시작된다. 정치 및 법 사상사 속에서 이 책을 고전의 자리에 올려놓게 한 주권 개념은 이미 이 문장 속에 그 모습을 보이고 있다. 주목할 점은 보댕이 주권 개념을 다루며, 그것을 여타의 다른 많은 개념과 함께 어디까지나 국가 개념을 구성하는 한 부분으로 고찰하고자 한 데 있다. 보댕에게 주권론은 그 자체만으로 고립되어 있는 것은 아니다. 보댕이 말한 가족이란, 강력한 가부장권에 의해 지배되는 하나의 소국가이며, 남편과 아내, 아버지와 아들, 주인과 노비의 관계는 로마 법적 전통에 따라 매우 권위주의적으로 해석되어 있다. 국가는 이러한 가족의 집합체이며, 가부장은 주권자와의 관계에서는 신하로 일컬어진다. 여기서 보댕은 정치적으로 자유로운 시민의 개념을 부정하고 피통치자를 모두 신민으로 일원화했다.

이 같은 정의에 따르면, 국가는 '정당한 통치'와 불가분의 관계인 것으로 여겨지며, 주권을 가지고 있는 다른 존재인 사회 통합체, 예를 들어 마을과 부락 그리고 결사와는 구별된다. 보댕에 의하면 '주권이란 절대적이고 영속적인 국가의 권력'이다. 영속성은 기간이 정해진 절대적 권력자와 주권자를 구별할 수 있게 하며, 기간이 정해진 절대적 권력자는 타인의 권력의 위탁자, 곧 관리자에 불과하고 주권자인 위탁자의 신민이 된다.

한편 왕정의 경우, 이 같은 규정과 무관한 것처럼 보이지만, 보댕은 세습 왕정만이 주권자의 이름에 값하며 선거 왕정은 주권자로부터 권력을 위탁받은 하나의 경우라고 해석하고 있다. 따라서 섭정을 행하는 자는 결코 주권자일 수 없으며, 신성로마제국은 황제 선거권이 있기 때문에 왕정이 아닌 귀족 정치로 여겼다. 그리고 절대성은 소유권의 절대성과 비슷한 것으로, 절대적으로 자유로운 처분권으로 규정된다.

이 같은 절대성의 규정은 무엇보다 주권자에게 권력이 철저하게 집중된다는 것을 의미한다. 따라서 예를 들어 주권자(왕)의 중간 통치자(귀족)에 대한 절대적 지배권이라는 주장(절대왕정적 관료제의 성립)이 포함되어 있다. 이러한 절대성에는 당연히 주권 분리의 불가능성이 내포되어 있다. 또한 절대성이 '순수하고 단순한 무조건적 증여 행위'로 나타날 때, 주권자의 교대를 가져오게 된다.

그러한 주권은 다음과 같은 구체적 권력으로 나타난다. 첫 번째는 타인의 동의를 받지 않고 모든 사람들 또는 개인에 대해 법을 실시할 수 있는 권리, 곧 입법권이다. '타인의 동의를 받지 않는다는 것'은 주권자가 신민과 기타의 지배자에 의해 구속되지 않는 절대적 권력을 지니고 있다는 사실을 구체적으로 말해 주는 것이다. 또한 이와 같은 절대성과 관련해 '법이란 주권자의 명령'으로 간주된다. 오늘날처럼 법이 통치자와 피지배자 쌍방을 모두 구속하는 사회 관계의 규범이 아닌 단순히 '주권자의 명령'일 뿐이며, 그 궁극적 근거는 주권자의 '순수한 자유 의지'에 있는 것이다. 이와 같은 입법권의 개념 아래에서는, 주권자에 의한 모든 기존 법률의 일방적 개폐 권한이 생겨나며, '관습은 주권자가 묵인하든가, 아니면 좋아할 때에만 효력을 갖는' 결과를 낳는다. 곧, 이제까지 관습법에 의거해 온 법률 관계가 혁명적 변화를 맞이하게 된 것이다. 두 번째의 권력은 외교 및 군사권이다. 세 번째는 인사권, 네 번째는 최종심의 재판권, 다섯 번째는 은사권, 여섯 번째는 화폐의 주조권 및 도량형의 통일권 그리고 일곱 번째로 매우 중요한 과세권이 있다. 이들 권력은 언뜻 보면 서로 불균형한 것으로 보이기도 하지만 이들 모두가 주권자의 일방적 명령이라는 형태로 적용된다는 점에서 공통점을 지닌다.

이처럼 권력의 절대성을 본질로 삼는 주권론은 보댕의 국가 형태론에 결정적 흔적을 남기고 있다. 곧, 보댕은 주권자의 수를 기준으로 하는 왕정과 귀족정, 민주정만을 국가 형태로 인정하고 국가 형태론에서 통치의 선악을 하나의 기준으로 삼았던 당시까지의 정체론을 청산했다. 동시에 왕정적·귀족적·민주적 요소가 한데 합쳐진 통합체로서 그 무렵 최선의 정치 체제로 여겨져 온 혼합 정치 체제●를 국가의 틀을 갖추지 않은 상태, 곧 무정부 상태로 간주하며 국가 형태에서 배제했다. 이 같은 주장은 보댕의 주권론이 원칙적으로 통치의 선악과 무관한 것으로 일방적 명령권 그 자체에만 관심을 기울이고 있다는 점을 말해 주는 것이다. 또 '폭군도 또한 주권자이다'라는 점도 시사하고 있다. 두 번째로 이와 같은 일방적인 명령권을 가진 주권에 의해 '확고한 평화'와 '안전'을 실현할 수 있다는 주장은 무엇보다 이러한 주장이 무정부 상태에 맞서는 이론적 무기라는 점도 명백하게 해 주고 있다.

그런데, 보댕이 주장하는 국가의 정의에는 주권뿐 아니라 '올바른 통치'라는 요소도 포함되어 있다. '올바른 통치'란 문자 그대로 통치의 선악에 관계되는 것이지만, 보댕은 주권론과는 전혀 다른 관심에서 이를 문제 삼고 있다. 보댕은 국가 형태와는 전혀 별개인 통치 양식으로서 '정당한', '주인적', '폭군적' 통치의 세 가지 타입을 거론하고 있다. '올바른 통치'의 내용을 생각해 볼 때, '정당한' 통치와 '폭군적' 통치는 서로 구별된다. 전자는 '주권자가 자연법에 따르며 신민이 자연적 자유와 재산을 받아서 누리는 경우'이며, 후자는 '주권자가 자연법을 경멸하고 자유인을 노예와 같이 취급하며 신민의 재산을 자신의 것처럼 다루는 경우'를 가리킨다. '정당한' 통치 또는 '올바른' 통치는 통상 주권제한론으로 불리며 그 구체적 내용으로 다음 네 가지 사항이 거론된다.

먼저 주권자는 신민들과의 사이에 맺은 계약을 준수해야만 하며, 둘째로 주권자는 자신이 명령(입법)을 내릴 때 자연의 정의에 구속된다. 셋째로 신민의 재산을 일방적으로 침해하는 것은 허용되지 않으며(신민의 동의가 없는 과세는 허용되지 않는다), 넷째로 주권자는 국왕 기본법(예를 들어 왕위 계승법, 공유지에 관한 규정)을 침해해서는 안 된다는 것이다.

이와 같은 주권제한론은 왕과 폭군을 구별하는 기준이 되지만, 결코 주권자와 비주권자를 구별하는 기준은 아니다. 이는 보댕의 국가론이 대체로 주권과 '올바른 통치'라는 서로 일치하지 않는 두 가지 요소로 성립되어 있음을 말해 주고 있다. 이 같은 모순은 '폭군적' 통치에 대한 저항권의 문제를 통해 여실히 드러난다. 보댕은 '폭군적' 통치에 대한 저항권을 신의 법 및 자연법이라는 이름 아래 기본적으로 부정했다.

이는 다름 아니라 국가에서 주권이 '올바른 통치'보다 앞서는 근본 요소임을 명시한 고백이다. 바꾸어 말하면, 주권은 '국가의 본질'이며 '국가의 본질'은 무정부 상태의 극복, 곧 '안전'의 확보에 있는 것이었다. 이처럼 인간이나 사회의 외적인 평화 공존의 관계를 실현하는 것을 국가의 '본질'로 삼고 있다는 점은 보댕을 근대적 국가관을 제시한 선구자 가운데 한 사람으로 손꼽히게 하는 동시에 이 책에 사람들의 관심을 집중시키고 있다.

윤리적 덕과 지성을 실현하는 '올바른 통치'

주권론이 정치와 법률에 관한 보댕의 사상이 집약된 것이라는 점은 두말 할 나위가 없다. 그러나 결코 이것이 『국가론』 전체, 곧 보댕의 국가 개념 전체를 관통하는 것은 아니다. 그러한 의미에서 종래 보댕의 이론이 매우 단편적으로 이해되어 온 과오 역시 지적하지 않을 수 없다.

보댕의 구체적 통치정책론이나 몽테스키외적인 민족론(풍토 및 인간성과 정치의 관련성에 관한 견해)은 제외하더라도 '올바른 통치'라는 이념을 자세히 검토하지 않고서는 보댕의 국가 개념을 올바르게 파악할 수 없다.

주권을 '국가의 본질'로 파악한 보댕은 '올바른 통치'를 국가의 '(최고) 목적'으로 보고, 인간 생활의 여러 가치 및 목적과 관련지어 이 문제를 검토하고 있다. 그러한 점에서 인간과 국가의 관계는 주권론에서도 보이는 것처럼 단순한 권력 집중이라는 관계로 환원되는 것이 아니라 오히려 통치의 문제를 인간의 윤리적 과제와 불가분의 것으로 파악해 온 아리스토텔레스주의적 전통을 계승하고 있는 것이었다.

보댕의 윤리 사상에 의하면, 인간적 선에는 육체적 선(건강, 아름다움)과 윤리적 덕(욕정의 이성에의 복종) 그리고 지성적 덕(이는 선악을 구별하는 능력인 사고와 진위를 판별하는 능력인 지혜, 경건과 불경건을 인식하는 능력인 종교의 3단계로 구성되어 있다)의 세 가지 단계가 있다. '국가의 본질'인 주권은 주로 육체적 선, 곧 평화와 안전에 관련되지만 국가의 '(최고) 목적'은 거기에서만 그치는 것이 아니다.

특히 보댕에게 국가의 '목적'으로 여겨지는 것은 윤리적 덕과 지성의 실현이다. 국가는 단순히 신민을 통제하기 위한 권력 장치에 그치는 것이 아니라, 신민을 교육하고 향상시켜 그를 통해 인간의 궁극적 목적인 '신을 누리고 신과의 합일에 도달'하기 위한 기반을 육성할 임무를 지니고 있는 것이다.

이 점에서 보댕은 국가 권력이 어느 특정 종교와 일체화(다른 종교에 대한 박해를 의미)되어 인간의 궁극적 목적을 한꺼번에 실현시키고자 한 당시의 의도에 반대하며, 종교상의 대립을 전제로 각 종파에 대한 권력의 관용 정책을 주장했다. 아울러 국가의 '궁극의 목적'을 이성의 실현에 놓고 국가와 특정 종파가 일체화되는 것을 방지했다. 보댕에게 궁극의 목적이란 어디까지나 개개인이 영위할 문제이며, 성직자는 윤리적 덕과 이성을 실현하는 데 도움을 주는 교육자에 그치는 것으로 나타나고 있다.

보댕은 이 같은 성직자의 역할을 고대 로마의 감찰관 제도에서 찾고 있다. 이는 그의 사상 속에 고대 이래의 정치학 전통이 얼마나 강하게 지배하고 있는가를 여실히 보여 주는 점이다. 이 책은 주권이라는 새로운 권력 개념을 주장하고 있으면서 다른 한편에서는 윤리 및 교육 사상과 깊이 연관되어 있는 전통적 국가관을 유지하고 있기 때문에 매우 복잡한 구조를 갖고 있다.

이와 같은 기본 구조를 바탕으로 보댕은 자신의 이상국가론을 전개하고 있다. 먼저 국가 형태로서는 왕정이 찬미되고 있다. 그 근거는 판단의 통일성(일방적 명령권이 가장 효과적으로 실현되는 장치로서의 의미)이다. 또 그 왕정은 지배 형태라는 점에서 '올바른 통치'가 될 것이라고 주장하고 있다.

그리고 구체적 정책에서는 특히 인사에 관련해 인간의 능력을 중시하는 방향으로 인재를 등용해야 하지만, 한편으로는 인간의 자질과는 별개로 인간의 사회적, 정치적 영향력을 십분 고려해야 한다고 주장했다. 보댕이 가장 중요시한 점은 모든 일에 단일 기준을 적용하는 것이 아니라 각기 다양한 존재인 인간과 사회를 '조화'시키는 정책이었다. 이러한 이상국가론 역시 보댕의 사상이 전통적 이론에 뿌리를 두고 있음을 명백히 말해 주고 있다.

NOTES

카르멜회
성 베르톨더스가 팔레스타인의 카르멜 산에서 은둔하며 수도 생활을 한 것에서 기원한 가톨릭 수도회 가운데 하나. 1452년에는 카르멜수녀회도 설립되었는데, 매우 엄격한 계율 준수로 유명했다.

모나르코마키(monarchomachi, 폭군방벌론자)
성 바르톨로메오의 학살 이후에 신교의 위그노파 가운데 왕권에 대한 법적, 무력적 저항을 주장하는 사람들이 나타났다. 이후 가톨릭교 교도들 사이에서 이와 같은 주장이 확산되었다. 이 용어는 당시 왕권옹호파들이 이들을 가리켜 부르던 호칭이었다.

혼합 정치 체제
단일 지배 형태가 매우 불안정하고 타락하기 쉬운 점을 거울로 삼아 복수의 통치 기관을 통해 상호 억제와 균형에 의한 안정된 통치를 실현코자 한 정치 체제. 전형적인 것으로 고대 로마의 공화정이나 스파르타 등을 꼽을 수 있다.

영국법 주해
(Commentaries on the Laws of England)

이 책은 산업혁명 이전까지의 영국법 전반을 체계화하고 해설한 것으로서, 저자의 강의 내용을 엮은 것이다. 미국의 독립을 전후해 미국의 법률가들은 '영국법 주해'는 곧 '코먼 로common law'라고 이해하고 있었기 때문에 미국에 영국법이 이식된 것은 이 저술에 힘입은 바가 대단히 크다.

INTRO

블랙스톤(1723~1780)은 1723년 7월 10일 런던에서 태어났다. 태어날 때 이미 아버지가 세상을 떠난 뒤여서 출생 이후 그는 작은아버지인 토머스 빅에게 맡겨져 교육을 받았다.

1730년 차터하우스에 입학해 우수한 성적을 거두며 1738년 11월 옥스퍼드의 펨브로크 칼리지에 입학했다. 옥스퍼드에서는 고전뿐 아니라 윤리학, 수학도 공부하며 다채로운 재능을 발휘했다.

졸업한 뒤 그는 법률가로서 일생을 보내기로 마음먹고 1741년 '시신詩神에게 보내는 법률가의 고별'이라는 시 한 편을 쓴 뒤 미들 템플●의 일원이 되어 1746년에는 법정 변호사가 되었다. 블랙스톤은 변호사로서 그다지 연줄도 없었으며 변론술도 화려하지 않았지만 칼리지와 대학교를 위해서는 유익한 작업을 했다.

한편 블랙스톤은 맨스필드 경이 윌리엄 마레였을 무렵부터 친교를 쌓아 그의 주선으로 1753년 2월 6일 영국 법학 교육 사상 최초로 대학에서 영국법●에 관한 강의를 시작했다. 이는 큰 모험이었으나 대성공을 거두었다. 이를 계기로 블랙스톤은 옥스퍼드에서 영국법 강좌를 담당하는 첫 번째 교관이 되어 1758년부터 1766년까지 영국법을 강의하게 되었다. 1761년 왕실 고문 변호사로 임명되었으며, 그 뒤 윌트셔 주 힌던의 하원 의원으로 선출되어 정계에도 진출했다. 1770년에는 민사법원의 판사가 되었다가 건강이 나빠져 1780년 2월 1일에 죽었다.

영국법의 대상을 조직적으로 분류

『영국법 주해』(1765~1769)는 블랙스톤이 1766년까지 영국법에 관해 강의한 내용을 정리한 것이다.

서론은 '영국법의 연구, 성질 그리고 범위에 대하여'라는 제목 아래 제 1절 '법의 연구에 대하여', 제2절 '법의 일반적 성질에 대하여', 제3절 '영국법에 대하여', 제4절 '영국법을 준수하는 국가들에 대하여'로 구성되어 있다.

본론은 네 개의 편Book으로 구성되어 있는데, 블랙스톤은 이처럼 편을 나눈 것에 대해 제1편 전체를 통해 다음과 같이 설명하고 있다. 이 설명은 블랙스톤의 법 체계론을 이해하는 데 매우 중요한 역할을 한다.

"영국법은 그 대상이 매우 많으며 또한 넓은 범위에 걸쳐 있어 이를 될 수 있는 한 알기 쉽게 또한 명쾌하게 고찰하기 위해서는 조직적으로 적절하고 명료한 항목으로 그것을 분류하는 것이 필요하다. 그리고 그 같은 분류가 한편에서는 지나치게 넓어 포괄적이 되지 않도록, 또 한편에서는 너무 하잘것없는 것이나 미세하게 되지 않도록 해야만 한다. 이렇게 하지 않으면 쌍방 모두 곤란을 겪게 되기 때문이다.

그리고 국가법은, 올바른 것을 명령하고 부정한 것을 금지하는 시민적 행동의 준칙이며 또한 키케로의 뒤를 이어 나 블랙스톤이 올바른 것을 명하고 그것을 위반하는 것을 금지한다는 정당한 제재를 표현하고 있는 것이므로, 이 법의 주요한 근본적 목적은 권리와 불법 행위에 있다. 따라서 나는 이를 다음과 같은 단순 명료한 구분에 따라 해석한다. 첫째, 영국법에 의해 명령된 권리를 고찰하며, 둘째로 그에 의해 금지된 불법 행위를 고찰한다.

그렇지만 권리와 불법 행위에는 또 다른 소분류가 수반된다. 권리에는 첫째, 인간의 인격에 관련되고 곁에 달린 것으로 인간의 권리라고 불리는 것이 있으며, 둘째로 인간이 외적 목적물이나 자신의 인격과는 무관한 사물 속에서 취득할 수 있는 것으로 사물의 권리라고 불리는 것이 있다.

불법 행위는 첫째로 그것이 개개의 권리에 대한 단순한 침해이므로 개인에게만 관련되어 민사적 침해라고 불리는 사적인 불법 행위와 둘째로 일반적이고 공적인 권리에 대한 침해로서 전체 사회에 영향을 미치며 범죄라고 불리는 공적 불법 행위로 분류될 수 있다.

영국법의 대상은 이와 같이 네 가지로 분류되므로 그 해석 역시 네개 부분으로 구성되어 있는데, 그것은 첫째, 그를 통해 인간의 권리가 확보되거나 잃게 되는 수단과 그 인간의 권리이고, 둘째, 마찬가지로 사물의 권리가 확보되거나 잃게 되는 수단과 그 사물의 권리이며, 셋째, 사적인 불법 행위를 법을 통해 구제하는 수단과 그 사적인 불법 행위, 곧 민사적 침해이고, 넷째, 방지 및 형벌의 수단과 그 공적 불법 행위, 곧 범죄이다."

이상과 같이 블랙스톤에 의하면 본론은 '인간의 권리'와 '사물의 권리', '사적인 불법 행위', '공적인 불법 행위'의 네 개 부분으로 구성된다.

제1편 '인간의 권리에 대하여'는 제1장 '개인의 절대권에 대하여'로 시작하여 제2장 '법인에 대하여'로 이어진다. 여기에서는 주로 사람의 법^{law of persons}에 대해 논하고 있다. 또한 오늘날 세계에서 기본적 인권이라고 부르는 개념의 대부분이 제1장에서 취급되고 있다.

제2편 '사물의 권리에 대하여'는 '재산 일반에 대하여'에서부터 '유언 및 유산 관리에 따른 권리의 근원에 대하여'까지 서른두 개 장으로 나뉘어 있다. 최초의 열두 개 장은 주로 사물의 재산권^{real property}에 관한 종

류와 취득 원인이 다루어지고 있다. 여기서 주목해야 할 사항은 전체 32장 가운데 적어도 두세 개 장이 사물의 재산권법law of real property에 관련되어 있는 데 비해, 계약법law of contract에 대해서는 제30장의 '증여, 양도 그리고 계약에 따른 권리의 근원에 대하여' 속에서 잠시 언급되고 있는 데 불과하다는 점이다. 그것도 제2편의 전체 520개 항 가운데 계약법에는 불과 28개 항만이 할당되고 있다.

제3편 '사적인 불법 행위에 대하여'는 '당사자의 단순한 행위에 의한 사적인 불법 행위의 구제에 대하여'라는 제1장에서 시작되어 '에퀴티 재판소●의 사법 절차에 대하여'라는 제목의 제27장으로 끝을 맺고 있다. 여기에서는 재판소의 종류와 구성, 관할권, 인간 및 사물의 권리에 대한 침해로서의 불법 행위, 인적 재산 및 물적 재산에 대한 불법 행위, 재판의 종류와 집행 등을 다루고 있다. 이 편에서는 실제법과 수속법이 취급되며, 소송 방식forms of action을 중심으로 설명되어 있다. 다만, 계약불이행은 단순한 불법 행위로 여겨지고 있으나 채무불이행에 대해서는 명확히 인식되고 있지 않다.

제4편 '공적 불법 행위에 대하여'는 '범죄의 성질과 그 처벌에 대하여'에서 시작되어 '집행에 대하여'에 이르는 서른두 개 장으로 이루어져 있다. 이 중에는 '영국법의 기원, 진보 그리고 점진적인 개선에 대하여'라는 장이 마련되어 주로 범죄의 종류와 재판 수속에 관한 설명이 행해지고 있다. 그리고 마지막 제33장은 영국법의 역사, 특히 헌법사라고 일컬어질 만한 내용이 서술되어 있다.

끝으로 제4편 마지막 장의 끝 부분에서는 블랙스톤이 영국법 해석을 통해 살펴본 것과 영국법 해석의 바탕이 되는 정신을 매우 간결하게 요약하고 있으므로 여기에 인용하기로 한다.

"우리는 탐구 과정을 통해 본편 및 그 이전의 여러 편에서 다음과 같은 내용을 살펴보았다. 곧, 인간 및 사물의 권리와 두 권리에 가해질 수 있는 사적인 침해 및 공중에 영향을 미치는 범죄에 대해 법의 기본적 격언과 준칙이 개선되어 왔을 뿐 아니라 오늘날에도 매일 개선되고 있어 거기에는 시대의 예지가 가득 축적되어 있다는 점과, 재판 방식은 에드워드 1세 치하에서 완성된 뒤 그다지 많은 것이 변하지 않았을뿐더러, 이 역시 항상 좋은 방향으로 개선되었다고 할 수는 없다는 점, 우리의 종교적 자유는 종교 개혁을 통해 충분히 확립되었지만 시민적이며 정치적인 자유는 찰스 왕의 왕정복고 이후까지 완전히 전면적으로 성취되지 않고 또한 행복한 혁명의 시기까지 충분히 그리고 명시적으로 승인되고 정의되지 않았으므로 그러한 자유의 회복은 보다 긴 시간을 필요로 하게 될 것이라는 점 등이다.

매우 현명하게 고안되고 잘 손질되어 매우 훌륭히 완성된 헌법에 대해서는, 그것을 정당하며 엄격하게 그리고 당연히 받아들여질 상찬을 통해서 논하는 일은 곤란하지만, 그에 대한 해석을 시도하는 것은 그 실행의 성공 여부와는 무관하게 강력한 기초를 검토하여 광대한 계획을 수립하고, 그 모든 부분의 용법과 배치를 설명하며 또한 각 부분이 조화롭게 일치하는 전체의 우아한 균형을 명백히 밝히는 것이다.

우리는 단순하지만 훌륭한 고대의 기념물과 그리 많지는 않지만 근대의 세련된 기술을 기회 있을 때마다 상찬해 왔다. 또한 그 결점까지 시야에서 숨기지 않았다. 그것은 헌법에 대해서도 마찬가지이다.

우리는 헌법을 인간의 건축물 이상의 것으로 생각하고 있다. 결함이란 시간의 경과와 뒷날의 매우 미숙한 개선에서 주로 생기는 것이기 때문이다. 이토록 근사한 대건축물을 잘 유지하고 수리해 아름답게 꾸미는 것은 귀족과 국민들이 의회로 파견한 왕국의 신사들에게 맡겨진 임무이다.

영국이 자유를 확보하는 것은 스스로 자유를 향유하고 있는 귀족과 신사들이 스스로 자신에게 짐을 지운 의무이자 그러한 자유을 전해 준 선조에 대한 책무이다. 또한 자유를 확보하는 것은 인류의 최선의 생득권이며 가장 훌륭한 유산이다. 또한 후손들이 이러한 자유를 자신들의 것으로 만들기 위해서는 그들 자신이 이 의무를 짊어져야 한다."

NOTES

미들 템플

법학원Inn of Court의 일종. 그 밖에 링컨스 인, 이너 템플, 플레인스 인 등이 있다. 현재 각 인Inn의 대표자로 구성된 법학교육평의회가 교육과 시험을 실시하고 있다.

영국법

영국법이란 로 오브 잉글랜드Law of England의 번역이지만, 영국이라는 연합 왕국을 구성하는 스코틀랜드에는 체계적인 로마 법이 있기 때문에 스코틀랜드는 넓은 뜻의 코먼 로인 영국법에는 포함되지 않는다.

에퀴티 재판소

코먼 로가 경직화되면서 사회의 요구에 부응하기 위해 발전한 것으로, 좁은 뜻의 코먼 로와는 별개의 판례법 체계 아래 에퀴티 재판소에서 운용되었으나 19세기 후반에는 다른 재판소와 함께 통합되었다.

전쟁과 평화의 법
(De Jure Belli ac Pacis)

전쟁의 방법을 중심으로 전쟁의 권리, 원인 등을 논하고 있는 이 책은 근대 국제법학의 기초가 되었다. 국제 사회의 구성이 복잡해지고 개인이 국제법의 주체로 등장하며 전쟁의 위법론이 주장되는 오늘날, 국제 사회의 법질서를 역설하는 국제법 이론이라는 점에서 의미가 매우 크다.

INTRO

『전쟁과 평화의 법』(1625)은 그로티우스(1583~1645)의 주요 저서로 국제법에 관한 대표작이다.

그로티우스는 네덜란드의 유명한 법학자로서, '국제법의 아버지'라고 불린다. 법학에 관한 주요 저작으로 이 책 이외에 『포획법 이론』(1604~1605경), 『해양 자유론』(1609), 『네덜란드법 입문』(1631) 등이 있다. 그 밖에 신학에 관한 많은 저술을 남겼다.

어릴 때부터 신동으로 불린 그로티우스는 12세 때 레이덴대학에 입학해 당시의 유럽을 휩쓸고 있던 인문주의의 세례를 받았다. 1618년 로테르담의 행정장관을 지내며 당시 네덜란드 국내를 들끓게 한 정치적, 종교적 논쟁에 휘말려 종신형을 선고받고 투옥되었다. 그러나 현명한 부인의 기지로 탈옥해 파리로 망명했다. 그곳에서 1625년 『전쟁과 평화의 법』을 완성해 출판했다.

그 뒤 1634년부터 스웨덴의 주 프랑스 대사를 지내다가 1645년 사임하고 프랑스로 돌아오는 도중 병을 얻어 사망했다.

그로티우스가 살았던 시대의 국제 환경은 현대와 매우 비슷하다. 국제 사회가 주권 국가로만 구성되어 있는 것이 아니라 복잡화되어 있고, 개인이 국제법의 주체로 등장하면서 무차별 전쟁이 배격되고 전쟁의 위법론이 제창되고 있는 오늘날, 그로티우스의 국제법과 국제 사회의 이론이 시사하는 점은 매우 크다고 할 수 있다.

국제법의 체계화

이 책은 '국제법의 아버지'라고 불리는 그로티우스의 대표작으로, 30년전쟁(1618~1648)의 와중인 1625년에 간행되었다. 30년전쟁이란 유럽이 중세에서 근대로 이행하는 긴 과정 가운데 가장 마지막에 치러진 종교전쟁이었다. 이 전쟁을 종결짓기 위해 1648년 베스트팔렌에서 열린 강화회의는 유럽에 주권 국가를 단위로 하는 근대적 정치 체제가 성립했음을 분명히 말해 준 사건이었다. 새로운 정치 체제는 주권 국가 상호 간의 관계를 규제할 법률을 절실히 필요로 했다. 이 책은 그 같은 요청에 부응해 새로운 정치적 발전에 학문적 기초를 제공한 것이라고 말할 수 있다. 이 책은 국제법의 전반을 본격적으로 다루며 이를 체계화한 최초의 저작으로 당시 일반에게 널리 환영받았다. 또한 이후 300년에 걸친 국제법 이론의 발전에도 커다란 영향을 미치며 오늘날에 이르고 있다.

이 책은 전체 세 권으로 구성된 대작으로, 서두에는 이 책의 집필 목적과 기본 사상 등을 요약한 프롤레고메나(서언)가 부기되어 있다.

자연법과 의사법

그로티우스는 먼저 모든 국가와 그 지배자들 사이의 상호 관계에 대한 법률을 합리적으로 그리고 체계적으로 다루는 일이 인류의 복지에 절대로 필요한 작업이라고 생각했다. 그는 '국제 관계에서는 법과 정의가 존재하지 않는다'는 주장에 강력히 반대하며 전쟁에 호소하는 일은 물론 전쟁 중에도 여전히 준수되어야만 하는 국가 간의 공통의 법이 존재한다고 서술하고 있다. 전쟁 중의 국가들 사이에도 '자연이 정하며 국가들 간의 합의로 정립된' 불문법이 엄연히 유효하다고 생각했다. 그로티우스에게 전쟁은 법을 집행하기 위한 수단으로서만 행해져야 하는 것이었다. 또한 전쟁이 행해질 경우에는 법과 신의, 성실의 한계 안에서 이루어지지 않으면 안 된다고 주장했다.

그로티우스에게 국제 사회에서의 타당한 법이란, 자연법과 만민법 그리고 신의 자유 의지에 기초한 법神意法이었다. 그는 법을 자연법jus naturale 과 의사법jus voluntarium 으로 구분했는데, 자연법은 인간의 이성적 본성, 특히 사회 속에서 살아가고자 하는 인간 특유의 욕구를 기초로 한 것이다. 이러한 본성에 기초해 인간의 사회적 질서가 유지되는 것이 본래적 의미에서의 자연법의 기초이다. 자연법의 영역에는 타인의 것을 침해하지 않을 것과, 타인의 것을 영유할 경우에는 그로부터 얻은 이익을 포함해 원래 가지고 있던 자에게 반환할 것, 계약을 이행할 의무와 함께 자기 과실에 의해 타인에게 입힌 피해는 배상할 것, 사람들 사이에 저질러진 죄에 따라 형벌이 부과되어야 한다는 점 등이 포함되어 있다. 그로티우스는 또한 "신은 존재하지 않는다든가, 인간의 일은 신과는 무관하다고 말하는 것을 극악한 죄를 범하는 것으로 받아들일 수는 없다"라고 서술하며 신중한 태도로 자연법 이론을 전통적인 신학적 전제로부터 분리시켰다.

다음으로 그로티우스는 자연법에 대비되는 의사법을 인간의 법과 신의 법으로 구분했다. 신의 법은 자연법과 나란히 존재하는 또 하나의 근원으로, 곧 신의 자유 의사를 그 근거로 한다. 인간의 법은 '약정은 준수되어야만 한다'는 자연법의 원칙을 근거로 하고 있다. 이와 같은 근거로부터 모든 국가의 국법이 생겨난다. 왜냐하면 어느 단체에 속해 있거나 한 사람 또는 복수의 사람에게 종속되어 있는 사람은 단체의 다수결에 의한 결정이나 권력을 가진 사람(들)이 내리는 결정에 복종할 것을 명시적 또는 묵시적으로 약속한 것으로 간주되기 때문이다(법의 기원에서 사회

계약설을 택한 것이다). 다른 한편에서는 그와 마찬가지의 합의를 통해 모든 국가 또는 다수의 국가 사이에 인류 전체의 이익을 고려해 법이 만들어지는 것이다. 그 법은 만민법이라고 불리며 "우리는 항상 이 법을 자연법과 구별한다"고 그로티우스는 주장하고 있다.

또한 자연법과 만민법, 신의 법에 대해 위와 같이 설명한 뒤, 이 같은 세 가지 종류의 법을 기준으로 '전쟁의 법(전쟁에 호소하는 법과 전쟁 중에 적용되는 법, **jus ad bellum etin bello**)'을 분석하며 그 방법론을 다음과 같이 서술했다.

첫째, 자연법에 대해서 "내가 관심을 기울여 온 것은 자연법에 관련된 사물을 전혀 의문의 여지가 없는 어느 한 기본적 개념에 비추어 그것을 증명하고자 한 것이다. 그것이 가능하다면 누구라도 자기 자신을 배반하지 않고는 그것들의 증명을 부인할 수 없게 된다. 그것은 자연법의 모든 원리는(만일 여러분들이 여기에 주의를 기울이게 된다면) 그 자체로 명백하여 우리가 외부적 감각을 통해 지각할 수 있는 사물과 거의 마찬가지로 확연하기 때문이다"라고 설명하고 있다. 그리고 자연법과 만민법의 존재를 증명하기 위해서 특히 역사적 증거를 중시했다. "대다수의 사람들이 서로 다른 장소에서 서로 다른 때에 동일한 것이 확실하다고 단언한다면, 그것은 보편적 원인에 관련된 것이 아닐 수 없다. 우리의 문제에서 그 원인은 자연의 원리로부터 추출되는 올바른 결론이든가 또는 어떤 공통의 동의이든가 둘 가운데 하나일 것이다. 전자는 자연법을 나타내며 후자는 만민법을 가리킨다."

곧, 자연법의 존재는 어느 정도까지 역사적 방법을 통해 증명되며 그 이외의 방법으로는 증명할 수 없다.

전쟁의 권리와 원인, 법규

그로티우스는 제1권에서 먼저 전쟁법의 기초가 되는 자연법과 만민법 그리고 신의 법에 대해 설명했는데, 자연법에 대해서는 "어느 한 행위가 이성적 본성에 합치되는가의 여부를 통해 그 품질이 도덕상 저열한 것인가, 아니면 도덕상 필요한 것인가를 지시하는 올바른 이성의 명령이다"라고 정의했다. 또 자연법은 신도 바꿀 수 없을 정도로 불변성을 지닌다고 논하고 자연법의 '세속성'을 주장했다.

이어 그로티우스는 '올바른 전쟁론正戰論●'의 입장에서 전쟁의 정당성 문제를 검토하고 있다. 그에게 전쟁이란, '힘에 의지해 서로 싸우고 있는 사람들의 상태'였다. 그는 "올바른 이성과 사회의 성질이 모든 힘의 사용을 금지하고 있는 것은 아니다. 다만 타인의 권리를 박탈하고자 하는 힘의 사용을 금지하고 있다"며 올바른 전쟁이란 자연법과 만민법 그리고 신의 법에 의해 인정되는 전쟁이라고 논증했다.

전쟁은 주권자에 의한 공식적 전쟁과 사사로운 개인에 의한 사적인 전쟁으로 구분된다. 그로티우스는 사적인 전쟁 역시 일정 부분은 정당하다고 승인했으나 주권자에 의한 공식적 전쟁에 특별한 효과가 부여되는 점을 인정했다. 이와 관련지어 그로티우스는 주권에 관해 논하고 있다. 그에 따르면, 주권이란 어느 개인의 행위가 타인의 법적 지배에 복속되어 있지 않으며, 따라서 타인의 개인적 의사가 작용하여 무효가 되는 일이 없는 경우에 그러한 자가 가진 권력을 말한다. 주권의 주체는 모든 국가에 공통된 주체와 각 국가마다 고유한 주체로 구별된다. 주권의 공통된 주체는 완전한 단체로서의 국가이며, 고유한 주체는 각국의 법률과 관습에 따라 왕과 귀족 또는 시민이 된다.

제2권은 올바른 전쟁이 일어나는 원인을 논하고 있다. 올바른 전쟁이란, 자신의 생명과 재산에 가해지는 위해에 대한 방위이며 재산의 회복 그리고 형벌이다. 따라서 전쟁의 정당한 원인은 소송의 발생 원인과 마찬가지로 무수히 많다. 전쟁은 사법적으로는 해결이 불가능하기 때문에 스스로 권리를 확보하고 손해를 회복하기 위해 수행하는 것이다.

그로티우스는 이 같은 인식을 바탕으로 전쟁의 정당한 원인이 되는 침해된 권리의 실체적 목록을 제시하고 있다. 그로티우스의 목록은 대부분이 로마 법에 의해 채택되고 있다. 곧, 공유물(바다나 하천)과 주인이 없는 사물, 소유권의 기원과 그 내용, 점유권, 선점, 계약 등의 민법적 목록과 외교 사절의 불가침권과 같은 만민법에 기초한 권리 그리고 전쟁의 정당한 원인이 되는 형벌에 대해 상세히 설명하고 있다.

제3권에는 '전쟁 법규^{jus in bello}'가 서술되어 있다. 전쟁 선언과 전쟁 중의 이적 행위, 강화 등에 대해 자연법과 만민법 그리고 그리스도교 세계의 관례에 따라 각각 허용되는 것과 금지되는 것이 논의되고 있다. 이어서 전쟁 법규를 '내재적 정의●'라는 보다 높은 기준에 의거해 인도적인 것으로 만들 것을 제안했다. 그로티우스의 이 제안은 그 후 전쟁에 관한 법률이 제정되는 데 커다란 영향을 미쳤다.

NOTES

올바른 전쟁론正戰論
전쟁을 정당한 전쟁과 부정한 전쟁으로 구별하고, 후자를 가능한 한 제한하려는 사상. 아우구스티누스에 의해 그 기초가 마련된 뒤 중세의 스콜라 철학을 통해 구체적 내용이 확립되었으며, 그 뒤 그로티우스 등의 근대 자연법론으로 계승되었다.

내재적 정의
관용과 친절, 명예심과 같이 인간성에 호소하는 도덕적 정의를 가리킨다. 단지 처벌받지 않기 때문에 합법적이라는 의미가 아니라 도덕의 적용을 받는 정당성을 말한다.

법의 정신
(De l'esprit des lois)

『법의 정신』에 대한 다양한 이해와 평가는 몽테스키외 사후에도 계속되었으나, 그가 주장한 삼권분립론은 미국의 헌법을 통해 제도적으로 실현되었고, 그의 온건한 자유주의적 사상은 프랑스의 인권선언에서 자유주의적 헌법의 기본 원리로 간주되는 등 역사상 이 책이 남긴 역할은 매우 크다. 이 책에 담긴 경험주의적 방법론도 주목의 대상이다.

INTRO

몽테스키외(1689~1755)는 1689년 프랑스의 귀족 세콩다 가문의 큰아들로 태어나 샤를 루이라고 이름 지어졌다. 이후 보르도대학교를 졸업하고 법학사가 되었다. 1716년 후손 없이 죽은 작은아버지의 남작의 호칭(몽테스키외)과 보르도 고등법원● 부원장의 지위를 계승받았다. 1721년 프랑스 사회를 풍자한 『페르시아인의 편지』를 출판해 유명해졌다.

프랑스 아카데미의 회원으로 선출된 1728년부터 3년에 걸쳐 여러 나라를 여행하고 귀국한 뒤에는 『법의 정신』(1748)의 저술에 착수했다. 1734년에 그 일부라고도 할 수 있는 『로마인의 위대함과 그 쇠락의 원인에 관한 고찰』을 간행했으며, 1748년에 드디어 『법의 정신』을 간행했다. 『법의 정신』은 그 무렵 사상 통제가 매우 심했던 프랑스를 피해 스위스의 제네바에서 출판되었다. 4절판에 상하 두 권의 31편으로 구성된 이 책은 익명으로 출판됐으나 곧 저자가 몽테스키외라는 사실이 알려졌고, 1년이 채 안 되는 사이에 프랑스와 영국, 이탈리아, 네덜란드 등지에서 큰 평판을 얻기에 이르렀다. 그러나 동서고금의 역사를 소재로 법과 사회의 관련성을 인과법칙적으로 파악하려고 한 그의 독창성 때문에 이 책에 대한 이해나 평가가 반드시 일치하는 것만은 아니었다. 로마 교황의 검열관은 이 책이 여러 민족의 종교에 대해 상대적 의의를 인정하고 있다는 점을 비난하며 1751년에 이 책을 금서로 지정했다.

몽테스키외는 1755년 1월 말 파리에서 열병에 걸려 그해 2월 10일에 죽었다.

정치적 자유의 확립 방안 제시

1715년 루이 14세가 죽고 난 뒤, 프랑스의 절대 왕정은 쇠퇴와 혼란의 길을 걷기 시작했다. 몽테스키외는 『페르시아인의 편지』에서 "사람들은 자신이 나쁜 상태에 놓여 있음을 느끼고 있지만 그를 개선하기 위해 무엇을 어떻게 해야 할지 알지 못한다"는 말로 당시의 불안을 감지하고 있었다. 루이 15세의 치하인 1748년에 간행된 『법의 정신』은 앙시앵 레짐 말기의 프랑스에서 정치적 자유를 확립하고 합목적적 법률을 제정할 방안을 제시한 것이었다.

『법의 정신』의 서문에서 몽테스키외는 다음과 같이 말하고 있다. "명령하는 사람이 자신이 명령해야 할 내용에 관해 충분한 지식을 갖추고 또한 그에 복종하는 사람이 복종하는 일 자체에서 새로운 기쁨을 발견하게 할 수 있는 일이 내게 가능하다면, 나 스스로는 나 자신을 가장 행복한 사람이라고 믿게 될 것이다."

모두 3부로 이루어진 『법의 정신』의 구성에 대해서는 많은 이론이 있지만, 대체로 이를 여섯 개 부분으로 나누어 파악할 수 있다. 곧, 법 일반에 대해 서술한 뒤, 공화제·군주제·전제제의 세 가지 정치 체제와 법의 관계를 논한 제1부(제1~8편), 삼권분립론을 비롯한 정치적 자유를 중심으로 다룬 제2부(제9~13편), 법과 풍토 그리고 일반 정신의 관계를 논한 제3부(제14~19편), 법과 경제에 관한 제4부(제20~23편), 법과 종교에 관한 제5부(제24~26편) 그리고 로마인의 상속법과 프랑크족의 봉건법 등을 역사적으로 연구한 제6부(제27~31편)이다. 여기에서는 이 책의 전체를 특징짓는 몽테스키외의 기본적 방법론과 유명한 삼권분립론 등을 중심으로 요약해 보았다.

법을 경험적·사회학적으로 비교 고찰

"나는 먼저 인간을 연구했다. 그리고 인간은 법과 습속의 무한한 다양성 속에서 다만 자신의 변덕에 의해 지배되고 있는 것은 아니라고 믿어 왔다."

이 같은 서문의 말처럼, 몽테스키외는 다양한 법과 습속 아래에서 살고 있는 구체적 인간을 거론하고 있다. 그러나 단지 그 같은 다양성과 상대성만을 지적하는 데 그치지 않고 거기에 깃들어 있는 하나의 일정한 법칙적 관련성을 발견하고자 한 것이다. 그는 다음과 같은 말로 계속 이어 가고 있다.

"나는 원리를 정립했다. 이에 따라 모든 특수한 사례들이 저절로 그 원리를 따르게 되고, 국민의 모든 역사는 그 원리의 지속에 지나지 않게 되며, 특수한 법은 다른 법과 연결되거나 나아가 일반적인 다른 법에 의존하게 된다."

물론 몽테스키외가 말한 원리가 독단적으로 그리고 추상적으로 정립된 것으로 오해해서는 곤란하다.

"원칙은 물론 그 예외 역시 쉽게 파악되는 것은 아니었다. 진리를 발견했다고 생각하는 순간에 곧 사라져 버렸다. 그러나 결국 진리의 발견을 통해 내가 탐구하고자 해 온 모든 것을 손에 넣을 수 있었다. 20년이라는 세월 속에서 시작되어 성장하고 진보하고 완성되어 온 것이 내 저작이다."

이처럼 몽테스키외가 서문에서 말하는 원리는 다수의 경험적 인식을 통해 얻어진 것이었다.

그 무렵 대부분의 법률 사상가들이 이념적 인간관 또는 사회관으로부터 일체의 법, 곧 자연법●을 연역하고 있었던 점을 고려하면, 몽테스키외의 이 같은 방법은 당시 매우 독창적이었다는 점을 쉽게 알 수 있을 것이다.

몽테스키외는 이미 자연과학 분야에서 성과를 나타내고 있던 경험적이자 인과법칙적인 인식의 방법을 법의 영역에 도입해 사회의 기후나 풍토와 같은 자연적 조건과 법의 관계, 사회의 종교나 습속과 같은 정신적 조건과 법의 관련성을 밝히고자 시도한 것이다.

"이들 법(각 국민의 공법 및 민법)은 국가의 자연과 춥거나 덥거나 온화하거나 한 기후, 토지의 성질과 그 위치 및 그 크기, 농부·사냥꾼·목부 등 시민의 생활과 상관되어 있어야만 한다. 이들 법은 국가 구조가 용인하는 자유의 정도, 주민의 종교와 그 성향, 그들의 재산·숫자·상업 그리고 습속 등과 같은 생활 양식과 관련된 것이어야만 한다.

마지막으로 이들 법은 그 상호 간에도 관계를 맺는다. 법의 기원과 입법자의 목적, 법의 기초가 되는 사물의 질서 등과의 관계가 바로 그것이다. 법은 이러한 일체의 관점에서 고찰되어야만 한다. 그것이야말로 내가 이 저작을 통해 이룩하고자 하는 것이다. 나는 이것들의 모든 관계를 검토하고자 한다. 그 같은 관계의 총체가 법의 정신이라고 불리는 것에 형태를 부여할 것이다."(제1편 제3장)

그리고 "법이란 훨씬 더 넓은 의미에서 사물의 성질을 통해 생겨난 필연적 관계"(제1편 제1장)라고 법에 대한 정의를 내리고 있다. 이와 같은 관점은 이 책의 전체를 관통하고 있는 몽테스키외 주장의 특징이라고 말할 수도 있다.

삼권분립을 주장

더욱이 자유주의자인 몽테스키외는 "일체의 권력을 지닌 자는 그것을 쉽게 남용하게 된다는 것은 항상 경험해 온 바이다"(제11편 제4장)라는 인식 아래 삼권분립론을 주장했다. '권력으로써 권력을 견제하는 장치'가 필요하다고 생각했기 때문이다.

삼권분립론의 내용은 제11편 '정치적 자유와 국가 기구의 관계에 관한 법에 대하여'의 제6장 '영국의 국가 구조에 대하여'에 서술되어 있다. 그러나 이는 반드시 그 무렵 영국의 국가 구조와 일치하는 것은 아니었다. 영국에 대해 서술한다는 구실을 통해 새로운 제도를 주장한 것이라고 보아야 할 것이다. 권력분립론에 관해서는 영국의 철학자이자 정치사상가인 로크의 이름도 거론되고 있지만, 몽테스키외의 권력분립론은 로크의 그것과 매우 다르다. 몽테스키외는 집행권과 동맹권이 분리되어 있는 로크의 이른바 대내적 및 대외적 행정권을 하나의 집행권으로 정리했다. 또한 로크가 집행권 속에 포함시켰던 사법 권력을 재판권으로 독립시켰다.

로크가 인정했던 국왕의 대권과 의회 우위의 원칙, 잠재적 시민 주권의 원리 등을 몽테스키외는 인정하지 않았다. 곧, 몽테스키외에 의해 현대적 삼권분립의 개념이 확립되었으나, 몽테스키외의 삼권분립은 국왕의 대권을 부정하는 동시에 국민 주권에 치우치는 경향도 인정하지 않는 것이었다. 몽테스키외의 삼권분립론이 목표로 한 것은 엄밀히 말하면 군주와 귀족, 시민이라는 사회적 세력 간의 균형일 뿐, 그 이상은 아니었다.

이와 같은 삼권분립에 대해 몽테스키외 자신은 이렇게 말하고 있다.

"동일한 인간 또는 동일한 집정관 그룹 아래 입법권과 집행권이 통합될 경우, 자유는 없어지게 된다. 무슨 일이 발생하면 동일한 군주 또는 동일한 원로원은 폭정적 법률을 만들어 그것을 폭압적으로 집행할 우려가 있기 때문이다. 더욱이 재판권이 입법권과 집행권에서 분리되어 있지 않으면, 이 역시 자유는 없는 것이다. 만일 재판권이 입법권과 연결되어 있다고 한다면, 권력은 시민의 생명과 자유에 대해 자의적인 것이 될 것이다. 언젠가는 재판자가 입법자가 될 수 있기 때문이다. 만일재판권이 집행권과 연결되어 있다고 하면 재판관은 억압자로서의 힘을 지닐 수 있게 될 것이다. 그리고 동일한 인간, 예를 들어 고관, 귀족 또는 동일한 시민의 집단이 이 같은 삼권, 곧 법을 만드는 권력과 공공의 의결을 집행하는 권력 그리고 범죄 또는 개인들 간의 소송을 판단하는 권력을 행사하게 된다면 모든 것을 잃는 것이 될 것이다."

이것이 유명한 몽테스키외의 삼권분립론이다.

그렇지만 이 삼권분립론의 기초에 있는 것은, 자유에 관한 사회학적 관점이다. 자유주의를 고양하고자 한 것이 로크의 주안점이었다면, 몽테스키외의 주안점은 성공과 실패를 담고 있는 수많은 역사적 사례에 관한 지식에 기초해 자유의 실현과 확보에 확실한 도움이 되는 제도를 고안하는 데 있다고 말할 수 있을 것이다. 삼권분립론뿐 아니라 『법의 정신』 속에 전체적으로 흐르고 있는 의의와 특징도 이 같은 몽테스키외의 방법론에서 찾아야 할 것이다.

NOTES

고등법원
앙시앵 레짐 아래 프랑스 각지에 설치되어 주로 재판권을 행사했다. 고등법원의 원장은 국왕에 의해 임명되나 부원장은 상속 또는 매매의 대상으로 그 무렵의 신흥 귀족들에 의해 독점되었다.

자연법
자연법이란 시대나 사회를 초월해 타당하다고 여겨지는 법으로, 그 무렵의 법 사상가였던 그로티우스와 푸펜도르프, 로크 등은 추상적 인간의 본성으로부터 이 같은 개념을 이끌어 냈다.

인간불평등기원론
(Discours sur L'origine de l'inégalité parmi les hommes)

국가 권력에 의해 불평등이 얼마나 심하게 변화하고 발전하며 인류에게 얼마나 큰 불행을 가져왔는가를 밝힌 고발서이다. 아울러 당시의 특권 귀족과 신권에 의한 왕위와 사회적 권력에 대해 비난을 퍼붓고 있다. 그는 이 책에서 국가의 성립이란 사유와 불평등한 법을 통해 일부에게만 권력을 집중시킨 것이라고 언급하고 있다.

INTRO

『인간불평등기원론』(1754)은 루소(1712~1778)가 1753년 11월 '인간 사이의 불평등의 기원은 무엇이며, 그것은 자연법에 의해 정당화될 수 있는가'라는 제목으로 디종 아카데미의 현상 모집에 응모하기 위해 쓴 논문이다. 이보다 앞서 루소는 1750년 같은 디종 아카데미의 현상 모집에 논문을 제출해 이미 당선된 적이 있었다. 『학문 예술론』이 그것인데, 이는 '학문과 예술이란 이처럼 타락한 사회의 불행한 소산일 따름이다'라는 주장을 담은 논문으로, 그 무렵 이미 큰 논쟁을 불러일으켰다. 이 생각을 더욱 첨예하게 전개한 것이 『인간불평등기원론』이었지만, 이 논문은 아카데미의 의도를 거슬렀다는 점에서 낙선되었다.

그래서 루소는 제네바 공화국의 민주주의에 대한 열렬한 찬사와 함께 1755년 네덜란드의 출판사를 통해 출판했다. 그러나 이 역시 제네바 공화국의 정부 당국자의 불안과 의혹을 초래해 루소와 제네바 공화국의 사이가 오히려 악화되었다.

이 책은 계몽주의 운동의 전성기인 듯한 시기에 씌어졌지만 루소의 사상은 그 무렵의 이러한 계몽주의 운동과는 성격을 달리하는 것이었다. 그러나 한편에서 루소의 이 저작은 프랑스혁명과 직접 연결되었으며, 19세기의 사회주의 운동으로도 이어졌다. 그뿐 아니라 19세기의 문예 사상을 거쳐 20세기의 레비스트로스로 시작되는 문화인류학의 선구적 위치를 차지하게 되었다.

루소가 파악한 자연 상태

인류가 미개 상태에서 문명 사회로 발전해 왔다는 것은 고대 이래로 신화의 형태는 물론, 학문적인 역사, 예를 들어 루크레티우스●로도 설명되어 온 테마이다. 근대에서는 홉스와 로크 등의 사회계약설 속에서도 이를 문제 삼고 있다.

루소 역시 『사회계약론』을 저술해 사회계약설의 입장을 택하고 있지만 『인간불평등기원론』에 나타난 자연 상태의 인간에 대한 루소의 사고는 래디컬한 사회 비판과 인간의 자연적 감정을 중시한다는 점에서 홉스나 로크와는 큰 차이를 보인다. 루소는 "홉스와 로크 등이 묘사한 자연 상태의 인간이란 사회 상태에서의 인간이 비로소 갖추게 되는 성질까지 포함시켜 그려 낸 것에 지나지 않는다"고 비판하며, 이 책의 제1부에서 자신이 상상한 미개인의 상을 제시하고 있다. 곧, 우리와 같은 육체적 조건을 갖추었지만, 역사의 진보 속에서 획득할 수 있는 능력을 제거한 자연인을 다음과 같이 묘사하고 있다.

"나는 그곳의 어느 동물보다 약하며 다른 동물에 비교해 민첩하지는 않지만 결국 무엇보다 가장 유리한 구조가 주어진 하나의 동물을 생각하고 있다. 나는 그가 한 그루의 잣나무 아래에서 허기진 배를 채우고, 개천을 발견하면 달려가 곧장 목의 갈증을 해소한 다음 자신에게 먹을 것을 제공해 주는 바로 그 나무 아래에서 자신의 잠잘 곳을 찾는 것을 상상하고 있다. 그렇게 하여 그의 욕망이 채워지는 것이다."

자연의 풍요로움으로 가득 찬 태고의 큰 숲 속에서 이 같은 원시 인간은 동물과 같은 고정된 본능을 갖지 않은 채 다른 동물들의 본능을 모방하여 자신의 것으로 만들면서 살아가는 기술을 배우고, 강인한 육체를 가진 채(허약한 자들은 곧 도태되고 만다) 죽음과 노쇠를 피할 수는 없어도 문명에 의해 생긴 병과는 무관하게 살고 있다. 이 같은 인간이 동물과 결정적으로 다른 점은, 자기 개선의 능력을 갖고 있다는 점이지만, 이러한 원시 단계에서 인간은 동물과 거의 비슷한 지각과 감각, 욕망과 공포를 가지고 있었던 것이다. 오직 정념에 의해서만 지배되는 겁쟁이로, 그의 욕망은 육체적 욕구에만 한정되어 있고, 앞을 내다보는 능력이나 기억하는 힘 역시 빈약하며, 영속되는 사회를 구성하고 있지 않고, 남녀의 만남 역시 순식간의 일에 지나지 않기 때문에 개념을 교환하는 일도 일어나지 않았다.

그러나 거기에 원초적 형태의 언어가 없었던 것은 아니었다. 루소는 콩디야크●의 연구에서 단서를 찾아 여기서 독자적 언어기원설을 주장했다. 루소에 의하면 원시 언어는 어머니와 어린아이 사이에 일회적인 것에서 생겨난, 거의 정서충동적인 외침의 소리였다고 한다. 여기에 몸짓과 소리의 모방이 더해지면서 차츰 분절화된 기호로서의 음성이 생겨나고, 마침내 복잡한 문법과 추상적 개념을 수반한 언어가 등장했다. 그러나 그것은 인간의 사회 관계가 진전되면서 비로소 형성된 것으로, 자연 상태의 인간은 결코 그와 같은 사교성이나 언어와는 무관하다고 여겨졌다.

이처럼 자연 상태에서는 선악에 대한 관념도 당연히 있을 수 없었다. 홉스는 여기에서 이기적이고 사악한 자연인의 모습을 끌어냈지만, 루소는 그것을 부정하고 일체의 반성에 앞서 가련한 정을 지닌 자연인을 그려 낸 것이다. 동물에게도 자신과 같은 종류의 시체를 보면 불안해진다는 경향이 발견되었다. 마찬가지로 인간에게도 동포의 고통을 보는 것을 싫어하는 경향과 타인의 고통에 대해 가련함을 품게 되는 경향은 확고하게 존재하고 있다. 그리고 그것은 근대에서도 교양 있는 신사와 상층 계급의 사람들보다 하층의 소박한 민중 사이에 뚜렷하게 발견할 수 있는 것처럼 문명인보다 미개인에게서 한층 생생한 형태로 발견할 수 있는 것이다. 이러한 감정이야말로 각 개인이 자기애를 통해 활동을 조절하고 종 전체의 상호 보존을 위해 작용하는 근원적 힘인 것이다.

이처럼 자연 상태의 인간의 생활은 조잡하고 단조로운 상태를 반복하는 것뿐이었다. 그러나 이를 비참한 상태라고 단정하는 것은 옳지 않다. 왜냐하면 거기에는 문명 사회의 불행의 뿌리인, 인간이 인간을 지배하는 쇠사슬이 존재하지 않기 때문이다. 자연 상태에서의 인간의 육체적 조건에는 그다지 큰 차이가 없기 때문에 불평등은 최소한에 그치고 있었다. 그러므로 불평등의 원인은 인간을 둘러싼 자연적 조건이 아니라 사회생활 속에서 찾아야만 하는 것이다.

사회의 형성과 불평등의 발전

제2부에서 루소는 인간의 지성이 발전하며 그와 동반해 사회가 형성되는 과정을 묘사하고 있다. 그러나 당연히 거기에는 부정적 성격이 주어진다. 제2부의 첫 부분은 다음과 같은 인상적 문장으로 시작된다.

"어떤 토지에 울타리를 두르고 '이것은 내 땅이다'라고 선언할 생각을 가졌고 또한 다른 사람들이 그를 믿을 만큼 단순하다는 사실을 발견한 최초의 사람은 시민 사회의 진정한 창립자이다. 한편으로 그 울타리를 없애면서 '그런 사기꾼의 말을 믿지 마시오. 이 땅에서 나는 온갖 곡식과 과일들은 모두 만인의 것이며 대지는 어느 누구의 소유물이 아니라는 사실을 잊어버리면 여러분은 신세를 망치게 됩니다' 하고 동포들을 향해 외친 자가 있다면, 그 사람은 얼마나 많은 범죄와 전쟁과 살인으로부터 그리고 얼마나 많은 참상과 공포로부터 인류를 구제해 주었을 것인가?"

자연 조건이 변화하고 인구가 늘어남에 따라 인간의 지성이 진보하고, 그것이 인간 생활에 큰 변화를 가져오면서 다양한 기술과 도구가 생겨났으며, 사회생활이 이루어지게 되면서 언어도 발달해 왔다.

그러나 그로부터 곧장 암흑 상태가 시작된 것은 아니었다. 가족이 구성되고 인간은 가정을 만들며 정착하기 시작했는데, 이는 이미 일종의 사유 재산의 성립을 의미하는 것이었다. 그 때문에 다툼이 생기기 시작했지만 아직 그다지 대수로운 것은 아니었다. 그리고 이전보다 훨씬 안락해진 생활은 인간의 신체와 정신을 연약하게 만들었지만 그 대신 가족과 공동체 사회의 성립은 인간의 심정을 발달시켜 가족애와 연애의 감정 그리고 아름다움과 가치에 대한 감정을 낳게 했다. 관습을 통해서는 예의범절과 존경의 마음 등이 생겨났으며, 노래나 춤과 같이 마음을 위로해 주는 것들도 생겨났다. 자연의 가련한 정이 변형되고 새로이 도덕이 등장했다. 때때로 존경받기 위한 목적으로 싸움이 벌어지고 그 싸움으로 인해 처절한 복수가 동반되었다고는 하지만 인간으로서는 '최선의 상태'라고 할 만한 사회였다. 그러나 루소는 이 같은 행복한 상태는 제철 기술과 농업이 성립하면서 그 뿌리부터 뒤집혔다고 말하고 있다. 쇠붙이와 밀가루는 생산력의 확대를 가져오면서 인간을 공동 작업 속에 서로 묶어 놓으며 아울러 사유 재산과 그에 수반되는 불평등을 급속히 확대시킨 원흉이었던 것이다. 노예의 노동과 과도한 사치, 악덕과 기만 또는 열악한 위생 상태에 있는 광산에서의 비참한 노동이 그로부터 생겨났다. 그리고 루소는 이러한 불평등의 발전 형태를 3단계로 나누어 설명하고 있다.

제1단계는 법률과 소유권의 확립이 가져온 부의 불평등이다. 사적 소유에 따른 인간 상호 간의 분쟁이 마침내 무제한적 전쟁 상태로까지 발전할 때, 부유한 자들이 자신의 부를 확보하기 위해 다른 사람들을 부추겨 만든 것이 다름 아닌 법률과 소유권이라고 했다.

제2단계는 이렇게 만들어진 법은 그 상태가 아직 불안정했기 때문에 법률과 그 법률의 규정이 지켜질 수 있도록 권한을 위임받은 위정자가 출현함으로써 힘의 크기에서 불평등이 생겨났다는 것이다. 그러나 이러한 권력은 어디까지나 시민과 그 우두머리 사이에 맺어진 계약에 의한 것이다. 이 계약은 그 취지를 보자면, 각 개인의 생명과 자유 그리고 재산을 지키기 위해 맺어진 것에 불과했다. 그러나 이처럼 합법성을 손에 넣은 권력은 마침내 전제적 권력으로 변해 제3단계가 된다.

제3단계에서 주인과 노예의 관계는 사회에 항상 존재하는 형태가 되며, 강한 자가 보다 약한 자를 지배하는 과정은 결국에 '최강자의 법'의 지배라는 형태로 이어지게 된다. 이곳에서는 더 이상 법률과 정의, 선은 존재하지 않고 오로지 권력자의 의지와 욕망만이 모든 것을 말하며, 시민은 다만 무력해진 채 일방적으로 지배될 뿐이라는 점에서 새로운 자연 상태—다만 추락할 대로 추락한 자연 상태—라고 불릴 만하다. 이 단계에서는 이미 가련한 정이나 건강은 잊힌 것이 되었으며, 사회와 문화는 모두 도착된 모습으로 나타난다. 루소는 그리고 이러한 불평등의 극한 상태에 이르게 되면 새로운 혁신이 일어날 것이라는 가능성을 암시하고 있는 것이다.

NOTES

루크레티우스
기원후 1세기 무렵에 활동한 로마의 시인이자 자연철학자. 『사물의 본질에 대하여』를 저술했다.

에티엔 보노 드 콩디야크(Étienne Bonnot de Condillac, 1715~1780)
프랑스의 철학자. 『인간 인식의 기원에 관한 시론』을 저술했다.

도덕형이상학
(Metaphysik der Sitten)

법과 도덕의 관계와 자연법과 저항권의 관계, 국제 평화를 위한 국제 사회의 조직화의 필요성 등이 논의되고 있다. 오늘날에도 되돌아볼 필요가 있는 법 사상의 고전이다.

INTRO

칸트(1724~1805)의 이론 철학은 그리스도교적 신앙과 대륙적 합리주의 철학, 뉴턴의 물리학 그리고 영국의 경험론 등의 여러 사상이 합류된 것으로, 그 때문에 다면적이고 난해한 것으로 유명하며 내부 모순으로 가득 차 있다. 한편, 칸트의 정치 사상 및 법 사상은 이웃 나라 프랑스에서 진행되고 있던 혁명의 충격과 자국 프로이센의 프리드리히 대제에 의한 계몽 전제 지배의 체험이 복합된 성격을 띠고 있다.

이러한 칸트에 대해 경험주의자 아돌프 멘첼은 다음과 같이 평했다.

"칸트는 과거의 형이상학에 싸움을 걸어 인식의 유일한 원천을 경험에서 구함으로써, 경험론과 실증주의를 한데 묶은 것으로 보이지만 다른 한편에서는 인간 정신의 논리적 요소를 강조하고, 실천 이성의 요청이나 규제 원리로서의 이념 등을 추출해 냄으로써 매우 단호한 관념론적이자 형이상학적 성격을 나타내고 있다.

이와 같은 분열은 그의 정치론에서도 일관되게 흐르고 있다. 더욱이 민주제론에 대해서는 더욱 그렇다고 할 수 있다. 또한 칸트는 루소의 뒤를 이어 공화제만을 정당한 정치 체제로 간주하고, 국민의 대다수가 찬성하지 않는 법률이란 무효이며 국민의 평등이야말로 국가의 기본 조건이라는 점을 강조했다.

그러나 민주주의에 대한 강력한 주장도 서술이 진행되면서 용두사미가 되는 듯한 느낌을 떨칠 수 없다. 곧, 서술이 진행됨에 따라 이러한 사상은 규제적 관념에 지나지 않는 것이며, 실력에 의한 민주적 이념의 실현 의지는 모두 제거되고 폭정에 대해서조차 적극적인 저항은 허락될 수 없다고 주장하고 있다.

이렇게 하여 칸트의 이론 철학에서 경험론이 마침내 새로운 '비판적' 형이상학으로 옮겨 간 것처럼 그의 정치론 역시 국민주권론에서 당시 프로이센에서조차 용납될 정도의 무해 무취한 사상으로 변했던 것이다."

한편, 헤겔 등은 칸트의 주관주의와 개인주의에 대해 '도덕'을 진실로 파악하지 못한 주장이라고 비판했다. 칸트에게는 이처럼 양면으로부터의 비판자가 있었지만 그와 동시에 양면으로부터의 지지자도 있었다. 그러나 독일 사상사의 흐름 속에서 칸트의 역할은 무엇보다 독일 계몽 사조의 상징으로서 수많은 추종자를 낳은 점에 있다고 말할 수 있을 것이다.

사상적 배경

『실천이성비판』에서도 그랬지만 『도덕형이상학』에서 칸트의 윤리 사상은 매우 플라톤적이다. 플라톤에 의하면, 경험적 세계는 초월적인 이데아계의 불완전한 그림자였다. 이데아는 보편적인 것으로 지상의 모든 사물은 이러한 이데아를 함께 나누어 소유하고 있다. 예를 들어 삼각형의 이데아는 보편적인 삼각형이고, 지상에 있는 개별적 삼각형의 물체는 바로 이데아의 불완전한 그림자이다. 한편, 인간의 영혼은 원래 이러한 이데아계에 존재하며 지상에서는 육체와 묶여 있으나, 인간은 육체에서 비롯된 욕망에 의해 그 영혼에 상처를 주어서는 안 된다고 했다.

칸트 역시 세계를 '본체계(또는 이성계)'와 '현상계'로 나누고, 인간 역시 실천 이성의 주체로서의 '본체인(本體人, homo noumenon)'과 육체적이자 욕망적 존재인 '현상인(現象人, homo phaenomenon)'으로 이루어진 이상, 윤리의 원천은 오직 전자에만 있다고 했다. 그리고 그로부터 공리주의 윤리학에 대한 비판을 전개했다. 의무는 오직 '의무이기 때문에**aus Pflicht**' 준수되어야 하며, 그것이 의무임을 알면 손해가 된다는 이유나 세상의 잘잘못에 대한 평가를 따른다는 이유만으로 결과적으로 '의무에 합당한 **pflichtgemäß**' 행동을 취해도 윤리적 가치는 아니라고 했다.

칸트가 '머리 위에는 별이 반짝이는 하늘, 내 마음에는 도덕률'이라고 하며 감탄을 금치 않았던 도덕률이란 무엇일까. 칸트는 '본체계'에 속하는 실천 이성은 보편적인 것이어야 하며, 구체적인 것은 '현상계'에 속하는 것이므로 '내재하는 도덕률(곧, 정언 명령)' 역시 '네 의지의 격률(곧, 주관적 원칙)이 언제나 동시에 보편적 입법의 원리가 될 수 있도록 행위하라'고 하는 추상적인 것이 된다고 했다.

그러나 칸트는 아무 내용이 없는 것처럼 보이는 추상적 윤리 원칙 속에 근대의 개인주의 윤리 사상을 집어넣었다. 그것이 바로 윤리적 인격의 존엄이라는 사상이다. 칸트에 의하면, '본체계'에 속하는 윤리적 인격은 평등한 존엄을 갖고 있으며, 단순히 다른 목적의 수단이 될 수 있는 것이 아닌 목적 그 자체로서 존중되어야만 하는 것이었다. 이와 같은 인격에 의해 형성되는 것이 '목적의 왕국das Reich der Zwecke'이다. 이 '목적의 왕국'에서 타당한 것은 자율의 윤리이며 타율적 윤리는 인격의 존엄을 모독하는 것이라고 했다.

법과 도덕

칸트의 이와 같은 이상주의적이자 관념론적인 윤리 사상은 법 사상에서 매우 현실주의적 태도를 보인다. 법 질서란 '동물적 이기심'(『세계 시민의 견지에서 본 일반사의 개념』)의 소유자인 '현상인'의 세계에 지금의 질서를 형성해야 하는 것이며, 도덕적 의사는 그러한 욕망을 완전히 지배할 수 없으므로 법 질서를 성립시키기 위해서는 그 이외의 동기를 동원하지 않으면 안 된다고 했다.

칸트는 "윤리적 입법은 외적인 것이 될 수 없지만 법률적 입법은 외적인 것이 될 수 있다"며 '도덕성Moralität'은 의무의 관념이 행동의 동기가 되어야만 하며, '합법성Legalität'은 동기에 상관없이 행위와 법칙이 일치하면 된다고 했다. 예를 들어 이기심과 공포심, 허영심 때문에 의무를 준수했다면 '합법성'의 요청은 충족되지만 '도덕성'은 충족시킬 수 없다는 것이다.

도덕률은 이성적 인격의 본질에서 필연적으로 생겨나는 것이기 때문에 당연히 자율적인 것에 비해, 법은 '현상인'으로서의 인간에 관련되는 것이므로 주권자라는 타율적 입법자의 입법이 필요하며, 그의 위반에 대해서는 공포심 등의 동기를 동원하는 강제를 수반하지 않을 수 없다고 했다. 도덕은 내면의 의지가 법을 입법하고 양심의 법정●에서 그것을 재판해 위반할 경우에는 양심의 가책이라는 제재가 내려지는 데 비해, 법은 주권자라는 외부의 입법자가 법을 입법하며 재판소라는 외부의 법정에서 위반에 대한 외적인 강제가 가해지게 되는 것이다. 원래 법의 출발점을 이루는 것 역시 도덕과 마찬가지로 자유로운 인격이다. 이러한 자유야말로 인간이 가지고 있는 생득적인 권리이다. 따라서 '그대의 의사의 자유로운 행사가 보편적 법칙에 따라 만인의 자유와 양립하도록 행동하라'라고 하는 요청이 법의 보편적 원칙이다.

그러나 이 같은 요청은 완전히 실현되지 않는다. 거기에서 이를 침해하는 자에게 강제가 가해지며, 이는 자유에 대한 침해를 배제하는 것이므로 자유의 원칙과 양립한다고 말할 수 있는 것이다.

자연법과 저항권

자연법이란 '선험적으로 이성에 의해 그 구속성을 인식할 수 있는 외적 입법'이며, 자연 상태에서 이미 타당한 것이다. 예를 들어 주인이 없는 물건의 선점, 계약의 구속력, 일부일처제, 부모의 보호·양육의 의무와 친권 등이 그에 해당한다. 그러나 자연 상태는 일종의 무법 상태이므로 권리에 대한 분쟁이 일어날 때에는 그것을 재판할 사람이 존재하지 않는다. 거기에서는 상대방에 대한 폭력에 대해 무방비 상태가 되며, 각각의 개인은 자기의 정의관에 따라 행동하는 무질서 상태이기 때문에 사람들은 단결하여 법과 그를 실현하기 위한 충분한 힘을 갖춘 상태(국가 상태)로 이행하지 않을 수 없게 된다. 국가란 자연법에 제시되어 있는 소유와 기타의 권리 관계 그리고 '각 개인에게 그 자신의 것을 suum cuique'이라는 자연법을 확보하기 위한 것이며, 자연법은 국가 상태에서도 '개인적인 법, 곧 사법私法'으로 존속하게 된다. 여기에서 사법(민법)이 자연법이며, 공법이 곧 실정법이 되는 것이다.

자연 상태에서 국가 상태로의 이행은 '근원적 계약'에 의해 이루어진다. 그러나 이 계약은 역사적인 사실이라기보다는 국가의 정당성에 근거를 부여해 주기 위한 이론적 구성에 불과하다는 것이 자각되고 있다. 또한 그 계약은 특정한 목적을 위해 생득적 자유의 일부를 희생(존 로크)하는 것이 아니라, 야만적이자 무법적인 자유를 전면적으로 포기하고 자기의 입법적 의사에 기초한 법칙에 자발적으로 복종함으로써 일종의 수준 높은 자유를 얻는 것이다. 이 점에서 칸트는 루소의 후계자라고 말할 수 있다.

주권자가 자연법을 침해했을 경우에 그에 저항하는 일이 허용될 수 있는가. 칸트는 단호하게 그것을 부정했다. 주권자는 정당성과 합법성에 관한 인정권을 독점하고 있으므로 그에 도전하는 것은 법적 상태 그 자체의 가능성에 도전하는 것이 되며, 그 때문에 반역죄로 처벌되어야 한다고 했다. 기껏 가능한 일이란 이의 신청과 소극적인 저항이라고 했다 (이것이 칸트의 진의일까, 아니면 프리드리히 빌헬름 2세의 압력에 직면한 '노예의 발언'일까에 대해서는 여전히 많은 주장이 엇갈리고 있다).

형벌의 본질

칸트의 형벌이론은 절대주의의 응보형벌론의 대표적인 것으로 널리 알려져 있다. 칸트에 의하면, 형벌은 죄와 벌의 균형, 곧 동등한 피해 보복jus talionis의 원칙에 의한 것이어야만 했다(응보형벌론●). 이는 정의의 절대적 요청으로 현실적 고려를 통해 왜곡될 수 있는 성질의 것이 아니었다. 칸트는 '(죄를) 저질렀기 때문이 아니라 저지를 수 없도록 하기 위해 벌한다'는 목적형벌론의 공리주의적 형벌론을 강력히 부정했다.

"정의가 멸망한다면 인류가 생존한들 무슨 가치가 있는가."

"무엇인가의 대가를 통해 살 수 있는 것이 정의라면 그것은 정의가 아니다."

이처럼 국가가 전 국민의 합의에 의해 해산될 때라도 살인범을 처형한 뒤에 해산해야 한다는 것이 칸트의 주장이었다.

베카리아(이탈리아의 형법학자)는 "누구든 자신의 생명을 처분할 수 없으며, 국가의 계약으로 사형에 합의한다는 것은 있을 수 없기 때문에 사형은 부적절한 형벌이다"라고 주장했다. 이에 대해 칸트는 사회 계약을 맺은 주체는 '본체인'인 자아일 뿐 범법자인 '현상인'이 아니며, 사형은 일반적으로 형벌 법규를 법률로 정한 데 불과하므로 부적절한 법은 아니라고 했다.

국제법

칸트는 '국제연맹' 이념의 창시자로도 널리 알려져 있다. 이미 『세계 시민의 견지에서 본 일반사의 개념』(1784)에서 국제 사회는 '야만적 무법 상태'이지만 실천 이성의 요청에 기초해 그 같은 상태에서 벗어나 "최소 규모의 국가일지라도 자신의 힘이나 법적 판단이 아닌 거대한 국제연맹에 의해 그의 안전과 권리가 지켜질 수 있는 상태로 나아가야 한다"고 주장했다.

『영구 평화를 위하여』(1795)에서는 자유로운 국가들의 연맹 위에 기초를 둔 항구적 평화를 수립하기 위해서는 상비군을 점차 폐지하고 전쟁을 위한 국채를 금지시키는 등의 구체적인 방안을 제안했다.

『인류의 형이상학』(1797)에서는 모든 국가를 포괄하는 국가 연합은 한 번에 달성되기가 곤란하므로 몇몇 국가에 의한 상설적 국제 회의를 통해 분쟁의 법적 해결을 시도하고 영구 평화라는 궁극적인 목표를 향해 접근해 가야 한다고 주장했다.

기타

『도덕형이상학』에는 그 밖에도 주목할 만한 주장이 다수 포함되어 있다. 이를 간략히 살펴보면 다음과 같다.

(1) 식민지주의●의 비판 : 야만인을 교화한다는 명목 아래 아메리카 인디언 등에게 사기와 폭력을 사용해 토지를 빼앗고 식민지를 건설하는 행위는 부정한 것으로 비난받아야 마땅하다고 지적했다.

(2) 혼인 : '성을 달리하는 두 인격체가 평생 상대방의 성을 독점하는 계약'이라는 결혼에 대한 칸트의 정의는 매우 즉물적인 것으로 유명하지만, 칸트 자신은 일부일처제의 혼인만이 인간성에 적합한 성적 결합이며 바람과 매춘 등은 극히 동물적인 것이라고 여겼다. 또한 부부의 성적 결합을 결혼의 본질로 보아 자식을 낳고 기르는 것은 부차적 성격에 지나지 않는다고 주장한 점 역시 주목할 만하다.

(3) 저작권 : 칸트는 저작권이라는 무형의 재산권을 물권으로 간주하

고 서적의 소유권과 구별해 별도로 보호할 것을 주장했던 선구자 가운데 한 사람이다.

(4) 입법권 : 입법권은 국민의 결합된 의사에만 속하는 것이다. 국민은 스스로 동의한 법률 이외에는 복종할 의무를 지니지 않는다. 실제로 독립성을 지니고 있지 않은 피고용자와 여성에게 선거권을 주어서는 안 된다고 한 점도 주목의 대상이다.

(5) 정체론 : 절대군주제는 폭정에 빠질 위험성이 있으므로 위험한 것이라고 여겼다. 또한 자유의 원리는 공화제에서 실현되지만 실제의 제도로서는 대의제 형태로 실현시켜야 한다고 주장했다.

NOTES

양심의 법정
인간의 마음속에서 신으로부터 부여받은 양심이 재판관이 되어 욕망과 정념 등을 재판한다고 하는 사상으로, 그리스도교의 윤리 신학 속에서 발전했다.

응보형벌론
형벌의 본질을 응보적 정의에 바탕을 두는 학설이다. 형벌은 목적을 위한 수단이라는 목적형벌론(위협을 통해 일반인의 범죄를 억제할 수 있다는 일반예방설과 교육 또는 교정에 의해 범법자의 재범을 방지할 수 있다는 개별예방론으로 나뉜다)과 대립된다.

식민지주의
서유럽 열강은 야만인들은 '문명'이나 '이성'이 결여된 존재이므로 그곳의 토지에 대한 통치권과 소유권은 무효라고 간주하며 '무주물 선점無主物 先占'이라는 법 이론에 따라 세계를 분할했다.

도덕과 입법 원리 입문
(Introduction to the principles of morals and legislation)

 "쾌락을 조장하고 고통을 덜기 위한 능력을 도덕 및 입법의 기초로 삼아야 한다"고 주장한 공리주의 철학의 아버지인 벤담은 분석법학의 선구자로도 손꼽힌다. 17장으로 이루어진 이 책의 모든 장을 통해 쾌락과 고통을 개인적 수준에서 사회적 수준까지 여러 각도로 언급하고 있다.

INTRO

벤담(1748~1832)은 1748년 런던에서 변호사의 아들로 태어났다. 이후 변호사를 거쳐 나중에 민간 연구자가 되었다.

인생의 목적은 '최대 다수의 최대 행복'의 실현에 있다는 공리주의의 원칙은 프랑스혁명이나 산업혁명에 조금 앞서 제창되었으나, 이는 영국의 부르주아지들에게 격동기의 입법을 유도할 수 있는 사상으로 받아들여졌다. 특히 『고리대금의 변호』를 통해 벤담이 주장한 자본주의적 경제 이론은 밀 부자에 의해 계승되었다. 또한 벤담의 법실증주의적 법 개념 분석은 친구였던 존 오스틴에 의해 크게 발전하며 영국 법학계에 분석법학●파라는 커다란 조류를 형성했다.

이 책 『도덕과 입법 원리 입문』(1789)은 1890년대 동양에서 최초로 일본에서 번역되었으나 독일 철학의 영향이 강한 일본의 사상 풍토에서는 천박한 것으로 여겨지며 그다지 중시되지 않았다.

영국에서도 '쾌락은 그 자체로서는 선이며, 고통은 그 자체로서 악'이라는 명제에 대해 G. E. 무어가 『윤리학의 원리』(1900) 속에서 이를 '자연주의적 오류'라고 배척했기 때문에 이론적 윤리학의 세계에서는 과거의 지나간 사상 정도로 여겨졌다.

그러나 적어도 현실의 자본주의 세계에서는 이론이나 사상에 앞서 이처럼 욕망이 요즈음에도 여전히 기세를 부리고 있다.

블랙스톤과 벤담의 악연

옥스퍼드대학교의 법학 교실에서 윌리엄 블랙스톤의 영국법 강의가 계속되고 있었다. 학생들은 한마디라도 놓칠세라 노트 위에 펜을 바쁘게 굴렸다. 그런데 단 한 청년, 아니 소년은 필기도 하지 않을뿐더러 고통스러운 얼굴로 팔짱을 끼고 있었다. 때는 1763년이었고, 이 소년은 15세의 제러미 벤담이었다. 그는 친구가 "왜 필기를 하지 않느냐"고 묻자, "교수의 강의가 맞는 것인지 틀린 것인지 생각하는 중이어서 내용을 적을 시간이 없다"고 대답했다.

그로부터 13년 뒤인 1776년에 영국 법학계는 블랙스톤을 정면으로 비판한 익명의 출판물의 저자를 찾아내려고 부산을 떨었다. 여러 사람의 법학자들이 거론되면서 영국의 식민지 정책에 관한 비판으로 이름이 나 있던 에드먼드 버크도 지명되었는데, 이러한 소동을 지켜보던 버크의 아버지가 나서서 결국 제러미 벤담의 이름을 표지 위로 끌어내게 되었다. '미지의 저자'에 대한 부푼 기대가 '무명의 저자'로 나타난 것에 대해 배신감을 느끼게 되었는지 독자들의 열의는 곧 싸늘하게 식었고 판매 부수도 급속히 감소했다.

독실한 그리스도교 신자이자 자연법론자인 동시에 영국의 판례법 체계의 찬미자이기도 한 블랙스톤과 달리, 벤담은 흄과 같은 회의론자나 클로드 아드리앵 엘베시우스●와 같은 무신론자에게 친근감을 가진 계몽 사상가였다. 특히 사회의 진보에 대응해 입법을 통한 법 제도의 합리화라는 주장을 지론으로 가지고 있었기에 블랙스톤의 판례법 찬미를 보수주의, 곧 진보의 '적'으로 간주한 것이었다.

블랙스톤에 대한 신랄한 비판은, "비굴하고 잘못된 작은 지혜가 낳은 어린애 같은 역설은 제정신을 가진 남자라면 참기 어려운 것이다. 이는 다만 현실을 기만하는 이야기로 독자들의 눈을 어지럽히고 혼란시킬 뿐이다"라는 말에서도 엿볼 수 있다. 그 옛날의 소년 벤담이 블랙스톤의 저 유명한 강의를 어떤 기분으로 듣고 있었는가를 가히 추측할 수 있다.

쾌락과 고통이라는 공리의 원칙

"자연은 인류를 고통과 쾌락이라는 두 주권자의 지배 하에 두었다. '우리가 무엇을 하지 않으면 안 되는가What we ought to do'를 지시하고 '우리가 무엇을 할 것인가What we shall do'를 결정하는 것은 고통과 쾌락뿐이다."

이 말은 유명한 『도덕과 입법 원리 입문』의 서두에 적혀 있는 말이다. 벤담은 이 책에서 주장하는 '도덕과 입법 원리 입문'의 근거가 되는 원리로 "행위의 옳고 그름은 그것이 사람들에게 행복을 가져오고 있는지의 여부에 의해 판단되어야 한다"는 '공리의 원리the principle of utility'를 꼽고 있다. 이 책의 1822년판의 주에는 이 원리가 '최대 행복의 원칙'으로 바뀌어 적혀 있으나, 유명한 '최대 다수의 최대 행복'이라는 표어는 이미 『통치론 단편』속에서부터 등장하고 있다. 원래 이 말은 이탈리아의 법학자 베카리아가 처음 사용한 것으로, 거기에 담긴 사상은 클로드 아드리앙 엘베시우스와 존 로크를 거쳐 그리스 로마의 고대 철학까지 거슬러 올라가는 것이었다.

벤담은 이 원칙에 어떤 근거를 부여하려고 했는가.

"직접적인 증명은 불가능하며 또한 불필요하다. 아무리 어리석고 성격이 비뚤어진 인간일지라도 자신의 대부분의 일생을 통해 이 원리에 경의를 표하지 않은 자는 없다. 인간의 자연적 성질에 따른다면 인간은 대개의 경우 별다른 의도 없이 이 원칙을 보유하고 있는 것이다."

"공리의 원칙에 반론을 제기하고자 하는 자 역시 알게 모르게 그 반론의 근거를 이 원칙에서 찾고 있다('공리의 원칙이 위험하다'고 보는 자들도 있으나 그것은 공리의 원칙에서 보아서 위험한 것일 뿐이다). 이런 견해는 원칙의 오류가 아닌 그 적용의 오류를 지적한 데 지나지 않는 것이다."

또한 예를 들어 금욕주의자라는 인종이 있으나, 금욕주의자란 원래 현재의 쾌락이 미래의 불행으로 이어진다고 믿으며 현재의 행복을 멀리하고자 하는 자로서, 그 역시 공리 원칙의 (잘못된) 적용에 불과한 것이라고 했다.

공공의 이익이란 개인의 이익의 합계

벤담은 개인주의자 또는 사회적 원자론자●로서 "윤리학에서는 공공의 이익이라는 것을 말하지만 공공이란 의제적 존재에 불과하며, 실제로 공공의 이익이란 다름 아니라 그것을 구성하는 모든 개인의 이익의 합계에 불과한 것"이라고 했다. 그에 의하면 정부 시책의 좋고 나쁨 역시 모든 개인의 이익의 합계를 증가시킬 수 있는지의 여부에 의해 판정되는 것이 된다. 여기에서 그 판정 방법이 문제시되지 않을 수 없는데, 벤담은 그것을 시의 형식을 빌려 정식화하고 있다.

쾌락의 증거는 항상enendure 이것
강하고 길고 확실하고 빠르며 풍요롭고 순수한pure 것이지
자신의 목적end이 만족한다면.
공적이라면, 이런 쾌락을
많은 이들에게 퍼지게extend 해
그대의 고통을 보는view 것은 피하고
피하기 어려운 고통은 소수few에게.

원래 벤담 역시 "그와 같은 측정이 모두 윤리적 판단이나 입법 및 재판에 의해 엄격하게 행해지는 것은 아니지만 항상 그러한 점에 집중해야 할 것이다"라고 말하고 있다.

동기 자체는 선도 악도 아니다

그런 다음, 입법과 재판을 할 때 고려해야 할 쾌락과 고통의 종류, 인간의 의식 그리고 행동에 대한 긴 서술이 이어지고 있다. 그 가운데 흥미를 끄는 대목은 '동기'를 논한 장에서 가치적 용어를 통해 잘못 유도될 위험성을 지적하고 있는 점이다. 벤담에 의하면, "어떠한 동기라도 그 자체로서는 선도 악도 아니다"라고 하며, "그러나 불행하게도 동기 자체만을 지시하는 명사가 존재하는 일은 매우 드물고 대부분의 경우 그것은 선악의 평가와 이어져 있다"라고 했다.

예를 들어 경건piety이라든가 명예honour와 같은 단어에는 선한 가치 판단이 연결되어 있다. 그러나 이 동기는 언제라도 악한 행동을 낳을 수 있다. 감각적 욕망은 '육욕sensuality'이라고 불리고, 성욕은 '색욕lasciviousness', 부에 대한 욕망은 '탐욕avarice', 명예욕은 '허영심vanity', 권력욕은 '야심ambition', 고통에 대한 공포는 '겁쟁이cowardice'로 일컬어지면서 당연히 악한 것처럼 사용되고 있으나, 이에 대한 동기 그 자체는 선도 악도 아닌 것이다.

따라서 재판을 할 때에는 피고의 행동을 표현하는 동기는 될 수 있는 한 중성적 단어로 표현해야만 하며, 앞에서와 같은 가치적 용어를 사용해 사전에 가치 판단을 내려서는 안 된다고 했다.

법의 목적은 사회 행복의 증진에 있다

"정부의 임무는 상벌을 통해 사회의 행복을 증진시키는 데 있다"라는 말 가운데 형벌을 가하는 임무에 대한 분석이 이 책의 주제이다.

형법 이론에서 벤담은 당연히 목적형벌론의 주장자이다. 그렇지만 공리의 원칙에 입각해 무의미하거나 의미가 적은 형벌을 억제하고자 한 점에서 베카리아와 나란히 형벌 권력에 대항해 인권 옹호를 체계적으로 주장한 선구자라고 말할 수 있다. 벤담은 이렇게 말하고 있다.

"모든 법에서 그 일반적 목적은 사회의 행복을 증진시키는 것이다. 따라서 행복을 감소시키는 경향이 있는 것은 가능한 한 모두 제거할 필요가 있다. 곧, 해악을 제거하는 것이다. 그러나 모든 형벌은 그 자체로서 악이며 해악이지만 공리의 원칙에 따른다면 보다 큰 죄악을 제거한다는 예상이 이루어지는 경우에만 허용되어야 한다."

그렇지만 예를 들어 피해자의 동의가 있을 때나 그 행위의 해악보다 이익이 더 클 때처럼 형벌을 가할 근거가 없는 경우, 사후 입법과 재판관의 월권, 국민들에게 법의 내용을 주지시키려는 노력을 게을리했을 때나 미성년, 광기, 착각, 정당방위, 긴급 피난, 불가항력 등과 같이 형벌의 효과가 적은 경우, 여론의 반대와 외국 정부의 반대 등 형벌이 이익이 되지 않는 경우, 교화 등을 통해 범죄를 방지하고자 하는 것처럼 형벌이 불필요한 경우 등에는 유해한 행위일지라도 형벌을 가할 필요가 없다고 했다. 또한 비용의 측면에서도 범죄 방지 비용이 범죄의 해악보다 더 많을 경우에는 형벌을 가해서는 안 된다고 주장했다.

감옥 행정의 개혁 또한 벤담이 정열을 쏟은 대상이었다. 가장 먼저 프랑스어로 출판된 『입법의 원리』(1802)에서 벤담은 당시의 감옥 상태를 '악덕의 학교', '범죄의 대학academies of crime'이라고 일컬으며, 감옥에서는 가장 악독한 자가 교사가 되어 모두에게 수치심을 버리게 하고 악덕을 더욱더 조장한다고 했다.

그는 중앙에서 전체를 모두 감시할 수 있는 원형식 독방제 감옥(파놉티콘●)을 구상해 제안했고, 영국 정부는 런던에 이 같은 형식의 감옥을 건설했다. 사형에 대해서도 오판의 경우 회복이 불가능하다는 점에서 비판적 견해를 보였다.

기타

이 책에는 그 밖에도 주목할 점이 많으므로 그것을 간략히 소개한다.

⑴ 종교 : 벤담은 신이 존재하는지의 여부에 관한 논쟁에는 가담하지 않았지만 종교, 특히 종교적 광신은 공리주의적 원칙을 위반하는 것이라고 지적하며, 순교·성전·박해 등을 비난했다. 그는 "만일 루이 14세가 종교를 갖지 않았더라면 프랑스는 그 귀중한 국민들 80만 명을 잃지 않고 구제할 수 있었을 것이다. 그러나 종교가 요구하는 바가 점차 공리의 원칙에 접근해 오고 있다는 점은 경하할 만하다"고 했다.

⑵ 자연법 : "인간성에 적합한 유일한 선악의 기준은 공리의 원칙이며 자연법이 그것을 의미하는 것이라면 아무런 문제도 생기지 않으나, 때때로 선악에 대한 주장자들의 감정이 자연법의 이름으로 그를 주장하고 있다. 이는 대부분의 경우, 공리의 원칙을 위반하는 전제적 태도로 매우 유해한 것이다."

⑶ 여성 : "여성은 남성보다 쉽게 감정적이 되며 체력과 지구력, 강인한 마음 등에서 남자보다 뒤떨어지지만 도덕적·종교적 감수성과 동정·반발의 감성은 더욱 강하다. 종교성은 남녀에게 큰 차이가 없

지만 여성 쪽이 더욱 미신을 따르기 쉽다. 또한 여성은 동정심의 폭이 매우 좁고 공리의 원칙에 대해서도 남성만큼 쉽게 친숙해지지 않는다. 그러나 이는 환경의 소산이라는 측면이 크다. 기혼이나 미혼에 관계없이 여성을 행위 무능력자로 보는 것은 원인과 결과를 착각한 것이다. 이는 전제 지배자가 권력을 휘둘러 민중을 바보로 만들어 놓고 민중은 어리석기 때문에 권력을 줄 수 없다고 하는 것과 마찬가지이다."

(4) 법학 : 벤담은 법학을 '법이 어떻게 존재하는가'를 인식하는 기술적expository 법학과 '법은 어떤 형식으로 존재해야 하는가'를 인식하는 비판적censorial 법학으로 구분할 필요성이 있음을 강조했으며, 블랙스톤은 이 두 가지를 혼동하고 있다고 비판했다. 이는 '과학으로서의 실정법학'으로, 곧 존 오스틴 등의 분석법학이나 켈젠의 순수법학의 선구가 된다고 말할 수 있다.

(5) 국제법 : 오늘날 일반적으로 국제법은 인터내셔널 로international law 라고 불리고 있으나 이는 벤담이 지어낸 말로, 당시까지는 로 오브 네이션law of nations이라고 지칭되었다. 로 오브 네이션은 라틴어의 주스 젠티움jus gentium에서 연유한 말로, 본래는 '만민법', 곧 로마 제국 안의 여러 민족들 사이의 법적 관계를 규제하는 것이었다. 이를 오늘날의 용어로 말하면, 국제 민법과 같은 국내법에 해당되므로, 이를 국제법과 구별하자고 주장한 것이었다.

분석법학

영국의 법학자인 존 오스틴(John Austin, 1790~1895)이 제창한 법학의 한 조류. 오스틴은 법학상의 기본 개념의 논리적 분석과 체계화를 위해 노력했다.

클로드 아드리앵 엘베시우스(Claude Adrian Helvetius, 1715~1771)

프랑스의 계몽사상가. 감각만이 유일한 인식의 원천이라며 인간은 태어날 때에는 백지상태이지만 교육에 의해 일체의 인격이 형성되며 또한 도덕의 기초는 이기심에 있다고 주장했다.

사회적 원자론자social atomists

물질이 원자의 집합이듯 사회는 개인의 집합으로, 개인을 넘어서 국가나 사회와 같은 초월적 실재는 존재하지 않는다고 주장하는 사람들. 따라서 이들은 공익은 사익의 합계에 불과하다고 주장한다.

파놉티콘Panopticon

그리스어로 '모든 것을 볼 수 있다'는 뜻을 지닌 용어로, 중앙에 있는 간수 자신의 모습은 보이지 않으면서 죄수들의 모든 행동을 감시할 수 있도록 만들어진 감옥. 벤담은 지붕을 유리 천장으로 해야만 한다고 주장했다.

법철학 강요
(Grundlinien der Philosophie des Rechts)

국가 철학의 논리 전개를 자유의 개념에서 출발한 『법철학 강요』는 새로운 민주주의가 모색되고 있는 오늘날 우리에게 문제의 소재와 그 해결 방법을 시사해 주며, 아울러 사고의 방법에 대해서도 많은 것을 제시해 주고 있다.

INTRO

헤겔(1770~1831)은 1770년 독일 남부의 슈투트가르트에서 관리의 아들로 태어났다. 그의 가계는 선조 대대로 프로테스탄트 신자였다. 1788년 튀빙겐신학교에 입학해 횔덜린(Friedrich Hölderlin, 1770~1843), 셸링(Friedrich Wilhelm Schelling, 1775~1854) 등과 친교를 맺으며 서로 깊은 영향을 주고받았다.

1801년부터 7년에 걸쳐 예나대학교의 임시 강사와 원외 교수가 되었으며, 그동안 칸트와 피히테의 입장에서 셸링으로 사상을 전환했고, 마침내 독자적 입장에서 셸링을 비판하기에 이른 『정신현상학』(1807)을 간행했다. 이해 나폴레옹군에 의해 예나대학교가 폐쇄되어 실직하게 된 헤겔은 베를린에서 신문 편집에 종사하며 생계를 유지했다.

1808년부터 뉘른베르크 김나지움의 교장이 되고, 이곳에 재직하면서 『철학입문』과 『논리학』을 출판했다.

1816년 하이델베르크대학교의 철학 교수가 되었으며, 『철학강요』를 출판했다. 1818년 피히테의 후임으로 베를린대학교에 초빙되었으며, 1821년에 『법철학 강요』을 출판하고, 1829년에는 대학 총장에 취임했다.

그동안 철학사와 미학, 종교철학, 역사철학, 법철학 등을 강의하면서 독일 학계에 커다란 영향을 미치며 헤겔학파를 형성하게 했다. 1831년 콜레라에 걸려 죽었다.

법과 국가의 본질을 '자유'에서 추구

『법철학 강요』에서 헤겔의 출발점을 이루고 있는 것은 법과 국가에 관한 고찰이 '학문**Wissenschaft**'으로 확립되어야 한다는 점이다. 헤겔에 의하면 '학문'이란 사물을 객관적 필연성(법칙)에 의거해 파악하는 것이며, 아울러 사물을 그 본질의 자기 전개로서 서술하는 것이다. "이성적인 것이야말로 현실적인 것이며, 현실적인 것이야말로 이성적이다"라는 유명한 말은, 현실의 존재 속에는 이성, 곧 법칙이 관철되어 있으며, 따라서 그 본질적인 것을 파악하는 것이야말로 현실적으로 사물을 참되게 이해하는 방법이라는 헤겔의 기본적 입장을 요약한 말이다. 『법철학 강요』에서 이 같은 본질에 해당하는 것은 '자유로운 의지'이다. 이러한 이유로 『법철학 강요』 전체는 '자유 실현의 단계적 순서'라는 형태로 서술되어 있다. 이는 법학을 일종의 사회 법칙에 관한 과학으로 확립시키고자 한 연구의 선구적 업적이며 동시에 법과 국가의 본질을 '자유'에서 추구했다는 점에서 헤겔 사상이 근대 시민혁명(특히 프랑스혁명)의 기반 위에 서 있는 것을 명백히 밝혀 주고 있다(다른 한편에서 헤겔이 프랑스혁명을 비판한 점에 대해서는 후술한다).

이러한 헤겔의 '자유로운 의지●'가 최초로 취하는 형태는 자연과 인간의 직접적인 관계이다. 이는 제1부의 '추상적인 권리(법)'에서 논해지고 있다. 여기에서 헤겔은 먼저 근대 시민법의 기본적 세 가지 요소인 인격(법적 관계의 주체)과 소유(주체와 자연 대상과의 관계), 계약(대상을 매개로 한 사람과 사람과의 관계)에 대해 원리적으로 파악하고 있다. 근대 시민법을 이 같은 세 가지 요소를 통해 파악하는 것은 오늘날의 법학에서도 인정되고 있다(더욱이 헤겔은 '불법' 부분에서 민사상 및 형사상의 불법을 논하고 있다).

이어서 헤겔은 제2부에서 '자유로운 의지'가 그 내면을 향해 반성적이 될 때 나타나는 '도덕'을 논하고 있다. 이 부분은 칸트의 도덕론을 전제로 한 것으로, 헤겔은 칸트가 인간의 내면적 자율성을 이론화한 공적을 높이 평가했다. 그러나 헤겔은, 칸트의 도덕론은 '도덕 법칙'이 '의무를 위한 의무'에 지나지 않는 '공허한 형식주의'라는 점을 지적하며, 도덕론도 구체적인 '내용'을 전제로 하며 무엇이 선인가를 현실적으로 제시해야만 한다고 강조하고 있다.

여기에서 개인의 자유와 관련지어 실제 사회의 선한 질서를 문제 삼아야 한다는 결론을 이끌어 내며 이어서 제3부 '윤리(인륜)'로 옮겨 가고 있다.

가족은 국가에서 '제1의 토대'

헤겔이 '윤리' 부분에서 가장 먼저 다루고 있는 것은 가족이다. 헤겔의 가족론의 특징은, 가족을 자립한 모든 개인의 '애정'에 기초한 관계로 본 데 있다. 이러한 입장에서 헤겔은 봉건적 '집안' 제도를 비판하며 부권과 친권의 제한을 주장하고 또 나폴레옹의 민법전에 근거한 균분상속제를 주장하고 있다.

이 같은 헤겔의 가족관을 보면, 그것은 근대적인 단혼의 소가족적인 것을 전제로 하고 있다. 여기에서도 헤겔의 사상이 봉건적 제도가 아닌 근대적 자유에 기초한 제도를 옹호하는 입장에 서 있음을 알 수 있다. 더욱이 헤겔은 '사랑과 신뢰와 순종'을 기초로 한 가족 구성원의 연대를 중시하면서 그 같은 마음이야말로 국가 생활에서 연대성을 이루는 하나의 기반이 된다고 하며, 가족은 '국가에서 제1의 토대'라고 말하고 있다. 이와 같은 의미를 지닌 가족이란, 다른 한편에서는 근대 시민 사회의 경제 법칙에 의해 가족이 해체의 위기에 놓여 있는 점을 꿰뚫어 보며 그 근대적 가족의 운명을 냉정한 눈으로 지켜본 것이기도 하다.

'가족'에 이어 헤겔은 '시민 사회'를 논하고 있다. '시민 사회'란, 사회 관계 가운데 주로 경제 활동을 중심으로 한 측면을 말하는 것으로, 헤겔은 이를 정치를 중심으로 한 측면인 '국가'와 구별하고 있다. '시민 사회'와 '국가'의 분리라는 현상은, 신분 관계를 통해 경제 활동과 정치가 일체화되어 있던 전근대 사회와 달리 근대 사회에 있는 특유한 것이었다. 이같은 현상을 최초로 그리고 이론적으로 파악해 낸 것이 헤겔의 『법철학 강요』이다.

'시민사회론'에서 나타난 헤겔의 특징은 평등한 각 개인의 경제적 자유('특수성'의 계약)가 옹호되어야 할 필연성을 지닌 것으로 보고 있다는 점이다. 헤겔은 이 같은 전제에 입각해 애덤 스미스 등의 고전학파 경제학에 대한 연구를 참고로 근대 시민 사회의 '욕망의 체계'의 법칙을 밝히고 있다. 헤겔은 '시민 사회'는 이기적인 각 개인의 상호 관계로 맺어져 있기 때문에 결국에는 필연적으로 '방탕한 향락과 비참한 빈곤'으로 이행하게 된다고 봄으로써 자본주의의 사회 문제를 일찌감치 간파하고 있었던 것이다. 헤겔은 '시민 사회'의 이 같은 황폐화 작용으로부터 사회 질서를 회복하기 위해 '국가'를 그다음 번 과제로 문제 삼고 있다.

신분이나 직업 단체는 국가의 '제2의 토대'

『법철학 강요』은 '추상적 권리(법)'와 '가족', '시민 사회' 부분에서는 진보적인 날카로운 분석을 보였지만, 그에 비해 '국가' 부분은 현상을 긍정하며 보수적이어서 그 정체를 잃었다고 종종 비판되고 있다. 분명히 여기에서는 예를 들어 '절대 부동의 자기 목적'이라고 절대화되어 있는 국가나 (입헌)군주제가 최고의 제도로 국가에서 본질적인 것이라고 말하는 등의 편견이 나타나 있다.

그렇지만 이런 점만 가지고 헤겔을 일방적으로 국가주의자라고 몰아 붙일 수는 없다. 헤겔은 앞에서의 두 가지 사항에서 전자에 관해서는 '오늘날에는 개인의 주체적인 자유가 고려되어야만 한다'는 점, 후자에 관해서는 봉건적 또는 절대주의적 군주제와 달리, '오늘날의 군주제의 존재는 명목적인 것이고 현실적으로는 법률이 보다 중요한 힘을 가지고 있다'는 점을 인정하고 있다.

오히려 '국가' 부분에서 헤겔이 실로 주장하고자 했던 것은, 개인의 자유가 더욱 확대되는 동시에 '시민 사회'의 이기심으로 가득 차게 되는 자유와 프랑스혁명에서 자코뱅적인 폭도들이 보인 무정부적 자유를 어떻게 하면 극복하고 선한 사회를 실현시킬 수 있는가 하는 점이었다. 그를 위해서 헤겔은 개인과 국가가 '유기적'으로 매개●되어야 한다고 생각했다. 예를 들어 헤겔은 다음과 같이 말하고 있다.

"군주와 국민밖에 없는 전제 국가에서 국민이 행동할 때란 단지 조직에 대한 파괴적 대중으로 행동할 때뿐이다. 그러나 군중 역시 유기적으로 일어날 경우에는 스스로의 이익을 법과 질서에 적합한 방식으로 실천한다."

'유기적' 매개란 이미 가족론 속에서 가족을 '국가에서의 제1의 토대'라고 상정한 점에서도 엿볼 수 있다. 헤겔은 더욱이 '시민 사회'에서도 이기적 개인이 선한 사회의 전제인 공공적^{公共的} 마음을 갖게 되는 제1조건으로 '교양의 수련'을 강조하고 있으며, 또한 신분이나 직업 단체를 국가의 '제2의 토대'로 간주해 동일한 신분을 지닌 사람들의 공동 협업적 관계가 공공적 마음을 함양하게 할 것이라는 기대를 내비치고 있다.

이와 같은 바람은 '국가론'에서도 나타나고 있다. 헤겔은 국가에서의 일방적 중앙 집권화가 아니라, 중앙 집권화와 함께 다른 한편에서 직업 단체나 지방 자치 단체에 의한 자치가 확보되어야 하며, 그 같은 자치를 통해 함양되는 단체 정신이야말로 '유기적인' 국가를 가능하게 할 것이라고 주장했다.

헤겔이 신분 제도에 의한 의회를 구성하고자 주장한 것 역시 이 같은 바람을 나타낸 것이다(이상과 같은 제도를 통해 수립되며,『법철학 강요』의 출발점을 이루는 '즉자적 그리고 대자적 자유'란 공공적 마음이 깃들어 있는 자유를 뜻한다).

이상은 헤겔이 프랑스혁명의 자유나 근대 자연법 이론●적 자유의 입장과 아리스토텔레스 이래의 고전 정치학적의 입장인 신분제적이며 다원적인 국가의 입장을 결합시키고자 하는 바람을 나타낸 것으로,『법철학 강요』의 부제로 '자연법과 국가학 강요'라는 제목을 붙인 것은 실로 이러한 두 가지 입장을 잘 말해 주고 있다.『법철학 강요』는 그 같은 종합적 입장에서 '진실한 자유의 바람직한 모습'을 추구한 저술이다.

NOTES

자유로운 의지
개인의 의지를 사회론의 단서로 삼았던 것은 홉스와 로크 등 근대 자연법 이론의 전통이다. 헤겔 역시 그 점에서 전통의 연장선상에 서 있다고 말할 수 있다. 그렇지만 헤겔은 의지의 본질이 자유라고 말하고 있다.

개인과 국가의 유기적인 매개
개인의 자유와 국가의 주권을 양립시키는 동시에 긴밀하게 연결시키는 것. 헤겔은 이를 개인의 자유라는 '특수성'과 국가적 '보편성'이 일치하는 '개별성'의 입장이라고 중시했다.

고전 정치학과 근대 자연법 이론
전자는 사회를 개인을 초월한 존재로 간주하며, 개인은 그 속에서 자신의 분수에 따라 살아야 한다고 주장했다. 후자는 이 같은 사상을 부정하며 사회는 자유로운 개인의 의지가 낳은 산물에 지나지 않는다고 주장했다.

로마 법의 정신
(Der Geist des römischen Rechts)

이 책에서 예링은 한 소도시의 시민법에 불과했던 로마 법이 세계법·만민법으로 발전해 나간 과정을 사회적·경제적·정치적 배경과 관련시켜 서술하고 있다. 법사회학의 선구적 업적으로 저자 자신의 법 사상이 풍부하게 담겨 있어 독일의 근대 사법학 사상을 파악하는 데 더없이 훌륭한 교과서로 널리 읽히고 있다.

INTRO

『로마 법의 정신―그 다양한 발전 단계에 대하여』(1852~1865)의 저자인 예링(1818~1892)은 저명한 독일의 민법학자로, 독일 북부 하노버의 소도시 아우리히에서 태어났다.

아버지는 변호사였는데, 그의 집안은 16세기 이후 대대로 관리와 법관을 배출해 온 집안이었다.

하이델베르크대학교와 괴팅겐대학교, 베를린대학교에서 공부했으며, 1868년에는 빈대학교의 로마 법 교수가 되었다.

법사회학의 아버지라고도 불리며, 사회의 필요성을 강조하면서 벤담의 개인주의적 접근 방식과 실용주의 철학을 발전시켰다.

주요 저서로는 이 책을 비롯해 법을 목적의 관점에서 법사회학적으로 고찰한 『법에 있어서의 목적Der Zweck im Recht』(제1권 1877년, 제2권 1884년, 미완)과 민법의 점유론에 커다란 영향을 미친 『점유 의사론Der Besitzwille』(1889) 등이 있다.

그 밖에도 법인론과 착각론, 불법 행위론 등의 여러 논문을 통해 민법학 발전에 크게 이바지했다.

또한 그가 지은 『권리를 위한 투쟁 Kampf ums Recht』(1872)은 법률 계몽 서적으로 유명하며 '개념 법학'을 선구적으로 비판한 『법학희론Scherz und Ernst in der Jurisprudenz』(1884)도 유명하다.

『로마 법의 정신』은 전 네 권으로 이루어진 대작이다.

로마 법의 고찰을 통해 법의 본질에 접근

예링은 19세기 후반의 독일 법학계를 대표하는 인물의 한 사람이다. 법학에 대한 그의 기여는 주로 민법학에 관련된 논문에 연유한다. 『법에 있어서의 목적』과 함께 대표작으로 손꼽히는 『로마 법의 정신』은 유명한 것에 비해 학문적으로는 영향력이 크지 않은 저술이다. 그것은 이 책이 미완성이며 내용적으로 통일되어 있지 않기 때문이다. 예링은 말할 수 없을 정도로 열정적이고 논쟁을 즐기는 성격이었기 때문에 그의 사고는 종종 큰 변화를 일으켰다. 그 같은 성격이 반영되어 있는 『로마 법의 정신』은 제1권(1852)이 간행된 이래 13년에 걸쳐 출판된 전 네 권의 책으로 구성되어 있으며, 각 권마다 기본적 입장에 큰 차이가 있다.

『로마 법의 정신』은 책의 제목이 말해 주고 있는 것처럼 고대 로마의 법 생활을 역사적으로 서술한 것이다. 먼저 이 제목에서 '정신'이라는 단어에 주목해 볼 필요가 있다. 곧, 예링은 고대 로마의 법 생활을 논함에 있어 단순히 잡다한 법조문과 사실을 나열한 것이 아니라 법 현상의 근거에 있는 로마인들의 생활상의 기본 원리('정신')를 연역적으로 그리고 체계적으로 서술하고자 한 것이다. 『로마 법의 정신』이 획기적 연구라는 평가를 받는 점은 바로 여기에 있다. 예링에 앞서 이루어진 로마 법에 대한 연구 경향이란, 일반적으로 로마 법의 텍스트, 특히 그 제2부에 해당하는 학설집 속에 무엇이 어떻게 적혀 있는가를 찾아내는 데 그치는 것이었다. 따라서 법을 민중의 생활 속에 나타나는 여러 경향과 관련지어 파악하고자 하는 것이 아니었다.

물론 법을 민중의 생활과 관련지어 파악하고자 한 시도는 앞서 사비니●가 '역사 법학'에서 주장한 적이 있었다. 사비니는 법을 언어와 습관 등과 마찬가지로 민족에게 하나의 생활 원리인 '민족 정신'의 소산이라고 보았다. 예링의 '정신'이란 실로 사비니의 '민족 정신'에 대응되는 것이라고 할 수 있다. 사비니와 그의 후계자들이 주장하기는 했지만 충분한 성과를 내지 못했던 학문적 과제를 예링은 『로마 법의 정신』에서 훌륭하게 달성한 것이다.

법 생활을 '정신'이라는 관점에서 원리적으로 파악하는 일은 단순히 순수 학문적 과제만으로 추구될 수 있는 것은 아니었다. 『로마 법의 정신』 제1권의 첫머리에 "'로마 법을 통해 로마 법 이상의 것을'이라는 표어 속에는 내 나름대로 정리한 근대 세계에 대한 로마 법의 의의가 포함되어 있다"고 서술하고 있는 것처럼, 예링은 로마 법에 관한 연구를 통해 로마 법에 포함되어 있는 근대의 법 생활을 위한 유용한 요소를 검출해 내고자 했다. 그는 로마 법을 원리적으로 고찰하는 과정을 통해 고대 로마에 있었던 고유의 원리와 그를 초월하는 보편적 가치를 가진 원리를 분명히 식별함으로써 이 과제를 달성할 수 있다고 생각했던 것이다. 그에게 역사주의란 이처럼 고전주의와 서로 연결되어 있었다.

겐스(씨족)를 통해 국가 의식을 강화

1852년에 출판된 제1권은, 태고에서 왕정제 중엽에 이르는 로마 법의 역사를 대상으로 삼고 있다. 그는 이 시대를 다음과 같은 네 가지 원리로 파악하고 있다. 첫 번째, '주관적 의사의 원리', 두 번째, '군사 제도', 세 번째, '가족 원리', 네 번째 '종교 원리' 등이다. 이 가운데 첫 번째 원리는, 이 시대의 법 생활이란 '자연' 상태의 자주 독립적 개인을 출발점으로 삼고 있다는 것을 의미한다. 이 시대의 국가 권력은 아직 불완전한 것이었으므로 당시 로마의 민법은 실로 이러한 자립적 개인의 의사를 원천으로 한 법이었다. 이와 같이 논한 예링은 민법이 모든 개인의 의사에 뿌리내리고 있다는 것이야말로 보편적 원리라고 서술하고 있다. 두 번째 원리는, 앞에서의 자연 상태의 모든 개인을 국가로 통합시키는 원리였다. 로마인은 전쟁을 통해 국민으로서 단결되었던 것이다.

세 번째 원리는 첫 번째와 두 번째를 매개로 한 원리이다. 이는 겐스(씨족)에 부과된 역할로 나타난다. 겐스는 개인과 국가의 중간에 위치한 혈연적 친족 집단으로 개개인의 구성원들에게 집단 의식(공공의 마음)을 심어 주고, 다른 한편으로는 국가로부터 그러한 개개인을 지켜 주는 것이었다. 예링은 이와 같은 겐스의 역할에 의해 고대 로마는 국민의 자유와 더불어 공공의 마음이 함양되는 것을 통해 국가 의식도 강화시킬 수 있었다고 본 것이다. 이와 같은 로마의 정치 체제는 예링에게 실로 이상적인 것으로 여겨졌다.

『로마 법의 정신』 제2권 제1분책은 1854년에 간행되었다. 이 책에서는 초기 로마 법에서 보편적인 법이 형성된 로마 법의 제2기가 다루어지고 있다. 여기에서 로마 법은 첫 번째, (도덕과 종교로부터 법의) 자립 지향, 두 번째, 평등 지향, 세 번째, 권력과 자유로의 지향이라는 세 가지 원리로 파악되고 있다. 법의 자립화(법치주의)와 평등 그리고 자유는 근대법의 세 가지 원리이기도 하다. 이처럼 예링은 제2권 제1분책에서 고대 로마 법이 자신이 살아가는 시대의 이상적인 법에 가까운 원리에 기초를 두고 있는 점을 보다 강력히 주장하고 있다.

로마 법에 대한 이 같은 찬미는 특히 세 번째의 원리를 논한 부분에서 더욱 뚜렷하다. 여기에서 예링은 로마 법이 개인에게 광범위한 사적인 권리(사적인 자치)를 인정하고 있음을 칭송하며 나아가 로마인이 그러한 사적인 권리의 남용을 방지하는 선한 습관을 아울러 가지고 있었음을 상찬하고 있다. 예를 들어, 집안의 통합을 위해 로마 법은 가장에게 가족의 생사여탈권을 허용하는 등 강력한 권리를 부여하고 있다. 그러나 여기에서 이를 단지 비인도적인 것이라고 말할 수는 없다. 왜냐하면 실제로 그 가장은 로마의 선한 습관과 인정을 고려하여 그 권리를 남용하지 않았기 때문이다.

권리는 법적으로 보호되는 이익이다

『로마 법의 정신』 제2권 제2분책은 4년 뒤인 1858년에 간행되었다. 이 책에는 로마의 법학 방법과 법 기술이 상세히 서술되어 있다. 여기에서 예링은 자신의 법학 방법론도 직접 언급하고 있는데, 법학을 자연과학에 비유해 관찰하고 있다는 점이 그의 특징이다. 결론적으로 예링은 법학이 실천에 도움이 되는 것은 자연과학의 경우와 마찬가지로 결과적으로 그런 것이므로 "법학이 실로 실천적인 것이 되기 위해서는 실천적인 문제에만 한정되어서는 안 된다"라고 주장하고 있다.

이 같은 입장에서 그는 법의 논리적 정립화와 체계화 작업인 '법적 구성'을 논하고 있다. 따라서 여기에서의 법학의 경향은 실생활의 요청을 무시하고 논리만으로 유도해 법의 개념화와 체계화를 추진한다는 것으로 나타나는데(이 같은 법학의 경향을 '개념 법학'이라고 한다), 이 같은 경향은 앞에서 언급한 예링의 입장과 모순되고 있다.

『로마 법의 정신』 제3권 제1분책은 1865년에 출판되었다. 이 책에서는 법의 기술에 대한 이론이 로마 법 제2기의 소송 및 법률 행위에 적용되어 있으며, 이어서 로마 법의 권리에 대한 고찰이 이루어지고 있다. 그 가운데 주목되는 점은 예링이 자신의 권리론을 논하고 있는 부분이다.

앞에서 예링이 '개념 법학적' 경향에 빠진 것을 살펴보았으나, 그는 1860년대에 들어서면서 이와 같은 경향에 대해 심하게 비판하고 있다. 비로소 그는 "법학을 법의 수학이라고까지 과장하는 논리는 모두 잘못된 것으로, 이는 법의 본질을 오해하는 기초가 된다. 생활이 개념을 위해 있는 것이 아니며 개념이 생활을 위해 존재하는 것이다"라고 말하고 있다. 이 같은 새로운 입장은 권리론에 대한 주장의 변화에도 나타나 있다.

곧, 그는 자신이 『로마 법의 정신』 제1권에서 권리의 본질이 개인의 의사에 있다고 한 주장을 비판하고, "권리는 법적으로 보호되는 이익이다"라는 주장을 펼치고 있다. 이는 '의사'라는 주관적이고 추상적인 것에서 '이익'이라는 객관적이고 구체적인 것으로 시각을 바꾼 것이다. 이러한 시각의 변화는 법학 이론을 사회의 현실과 연결된 것으로 간주한다는 의의를 지닌다. 아울러 권리가 개인의 의사보다는 국가의 법적 승인을 통해 규정된다고 봄으로써 전통적인 개인주의적 근대 민법학을 탈피해 사회(국가)의 입장을 중시하는 민법학으로 한 걸음 내디디게 된 것이었다.

예링은 이 시점에서 『로마 법의 정신』의 저술을 중단했다. 그리고 새로이 관심을 끈 권리의 문제를 보다 깊이 연구하며 『법의 목적』을 저술하는 작업으로 옮겨 갔다. 그 결과 『로마 법의 정신』은 위대한 하나의 토르소●에 머무는 것으로 그치게 되었다.

NOTES

프리드리히 카를 폰 사비니(Friedrich Karl von Savigny, 1779~1861)
역사법학파의 창시자. 로마 법을 민족 정신의 표현이라고 보고, 로마 법의 새로운 통일적 체계를 수립하는 것이 법률학의 사명이라고 주장했다. 『현대 로마 법 체계』를 저술해 독일 민법학의 기초를 구축했다.

토르소torso
머리와 팔다리가 없이 몸통만으로 된 조각상.

법철학
(Rechtsphilosophie)

법의 이념은 정의와 합목적성, 법적 안정성에 있다고 하며, 신칸트주의의 입장에서 법 가치론을 체계화했다. 개인주의와 전체주의, 문화주의라는 세 가지 요소에 바탕을 두며 법철학 속에 민주주의에 대한 기초를 마련했다는 점에서 그 공적을 크게 인정받고 있다.

INTRO

"그는 정교하고 천재적인 분석을 통해 법철학의 여러 문제에 담긴 수많은 복잡성을 명료한 것으로 만드는 데 성공했다. 문제를 간명하게 제기하고 그 의미를 증명하는 일은 문제의 해결과 마찬가지일 정도로 가치 있는 일이다(조르주 귀르비치)."

"인식의 가능성에 대해 회의하며 마지막에는 절망적 입장에 처했지만, 그래도 의혹과 절망에서 빠져나와 재삼 하나의 과학을 만들어 내려고 했다(마르크스 에른스트 마이어)."

이와 같은 평가에서도 알 수 있듯이 이 책 『법철학』(1932)의 입장은 시종일관 이성에 기초하고 있다.

이 책에 전개되고 있는 라드브루흐(1878~1949)의 법철학 방법론은 놀랄 만큼 막스 베버의 사회과학 방법론과 닮아 있다. 특히 사회과학에 대한 베버의 '가치의 자유성'이라는 개념과 라드브루흐의 '법의 목적', '법 이념의 상호 모순'에 대한 주장을 대조해 보면 이는 더욱 명백해진다.

이 책이 특히 주목을 받으며 널리 읽히고 있는 것은 전체에 걸쳐 적절한 문학 작품이 풍부히 인용되어 있기 때문이다. 각 장은 그 장에서 논하려고 하는 주제를 잠언이나 시구 등을 통해 간결하게 나타내고 있으며 또한 본문 속에서는 논리 구성에 대한 이해를 돕기 위해 거기에 적합한 소설의 한 대목이 인용되고 있다. 그 결과 무미건조하기 쉬운 '과학론' 저술이 '법철학과 문학을 융합시킨 문화적인 저술'로 탈바꿈해 독자들의 흥미를 부추기고 있다.

경험과학적 입장에 입각해 가치론의 비판을 시도한 라드브루흐는 이 책을 서술하면서 분석 과정이나 검증 과정을 모두 생략하고 단번에 결론적 내용을 끌어내고 있는 점에서 다소 비판을 받기도 한다. 또한 '개인주의, 초개인주의, 초인격주의'라는 삼위일체식 구성 등은 오늘날의 법철학의 발전 단계에서 보면 과거의 것으로 보이기 십상이다. 그렇지만 이 책이 20세기 법철학을 대표하는 저술 가운데 하나라는 점에서는 여전히 의문을 던질 여지가 없다.

저자 라드브루흐는 1878년 독일 북부의 뤼베크에서 태어나 뮌헨대학교와 라이프치히대학교, 베를린대학교에서 수학한 뒤, 1902년 '상당인과관계론'으로 학위를 받았다. 다음 해인 1903년 하이델베르크대학교의 강사가 되었다. 이 시기에 게오르크 옐리네크●, 막스 베버, 에밀 라스크 등과 친밀하게 교류하며 자신의 법철학의 기초를 쌓아 올렸다. 제1차 세계대전에 종군하고 복귀한 뒤로는 사회민주당 당원으로 국회의원에 당선되어 1921년부터 1923년까지 두 차례나 법무장관을 역임했다.

1926년에 하이델베르크대학교의 정교수가 되었으나 나치가 정권을 잡자 교직 추방 제1호로 대학에서 쫓겨났다. 제2차 세계대전 이후 복직해 전후의 대학 행정의 발전에도 많은 공적을 남겼는데, 나치의 경험으로 인해 전후 그의 사상 체계가 조금 수정되기도 했다. 1949년 폐렴으로 죽었다.

법철학을 가치 철학으로 파악

19세기 말부터 새로 주목받기 시작한 신칸트학파의 여러 철학적 방법을 법철학의 영역에 적용해 집대성한 것이 이 책이다. 이 책은 자유주의와 민주주의에 대해 철학적 기초를 제공한 가치상대주의에 관한 저술로 높이 평가받았다. 이 책이 출판된 시기는 실로 나치가 대두해 정권을 손에 넣기 직전의 해였다. 그런 의미에서 바이마르 데모크라시에 대한 정신적 결정판으로 평가되었다. 또한 이 책은 세상에 나오자마자 나치에 대한 저항 서적이라는 의미가 부여되었다.

세계에 대해 인간이 취할 수 있는 태도는 '이것은 무엇인가'라는 자연과학적 물음을 가능하게 하는 가치 맹목적 태도와, '이것은 무엇을 위한 것인가'라는 사회과학적 물음을 임무로 삼는 가치 관계적 태도, '이것은 무엇이어야 하는가'라는 가치 철학적 물음를 중심으로 한 평가적 태도 그리고 주어진 사실을 있는 그대로 긍정함으로써 종교를 가능하게 하는 가치 초극적 태도 등 크게 네 가지로 나눌 수 있다.

법은 문화 현상, 곧 가치에 관련된 사실이므로 법학은 가치 관계적 태도에 속한다. 법 이념은 법 현실을 위한 구성 원리와 가치 기준을 말하므로 이에 대한 고찰을 과제로 삼는 법철학은 평가적 태도에 속하는 것으로 여겨진다. 이처럼 라드브루흐가 법철학을 평가 철학으로 규정짓고 있다는 점에 그 특색이 있다.

더욱이 이원론은 라드브루흐의 법철학을 특징짓는 내용으로 꼽을 수 있다. 라드브루흐의 이원론은, 칸트의 이원론에 기초해 존재로부터 당위(가치)를 이끌어 내는 것이 불가능하다고 보았다. 따라서 존재하는 것에서 당연히 있어야 할 것을 추론해 내는 실증주의나 존재했던 것으로부터 당연히 있어야 할 것을 추론해 내는 역사주의 그리고 생성 중인 것으로부터 당연히 있어야 하는 것을 추론하는 진화론 등의 주장을 부정했다.

그의 이원적 방법론에 따르면, '당위 명제와 가치 판단, 평가'라는 것은 존재의 확정을 기초로 한 귀납적 방법이 아닌, 동종의 다른 여러 가지 명제를 기초로 한 연역적 방법을 통해서만 근거가 부여될 수 있는 것이다. 또 가치 고찰과 존재 고찰이란, 독립적으로 항상 그 자신으로 완결되어 있는 원으로서 병존하는 것이라고 보았다.

이원적 방법론으로는 현실 속에서 가치를 이끌어 낼 수 없는데, 그것은 이론적 관계를 나타내는 것이지 인과적 관계를 나타내는 것은 아니라고 했다. 따라서 "가치 판단은 존재 사실을 원인으로 하여 생겨날 수 없다"고 주장하지 않고, 오히려 "가치 판단은 존재 사실로 인해 정당화될 수 없다"고 주장했다.

"궁극적 당위의 명제는 입증할 수 없는 공리적인 것으로 이는 인식이 불가능하며, 다만 확신할 뿐이다. 이 점에서 궁극적 당위 명제에 관해 상호 대립하고 있는 가치관이 존재할 경우에는 이들 사이의 투쟁을 과학적인 하나의 의미만으로 해결하고자 하는 것은 불가능하다." 따라서 법철학의 임무는 서로 나누어져 있고 서로 대립되어 있는 각각의 가치관과 세계관, 가치 체계를 가능한 한 분석하여 제시함으로써 각 법의 가치 체계를 가능한 한 고찰해 세계관의 차이가 서로 다른 가치 평가 위에 성립되어 있다는 점을 제시하는 데 그치는 것이라고 주장한 것이다.

법적 가치의 상호 모순

이와 같은 견해에 근거해 라드브루흐가 분석하고 제시한 궁극적 가치의 기본 체계는 '인간적 개별 인격, 인간적 전체 인격, 인간적 작품'이라는 세 종류뿐으로, 각각 이를 기점으로 자유를 궁극의 목적으로 하는 개인주의적 세계관과 국민을 궁극의 목적으로 하는 단체주의적 세계관, 문화를 궁극의 목적으로 하는 초인격주의적 세계관이 존재하는 것을 이해할 수 있다고 했다. 이는 세 종류의 세계관 가운데 어느 하나에 관련됨으로써 법적 가치의 서열이 달라진다는 것을 주장한 것이다.

라드브루흐는 법적 가치를 더 이상 분석이 불가능한 궁극의 가치로 간주하며 정의와 합목적성, 법적 안정성 등의 세 가지 요소로 구분해 파악하고 있다. 이 같은 가치 이념은 "서로 보합할 필요가 있으며, 서로가 그를 요구하지만 동시에 상호 모순되는 긴장 관계"로 나타난다고 했다.

이 세 가지 법적 가치 가운데 정의와 법적 안정성은 세계관의 대립을 초월하는 것이지만, 합목적성의 경우는 세계관의 입장이 문제가 된다.

라드브루흐는 이 세 가지 서열은 하나로 확정지을 수 없는데, 법적 가치의 서열은 세계관에 제약을 받으며 동시에 시대와 상황에 따라 제약받기 때문이라고 했다. 곧, 경찰국가●의 시대에는 합목적성의 원리가 중시되고, 자연법 시대에는 정의의 형식적 원리가 중시되며, 법실증주의의 시대에는 법의 실정성과 안정성, 곧 법의 안정성이 중시된다고 설명하고 있다. 또 다른 한편으로 혼란기에는 법적 안정성이 가장 먼저 요청되고, 변혁기에는 합목적성 그리고 안정기에는 정의가 가장 먼저 요청되기 때문이라고 그 이유를 설명하고 있다.

저자는 법적 가치 사이에 놓여 있는 이와 같은 모순 관계에 대해 모순이 존재하는 것만 보여 주며 그 해결 방안을 제시하지 않았으나 그 자신은 이를 자신의 철학 체계의 결함이라고 인정하지는 않았다. 곧, 철학은 결론을 내리는 것이 아니라 결론의 직전 단계에 멈춰 서는 것이며, 또 인생을 용이하게 해 주는 것이 아니라 문제로서 바라보게 해 주는 것이라고 생각했기 때문이다.

그는 "철학 체계란 그 얼개를 이루는 각 소재가 서로 반발하면서 동시에 서로 지탱해 주고 있는 고딕 돔과 같은 것이다"라고 했으며, "세계는 이성적인 목적 창조물이 아니다. 만일 하나의 원리로 세계를 모순이 없이 모두 설명해 낼 수 있는 철학 체계가 있다면, 그것은 틀림없이 괴상한 것이 될 것이다. 만일 세계가 궁극적으로 모순되지 않고 인생에 결단 내릴 일이 없었다면 산다는 일 그 자체는 전적으로 무용한 것이 될 것이다"라고 주장하고 있다.

따라서 라드브루흐는 "당파를 초월한다는 불순한 주장은 자기 자신이 초월적 계시를 받은 자임을 자부하는 것이 된다. 그런 일은 자신의 반지만 진짜 반지라고 믿는 자에게서만 가능한 일이다"라고 했다. 또 사람들이 내리는 가치 판단의 정당성은 "최고의 가치 판단과의 관계에서만, 곧 일정한 가치관 및 세계관의 범위 안에서만 확정되는 것"이라고 했다.

이처럼 가치 판단의 문제에 대해 합리적 인식의 한계가 있는 점을 인정하고, "궁극적 입장에 대한 학문적 기초를 제공하고자 하는 것을 단념한 채, 각 개인이 각자의 입장을 선택할 수 있는 모든 가능성을 빠짐없이 제시하는 것만을 자신의 임무로 한정짓고, 각 개인이 어떤 입장을 취하는가 하는 문제는 각 개인의 인격의 깊이에서 우러나오는 양심의 결단에 맡겨야 한다"는 라드브루흐의 방법이야말로 상대주의라고 부를 만한 것이다.

상대주의는, '전부이든 또는 각각이든 모든 가치 판단은, 그렇게 주장하는 사람에게는 배타적이고 의무적인 성격을 띠고 있으므로 동등한 권리를 지닌 것'으로 인정하는 것이다. 따라서 상대주의는 '보편적 관용'을 취하는 입장으로, 모든 정치적 확신의 자유로운 등장을 인정하는 민주주의와 저절로 동일한 것이 된다.

따라서 상대주의, 곧 민주주의는 하나의 세계관에 머무는 것이 아니라, 사회 안의 모든 대립적 세계관을 조정하는 데 가치를 발휘하는 하나의 절차라고 볼 수 있다.

라드브루흐의 이 같은 법철학 방법론이 전개되는 전제로, 다양한 법철학의 가능성을 간결하게 고찰해 놓은 '법철학의 여러 경향'이 있다. 여기에서는 여러 법철학의 특성을 정확히 파악해 설명하고 있으나, 금욕적일 정도로 이들 가운데 어느 하나에 가담하고자 하는 관심은 전혀 표명되어 있지 않다.

NOTES

게오르크 옐리네크(Georg Jellinek, 1851~1911)
독일의 공법학자로, 19세기 독일 국가학을 집대성해 현대 공법학의 기초를 쌓아 올렸다. 신칸트주의의 방법인 이원론에 입각해 국가의 사회학과 국법학으로 나눈 체계를 전개했다.

경찰국가
17~18세기 유럽의 절대군주제 국가에서는 치안 유지와 복지 증대 작용을 넓은 의미에서 경찰권이라고 했다. 군주는 법적 구속을 받지 않으며, 그에 대해 국민은 구제를 요청할 권리가 없었다. 뒷날의 법치국가와 대비된다.

자연법론과 법실증주의

(Die philosophischen Grundlagen der Naturrechtslehre und des Rechtspositivi smus)

인류의 영원한 문제인 '정의란 무엇인가'라는 물음에 대해 객관적인 해답을 제시했다는 자연법 이론을 합리주의적 지성의 입장에서 철학적으로 비판했다. 『자연법론과 법실증주의』는 법실증주의의 이론적 기초를 제공하고자 저술된 책이라고 할 수 있다.

INTRO

켈젠(1881~1973)은 프라하의 유대계 가정에서 태어났다. 빈곤한 생활 가운데에서도 학문 연구를 계속해 1917년에 빈대학교의 교수가 되었다.

그의 학문적 입장은 인식과 실천의 불명료한 혼합 상태에 있는 법학을 하나의 이론 과학으로 정립하고자 한 데 있었다. 그의 철학적 기초가 된 것은 칸트의 존재와 당위의 이원론, 막스 베버의 학문론, 마흐의 주관주의적 인식론 등이다. 이러한 사상을 통해 켈젠은 '순수법학'이라 불리는 법 이론의 체계를 수립했다. 이는 법학에서 빈학파의 등장을 가져왔으며, 켈젠 밑에서 수많은 뛰어난 법학자와 추종자들이 배출되었다.

오스트리아 공화국의 헌법을 기초했으며, 헌법 재판소의 판사로서도 그 무렵의 사법에 많은 영향력을 미쳤다. 그러나 우파 세력으로부터 공격을 받아 1930년 쾰른대학교로 옮겼다. 또한 나치에게도 박해를 받아 제네바, 프라하 등지를 수년간 떠돈 뒤에 미국으로 망명해 캘리포니아의 버클리대학교에서 교수, 명예 교수를 지내고 그곳에서 죽었다.

계몽적 합리주의의 사상가로 좌우의 비합리주의 사상과 논쟁을 거듭했으며, 플라톤과 아리스토텔레스, 헤겔 등의 형이상학을 날카롭게 분석, 비판한 논문을 발표했다. 정치적 입장은 카를 레너 총리가 이끄는 사회민주당 우파에 가까우며, 러시아혁명에 대해서는 매우 비판적이었다.

그러나 마르크스에 대해서는 이데올로기의 비판자라는 입장에서 공감했다. 또 마르크스가 자본주의는 사회주의로 이행하게 될 것이라고 한 주장에 대해, 그럴 경우 프롤레타리아트가 다수를 차지하게 됨으로써 평화적 이행이 가능하다고 해석해 마르크스의 무정부주의적 측면을 제외하고는 대체로 긍정적으로 평가했다.

자연법론과 법실증주의의 대립

"법은 자연에 적합한 올바른 이성이다. 이는 영원히 불변하는 것으로 보편적 타당성을 지니고 있다. 원로원이나 민회 역시 이 의무를 폐기할 수 없다. 그리고 이 법을 가르치고 해석해 주는 것은 우리 자신의 내부에 있다. 이 법은 로마에서도 아테네에서도 동일하며, 현재에도 미래에도 동일하므로 영구 불변의 법은 모든 국민과 모든 시대에 유효하다."

키케로가 말한 위의 내용처럼 자연법의 존재를 인정하는 입장을 자연법론이라 한다. 반대로 이를 부정하고 실정법만을 법이라고 인정하는 입장을 법실증주의라고 부른다. 자연법론과 법실증주의의 대립은 법 사상에서 가장 큰 논쟁점으로, 이 논쟁은 현재도 계속되고 있다. 이 논쟁은 실천적 입장뿐 아니라 이론적 입장에서도 이루어지고 있다.

같은 실천적 입장이라도 권력자 쪽과 피지배자 쪽의 의견은 다소 다르다. 권력자 쪽에서 보면, 구체적인 내용을 가진 자연법 사상은 자신의 손발을 묶는 것이며, 자연법에 반하는 행위를 했을 경우 피지배자들의 저항권을 정당한 것으로 인정하고 있으므로 탐탁하지 않은 것이 된다.

따라서 권력자는 그보다 실정법만을 법으로 인정하는 법실증주의 쪽을 선호하는 것처럼 보이기도 하지만, 실정법의 제정에 관한 모든 책임이 자신에게 귀속되므로 이 역시 달갑지 않은 것이 된다. 가장 좋은 것은 자신의 손발을 묶지 않는 막연한 내용을 가진 자연법론을 통해 항상 자신의 행동을 정당화시켜 주는 것일 것이다.

이와는 달리 피지배자의 입장에서 보자면, 이 이론을 정반대로 뒤집은 견해가 타당하게 보일 것이다.

권력자나 피지배자 간의 이 같은 견해만으로는 자연법론과 법실증주의 사이의 대립에서 아무런 결론도 내릴 수 없다. 따라서 이 논쟁은 실천적 입장에서의 논쟁보다는 이론적 고찰을 통해 이끌어 내야만 할 것이다.

켈젠의 『자연법론과 법실증주의』(1928)는 자연법론을 이론적 고찰을 통해 전면적으로 논박하고자 한 것이다. 또한 이 책은 법실증주의의 이론적 기초를 제공하고자 의도된 것이라고 말할 수도 있다.

자연법론과 무정부주의

맹자는 "인간에게는 모두 차마 참아 낼 수 없는 마음이 있다. 만일 어린아이가 우물에 빠졌다고 하면, 누구라도 먼저 달려가게 될 것이다. 그 동기는 물에 빠진 아이의 부모와 친해지고 싶어서도 아니고, 세간으로부터 좋은 평판을 받고자 해서도 아니며, 어린애의 울음소리가 듣기 싫어서도 아니다"라고 했다. 이는 전형적 성선설의 주장으로 자연법적인 인간관이다.

자연법이란 이처럼 인간의 본성, 곧 자연에 기초해 아무런 강제도 받지 않은 채 그만두려고 해도 그만둘 수 없이 실현되는 성질의 것이다. 자연법에는 타율적인 명령이 필요 없으며 또한 그것을 적용하고 집행하는 분업적인 기관도 필요하지 않다. 모든 사람이 각자의 본성에 따라 필연적으로 실현하는 것이므로 위반이 있을 수 없다. 또 위반에 대한 강제도 없다. 순수한 자연법의 질서 속에서는 입법 기관이나 집행기관, 곧 정부는 불필요한 것이 된다.

"순수한 자연법이라는 관점을 계속 유지하는 한, 모든 자연법론은 이상적인 무정부주의이다. 원시 그리스도교에서 근대 마르크스주의에 이르기까지 모든 무정부주의는 기본적으로 자연법론을 기초로 한다", "이론적 무정부주의는 자연법론이며 순수한 자연법론은 무정부주의가 된다(마르크스주의를 무정부주의라고 부른 점은 의외이기도 하지만, 마르크스주의에서 주장하는 원시 공산주의 사회●와 미래의 공산주의 사회는 국가 권력이 없는 사회로, 모든 사람이 자발적으로 법을 준수하며 노동 규율에 복종한다고 여겼기 때문이다. 이것은 '소외'에서 해방된 미래의 인류 사회이며, 마르크스주의가 그려 내고 있는 '자연 상태'이다(『사회주의와 국가』)).

자연법의 정태성

이처럼 자연법은 정당한 내용을 가진 규범이라고 여겨졌기 때문에 그 궁극적 규범과 구체적 내용을 명령하는 개별적 규범과의 관계는 보편과 개별의 관계에 놓인다.

곧, 모든 자연법의 규범은 궁극적인 상위 규범 속에 포함되어 있으므로 개별적 규범들은 거기에서 논리적으로 도출되는 것이다. 그렇기 때문에 중간에 입법 기관이나 해석 기관이 존재하지 않아도 유지될 수 있는 것이다. 이와 같은 자연법 체계를 켈젠은 '정적靜的' 규범 체계라는 특징으로 설명하고 있다.

이와 달리 실정법은 인간이 만든 규범이므로 입법자가 그 내용을 정할 때까지는 아무 내용이 없다. 예를 들어 '부모 말을 들어라'라는 규범은 내용이 없는 규범으로, 이것만으로는 자식이 무엇을 하면 좋을지 알 수 없게 된다. 부모가 '학교에 가거라'라고 명하게 될 때, 비로소 규범의 내용이 성립한다.

시대와 사회별로 서로 다른 실정법이 타당하다고 한다면, 그것은 그 각각의 입법자(또는 관습법을 성립시킨 민중의 습관)에게 입법권을 위탁하는 규범이 전제가 되어야 할 것이다. 이것은 실정법의 궁극적 근거를 이루는 근본 규범이다. 실정법의 근본 규범은 아무런 내용이 없으며, 그 내용은 각각의 시대와 사회의 입법자가 정하는 것이다. 이에 대해 자연법은 근본 규범의 내용을 가지고 있으며, 모든 개별 규범은 이 자연법에서 논리적으로 도출되는 것이다. 이 점에서 자연법의 정태성과 실정법의 동태성이 구별된다.

실정법은 사회를 실효적으로 지배하는 규범

켈젠에 의하면, 규범은 규범을 통해서만 도출된다. G. E. 무어의 말을 빌리면, 사실에서 규범이 도출된다는 생각은 '자연주의적 오류●'인 것이다. 그런데 실정법의 궁극적 근거로 켈젠이 거론하고 있는 것은 '제헌 의회의 의결에 따라야 한다'든가 '국제 관습에 따라야 한다' 등과 같은 것으로, 실정법의 근본 규범이란 대체로 실효적 질서의 발단이 되는 사실로부터 권리를 부여받은 규범을 의미한다. 혁명이 일어나 과거의 법 질서가 실효성을 잃게 되면, 새로운 법 질서의 발단을 이루는 사실로부터 권리를 부여받은 규범(예를 들어, '몇 월 며칠의 혁명평의회의 결의를 따라야 한다')이 새로운 근본 규범이 된다. 이를 켈젠은 '실효성의 원칙'이라고 했다. 이 같은 내용은 규범은 규범을 통해서만 도출된다는 주장과 모순되는 것이기도 하다.

따라서 "켈젠은 근본 규범론에서 파탄했다"는 비판의 합창 소리가 울려 퍼지게 되었다. 그러나 이는 단순한 오해이다. 근본 규범이란, 자연법과 도덕, 각 종교의 도덕률 등과 같은 모든 규범 체계가 각각 가지고 있는 것이다. 이 가운데에는 실효성의 원칙을 수반하는 것도 있으며 수반하지 않는 것도 있다. 그리스도교의 '산상 수훈' 등은 실효법을 수반하지 않지만 그리스도교 신자들은 도덕률로서 유효한 것으로 여기고 있다. 다만, 실정법이란 어느 시대의 어느 사회를 실효적으로 지배하는 규범 체계이므로, 그 근본 규범이 실효성의 원칙을 기초로 성립하는 것에 지나지 않는다.

실정법만을 법으로 삼는 법실증주의

'정의'의 내용에 기초하고 정적 원리를 본질로 하는 자연법이 그 내용 결정을 입법 기관에 위탁한다는 것은 본래 있을 수 없는 일이다. 자연법과 권리 위탁授權은 물과 기름같이 서로 융합이 불가능한 개념인 것이다. 그런데 역사에 등장하는 자연법 사상은 대개가 입법자에게 자연법의 수권 이론을 사용해 자연법론을 변질시키고 있다. 이렇게 하여 '입법자는 자연법의 수권에 기초해 자연법을 인식하며 또 자연법을 명령하는 권한을 갖는 것'으로 여기게 된다.

그러나 입법자 역시 잘못을 범하기 쉬운 인간이므로 자연법의 인식에서 잘못을 범할 가능성이 있다. 또한 죄를 저지르기 쉬운 인간이므로 원래 자신이 인식한 자연법과는 다른 내용을 명령할 경우도 있다. 이러한 경우 국민의 저항권을 인정한 혁명적 자연법론자●는 역사상 실제로 존재하기는 했으나 소수였다. 그보다는 오히려 많은 자연법론자들은 자연법의 인식 능력과 그것을 명령하는 선한 의지에서, 입법자는 국민들보다 뛰어나다는 이른바 증명이 불가능한 전제를 기초로 저항권을 인정하지 않았다. 그 결과 자연법론은 실정법을 정당화시켜 주기만 하는 보수적인 기능을 떠맡게 되었다.

이처럼 대부분의 자연법론은 입법자가 국민보다 높은 지성과 덕성을 소유하고 있다는 증명 불가능한 전제를 슬그머니 도입했는데, 이는 실정법의 입법자가 신의 은총으로 입법했다는 신화적 사고와 연결되는 것이다.『구약성서』의 '출애굽기'에서 모세가 시나이 산에서 야훼(신)로부터 율법의 석판(모세의 십계)을 받고, 모하메드가 알라 또는 천사 가브리엘로부터『코란』을 받으며, 함무라비가 태양신으로부터 그 법전을 받았다는 것이 그것이다.

법실증주의는 실정법이 대체로 실효적인 강제적 규범 체계인 이상, 그와 같은 초월적 정당성을 거부한다. 이런 태도야말로 법에 대한 과학적이며 비판적 정신의 태도라고 말한다(따라서 법실증주의가 '실정법만을 법으로 삼는다'고 하는 점은 '실정법만 절대적 가치를 지닌다'라는 것을 의미하는 것은 아니다. 그보다는 실정법도 변화할 수 있으며 비판이 가능하고 나아가 혁명조차 가능한 하나의 규범 체계임을 의미하는 것이다).

과학적이고 비판적인 정신은 민주제의 기초

켈젠은 또 다른 저서『정치 체계와 세계관Staatsform und Weltanschauung』(1933)에서 과학적이고 비판적인 정신이야말로 민주제의 기초를 이루는 것이라고 주장하고 있다.

자연법론자는 절대적 가치를 인식하는 것이 가능하며 자신이 그 가치에 참여하고 있다고 생각하기 때문에 그 가치를 믿지 않는 자에게는 절대 귀를 기울이지 않는다.

"실제로 절대자나 절대선의 존재를 믿는 자에게 결정 자체를 다수결에 맡기는 것만큼 무의미한 것은 없을 것이다. 절대선의 더할 나위 없는 권위를 생각하면, 그것을 가진 자에 대한 무조건적인 복종 이외의 태도란 있을 수 없게 된다. 이에 대해 절대적 진리와 절대적 가치가 인간적 인식 속에 갇혀 있는 것이라고 생각하는 사람은 자신의 주장은 물론 반대의 주장도 가능한 것이라고 생각하지 않을 수 없다. 민주제가 모든 정치적 신념에 대해 평등한 자기주장의 기회를 부여하는 것은 그 때문이다."

과학적이고 비판적인 정신은 대외적인 태도에서도 자기비판적 태도를 취하기 때문에 자기와 타자를 보편적 질서 속에서 대등한 주체로 파악해 평화주의적 태도를 취하게 된다. 이에 비해, 절대적 가치를 신봉하는 자는 자국의 절대적 가치를 타국에도 베풀고자 하는 제국주의에 경도하게 된다고 했다.

이처럼 켈젠의 자연법에 대한 이론적 비판은 결국 실천적 비판으로까지 이어지고 있다.

이러한 사상적 배경을 통해 켈젠은 '법의 순수이론(순수법학)'이라고 불리는 법 이론 체계를 주장했다. 그는 "대체로 법학이라는 학문은, 실정법을 인식하는 이론적 활동이라기보다 실무적 지침을 제공하는 실천적 활동에 그 중심을 두고 있으므로 과학으로서는 의심스러운 것이다"라고 비판했다. 켈젠은 이 같은 현상에 대해 규범● 체계인 실정법을 있는 그대로 인식하는 '과학'이자 '규범 과학'으로 법학에 이론적 기반을 제공함으로써 법학 이론을 체계화하고자 한 것이다.

원시 공산주의 사회

마르크스, 특히 엥겔스가 인류의 기원 무렵에 존재했다고 상정한 사회. 거기에서는 재산의 공유와 분업의 부정, 특히 권력 기구의 부재, 만인의 평등 등이 실현되었다고 여겨졌다.

자연주의적 오류

영국의 법학자 G. E. 무어가 그의 저서 『윤리학 원리』(1900)에서 선은 쾌락의 근원인 '자연주의적' 개념을 가지고 정의할 수 없음을 주장했다.

혁명적 자연법론자

자연법에 반하는 실정법을 무효한 것으로 보고 그에 대한 저항을 주장하는 자연법론자. 저항권론을 체계적으로 주장한 사람으로는 알투시우스, 존 로크 등이 유명하다.

규범

규범을 의미하는 라틴어 노르마norma는 원래 '자(척도)'를 의미하지만, 거기에서 유래해 선악과 시비를 판단하는 기준으로 '~하여야 한다', '~하지 않으면 안 된다'라고 서술되는 것을 가리킨다.

4장

철학 · 사상

—

"철학은 가르칠 수 없다. 다만 '철학하기'를 가르칠 수 있을 뿐이다."
이 말은 칸트가 남긴 유명한 말이지만, '철학 · 사상'에 관해 그 학설의 내용이나
결론적 성과만을 외우려고 덤벼드는 것은 철학과는 별개의 문제이다.
철학에서 정작 중요한 것은 그러한 내용이나 결과에 이른 사색의 프로세스를
스스로 더듬어 보며 함께 '철학하는 것'을 통해 자신의 사색 능력을 키워 가는
일이다. 17세기의 철학자 존 로크는 「독자에게 보내는 편지」라는 글에서
다음과 같이 쓴 적이 있다.
"이 책은 내가 가지고 있는 의견에 의해서가 아니라, 당신 자신의 의견에 의해
당신과 함께 일어서기도 하며 쓰러지기도 할 것이다."
여기에 실린 근현대의 철학과
사상의 대표작들이 각자의 사색 능력 향상에 도움을 줄 것이다.

방법서설
(Discours de la Methode)

유럽의 근세 사상이나 문화 일반에 대해 공부하고자 할 때 데카르트를 통과하지 않고서는 그 내용을 이해할 수 없을 정도로 중요한 위치를 차지하고 있다. 한 번쯤 숙독해 보길 권하고 싶은 저작이다. 원제는 '이성을 올바르게 이끌어, 여러 가지 학문에서 진리를 구하기 위한 방법의 서설'이다.

INTRO

『방법서설』(1637)은 이 방법을 실제로 시험해 본 '굴절 광학', '기상학', '기하학'과 함께 1637년 네덜란드의 레이덴에서 출판되었다. 이때 저자 데카르트(1596~1650)는 41세였다.

이미 1633년까지 데카르트는 역학·천문학·화학·생물학·심리학의 여러 영역을 포괄하는 『세계론Le Monde』을 써 놓고 있었으나 이때 갈릴레이가 로마의 종교 재판에서 유죄 선고를 받은 것을 전해 듣고, 위험을 고려해 자신 역시 코페르니쿠스의 지동설●을 인정한 내용이 담겨 있는 『세계론』의 출판을 단념했다.

그러나 데카르트가 연구한 자연과학에 대한 평판이 일부에서는 이미 꽤 높아 주변의 친구나 가까운 사람들은 이 책의 공표를 강하게 권했었다. 그래서 데카르트가 '굴절광학', '기상학', '기하학' 등에 관한 세 가지 시론을 재차 정리하면서 그 서문으로 자신의 방법에 대해 논한 부분을 첨가해 한 권의 책으로 묶어 간행한 것이 이 책이다. 이 책은 데카르트의 첫 번째 저술이며, 그 서문에 해당하는 『방법서설』은 그의 사상적 자서전이기도 하다.

간결한 분량의 이 처녀작은 그 무렵의 학문 용어인 라틴어가 아니라 일반인들도 읽을 수 있는 프랑스어로 쓰였다. 이는 애초부터 기존의 전통적 학문에 빠져 편견에 가득 차 있는 '철학자들'보다도 공평하게 '양식'을 나누어 가지고 있는 일반인들에게 호소하고자 했던 데카르트의 태도가 나타난 것이기도 하다. 이 점에서 새로운 철학의 확립자인 데카르트의 모습은 물론, 실천을 중시하는 모랄리스트로서의 면모도 아울러 살펴볼 수 있다.

이 밖에 '생각하는 나'를 발견하기에 이르는 '방법적 회의'의 과정과 함께 정신과 물체라는 두 실체의 구별 등에 관한 사고가 보다 엄밀하게 기술되어 있는 『성찰』(1641)과, 인간이 가진 모든 정념을 자연과학적으로 해명해 그것을 이성적으로 제어할 수 있는 방법을 제시하며 아울러 '잠정적 도덕'을 초월해 '결정적 도덕'에 이르는 방향을 시사하고 있는 『정념론』(1649) 등의 저서도 있다.

데카르트에 따르면, 철학 체계란 한 그루의 나무와 같은 것이다. 그 뿌리는 형이상학이며 그 줄기는 자연과학이고 그리고 나무의 열매가 가지 끝에 매달리는 것처럼 철학의 효용은 열매를 달고 있는 가지 부분, 곧 기계학과 의학, 도덕을 통해 파악이 가능하다고 말하고 있다.

데카르트로 시작되는 물체와 마음이라는 근대의 이원론적 철학이 오늘날 극복의 대상이 되고 있는 것은 사실이다. 그러나 그렇다고 해서 그를 '근대 철학의 원흉'이라고 치부해 버리고 말기에는 그가 남긴 사상의 폭과 깊이가 너무 넓고 깊다는 점을 외면할 수 없다.

'양식'은 올바르게 판단하는 능력

"봉 상스(bon sens, 양식)는 이 세상에서 가장 공평하게 분배되어 있는 것이다"라는 말로 『방법서설』은 시작되고 있다. '양식'이란 '올바르게 판단해 진위를 구별하는 능력', 곧 '이성●'을 가리키고 있는 것으로, 이는 "모든 사람에게 태어나면서부터 평등한 것"이라고 데카르트는 말하고 있다. 따라서 때때로 『방법서설』은 사상 면에서의 '인권 선언'이라고 평가되기도 한다. 그런데 똑같이 이성을 갖추고 있으면서 세상은 왜 그렇게 의견이 제각기 다른가.

데카르트에 의하면, 이는 결코 사람들이 가진 이성의 많고 적음에서 유래하는 것이 아니다. 바로 우리 자신이 생각을 여러 다른 길로 유도하거나 동일한 사물을 관찰하고 있지 않은 데에서 유래하는 것이다. '이렇게 되는 것은 선량한 정신을 갖고 있는 것만으로는 충분하지 않고, 더 중요한 점이 그것을 올바르게 움직이도록 하는 것에 있기 때문이다.'

여기에 정신을 움직이고 유도하는 '방법'의 중요성이 지적되어 있다. '방법method'이라는 말의 어원은 '길을 따라서meta-hodos'라는 의미이다. '길을 따라서'라는 방법이 어떻게 정신의 가치를 결정하는 것이 되는가. '양식'의 평등에서부터 서술을 시작한 데카르트는 제1부에서 자신이 그 '방법'을 발견하게 된 정신의 편력을 말하고 있다. 그러나 그것은 결코 타인에게 교훈을 주거나 타인을 유도하려는 것이 아니었다.

"내 계획은 모든 사람에게 그들의 이성을 올바르게 유도하기 위해 취해야 할 방법을 가르치려는 것이 아니라 다만 어떠한 방식으로 내가 나 자신의 이성을 유도하고자 노력했는가를 제시하고자 하는 것뿐이다. 그러므로 '하나의 이야기' 또는 '하나의 우화'로서 들어 주기 바라며, 그것을 따르거나 따르지 않는 것은 독자의 자유이다"라고 데카르트는 말하고 있다. 이 같은 겸허함과 솔직함은 어느 면에서는 조금 무섭게도 보인다. 실제로 알랭은 그를 가리켜 '두려운 교사'라고 평하기도 했다.

'책을 통한 학문'에 대한 비판

데카르트는 '문자에 의한 학문'을 통해 성장해 온 경위를 되돌아보며 학교에서 배운 이런저런 많은 지식과 학문(역사·우화·웅변·시학·수학·신학·철학 등)이 참된 의미에서 확실히 유익한 것은 아니었다고 통감하고 있다. 그것은 곧, 다름 아니라 과거의 모든 학문에 대한 통렬한 비판이었다.

'책을 통한 학문'으로는 자신의 욕구를 만족시킬 수 없음을 알게 된 데카르트는 '나 자신 속에서 스스로 발견하게 된 학문 또는 세상이라는 커다란 책 속에서 발견하게 된 학문'에 몰두하기 위해 여행을 떠난다. 그는 "여러 곳의 궁정과 군대를 돌아보고 다양한 기질을 가진 다양한 신분의 사람들을 만나면서, 또한 수많은 경험을 거듭하고 운명이 나에게 보내 준 여러 사건 속에서 나 스스로를 시험해 보면서 가는 곳마다 내 앞에 나타나는 사물에 대해 반성하면서 그것으로부터 무언가 유익한 것을 얻고자 노력했다"라고 말했다.

학문의 체계를 구축하는 네 가지 방법

제2부는 유명한 '난로 방'에서의 사색●에서 시작된다. 이는 1637년, 30년전쟁에 종군하기 위해 독일에 갔을 무렵의 일이다. '세상이라는 책'의 연구에서 '나 자신 속에서 스스로 발견한 학문'에 마음을 집중하면서 절대 확실한 기초에서 전체 학문의 체계를 구축할 수 있는 가능성을 계시받았다. 그리고 그 실현을 위해 스스로 준수해야 할 방법상의 규칙으로 네 가지 조항을 제시하고 있다.

먼저 제1조항은 '내가 명증하게 참이라고 인정한 것이 아니면 어떠한 것이라도 참이라고 받아들이지 말 것('명증성'의 규칙)'이고, 제2조항은 '내가 음미하는 각각의 문제를 될 수 있는 한 많이 그리고 그 문제를 가장 잘 해결하기 위해 필요한 숫자만큼 작은 부분으로 나눌 것('분석 및 분할'의 규칙)', 제3조항은 '가장 단순하고 인식하기 쉬운 대상에서 조금씩 단계를 밟아 가장 복잡한 것의 인식에 이르기까지 순서에 따라 나의 생각을 유도하는 것('종합'의 규칙)', 제4조항은 '어떠한 내용도 빼놓지 않았다고 확신할 만큼 완전히 열거하고 광범위한 재검토를 할 것('열거'의 규칙)'이다.

논리학과 기하학적 해석과 대수의 작은 것을 버리고 큰 것을 취하는 것을 통해 얻어진 이러한 규칙에 대해 데카르트는 그것이 자신의 이성을 가장 잘 활동할 수 있도록 만들어 주는 방법이라고 생각했기 때문에 이 같은 방법의 규칙을 몸에 익힐 수 있도록 많은 노력을 기울였다. 이러한 방법을 통해 새로운 학문 체계의 방법을 수립했지만 이론적으로는 아직 확정되지 않았다. 그러나 행동은 언제나 시시각각으로 그 결정을 재촉하고 있었으므로, 마치 새로 집을 지을 때 먼저 임시로 지낼 거처를 미리 마련해 놓아야 하는 것처럼, 이를 위해 도덕상의 규칙을 먼저 수립하지 않을 수 없었다. 제3부에서 데카르트는 스스로 정한 잠정적 '임시 도덕'

의 격률이 어떠한 것인가를 말하고 있다.

그 첫 번째는 '살고 있는 나라의 법률과 습관'에 복종하고, 어린 시절부터 믿어 온 '종교'를 신봉하며, 세상에서 '가장 분별 있는 사람들'의 '가장 온건하고 극단에서 가장 멀리 떨어져 있는 의견을 따르도록 자신을 유도하는 것'이다.

두 번째는 '행동을 해야 할 때, 가능한 한 단호하고 의연한 태도를 취하는 일'이며, '아무리 의심스러운 의견일지라도 일단 그렇다고 결심한 이상 그것이 실제로 확실한 것인 듯한 태도로 변함없이 그것을 따를 것'이다.

세 번째는 '운명보다 오히려 항상 자신의 내부를 극복하도록 노력하며, 세계의 질서보다는 오히려 자신의 욕망을 바꾸도록 노력할 것'이다.

그리고 네 번째는 이러한 도덕의 결론으로 세상의 다양한 직업 가운데 '최선의 것'을 선택해, 자신으로서는 '지금 종사하고 있는 일을 지속적으로 하는 것, 곧 이성을 개발하며 스스로 선택한 방법을 통해 진리를 인식하는 데 힘이 미치는 한 노력하는 일에 일생을 보내는 것'이 최선이라고 생각하는 것이다.

이처럼 매우 신중하고 그리고 한편으로 강제적이어서 전체적으로는 스토아주의적 색채가 짙은 이 '잠정적 도덕'의 격률을 확립한 데카르트는 그런 다음 '아무 거리낌 없이 자신의 남은 견해를 버릴 것을 판단'하는 데 이르렀다. 난로 방을 나온 데카르트는 다시 여행을 떠나 '만 9년'의 세월을 보냈다. 그는 이때의 일을 다음과 같이 술회했다.

"이 세상에 펼쳐지고 있는 연극에 대해서는 배우가 아닌 철저한 구경꾼이 될 것을 노력하며", "하나하나의 사물에 대해 의심나는 점, 그것이 우리를 잘못 판단하게 만들기 쉬운 점에 대해 반성하는 일에 온 마음을 기울이며, 이전부터 내 정신에 스며들어 온 온갖 오류를 조금씩 그 뿌리째 제거해 나갔다."

데카르트는 '의심하기 위해 의심'하는 회의론자●들의 왜곡된 자세를 배운 것은 결코 아니었다. 바람에 의해 계속 움직이는 모래를 쓸어 버리고 확고한 '바위와 점토를 찾아내는 일'이 그의 목적이었던 것이다. 방법을 몸에 익히고 계획의 실현을 달성하기 위해 데카르트는 '혹시 아는 사람이 있을지 모르는 장소'를 피해 그 무렵 독립의 열의에 불타며 경제적으로도 번영하고 있던 네덜란드에서 은둔처를 찾았다.

"여기에서 나는 다른 사람의 일에 흥미를 갖기보다는 나 스스로의 일에 열중하며, 매우 활동적인 사람들이 모여 사는 가장 인구가 많은 마을에서 생활에 불편한 점 하나 없이 그러나 가장 멀리 떨어진 황야에서 홀로 사는 것과 같은 고독한 은둔 생활을 보낼 수 있었다."

그리고 이어서 제4부에서 드디어 네덜란드에 은둔해 있던 데카르트가 '최초의 사색', '형이상학적 사색'의 내용을 말하기 시작한 것이다. 곧, 여기까지가 '철학의 제1원리'의 발견 경위에 해당한다.

나는 생각한다. 그러므로 나는 존재한다

'잠정적 도덕'의 격률이 나타내고 있는 것처럼, 실제 생활 속에서는 불확실하다고 생각되는 의견도 의심할 바가 없는 것처럼 따르는 것도 필요하지만 '진리의 탐구'만이 문제가 되는 경우에는 그 반대가 되지 않으면 안 된다. 곧, '하찮은 내용일지라도 의문이 생기는 것은 모두가 절대로 거짓된 것으로 여기며 쓸어 버린 다음, 아무런 의심의 여지가 없는 그 어떤 것이 자신의 신념 속에 남아 있는가를 살펴보아야만 한다. 감각은 종종 우리 자신을 속이므로 신용할 수 없으며 추리 역시 오류를 범하는 경우가 있기 때문에 신용이 불가능하다. 어떤 사상이라도 잠자고 있는 동안 그대로 꿈속에서 나타나는 것이 있으므로 신용할 수 없다. 그래서 "나는 이제까지 내 정신 속으로 들어온 모든 것은 나의 꿈속에 나타난 환상과 마찬가지로 진실하지 않은 것이라고 가정하기로 결심했다"고 말한다.

그러나 "이처럼 모든 것이 거짓이라고 생각하고 있는 동안에도 그렇게 생각하고 있는 나는 필연적으로 무엇인가이지 않으면 안 된다"는 점을 의식하게 된다. 따라서 "나는 생각한다. 그러므로 나는 존재한다(Je pense, donc je suis, 라틴어로는 Cogito ergo, sum)"라는 진리는, 회의론자가 어떠한 말로 시비를 걸어와도 흔들리지 않을 정도로 견고하고 확실한 진리라고 말하지 않을 수 없다. 이것이야말로 데카르트가 찾아온 '철학의 제1원리'이다.

아무리 모든 것을 의심해도 의심하고 있는 자신의 존재만큼은 의심할 수 없는 것이 아닌가. '나는 생각한다. 그러므로 나는 존재한다.' 이 명제의 발견이야말로 『방법서설』의 핵심을 이루는 내용이자 확실히 근대 철학 앞에 울린 진군의 나팔소리가 틀림없다. 데카르트는 이 명제를 검토하면서 '생각하는' 실체, 곧 '정신'으로서의 '나'의 존재를 도출해 내며, 일반적으로 하나의 명제가 진리이며 확실한 사실이기 위한 조건('명석 또는 자명'하게 이해되는 것)을 이끌어 내게 된다. 그렇지만 이 조건이 실로 일반 규칙으로 통용되기 위해서는 먼저 '완전한 존재자'인 신의 존재가 분명해져야 한다. 따라서 데카르트는 신의 존재론의 증명(완전한 존재자라는 개념 속에는 현존이 포함되어 있다)을 행하며 정신과 신의 존재에 대한 인식을 확실한 사실로 만들고자 했던 것이다.

실제적 철학에 의한 자연 연구

제5부에서는 앞의 제1원리에서 연역적으로 도출되는 '다른 연쇄적인

진리'가 포괄적으로 제시되어 있다. 물질 가운데에서는 '(실체적) 형상'이나 '(실재적) 성질'이라는 것은 존재하지 않으며, 자연은 '법칙적'으로 질서가 정해져 있는 것이다. 제5부에서 거론되어 있는 광학에서 인간의 신체의 메커니즘까지 그리고 동물과 인간의 차이점과 같은 구체적 기술은 데카르트가 '생각하는 바가 있어 발표를 그만둔 또 다른 한 편의 논문(『세계론』)'의 요약 속에 대체적인 그의 자연관이 잘 나타나 있다.

제6부는 앞에서 언급한 『세계론』을 왜 발표하지 않았는가에 대한 변명과 또한 향후의 '자연 탐구에서 더욱 전진하기 위해 필요'한 것이라고 여겨지는 모든 사항들이 설명되어 있다. 매우 거친 필치이지만 여러 곳에서 새로운 원리의 발견자 그리고 자연 연구가로서 자신에 찬 데카르트의 모습을 엿볼 수 있다.

예를 들어, 자신이 발견한 "일반적 원리가 나에게 가르쳐 주고 있는 것이란, 인생에서 매우 유익한 모든 인식에 다가갈 수 있게 해 주는 것으로, 학교에서 배우는 이론적 철학 대신 하나의 실제적 철학을 발견할 수 있게 해 주었다"라고 데카르트는 단언하고 있다. 이 같은 '실제적 철학'에 의해 "우리는 이른바 자연의 주인이며 또한 소유자와 같은 지위에 오를 수 있다"고 말하고 있다. 그것은 '이 세상의 생명에 대한 제1의 선善이며, 모든 다른 선의 기초가 되는 건강의 유지'에도 커다란 공헌을 할 수 있는 것이다. "신체와 정신의 수많은 질병에 대해 또는 노년의 쇠약에 대해서조차, 만일 그 원인은 물론 자연이 우리에게 제공해 주고 있는 모든 요법을 충분히 알게 된다면 사람들은 그러한 병을 피할 수 있을 것이라고 나는 확신하고 있다."

데카르트가 자신의 전 생애를 쏟아부은 이 자연 연구의 완성을 방해한 것은 단지 '생명의 짧음과 실험의 부족'뿐이었다. 그는 이 두 가지 방해물에 대해 다음과 같이 대처할 수밖에 없었다. 곧, "내가 발견한 것이 불과 얼마 되지 않는 것이라 할지라도 모든 것을 있는 그대로 세상에 전해 유능한 사람들을 나보다 더욱 앞서 전진하도록 촉구하며, 그들이 각각의 기호와 능력에 맞추어 필요한 실험에 서로 협력하고 또 그들 역시 스스로 배움을 통해 알게 된 내용을 모두 세상에 전하고자 노력하도록 촉구하는 것이다. 이렇게 된다면 후세의 사람들은 선인들이 끝마친 곳에서부터 시작하게 되며, 또 그 같은 많은 사람들의 노력과 생애를 전부 합침으로써 우리는 각 개인의 힘이 도달할 수 있는 곳보다 훨씬 먼 곳까지 모두 함께 나아가게 될 것이다."

그러나 갈릴레이 사건●이 일어나면서 데카르트는 이러한 생각을 바꾸게 되었다. 무익한 논쟁과 분쟁에 말려들 것을 우려한 때문이었다. 데카르트는 그 이유를 장황하게 늘어놓은 뒤에 여생을 보낼 연구 계획을 언급하며 '내가 아무런 방해도 받지 않고 여가를 즐길 수 있는 장소를 호의로 재량해 주길' 바라며 『방법서설』을 끝맺고 있다. 이 말 또한 '꼭꼭 숨어 지낸 자야말로 가장 값진 인생을 보낸 자이리니bene vixit, bene qui latuit' 라는 말을 좌우명으로 삼았던 데카르트에게 가장 어울리는 말이 아닐 수 없다.

지동설

17세기 유럽의 우주관은 천동설이었다. 이에 대해 지구가 스스로 자전하면서 태양의 주위를 공전한다는 지동설은 실은 기원전 3세기 무렵부터 가정되어 왔었다. 1543년 코페르니쿠스가 체계화했고, 갈릴레이가 이를 계승했다.

이성

철학에서 독일어 베르눈프트Vernunft를 가리키며, 오성을 뜻하는 베르스탄트Verstand와 구별된다. 그러나 데카르트는 이 두 용어를 반드시 구분해 사용한 것은 아니다. 그보다 일반적인 지성이나 도리를 판별하는 논리적 능력으로 사용한 것으로 보인다.

'난로 방'에서의 사색

데카르트는 습관적으로 사색에 빠질 때에는 흔히 '난로가 있는 방'에 틀어박혔다. '난로 방'이라는 말은 그로부터 유래된 말이다.

회의론자

그리스 철학자인 피론과 프랑스의 몽테뉴 등을 의미하지만, 데카르트의 '에르고 숨'과 대비되는 아우구스티누스는 '회의 그 자체에 대해서는 의문을 품지 않는다'라고 규정했다.

갈릴레이 사건

1632년에 갈릴레이는 『두 개의 주된 우주 체계―프톨레마이오스와 코페르니쿠스―에 관한 대화』를 발표했다. 그 이전에도 코페르니쿠스를 옹호해 종교 재판에 회부되었으나 1633년에 이 책이 출판되면서 확인되었다. 갈릴레이가 남긴 말로 유명한 "그래도 지구는 돌고 있다"는 실제가 아닌 전승이라는 설이 있다.

팡세
(Pensées)

이 책은 "인간은 생각하는 갈대이다"라는 명제로 유명한 파스칼이 사람들에게 그리스도교 진리를 호소할 목적으로 쓴 수백 편의 단상을 모은 것이다. 이 책에는 파스칼 자신이 살았던 실존의 파토스가 담겨 있다. 책을 통해 흐르는 인간관의 깊이와 필치의 오묘함은 강렬한 인상을 준다.

INTRO

파스칼(1623~1662)의 『팡세』, 정식으로 말하면 『종교 및 기타의 주제에 관한 파스칼 씨의 팡세Pensées de M. Pascal sur la religion et sur quelques autres sujets』(1670)가 되는 이 책은 파스칼이 그리스도교의 변증을 위해 써서 남긴 단편적인 초고를 한데 모은 것이다.

집필을 구상한 것은 1656년 초인데, 몇 해 동안 눈병을 앓고 있던 파스칼의 조카딸에게 병을 낫게 해 준 '성스러운 가시나무의 기적'이 일어난 것이 인연이 되었다. 독서를 거듭하며 노트를 정리해 거의 1~2년 사이에 대부분의 원고를 끝내고, 그 뒤 그가 속해 있던 포르루아알● 수도원에서 그 내용에 대해 강연을 하기도 했지만 만년까지 생각을 더욱 가다듬으며 가필과 교정을 계속했다. 심지어 병중에도 구술을 통해 추가 원고를 썼을 정도였다. 1662년 8월 죽을 무렵에는 약 900편에 이르는 단편이 수십 다발로 묶여 정리되어 있었다.

고인의 유지를 받들기 위해 유족들이 구성한 편집위원회는 그 무렵의 시대 정세를 배려해 원고를 교훈적 신앙서 체제로 배열한 초판 『팡세』(포르루아알판)를 간행했다. 이후 100년 동안은 그 무렵의 체제대로 판이 거듭되었으나 19세기 중엽에 들어와 저자의 원고를 직접 교감하며 합리적으로 단장의 내용을 편성하고자 한 몇 사람의 편집자가 등장했다. 그 가운데에서도 획기적 내용을 선보이며 많은 독자들의 마음을 사로잡은 사람이 철학자 레옹 브룅슈비크였다(브룅슈비크판, 1897). 1940년 이후는 제3의 변혁기로 토르눌과 라휴마 등이 애초에 저자 자신이 품었던 단장의 분류에 대해 고증, 연구하면서 그 무렵 존재했던 사본 순서가 역순임을 추정하게 되었고, 완전하다고 볼 수는 없지만 적어도 파스칼의 원래 의도까지 소급해 볼 수 있게 되었다. 이를 통해 개개의 단편들에 나타난 사상적 내용과 문체 효과, 선명한 이미지 등에 의해 전체 27장의 방법론적 구성이 판명되었으며, 아울러 파스칼의 사상 역시 한층 더 분명하게 부각될 수 있게 되었다.

신과 인간의 관계를 탐구

파스칼은 전체를 2부로 나누어 제1부에서는 '신이 없는 인간의 비참함'을, 제2부에서는 '신과 함께하는 인간의 지극한 행복'을 다루고 있다. 여기에서는 인간의 존재 방식이 신과의 관계를 통해 어떻게 변화하는가에 모든 관심이 집중되고 있음에 주목할 필요가 있다. 그리스도교 변증론이라고 하지만 기하학적 신의 존재에 관한 증명 따위는 거론되고 있지 않다. 먼저 자연적인 자신의 존재 조건을 주시하는 것부터 시작해 아무것도 보이지 않는 암흑 속에서 전혀 동요하지 않으며 불안도 느끼지 않고 무관심하게 있는 착란 상태에 전율을 느끼도록 하고 있다.

집필까지 충분한 준비가 갖추어졌다. 변증론이 예상한 당초의 독자들은 그 무렵 비로소 늘어나기 시작하고 있는 무신론적 경향을 가진 자유사상가●들이었다. 파스칼은 그들의 애독서인 몽테스키외의 『수상록』을 반복해 숙독하면서 거기서 많은 일화와 비유 등을 채택했다. 다만 인간성을 긍정하는 낙천적 입장인 몽테스키외를 초월해, 개개의 인간적 현상의 배후에 감추어져 있는 보다 깊은 이유를 묻고자 한 점에 파스칼의 독창성이 있다. 물론 『성서』를 비롯한 신학자들의 저서나 그리스도교의 역사에 관한 많은 문헌도 완전히 독파해 이론적 지주로 삼았다. 『팡세』의 가장 깊숙한 곳에 파스칼이 두 번의 전향 경험을 통해 확인하게 된 신앙의 리얼리티와 그 때문에 발견하게 된 독자적 세계관이 놓여 있음은 말할 것도 없다.

파스칼의 방법은, 과학자다운 추론을 기초로 한 기하학적 방법과 그가 사교계를 드나들며 인간 관찰을 통해 파악하게 된 감정에 호소하는 방법('기하학의 정신과 섬세한 마음'의 대립으로 정의된다)이라는 두 가지 접근법으로 성립되어 있다. 파스칼은 어찌 보면 데카르트와 마찬가지로 이성의 철저한 행사를 중시하고 있으나, 이성과는 별개로 인간의 마음의 미묘한 구조에 근거한 '심정'의 방법에 주목해 설득해야 할 상대방 쪽으로 몸을 기울여 상대의 내면에서 스스로 진리가 발견될 수 있도록 화법에 신경을 썼다. 파스칼이 분류해 놓은 순서에 따라 『팡세』의 단장을 읽어 나갈 때 우리는 쾌적함을 느끼며, 의외로 마음이 흔들리면서 변화에 가득 찬 이론의 자유로운 흐름 속으로 이끌려 들어가게 된다. 『팡세』의 수사학은 좋은 연구 테마이기도 하다.

신이 없는 인간의 비참함

제1부에서 이 세상을 살아가는 인간의 조건에 관해 서술해 놓은 내용은 매우 심각하고 어둡다. 아무것도 아닌 듯한 일상생활의 각 장면을 스케치하면서 역사상 작은 사건이나 평범한 인간의 일상적 행동 하나하나를 지적하며 그것이 아무 의미도 없이 허무하고 비참한 것임을 보여 주고 있다. '한 마리의 파리가 싸움을 건다', '클레오파트라의 코', '의상에는 힘이 있다', '피레네 산 이편에서는 진리이고 저편에서는 거짓이다' 등 기지에 넘치는 예리한 표현으로 가득 차 있으며, 인간 생활에 보이는 한순간의 틈새를 비집고 들어가 그 뿌리가 완전히 벌어져 있는 것임을 알려 주고 있다. 현대의 실존주의 철학자나 문인들이 보여 주는 인간 존재에 대한 분석과도 통하는 내용으로, 신앙을 잃은 무신론적 풍토의 공허함과 공포를 근본에서부터 폭로하고 있다.

그 가운데에서도 파스칼은 인간에게만 이러한 공허함과 공포가 나타난다고 강조하고 있다. 그는 "인간이 위대하다는 것은 자신의 비참함을 알고 있다는 점이다"라고 말했다. 지상의 모든 것들의 구조와 일체의 행동이 근거 없음을 알게 된 인간은 최소한 그와 같은 곤란을 피해 상대적으로 일시적 평화를 얻기 위해 정치와 법률에 의존한다. 언뜻 불합리한 것처럼 보이는 모든 사실에 대해 그럴듯한 '이유'를 찾아내고 임시변통의 질서를 만들어 내는 것 역시 인간이 지닌 위대함의 또 다른 측면이다. '천사도 동물도 아닌' 인간, 그 중간자의 영역을 파스칼은 고집하고 있는 것이다.

그러나 위대함과 비참함이라는 양극으로 갈라져 있는 인간은, 자신의 내적 모순을 견디지 못하고 자신의 앞에 놓여 있는 죽음에 대한 위안으로 '기분 전환'에 몰두하는 것이다. 사교계의 오락과 도박, 대화 등은 말할 것도 없고, 직업 생활과 궁정 내의 정사, 전쟁에 이르기까지 모든 인간의 행위는 본질적 사고에서 눈을 돌리고자 하는 '기분 전환'인 것이다. '기분 전환'은 인간을 한층 더 비참한 상황으로 밀어 넣는다. 파스칼은 근본적인 실존적 소외 상황을 묘사함으로써 탈출구가 보이지 않는 이율배반의 고뇌 속으로 독자를 밀어 넣고 가슴 밑바닥에서부터 신음 소리가 새어 나오게 만들고 있다. 그리고 여기서부터 '구하고자 하는 것'이 시작되고 있다. 인간은 무한히 인간을 초월하는 것이다. 따라서 휴머니즘●의 근거가 자연성을 넘어선 차원에서 제기되고 있는 것이다.

인간은 생각하는 갈대이다

잘 듣기 위해서는 올바른 청취 자세를 취할 필요가 있다. 청취 내용이 절대적인 것에 관련된 경우에는 자세를 바로잡고 겸허하게 잘 받아들이고자 하는 수동의 자세를 갖추어야만 한다. 유명한 도박 이론은 그 무렵의 사교가들이 흥미를 가질 법한 화제를 고른 것이며 수학자 파스칼로서는 가장 적합한 비유였을 것이다. 영원한 행복이 보장되기 때문에 신이 있는 쪽에 돈을 거는 것이 유리하다는 것은 이해득실을 따지는 설득

법이 아니다. 도박을 건 이상 모든 것을 거기에 쏟아붓는 것, 그럼으로써 무언가 보이는 것이 있다는 것을 구체적 실천을 위한 도구로 제시한 것이다. 전 생애가 걸린 일대 사건이므로 인간 쪽에도 순수하고 전적인 사랑이 요구되었다.

제1부에서 제2부로 이행하는 단계에서 파스칼은 다시 한 번 인간의 지식의 한계를 말해 주는 여러 고찰을 시도하고 있다. 우주의 끝이라는 무한대와 물질의 궁극이라는 극히 미세한 세계 역시 인간의 능력이 미칠 수 없다. 최대와 최소의 중간에 떠 있는 인간은 불어오는 한 줄기의 바람에도 쓰러지는 덧없는 존재이다. '인간은 한 포기의 갈대에 지나지 않는다. 자연 속에서 가장 연약한 존재이다. 그렇지만 그는 생각하는 갈대이다.' 사고의 본질은 죽음을 향해 있는 존재라는 자신의 위치를 정확하게 파악하는 것이다. 이성이 유용하게 작동하는 것은 여기까지뿐이다. 그 이후는 저편에서 이쪽을 향해 걸어오는 말, 곧 파스칼은 『성서』에 계시된 신의 언어를 절대적 '권위'로 받아들이고 있다.

신과 함께하는 행복

전반부에는 이 세상에 보이는 인간의 현실이 어딘가 파괴된 모습으로 제시되고 있다. 『팡세』의 제2부에서는 이러한 사태를 초래한 그 타락의 원인을 묻고, 이를 회복하기 위해 예수 그리스도에 대한 신앙을 설교하고 있다.

제2부의 중심은 『성서』에 전해 오는 메시지의 본질이 무엇인가를 밝히는 것이다.

파스칼은 다른 종교와 그리스도교를 비교하며, 예언과 기적의 의미를 더듬어 『구약성서』의 상징적 의미를 논하고 있다. 『성서』의 핵심 역시 예수 그리스도의 재림을 예고하는 데 초점이 맞추어져 있음을 반복해 강조하고 있다. 판단하기 어려운 『성서』 속의 글귀와 겉으로는 그 모습을 볼 수 없는 예수 그리스도, 예언자와 성도들의 행동 속에 담겨 있는 모순 등을 모두 풀어낼 열쇠가 그곳에 있다는 점을 끊임없이 지적하고 있다. 전반부에서 비참함과 위대함을 함께 갖춘 존재로 파악된 인간의 신비 역시 십자가에 걸린 신의 비의秘義를 통해 명쾌하게 해명하고 있다. 파스칼의 『성서』 해석은 포르루아얄의 신학에서 영향을 받은 것으로, 물론 시대적 제약에서는 벗어날 수 없으나 그 핵심에는 파스칼만의 독자적 사고가 특징적으로 잘 드러나 있다.

실제 파스칼은 스스로의 신앙 생활 속에서 예수 그리스도와 강한 일체감 속에 살았기 때문에 그의 문체에는 독자의 마음에 불을 지피는 열정이 담겨 있다.

"『성서』 속의 단 하나의 목적은 사랑이다."

"사랑에서 방황하게 되면 인간은 정말 방황하는 것이 된다."

파스칼은 『성서』에 담긴 메시지의 핵심을 정확하게 포착하고 있었다. 다양한 상징적 표현으로 장식해 은유의 형태로 말을 하고 있지만, 그는 자신이 말하고자 하는 내용을 정확히 가리키고 있었다. 육체와 정신 그리고 사랑이라는 '세 가지 질서'의 구별과 유대인의 맹목, '감추어진 신'의 사상 등 모든 것이 사랑이 없으면 그 어느 것이라도 깊은 곳까지는 도달할 수 없다는 파스칼적인 '심정' 이론의 연장선상에 있는 것이다.

『팡세』는 예수 그리스도를 중심으로 하는 신도들의 사랑의 공동체에 대한 비전을 '생각하는 신체'라는 비유로 묘사하고 있다. 파스칼은 결론으로 '신을 아는 것과 신을 사랑하는 것' 사이의 거리가 그토록 멀리 떨어져 있음을 한탄하며 하루하루 새로워지는 은총을 간절히 바라면서 생활하고 있는 신자들의 불안과 기쁨을 고백하는 것으로 끝을 맺고 있다. 파스칼의 문장을 칭송해 마지않는 현실의 무게는 후세에 이르기까지 수많은 찬미자들(동시에 반역자들 역시)을 낳았다.

NOTES

포르루아얄

이프르의 사제였던 얀세니우스(네덜란드 이름은 얀센)의 사상에 따라 엄격한 윤리적 계율을 지키는 신앙을 추구한 사람들을 얀세니스트라고 불렀다. 이들의 본거지가 된 곳이 파리 교외에 있는 포르루아얄 수도원이었다.

자유사상가

리베르탱이라고 불리며, 종교에 대해서조차 속박당하지 않는 사고를 가지려고 했던 사람들을 일컫는다. 17세기 전반의 프랑스에서 특히 이 사상에 경도된 사람들이 많았으며, 일부는 사상에 그치지 않고 생활의 방종에 빠져 기존의 도덕을 무시하기도 했다.

휴머니즘

르네상스 이후, 보편적 인간성에 대한 신뢰에 기초해 인간 본성을 벗어나지 않으며, 인간이 지닌 덕성의 자연스러운 개화를 이상으로 삼은 한 경향. 파스칼은 휴머니즘에 대립했다기보다는 휴머니즘을 초월할 것을 추구했다고 말할 수 있다.

순수이성비판
(Kritik der reinen Vernunft)

독일 관념론은 물론 현대 철학의 기초가 된 이 책을 이해하지 못하면 헤겔과 마르크스 역시 이해할 수 없다고 할 정도로 중요한 위치를 차지하는 고전이다. 칸트가 저술한 세 권의 비판 철학서 가운데 한 권으로, 비판적·선험적 관념론을 처음으로 확립하고, 과학 인식의 확정성을 보증함으로써 근대 사상사에 큰 영향을 미쳤다.

INTRO

칸트(1724~1804)는 1724년 독일 북부의 쾨니히스베르크에서 태어나 1804년 그곳에서 죽었다. 그가 살았던 시대는 이른바 계몽 시대로, 정치가로는 프리드리히 대제, 시인으로서는 레싱과 나란히 칸트는 독일 계몽 시대를 대표하는 철학자로 손꼽힌다.

칸트는 1770년에 취직 논문인 『감성계와 예지계의 형식과 원리』를 발표했는데, 이것이 비판 철학에 관한 그의 첫 번째 관심 표명이었다. 1772년 2월 21일 제자에게 준 서간에서 현재 '감성과 이성의 한계'라는 제목의 저술을 계획하고 있으며, 이는 이론적 부분과 실천적 부분을 포함해 이제까지 감추어져 온 형이상학에 관한 전체의 비밀을 해결할 열쇠가 되는 물음과 인간에 내재해 있는 관념과 외부의 대상의 관계는 무엇에 근거해 있는가 하는 물음에 답하는 것이 중심 과제라고 전한 바가 있다. 이것이 비판 철학의 탄생이다. 이 같은 철학적 사색을 위해 10년간에 걸친 고통스러운 사색의 시간을 보낸 성과로 1781년 드디어 800페이지가 넘는 대저작인 『순수이성비판』(1781)이 세상에 태어났다. 『순수이성비판』은 인간 지성의 기본 구조를 해명한 저술이다.

칸트에게는 비판이라는 이름을 붙인 저서가 세 권 있다. 『순수이성비판』은 그 가운데에서 제1비판에 해당한다. 제2비판은 도덕의 기초를 정의하기 위한 『실천이성비판』이며, 제3비판은 미학 및 목적론의 기초를 정의한 『판단력비판』이다. 제1비판인 『순수이성비판』은 제2, 제3의 비판의 원론도 이미 어느 정도 포함하고 있어 철학 총론적 위치를 차지한다.

인간에게 인식한다는 것은 대상을 감성적으로 직관하고, 직관한 것을 이론적으로 사유함으로써 성립된다. 직관의 형식은 시간과 공간이며 사유의 형식은 범주이다. 『순수이성비판』은 이러한 두 가지 형식의 원리적 종합을 기초로 이를 통해 예를 들어 인과율과 같은 인식 원칙을 정립하고 있다. 더욱이 그 같은 종류의 원칙을 현상계를 초월해서 적용하고자 할 때 생기는 '가상假象' 이론을 고찰했다. 그러한 고찰의 핵심을 이루는 내용이, 예를 들어 자유와 필연과 같이 정립과 반정립이 대립하거나 항쟁하는 이율배반론이다.

칸트에 이어 피히테와 셸링, 헤겔의 철학 역시 칸트 철학의 독자적 해석을 포함하고 있으며, 오늘날의 현대 철학 역시 칸트 철학과의 대결을 빼놓고는 성립할 수 없을 정도이다.

칸트 철학의 개관

칸트 철학은 서양 철학의 최고봉 가운데 하나이다. '내 위에 별이 반짝이는 하늘과 내 속의 도덕 법칙'이라는 묘비명에 새겨져 있는 말이 나타내듯 칸트 철학은 자연 인식에서 실천적 인식에 이르기까지 주체적으로 이론 이성과 실천 이성의 존재 양태를 규명할 것을 지향하고 있다.『순수이성비판』은 그와 같은 칸트 철학의 기초를 이루는 총론에 해당한다.

인간의 주체성을 중시하는 근대 철학자인 칸트에게 '이성'은 신의 이성이 아닌 실로 인간의 이성을 뜻하는 것이었다.『순수이성비판』은 그 특질을 파악하는 것을 목표로 삼은 저술이다.

이성은 넓은 의미에서 인식 능력을 말한다. 인식에서 인간은 직관을 통해 대상으로부터 내용을 받아들이게 된다. 그 점에서 수용적이며 수동적이라고 말할 수 있다. 직관 능력은 감성이며, 감성 형식은 시간과 공간이다. 직관된 내용은 다만 수용되어 있는 상태로 머물지 않고 그를 통해 더 깊이 사유될 때 대상에 대한 인식이 성립한다. 이러한 사유 능력은 감성이 아닌 오성이다. 이는 수동적인 것이 아니라 자발적이고 능동적인 것이다. 이를 따르지 않고서는 참된 사유가 아닌 변덕이 되고 만다.

사유의 기본 형식은 아리스토텔레스 이래 범주(카테고리)라고 일컬어져 왔다. 칸트는 이러한 범주를 오성의 순수한 개념이라는 의미에서 '순수오성개념'이라고 규정했다. 이렇게 함으로써 인식은 직관 능력으로서의 감성과 사유 능력으로서의 오성이 종합되어 성립하는 것이다. 곧, '감성이 없으면 어떠한 대상이라도 우리에게 주어질 수 없으며, 오성이 없으면 어떠한 대상이라도 사유되지 않을 것이다. 내용이 없는 사상은 공허하며, 개념이 없는 직관은 맹목이다. 오성은 아무것도 직관할 수 없으며, 감각은 아무것도 사유할 수 없다. 이 두 가지의 합일을 통해서만 인식은 시작된다.'

'순수이성비판'이라고 할 때의 '이성'은 이처럼 감성과 오성을 포함한 것을 뜻한다. 그러나 좁은 의미에서 오히려 고차원적 이성은 오성을 초월해 있다. 오성은 논리적으로는 '판단 능력'이며, 이성은 판단의 상호 관계를 구성하는 '추리 능력'이다. 오성이 범주라고 하는 규칙에 의지하는 인식 능력인 데 비해, 이성은 오성에 의한 개별적 인식을 체계적으로 통일시키는 능력이다. 이성에 의해 추론이 이루어지며, 인식은 그 극한인 무제약적인 것에까지 추구될 수 있는 것이다. 이러한 무제약적인 것은 『순수이성비판』에서 경험에 의거한 인식의 통제 원리인 '이념(이데아)'으로 정립된다.

이념론은 플라톤의 이데아론의 전통을 계승하고 있지만, 칸트는 그 같은 이념론을 통해 신과 영혼 불멸 그리고 자유와 같이 형이상학에 관련된 어려운 문제와 대결하며 독자적으로 그 해답을 구하려 하고 있다. 따라서 '어째서 순수 수학이 가능한가? 어째서 순수 자연과학이 가능한가?'라는 물음과 마찬가지로 '어째서 자연의 성질인 형이상학이 가능한가?'라는 물음이 『순수이성비판』에서 칸트의 과제였다. 칸트는 종래의 형이상학을 독단적인 것이라고 비판하고 있다. 그러나 이제까지 학문으로서 형이상학을 정립하려는 방법이 독단적인 것이었더라도 인간의 이성 속에는 자체의 성질로서 형이상학적인 것을 추구하려는 마음이 있기 때문에 칸트는 그 근거를 해명하고자 한 것이다.

칸트가 추구한 휴머니즘 정신

이렇게 설명하고 보면 이성은 수학이나 자연과학을 성립시키는 이론 이성일 뿐 아니라 실천 역시 성립시키는 이성, 곧 실천이 되기도 한다. 칸트는 실천과 도덕에 대한 기초를 제공하기 위해 『실천이성비판』을 저술했지만, 그 기본 사상은 이미 『순수이성비판』 속에 포함되어 있다.

그 내용은 주로 종래의 형이상학을 비판한 '변증론'과 제2부에 해당하는 '방법론' 부분에 소개되어 있다. 거기에는 칸트가 '순수 이성의 궁극적 목적에 관한 규정인 최고선의 이상●'에 대해 논한 구절이 있다. 여기에서 이성의 이론적 적용뿐 아니라 실천적 적용에도 관련되는 궁극적 목적에 대한 물음이 제기되고 있으며, 이성에 대한 모든 관심이 다음의 세 가지 질문에 집약되어 있다.

첫째, '나는 무엇을 알 수 있는가?', 둘째, '나는 무엇을 행해야 하는가?', 셋째, '나는 무엇을 희망할 수 있는가?'이다.

첫 번째 질문은 지식론으로, 이 책의 전반부에 나오는 '원칙론'에 그 해답이 제시되어 있으며, 두 번째 질문은 행위론이 되는 실천 철학에 대한 질문이다. 세 번째 질문인 희망론은 내세의 정복淨福에 관련된 것이므로 종교 철학에 대한 질문이 된다. 두 번째와 세 번째 질문에 대한 해답을 찾는 것은 그 무렵의 칸트로서는 차후의 과제였다. 칸트는 『윤리학』 서언에서 세 가지 질문에 네 번째로 '인간이란 무엇인가'라는 질문을 추가했다. 칸트는 앞에서의 세 가지 질문은 모두 이 질문에 귀착되는 것이라고 말하고 있다. 여기서 칸트 철학에 담긴 휴머니즘 정신이 여실히 드러나고 있다. 하이데거는 『칸트와 형이상학의 문제』에서 이 네 번째 질문에 근거해 인간학으로의 형이상학에 그 기초를 제공했다.

칸트는 1804년 2월 12일에 죽었으나, 그에 앞서 2월 3일에 대학교의 학장이던 의학과 교수가 병문안을 하기 위해 왔을 때 쇠약한 몸을 병상에서 일으키며 "인간성에 대한 감정은 아직 나를 떠나지 않고 있다"고 작은 목소리로 말했다고 한다. 임종을 맞이하면서까지 칸트를 떠나지 않았던 이 주제는『순수이성비판』속에도 흐르고 있다. 실제로 앞에서의 세 가지 질문에 대해 서술한 몇몇 대목 속에서도 '최고선의 이상'으로, 인간 상호 간의 자유에 대한 범통적인 체계적 통일 세계, 곧 '도덕적 세계'라는 이념이 서술되어 있다.

그에 따르면, 자유 의지의 주체가 되는 인간은 '예지자'이며, 감성계를 초월해 당연히 '예지계'에 살아야 할 존재였다. 도덕적 세계라는 이념은 예지계이며, 이는 실천을 매개로 하여 감성계에 영향을 미치는 이념이다. 그리고 그 실재성은 여기서 또 '감성계에서 이성적 존재자의 신비적 교단'으로 규정된다. '이 교단의 이념에서 이성적 존재자 각자의 자유가 되는 선택 의지는 도덕적 법칙 아래 자기 자신은 물론, 다른 모든 타인의 자유와 범통적인 체계적 통일성 그 자체를 가질 수 있다.'

인간 역시 자연물과 마찬가지로 감성계인 현상 세계 속에 살고 있으나, 인간에게는 그를 초월한 예지성이 깃들어 있다. 칸트는 본론에서 인식 주관으로서의 자아를 논한 대목에서 "나는 예지자로서 실천한다"고 말하며, 거기에 대해 다음과 같은 주석을 부기하고 있다.

"내가 생각하고 있다는 것은 나의 현 존재를 규정하는 작용을 표현하는 것이다. 그러나 자기 활동적 존재자인 나 자신의 현 존재로는 이를 규정할 수 없고, 나의 사유, 곧 규정 작용의 자발성만을 표상할 뿐이므로 나 자신의 현 존재는 언제까지고 다만 감성적으로, 곧 하나의 현상의 현 존재만으로 규정될 수 있는 것이다. 그렇지만 내 사유의 자발성으로 인해 나는 나를 예지자라고 부를 수 있게 된다."

이처럼 예지자로서의 인간은 예지자 상호 간의 체계적 통일 세계인 예지계에 대한 이념을 지니고 있다. 수학적 자연과학의 대상인 현상계를 통과해 형이상학의 세계로 나아갈 때, 도덕적 세계의 이념인 예지계를 어떻게 규정하고, 어떤 위치를 부여할 것인가는 이 책의 독자들에게 맡길 과제이다.

비판 철학의 주장과 한계

여기에서 표제로 되돌아가, 먼저 '순수 이성'이라고 부를 때의 '순수'에 대해 살펴보자. 순수란 경험에 대한 순수를 의미한다. 그러므로 순수한 것은 선험적●(아프리오리)이다. 인식은 감각하거나 보고 듣는 것을 포함해 넓은 의미에서 경험을 매개로 하지만, 보편타당한 인식 속에는 선험성이 내재해 있다. 이와 같은 선험적 인식을 가능하게 하는 능력이, '순수 이성'이다. 곧, '순수 이성이란 어떠한 것을 단적이고 선험적으로 인식하는 여러 원리를 포함하고 있다.' 순수이성비판은 이처럼 이성과 그 원리에 근거를 부여하는 것이다.

그렇다면 '비판'이란 무엇을 뜻하는가. 이 말의 어원은 그리스어의 크리네에서 유래한 것으로, 나누는 것 또는 구별하는 것을 뜻한다. 순수이성비판은 인식에 관해 경험적인 것과 선험적인 것을 구별하고, 선험적 인식의 타당한 범위와 그 한계를 명백히 나누는 것을 목표로 삼는 것이 된다. 그리고 그 범위는 시간과 공간이라는 틀에 있는 현상계라고 여겨진다. 시간과 공간 역시 선험적 원리이지만, 그것을 타당하게 만드는 것은 현상계이다. 그 때문에 현상을 초월한 사물 자체는 인식할 수 없다고 간주하는 것이 비판 철학의 한 특징이다. 이는 칸트 이후의 철학에서 좀처럼 풀리지 않는 어려운 문제가 되었다.

인간은 생각하는 존재로 사유하고 공상할 수 있지만, 그것이 객관적 인식의 대상이 되기 위해서는 직관되지 않으면 안 된다. 그렇게 되지 않는다면, 그것은 마치 내용이 없는 사상처럼 공허하게 된다. 유한자인 인간의 직관은 감성적이며, 그 형식은 시간과 공간이다. 그러한 까닭에 인식의 대상 세계는 시공의 세계인 현상계이며, 그것을 초월한 사물 자체는 인식이 불가능하다.

그렇다면 인간은 어떠한가. 인간이 예지자임은 앞에서 언급했다. 예지자로서의 자각 속에는 현상을 초월한 자체성이 포함되어 있다. 사유의 자발성에 투철하게 되면 현상에 의해 수동적으로 제약되지 않는 자기 존재를 의식할 수 있다. 그 점에서 실로 인간은 자유인 것이다. 칸트는 자유의지론에서 현상과 사물 자체의 긴장 상태에 직면하고 있다.

이른바, "현상이 사물 그 자체라면, 자유는 얻어질 수 없다. …… 존재자의 원인성은 두 가지 측면에서 고찰된다. 곧, 사물 자체의 행위에 따른다면 예지적으로 고찰되며, 감성계의 현상인 그 행위의 결과에 따른다면 감각적으로 고찰된다. …… 전자의 예지적 성격은 사물 자체의 성격, 후자의 경험적 성격은 그러한 사물의 현상에 대한 성격과 이름을 부여하는 것이다. 그런데 행위를 하는 주체가 자신의 예지적 성격에 따르게 되면, 어떠한 시간 조건 아래에서도 논리에 맞지 않게 된다. 시간은 사물 자체가 아닌, 다만 현상의 조건일 뿐이기 때문이다."

칸트는 이러한 주장을 규명하는 것을 비판 철학의 중심 과제로 삼고 있다.

칸트 철학의 선험론적 특징

『순수이성비판』의 본론은 원리론과 방법론의 두 개 부문으로 구성되어 있으며, 원리론은 감성론과 논리학으로 나누어져 있다. 감성론은 감성의 형식인 시간과 공간을 원리적으로 고찰한 것이며, 논리학은 또 분석론과 변증론으로 나누어져 있다.

분석론에서는 먼저 순수 오성 개념인 범주(카테고리)의 분석이 이루어지는데, 여기에서 범주는 '나는 생각한다'라는 통각에 기초한 인식 기능인 점이 정밀하게 연역되고 있다. 이어서 분석론은 원칙의 분석으로 옮겨 가는데, 이 분석은 범주가 감성의 형식인 시간과 공간 위에 투영되어 도식화되고 이를 통해 현상계를 구성하는 최고 원칙이 되는 것이다. 예를 들어 인과성이라는 관계의 범주가 시간의 순서에 따라 도식화되며, '모든 변화는 원인과 결과의 결합 법칙에 따라 일어난다'는 원칙(이른바 인과율)으로 정립되는 것과 같다.

변증론은 원칙론을 무제약적인 것까지 확대한 곳에서 생겨나는 가상假象의 논리학에 대한 비판적 규명이며, 아울러 그 성과는 이념론이다. 방법론은 원리론으로 분석된 여러 인식 요소를 결합시켜 구축하는 방법을 논한 것이다. 이들 논술의 표제는 모두 '초월론적'이라는 말로 형용되고 있다. 이 점 역시 주목할 만하다.

칸트 철학에서 선험적 인식을 가능하게 하는 근거 또는 원리는 경험만이 아니다. 그 같은 인식 자체를 초월해 있기 때문에 초월론적transzendental이라고 불린다. 이를 규명하고자 한 비판 철학은 그런 의미에서 실로 '초월론적 철학'이다. 이 용어는 원래 절대자인 신에 관련된 용어로 중세 스콜라 철학에서 유래했으나 칸트는 그 같은 의미가 아닌, 인식을 주관하는 자아에 관련된 용어로 사용했다. 칸트 철학 역시 근대 철학의 출발점인 데카르트의 '코기토 에르고 숨(나는 생각한다, 그러므로 나는 존재한다)'의 흐름 속에 포함되는 것으로, 인식의 최고 원리는 '나는 생각한다'이다. 이 '나'가 칸트에서 '초월론적 자아'가 된 것이다. 사유의 기본 법칙은 범주이지만 초월론적인 것은 범주 안에만 있는 것이 아니라 범주를 초월해 있기 때문에 범주를 사용해 이루어지는 대상의 모든 요소를 통일시킬 수 있는 것이다.

『순수이성비판』은 본문에 앞서 서언과 그에 이어지는 서론으로 시작된다. 서언과 서론은 모두 1787년의 재판에서는 대폭 수정되었지만, 그 내용은 비판 철학의 기본을 잘 나타내고 있다. 서론의 첫 부분에서는 이른바 "우리의 모든 인식은 경험과 함께 시작되고 있지만, 그렇다고 해서 인식이 모두 경험에서 발생하는 것은 아니다"라고 서술되어 있다.

모든 인식이 경험과 함께 시작된다는 점은 경험론과 통하는 것이지만 그러나 경험에 의한 의식이 보편타당성을 갖기 위해서는 그 근거에 선험적 원리가 놓여 있어야만 한다고 주장하는 점에 칸트 철학의 선험론적 특징이 있다. 예를 들어, 모든 변화는 원인을 가지고 있지만 원인의 개념은 결과와 이어져 있다. 원인과 결과의 이러한 연관은 선험적인 보편타당성을 갖지 않고서는 이루어지지 않는 것이다. 그러므로 칸트는 서론에서, '습관'을 통해 인과율의 근거를 부여하고자 한 흄의 주장은 경험론에 그친 것이라며 비판하고 있는 것이다. 인식이 객관적이 되기 위해서는 원리적으로 선험성을 갖고 있지 않으면 안 된다는 것이다. 그렇다고 해도 경험으로부터 완전히 유리된 독단적인 몽상에 빠지는 것을 허용하는 것은 아니다. 이 점에서 비판 철학의 성립에 흄이 어느 정도의 역할을 수행했다는 의미를 부여할 수 있게 된다.

칸트 철학의 정신

『순수이성비판』의 서설로 쓰인 『프롤레고메나』(학문으로 나타날 장래의 모든 형이상학에 대한 서설)의 머리말은 이렇게 시작되고 있다.

"나는 분명히 고백한다. 데이비드 흄의 경고는 수년 전에 시작되어 나를 독단적 미몽에서 깨어나게 해 주었으며, 사변적 철학의 영역에서 내 연구에 전혀 다른 방향을 제공해 주었다."

흄의 경고가 칸트에게 어떤 작용을 하여 인과 관계가 선험적으로 도입되었는가는 알 수 없지만, 그것은 이성이 형이상학을 독단적으로 몽상하는 것에 관련된 것이었으며, 실은 형이상학에 대한 개혁의 요구였다.

칸트는 방법론 속의 한 구절에서, 흄은 독단을 비판한 회의론자로 이성을 '검열'했지만, 이성에 '비판'을 가하지는 못했다고 평가했다. '순수이성비판'이야말로 개혁을 위한 진정한 빛이었으며, '어떻게 하여 선험적 종합 판단이 가능한가'라는 것이 '순수 이성의 보편적 과제'였다. 흄은 이러한 과제에 불을 약간 댕겼을 뿐이었다.

결과는 원인의 개념 속에 내재되어 있지 않고 그 개념을 분석해도 도출되지 않는다. 인과의 연결은 분석적인 것이 아니라 종합적이다. 이러한 종류의 종합 판단을 가능하게 하는 사유 법칙이 범주이다. 어느 관념이나 사실이 단순 사실로서 존재하는 일이란 있을 수 없다. 그리고 그 이상으로 그 정당성을 논증하는 일을 연역deduktion이라고 한다.

범주의 연역은 『순수이성비판』의 중심 과제이다. 여기에서 우리는 연역론에 관해 사유와 직관의 기본적 종합에서 구상력●이 갖는 의미에 대해서도 주목할 필요가 있다.

앞에서 언급한 것과 같이 범주는 도식을 통해 직관화된다. 도식화는 사유와 직관의 기본적인 종합이지만, 도식 그 자체는 구상력의 소산이다. 구상력은 미의 근원이기도 하기 때문에 이에 대한 주도면밀한 고찰은 미학의 기초를 제공할 것을 목표로 한 『판단력비판』에 맡겨졌지만, 인식 능력으로서의 그 기본적 의의는 이미 제비판에서 논해지고 있다. 곧, "우리는 일체의 선험적 인식의 근거에 있는, 인간 영혼의 근본 능력인 순수한 구상력을 갖고 있다. …… 감성과 오성이라는 양극단은 구상력의 초월론적 기능을 매개로 필연적으로 서로 관련되고 있음에 틀림없다."

칸트는 서문에서 사유 방법에 변혁을 가져온 코페르니쿠스적 전환에 대해서도 거론하고 있다. 천동설에서 지동설로의 변화는 인식에서 객체성으로부터 주체성으로의 변전을 뜻하며, 대상인 객체를 정지시켜 두고 주체인 관찰자가 능동적으로 대상을 움직이는 것을 의미한다. 여기에서는 가설을 대상 속에 집어 던져 구성하는 실험 태도를 의미한다. 곧, 자연에 대해 응답을 촉구한 것이다.

"이성은 다만 그에 합치하는 여러 현상이 법칙으로서 타당한 원칙들을 한 손에 쥐고 있으며, 다른 한 손으로는 그러한 원칙에 따라 고안된 실험을 통해 자연에 접근한다. 이는 자연에서 지식을 얻기 위함이지만 그러나 교사가 원하는 대로 단지 흉내만 내고 있는 학생의 자격이 아니라, 증인에게 질문에 대한 회답을 강요하는 정규 재판관의 자격으로 이루어지는 것이다. 실제로 이러한 방법을 통해 물리학은 매우 유익한 사유 방법의 개혁을 달성했지만, 이는 이성이 스스로를 자연 속에 던짐으로써 자기 혼자서는 아무것도 알 수 없는 것에 대해 자연으로부터 배워야 한다는 것을 뜻한다.

자연과학은 몇 세기 동안 다만 암중모색만 했을 뿐 더 이상 나아가지 못했음에도 불구하고 이를 통해 비로소 확실한 학문의 길을 열게 된 것이다."

여기에 근대 과학의 대자화對自化●로서의 칸트 철학의 정신이 잘 나타나 있다. 그러나 이성 비판으로서의 칸트 철학이 지식 만능주의는 아니다. 인간 지식의 한계를 명시하는 것 역시 『순수이성비판』이 비판한 하나의 과제였다.

그는 서문에서 "나는 신앙에 장소를 제공하기 위해 지식을 포기하지 않을 수 없었다"라고 말하고 있다.

칸트는 이렇게 말하고 있지만 특정한 신앙의 내용을 강요한 것은 아니다. 그보다 신앙상의 의견 대립은 "소크라테스의 방법, 곧 반대자의 무지를 매우 명석하게 증명함으로써 결론을 이끌어 낼 수 있다"라고 말하고 있다. 이는 소크라테스의 무지의 지에 대한 자각이다. 지식의 포기란 독단적 형이상학을 단념하는 것을 뜻한다. 실제로 '변증론'은 지식의 한계까지 추적하며 신앙의 본질적 양태를 제시하고자 한 것이다. 그 첫 번째가 오류추리론●으로, 영혼을 실체로 정립하는 것은 논리적으로 오류라는 점이고, 두 번째는 이율배반론으로, 우주론이 무제약성까지 나아갈 때에는 정립과 반정립이 움직이지 못한 채 대립과 항쟁에 빠지는 것, 세 번째는 이상론으로, 절대자인 신은 순수 이성의 이상●으로만 정립되며, 신의 존재를 증명하는 데에는 각각의 한계가 있다는 점이 설명되고 있다.

영혼론에서 우주론을 거쳐 이상론에 이르기까지 지식의 한계에 의해 각각의 이념이 통제 원리로서 정립되고 있다. 이는 철학적 사색에서 칸트가 보인 자기 인식의 길이다. 그러나 '심령인 자기 자신과 전 우주인 세계, 원래의 존재자인 신, 이러한 이념에 완벽하게 합치한 철학 체계가 과연 이 지상에 존재할 수 있는가'에 관한 물음의 방법론에 대해 칸트는 이렇게 답하고 있다.

'거기까지는 철학을 통해 배울 수 없다. 대개 철학은 어디에 있는가, 누가 그것을 소유하는가, 무엇을 통해 그것이 인식되는가 등에 관해서만 철학하는 것을 배울 수 있을 뿐이다.'

이 말 속에 독단에 빠지지 않고, 기존의 사상을 맹신하지 않으며, 끊임없이 전향적으로 사색하는 비판 철학의 정신이 잘 나타나 있다.

『순수이성비판』의 체계

| 범주표 |

양	단일성·다수성·총체성
질	실재성·부정성·제한성
관계	실체성·인과성·상호성
양상	가능성·현실성·필연성

| 원칙의 체계 |

1. 직관의 공리 : 모든 직관은 연장량이다.
2. 지각의 예측 : 모든 현상에서 감각의 대상이 되는 실재적인 것은 내포량, 곧 정도를 지닌다.
3. 경험의 유추 : 경험은 모든 지각의 필연적 결합이라는 표상으로서만 가능하다.

▲ 제1의 유추 : 실체지속성의 원칙

현상의 어떠한 변이에도 불구하고 실체는 지속되며, 그 양은 자연에서 증감하지 않는다.

▲ 제2의 유추 : 인과율을 수반하는 계기繼起의 원칙

모든 변화는 원인과 결과의 결합 법칙에 따라 일어난다.

▲ 제3의 유추 : 상호 작용 또는 공동체의 법칙에 따르는 공존의 원칙

모든 실체는 공간에 공존하는 것으로서 지각되는 한 범통적 상호 작용 속에 있다.

4. 경험적 사유 일반의 공준(公準, postulate)

(1) 경험의 형식적 조건(직관 및 개념에 관한)과 일치하는 것은 가능성이 있는 것이다.

(2) 경험의 질료적 조건(감각)과 관련된 것은 현실적이다.

(3) 현실적인 것과의 관련이 경험의 일반적 조건에 따라 규정되는 것은 필연적이다.

이어서 변증론에서는 이성의 추리가 무제약적인 것에까지 적용되지만, 그 추리가 주체 쪽을 향하게 되면 합리적 심리학, 개체 쪽을 향하게 되면 합리적 우주론, 주객 양쪽을 포함한 사물 일반 및 그 통일체를 향하게 되면 합리적 신학 등 세 가지가 성립하게 된다.

먼저 합리적 심리학에서는 영혼이 실체로서 정립되며, 그 비물질성과 불후성, 인격성, 불멸성이 추론된다. 추론은 대전제를 소전제를 매개로 하여 결론을 유도하지만, 칸트는 합리적 심리학에서는 대전제와 소전제에서 이 둘을 묶어 주는 매개 개념의 의미와 내용이 종종 어긋나기 때문에 합리적 심리학이 오류 추리에 빠질 수 있음을 지적하고 있다.

합리적 우주론은 이미 언급한 이율배반론을 전개한 것이다. 합리적 신학론은 선언(選言 : 'A는 P이든지 Q이다'라는 추리 형식으로 사유 법칙의 하나) 추리의 구조에 따라 신은 선언지選言肢로 서로 나누어져 있는 실재성의 궁극적인 통일자로 '순수 이성의 이상'으로 정립된다. 그리고 여기에서 사변 이성의 입장을 통해 이루어지는 신의 존재 증명에서는 존재론적, 우주론적, 자연신학적이라는 세 가지 종류가 있음을 설명하고 그것이 불가능함을 논하고 있다.

　마지막으로 변증론에서는 이율배반에 관한 매우 중요한 네 가지 종류의 명제를 꼽고 있다.

| 순수 이성의 이율배반 |

1. 정　립: 세계는 시간상 시초를 가지며, 공간상으로도 한계를 갖는다.

　　반정립: 세계는 시초나 공간상의 한계를 갖지 않으며, 시간상으로나 공간상으로 무한하다.

2. 정　립: 세계 내에서 합성된 실체는 모두 단순한 부분들로 이루어져 있다. 그리고 단순한 것이나 단순한 것으로 합성된 것만이 실재한다.

　　반정립: 세계 안의 어떤 합성물도 단순한 부분들로 이루어져 있지 않다. 그리고 단순한 것은 세계 속에 전혀 실재하지 않는다.

3. 정　립: 자연 법칙상의 인과성은, 세계의 모든 현상들이 거기에서부터 도출될 수 있는 유일한 인과성이 아니다. 현상을 설명하자면 그 밖에도 자유에 의한 인과성을 상정하는 것이 필요하다.

　　반정립: 자유라는 것은 없다. 모든 것은 오직 자연의 법칙에 따라 생긴다.

4. 정　립: 세계에는 그것의 부분으로서 또는 그것의 원인으로서 단적으로 필연적인 존재가 있다.

　　반정립: 세계 안에서든, 세계 밖에서든 세계의 원인인 단적으로 필연적인 존재는 일반적으로 실재하지 않는다.

　이들 네 가지 종류의 이율배반 가운데 어느 하나에라도 마음이 이끌린다면, 그것은 철학적 사고의 출발점이 된다. 그러나 '이것인가, 저것인가'라는 이율배반의 수수께끼를 풀어내기 위한 여행길은 아득히 멀 것이다. 지혜나무의 열매는 처음부터 달지 않다.

범주표는 칸트 철학의 체계적인 전개를 위한 기반이다. 범주는 사유 일반의 기본 구조이므로 모든 판단의 양상(판단표)에 대응해 정립되고 있다. 범주를 경험적 인식의 대상으로 적용하기 위해서는 앞에서 말한 도식표가 필요하다. 그러나 이때에도 범주표의 기본적 순위는 일관되게 유지되며 결코 헝클어지지 않는다. 그러므로 자연 인식의 기본 구조인 '원칙의 체계' 속에 1의 직관 공리는 양의 범주에, 2의 지각의 예측은 질의 범주에, 3의 경험의 유추는 관계의 범주에, 4의 경험적 사유 일반의 공준은 양상의 범주에 각각 대응하고 있다. 이러한 원칙을 무제약적인 것까지 확대할 때, '이것인가, 저것인가'를 나타내는 정립과 반정립의 이율배반에 빠지게 되지만, 이들 네 가지 이율배반 역시 앞에서의 범주의 순서대로 대응한 것이다.

『순수이성비판』이 양의 범주를 제1로 한 것에는 숫자라는 문자로 자연을 묘사하고자 한 수학적 자연과학에 기초를 제공하고자 한 목적이 반영되어 있다. 그러나 범주표의 이러한 순위가 엄격히 준수되어야 하는가의 문제는 우리 자신이 생각해 보아야 할 과제이다.

칸트 자신 역시 미학에 기초를 제공하기 위해서 미美라는 질을 쾌적이나 선과 구별하기 위해 질의 범주에서 출발하고 있다. 이율배반론의 의의는 매우 크다. 이는 일찍이 헤겔의 변증법과 키르케고르의 '이것인가, 저것인가'라는 실존 사상의 성립에도 기반을 제공한 것이며, 야스퍼스가 『세계관의 심리학』에서 설명한 바와 같이 죽음·고통·싸움·책망 등 한계 상황의 기초적 구조론을 이루는 것이다. 『순수이성비판』의 기본적 체계는 여전히 우리에게 사색할 과제를 제공하고 있다.

최고선의 이상
최고선lat, summum bonum은 기타의 모든 선한 것들이 거기에서 파생하는 최고로 완전한 선이다. 칸트는 이러한 이상을 덕의 체계와 행복의 체계가 완전하게 합치하는 것 속에서 추구했다. 그것은 도덕적 세계의 이상이기도 하다.

선험적
선험적이라는 말에 해당하는 라틴어는 '아프리오리'로, 앞선 것부터라는 의미이다. 아포스테리오리(뒤의 것부터)는 곧 경험적이라는 말에 해당한다. 칸트가 사용한 이 술어에는 어느 쪽이든 선천적 또는 후천적이라는 심리성은 초월되어 있다.

구상력
구상력에 의해 지성과 감성은 형상에 대해 생산적으로 통일된다. 칸트에 입각해 구상력은 유한성과 무한성으로 구분된다는 것을 인정한 사람은 피히테였고, 칸트의 현대적 해석에서 구상력의 의미를 중시한 사람은 하이데거였다.

대자화對自化
'대자'란 헤겔의 변증법에서 즉자卽自의 직접 상태에서 발전한 제2의 단계로, 의식적 존재자가 자기 안에 대상적 존재를 간직하고 그것과 관계를 맺고 있음을 이른다. 사르트르의 존재론에서는 자기의식을 가진 인간의 존재를 뜻한다.

오류추리론
오류추리론은 영혼의 모습을 실체인 것으로 추론하는 일의 독단성을 비판하며, '나는 생각한다'는 자기의식이라는 사실에 입각해 주체가 되는 자아의 구조를 해명할 것을 목표로 한다.

순수 이성의 이상
순수 이성의 이상이란, 사물에 관해 가능한 모든 술어를 주도면밀히 검토할 때, 개개의 사물에 그 가운데 하나를 술어로 하는 '범통적 규정의 원칙'에 의거해 그 원칙의 궁극적 통일 원리로서 신을 이상으로 정립하는 학설이다.

정신현상학
(Phänomenologie des Geistes)

헤겔이 말하는 '절대지絕對知'의 주장은 현대 철학의 출발점으로 평가받고 있다. 실존 철학과 마르크스주의의 새로운 전개가 요구되고 있는 오늘날, 이 책은 우리의 사색이 되돌아가야 할 원점이라는 의의를 지니고 있다.

INTRO

헤겔(1770~1831)은 1770년 8월 독일 남부의 슈투트가르트에서 태어나 튀빙겐 신학원에서 공부했는데, 이때 시인 횔덜린과 함께 수업을 받았다. 베른과 프랑크푸르트에서 가정 교사 생활을 거쳤으며, 1801년 예나로 자리를 옮겨 예나대학교에서 교수로서의 활동을 시작했다. 가정 교사 생활을 통해 사색을 성숙시킨 헤겔은 예나에서 저작 활동을 하며 자신의 사색을 체계적으로 전개하고자 하는 의욕을 보였다. 그러나 이러한 구상은 사색의 발전과 함께 변하기도 했다.

이 책 『정신현상학』(1807)의 집필 시기는 그다지 분명하지 않다. 그러나 이미 1805년 봄에는 집필에 착수해 있었으며, 그해 겨울에는 서점과 출판 계약을 끝마쳤다. 1806년 2월에는 그 일부가 인쇄되기 시작했다. 그러나 원고는 좀처럼 완성되지 않다가 최종적으로 1806년 10월에 마감되었다. 그때는 바야흐로 나폴레옹군이 프로이센군을 처부순 유명한 예나 대전투가 벌어지고 있던 때였다.

『정신현상학』은 처음에는 '의식의 경험학'이라는 표제로 집필되기 시작했으나, 집필 도중에 애초의 구상을 훨씬 넘어서며 마지막에는 오늘날과 같은 제목으로 고쳐졌다.

그 같은 곡절을 반영하듯 이 책의 구성은 매우 복잡하다. 목차를 보면 크게 두 가지 내용으로 구성되어 있음을 알 수 있다.

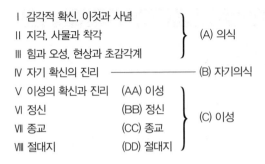

Ⅰ 감각적 확신, 이것과 사념

Ⅱ 지각, 사물과 착각 ⎫

Ⅲ 힘과 오성, 현상과 초감각계 ⎭ (A) 의식

Ⅳ 자기 확신의 진리 ──────── (B) 자기의식

Ⅴ 이성의 확신과 진리　(AA) 이성 ⎫

Ⅵ 정신　　　　　　　(BB) 정신 ⎪

Ⅶ 종교　　　　　　　(CC) 종교 ⎬ (C) 이성

Ⅷ 절대지　　　　　　(DD) 절대지 ⎭

그 밖에 서문과 서론이 있으며, 초판의 페이지 수는 서문 91페이지, 서론과 본문을 합해 765페이지나 되는 대작이다.

한편, 초판에는 '학문의 체계 제1부'라는 부제가 붙어 있었다. 만년의 헤겔은 이 부제를 삭제할 뜻을 비쳤으나, 이 개정판이 착수되기 직전인 1831년 11월에 죽었다.

헤겔은 1818년 이후 계속해 베를린대학교에서 교수로 재직했다. 이 책이 발간될 무렵인 19세기 초에 이 책은 일부에게서만 주목을 끄는 데 그쳤으나, 20세기에 들어 폭넓은 분야로부터 새삼 관심을 끌게 되었다.

세계 정신의 발걸음이 독일로 옮겨 오고 있다

헤겔은 서문에서 "우리의 시대가 탄생의 시대이며, 새로운 시기로 들어가는 과도기의 시대라는 점을 확인하는 일은 그리 어렵지 않다"라고 말하고 있다. 이 말은 단순히 1789년에 일어난 프랑스혁명으로 시작된 새로운 시대의 동향을 말하는 데에만 그치는 것은 아니다. 1806년 신성로마제국의 붕괴와 그에 앞서 발족된 라인 동맹●을 중심으로 하는 독일 재건의 움직임 등도 포함되어 있다.

그 무렵 헤겔이 얼마나 큰 기대를 라인 동맹에 걸고 있었는가는 『정신현상학』에서 "절대적 자유는 나 자신의 자기 파괴적 현실에서 자기의식●적 정신이 있는 다른 토지로 옮겨 가고 있다"고 말하며, 세계 정신의 발걸음이 혁명의 무대인 프랑스를 떠나 도덕성의 나라인 독일로 옮겨 오고 있는 모습을 지켜보고 있는 사실에서도 파악할 수 있다. 또한 서문을 쓴 1807년 1월, 헤겔은 제자 가운데 한 사람에게 보낸 편지에서 다음과 같이 말하고 있다.

"프랑스 국민은 위대한 힘을 타국의 국민들에게 보여 주었다. 이 힘은 타국의 국민들이 가지고 있는 폐쇄적 근성과 무감각 위에 무겁게 눌러 앉았다. 마침내 타국의 국민들은 현실에 대한 자신들의 나태를 내팽개치고 현실 속으로 걸어 들어갈 수 있게 되었다. 그들은 아마도 내면성을 외면성 속에서 확보함으로써 그를 가르쳐 준 교사를 능가하는 데까지 이르게 될 것이다."

여기서 말하는 타국의 국민이란 독일 국민을 가리키고 있음은 더 말할 나위도 없다. 『정신현상학』은 대상을 절대적으로 파악하는 절대지의 경지를 개척한 철학 내용으로, 헤겔 철학의 체계에서 기초론에 해당하는 것으로 평가되고 있지만, 이는 무엇보다도 그 위에 새로운 시대를 개척할 수 있는 사상을 구축하고자 한 헤겔의 자세, 곧 시대와 대결하고자 하는 단호한 자세를 통해 뒷받침된 것이기도 하다.

| 서론 | 학문에 이르는 길 그 자체가 이미 학문이며, 그 학문의 내용을 말하자면 그것은 의식의 경험에 대한 학문이다.

학문의 내용은 진리이며, 진리는 진실로 존재하는 것을 현실적으로 인식함으로써 성립한다. 실제로 존재하는 것을 존재라고 하고 인식하는 것을 사유라고 한다면, 학문의 경지는 존재와 사유가 일치하는 곳에서 열린다. 이는 또한 대상과 의식, 객체와 주체, 실재와 개념이 일치하는 곳이라고 말할 수도 있을 것이다.

그런데 일상생활 속에서 의식은 주체로서 이편에 있고, 대상은 객체로서 자신의 저편에 있다는 것으로 표상되며, 의식과 대상, 사유와 존재, 주체와 객체의 대립 속에 살아가고 있다. 그리고 우리는 자신에 대해 현상하는 것만 알 수 있으며, 대상이 자체적으로 존재하는 것은 인식할 수 없다고 말한다.

따라서 학문이 실재성을 갖추기 위해서는 이 같은 자연적 인식에 대해 학문에 이르는 길이 제공되지 않으면 안 된다. 그러나 그 길이 독단적이어서는 안 되며, 자연적 의식이 스스로의 지식을 음미하는 운동을 통해서만 개척되어야 한다.

의식은 항상 무엇인가에 대한 의식이다. 그 때문에 의식에는 항상 대상이 자신에 대해 존재한다는 계기와 또 대상이 자신에게서 독립된 채 그 자체로 존재한다는 계기가 있게 된다.

전자를 지식의 계기라고 하면, 후자는 진리의 계기이다. 의식이 확신하는 지식이 과연 진리인가 또는 자체적으로 존재하는 바와 합치하는가 등을 검사하는 것이라면, 이때 의식은 척도가 되는 진리의 계기, 존재 자체의 계기를 스스로 갖추고 있는 것이므로 의식은 스스로가 자신의 지식을 음미할 수 있게 되는 것이다. 곧, 의식은 내장되어 있는 확신과 진리라는 두 가지 계기의 변증법적 운동을 통해 일련의 형태들을 편력하며, 그 과정을 통해 대상에 대한 인식을 심화시켜 가는 것이다.

헤겔은, 학문은 이 같은 운동을 하는 의식이 스스로에 대해 쌓는 경험이라고 말하며, 학문에 이르는 의식의 이 같은 경험 계열을 서술할 것을 이 책의 과제로 삼았다. 그리고 서술이 운동에 내재하는 필연성에 준해서 서술되는 한, 그 같은 학문에 이르는 길 자체가 이미 학문이라고 했다. 이 점에서 바로 이 책에 헤겔 철학의 전 체계를 안내하는 기초론이라는 위치가 부여된다.

| 의식 | 타인 또는 일반적으로 대상에 대한 인식은 필연적으로 자기의식이며, 자기 내부로의 회귀이고, 자신의 타재^{他在}에 대한 자기 자신의 의식이다.

대상 의식의 기본 형태는 감각적 확신과 지각 그리고 오성이다. 감각적 확신은 '이것'이라는 형태로 대상을 직접적으로 지시함으로써 대상에 대해 가장 구체적 인식을 하게 되었다고 확신하는 의식이다. 여기에서 감각적 확신이 확신하는 면이 사념이며, 진리에서는 감각적 확신이 가장 추상적이고 제일 빈약한 진리를 나타내는 데 불과한 것이라는 점이 폭로된다. 감각적 확신이 사념에 빠지게 되는 것은, 감각적 확신이 개념을 통해 대상을 파악하는 것이 대상의 일면을 추상하는 것에 지나지 않기 때문이다. 곧, 보편성을 매개로 하지 않고 단지 개별적인 것만을 취하려고 했기 때문이다.

이러한 반성을 통해 보편성을 매개로 대상을 인식하고자 하는 것이 지각이다. 곧, 지각은 대상을 다수의 성질을 지닌 사물로 파악하려는 의식이다. 사물은 개별적 사물이지만, 그 성질은 여타의 다른 사물과 공통적으로 발견될 수 있는 보편적인 것이라고 말할 수 있다.

그러나 사물을 배타적인 단일한 것으로 보고 다수의 성질은 보편적인 것으로 간주하는 것은 사물의 부정적 통일이라는 측면에서 말하는 것이 된다. 긍정적 통일이라는 측면에서 말하자면, 사물이 다수의 성질을 받아들이는 매개체가 되어 보편적인 것이 되며, 성질은 그 같은 보편적인 것을 받아들여 그를 나누어 갖고 있는 개별적인 것이라고 말할 수 있다.

또한 사물은 하나의 사물이라고도 말할 수 있지만, 다수의 성질을 제외하고는 사물이 될 수 없으므로 사물의 본질은 다수성에 존재한다고도 말할 수 있다. 이처럼 사물의 성질을 고유한 것으로 간주해 다른 사물과 구별할 때, 사물은 하나의 사물로 다른 사물과는 분리되어 독립적으로 존재하게 된다. 또한 그에 그치지 않고 다른 사물과 관계를 갖는 측면도 생겨나게 된다. 사물은 이처럼 하나와 다수, 개별과 보편, 긍정과 부정, 대자와 대타와 같이 대립하는 계기가 결합한 곳에서 성립하는 것이다.

그런데 감각과 연결되어 있어 자유롭지 않을뿐더러, 감각과 마찬가지로 자기 동일성을 가지고 의식으로부터 독립되어 존재하는 사물을 본질로 하는 지각은, 서로 모순되는 이러한 계기를 통일시키지 않고 어느 한 측면만을 사물의 본질로 삼을 때 착각에 빠지게 된다. 이러한 반성을 거쳐 지각은 오성으로 향상된다.

지각이 대립하는 계기를 결합시키지 못하고 그 사이에서 방황하게 되는 것은, 보편성을 매개체로 했지만 그 보편성이 개별과의 대립 관계에서 해방되지 않은 채 특수성 위에 서 있기 때문이다. 여기에서 오성은 무제약적 보편성을 종합해 사물의 배후를 향하고 있는 의식이다. 무제약적 보편성은 더 이상 사물의 성질과 같이 의식과 연결된 것은 아니다. 오성은 초감각적인 것을 서로 이끌어 내 사물을 그 현상을 통해 설명하고자 하는 것이다. 곧, 오성은 힘으로서 사물의 내부에 있는 본질을 생각한다. 우리는 힘이 밖으로 드러난 것은 볼 수 있지만 그 자체는 볼 수 없다. 그러나 외화되지 않은, 곧 밖으로 드러나지 않은 힘이란 없다. 지각할 수 있는 사물이 가진 통일성과 다수의 성질이란, 오성으로서는 힘의 외화에 지나지 않는다.

그런데 초감각적인 것은 사유되는 데에 그친다. 그렇다면 힘의 진리는 그 사상에 있다고 말하지 않을 수 없다. 사물의 독립성은 부정되고 사물의 근거는 사유 속에서 파악되게 된다. 오늘날 물리적 세계가 힘의 외화인 자력과 인력, 양전기와 음전기 등 상호 작용의 대립되는 힘으로 성립되어 있다는 사실은 잘 알려져 있다.

이 같은 세계에 대한 지식이란, 실제로 이성이 만들어 내 세계 속에 던져놓은 것에 지나지 않는다. 오성은 대상 의식에 머무는 한, 사물의 내부에 있는 것은, 그것이 초감각적일지라도 대상적으로 실재하는 힘으로만 발견되지만, 거기에서 발견하게 되는 것은 실제로는 다름 아니라 자기 자신이다. 여기에서 오성의 진리가 나타난다. 이러한 진리를 알게 될 때, 의식은 자기의식으로 전환되는 것이다.

여기에서 통일이 대립에서 분화하고 대립이 상호 전환되어 통일로 회귀한다는 이론이 등장한다. 이를 그림으로 나타내면 삼각형에서 정점이 통일로, 사물의 내부에 있는 초감각적인 힘을 뜻한다. 그리고 밑변의 양끝은 힘이 밖으로 드러난 외화로서 척력과 인력, 양전기와 음전기 등 대립하는 두 가지 힘을 나타낸다. 곧, 현상계는 이를 통해 성립하는 것이다.

헤겔은 여기에서 작동하고 있는 원리를 무한성●이라고 말하고 있다. 이 무한성은 자기 자신이며 또한 개념이라고도 불리는 것이다. 현상학이 의식과 대상, 주체와 객체, 사유와 존재의 일치에 대해 학문의 성립 과정을 추적하는 것을 주제로 삼을 때, 사물의 파악 방법은 차츰 붕괴되어 대상 의식이란 다름 아니라 사물의 본질에 대한 자기 자신이라는 것을 확신하게 되는 자신의 의식으로 전환되지 않을 수 없다. 따라서 이러한 의식의 변증법적 전개가 『정신현상학』의 기본적 내용이다. 그리고 여기서 제시되고 있는 무한성의 논리가 헤겔 철학의 핵심을 이루는 것이다.

| 자기의식 | **노동은 욕망의 억제이며 소실의 연기이다. 바꾸어 말하면, 노동은 형성하는 것이다. 대상에 대한 부정적 관계는 대상의 형상이 되며, 지속하는 것으로 바뀌어 간다. 왜냐하면 노동하는 것에 대해서만 그 대상은**

자립성을 갖기 때문이다.

자기의식은 대상의 본질이 자기 자신인 점을 확신하고 실천을 통해 이를 진리로 실현시키고자 한다. 먹고 마신다는 욕망은 대상의 자립성을 부정하고 이것을 자신의 것으로 만드는 점에서 자기의식의 최초의 형태이다. 그러나 대상을 소비해 버릴 경우, 대상 속에서 자기 자신을 의식하려고 하는 자기의식은 만족시킬 수 없게 된다. 자립해 있으면서 그 속에서 자기 자신을 인식할 수 있는 가장 단적인 대상은 또 다른 자기의식이다. 자립해 있는 자기의식이 서로 자립성을 인정해 줄 때, 자기의식은 서로 다른 자기의식 속에서 자신의 모습을 찾아낼 수 있기 때문이다.

그러나 상호 승인은 자기의식이 서로 대치하고 있다고 하여 곧바로 생겨나는 것은 아니다. 거기에서는 자기 자신의 인정을 둘러싸고 서로 투쟁을 벌이게 된다. 이 투쟁에서 죽음을 걸고 덤벼드는 자는 주인이 되며, 죽음을 겁내는 자는 노예가 된다. 노예는 자신의 욕망을 억제하고 주인에게 봉사한다. 주인은 노예를 자신의 욕망을 만족시킬 수단으로 간주한다. 노예는 노동을 하며, 주인은 그것을 향유하는 것이다.

그런데 노예는 노동을 통해 자연의 비밀을 배우며 자기 자신을 형성해 갈 뿐 아니라 그 같은 자기 자신을 자연 속에서 외화시킨다. 노동은 대상의 자립성을 부정하는 것이기는 하지만, 소비와 달리 대상을 없애는 것은 아니다. 노동은 대상을 가공하는 것이며, 그것은 노동하는 자에게 자기실현을 의미하는 것이다. 이에 대해 주인은 소비에만 몰두하게 됨으로써 자기 자신을 형성할 수 없게 된다. 주인의 생활은 노예의 노동에 의존한다. 주인의 소비는 잠시 동안뿐이다. 곧, 노예는 스스로의 자유와 자립을 획득하고 있는 데 비해 주인은 스스로의 자유와 자립을 상실하게 되는 것이다. 이런 과정 속에서 주인은 자기 자신을 자립적인 것으로 의식하기는 하지만 실제로는 비자립적인 것이 되며, 노예는 자기 자신을 비자립적인 것으로서 의식하지만 실제로는 자립적인 것이 된다. 이와 같은 진리를 알게 되었을 때, 주인과 노예의 관계는 상호 역전된다.

상호 승인에 의해 비로소 자기의식이 실존하게 된다는 헤겔의 인식은, 최고의 공동체에서만 최고의 자유가 존재한다는 헤겔 식 사회 윤리의 기반을 이루는 것이다. 또 그 같은 설명을 위해 투쟁과 함께 주인과 노예의 관계를 거론하고 있는 것 역시 역사 발전의 논리에 대한 헤겔의 입장을 잘 나타내고 있다. 이 같은 헤겔의 사상이 마르크스에게 큰 영향을 미쳤음은 널리 알려진 사실이다.

|정신| 모든 것이 실재해 있다고 하는 확신이 진리로까지 고양되고, 이성이 자기 자신을 세계로 삼아 세계를 자기 자신으로서 인식하게 될 때 이성은 정신이 된다.

주인과 노예의 관계가 말해 주는 것처럼, 대립적 자기의식이 상호 전환되는 배후에서 작용하고 있는 것이 정신이다. 정신은 각자의 마음속에서 생겨난 것이며, 아울러 자신과 타자를 하나로 묶어 주는 공동 정신이라고도 할 수 있다. 이는 또 모든 것(일체)의 실재를 자기 자신이라고 확신하는 이성●이 현실 속에서 실현된 것이라고도 말할 수 있다. 여기에서 비로소 개별성과 보편성의 대립과 통일이 세계 속에서 개인과 사회를 둘러싼 문제로 전개되는 것이다.

헤겔은 개인과 사회가 직접 통일되어 있는 단계로 고대 그리스의 폴리스 생활을 꼽으며 이를 인륜적 세계라고 불렀다. 로마 제국부터 절대주의를 거쳐 프랑스혁명에 이르는 시기는 개인과 사회가 대립하고 있는 단계로, 정신의 자기 소외 형태라고 말하고 있다. 그러나 이는 개인에게 그가 자유로운 주체로서 독립되어 있다는 것과 동시에 자각적으로 사회 속에서 살아가는 태도를 몸에 익힌다는 교양이라는 의미도 갖고 있다. 절대 자유에 대한 자각에 기초해 정신의 분열을 극복할 것을 목표로 한 것이 프랑스혁명이다.

그러나 프랑스혁명은 공포 정치에 빠졌다. 이는 보편과 개별, 객체와 주체와의 대립을 아무런 매개 없이 극복하고자 했기 때문이다. 곧, '자유란 무엇인가'라는 데 대한 내면적 자각이 결여되어 있었던 것이다.

헤겔은 개인과 사회, 개별과 보편, 주체와 객체를 참되게 통일시키는 것으로서 도덕성을 거론하고 있다. 도덕성의 나라는 칸트의 윤리학에서 출발하며 낭만주의를 거쳐 헤겔 자신의 철학에 이르는 철학 운동을 전개한 독일이다.

헤겔은 프랑스혁명이 공포 정치로 흐르게 된 것에 대해서는 비판했지만, 인류가 역사상 처음으로 자신의 사상을 현실 속에서 실천하고자 한 프랑스혁명의 세계사적 의의에 대해서는 높이 평가했다. 헤겔은 프랑스혁명을 지켜보고 있던 독일이 근대화 속에서 그와 같은 사상을 구축하는 것을 스스로의 철학 과제로 삼았던 것이다. 그리고 헤겔은 자신의 철학 속에서 세계 정신이 현대에서 이룩한 높은 경지에 올라서 있음을 세계사의 발전을 더듬어 증명해 보이고자 한 것이었다. 그 때문에 이 책의 내용은 단순히 의식의 경험에 관한 학문의 영역을 넘어 이른바 세계 정신의 경험에 관한 학문이 된 것이다.

|종교| **신은 자기의식이다.**

이제까지 서술을 통해 의식은 자연 속에서 그리고 역사적 사회 속에서 자기의 위치를 찾아냈음을 밝혔다. 그러나 의식은 종교에 대해 절대 실재 그 자체 속에서 자기 자신을 의식한다. 종교는 처음에는 페르시아 종교와 인도의 종교처럼 태양이나 식물 그리고 동물을 숭배하는 자연 종교였다. 이어서 고대 그리스의 종교처럼 신전과 조각 등 예술품을 통해 신을 파악한 예술 종교였다. 마지막으로 기독교에서 신은 인간에 대해 그리스도로 나타났다. 이러한 종교의 발전은 다름 아니라 정신의 절대 실재가 자기 자신이라는 점을 파악하게 되는 과정이다. 태양보다는 동식물 쪽이 생명이 있다는 점에서 인간에 더 가깝다. 그리고 자연 종교 역시 이집트 종교의 스핑크스에 잘 나타나 있듯이 동물의 모습 속에서도 어렴풋이 인간의 형상을 나타내기 시작한다. 나아가 그리스 종교에 이르면 신은 분명히 인간의 모습으로 조각된다.

그러나 다만 그리스 종교에서는 신은 인간적인 것으로 간주되는 데 그칠 뿐이다. 기독교에 의하면 그리스도는 신의 아들이며 동시에 인간의 자식이다. 이 점에서 더 이상 신적인 것과 인간적인 것 사이의 분열은 없게 된다. 신은 세계 속에 현현하고 있다. 다만, 기독교 역시 종교라는 점에서 아직 표상의 입장에 그치고 있어 개념의 입장에 서 있는 것은 아니다. 이 때문에 여기에서는 신의 내부에서 인간이 의식하는 것은 자기 자신이며, 절대 실재는 이 세상에서 분리되어 있는 것이 아니라는 점이 계시되는 것이다. 그러나 이렇게 계시된 정신적 진리는 무시되며, 예수라는 단순한 사실을 통해 외면적이며 인격적인 특징에 대한 지식만이 사람들에게 전해진다. 그러나 정신의 발전은 이미 진리 자체를 스스로의 것으로 간주하는 최고의 경지에 도달해 있다. 프랑스혁명은 인권 선언●이 말해 주고 있듯이 인간이 각자 속에 감추어져 있는 신성을 높이 주장하고 있는 것이다. 그리고 이 같은 진리를 개념적으로 분명히 자각할 때, 거기에서 절대지와 학문의 경지가 탄생되는 것이다. 여기에서 비로소 종교는 철학 속에서 고양된다.

이 부분에는 헤겔 철학과 기독교의 깊은 연관성이 시사되어 있다. 헤겔 철학의 특징인 통일이 대립으로 분화하며 동시에 상호 전환을 통해 대립이 통일로 귀환한다는 변증법의 논리는 아버지인 신으로부터 육체를 물려받아 인간의 아들로 땅 위에 나타남과 동시에 십자가에서 죽음을 당해 성령으로 소생한다는 기독교의 삼위일체 교의를 헤겔 식으로 되살려 낸 것이라고도 말할 수 있다.

| 서문 | 절대자는 주체이다.

의식은 스스로의 경험을 심화시킴으로써 대상과의 대립을 극복한다. 이렇게 되면 더 이상 자연과 인간, 개인과 사회, 신과 인간은 대립하지 않고 통일된다. 대립을 초월해 있는 것을 절대라고 부른다고 하면, 대립을 통일로 이끄는 의식도 절대적인 것이라고 말할 수 있다. 의식은 절대적으로 아는 입장에 서게 된 것이다.

이는 다음과 같이 말할 수도 있다. 자연이든, 사회이든, 신이든 이들은 어느 의미에서는 인간이 생활의 근거로 삼는 실체이다. 그러나 이들이 실체에 그치는 한 의식 속에서는 아직도 대상적으로 존재하는 것이 된다. 이에 대해 사유하는 자로서 자기 자신의 내용을 반성할 수 있는 자를 주체라고 부른다면, 바로 그때야말로 인간은 주체로서의 실체를 자신의 것으로 간주하게 된다. 이는 또 실체가 개인의 의식을 이루는 내용이 됨으로써 자기의식을 획득해 주체가 될 수 있게 만든다고 할 수도 있다. 어찌되었든 이 같은 주체는 더 이상 객체와 대립해 존재하는 주체가 아니다. 절대 주체인 것이다.

주체로서의 인간의 자각을 주장한 사람은 데카르트였다. 데카르트의

'나는 생각한다. 그러므로 나는 존재한다'라는 자각은 존재하는 모든 것을 대상으로 확보할 수 있는 근거가 인간의 사유에 있다는 점을 나타낸 것이다. 헤겔이 말하는 '절대지'의 주장은 데카르트에서 시작된 근대 철학의 주체성에 관한 주장을 최고의 위치까지 끌어올린 것이라고 말할 수 있다. 동시에 이는 현대 철학의 출발점이기도 하다. 이러한 주체성을 실천을 통해 적극적으로 이끌어 낸 곳에서 마르크스 사상이 탄생했다고 말할 수 있으며, 또한 이러한 주체성의 입장에 대해 인간 존재의 유한성을 자각하며 예리하게 반대한 곳에 키르케고르부터 시작되는 실존 철학이 있는 것이다.

NOTES

라인 동맹
1806년 7월 나폴레옹의 보호 아래, 독일 제국을 벗어난 바이에른 등 남부와 서부의 지방 군주들이 조직한 동맹으로 1813년까지 계속되었다.

의식
헤겔의 의식은 넓은 뜻과 좁은 뜻의 두 가지 의식을 의미한다. 넓은 뜻의 의식은 대상에 대한 의식과 자기의식을 합한 것을 의미하며, 좁은 뜻의 의식은 대상에 대한 의식만을 가리킨다.

무한성
헤겔은 유한성을 포함하고 있는 무한성을 진무한眞無限이라고 하며, 시작도 끝도 없지만 하나로 정리되어 있는 둥근 원으로 표상하고 있다.

오성과 이성
헤겔은 오성과 이성을 구별해 사용하고 있다. 오성은 분별 오성이라고도 불리며 사물을 구별 대립을 통해 파악하고 있는 데 비해, 이성은 구별 대립을 포함한 전체로서 사물을 파악하는 것이다.

인권 선언
정확하게 말하면 '인간과 시민의 권리 선언'이라고 불리는 것으로, 1789년 8월 입헌 의회에 의해 가결되었다. 자유와 권리 평등, 국민 주권을 고창하고 있다.

유물론과 경험비판론
(Материа лизм и зм лири о крьіть1иизм)

철학에 관한 레닌의 대표적인 저서이다. 그 무렵 러시아 국내에 만연하고 있던 마르크스 수정주의자들의 괴이한 이론을 하나하나 논박하며 러시아 공산당의 인식을 다시금 철벽과 같은 유물론으로 무장시키고자 한 열정으로 독자의 마음을 사로잡았다.

유물론적 인식 체계를 위협하는 관념주의와 신비주의의 등장

레닌이 이 책을 저술할 무렵에 유럽의 사상계에서는 세기말의 흔적이 그림자를 드리우며 '불가지론', '감각론' 등으로 불리는 새로운 관념주의와 신비주의가 자연과학의 옷을 걸치고 활보하고 있었다. 예를 들어 뒤부아 레몽은 "인간의 지적 능력에는 한계가 있으며, 도저히 이해할 수 없는 문제가 세상에는 상당수 존재한다"는 불가지론을 주장했다. 또한 수학자인 푸앵카레는 그 무렵 가장 새로운 과학적 견해에 기초해 물질을 구성하는 최소 단위라고 여겨진 원자가 플러스와 마이너스라는 전기적 성질만을 근거로 하고 있기 때문에 종래에 생각했던 것과 같이 질량을 갖는 존재가 아니라며 대담무쌍하게 "물질은 없다!"라고 선언하고 있었다.

이러한 발언은 물질이 에너지로 변화된다는 사실에 근거한 것으로 세계의 많은 사람들을 동요시켰다. 그러나 이 문제에 대한 반론은 아인슈타인의 유명한 방정식 $E=mc^2$에 의해 구제받기에 이르렀다. 곧, 이 방정식은 분명히 물질(m)은 에너지(E)로 전환되고 있지만 동시에 에너지가 물질로도 역전환될 수 있다는 점을 나타내고 있다. 따라서 물질은 푸앵카레도 인정한 이 세상의 최소의 존재물인 에너지에서 생성된 실재물이 되며, 그의 실재성 역시 보증된 것이다.

원래 '물질은 존재하지 않는다'라는 발언은 과학 분야의 말이기는 하지만, '물질은 인간 의식의 외부에 환경으로 실재하며, 그것이 의식에 다양하게 작용하고 있기 때문에 생물과 인간의 변증법적 진화가 시작된다'는 점을 테제로 한 유물론의 입장에서는 불쾌하기 그지없는 것이었다. 특히 공산주의 혁명을 목표로 한 레닌으로서는 보통 중대한 문제가 아니었다. 따라서 그는 물리학자인 아인슈타인과는 다른 방법으로 유물론을 옹호하는 주장을 펴게 되었다.

이때 레닌이 가장 박멸하고자 했던 것은 그 무렵 A. 보그다노프 등이 주장했던 마흐주의●, 일반적으로는 감각일원론이라고 불리는 관념론 계통의 철학이었다.

마흐주의란 무엇인가. 역사적으로 살펴보면, 17세기에 영국의 경험론의 입장에서 존 버클리가 주장한 『인간원리론』에 그 뿌리를 둔 사상으로, 물질이란 인간의 감각 또는 지각을 제외하고는 생각할 수 없다는 인식 방법이다. 19세기의 과학자 에른스트 마흐는 음속의 단위에 그 이름을 남긴 위대한 인물이기는 하지만, 그 역시 버클리와 아베나리우스 등의 감각주의에 보조를 맞추며 물질 현상이란 감각 요소의 종합이 인간의 의식 내부에서 만들어 낸 영상에 불과하며, 그런 까닭에 외부에 존재하는 실재물을 전제로 한 사고방식은 환영에 지나지 않는다는 주장을 했다. 곧, 세계는 생리적 감각의 종합적 요소로 성립되어 있다고 한 것이다.

마흐 등이 주장한 자연 인식은 엔트로피의 발견 등에 힘입으며 그 무렵까지 절대적인 것으로 여겨져 온 정태적인 뉴턴 역학을 위험하게 만들었다. 이것이 세기말의 암울한 분위기에 더욱 짙은 그림자를 가져온 자연과학계의 한 동향이었다.

변증법적 유물론과 사적 유물론의 정당성 증명

『유물론과 경험비판론』을 집필한 레닌의 직접적인 원래 의도는, 그 무렵 혁명기 러시아의 내부에 넘쳐흐르고 있던 사이비 마르크스주의와 혼란에 빠져 있는 유물론의 인식 체계를 위해 진정한 유물 변증법에 기초한 역사관을 바로 세우고자 한 것이었다. 세기말적인 위기를 구하고자 나선 것은 일종의 그 파급 효과에 불과한 것이었다. 그럼 레닌의 말을 들어보자.

"오늘날 세상에는, 물질의 궁극을 조사해 보았더니 물질은 모두 플러스와 마이너스의 전기적 성질로 환원될 뿐 물질 그 자체는 사라져 버린다며 소동을 부리는 자가 있다. 그러나 물질이 소멸되어 전기로 변해 버린다고 해도 그것은 물질이 수십 가지나 되는 원소로 환원되었을 뿐이다. 따라서 자연과학은 '물질의 단일성'으로 우리를 유도해 주고 있다. '물질은 소멸한다'라는 말은 우리가 알고 있는 한계가 소멸한다는 것일 뿐 결코 물질 그 자체가 없어진다는 것은 아니다."

레닌은 더욱이 칼날의 방향을 자연과학에서 철학의 문제로 돌려 숙적인 감각주의자들의 결점을 다음과 같이 찌르고 있다. 가령 감각이 없어지면 세계도 물질도 더 이상 존재하지 않게 된다는 주장을 인정하더라도, '그렇다면 감각을 가진 동물이 이 세상에 나타나기 전까지는 세계는 존재하지 않았다는 말인가'라는 문제가 당연히 제기될 것이다. 곧, 그 따위 주장은 '인간이 자연보다 먼저 태어났다'는 생각을 갖게 만드는 주장이라고 했다.

레닌이 일침을 가한 문제는 실은 마흐나 아베나리우스 철학에서는 특히 질색을 하는 대목이었다. 그것은 설명할 필요도 없이 지구와 지구를 둘러싼 천체는 생물이 발생하기 시작한 때보다 훨씬 앞서서 엄연히 존재하고 있었으며, 지구의 각지에서 발굴되는 화석이 그 같은 사실을 증명해 주고 있기 때문이다. '물질은 제1차적인 것이다. 그러므로 사상과 의식, 감각이 아무리 고도로 발전해도 그것은 단지 유물론적 인식론의 정당성을 보증하는 것에 불과하다는 것'이 레닌의 주장이다.

일찍이 엥겔스는, "고대의 지구는 우리가 그것에 대해 생각하게 되면서 비로소 생겨난 것이며 인간의 출현 이전에 있었다는 우주의 지도 역시 인간의 생각이 미치게 되면서 그 기능에 의해 나중에 만들어진 것이다"라는 불가지론자들의 주장을 망언이라고 비판한 적이 있다. 레닌 역시 이를 계승해 다음과 같이 비판하고 있다. "여기서 엥겔스가 말한 불가지론자에 대한 견해는 마흐의 견해와 어떠한 점에서 구별되는 것인가. 동일한 한 요소가 어느 연결로는 물리적인 것이 되고 또 다른 어느 연결로는 심리적인 것이 된다는 새로운 관념에 대해 의문이 생긴다. 그러므로 더없이 마음씨 좋은 이 사람이 그 같은 사기꾼의 말을 그대로 믿고, 마흐는 유물론도 관념론도 정말로 '극복'했다는 생각을 가지게 된 것이다."

그리고 결론으로 "그런데 변증법적 유물론●은, 물질의 구성과 그 특성에 관한 모든 과학적 명제가 서로 매우 비슷하며 상대적인 성질을 가진 것이라는 점과 자연에는 절대적 한계가 존재하지 않는다는 점, 운동하는 물질은 한 상태에서 다른 상태로 전화하고 있는 점 등을 주장한다. 그러므로 새로 발견된 물리 현상과 법칙이 제아무리 기묘한 것일지라도 그것은 변증법적 유물론을 여분으로 확증해 주는 정도에 그칠 뿐이다.

새로운 물리학이 생각지도 않게 관념론에 휩쓸리게 된 것은 물리학자가 변증법을 알지 못했기 때문이다"라고 말하고 있다.

이는 20세기 들어 대발전을 거둔 물질 문명을 보이지 않는 곳에서 지탱해 준 테제이기도 하다.

NOTES

마흐주의

에른스트 마흐(Ernst Mach, 1838~1916)는 물리학자이자 철학자로 오스트리아에서 출생했다. 그는 세계를 물질이나 정신이 아닌 여러 감성적 요소의 함수적 관련 상태로 파악할 것을 주장했다.

변증법적 유물론

마르크스와 엥겔스는 자신들의 유물론을 역학주의적이고 생물주의적인 유물론과 구별해 변증법적이라고 이름 지었다. 이때 관념론은 이데아(이념)를 가지고 현재 눈앞에 있는 세계에 존재성을 부여하는 것이라고 여겼다.

독일 이데올로기
(Die Deutsche Ideologie)

이 책은 인간 사회의 발전상을 파악하기 위한 이해의 기초를 제공하며 또한 프롤레타리아트의 세계관이 자세히 묘사되고 있어 변증법적 유물론을 이해하는 기본서가 된다.

▶ 마르크스(왼쪽) , 엥겔스(오른쪽)

INTRO

마르크스(1818~1883)와 엥겔스(1820~1895)가 처음으로 유물론적 역사관 및 사적 유물론을 명백하게 밝힌 저술이다.

마르크스는 1843년에 파리로 옮겨 그곳에서 고전학파 경제학에 대한 연구를 시작하며 자본주의에서 노동의 소외를 해명한 『1844년의 경제학 - 철학 초고』를 집필했다.

이 책에서는 포이어바흐●가 종교와 철학의 영역에 대해 밝힌 '인간의 자기 소외'를 사회적 여러 활동의 영역을 통해 이해하려는 입장을 가지고 있었으나 이를 역사적으로 파악하지는 않았다.

1845년 2월 브뤼셀로 옮겨 간 마르크스는 엥겔스와의 거듭된 토론을 통해 새로운 역사관을 전개하면서 포이어바흐와 바우어, 슈티르너 등을 철저하게 비판하는 동시에 자신들의 종래의 철학적 입장을 '청산'하기 위해 1845년 11월부터 『독일 이데올로기』(1845)를 집필하기 시작했다.

역사적 유물론은 그 뒤 마르크스의 경제학 연구(『자본론』으로 귀결)에 실마리를 제공했을 뿐 아니라, 이후의 사상과 경제, 역사, 사회 등의 분야에 큰 영향을 미쳤다.

『독일 이데올로기』에서는 아직 경제학적 연구가 충분히 이루어지지 않았기 때문에 역사적 유물론에 대한 서술도 다소 애매한 점이 있지만, 반면 두 사람이 가졌던 사고의 원형이 생생한 모습으로 제시되고 있다는 점이 주목을 끈다.

역사적 유물론의 원형

『독일 이데올로기』 제1부 제1장은 미완성인 채로 남겨져 있다. 그 밖의 대부분은 엥겔스가 썼으며, 마르크스는 정정을 하거나 말소, 가필 정도를 했을 뿐이다. 이 책을 통해서는 먼저 역사적 유물론의 원래 형상이 어떠한 것이었나를 살펴볼 수 있다.

마르크스와 엥겔스는 포이어바흐가 주장한 현실적인 인간의 입장에 대한 비판에서부터 출발한다. 포이어바흐는 육체를 가진 감성적 인간이야말로 주체이며, 헤겔 철학에서 말하는 정신이나 그리스도교의 신과 같은 추상물을 주체로 생각하는 것은 잘못된 것이라고 주장했다. 포이어바흐가 주장하는 인간은 일반적으로 파악된 '인간der Mensch'이다. 그러나 실제의 인간은 육체를 가지고 있을 뿐 아니라 주어진 역사적 사회 속에서 형성되어 온 것이다. 예를 들면, 19세기 전반의 독일 사회 속에서 생활하면서 감각과 의식의 형태를 갖추게 된 독일인의 존재가 있다. 곧, 현실적인 인간이란 다름 아니라 역사적·사회적으로 형성되는 것이다.

마찬가지로 감성의 대상이 되는 세계 역시 불변하는 것이 아니라, 역사적·사회적으로 형성되는 것이다. 앞선 시대에 발달한 산업과 교통의 성과가 감성적 세계에 형태를 제공하며 그 위에 현재의 세대가 산업과 교통을 더욱 발전시키며 감성적 세계를 변화시키고 있는 것이다. "잘 알려진 것처럼 앵두나무는 불과 몇 세기 전에 교역을 통해 이 땅에 이식된 것이다. 그런 까닭에 특정한 시대와 특정한 사회의 이 같은 활동을 통해 비로소 포이어바흐가 말하는 감각적 확신이 되는 것이다."

이처럼 마르크스와 엥겔스는 포이어바흐의 입장이 지니고 있는 비역사적이고 비사회적인 성격을 비판하며 사회의 역사가 어떻게 형성되어 가는가를 분명히 밝히고자 했다.

역사는 인간이 만드는 것이므로 역사의 제1전제는 인간의 생존에 있다. 그렇지만 인간들이 생존하기 위해서는 의·식·주 그리고 기타 약간의 것들이 필요하다. 따라서 이러한 욕구를 충족시킬 수 있는 모든 수단의 산출이나 물질적 생활 그 자체를 생산해 내는 일이야말로 역사적 제1의 행위가 된다. 이처럼 물질적 생활을 위한 생산이 역사 전체의 근본 조건이 되는 행위라고 간주하는 역사관이 다름 아닌 역사적 유물론인 것이다.

그러나 두 번째로 중요한 것은 최초의 욕구가 충족되자마자 그 같은 욕구를 충족시키는 행위나 도구가 새로운 욕구를 낳는다는 점이다. 이러한 새로운 욕구를 산출하는 행위 역시 역사적 제1의 행위이다. 곧, 물질적 생활을 위한 생산과 새로운 욕구의 산출은 동전의 앞뒷면과 같은 것으로 역사의 근본 조건을 형성한다.

세 번째로 인간이 계속 번식을 하며 사회적 관계를 형성하는 것 역시 역사의 근본 조건이다. 생산과 욕구가 이러한 사회적 관계와 분리될 수 없을 정도로 깊이 연관되어 있기 때문이다. 사회적 관계는 최초로 가족 관계로 나타나지만, 인구가 증가하고 다양한 욕구가 늘어남과 동시에 다양한 사회적 여러 관계를 낳게 된다.

위와 같은 사회적 활동의 세 가지 측면은 역사의 출발점 이후 항상 동시에 존재하면서 역사의 근본 조건이 되어 왔다. 그리고 생산은 인간과 자연의 관계(자연에 대한 인간의 작용), 인간과 인간의 관계(몇 사람 정도의 개인의 협동)라는 이중적 관계로 나타난다. 따라서 특정한 생산 양식 또는 산업 단계는 특정한 협동 양식 또는 사회 단계와 깊이 관련되어 있다.

이처럼 근원적인 역사적 관계를 네 가지 측면에서 파악한 뒤, 마르크스와 엥겔스는 인간이 의식을 갖고 있다는 사실을 확인한다. 의식은 원래 언어와 관련되어 있으며, 다른 인간과 소통하는 사이에서 형성되어 온 것이다. 이러한 실천적 의식은 구체적으로 인간이 자연에 대해 작용하는 가운데 다른 사람과의 협동 속에서 형성되며 발전해 온 것이다. 그리고 인간의 의식이 여타의 동물과 다른 것은 자기 자신을 의식의 대상으로 삼는다(대자적)는 점이다.

하지만 분업이 등장하며 오로지 육체노동에만 종사하는 사람들과 이들의 위에 군림하며 정신적으로만 활동하는 사람들이 나타나면서 의식은 실천에서 분리되어 머릿속에서만 활동하게 되었다. 이처럼 실천적 세계로부터 이탈한 의식 활동이 순수 이론과 신학, 철학, 도덕 등을 만들어 온 것이다. 그렇기는 해도 실천적 의식이 생산·욕구·사회의 여러 관계라는 역사의 근원적 계기와 불가분의 관계를 맺고 있다는 점에 주목하지 않을 수 없다.

사회적 여러 관계 속에서 생산이 자연적으로 분업을 성장시키고 있지만, 그와 더불어 노동은 물론 노동 생산물이 양적·질적으로 불평등하게 분배되면서 소유가 생겨난다. 곧, 특정한 사람들에게만 귀속되고 다른 사람은 그것에 손을 댈 수 없는 생산물이 나타날 때, 사적 소유가 발생하는 것이다. 그리고 분업과 사적 소유가 성장하면서 동시에 집단의 공동 이해와 각 개인 또는 각 가족의 이해(특수 이해) 사이에 모순이 발생한다. 공동의 이해는 드디어 국가라는 모습으로 자립하게 된다. 그러나 국가의 공동적 성격이란 허상에 지나지 않으며 실제로는 지배 계급을 중심으로 하여 각 계급을 토대로 삼아 성립하고 있는 것이다.

이처럼 분업과 사적 소유가 진행되면서 생산력과 기타의 사회적 힘은 개인의 결합된 힘으로 나타나는 것이 아니라 모든 개인에게 소외된 강제력으로 나타나게 된다. 곧, 사회적 모든 힘으로부터 개인 전체의 '소외●'

가 나타나는 것이다.

이와 같은 '소외'를 극복하기 위해서는 혁명이 수행되지 않으면 안 된다. 그러나 그 전제로 대다수의 사람들 속에서 이 같은 상태를 거부하는 저항 또는 반항의 자세가 생겨나지 않으면 안 된다. 또 생산력의 발전과 더불어 대다수의 사람들이 무소유 상태가 되고 더욱이 교통의 발달에 의해 그 같은 경험이 국지적인 것에 머물지 않고 더욱 널리 확산될 것이 전제가 된다. 이를 달리 말하면, 생산력이 발전함에 따라 기존의 모든 관계 속에서는 그 같은 생산력과 교통수단이 다만 방해만 되며 파괴를 가져올 뿐인 단계가 도래하고, 그와 관련해 사회의 무거운 짐만 지며 이익은 받지 못하는 계급이 사회 구성원의 대부분을 차지하게 되면, 본질적 혁명의 필요성과 필연성을 자각하게 되는 공산주의적 자각이 나타난다.

그리고 기존의 여러 사회적 관계란 국가를 통한 지배 계급의 힘에 의해 지탱되고 있는 것이므로, 사회의 근본적 변혁을 목표로 한 혁명적 투쟁은 계급 투쟁과 국가 권력을 향하게 된다. 공산주의 혁명은 사적 소유에 기초한 소외된 노동과 계급 지배 그 자체를 없앨 것을 목표로 삼는다. 곧, 개인으로부터 소외되어 있는 사회적 모든 힘을 의식적으로 제어해 모든 개인의 통합된 힘으로 발전시킬 것을 목표로 삼는다.

공산주의적 자각을 대거 고취시키기 위해서 그리고 목적을 달성하기 위해서는 많은 인간들의 변화가 필요하다. 그러나 이는 실천적 운동과 혁명적 실천을 통해서 비로소 가능한 것이다. 그러한 점에서 공산주의는 목표나 이상이라기보다는 현상을 지양하고자 하는 현실 운동 그 자체라고 말해야 할 것이다.

현대적 관점에서 본 『독일 이데올로기』

『독일 이데올로기』에서 역사적 유물론은 대체로 위와 같이 요약할 수 있다. 이 책을 통해 현대를 살아가고 있는 우리가 중요하게 생각해야 할 점에 대해 지적해 보자.

첫째, 유물론에 대한 이해라는 점이다. 마르크스주의 철학의 전개 과정에 나타나는 유물론은 '사고와 존재, 의식과 물질 가운데 어느 쪽이 더 근본적인 것인가'라는 인식론적 준거틀에 대한 논점이다. 엥겔스가 『반뒤링론』●과 『루트비히 포이어바흐와 독일 고전철학의 종언』에서 서술한 것은 그와 같은 경향을 말해 주는 것이었다. 그러나 『독일 이데올로기』에서 거론되는 유물론은 그와 같은 인식론적 준거틀 속에서 사고되고 있는 것이 아니다. 의식은 육체를 가진 인간의 활동이지만 그 인간은 현실의 역사적 사회 속에서 생활하고 있다. 역사적 사회의 기본적 양태는 물질적 생활을 위한 생산과 새로운 욕구의 산출, 사회적 여러 관계라는 세 가지 계기에 의해 규정된다고 하는 것이 역사적 유물론 속의 유물론이 의미하는 내용이다.

이 때문에 마르크스와 엥겔스가 제1장을 재검토하며 쓴 '정서 원고'에는 이렇게 적혀 있다. "모든 관념과 모든 표상, 의식의 생산은 당초에는 직접적으로 인간들의 물질적인 활동과 물질적인 교통, 현실적인 생활 언어로 짜인 것이다. 표상하거나 사고하는 것, 곧 인간들의 정신적 교통은 여기에서는 그들이 물질적으로 서로 연관되어 있는 점을 직접적으로 나타낸 것이 된다. 정신적 생산(한 민족의 정치와 법률, 도덕, 종교, 형이상학 등 언어로 서술된 것)에 대해서도 마찬가지이다. 곧, 인간은 그들의 모든 표상과 모든 관념의 생산자인 것이다. 다만 그 경우의 인간이란, 그들의 모든 생산력과 그에 대응하는 교통의 특정한 발전에 의해 제약을 받으며 현실적인 활동을 하고 있는 인간들이다. 의식das bewußtsein이란, 의식된 존재das bewußte Sein 이외에 아무것도 아니다. 인간의 존재란, 그들의 현실적 생활 과정을 의미한다."

따라서 존재와 의식의 관계가 아닌 생활과 의식의 관계, 나아가 역사적 사회에서 생활과 의식의 관계가 문제시되는 것이다. 곧, '의식이 생활을 규정하는 것이 아니라, 생활이 의식을 규정한다'는 것이 유물론의 입장이다. 경제·정치·문화가 모두 포괄되어 있는 오늘날의 사회에서 의식의 존재 양태를 해명하는 일은 오늘날 우리에게 부과되어 있는 커다란 과제 가운데 하나이다.

둘째로, 여기에서 '교통Verkehr'이라는 용어가 자주 등장하고 있다. 이는 단순한 교통수단이 아닌 더 큰 의미를 지니고 있다. 곧, 각각의 개인과 사회 집단 그리고 국가 등 그들 사이의 물질적, 정신적 교통을 의미하는 것이다. 따라서 교통 형태나 교통 기관이 생산력에 대응하는 것으로 서술되어 있을 경우에, 그 의미는 '생산의 여러 관계'에 가까운 것으로 생각된다. 그러나 이 경우에도 물질적 교통의 존재 양태는 정신적 교통(커뮤니케이션)과의 관련 속에서 고려되고 있다고 여겨진다. 이미 살펴본 바와 같이 마르크스와 엥겔스의 견해는, 언어와 의식은 물질적 생활을 위한 생산과 사회적 여러 관계와 밀접하게 연관되어 발전해 왔다는 것이므로, 그로부터 사회적 언어론과 사회적 의식론이 발전될 싹이 존재한다고 말할 수 있다. 또한 그러한 실천적 생활로부터 이탈한 의식의 생산물인 도덕과 종교, 형이상학 등이 '정서 원고'에서 '이데올로기●'로 불리고 있는 것도 주목해 볼 만하다.

'이데올로기'의 존재 양태에 대해서는, 물질적 노동과 정신적 노동이 분업과 관련되어 있는 것처럼 사회의 총체적 구조나 문화의 기본적인 양태와 관련지어 생각해 볼 필요가 있을 것이다.

세 번째로, 사회적 분업과 '소외'를 연관시킴으로써 자연적으로 성장해 온 분업을 지양할 것을 목표로 삼고 있는 데 주목하게 된다. 이 경우 분업은 기업 내부나 기업 사이의 분업만을 뜻하는 것은 아니다. 가족 내에서의 분업의 경우, 노예적 지위에 있는 처와 자식은 육체노동을 감당하면서도 충분한 생산물을 제공받지 못하는 반면, 주인인 남편(아버지)은 정신적 활동만을 담당하며 생산물을 모두 자신이 소유하고 있다. 여기에서도 사적 소유가 발생한다고 여겨지지만, 이러한 분업은 또한 계급 대립(근대의 부르주아지=남편, 프롤레타리아트=처와 자식)과 관련되어 있다는 점이 명백하다. 따라서 분업의 지양은 계급 대립의 지양과 표리일체를 이루게 된다. 그러나 마르크스와 엥겔스의 주장은 이러한 기본적인 사회적 분업에 그치지 않고 그 역사적 전개까지 제시하고 있다. 농업 노동(농촌)과 공업 및 상업 노동(도시)의 분리가 먼저 거론되며 그에 수반해 부족 소유에서 고대의 공동체 소유 및 국가 소유로 이행되고 있는 사실을 보여 주고 있다. 그리고 더욱이 농촌의 봉건적이며 신분적 소유와 도시의 동일 직종의 조합 소유인 중세의 소유 형태가 제시되어 있다. 이와 같은 문맥에서 살펴볼 때 도시와 농촌의 분열과 대립을 지양하고자 하는 점 역시 사회적 분업을 지양하기 위한 또 하나의 큰 기둥이 되고 있음을 알 수 있다. 이 문제는 오늘날에도 중요한 의미를 지닌다고 생각된다(분업의 지양이란, 흔히 전문적 직업 노동에서 벗어나는 이미지와 연결되지만, 이는 앞에서의 문맥과는 다른 것이다).

네 번째로 여러 생산력에 의해 규정되며 동시에 역으로 그것을 규정하기도 하는 교통 형태가 '시민 사회'라고 불리는 점이다. 이러한 '시민 사회'야말로 '실로 역사 전체의 용광로이며 무대'라고 여겨지고 있다. 앞에서 '교통'에 대해 언급한 것처럼 마르크스와 엥겔스가 '생산의 여러 관계'라는 경제적 카테고리에 국한시키지 않고 더 폭넓은 인간 사회의 여러 관계를 생각하고 있다는 점이 흥미롭다.

또한 주목되는 점은 마르크스와 엥겔스가 '시민 사회'의 양태를 파악한 것은 근대 자본주의 사회를 해명하는 과정에 의한 것이라는 점이다.

"시민 사회는 여러 생산력이 일정한 발전 단계에 이르렀을 때 내부의 모든 개인의 물질적 교통 전체를 포괄하고 있다. 그것은 한 단계의 상공업 생활 전체를 포괄하는 것으로, 그 점에서 국가와 국민을 초월해 있다. 그런데 시민 사회라는 말은 18세기에 소유 관계가 이미 고대적, 중세적 공동체로부터 이미 빠져나온 뒤에 나타난 것이다. 시민 사회가 명실상부한 시민 사회로 발전한 것은 부르주아지에 의해서이다. 그러나 어느 시대일지라도 국가를 포함해 기타 관념론적 상부 구조의 토대를 이루는 생산과 교통에서 직접 연유되는 사회적 조직체는 끊임없이 그와 동일한 이름으로 일컬어져 왔다."

곧, 마르크스와 엥겔스는 먼저 근대적 소유 관계 속에서 부르주아지와 함께 발전해 온 근대적 시민 사회를 파악하고 그 작용(상부 구조의 토대에 대한 작용)을 확인한 뒤에, 그 양태를 이미 근대 이전의 사회에서도 찾아볼 수 있다고 생각한 것이다. 마르크스와 엥겔스의 역사적 유물론이 전적으로 타당하다는 것은 영국을 비롯한 유럽이 근대 자본주의 사회라는 점, 그 밖의 사회에 적용할 때에는 다양한 부대 조건을 고려할 필요가 있다는 점을 시사해 준다고 말할 수 있다.

마르크스의 『경제학 비판』 서언에서는 역사적 유물론에 대해 지나치게 간단히 서술되어 있어 이를 통해서는 마르크스와 엥겔스가 구체적으로 어떤 내용을 생각하고 있는가를 파악하기 어렵다. 이러한 이유 때문에 역사적 유물론의 공식화 문제나 고정된 적용 문제가 나타나고, 더욱이 상부 구조의 토대에서의 상대적 독립성과 토대에 대한 반작용이 문제시되는 것이다. 따라서 『독일 이데올로기』를 정확히 읽는 일은 역사적 유물론의 올바른 이해를 위해 필수불가결한 작업이다.

NOTES

루트비히 안드레아스 포이어바흐(Ludwig Andreas Feuerbach, 1804~1872)

헤겔 철학과 그리스도교 신학은 피와 살을 가진 현실적 인간이 낳은 정신과 신을 자립적인 것으로 보고, 거꾸로 인간을 지배하는 것으로 '인간의 자기 소외'를 제시한다고 비판했다.

소외

인간이 스스로의 활동을 통해 낳은 것 또는 그러한 활동 자체가 인간으로부터 자립해 거꾸로 인간을 지배하려고 하는 것

『반뒤링론』

엥겔스가 베를린대학교의 강사인 카를 오이겐 뒤링의 주장을 비판하며 과학적 사회주의의 입장을 포괄적으로 제시한 저술. 1877~1878년에 간행되었으며, 마르크스도 부분적으로 집필에 참여했다.

이데올로기

원래는 관념학을 가리키는 프랑스어의 이데올로지에서 유래했지만, 오늘날에는 사회적 존재(생활)에 의해 본질적으로 제약받는 사람들의 '의식 형태', '관념 형태'를 의미하는 말로 사용되고 있다.

죽음에 이르는 병
(Sygdommen til Døden)

이 책에서 말하는 '죽음'이란 그리스도교적인 영원한 생명의 상실을 뜻하며, '죽음에 이르는 병'이란 절망을 일컫는다. 키르케고르의 많은 저작 가운데 가장 정연한 논리로 구성되어 있으며, 영혼에 호소하는 열정이 느껴진다. '희망이 없는 곳에서 희망을 갖는 중요성'을 강조하고 있다.

INTRO

『죽음에 이르는 병』(1849)은 덴마크의 사상가 키르케고르(1813~1885)의 대표작이다.
'건전한 덕과 각성을 위한 한 그리스도교적 심리학적 논술'이라는 부제가 붙어 있는 것처럼 애초에 그리스도교 신앙을 권장하기 위한 의도로 저술되었다. 그 때문에 키르케고르 자신은 간행자 이름에 실명을 사용했음에도 저자 이름은 안티 클리마쿠스Anti-Climacus라는 가명을 사용했다. 키르케고르 자신은 충실한 그리스도교 신자가 되고 싶었지만 실제로는 그렇지 못한 점을 반성하면서 충실한 신자인 안티 클리마쿠스라는 가공의 인물을 내세운 것이다.
그리스도교적 내용을 의도했으나 인간론에 대한 내용도 이론적으로 전개되고 있어 철학 저술로 높이 평가되며, 일찍부터 유럽과 미국 등지에서 번역되었다. 특히 실존주의 철학자와 문학가, 변증법적 신학 계통의 신학자와 목사들에게 많은 영향을 미쳤다. 또한 구체적인 사례를 거론하며 설득적으로 서술하고 있기 때문에 일반 독자들도 쉽게 다가갈 수 있다.
이 책은 '죽음에 이르는 병이란 절망 그 자체이다', '절망은 죄이다'라는 제목의 2부로 구성되어 있으며, 책의 제목은 "이 병은 죽음에 이르지 않는다"는 그리스도의 말에서 유래한다.
애초부터 자매편으로 구상된 『그리스도교의 수련』(1850)과 함께 읽어 볼 것을 권장하고 싶다.

육체의 생사를 초월하는 가치

키르케고르에게 인생의 유일한 최대 관심사는, 그 자신이 그것을 위해 살아가는 것은 물론, 그것을 위해 죽을 수도 있는 진실을 발견하고 그것을 자신의 신조로 삼아 생활하는 것이었다. 그 길에 자신의 몸을 바치는 모습은 그가 말하는 '실존'이었으며, 이런 관심에 대해 타성적인 자신의 생을 새삼 스스로 대처하게 하는 것이야말로 주체적 자신의 인간다운 점을 발견하는 것이라고 여겼다. 그에게는 육신이 살고 죽는 일은 궁극적인 것이 아니며, 그것을 초월해 가치 있는 것의 존재를 믿으면서 그 희망에 목숨을 걸고 육체의 삶을 살아가는 것이야말로 인간적인 것을 의미했다.

키르케고르에게 그 희망은 그리스도가 말하는 '영원한 생명'이었다. 그 때문에 아무런 희망 없이 영원한 생명에 의탁해 살아가지 않는, 단순히 시간의 흐름 속에서 자연적이고 육체적인 생명을 살아가는 생이란, 그 한 순간 한 순간이 살아 있는 시체로서의 생이며, 설령 그러한 생이 일반적 의미에서 희망에 가득 차 있고 영광으로 빛나는 것일지라도 실은 인간적으로 절망이며 비참한 죽음을 의미했다.

반대로 그런 희망이 있는 한, "죽음조차도, 나아가 지상의 현세적인 고뇌와 곤궁, 병, 비참함, 가난, 재액, 고통, 번민, 우려, 비애 등으로 불리는 그 모든 것이 '죽음에 이르는 병'이 결코 아니라는 점은 두말할 것까지도 없을 것이다"라고 했다.

'요한복음' 제Ⅱ장에는 병으로 죽어 가는 라자로에게 '부활한 생명'인 그리스도가 다가와 '이 병은 죽음에 이르지 않는다'고 말하며 그를 소생시키는 이야기가 소개되어 있다. 이 같은 주제를 앞에서의 절망적 인간의 모습에 대한 임상적 고찰로 서술하고 있는 것이 『죽음에 이르는 병』이다.

주체적 자기●

'죽음에 이르는 병', 곧 '절망'에 떨어지게 된 인간에 대한 생태 고찰로 인간 심리의 심연까지 파고 들어가 그를 통찰하고 그런 심리가 의미하는 내용을 개념적으로 근사하게 정리해 냈다는 점에서 이 책은 절망론의 백미라고 일컬어지며, 키르케고르의 철학 저술 가운데 가장 널리 읽히는 동시에 그의 대표작으로 손꼽히고 있다.

절망론을 고찰하는 데 키르케고르가 축으로 삼았던 핵심은 그 자신의 독창적 개념인 '자기(자기 자신)'였다. 이는 현대의 실존주의에서 주체적 인간론 또는 주체적 자기의 원형이라고도 말할 수 있는 것이다.

사람은 누구나 태어나면서부터 인간이지만, 인간은 누구나가 자기 자신인 것은 아니라고 키르케고르는 말하고 있다. 그에 따르면, '인간은 무한과 유한, 시간적인 것과 영원한 것, 자유와 필연의 종합이며 또는 종합이라는 관계'라고 했다.

그가 말하는 종합이라는 관계란, 자신이 현재 처해 있는 그대로의 상태에서 저절로 평형과 평안한 상태를 유지하는 것은 아니라는 것을 의미한다. 종합 관계에서는 그 같은 불일치를 자각하며 현재의 자신을 '보다 나은 상태가 되기 위해 애쓰도록 촉구●'한다. 인간이 현재의 자신의 처지에 대처하면서 단순히 현재 있는 그대로의 상황을 허용하지 않고 자신이 수립한 종합 관계를 주체적으로 선택해 스스로 실현한다는 제2의 관계, 곧 스스로 평형과 평안한 상태에 놓여 있는 인간이 되고자 하는 관계를 성립시킨다.

이를 더 정확히 말하자면 그러한 관계를 위해 활동하는 주체는 '자기 자신'인 것이다. 이처럼 인간이 그때그때마다 스스로 종합 관계에 대해 반성하며 변혁적으로 대처하는 '자기 자신'이라는 관계로 이루어져 있는 것은 인간 스스로가 설정한 것이 아니라 제3자(조물주, 곧 신)에 의해 정해진 관계이기 때문이다. 인간은 스스로와 관계하는 자기 자신의 관계인 동시에 제3자와도 관계되어 있는 것이다.

그런데 절망이란, 자기에 관한 이러한 이중, 삼중의 관계에서 오는 모든 형태의 불일치, 다른 말로 하면 착오 관계와 같은 것이다.

이러한 이유로 키르케고르는 절망에 대해 "이 병에 걸릴 수 있는 가능성이 있다는 것은, 인간이 동물보다 뛰어나다는 것을 의미한다. 그러나 실제로 절망이란 최대의 불행이자 비참함일 뿐 아니라 타락인 것이다" 라고 말하며, "절망은 전적으로 변증법적이기 때문에 단 한 번이라도 여기에 걸리지 않는 것 또한 최대의 불행이다. 따라서 그 병에 걸리는 것은 '신의 행복'이라고 말할 수 있는 병이기도 하다. 그러나 그 병에 걸렸더라도 치유를 위해 노력하지 않는다면 그 병은 또한 가장 위험한 병이 된다" 고 말하고 있다.

그리고 절망이라는 병을 완전히 뿌리 뽑은 뒤의 자기 자신의 상태를 나타내는 공식은 '그 자기는 자기 자신에 관련되며 아울러 자기 자신이고자 할 때에 자기를 그곳에 놓아둔 힘 속에 명확하게 자신을 뿌리내리는 것'이 된다. 곧, "이 병에서 치유된다는 것이 그리스도교의 지복이다" 라고 말하고 있다.

모든 절망의 형태와 그 극한

절망은 구조라는 관점에서 그 종합의 계기를 보면, 무한성의 절망(이는 유한성이 결여된 것이다)과 유한성의 절망(이는 무한성이 결여된 것이다), 가능성의 절망(이는 필연성이 결여된 것이다), 필연성의 절망(이는 가능성이 결여된 것이다)의 네 가지 형태로 구별된다.

키르케고르의 절망론은 절망을 의식할 수 있는가의 여부에 관해 행해지고 있는 형태분석론과 현상론이 매우 정교해 압권을 이룬다. 자신은 결코 절망 따위는 하지 않고 오히려 희망에 가득 차 있다고 자각하고 있는 경우에도, 실제로는 두 가지의 경우가 있을 수 있기 때문에 본인의 자각을 방패로 실제의 절망 여부를 일방적으로 인정해서는 안 된다고 그는 지적하고 있다.

그 하나는 앞의 공식대로, 절망이 무엇인가를 정확히 이해하고 그 가능성을 뿌리째 뽑아낸 뒤, 흔들리지 않는 그리스도교 교도로서 청정한 행복(종말의 희망) 속에서 살아가는 경우로, 엄밀히 말해 이 경우만이 절망하고 있지 않은 유일한 모습이 된다.

그렇지 않은 경우는 두 번째로, 자신이 절망하고 있다는 것을 알지 못할 뿐 실은 절망하고 있는 경우이다. 이와 같은 상태를 절망으로 정립한 데에 키르케고르 사상의 개성과 특히 그리스도교적이며 실존적인 자기이해를 살펴볼 수 있게 된다. 이 가장 소박한 형태가 자기 상실●에 대한 절망이다. 그는 이러한 절망을 "스스로가 자기 자신을 알지 못하며, 그것도 영원한 자기 자신을 가지고 있다는 사실을 알지 못하는 절망적인 무지"라고 불렀다.

지상적인 것에 대한 절망

자신이 절망하고 있다는 것을 자각하고 있는 형태의 절망이란, 자신 속에 어떤 영원한 것이 존재하고 있다는 것을 자신이 자각하고 있는 것이다. 이는 다시 말해 절망적으로 자기 자신이기를 부정하는 절망(연약한 절망)과 절망적으로 자기 자신이고자 하는 절망(반항의 절망)으로 구분된다.

연약한 절망이란, 사랑하는 사람을 잃거나 금전 또는 권력을 간절히 바라지만 현실에서는 그것이 손에 들어오지 않는 등 구체적인 바람의 대상이 지상적인 것에 있는 절망이다. 일반적으로 '지상적인 것에 대한 절망'이라고 한다.

이는 바라고 있는 특정한 것이 자신에게 실현되지 않는 데 대해 절망하는 것이기 때문에, 그 바람의 간절한 정도에 따라 마침내 그것이 실현되지 않는 세계와 인생 전체에 대한 절망으로까지 확대되어 간다. 제정신이 아닌 절망에 대한 심리 분석은 매우 흥미로운데, 키르케고르의 특징적인 발상은 다음과 같다.

첫째로 사랑하는 사람을 상실한 경우에, 먼저 잃었다는 사실에 절망하고 있는 듯 보이지만 실은 잃어버린 상태의 현실이나 그 현실을 감당해 낼 수 없는 자신에게 절망하고 있는 것이라고 해석하는 사고방식이다.

그리고 두 번째로 그토록 지상적인 특정한 것을 원하면서 그 가치를 절대화하고 있는 것은 반면에 영원한 것에 대한 궁극적이고 근원적인 희망을 가지고 있지 않은 것을 나타내는 것이 되며, 따라서 그 점에 대해 절망하고 있다는 의미를 부여한 사고방식이다.

나아가 키르케고르는 이 같은 '연약한 절망'을 자각하는 일은, 자기 자신의 연약함에 대한 절망에까지 이르게 해, 구원받지 못하는 동안 '틀어박히는' 절망이 되는 현상을 설명하고 있다. 그러나 구원받고 싶다는 바람이 있지만 구원되지 않고 있는 것을 구실로 절망하고 있는 것은 아직 희망이 있는 절망이다. 절망이라는 의식의 정점은 '더 이상 구원 따위가 있을 수 있는가'라고 하면서, '자신은 창조자의 치졸한 창조의 증인일 뿐이며 차라리 절망 속에 있고 싶다'는 태도의 악마적 절망으로 서술되어 있다.

절망은 죄이다

앞에서 현상론으로서 전개한 절망에 '신 앞에 서 있는 자기'라는 규정을 도입하게 될 때에는 그리스도교적으로 '죄'가 될 뿐이라는 것이 제2부의 주요 내용이다. 그 내용은 키르케고르가 그리스도교에 관해 저술한 다른 책과 함께 읽을 필요가 있을 것이다.

NOTES

주체적 자기
자신의 주체성이란, 실존주의적 인간관에서 한결같이 강조되고 있는 것으로, 키르케고르의 사상 역시 여기에 그 뿌리를 두고 있다. 단, 키르케고르에게는 주체성은 물론, 자유 역시 창조자에게 뿌리내리고 있는 신의 선물이라고 해석된다.

보다 나은 상태가 되기 위해 애쓰도록 촉구
이 책의 서문에는 '배려'의 중요함이 언급되고 있다. 이는 물론 소크라테스의 '영혼의 배려'를 연상하며 한 말이기도 하다.

자기 상실
모든 절망의 형태는 자기 상실이 바로 드러난 현상이라고 여겨지고 있다. 키르케고르에게 자신을 잃는다는 것은 타자를 잃는 것과 세계를 잃는 것 그리고 신을 잃는다는 것이 한데 겹쳐진 하나의 사실이다.

차라투스트라는 이렇게 말했다
(Also sprach Zarathustra)

유례없는 실존적 성실을 배경으로 니힐리즘의 초극을 모색한 니체의 이 저작은 진지하게 인간성의 재생을 지향하고 있는 현대인들에게 많은 점을 호소하고 있다. 이 책에서 니체는 초인사상과 권력에의 의지, 영원회귀사상 등을 전개하고 있다.

INTRO

『차라투스트라는 이렇게 말했다』(1883~1885)는 니체(1844~1900)가 신의 죽음을 초극하기 위한 방법을 모색하며 이를 영원회귀사상●의 체험에 기초한 초인사상●으로 결실을 맺은 철학적 산문시이다. 처음에는 괴상한 주장이라며 무시되었으나, 그가 죽은 뒤 근대 정신에 획기적 충격을 안겨 준 것으로 재평가되면서 근대 휴머니즘의 초극을 지향하는 정신사적 성찰로 높은 평가를 받았다.

니체는 1844년 프로이센 영토인 작센의 뢰켄에서 태어났다.

본대학교와 라이프치히대학교에서 수학하며 1869년에 바젤대학교의 고전문헌학 교수가 되었으나 1879년 병으로 사직했다. 그 뒤 약 10년에 걸쳐 스위스와 이탈리아 각지를 떠돌며 고독한 저술 생활을 보냈다. 1888년 말에 정신 착란을 일으켜 1900년 바이마르에서 사망할 때까지 그의 삶은 광기 그 자체였다.

1872년 처녀작 『비극의 탄생』 이후 권력에 대한 의지를 주제로 한 1880년대 후반의 유고까지 많은 저작을 남겼다.

이 책은 4부로 구성되어 있다. 1881년 8월 '이 책의 기본 구상인 영원회귀사상'을 착상한 후, 1883년 2월 제네바 근교에서 제1부가 집필되어 이해 6월에 간행되었다. 제2부는 9월에, 제3부는 1884년 3월에 간행되었다. 제4부는 1885년 2월 완성해 4월 말에 40부 정도를 자가 인쇄하여 일곱 명의 친구들에게 보냈다.

인간은 초극되어야 할 무엇이다

이 책이 제3부까지 모두 출판된 것은 1880년대 전반이었다. 그 무렵은 일반적으로 근대 자본주의 사회의 발전과 근대 휴머니즘의 영광에 신뢰를 보내고 있던 시기였다. 따라서 신의 죽음●이라는 현대의 니힐리즘적 상황을 선구적으로 통찰해 그 초극 방법을 뛰어난 철학적 산문시로 귀결시킨 이 책은 처음에는 세상 사람들로부터 완전히 무시되었다.

방랑의 시작

이 책은 이야기체의 형식을 취하고 있으므로 여기에서도 일단 그 이야기를 추적하는 형식으로 그 개요를 소개하기로 한다.

제1부의 서두 '차라투스트라의 서설'은 다음과 같은 지문으로 시작한다.

"차라투스트라는 30세 때, 그를 낳아 준 고향과 고향의 호수를 떠나 산으로 들어갔다. 거기에서 그는 자신의 정신과 고독을 즐기며 10년 동안 지냈으나 결코 지루한 줄 몰랐다. 그러다가 마침내 그의 마음이 바뀌었다."

그는 '다시금 인간이 되고자 한' 것이고, 여기서 이른바 그의 '몰락'이 시작된다. 몰락이란, 차라투스투라가 고독한 사색을 통해 모색한 사상을 사람들에게 나누어 주기 위해 고독을 버리고 세상 속으로 내려간다는 것을 의미한다.

그가 가장 먼저 만난 사람은 숲의 성자●였다. 차라투스트라는 그 성자에게 존경의 뜻을 나타내면서도 서로 헤어진 뒤 자신의 마음을 향해 이렇게 말을 한다. '도대체 이런 일이 어째서 가능한가. 저 늙은 성자는 숲 속에 있으면서도 신이 죽었다는 것에 대해 아직 아무것도 듣지 못하고 있다.'

신의 죽음을 인식한다는 것은 실로 창조적 의지를 가질 수 있다는 것을 뜻한다. 이러한 의지는 현재 있는 그대로의 인간에 대해 단호히 철퇴를 휘두르는 행위로 나타난다. 그것은 다름 아니라 인간에 대한 차라투스트라의 사랑의 실상이었다.

이어서 그는 숲 근처의 마을로 들어가 그곳의 시장에서 한 줄타기 명인●에게 몸을 의탁한 채 많은 사람들을 향해, '인간이란 초극되어야 할 무엇이다'라고 처음으로 초인사상을 말했다. 그렇지만 사람들은 그것을 자기 자신의 문제로 듣지 못하고 오히려 그것을 비웃음으로 받아들였다. 그래서 그는 이어서 '최후의 인간'을 그려 보임으로써 거꾸로 초인사상의 의의, 곧 인간의 자기 초극의 필요성을 사람들에게 납득시키고자 했다. 최후의 인간이란, 현재의 모습 그대로 있을 수밖에 없는 인간, 더 이상 무엇인가 자기 초극의 가능성을 그 내부에 품고 있지 않은 가장 경멸할 만한 인간이다. 그러나 차라투스트라는 사람들이 오히려 그러한 인간이 될 것을 바라고 있다는 것을 알게 된다.

그때 줄타기 명인이 광대●의 재촉으로 인해 줄에서 떨어지는 사건이 돌발한다. 차라투스트라는 줄타기 명인의 시체를 등에 지고 출발하지만, 곧 이어 만나게 된 광대로부터 '이 마을을 떠나라'라는 경고를 받는다. 마을 입구에서는 무덤을 파는 묘꾼●들로부터 조롱을 받지만 이에는 아무런 대꾸도 하지 않고 밤길을 걸어 드디어 인가에서 멀리 떨어진 집에 사는 늙은 한 은둔자●를 찾아가게 된다. 그곳에서 그는 빵과 포도주를 얻어 마신 뒤, 어느 깊은 숲 속에 시체를 매장하고는 곧 잠들어 버린다. 다음 날 늦게 눈을 뜬 그는 '하나의 새로운 진리'를 발견한다. 그것은 '시장에서 사람들을 상대로 이야기를 하는 것은 어리석은 일이다'라는 진리로, 이를 통해 그는 비로소 '살아 있는 동반자', 곧 '함께 창조할 자들'을 찾아야 한다고 깨닫게 된 것이다.

이때 정오의 태양이 정남쪽에 있었으며, 그의 머리 위에는 뱀 한 마리를 입에 문 독수리가 커다란 원을 그리며 공중을 날고 있었다. 독수리와 뱀은 그의 추종자로서 차라투스트라의 '자부심'과 '현명함'을 상징하는 것이었다. 차라투스트라의 현명함은 세상 사람들과 원만하게 사귀게 해 주며 그의 설교를 들을 만한 것으로 만들어 주는 데 필수적인 덕성이었다. 그리고 자부심은 그의 실존적 핵심을 이루는 덕성으로, 그런 의미에서 그가 결코 손에서 놓을 수 없는 덕성이었다. 이런 핵심적 덕성을 둘러싸고 그 주변을 뒤덮고 있는 가면의 정신 또는 의지는 다름 아닌 그의 현명함이었다.

신의 죽음을 딛고 선 초인사상

대체로 위와 같은 '차라투스트라의 서설'에서는 하루 동안 일어난 일들이 서술되어 있지만, 그것이 끝난 뒤에는 드디어 '차라투스트라의 설화'가 시작된다. 22장에 걸친 제1부의 설화는 신의 죽음을 딛고 선 초인사상을 주제로 한 것으로, 그의 제자를 자칭하는 소수를 위해 행해진 것이다. 그 장소는 '얼룩소라고 불리는 마을'이다. 제노바를 연상시키는 이 마을은 차라투스트라의 마음에 꼭 드는 장소였으며, 그가 있던 산속 동굴에서 걸어서 이틀 정도 걸리는 거리에 있었다. 제1부의 마지막 장인 '베푸는 덕에 대하여'는 차라투스트라가 이 마을에 작별을 고하며 자신의 제자들을 향해 한 이별의 말이다.

"이제부터 나는 홀로 간다. 나의 제자들이여! 그대들 또한 지금부터 홀로 떠나가기라. 그것이 내가 바라는 바이다. 지금 나는 그대들에게 나를 버리고 스스로를 발견하라고 명한다. 그리고 그대들이 모두 나를 부인할 때 비로소 나는 그대들에게 되돌아갈 수 있으리라고 생각한다."

그리고 이야기는 제2부로 옮겨 간다. 제2부의 첫 번째 장에서 차라투스트라는 다시 산속으로 되돌아갔다. 이 고독한 자의 몸 위로 몇 번의 세월이 지나가는 동안 그의 지혜는 성장했다. 그리고 지혜의 충실을 위해 스스로 고통을 감내하기에 이르렀다. 그러던 어느 날 그는 다시 산을 내려갈 결의를 했다.

"내 적들은 강력해졌고 내 가르침의 초상은 왜곡되어 버렸다. 그래서 나의 가장 사랑하는 제자들조차 내가 그들에게 주었던 선물을 부끄러워하지 않을 수 없는 지경에 이르렀다. 나는 나 자신의 친구들을 잃고 말았다. 내가 스스로 잃어버린 자들을 찾아야 할 때가 온 것이다!"

'초인'을 찾아가는 여정

제2부는 22장으로 구성되어 있으며, 그 주제는 '권력에의 의지'라는 사상이다. 이는 인간의 자기 초극을 지향하는 초인사상이 인간 존재를 초월한 세계 원리로까지 확장된 것이다. 그렇지만 제2부의 후반부('춤의 노래' 이후)가 되면 제3부의 주제인 '동일한 것의 영원 회귀'라는 사상이 더욱 확실히 암시되며 제3부로 이행할 것이 준비된다. 제2부의 설교 활동은 시칠리아 섬 등이라고 생각되는 '행복의 섬'에서 소수의 제자들을 향해 행한 것이지만, 영원회귀사상은 차라투스트라가 가장 사랑한 제자들에 대해서, 아니 그 자신에 대해서조차 어떠한 일이 있더라도 발설해서는 안 된다고 겁냈던 심오한 사상이다. 그가 제2부의 설교 활동을 마치고 다시 산속의 동굴로 돌아가려고 할 때, 마지막 장인 '가장 고요한 시간'의 첫머리에는 이렇게 적혀 있다. "나 자신의 몸에 무슨 일이 일어난 것인가. 나의 친구들이여, 그대들도 보고 있는 것처럼 나는 허둥거리며

내쫓기며, 마음은 그렇지 않지만 복종하며 떠나갈 각오를 한 것이다. /
아, 그대들로부터 떠나갈 각오를! / 그렇다, 다시 한 번 차라투스트라는
자신의 고독으로 되돌아가지 않으면 안 된다. 그러나 곰●은 이번에는 싫
어하면서도 어쩔 수 없이 자신의 동굴로 되돌아가는 것이다!"

이렇게 말한 것은 영원회귀사상을 자신의 것으로 체득하기 위해서는
실로 힘든 고투가 예상되었기 때문이다.

차라투스트라의 고난

제3부는 니체가 이 저술의 '근본 사상'이라고 부른 영원회귀사상을 주
제로 하여 16장으로 구성되어 있으며, 사상적으로나 시적詩的으로도 이
책의 클라이맥스를 이루는 부분이다. 여기에서는 차라투스트라는 거의
대부분 자기 자신에 대해서만 이야기를 하거나 노래하고 있다.

제3부의 전반부에서는 그는 '행복의 섬'에서 산속의 동굴로 되돌아가
는 도중에 있다. 첫 부분인 '방랑자'의 장에서는 아침 일찍 섬 저편에 있
는 선착장에서 배를 타기 위해 한밤중에 섬의 산등성이를 넘어가며 자
신의 마음을 향해 말을 거는 모습을 볼 수 있다. "나는 한 방랑자, 한 등
산객이네. 다만 돌아오는 것뿐, 결국 나 자신이 있던 곳으로 귀향하는 것
이다. …… 나는 지금 마지막 산등성이 앞에 서서 내가 해야 하지만 최
후의 최후까지 남겨 두었던 일, 그 일 앞에 서 있는 것이다. 아, 나의 가
장 험한 길을 나는 넘어가지 않으면 안 된다! 아, 나는 나의 가장 고독한
방랑을 시작한 것이다!" 그가 여기서 '최후의 최후까지 남겨 두었던 것'
이라고 말한 것은 그 자신이 본래 그랬어야 할 것까지, 곧 영원회귀사상
의 교사가 되기까지 성숙하는 것을 의미한다.

다음 장에서 그는 배 위에 올라 있다. 그가 본 '환영과 수수께끼에 대

하여' 말하는 형태이지만, 배에 타고 있는 사람들을 향해 주제적으로 말하고 있다. 먼저 그 사상이 포함하는 니힐리즘을 극복한 경지가 "이것이 삶이었던가! 그런가! 다시 한 번!"이라고 정식화되어 표현되어 있으며, 이어 "보거라, 이 순간을! 순간이라는 이름의 이 통용문으로부터 하나의 길고 영원한 작은 길이 뒤쪽으로 달리고 있다. 모든 사물 가운데 달릴 수 있는 것은 이미 언젠가 이 작은 길을 꼭 달렸을 것이 아닌가? 모든 사물 속에서 달릴 수 있는 것은 밖으로 통하는 이 길고 작은 길을 장래에 언젠가는 틀림없이 달릴 것이다! 이렇게 우리는 틀림없이 영원으로 회귀하는 것이 아닌가?"라고 말하고 있다.

이렇게 하여 '행복의 섬'에서 4일간의 여정만큼 멀어졌을 때, 차라투스트라는 '자신의 의사에 반하는 행복'에 휩싸이며 이어서 '해 뜨기 전에'의 장에서 고독한 영혼과 하늘의 아름답고 심원한 이야기가 서술되고 있다. 그리고 다시 육지로 올라온 그는 많은 우회로를 돌아 여러 도시를 통과하고 마지막에 '얼룩소라고 불리는 마을'을 거쳐 드디어 그 자신의 동굴로 되돌아간다.

"아아, 고독이여! 그대, 나의 고향인 고독이여! 나는 황량한 타향에서 거칠게 생활했네. 너무도 오래되어서 그대 곁으로 돌아와 눈물을 흘리지 않을 수 없도다!" 이는 '귀향'의 장이 시작되는 첫머리의 한 구절이다. 이하 제3부의 후반은 산속의 고독에 대한 마지막 자기 초극의 과정이다. 그리고 '낡은 서판과 새로운 서판에 대하여'의 30절에 걸친 긴 장에서 이 책의 전체 설교에 관한 요약을 행한 뒤에 '치유되고 있는 자'의 장에서 영원회귀사상에 대해─그를 따르는 제자인 동물의 말이기는 하지만─다시 주제를 말하고 있는 것이다.

"모든 것은 떠나가고 모든 것은 되돌아온다. 존재의 수레바퀴는 영원히 회전한다. 모든 것은 사멸하고 모든 것은 새로 꽃을 피운다. 존재의 세월은 영원히 지나간다."

"모든 것은 파괴되고, 모든 것은 새로 결합된다. 존재의 동일한 집은 영원히 스스로를 건축한다. 모든 것은 헤어지며 모든 것은 새로 인사를 주고받는다. 존재의 둥근 원은 영원히 스스로 충실하다."

"모든 찰나에서 존재는 시작한다. 모든 것의 '여기'를 둘러싸고 '저기'의 구珠는 회전한다. 중심은 도처에 있다. 영원이 더듬어 가는 작은 길은 굽어 있다."

"이 마찬가지의 생, 마찬가지인 생으로, 최대의 것에서도 최소의 것에서도 마찬가지인 생으로 나는 영원히 회귀하는 것이다."

이렇게 하여 제3부는 시간의 본질●에 관한 '심야의 노래', 곧 "아아, 인간이여! 마음이여! 깊은 한밤중에 무엇을 말하는가? 나는 자고 있다, 나는 잠들고 있다. / 세계는 깊고, 낮이 생각보다 깊다. 세계의 고통은 깊다. / 쾌락은 / 마음의 고뇌보다 더욱 깊다. 고통은 말한다. 지나가거라! 라고. 그러나 일체의 쾌락은 영원을 원한다 / 깊고 깊은 영원을 원한다!" 라는 노래의 여운 속에 마지막 장 '일곱 개의 봉인(또는 '그렇게 되도록 아멘'의 노래)'으로 끝을 맺는다.

차라투스트라는 제자들을 향해 끝으로 이렇게 말하고 있다.

"그리고 더욱이 언젠가 그대들은 내 친구가 되어 똑같이 희망의 아들이 될 것이리라. 그때 나는 세 번째로 그대들 옆에서 그대들과 함께 위대한 정오●를 축복할 수 있으리라고 생각한다."

"'신은 모두 죽었다. 지금 우리는 초인이 살아 있기를 원한다.' / 이것이 언제인가. 위대한 정오에 우리의 최후의 의지이기를!"

축제의 밤과 새로 떠오르는 태양

세 번째 하산은 이 책을 맨 처음 구상했을 때 속했던 것이나 제4부에서 끝나는 이 책에서는 실현되지 않는다. 제4부는 제3부까지의 분위기와는 달리 세 번째의 하산에 앞서 행한 일종의 '간주곡'이라고 할 만한 내용이다.

제4부는 20장으로 구성되어 있다. 그 첫 장인 '제물로 바친 꿀'의 첫 부분에는 이렇게 쓰여 있다. "이리하여 다시금 몇 번의 세월이 차라투스트라의 머리 위를 지나갔으나 그는 이에 개의치 않았다. 그렇지만 그의 머리칼은 하얗게 세었다." 이하 이 1장은 어느 날에 일어난 일이며 다음 장부터 마지막 장까지는 그다음 날 아침부터 다음다음 날 아침까지의 하루 밤과 낮에 걸친 일이다. 곧, 그는 인간이라는 물고기들을 불러모으기 위한 먹이로 산속의 자유라는 자신의 꿀을 내던졌다. 그러자 신이 죽었다는 현대의 니힐리즘적 상황에 절망한 '고매한 인간들●'이 절망을 초극한 차라투스트라를 찾아 그의 산속 동굴로 올라왔다. 그들은 피로한 위대한 예언자●와 두 사람의 왕●, 양심적인 자●, 마법사●, 신이 죽었을 때 실직한 늙은 교황●, 더없이 추악한 자●, 스스로 거지가 된 자● 등이었다. 그리고 차라투스트라의 그림자●도 있었다.

차라투스트라는 자신을 그들로부터 구분했지만, 대중의 시대를 살아갈 방도를 알지 못하는 그들의 고매함에 경의를 표한다. 아니, 그들 모두는 차라투스트라 자신의 여러 가능성이었으며, 따라서 그들의 고민에 대해 그 역시 마찬가지로 어느 정도 고뇌하고 있었다. 그런 공통의 고뇌, 곧 그들에 대한 '동정'을 초극하는 것에 대해 자기가 마지막이 되어 최고의 성숙을 손에 넣게 되는 것이 제4부에서의 그의 과제이다. 거기에서 제4부는 다음과 같은 말로 똑같이 종결된다. "'좋아! 이렇게 하고 있지만 / 이제야 끝냈다! 나의 고뇌와 나의 동정 / 거기에 무슨 일이 있을 것인가! 도대체 내가 뜻하는 것은 행복을 얻는 일인가? 내가 뜻하고 있는 것은 내 일을 성취한 것이다! 좋다! 멧돼지●가 왔다. 내 아이들●이 가까이에 있다. …… 이는 나의 아침이다. 나의 낮이 시작된다. 자, 올라오렴, 올라오렴, 그대 위대한 정오여!" 차라투스트라는 이와 같이 말하고 자신의 동굴을 떠나갔다. 그 모습은 마치 어두운 산골짜기 사이에 떠오르는 아침해처럼 불타고 있었으며 힘찼다.'

니힐리즘과 니힐리즘의 초극

이상이 이야기의 전개에 따른 이 책의 대강의 줄거리이다. 니체는 왜 고대 페르시아에 살았던 전설상의 예언자 이름을 책의 주인공 이름으로 빌려 온 것인가. 니체에 따르면, 이 고대의 예언자는 도덕적 선악의 창조자였다. 따라서 니체는 자신의 주인공에게 성실함으로 얻어지는 '도덕의 자기 초극자'라는 의미를 부여하기 위해 그 이름을 빌린 것이다. 곧, 니체에 의하면, 그리스도교의 핵심은 세계와 역사에 대한 도덕적 해석이며, 그 때문에 그리스도교는 과거의 도덕을 대표한다. 이런 그리스도교적 도덕 자체를 초극하는 것이 그가 말하는 이른바 '도덕의 자기 초극'이었다.

마지막으로 이 책의 근본적 사상에 대해 간략히 살펴보자. 그리스도교의 도덕적 가치로 대표되는 초월적 가치는 참된 실재로 신봉되며 그 무렵까지 사람들로 하여금 이를 통해 질서 있는 공동생활을 영위하게 했다. 그러나 그 신앙이 점차 옅어지면서 초월적 가치가 실은 허무한 것은 아닌가 하는 의심이 생겨난 결과, 인간의 공동생활이 그 근거를 잃게 되었다. 또 현실 세계는 본질적으로 권력 의지가 투쟁하는 세계라는 점이 폭로되었다. 이 같은 현대의 위기적 상황, 그것이 니체가 말하는 이른바 '신의 죽음'이라는 니힐리즘적 상황이었다.

　니체는 이런 현대의 니힐리즘적 상황에서 도피하지 않고 오히려 그것을 있는 그대로 확인하고자 했다. 이 유례없는 실존적 성실●에서 탄생한 사상이 바로 '권력에의 의지'이다. 니체의 '초인'사상에 담긴 근본적 의의는 인간의 실존적 모습을 호소하고 있는 점에 있다. 각자가 자신의 현 상태를 초월하며 자신의 바람직한 모습을 실현시켜 가는 것이 중요한 일임을 지적한 사상인 것이다.

　'동일한 것의 영원 회귀'라는 니체의 사상 역시 니힐리즘과 니힐리즘의 초극이라는 양면성을 동시에 지니고 있다. 모든 것은 무의미의 동일한 반복에 지나지 않으며 삶조차도 무의미할 뿐이라는 절망이 바로 이 사상의 니힐리즘적 측면이다. 다른 한편으로는 인생의 단 한 순간이라도 후회 없이 성실히 살아가는 것, 곧 그런 순간이 영원히 반복되는 것을 바라 마지않을 정도로 의미 있게 살아가며 그런 순간이 존재하기 위해서는 반드시 필요하다고 여겨지는, 참기 어려운 인생의 다른 모든 순간에 대해서도 영원 회귀를 꿈꾸게 될 때, 이 사상에 포함되어 있는 니힐리즘은 초극되고, 이 사상에 담긴 긍정적 면인 운명에 대한 사랑이 비로소 자신의 것이 된다는 사상이 담겨 있다.

영원회귀사상

존재 일반의 현실적 모습, 곧 시간 그 자체로서의 존재에 대한 니체의 사색의 성과이다. 그 근원에는 생의 영원성을 사랑하는 일종의 절대 감정의 체험이 감추어져 있다.

초인사상

니체의 초인사상에서 가장 큰 정신사적 근원은 그리스도교의 신인사상이다. 그는 그리스도교의 신인사상을 자신이 지닌 사상의 피와 살로 만든 다음, 그것을 자기 초극해 인간의 실존에 관한 사상으로 성숙시켰다.

신의 죽음

과거의 최고 가치, 특히 그리스도교의 모든 도덕적 가치가 그 유효성을 상실하고 허무로 변해 버린 현대의 니힐리즘적 상황을 나타낸다. 새로운 인간을 창조하고자 하는 의지는 실로 신의 죽음을 인식하는 데에서 비로소 생겨날 수 있다.

숲의 성자

정적주의적 신앙을 가진 그리스도교 교도.

줄타기 명인

민중을 지배하는 수단으로 선동을 사용하지만 자신의 직무를 충실히 수행하고 있는 자.

광대

교활하며 양심을 저버린 선동가.

무덤 파는 묘꾼

죽어 있는 과거의 일에만 관심을 기울이며 창조적 삶과는 무관한 역사학자.

늙은 한 은둔자

그리스도교적 전통을 고집하는 완고한 철학자.

곰

곰이라는 독일어에는 불평가라는 의미가 있다.

시간의 본질

조용한 한밤중에 잠에서 깨게 되면 아무 소리도 없이 지나가고 있는 시간이 죽음의 그림자로 나타나는 것을 보게 된다. 이러한 세계에서의 고통은 깊다. 그렇지만 쾌락은 보다 더 깊은 것이다. 이것은 시간의 본질 속에서 영원을 인식하기 때문이다.

위대한 정오

그림자가 가장 짧은 시간, 곧 허상이 없는 시간. 인류가 우연 그리고 성직자의 지배로부터 벗어나 '왜', '무엇 때문에'라는 물음을 처음으로 전체로서 세우게 되는 최고의 자기 성찰의 순간.

고매한 인간들

지상에 남겨진 '신의 자취'인 인간들. 신의 죽음에도 아랑곳하지 않고 그들은 의연히 자신을 초월해 피 안을 향해 가고자 하지만 허무에 부딪혀 간다. 그들은 위대한 인간들이다.

피로한 위대한 예언자

제2부의 '예언자' 장에서 '모든 것은 동일한 것이다. 어떤 일에도 보람이 없다'고 알려 주는 예언자.

두 사람의 왕

전사의 후예로, 왕권의 권위를 일부러 드러내기를 싫어하는 두 사람의 지배자.

양심적인 자

학문적 성실성과 엄밀성 및 엄격함을 갖고 있는 자. 일반적으로 실증과학자의 상징.

마법사

정신의 참회자 역할을 하는 실제처럼 분장한 배우 역의 예술가.

늙은 교황

신의 죽음을 인정하면서도 죽은 신을 사랑하며 비탄에 빠진 채 신만을 생각하고 있는 실직한 교황.

더없이 추악한 자

자기 자신의 인간 됨됨이에 스스로 토할 것 같은 느낌을 자각하고 있는 '신의 살해자'.

스스로 거지가 된 자

자신의 재산을 스스로 내던지고 온순과 순화를 설교하며 돌아다니는 산상 수훈자.

차라투스트라의 그림자

영원을 부정하는 자로서 자유 정신을 지녔지만 그것을 부정한 뒤에 스스로가 돌아갈 곳이 없는 자.

멧돼지

웃는 멧돼지로서, 부정의 자유에서 긍정의 자유로 최후의 초극을 상징한다. 그가 온 것은 마지막으로 하산할 때가 왔음을 알리는 상징이다.

내 아이들

차라투스트라의 후계자라는 의미로 그의 자손들.

실존적 성실

현실 세계를 권력 의지의 투쟁의 장으로 본 권력의지설 그 자체에 실존적 성실함이 현시되어 있는 것이 며, 그것은 결국 자신에 대한 성실, 곧 자기 부정의 측면을 회피하지 않는 성실로 귀착된다.

논리학—탐구의 이론
(Logic : The Theory of Inquiry)

모든 사고는 불확실한 것을 명확한 것으로 바꾸는 노력, 곧 탐구이며, 논리학을 통해 모든 분야에서의 탐구 규범을 분명히 할 수 있다고 주장하고 있다. 논리학의 이론으로서뿐만 아니라 '궁극의 이론'과 또 그 배경이 되는 '상황이론●'은 인간과 인간의 인식 그리고 행위를 하나의 전체로서 파악하고자 할 때 많은 점을 시사해 주는 저술이다.

INTRO

듀이(1859~1952)의 『논리학—탐구의 이론』(1938)은 전체 3부 25장으로 구성되어 있다.

제1부에서는 '탐구의 기반'을 주로 논하며 듀이 자신의 논리학 이론의 기본적 성격을 서술하고 있다. 제2부 '탐구의 구조와 비판의 구성'에서는 탐구 과정에서 나타나는 여러 단계를 하나씩 상세히 서술하며 탐구가 통상적 인식 활동과 행위가 상호 작용하는 과정임을 구체적으로 밝히고 있다. 제3부 '명제와 명사'에서는 논리학에 관한 전문적인 내용에 대해 설명하고 있으며, 제4부는 '과학 방법 논리학'이라는 제목 아래 수학·자연과학·사회과학 등 이른바 과학방법론이 전개되어 있다.

듀이는 1859년에 미국 버몬트 주의 벌링턴에서 태어났고, 버몬트대학교를 졸업한 뒤 철학 연구를 하기로 결심하고, 1882년 존스홉킨스대학교 대학원에 입학해 모리스● 교수 밑에서 T. H. 그린 등 일련의 헤겔주의자들의 영향을 받으며 본격적인 철학 연구를 시작했다. 이후 이곳에서 「칸트의 심리학」(칸트에게서 헤겔이 의미하는 주관적 정신의 철학을 발견하고자 한 것)이라는 학위 논문으로 대학원을 마치고, 미네소타·미시간·시카고·컬럼비아 대학교에서 교수를 역임했다.

이후 『도덕의 이론과 실천』, 『윤리학 비판』 등을 발표하면서 자신의 철학에 대한 기본적 성격을 확실히 수립했다. 특히 1891년에는 시카고대학교의 교수가 되어 부속실험학교를 개설(1896)하고 학교 교육의 여러 문제를 본격적으로 연구하기 시작했다. 이 방면의 저서로는 『학교와 사회』(1899), 『사고의 방법』(1902), 『민주주의와 교육』(1916) 등이 있다.

1903년에 펴낸 편저 『논리학 이론의 연구』와 1916년의 『실천적 논리학 논문집』에서 자신의 논리학 이론을 거의 완성했으며, 『논리학—탐구의 이론』에서는 그 체계적 설명을 시도했다. 한편, 1904년 뉴욕의 컬럼비아대학교로 옮겨 이곳에서 1930년까지 재직했다.

그 밖에 『윤리학』(1908), 『철학의 개조』(1920), 『인간의 본성과 행위』(1932), 『경험과 자연』(1925),

『확실성의 탐구』(1929), 『평가의 이론』(1939) 등 철학적으로 중요한 저술을 많이 남겼다. 또 듀이는 사회적 문제에 대해서도 많은 활동과 저작을 남겼다.

인식과 행위를 '생의 논리'로 파악

이 책의 주제는 50년에 걸친 듀이의 철학적 사색의 근거에 놓여 있었던 문제들로서, 인식하고 행위하는 우리 인간 경험의 총체를 빠짐없이 '생의 논리(학)'로 파악하려는 과제를 체계적으로 정리하여 답한 것이다.

그 답에는 두 가지 내용이 암시되어 있다. 하나는 논리학 이론이 '탐구의 조작' 속에서 생겨난 자연주의적 이론이라는 점이다. 두 번째는 탐구의 구체적인 양상의 다양한 상태에 공통으로 존재하는 '탐구의 구조'를 구명하는 것이다.

탐구란 일상생활과 연구, 정책 결정 등에서 문제의 해결 및 해소 과정의 전체를 가리키고 있기 때문에 '탐구의 이론'은 다름 아니라 포괄적 의미에서 문제 해결의 과정을 이론화한 것이라고 말할 수 있다. '탐구의 이론'을 이와 같이 풀이하는 것이 바로 듀이가 해명하고자 애써 온 '생의 논리(학)'의 핵심을 이루는 것이다.

논리학 이론에 대해

이 책의 중심 사상을 다루기에 앞서 그 무렵의 논리학 이론을 둘러싼 상황을 간단히 살펴보기로 하자.

논리학에서는 일반적으로 논리학에서 다루는 주제들, 곧 긍정과 부정, 포섭과 배타, 특칭特稱과 전칭全稱 등과 같은 명제들이 나타내는 상호 관계의 영역에 대해서는 대체로 의견이 일치하고 있다. 그러나 이 단어들이 말해 주고 있는 성격이 어째서 그리고 왜 논리학의 주제가 되는가 하는 물음에 대해서는 실로 다양한 의견이 서로 엇갈리게 된다. 예를 들어 다음과 같은 것을 거론할 수 있다.

논리학은 사고의 필연적 법칙에 관한 학문이다. 논리학은 질서가 부여되어 있는 여러 관계—이들은 사고로부터 독립되어 있다—에 대한 이론이다. 논리학은 지식, 특히 과학적 지식을 얻게 되는 추론 과정에 관련된 학문이다. 이에 대해 듀이는 새로운 사고방식이 나타난다고 하며, 위와 같은 사고방식에 논리학은 기호 체계로서 언어의 형식적 구조에 관련된 학문이라는 사고방식을 추가했다. 그리고 이 역시 두 가지로 나뉜다고 했다. 곧, 문장론(통어론, syntax)●과 겹치는 것과 보편대수학으로 돌아가려고 하는 것이다.

듀이의 이 책의 출판을 전후해 C. 모리스의 『기호 이론의 기초Foundations of the Theory of Signs』(1938), R. 카르나프의 『논리학과 수학의 기초Foundations of Logic and Mathematics』(1939) 등의 저서가 출판되며 새로운 기호론semiotic이 소개되었다.

이들을 포함해 논리학은 철학의 한 분과이지만 그 본질과 궁극적 주제에 대해 서로 다른 사고방식이 생겨나는 것은 밑바탕에 있는 철학 자체에 대한 차이를 말해 주는 것이기 때문에 논리학이 이러저러한 학문이라는 주장 역시 철학적 입장의 차이만큼 많을 수 있는 것이다. 듀이는 실제로 이 같은 상태라면 논리학을 이러저러한 학문이라고 주장하는 것은 하나의 가설로서만 가능하다는 점을 인정하지 않을 수 없다고 말한 뒤, 이어서 자신의 논리학 이론을 제시하고 있다.

자연주의적 논리학 이론

일찍부터 매우 독창적인 이론을 고집해 온 듀이의 철학 연구 방향으로 보자면 당연한 일이지만, 그의 시각은 기호와 명제, 곧 판단 내용만을 고집하지 않으며, 판단이라는 활동, 다시 말해 판단이 형성되는 과정과 장면을 포함한 판단이라는 종합적 인간 활동을 겨냥하고 있다. 여기서 듀이식 논리학 이론의 기본적 성격은 물론, 철학의 기본적 시각까지 엿볼 수 있다.

이 책에서 거론되고 있는 논리학의 주제는 다음과 같이 요약할 수 있다.

'모든 논리 형식은 탐구 조작 속에서 생겨난 것으로, 애초부터 탐구가 보증된 주장을 낳는 것처럼 탐구를 컨트롤하는 일에 관련된 것이다.' 이는 앞에서 언급한 것과 같이 먼저 논리학이란 '탐구'의 조작 과정에서 생겨나는 것이라는 자연주의적(그의 표현을 따르면 문화적 자연주의) 주장이며, 이어서 그러한 '탐구'를 컨트롤하여 '보증된 주장'을 낳게 하기 위해서는 어떠한 '탐구'가 진행되어야만 하는가를 밝히는 것이 논리학의 궁극적 주제라고 주장하는 것이다. 곧, 듀이는 논리학과 과학 방법론, 탐구의 방법론, 탐구 등을 연속적으로 파악하고 있다고 말할 수 있다.

제1부에서는 먼저 탐구의 역사를 되돌아보고 있다. '논리학의 원리(동일 원리, 모순 원리● 등)는 탐구가 진보되는 과정에서 나타난 것이라는 가설은, 비록 궁극적으로는 유보할 수밖에 없지만, 일단 받아들일 만한 자격이 있는 것'임을 나타내고자 했다. '가설'을 통해 제시되고 있는 듀이 자신의 견해의 기본적 특징은 다음의 여섯 가지 사항에 집약되어 있다.

첫 번째, '논리학은 일정한 시대에 현존하는 최선의 탐구 방법(다음으로 계속 이어지고 있는 탐구의 결과에 의해 최선이라고 판단된 방법)에 대한 분석을 기초로 한 것'이므로 '논리학은 진보하는 학문a progressive discipline'이라고 말할 수 있다.

두 번째, 앞에서 제시된 내용으로 볼 때 '논리학의 주제는 조작적으로 규정된다'고도 여겨진다. '조작'이란 기호와 개념에 관련된 것에 머물지 않고 현실 속에 존재하는 모든 것에 관련되는 것도 포함한다는 점은 말할 것도 없다. 듀이는 잃어버린 돈을 찾는다거나 토지의 측량, 대차대조표의 작성 등에 관한 조작을 거론하고 있다. 조작은 재료·도구·기술을 포함한 경험적 활동이다. 곧, 논리학의 모든 주제는 경험적인 조작을 통해 규정되는 것이며, 논리 형식이나 논리 법칙 등도 경험과는 무관한 채 성립되는 아프리오리한 것(앞서 존재하는 것)이 아닌 일종의 약속, 곧 공준 公準이다. 예를 들어 실무에서 계약이 성립될 때 계약법이 사전에 이를 규제하는 룰로 존재하는 것과 마찬가지의 의미로 논리 형식은 '경험적, 시간적으로 아프리오리한 것'이 된다.

세 번째, 이 때문에 '논리 형식은 공준적'이라고 간주되고 있다. 더욱이 첫 번째 내용에서 '일정한 시대에 현존하는 최선의 탐구 방법에 대한 분석을 기초로 한다'고 했으므로 논리학은 당연히 일반적 검증에 대해 열려 있으며, 직관적인 것이 아니게 된다. 다양한 조작이 유기체의 활동에서 생겨나는 것과 마찬가지로 논리학 역시 일상적 경험의 탐구와 학문적 탐구, 나아가 유기체적 활동 등을 통해 생겨난다. 이러한 활동, 곧 탐구는 관찰이 가능하며, '자연적' 생의 과정 속에 있다는 의미에서 다음과 같이 말하고 있다.

네 번째, '논리학은 자연주의적 이론이다.' 이를 더욱 구체적으로 살펴보면, 인간은 단순한 자연적 존재가 아니라, '언어를 가지고 있으며 따라서 전해 내려오는 문화를 향수하는 공동체 속에서 다른 사람과의 교류를 통해 살아가는 존재이며, 이는 자연적으로 그렇게 된 것'이므로 '탐구는 사회적으로 조건 지어지며 문화적 결과를 낳는 활동의 한 양상'이 된다. 곧, '지적인 방향 감각을 포함한 모든 상호 작용 속에서 자연적 환경은 보다 포괄적인 사회적 또는 문화적 환경의 일부분'인 것이다.

다섯 번째, 따라서 '윤리학은 사회적 학문이다'라고 말할 수 있게 된다. 이 명제는 가장 추상적이고 형식적인 기호는 물론, 이들의 결합 역시 그 자신이 들어 있는 문화적 기반에서 도피할 수 없다는 뜻을 내포하고 있다.

여섯 번째, 이상과 같은 견해에 따르면 논리학은 '탐구에 대한 탐구'이며, 탐구의 여러 조건은 탐구 자체에 의해 규정되는 것이 된다. 따라서 논리학은 탐구 이외의 어떤 외적인 것에 의존하지 않는다. 이 점에서 '논리학은 자율적●'이라고 말하고 있다.

탐구란 인식 활동과 행동의 상호 작용

듀이는 이와 같은 자연주의적 입장에서 논리학을 재구성하고자 했다. 여기서 다시 한 번 '탐구'에 대한 듀이의 정의를 확인할 필요가 있을 것이다. 간단히 말하면 '탐구는 아직 확정되지 않은 상황을 확정시키고, 통일된 상황으로 방향을 정하는 것이다. 곧, 조절 가능한 방법으로 전환시키는 것'으로 제시되어 있다. 더욱 구체적으로 말하면 '탐구란 아직 확정되지 않은 상황에서 조절된, 곧 방향이 정해진 변화를 더해 원래의 상태가 가진 여러 요소를 하나의 통일된 전체로 전환할 수 있도록 그 상황을 구별과 관계가 확립된 상황으로 바꾸는 것'으로 정의된다.

바꾸어 말하면 이는 주체가 객체인 환경에 작용해 주체와 객체의 상호 관계인 상황의 전체를 전환시키는 데에서 탐구가 종료되는 것이다. 전통적으로 인식이라고 불려 온 주체의 작용이 탐구 과정 속에서 행동 및 행위와 연속적 문맥을 이룬다고 파악한 것이다. 따라서 듀이에게 탐구는

'행위의 한 양상'이 되며, 지식과 진리는 이 같은 탐구를 통해서 획득할 수 있는 것이 된다. 곧, 탐구란 인식 활동과 행동이 상호 작용을 하는 과정인 것이다.

그러나 일반적으로 지식 또는 진리를 획득하거나 파악하고자 할 때, 그 지식이나 진리가 우리 외부에 존재하는 고정적이고 불변적인 것으로 상정할 때가 많다. 그러나 듀이의 주장에 따르면, 지식은 다름 아니라 탐구의 소산에 불과하게 된다. 따라서 듀이에게 지식의 기준이란 '장차의 탐구에 방법적으로 유익한 것인가'의 여부에 달려 있으며, '도움의 정도'에 따라 안정성이 높은 지식이 될 뿐 불변하는 지식이란 존재하지 않는 것이었다. 지식은 언제나 향후의 탐구를 통해 수정될 가능성이 있는 가설적인 것으로 간주된다. 따라서 듀이는 지식 또는 확신과 같은 표현보다 '확증된 언명warranted assertion'이라는 용어를 사용하고 있다.

이상으로 이 책의 궁극의 주제인 '탐구'에 대해 간략히 알아보았다. 제2부 이하에서는 그러한 탐구의 기반과 실제적이며 일상적인 탐구와 과학적 탐구, 탐구의 구조, 수학 및 사회과학을 포함한 과학의 방법 등이 설명되고 있다. 듀이의 기본 사상에 관련된 주장은, 탐구의 구조를 설명하고 있는 '제6장 탐구의 틀' 부분에 집중되어 있다. 그 논지는 다음과 같다.

우리는 의심이 생길 때 탐구를 시작한다. 주체로부터는 의심스럽다는 말을 들으며, 객관적으로는 불확정적인 혼란이라고 일컬어지는 상황, 곧 '불확정적 상황'이 탐구를 불러일으킨다. 사물은 우리의 현실의 경험 속에서는 각각 분리되어 있는 것이 아니라, 대상과 결과가 서로 결합된 '하나의 문맥을 가진 전체'로 존재하며, 이 같은 전체가 '상황'으로 불린다. 상황은 일정한 성질을 가지고 있으며, 흔히 이러한 성질을 의심이나 불안

등으로 일컫고 있다. 구체적으로 상황을 구성하는 여러 요소에 대해 '이것이 무엇이다, 또 이들의 관계는 어떻다'라는 점 등이 확정되지 않아 하나의 일관된 전체로 볼 수 없는 상태이므로 우리는 이를 의심해 불안한 상태라고 부르게 된다. 곧, 탐구는 이들 요소를 확정하고 전체를 안정된 상태로 이끌어 갈 의도 아래에서 시작된다. 탐구 과정은 이 같은 상태를 문제시하여 문제로서 수립하는 것을 먼저 과제로 삼는다.

여기서 탐구에 관한 '문제의 결정'의 단계가 나타난다. 이 단계에서는 현실의 상황을 정확히 관찰하고, 필요하다면 실험적 조작을 거쳐 상황의 구성 요소를 파악한 다음, 이렇게 파악된 여러 구성 요소를 통해 문제를 구성한다.

그런 다음, 제3의 단계로 확정된 문제가 해결 가능함을 시사해 주는 '관념想'이 거론된다. 이 관념은 문제를 구성하는 요소나 사실이 명료해짐에 따라 점차 분명해진다. 관념이 분명하고 적절하다고 판단되면 관찰 역시 점차 깊어져 '관념'과 '사실'은 서로를 한정시키게 된다.

이어서 '관념'에 의미 내용을 부여하는 '추리想'이 거론된다. 추리에 의해 관념이 구체화되고 가설로 설정할 수 있는 명제에까지 이르게 되면 실험적 조작이 지시된다. 실험은 '탐구라는 행위 속에서의 기능상의 구별'이라는 관념과 사실의 협동 작업을 성립시키는 중요한 역할을 수행한다. '관찰된 사실은 해결 가능성을 나타내는 관념을 가리킨다.' 이 같은 관념이 더욱 관찰을 유도하고, 새롭게 관찰된 사실은 이전에 관찰된 여러 사실과 연결되며 증거로써 기능하면서 그 이외로 관찰된 사물을 제외시킨다. 사실에 대한 새로운 질서는 하나의 수정된 관념(곧, 가설)을 시사하며, 가설로서의 관념이 새로운 관찰을 낳고, 이 관찰을 통해 다시 새로운 질서를 결정하게 된다.

이 같은 과정을 거쳐 마침내 현실에 존재하는 질서는 통합되고 완전한 것이 된다. 또 이 같은 일련의 과정 속에 해결 가능성을 나타내는 관념이 테스트되고 '증명'되는 것이다. 그리고 '실험'의 단계에서는 가설이 테스트되며, 실험의 결과 상황이 안정되면 탐구는 종료되어 '확증된 언명'을 선택하게 된다. 상황이 안정되지 않으면 재차 가설이 수립되며, 어느 경우에는 관념 또는 문제의 수립 방법으로까지 되돌아가 탐구를 다시 시도하는 일이 반복된다.

탐구의 과정 전체에서 보자면, '문제의 확정'에서 '실험'에 이르는 각 단계 그리고 그 단계에서 나타나는 각각의 상棚은 다양한 연관성을 보인다. 이러한 탐구의 여러 양상이 탐구의 기본형이며, 일상적 탐구는 물론 자연과학적 탐구나 사회적 탐구에서도 그것이 탐구인 이상 위와 같은 단계들의 적절한 연관 속에서 전개되고 있는 것이다.

이상과 같이 듀이의 탐구 이론은 '상황의 논리'를 바탕으로 삼고 있으며 또 탐구를 인식과 행위의 상호 작용 과정으로 파악하고 있다. 따라서 논리학의 입장은 철학의 입장과 다를 바가 없다는 앞의 언급에 따른다면, 듀이 철학은 주체와 객체의 상호 규정성을 총체적으로 파악하고자 한 것이라는 사실이 명백해진다.

그리고 이 책은 '생의 논리(학)', 이른바 '문제 해결'의 이론과 자연과학 방법론 그리고 사회과학 방법론에 관련된 것이라는 점을 덧붙여 밝혀 둔다.

상황이론

유기체와 환경, 이른바 주체와 객체의 총체적인 전체가 상황으로 파악되며, 불안정·부조화의 상황에서는 주체와 객체의 분열이 일어난다. 조화는 주체와 객체의 상호 작용, 관념과 사실의 협동 작업에 의해 이루어진다고 한다.

조지 실베스터 모리스(George Sylvester Morris, 1840~1899)

미시간대학교의 교수. 케어드에 가까운 신헤겔주의의 입장에서 『그리스도교의 사상과 사상가』, 『칸트 순수이성비판, 비판적 해설』, 『헤겔의 국가철학과 역사철학』 등을 저술했다.

문장론(통어론)

언어학상의 용어. 하나의 단위인 문장을 구성하는 단어들의 논리적 관계를 연구하는 이론. 논리학에서 신택스**Syntax**란 명제를 구성하는 기호들 사이의 논리적 결합 관계를 연구하는 것만을 가리킨다.

동일 원리, 모순 원리

대개 'A는 A이다'라는 형식과, 'A는 비非A가 아니다' 또는 'A는 B이며 동시에 B가 아니라는 것은 있을 수 없다'라는 형식으로 나타난다. 동일률·모순율이라고도 한다.

자율적

다른 것에 의존한다는 의미의 '타율적'에 반대되는 것. 여기에서는 논리학의 원리가 탐구와는 별개로 아 프리오리하게(사전에) 결정되어 있는 것이 아니라 탐구 그 자체를 통해 탐구의 형식적 조건이 결정되는 것을 말한다.

정신분석 입문
(Vorlesungen zur Einführung in die Psychoanalyse)

 이 책은 프로이트가 빈대학교에서 1915년부터 1916년 그리고 1916년부터 1917년까지 두 번에 걸친 겨울 학기에 행한 강의를 기록한 것이다. 프로이트를 이해하는 데 빼놓을 수 없는 저술로, 평이한 해설로 서술되어 있으며, 금세기의 문학 등에도 커다란 영향을 미친 저작이다.

INTRO

프로이트(1856~1939)의 『정신분석입문』(1917)은 정신분석학에 관한 뛰어난 입문서이다.
제1부는 '착오 행위'를 다룬 『일상생활의 정신 병리』(1904)이며, 제2부는 '꿈'을 다룬 『꿈의 판단』(1900) 그리고 제3부는 『성욕론 3편』(1906)으로 '신경증 총론'과 기타의 선행 작업들이 잘 요약되어 있다. 그리고 거의 15년 뒤에 프로이트는 '꿈 이론의 수정'을 포함한 속편을 썼다.
프로이트 이론은 연구 성과의 진전과 함께 기본적 사고방식에도 커다란 변화가 나타나므로 가능하다면 속편과 함께 읽는 것이 바람직하다.

세 가지 중요한 이론적 지주

프로이트의 정신 분석에는 세 가지 중요한 이론적 지주가 있다. 곧, 인간의 마음에는 무의식적인 마음의 작용이 있다고 하는 가정과 저항과 억압의 이론, 성과 오이디푸스콤플렉스의 중시가 그것이다.

프로이트는 오랜 세월에 걸쳐 정신과 의사로 활동한 경험과 관찰에 기초해 이 세 가지 내용을 지주로 하는 정신 분석 이론을 도출하게 되었다. 20세기 초에 이 이론이 소개되었을 때 학계에서는 아예 거들떠보지 않을 정도로 묵살했으며, 간혹 신랄한 비난과 공격의 대상으로만 다루곤 했었다. 그 뒤 몇 사람의 신봉자들이 나타나고, 드디어 정신 분석 운동으로 전개되는 단계에서는 세 가지 지주 가운데 하나인 성과 오이디푸스콤플렉스의 문제에 관해서 다양한 견해가 속출하며 운동의 내부 분열이 초래되었는데, 1910년대에 A. 아들러●(개인심리학), C. G. 융●(분석심리학) 등의 이반이 그것이다.

따라서 오늘날 일반적으로 정신 분석 또는 프로이티즘이라고 할 때, 반드시 프로이트 이론 또는 그 학설 체계만을 가리키는 것은 아니지만, 프로이트의 정신 분석 이론의 내용을 가장 간결한 형태로 제시해 주고 있는 것은 역시 이 『정신분석입문』이다.

무의식적인 마음의 작용

프로이트는 이 『정신분석입문』에서 정신 분석에 대한 전문적 지식은 물론, 선입견이 없는 독자들을 가능한 한 저항 없이 정신 분석으로 유도하고자 했기 때문에 앞에서의 세 가지 이론적 지주에 관해 직접 거론하는 것을 피했다. 누구에게나 일상적으로 일어나며 스스로 깨닫고는 있지만 그다지 문제 삼고 있지 않던 '착오 행위'에 대한 분석과 고찰로부터 글을 시작하고 있다.

누구나 말을 잘못하거나 잘못 쓰거나 잘못 읽거나 잘못 듣거나 또는 물건을 잃어버리거나 놓아둔 것을 잊거나 하는 일 등이 종종 있다. 대개 이와 같은 일이 일어나면 몸의 컨디션이 좋지 않다거나 주의가 집중되지 않았다는 등의 이유로 치부하며 심각한 문제로 여기지 않는다. 그러나 프로이트에 의하면, 일상 속의 아무리 작은 일이라고 해도 '세계의 모든 일들'과 무관한 것은 아니며, 거기에는 특정한 '의미'가 있다고 했다.

구체적 생활이나 문학 작품 속에서 사례를 통해 잘못 말하는 것 또는 물건을 잃어버리는 것 등에 관한 심적 메커니즘을 추적해 보면, 거기에는 이 같은 행동을 통해 특정한 '목적에 도달하고자 하는 의도'가 존재하고 있음을 알게 된다. 한 사례를 살펴보자. 어느 때, 무슨 동기인지 자신도 알지 못하지만, 편지를 우체통에 넣지 않고 며칠 동안이나 책상 위에 놓아둔 채로 지내는 경우가 있다. 마침내 결심을 하고 우체통에 집어넣지만 수취인 불명으로 곧 반송되어 돌아온다. 수취인의 이름을 적어 넣는 것을 깜빡 잊은 것이다. 수취인의 이름을 적고 우체통에 가지고 가면 이번에는 우표를 붙이는 것을 잊었다. 여기에서 원래 자신은 이 편지를 보내고 싶지 않았다고 하는 것을 인정하지 않을 수 없게 된다(E. 존스).

이 같은 '착오 행위'에는, 무엇인가를 하고자 또는 말하고자 하는 의식적 의도에 대해 그것을 방해하려는 숨은 의도가 작용해 이들 양자 사이의 균열이 생겨난 것이다. 그러한 방해 의도는, 앞에서의 예처럼 자각되는 것도 있지만, 자각되지 않는 것도 있다. 어느 쪽이라도 마음속에 움직이고 있는 여러 세력의 경합이라는 '다이내믹한 심적 현상'을 파악해 볼 필요가 있다. 이러한 관점에서 '착오 행위'를 검토하게 되면, '당사자도 모르는 사이에 행동으로 나타나는 의도'나 '무의식적인 마음의 작용'을 가정하지 않을 수 없게 된다.

꿈의 해석

'꿈' 역시 '착오 행위'와 마찬가지로 보통은 하잘것없는 현상으로 그리고 의식의 무의미한 혼란 상태로 지나치고 만다. '꿈속의 예시'가 중시되었던 고대는 별개이지만, 근대의 과학적 태도가 보급된 이후로는 정면에서 '꿈'을 문제 삼은 일은 거의 없었다. 그러나 '착오 행위'가 그렇듯이 이 역시 조금 검토해 보면 '꿈'에도 의미가 있다는 사실이 판명된다고 프로이트는 말한다.

먼저 '꿈'은 잠자고 있는 동안 잠을 방해하고자 하는 자극으로부터 잠을 보호하고자 하는 마음의 반응이라고 여겨지고 있다. '꿈'은 어디까지나 심적 현상이지만, '꿈'을 꾼 당사자는 그 의미를 알 수 없는 경우가 있다. 여기에도 '무의식적인 마음'이 작용하고 있다. 따라서 이 '무의식적인 것'을 발견하는 일이 꿈 해석의 주된 문제가 되는 것이다.

프로이트는 '꿈'에 관한 다양한 사례를 열거하며 서술을 진행하고 있다. 그러나 직접 꿈에 대해 그 해석을 시도하려고 할 때에는 반드시 강한 '저항'에 부딪친다. 이 '저항'이 '꿈'의 내용에 큰 왜곡을 가져오는 것이다. 꿈의 내용은 '꿈'이 말해 주는 것인 '꿈의 현재顯在 내용'과 거기에 감추어져 있는 것인 '꿈의 잠재 내용'으로 구분된다. 이 둘 사이에는 상당한 차이가 있으며, 종종 후자에 여러 가지 변용과 왜곡이 가해져 '꿈'이 나타나는 것이다. 후자가 전자가 되기 위해서는 '꿈의 검열'을 통과해야만 한다. 이러한 프로세스를 거쳐 실제로 매우 복잡한 '꿈 작업'의 양상이 밝혀지게 된다. '꿈의 잠재 내용'인 '무의식적인 것'의 대부분은 흔히 '성적 욕망'이 차지하고 있으며, 특히 '오이디푸스콤플렉스(어린이가 아버지를 적대시하고 어머니를 자신이 소유하고자 하는 욕망)'가 강하게 감추어져 있다.

자유 연상의 해석이라는 정신 분석 방법을 확립

모든 '신경증' 현상은 실제로 '착오 행위'와 '꿈' 같은 현상과 많은 공통점을 가지고 있다. '신경증'의 다양한 증세 역시 모두 어떤 의미를 지니며, 당사자에게는 그것이 자각되지 않는 심적 연관성을 띠고 있다고 볼 수 있다.

예를 들어 '강박신경증'은, 환자가 원래 자신이 관심을 두지 않던 사상에 마음을 빼앗겨 자신 속에서 자신과는 거의 아무 인연도 없는 충동을 느끼며, 더욱이 그것을 행해도 아무런 만족감을 느끼지 못함에도 불구하고 어떻게 해서든 하지 않으면 안 될 것같이 행동하는 형태로 나타난다. 이에 대해 그 일은 바보스러운 행동이므로 그만두라고 설교를 해도 아무런 효과를 볼 수 없다. 필요한 것은 이러한 '강박 행위' 속에 감추어진 '의미'를 밝혀내는 일이다. 환자의 체험을 근거로 그 '의미'가 의식화될 때 이 같은 증세가 소멸된다는 것을 프로이트는 많은 증세 연구를 통해 실증하고 있다.

그러나 대부분의 경우 의사가 환자를 그러한 증세로부터 해방시키고자 노력하면 할수록 환자 쪽에서는 격렬히 '저항'을 시도한다. 이러한 현상에 대한 경험이 '신경증'에 관한 정신 분석의 '다이내믹한 견해의 기초'가 되었다. 프로이트는 '저항으로 나타나는 병적인 심적 과정'에 '억압'이라는 이름을 붙였다. 억압은 '꿈'의 경우에서 '검열'과 같은 것이다. 그리고 신경증 환자의 증세 연구를 통해 '억압'되어 있는 '무의식적인 것'이 실은 성적 욕망이라는 것을 한층 분명히 밝혔다. 그리고 인간의 성생활이 이미 유아기 때부터 시작되어 몇 단계의 발달을 거치고 있는 점도 해명했다. 그리고 이 같은 성욕과 '검열' 기관인 자아 사이에서 나타나는 다양한 갈등을 통해 신경증이 생겨나는 것임을 밝혀냈다.

프로이트가 이러한 기본적 통찰을 얻게 된 것은 초기의 최면 요법을 포기하고 자유 연상의 해석이라는 정신 분석적 방법을 확립하고 난 뒤부터이다. '무의식적인 마음의 작용'이 실제로 존재하는 것인가에 대해서 프로이트는 최면술을 통해 강한 인상을 받았지만, '억압과 저항'의 다이내미즘과 성욕론 문제 등은 실제로 환자들의 '지항'을 얼마나 제거힐 수 있는가 하는 치료 체험이 없이는 불가능한 것이었다.

이와 같이 '신경병증'에 대한 연구는 실은 정상인의 '꿈'이나 '착오 행위' 등에까지 일직선으로 연결되어 있는 것이었다.

"신경증 환자들의 꿈은 본질적인 면에서 정상인들의 꿈과 다를 바가 없다. 아니, 양자를 구별하는 것은 원래 불가능한 것이다." 따라서 "건강한 사람 또한 잠재적으로는 신경증 환자라고 말할 수 있다."

다른 말로 바꾸면, 정신 분석은 단순히 신경증 환자의 '치료법'에 그치지 않고 생활사를 포괄하는 퍼스낼리티 전체를 문제시하는 심리학인 것이다. 바로 이런 점에서 정신분석학은 보다 광범위한 영역에 적용될 수 있게 된 것이다.

NOTES

알프레드 아들러(Alfred Adler, 1870~1937)
오스트리아의 정신의학자. 프로이트주의자였다가 이후 권력 욕구가 인간 활동의 중심을 이룬다고 보며 프로이트로부터 이탈해 자아를 무력감과 열등감 그리고 우월 욕구의 갈등의 장이라고 주장했다.

카를 구스타프 융(Carl Gustuv Jung, 1875~1961)
스위스의 심리학자. 프로이트주의자였으나 이후에 그로부터 분파했다. 국제정신분석학회의 초대 회장을 역임했으며, 주요 저서로 『무의식의 형성』 등이 있다.

프로테스탄티즘의 윤리와 자본주의 정신

(Die protestantische Ethik und der "Geist" des Kapitalismus)

베버는 '프로테스탄티즘의 윤리'가 '자본주의의 정신'의 형성에 어떻게 관여했는가를 '직업 소명 의식'의 해명을 통해 추적하고 있다. 경제 이론을 고찰할 때 항상 문제시되는 영리와 도덕의 양자택일에 관해 이 책만큼 명백한 지표를 제시한 책은 아마 없을 것이다.

INTRO

베버(1864 ~1920)는 경제학과 법률학, 사회학 등 다방면에 걸쳐 커다란 업적을 남겼다. 『프로테스탄티즘의 윤리와 자본주의 정신』(1904~1905)은 맨 처음 잡지에 논문으로 발표되었던 것으로, 1919년과 1920년에 대폭 개정, 증보되어 『종교사회학논집』제1권에 수록된 문제작이다. 이 논문이 잡지에 발표된 뒤, 그 내용을 둘러싸고 브렌타노●, 좀바르트● 등 많은 학자들 간에 격심한 논쟁이 벌어졌다. 이 논쟁은 이른바 '자본주의 정신의 기원 논쟁'이라는 이름으로 현재까지도 계속되고 있다.

또한 베버의 독창적인 종교사회학적 접근 방식은 궁극적으로 상부 구조를 결정하는 것은 토대라고 주장하는 마르크스주의적 역사 이해와는 크게 대립되는 것이다. 그 같은 대립은, "인간의 행위를 직접 지배하는 것은 이해관계(물질적 또는 관념적)이며 이념은 아니다. 그러나 '이념'에 의해 만들어진 '세계상'은 매우 자주 그 궤도를 결정한다. 그 궤도 위를 인간의 행동이 달릴 수 있도록 밀고 나가는 것이 이해관계의 역동성이다(『세계종교의 경제 이론』서문)"라는 베버의 말에서도 단적으로 드러난다. 베버의 사회학이 종종 '이념과 이해관계'의 사회학으로 불리고 또 '다원적 시각'이 담겨 있다고 평가되는 것은 이 때문이다.

'경제'이든 '정신'이든 베버는 일원적이거나 일면적인 세계관을 배척하고 역사에서 늘 다원적이고 복잡한 인과 관계의 연관성을 인정했다. 따라서 베버는 이 논문의 첫 부분에 자신이 근대 자본주의의 형성 과정에서 프로테스탄트의 윤리가 지닌 역할에 조명을 비춘 것은 어디까지나 '인과 관계의 한 측면을 추구'한 것에 지나지 않는 것이었다고 써 놓고 있다.

역사 연구란 무수히 다양한 역사적 현실을 어떤 한 가지 '이념형'을 통해 재단하고 그렇게 드러난 한 단면만 가지고 인과 관계의 연관성을 설명하려는 작업일 수밖에 없다는 것이 베버가 가진 역사 연구의 기본 태도였다. 베버는 이러한 자신의 태도에 대해 "이는 문화 현상의 총체가 '물질적' 이해관계의 산물 또는 그 함수로써 연역될 수 있다는 낡은 신앙과는 무관한 것이며 …… 사회 현상과 문화 현상을 경제적 제약과 중요성이라는 특수 관점에 서 분석하는 일은 창조적 효과를 가져다주는 과학적 원리의 하나이다. 이를 주의 깊게 활용하고 독단에 빠지지 않는다면 앞으로도 계속 유효할 것이다. '세계관'으로서의 역사적 유물론이나 역사적 실재에 대한 모든 관계를 설명해 주는 공통 분모로서의 역사적 유물론은 결단코 부정되어야만 한다. 그렇지만 경제적 역사 해석이라는 작업은 우리 잡지의 대단히 중요한 목적 가운데 하나이다"라고 말하고 있다.

자본주의 발전에 대한 종교적 동기를 규명

베버가 애초에 계획한 비교종교사회학이라는 일련의 연구의 최종 목표는, 근대 유럽의 정치와 경제, 사회, 학문, 예술 등의 모든 영역을 관통하고 있는 '합리주의'가 어떻게 근대 유럽에서만 탄생하고 성장하면서 그 같은 특질을 갖게 되었는가를 해명하고자 한 데 있었다.

『프로테스탄티즘의 윤리와 자본주의 정신』은, 그 같은 연구의 발단이 되게 한 것은 물론, 이른바 연구의 가장 중요한 위치를 차지하는 근대 유럽의 고유한 경제 체제인 자본주의에 대해 그 특질을 해명하고자 했다. 이를 '종교사회학'이라고 이름 붙인 것은 칼뱅주의를 비롯한 프로테스탄트의 각 종파의 금욕적 생활 이론과 근대 유럽의 자본주의 발전에 정신적 추진력이 된 자본주의의 '정신' 사이에 어떤 내면적 관계가 있는 것을 베버가 문제 삼았기 때문이다.

곧, 이러한 관련성의 규명을 통해 베버는, 수많은 역사적 요인들의 작용에 의해 탄생되고 발전해 온 근대 유럽의 자본주의에 종교적 동기가 어디까지 관여되어 있는가를 밝히고자 노력했다. 따라서 베버는, 근대 자본주의는 '프로테스탄티즘 윤리'의 소산이라는 식의 주장이나 '프로테스탄티즘의 윤리'는 바로 '자본주의의 정신'과 동일한 것이라는 주장은 결코 하고 있지 않다.

자본주의의 '정신'

베버가 말하는 '자본주의의 정신'이란 무엇인가. 이를 이해하기 위해서는 먼저 베버의 '자본주의'가 인류의 역사상 언제, 어느 곳에서도 발견될 수 있는 영리 활동이나 이윤 추구의 행위가 아니라는 점에 대해 유의할 필요가 있다.

베버의 '자본주의'는 근대 유럽에만 있는 독자적인 '자본주의'로, 그것은 자유로운 임금 노동자의 노동에 기초한 '합리적이고 경영적인 산업 조직'의 보급에 의해 사회의 욕구 충족이 오로지 '시장 관계와 수익성'을 지향함으로써 수행되고 있는 영리 경제를 말하는 것이다. 곧, '인류의 역사와 함께하는 오랜' 자본주의가 아니라 오히려 그 같은 지배를 타파하고서 비로소 탄생한 것이다.

그러한 까닭에 베버가 '자본주의의 정신'이라고 이름을 붙인 것에는 이른바 '영리 추구의 욕망'이라든가 '자본가적 정신' 등은 결코 포함될 수 없다. 이는 벤저민 프랭클린●이 근면과 노동, 소질, 정직, 신용 등과 같은 덕목에 대한 유명한 도덕훈에서 전형적으로 제시하고 있는 '정신' 또는 '윤리'를 가리키는 것이다. 프랭클린의 도덕률에 명백히 제시되어 있는 것은 '신용할 수 있는 정직한 사람'이라는 이상'이며, 특히 '자신의 자본을 증식시키는 것을 자기 목적으로 생각하는 것이 각각의 의무라고 하는 사상'이다. 이는 하나의 '윤리적 태도(에토스)'의 표명이며, 이와 같은 에토스가 바로 베버가 '자본주의의 징신'이라고 부른 것이있다.

프로테스탄티즘 윤리의 역할

근대 유럽의 자본주의가 성립되기 이전에는, 대개의 영리 활동이나 이윤 추구는 윤리와는 무관한 것으로 간주되었고, 어느 면에서는 윤리에 반하는 부도덕한 것으로 생각되어 왔다. 근대에 이르게 되면 경제에서 전통주의는 극복되고, 경제적 영위가 정신적 또는 윤리적인 것으로 간주되기에 이른다. 이 같은 전환에 결정적인 작용을 한 요인 가운데 하나가 종교개혁 이후에 등장한 '프로테스탄티즘의 윤리'라고 말할 수 있다.

곧, 근대의 '자본주의의 정신'이 형성되는 데 불가결한 윤리적 요소를 제공한 것이 바로 '프로테스탄티즘의 윤리'라고 베버는 파악한 것이었다. 물론 부의 축적을 중시하는 '자본주의의 정신'과 말 그대로 엄격한 금욕을 가르치는 '프로테스탄티즘의 윤리'가 동일하다고 말하는 것은 아니다. 프로테스탄티즘은 '자본주의의 정신'이 탄생될 때 이른바 산파역으로서 그 '요람'을 지켜보며 윤리적 태도를 주입하는 데 이바지한 것이다. 그러나 완성된 이후의 '자본주의의 정신' 속에는 이와 같은 프로테스탄티즘의 신앙이 '망령'으로밖에 남아 있지 않은 것도 사실이다.

직업의 소명 의식

'프로테스탄티즘의 윤리'는 어떠한 작용을 통해 '자본주의의 정신'의 형성을 촉진했는가. 베버는 이 문제를 프로테스탄티즘의 신앙적 특징인 '직업의 소명 의식'을 해명함으로써 추적했다. 독일어의 '베루프**Beruf**', 영어의 '콜링**calling**'에는 '신의 소명'라는 의미 이외에 세속적인 '직업'이라는 의미가 포함되어 있다. '세속적인 직업'이 바로 '신의 부름에 기초한 우리의 사명'이라는 사고방식은 프로테스탄티즘의 고유한 윤리 개념이었다.

잘 알려진 바와 같이 루터는 '사람을 의롭게 하는 것은 오직 신앙에 의한 것뿐이다'라는 의인론義認論을 통해 가톨릭의 율법 준수의 업적주의를 비판하고 공격했다. 그 결과, 수사들의 수도원 생활이 세속의 일반 평신도들의 생활보다 더 가치 있는 '좋은 직업'이라는 사고방식이 사라지게 되었다. 오히려 수도원에서의 수사 생활은 세속의 의무를 도피한 이기주의적인 것으로 여겨졌다. '생활 속의 각 개인의 위치에서 생겨나는 세속에서의 의무 수행'이야말로 다름 아닌 신이 인간에게 부여한 사명이었다.

기도하고 또한 노동하라

이처럼 루터는 '직업의 소명 의식'을 제시하기는 했지만, 그 무렵만 하더라도 충분히 철저화된 것은 아니었다. 그것은 루터 사상의 한 특징이기도 한 신비주의적 정적주의 때문이기도 하다. 모든 것은 오로지 '신의 영광을 위해서'라는 깃발 아래에서 적극적으로 직업 노동의 조직화와 합리화를 추진했던 칼뱅파의 사람들을 통해 루터에게서 적극적이지 않고 철저하지 못했던 요소들이 극복되었다. 칼뱅파의 사람들에게는 '은총에 의한 선택설'—이른바 '영혼구제예정설'—이라는 무시무시한 교설이 매우 중요한 역할을 했다. 이에 따르면, 인간의 구원은 절대적으로 신의 자유로운 결정에 의해 이미 영원한 과거에 결정되어 있는 것이었다.

이러한 가르침을 신봉하는 교도들은 자신의 구원이 정해져 있고 또 은총에 의해 성스럽게 구분된 자임을 현세에서의 노동이나 이웃 사랑과 같은 일상적 실천을 통해 증명해 보여야만 했다. 칼뱅주의 교도들에게 '직업의 소명 의식'이란, 사실 '신의 영광을 드높이기 위한 노력'과 '악마의 유혹에 대항하기 위한 싸움'이라는 치열한 의미를 내포한 것이었다. 일상생활을 구석구석까지 조직적으로 철저하게 합리화하고 일체의 쾌락을 포기하며 직업 노동에 힘써야 한다는 엄격한 생활 태도는 여기에서 생겨났다.

과거의 수도원에 존재했던 '기도하고 또한 노동하라'라고 하는 금욕적 생활 태도는 그대로 '세속'으로 옮겨져 세속에서의 금욕을 통해 직업 노동을 '성화'시키는 것이 되었다.

금욕주의적 직업 윤리를 가르친 칼뱅주의

이 같은 엄격한 금욕주의적 직업 노동의 윤리를 가르친 칼뱅주의와 이러한 계통의 프로테스탄티즘 각 종파가 전도되고 뿌리를 내린 것은 지주나 부유한 대상인^{大商人} 계층이 아닌 그 무렵의 이른바 중산 계급이었다. 가난하기는 하지만 직접 자신의 생산 수단을 소유하고 있는 독립 소생산자, 곧 농촌의 자작농이나 도시의 독립 장인 등에 의해 대표되는 중간 계급이었다. 칼뱅주의의 직업 윤리는 이들의 생활 윤리로서 깊게 침투하였다.

베버가 문제 삼은 것은 루터와 칼뱅의 가르침 그 자체가 아닌, 이들의 가르침에서 연유하는 실생활에 대한 영향이었다. 따라서 그것은 '에토스'적 문제라고도 볼 수 있다. 따라서 중산 계급의 직업 노동의 조직화와 합리화로 집약되는 '에토스'에는, 그 무렵 대상인 계층의 무신론적이며 '천민(파리아)●' 자본주의적인 '화폐와 재산의 추구'에 대한 혐오감과 적대감이 담겨 있었다.

금욕적 절약에 의한 자본의 축적

금욕 생활을 하면서 조직적 직업 노동에 종사하면 당연한 결과로 부가 쌓이게 된다. 그러나 부에 기대어 휴식을 취하거나 부를 향유하는 것은 허용되지 않았다. 따라서 부는 절약을 통해 더 늘어나며 또한 사업에 투자되어 한층 더 큰 부를 가져오게 된다. 직업 의무의 수행은 처음부터 신의 명령이었기 때문에 정직한 노동으로 손에 들어온 이익은 '신의 하사품'으로서 정당화되었다. 나아가 이윤 획득의 기회에는 신의 섭리라는 의미가 부여되기에 이르렀다.

베버는 이렇게 말하고 있다. "프로테스탄티즘의 세속적 금욕은 사려와 분별이 없는 소유의 향락에 온 힘을 기울여 반대하고, 소비, 특히 사치한 소비를 거부했다. 반면, 금욕은 심리적으로 재화의 획득을 좋게 생각하지 않은 전통주의적 윤리에서 해방시키며 이윤 추구를 합법화시켰다. 그뿐 아니라 그것이 직접 신의 의지에 따르는 길이라고 생각하게 함으로써 과거의 윤리라는 질곡에서 벗어날 수 있게 했다. …… 육체의 욕망과 사물의 집착에서 벗어나기 위한 투쟁은 결코 합리적 경영을 위한 투쟁이 아니었다. 비합리적으로 소유를 사용하는 데에 대한 투쟁이었던 것이다."

이처럼 소비가 압살되고 영리에 대한 전통적 비판에서 해방되면서 필연적으로 등장한 것이 '금욕적 강제 절약에 의한 자본 형성', 바로 그것이었다. 이득을 소비하지 않으면, 그것은 곧 투자 자본이 되어 생산에 이용되기 때문이다. 바로 여기서 자본의 원시적 축적이 이루어진다.

직업 윤리의 탈종교화

그러나 이득이란 언제나 유혹이다. '부가 늘어나면 늘어날수록 오만과 격정 그리고 온갖 형태로 세속에 대한 애착도 늘어나게 된다.' 이렇게 하여 점차 직업 윤리 속에 탐욕이 침입해 들어오게 된다. 애초에는 금욕적인 프로테스탄티즘과 단단히 연결되어 있었던 '자본주의의 정신'은 이러한 과정을 통해 마침내 그 종교적 외투를 벗어 버리게 되었다. 직업 윤리 속에서 신앙적 뿌리가 상실되고 신의 모습이 희미해지면서 부, 그 자체가 전면에 크게 확대되어 나타났다. 이들의 직업 윤리는 더 이상 신의 영광을 위한 것이 아니었다. 단지 더 많은 이득을 위해 일체의 행위를 합리화하고 그를 위해 전력을 다한다는 세속적 윤리로 변모해 간 것이다.

이와 같은 '공리적 현세주의'가 출현하면서 일찍이 신앙에 의해 지탱되어 온 직업 윤리는 형해화되고, 그 남은 흔적 위에 계몽주의적 인간 중심주의가 연결되면서, 벤저민 프랭클린과 애덤 스미스가 묘사하는 '경제인'이라는 개념과, 윤리와 경제의 조화의 원리가 보급되게 된 것이다. 이것이 종교적 핵심을 상실하면서 독립하게 된 시민 사회의 직업 '에토스'였다.

베버가 이 논문의 첫 부분에서 언급한 '자본주의의 정신'이란, 다름 아니라 금욕적인 프로테스탄티즘의 직업 윤리에서 그 종교적 기반을 제거한 것이었다. 따라서 "근대 자본주의의 정신, 아니 그뿐 아니라 근대 문화의 본질적 구성 요소의 하나인 직업 관념 위에 선 합리적 생활 태도는 …… 그리스도교적 금욕의 정신에서 탄생한 것이다"라고 말할 수 있었던 것이다.

전문화·조직화·기계화는 근대 자본주의의 숙명

베버는 대개 이상과 같이 '프로테스탄티즘의 윤리와 자본주의의 정신'의 내적 연관성을 해명하고, 그에 입각해 마지막으로 현재와 미래에 대한 전망을 다음과 같이 서술하고 있다.

"(일찍이) 퓨리턴들은 직업인이기를 바랐다. (그러나 오늘날) 우리는 직업인이지 않을 수 없다. 왜냐하면 금욕 정신은 수도원에서 직업 생활의 한복판으로 옮겨져 세속적 도덕을 지배하기 시작하자마자 이번에는 기계적 생산 조건과 깊이 관련되어 있는 근대적 경제 조직이 더 강력한 세계 질서를 만들어 내는 데 힘을 더해 주는 것이 되었기 때문이다. 이 세계 질서야말로 압도적인 힘으로 그 톱니바퀴 속에 들어가 있는 일체의 모든 개인—직접 경제적 영리에 종사하는 사람들뿐만 아니라—의 생활을 결정하고 있으며, 미래 역시 아마도 마지막 한 방울의 화석 연료가 불태워질 때까지 이를 결정하게 될 것이다.”

베버는 오늘날 '강철과 같이 견고한 외피'로 변해 버린 자본주의를 관통하고 있는 '합리화', 곧 전문화·조직화·기계화는 바로 근대의 '숙명'이라고 말하고 있다.

“장차, 이 견고한 외피 속에서 살아갈 자는 누구인가. 그리고 이 거대한 발전이 끝날 무렵, 전적으로 새로운 예언자가 등장할 것인가. 또는 과거의 사상과 이상이 강력하게 다시 부활할 것인가. 그 어느 것도 아니라면 거대하게 장치된 기계에 화석화가 일어날 것인가. 이는 아무도 알지 못한다. 설령 이를 알지 못한다고 해도 그런 문화 속에서 살 '마지막 사람들'에게는 이 말이 진리일 것이다. '정신이 없는 전문인, 가슴이 없는 향락인. 이처럼 텅 비어 있는 인간들이 일찍이 달성된 적이 없었던 인간성의 최고 단계까지 스스로 올라섰다'고 자찬할 것이다.”

베버 특유의 역사 연구는 이처럼 자본주의의 장래에 대해 엄한 전망으로 끝맺고 있다.

루조 브렌타노(Lujo Brentano, 1844~1931)
독일의 경제학자로 엥겔스의 친구였다. 『현대노동조합론』을 저술했으며, 만년에는 경제사도 연구했다.

베르너 좀바르트(Werner Sombart, 1863~1941)
독일의 경제학자이자 사회학자. 베버와 함께 『사회 과학 및 사회 정책』이라는 잡지를 편집했다. 주요 저서로 『근대 자본주의』 등이 있다.

벤저민 프랭클린(Benjamin Franklin, 1706~1790)
미국의 정치가이자 피뢰침을 고안한 과학자. 미국이 독립할 무렵에 '독립선언문'의 기초 위원이었다. "시간은 금이다"라는 유명한 말을 남겼다.

천민pariah
멸시받는 하층 계급으로, 중노동을 해서 겨우 하루의 양식을 벌어들이는 사람들을 가리킨다.

존재와 시간
(Sein und Zeit)

하이데거는 이 저서에서 고대 그리스로부터 지속적으로 물음이 제기되어 온 존재 일반의 의미를 살아 있는 인간의 실존을 통해 해명하면서, 그 존재를 가능하게 하는 의미를 '시간성'을 통해 밝히고 있다. 이러한 하이데거의 사상은 야스퍼스, 사르트르 등의 실존 철학에 큰 영향을 미쳤다.

INTRO

『존재와 시간』(1927)은 하이데거(1889~1976)가 마르부르크대학교 교수 시절인 1927년 38세 때 후설이 감수한 『철학 및 현상학적 연구를 위한 연보Jahrbuch für Philosophie und phänomenologische Forschung』 제8권에 처음 발표한 뒤, 곧 단행본으로 출판한 저작으로, 하이데거의 연구 생활의 전반부를 대표하는 저술이다.

이 책의 제6판까지는 '전편'이라는 표시가 되어 있어 '후편'이 이어질 것을 알리고 있었지만, 1953년 제7판 이후부터는 이 표시가 삭제되어 사실상 미완성인 채 독립된 한 작품이 되었다.

당초의 계획으로는 이 책을 두 개 부문으로 나누어 각각 세 편의 논문을 수록할 예정이었다. 그러나 현재 소개되어 있는 책은 제1부 제2편까지밖에 쓰이지 않았다. 원서는 437페이지(제6판까지는 438페이지)에 이르는 대작으로, 하이데거의 혼이 담긴 역작이다.

이 책이 발표된 것은 제1차 세계대전 이후 사상계의 격동기에 해당했던 시기로, 이 책은 세상에 나오자마자 '이상하리만큼 흥분'을 불러일으키며 '순식간'에 성공을 거두었다. 실제로 이 책의 등장으로 20세기 전반부의 철학계는 지형도를 대부분 바꾸어야 했다. 이 책은 방법론적으로는 후설의 현상학을 비판적으로 계승하고 딜타이의 해석학도 섭취한 '해석학적 현상학'의 입장을 취하고 있다. 그러나 내용면에서는 '기초 존재론'을 전개하며 '현존재의 실존론적 분석론'을 개진하고 있다.

이 책에 제기된 새로운 철학하는 방법이 계기가 되어 그 뒤 '존재론'과 '실존의 현상학' 그리고 '실존 철학' 등이 독일과 프랑스에서 활발히 논의되었다. 따라서 20세기 초반 이후에 등장한 현대 철학의 새로운 경향은 이처럼 하이데거의 『존재와 시간』에서 기초적 실마리를 찾았다고 해도 지나친 말이 아닐 것이다. 그러나 하이데거 자신은 이후 자신의 후기 철학에서는 '실존'보다 '존재' 자체에 대한 사색에 몰두했다.

현존재의 본질적인 실존론 구조를 해명

『존재와 시간』이 발표된 것은 1927년이지만 집필은 1923년에 시작되었다. 이는 이 저술이 제1차 세계대전 직후에 일어난 사상계의 격동을 배경으로 탄생했다는 사실을 말해 준다. 전쟁이 가져온 혼란은 그 무렵의 정신 세계 역시 격동의 시대로 밀어 넣으며 오랫동안 철학계를 지배해 온 신칸트학파의 몰락을 재촉했다.

이를 대신해 인간 존재의 적나라한 모습을 한 점 남김없이 응시하고자 한 생의 철학과 현상학이 새로이 대두했다. 또한 니체와 키르케고르의 사상이 커다란 반향을 불러일으키고 변증법 신학이 등장하며 또 현대 문학의 새로운 동향이 시작된 것도 이 시기였다. 하이데거의『존재와 시간』은 인간 존재의 '실존'의 모습을 맨 처음 획기적으로 그리고 신선한 모습으로 비춰 낸 20세기 철학계의 금자탑이 된 저작이었다.

이 저술은 원래 '존재의 의미에 대한 물음'을 재고찰하려고 한 '존재론'적인 야심에서 의도된 것이었다. 다음과 같이 생각하면 그 의의가 더욱 분명해질 것이다.

예를 들어 실증과학 면을 살펴보자. 실증과학은 그것이 자연과학이든 역사과학이든 자연과 역사라는 '존재자'의 다양한 사실이 구체적으로 부여된 것으로 간주하고 조사해 그 현실적 모습을 파악하려고 한다. 물론 이때 실증과학 그 자체는 이들 '존재자'가 '존재한다'는 의미를 당연히 분명한 것으로 여기고 이를 캐물으려 하지 않는다. 그러나 잘 생각해 보면, 이 '존재자'의 '존재한다'는 의미가 명백하게 고찰되지 않을 경우, 이를 다루는 과학의 근본 개념도 올바르게 확립될 수 없게 된다.

그런 점에서 모든 실증과학은 '존재자'가 '존재한다'는 사실을 암암리에 전제로 삼고 있다. 원래 다양한 형태의 존재자가 '존재한다'는 사실의 본질적 의미를 근본적으로 캐물어 인간과 세계의 전체 구조를 고찰하고 자 하는 철학상의 시도는 '존재론'이다.

하이데거의 말에 따르면, 이러한 의미의 존재론을 철저히 파악하기 위해서는 그 '존재의 의미에 대한 물음'이 실행될 때 사용하고 있는 방법과 기초를 확실히 파악하고 있어야 한다.

그와 같은 기초는 어디에 있는가. 그 기초는 그 자체의 존재에 대한 의미를 묻지 않고는 견딜 수 없을 정도로 그 같은 물음의 대상이 되는 우리 인간, 곧 다른 존재자와는 다르게 뛰어난 특질을 가지고 있는 우리 인간이라는 존재자의 존재 구조를 고찰한다는 데 있다.

다시 말해, 다양한 존재자가 존재하고 인간과 세계의 모습이 전체로서 성립하고 있는 것에 대해 '존재적으로 이해'하면서 살아가며, 아울러 존재하고 있는 우리 자신의 존재 양태의 구조와 의미에 대해 되묻고 그를 해명하고자 하는 점에 존재론의 기초가 있다고 할 수 있다. 그것이 바로 존재론의 시도에 가장 근본적 기초를 제공하는 '기초존재론'이다.『존재와 시간』은 이러한 기초존재론의 시도로 행해진 것이다.

하이데거는 우리 인간이라는 존재자를 '현존재(現存在, Da-sein)'라고 부르고 있다. 현존재란 세계 속에 '현재' 존재하고 생활하며, 자기 자신 이외의 존재자와 맺은 관계 속에서 특히 자기 자신의 '존재'의 모습을 어떠한 형태로든 스스로 결정하면서 살아가야만 하는 존재자라는 의미이다. '현존재'란 '그 존재에서 현재의 자신의 존재에 관련되어 있는 존재자'인 것이다. 그리고 하이데거는 이러한 현존재가 그와 같이 관련되어 있는 현재의 자기 자신의 '존재'를 '실존'이라고 불렀다. 따라서 '기초존재론'은 '현존재의 실존론적인 분석론'이라는 형태로 전개된다.

'실존론적'이라는 의미는, 실존의 본질적인 구조를 추출해 낸다는 뜻이다. 곧, 모든 사람이 실제로 실존할 때의 구체적이고 개별적인 내용은 각 개인 자신의 '실존적' 문제이며, 실존적인 분석론이 관여되는 것은 아니다.『존재와 시간』이 시도한 것은 현존재의 본질적인 실존론 구조의 해명인 것이다.

이러한 고찰을 시도하면서 하이데거는 '현상학'의 방법을 모색했다. 현상학이란, 스스로 드러내는 것을, 그 자신으로부터 드러나는 그대로 그 자신으로부터 보이게 하는 것이다. 사실상 하이데거의 경우에는 현존재의 실존이라는 존재 양식을, 그것이 스스로를 드러내는 그대로의 모습으로 나타나게 해 주는 것을 의미했다.

따라서 이는 후설의 '의식의 현상학'과 달리, 어디까지나 '실존의 현상학'이 된다. 그리고 이때 실존에 둘러싸인 잘못된 편견이나 일반적인 속견, 곧 잘못된 존재 이해●를 파괴해 현재의 현존재에 스스로의 존재 구조와 존재 의미의 본래적 내실이 '고지'되는 방식으로 해명하는 것이다.

이와 같이 올바른 본질 사태를 '고지'한다는 것이 다름 아닌 바로 '해석학'이라고 하이데거는 말한다. 그러므로 하이데거의 경우에는 사실상 실존에 관련되는 '해석학적 현상학'이 수행되고 있다고 말할 수 있다.

현존재의 시간성

그렇다면 이러한 분석의 결과, 하이데거는 어떠한 결론에 이르고 있는가.『존재와 시간』은 두 편으로 구성되어 있다. 제1편 '현존재의 예비적 기초 분석'에서 하이데거가 도달한 결론은, 현존재의 '존재'는 그 통일적 전체 구조에 대한 '관심Sorge●'이라는 점이다. 그리고 제2편 '현존재와 시간성'에서 도달한 결론은, 현존재의 '존재 의미'는 '시간성'에 있다는 점이다. 곧, 현존재의 실존론적 존재 구조는 다양한 계기를 포함하고 있지만, 궁극적으로는 '관심'이라는 근본 구조 속에 묶여 있으며, 그 '관심'은 현존재의 존재 의미인 '시간성'으로 구성된다는 것이 이 책의 기본 주장이다.

그리고 '시간성'에 기초하는 '시간'이라는 시각을 통해 모든 존재자의 존재 의미도 해명될 수 있다는 뜻에서 총체적인 표어적 의미를 담아『존재와 시간』이라는 제목이 붙여진 것이다. 그러나 현존재 이외의 존재자도 포함한 이 같은 존재 전체의 존재 의미, 곧 '존재 일반의 의미'를 시간이라는 시각을 통해 논한 부분은 결국 미완성으로 머물렀다. 곧, 오늘날 소개되어 있는『존재와 시간』은, 현존재라고 하는 우리 인간적 존재자의 존재 구조가 시간성에 의해 가능하도록 되어 있다는 점을 밝힌 데에서 끝나고 있다.

현존재의 존재가 '관심'이라고 한 것은 무엇을 의미하는가. 하이데거에 의하면, 현존재는 '세계 내의 존재'로 간주된다. 이는 현존재가 존재할 때에는 반드시 자신 이외의 다양한 존재자, 예를 들어 도구적 존재자를 그 목적과 수단이라는 연관 속에 묶어 두므로 이를 '배려'한 관심 또는 공동의 현존재인 타인을 다양하게 '고려'하는 관심을 보이며 살아간다는 것이다. 또 그뿐 아니라 이른바 자신의 지나온 과거에도 관심을 가지며 살고 있다.

현존재는 이유를 알 수 없이 세상 속에 던져진 '피투성(被投性, Geworfenheit)'을 스스로 등에 진 채 현재 존재하고 있는 자신의 '사실성'을 받아들이며 살아가는 수밖에 없기 때문이다. 이 같은 사태는 '정상성情狀性'이라는 기분을 통해 자신도 알고 있는 것이다. 또 현존재는 자신의 존재 가능성을 '이해'하고, 이를 상래를 향해 '기투(企投, Entwurf)●'하며 살아갈 수밖에 없다.

이와 같은 존재의 구조 전체는 첫째로 '자신에게 앞서서' 자신의 존재 가능성을 장래를 향해 '기투'한다는 '실존성'을 포함하고, 둘째로 '이미 세계 속에 존재한다'고 하는 '피투적'인 '사실성'을 지고 있으며, 셋째로 그와 같은 상태인 동시에 '세계 내부적으로 만나게 되는 존재자들 사이에서 존재한다'는, 곧 도구와 타인에 대해 배려하거나 고려하면서 존재한다는 세 가지 계기로 이루어진 통일적 전체 구조를 의미하며, 그 전체 구조는 다름 아니라 바로 '관심'인 것이다.

그런데 하이데거에 의하면, '당장 대부분'의 '평균적 일상성'에서 현존재는 특히 제3의 계기인 도구와 타인에 대해 배려하고 고려한다는 이른바 '함께하는 존재'에 깊이 몰입되어 있는 모습으로 살아간다고 한다. 하이데거는 이를 '퇴락'이라고 불렀다.

이와 같은 현존재는 세상 속의 불특정한 사람들의 생각이나 삶의 방법에 좌우되어 살면서 본래의 자기를 상실하고 있는 것을 의미한다. 하이데거는 여기에서의 불특정한 사람을 '세상 사람'이라고 불렀다. '세상 사람' 속에 매몰되어 도구에 대해 배려하며 자기 자신을 잃고 살아가고 있는 것이 보통 세계 내의 존재가 보이는 존재 방식으로, 이는 활기에 넘치는 삶의 방식이다. 이것이 어째서 평균적 일상성을 지닌 존재 방식이 되는가를 파악한 점에서 하이데거의 매우 특이한 사고방식이 엿보인다.

하이데거에 의하면, 현존재는 본래의 자기 자신의 적나라한 세계 안의 존재로 되돌아가게 되면 이유 없이 내던져지고, 또한 자신의 존재의 모습을 스스로 결정하지 않으면 안 되는 자신의 피투적 기투 존재와 직면해 '불안'한 기분에 휩싸이므로, 이를 감당하지 못하고 실제로 퇴락한 존재 양태 속으로 도피해 살고 있는 것이다. 본래의 세계 안의 존재는 어쩐지 불안하고 마음 편하지 않으며 그러한 상태가 가장 근본적 기분이므로 현존재는 퇴락적으로 도피해 세상 사람 속으로 숨어 들어가 대개 무책임하고 안락한 삶의 방식을 선택하고 있다는 것이다.

하이데거는 이 같은 퇴락한 존재 양태를 '비본래성'이라고 부르며, 그것에서 벗어나 자신으로 되돌아가는 것에서 바로 '본래성'이 성립한다고 했다.

그렇다면 본래성은 어떻게 하여 실제로 가능하게 되는 것인가. 사람들은 누구나 죽는다. 이 '죽음'이야말로 절대적으로 다른 사람으로 대신할 수 있는 것이 아니며, 모든 사람의 실존에 가장 깊이 관련되고 또 추월이 불가능한 것이다. 현존재란, '죽음을 향한 존재'이다. 죽음이란 자신의 실존이 더 이상 존재할 수 없게 될 가능성에 대해 '선구先驅'함으로써 현존재의 '본래적 전체 존재의 가능성'을 발휘하게 된다.

그렇지만 인간은 본래 자기 자신을 '죽음을 향한 존재'로 받아들이기를 꺼리며 이로부터 눈을 돌리고자 한다. 이러한 비본래적 도피를 타파하고 자기 자신의 '본래적인 전체 존재의 가능성'을 받아들이도록 촉구하는 것이 바로 '양심'의 목소리이다.

양심의 목소리는 무언의 말로 퇴락한 비본래적인 존재 모습에서 현존재를 박탈해 본래적인 존재의 모습이 되도록 만들고 있다. 이러한 양심의 목소리에 따를 때 본래적인 자기 자신이 되고자 하는 '결의성'은 결실을 맺게 된다. 결의성이란 앞에서의 '선구'와 연결될 때 비로소 근본으로 돌아간 모습으로 나타나게 된다. 이러한 '선구적 결의성'이 바로 현존재가 추구해 온 '본래적인 전체 존재의 가능성'이 실존적 증거를 거쳐 나타나는 본래의 모습이다.

그렇다면 이때 현존재는 어떠한 모습을 통해 본래적으로 실존할 수 있는가. 실은 현존재란, 스스로 자신의 존재의 근거를 마련하는 것이 아니며, 자신의 본래성을 잃고 '비본래적' 존재의 모습으로 떨어질 수 있는 것이다. 또 모든 것을 기투하는 것은 불가능하고, 오직 하나만 이룰 수 있는 존재로 철저하게 '무력'하며, 이른바 될 수 없는 곳에 있는 '책임 있는 존재'이다. 이처럼 책임은 있지만 무력한 자기 자신을 본래적인 것으로 그리고 전체적으로 받아들여 철저히 그에 따라 살아간다는 것이 바로 '선구적 결의성'의 실상이다. 구체적으로 이는 자신에게 의탁되어 있는 존재의 가능성을 철저하게 받아들인 채 살아가는 삶이며, '운명'을 사랑하는 삶의 생존 방식이다. 곧, 본래적인 '역사성'의 존재 모습으로 나타나는 것이다.

하이데거에 의하면, 현재의 선구적 결의성뿐 아니라 '관심'의 일반적 존재 양태, 곧 본래성과 비본래성을 포함한 현존재의 존재 자체가 그것을 가능하게 하는 의미에서 실은 '시간성'이라는 점이 분명하게 되는 것이다.

그 이유는 첫째, 본래적이든 비본래적이든 자기 자신에 앞서 자신의 존재 가능을 기투한다고 하는 것은, '자기 자신을 자기 자신에게 이르게 (도래, 到來) 하는 것'이며, 이것은 '도래'라는 시간성에 대해 현존재가 존재하기 때문에 가능하다.

둘째로 이미 세계 속에 존재한다고 하는 것 역시 원래 현존재가 '이미 계속해 존재한다'고 하는 시간성에 대해 존재해 있는 것이기 때문에 가능하게 된다.

셋째로 세계 내부적 존재자와 관련될 수 있는 것도 원래 현존재가 그들의 존재자를 '만날 수 있게 한 것'이라는 의미에서 '현성화現成化시킨 것'이라는 시간성에 대해 존재해 있기 때문에 가능한 것이다.

이처럼 현존재는 '이미 계속되고 있으며 현성화되어 도래한다'는 '시간성'에 대해 존재해 있기 때문에 바로 본래적인 선구적 결의성의 존재 모습은 물론, 관심의 세 가지 계기도 가능하게 되어 현존재는 그 존재 의미에서 '시간성'이라고 하이데거는 단정하는 것이다.

여기서의 '시간성'이란, 시계로 측정되는 시간이 아닌 '근원적 시간성'이다. 이러한 시간성이 '시간의 성숙^{時熟}●'에 의해, 현존재의 본래적이며 비본래적인 실존의 모든 양상이 모두 가능하게 되는 점을 더욱 구체적으로 하이데거는 해명하고 있다. 또한, 비본래적 실존을 가능하게 하는 시간성이 시간의 성숙에 의해 마침내 시계로도 측정 가능한 통속적 시간 개념이 파생되는 과정까지 보여 주고 있다. 이렇게 하여 '시간성'의 시간의 성숙이라는 구조 속에서 현존재의 세계 내 존재 전체가 그 존재에 대해 가능하게 되는 것을 해명하면서 나아가 존재 일반이 그러한 의미에서 시간이라는 점을 규명하고자 하는 대목에서 이 저서는 끝나고 있다.

『존재와 시간』은 하이데거의 연구 생활에 관한 전반부를 대표하는 저술이다. 앞에서 살펴본 바와 같이 우리 인간이라는 '현존재'의 '존재'를 해명하면서, 그 같은 '존재'를 가능하게 하는 '의미'를 '시간성'을 통해 밝히며 또 그에 기초해 존재 일반의 의미를 '시간'으로 규명하고자 했지만, 이는 결국 미완성으로 끝났다.

이와 달리 후기의 하이데거는 '전향'의 길을 걷는다. 곧, 그것은 『존재와 시간』과는 반대로 '존재' 자체에서 '현존재'를 비춰 보고자 한 것이다. 연구 생활 후반부의 복잡한 도정의 결과, 마침내 하이데거는 1969년 『시간과 존재』라는 저술을 발표하면서 『존재와 시간』에서 미완성으로 남겨 놓았던 문제에 대한 최종 해답을 시도했다. 곧, 존재와 시간 사이에 놓여 있는 일반적 관계에 대한 해답을 제시한 것이다.

이에 따르면, 존재자만이 아니라 존재 그 자체는 가장 심오한 것에 의해 우리 인간에게 주어지는 것이라고 했다. 또 그것이 제공되는 양상은 시간을 통해서라고 했다.

하이데거에 의하면, 그 어떤 심오한 것이 우리 인간에게 시간을 보내 주고 있지만, 그러나 시간은 우리 인간이 존재에게 다가가게 하기도 하고 멀어져 가게 하기도 한다. 시간은 이미 있는 것은 물론, 앞으로 도래할 것도 포함하고 있어 모든 것을 현재에만 제공해 주지 않기 때문이다. 또 시간에는 거부하거나 이룩되지 않도록 하는 성격이 있기 때문이기도 하다. 시간에 기초해 우리에게 존재를 보내 주는 심오한 것을 하이데거는 '에라이그니스●'라고 불렀다.

NOTES

존재 이해
하이데거에 의하면, 모든 존재자 가운데 인간만이 자신의 존재에 대해 자신 이외의 존재자의 존재에 대한 이해력을 지니며, 그를 문제 삼을 수 있고 또 그에 대한 태도를 취할 수 있다고 한다. 존재 이해란 바로 그러한 태도를 가리킨다.

관심
원어는 조르게Sorge. 조르게란 일반적으로 '우수', '걱정'과 같은 의미를 지니지만 하이데거의 경우에 그 같은 일상적 의미는 포함되어 있지 않다.

기투企投
원어는 엔트부르프Entwurf. 스스로 자신을 내던진다는 의미로 타자에 의해 내던져지는 피투성과 짝을 이룬다. 무엇인가의 목적을 위해 자신의 존재를 집중시키고 그 목적을 향해 자신의 존재를 '내던져 맡긴다'는 행위를 뜻한다. 곧, 세계를 능동적으로 형성하는 움직임이다.

시간의 성숙時熟
'시간성'은 '존재하는 것'이 아니다. 그것은 '존재하는' 것이 아니라 '자신을 시간으로 숙성시켜 열매를 맺는다'(비히 자이팅겐). 시간성은 다양한 모습을 통해 '성숙된 시간'으로 나타나게 되는 것이다.

에라이그니스Ereignis
보통은 '일어난 일'을 의미하지만, 하이데거의 경우는 이와 달리 모든 존재자의 존재를 시간 속에서 인간이 있는 곳으로, 본래 고유한 그 모습으로 보내 주는 '본유화本有化' 작용을 뜻한다.

죄르지 루카치(György Lukács)

역사와 계급의식
(Geschichte und Klassenbewußtsein)

 포이어바흐에 의한 초기 마르크스의 발견에서 더 나아가 물상화 이론을 중심으로 하여 인간적 실천의 변증법을 명확히 밝힘으로써 그 뒤의 마르크스주의에 새로운 빛을 제시했다. 특히 브로흐와 벤야민, 호르크하이머, 아도르노, 마르쿠제, 골드만 등은 각각 이 책에서 자신들의 사상을 싹틔운 귀중한 착상을 얻었다.

INTRO

루카치(1885~1971)는 1885년 헝가리의 부다페스트에서 태어났다. 어릴 때부터 탁월한 지적 재능을 보여 이미 10대 때부터 문필 활동을 시작했다. 베를린대학교와 하이델베르크대학교에서 공부하며 독일의 정신적, 문화적 유산을 남김없이 흡수함으로써 신칸트주의에서 독일 낭만주의 그리고 신비주의를 거쳐 헤겔의 변증법으로 나아갔으며 또한 엘빈 자보의 생디칼리슴을 통해 마르크스주의에도 큰 관심을 갖게 되었다.

1918년 헝가리혁명이 일어나자 루카치는 헝가리 공산당에 입당해 혁명에 참가했다. 다음 해 3월 벨라 쿤의 혁명 정권이 수립되자, 혁명 정권의 교육인민위원이 되어 지도적 지위에 올랐다. 그러나 혁명 정권이 루마니아군의 무력 간섭에 의해 불과 1,323일 만에 붕괴되어 루카치 역시 빈으로 망명해야만 했다. 『역사와 계급의식』(1923)에 수록된 여덟 편의 논문은 혁명의 와중에 시작하여 이후 빈으로 망명한 직후에 펴낸 것으로, 헝가리혁명과 그 좌절이라는 역사적 체험에 대한 사상적 결정이라고 말할 수 있다.

이 책은 그 무렵 유럽 사상계에 큰 반향을 불러일으켰다. 왜냐하면 속류의 마르크스주의에 의해 왜곡되어 인간적 실천이라는 핵심 사항을 완전히 잃어버린 마르크스 변증법을 루카치가 물상화 이론을 축으로 하여 총체성을 담당하는 인간적 실천을 관통하는 것으로 재건해 보였기 때문이다. 그 무렵은 아직 마르크스의 초고가 간행되지 않았을 때였으며, '인간의 자기소외'라는 관점이 헤겔로부터 포이어바흐를 거쳐 마르크스로 계승되었다는 사실조차 확인되지 않았을 때였다. 그럼에도 루카치는 마르크스의 물상화 이론을 예리하게 파악해 사회 변혁의 주체를 변증법의 지지자 속에서 확인한 것이다.

그러나 이 책은 정통 마르크스주의자들로부터 '수정주의'라는 비판을 받았으며, 뒷날 루카치 자신도 저술할 무렵에는 아직 관념론적이며 주관주의적이었다고 실토하기도 했다. 그러나 이 책에 제시되어 있는 변증법의 이해는 이후 유럽 사상에 매우 큰 영향을 미쳤다

물상화와 프롤레타리아 의식

이 책은 여덟 장으로 구성되어 있지만, 중심을 이루는 내용은 제4장 '물상화와 프롤레타리아 의식'이다. 루카치는 먼저 마르크스가 『자본론』에서 밝힌 '상품의 물신적 성격●'을 길잡이로 근대 자본주의 및 상품 생산 사회의 특징인 '물상화' 현상을 해명하고 있다.

"상품 형태의 비밀은 다만 다음과 같은 것에만 있다. 곧, 상품 형태는 인간에 대해 인간 노동의 사회적 성격을 노동 생산물이라는 대상적 성격으로 반영시키고 또 이들 물物의 사회적인 자연 속성으로 반영시킨다. 그리고 총노동에 대한 생산자들의 사회적 관계 역시 그들 외부에 존재하는 모든 대상의 사회적 관계로 반영시킨다는 점에 있다."

이러한 마르크스의 말은 물상화의 기본적 현상을 가리킨 것이다. 이 말에서 확인되는 사항은, 인간의 독자적 활동(노동)이 객체적인 것이 되어, 곧 인간에게서 독립되어 있으며, 인간과는 매우 동떨어진 그 자신의 고유한 법칙에 의해 인간을 지배하는 것이 되어 인간과 대립한다는 것이다. 상품이라는 형태로 재화가 생산되는 자본주의 사회에서 인간과 인간의 관계(사회적 관계)는 사물과 사물의 관계(상품 및 시장에서의 상품의 운동)로 나타나며, 이러한 사물의 법칙은 인간이 제어하기 힘든 자립적 힘이 되어 인간과 대립한다. 또한 인간의 활동(노동)이 객체화되어 상품이 되고, 노동력 상품이 사회적 법칙에 따라 인간에게서 독립되어 운동하는 것이다.

따라서 상품 형태가 보편적이 되면 '인간 노동의 추상화'가 생겨난다. '인간 노동의 추상화'에 관한 구체적 내용에는 '추상적인 인간 노동'과 '합리화의 원리'가 있다. 먼저 이질적 생산물이 상품의 양적 관계로 변환될 수 있다는 사실은 그 자체에 동질적 성격을 지니고 있기 때문이다. 이

것이 바로 가치의 실체로서 '추상적인 인간 노동'이다. 또 이렇게 되면 노동자의 질적인 특성이 사라지고 노동 과정이 추상적이고 합리적인 부분 작업으로 분해된다. 따라서 노동자와 생산물 전체의 관계가 단절되고 노동은 단순히 기계적으로 반복되는 전문 기능이 된다. 요컨대 '계산과 계산 가능성을 목적으로 하는 합리화의 원리'가 노동 과정에 관철되는 것이다. 곧, 루카치는 노동 과정의 '합리화'와 그에 수반되는 '소외'를 '추상화'로 파악하고, 그것을 자본주의적 상품 생산의 특질(상품 가치를 낳는 추상적 인간 노동)과 연결시켰다.

'물상화'는 사람들의 의식 속에 어떠한 변화를 가져오는 것인가. 루카치는 부르주아 사상에서는 물상화된 의식 구조가 인식 원리와 실천 원리, 예술 원리라는 세 가지 영역에서 특히 이율배반●을 가져오는 것으로 분석하고 있다. 이때 루카치가 의식의 물상화의 기본 특징으로 고찰하고 있는 내용은 첫째, 추상화되고 물량화된 현상 형태를 주어진 것으로 받아들여 그 직접성에서 벗어날 수 없다는 것, 둘째, 부분 체계를 독립된 것으로 받아들여 그 상호 관계는 우연에 맡기지 않을 수 없다는 것, 셋째, 주체와 객체, 개인과 사회, 형식과 내용 등과 같은 경직되고 고정화된 대립 속에 계속된다는 것 등 세 가지라고 말할 수 있다.

첫 번째 특징은 상품에서 대상화된 인간 노동(상품 가치를 낳는 노동)이 가진 추상적이고 일반적인 성격으로, 이는 사용 가치를 낳는 노동의 개성이나 구체성을 버린 것에 대응한다. 여기에서 나타나는 합리주의적 사고 유형은 형식적 보편성을 추구하고, 오성으로 파악되거나 산출·지배되며, 예견과 계산이 가능한 현상만을 거론하면서 형식적 체계 속에 포함된다. 그러나 그 내용, 곧 소새는 이른바 주어진 것으로서 '사실성' 속에 남겨지게 된다.

두 번째 특징은 합리적 계산에 기초해 분해된 노동 과정으로, 이는 생산물 속에서 통일적으로 결합되어 있는 부분 작업의 유기적 연관성을 잃은 것에 대응한다. 또 부분 체계가 자립하며 아울러 학문에서 전문 분야 간의 고립화가 생겨나 현실에 대한 전체상을 잃게 된다.

세 번째 특징은 노동 과정이 합리화되고 기계화되면서 노동자가 '정관靜觀'의 태도를 취할 수밖에 없게 되어 고립화되는 사태에 대응한다. '정관'적 태도에서는 분절된 채 제공되는 사실만 접할 수 있어 역사의 총체성을 꿰뚫어 볼 수 없게 된다.

대략 위와 같이 루카치는 '물상화'가 상품 세계에 그치지 않고 인간이라고 하는 주체를 관통하고, 나아가 그의 내면 세계인 의식의 세계까지 관통하고 있다는 점을 제시했다.

프롤레타리아트의 입장

루카치는 물상화가 부르주아 사상에 관철되고 있는 점을 지적했으나, 동시에 그것이 프롤레타리아트의 의식에까지 깊이 침투되어 있다는 것을 인정했다. 따라서 프롤레타리아트의 의식이 이 같은 물상화에 감염되어 있는 상태에서 물상화를 극복하고 상품 생산 사회인 자본주의를 근본적으로 변혁시킬 수 있는가 하는 의문과, 만일 변혁시킬 수 있다면 그것은 무엇 때문인가 하는 의문이 생기게 된다. 이에 대해 루카치는 다음과 같이 고찰하고 있다.

자본주의 사회의 물상화 과정은 인간을 상품의 자립적 운동 요소로 분해시키지만, 다른 한편으로는 인간으로 하여금 그 같은 운동을 정관적으로 지켜보는 무력한 방관자로 만들고 있다. 이 같은 사회에서 부르주아지는 자신이 그 과정의 외부에 놓여 있는 자유로운 주체라는 잘못된 환상을 의식 속에 갖고 있어 그 과정 자체를 자신의 운명으로 받아들이고 그 과정 속에서 자신의 존재를 인식하는 것이 불가능하게 된다.

이에 비해 프롤레타리아트는 그 과정을 받아들이지 않을 수 없지만, 자신의 노동력이 자신에게서 분리되어 상품으로 판매되고 자기 자신은 합리화되고 기계화된 노동 과정에 편입된 뒤 추상적인 양으로 환원되어 기계적 부분이 되지 않을 수 없다. 곧, 프롤레타리아트는 자신에게 노동력이라는 상품이 있기 때문에 상품의 운동과 성질을 전면적으로 받아들여야만 하는 것이다. 이처럼 노동자는 자본주의의 생산 과정 속으로 말려들어 가지 않을 수 없지만, 바로 이때 노동자는 자신의 노동이라는 실존을 통해 이 과정에서 물량화의 베일을 찢고 질적인 주체로서 이 과정을 체험하게 된다. 이 경우, 노동은 상품으로서의 자기(객체)와 인간으로서의 자기(주체) 사이에서 분열을 체험하게 된다. 그리고 즉자적인 존재를 탈피해 자신이라는 상품의 존재 양태를 인식함으로써 상품 생산 사회의 총체적 양상을 인식하기에 이르게 된다.

"특히 노동자는 자기 자신을 상품으로 인식할 때에만, 자신의 사회적 존재를 인식할 수 있다. …… 곧, 노동자는 상품 속에서 자기 자신을 인식하고 자본과 노동자인 자신의 관계를 인식하게 되는 것이다."

이와 같이 하여 노동자는 상품 생산 사회의 기본 구조를 간파하게 된다. 또 노동자 자신은 스스로가 상품 생산의 중심에 자리 잡고 있기 때문에 이러한 인식은 실천적 의미를 지니게 된다. 노동자가 자신의 사회적 존재를 자각하게 되면, 물상화의 베일은 찢기고, 잉여 가치의 생산, 곧 착취라는 현실이 백일하에 드러나게 되며, 이어서 프롤레타리아트의 단결과 혁명직 실천이라는 역사의 변증법이 전개되는 것이다.

대략 위와 같이 루카치는 설명하고 있지만, 철학적 문제로서 흥미를 끄는 점은, 루카치가 비변증법적인 의식의 존재 양태와 변증법적 의식의 존재 양태와의 차이를 직접성과 매개, 양과 질, 고정화와 과정화, 경험적 사실과 발전적 사실 등과 같은 대립을 통해 제시하고 있는 점이다. 더욱 이 비변증법적 의식의 존재 양태(근대 합리주의로 대표된다)를 자본주의 사회의 물상화 현상과 연결하고 있는 점은 루카치 사상의 독창성이라고 할 만하다. 오늘날 실증적 과학의 존재 양태에 대한 비판과 합리주의의 한계에 대한 논의가 등장하고 있지만, 이 책은 그 같은 문제 의식의 선구를 이룬 저서라고 말할 수 있다.

NOTES

물신적 성격
물신 숭배(예티시즘)와 깊이 관련되어 있다. 자연물이나 인공물에 제사를 지내거나 숭배의 대상으로 삼아 주술적으로 이용하는 것을 페티시즘이라고 한다. 상품 속에도 같은 성질이 있음을 말하며, 이를 물신적 성격이라고 한다.

이율배반
두 개의 서로 모순되는 명제. 곧, 정립과 반정립이 동등한 권리를 갖는다고 하는 주장이다.

야생의 사고
(La Pensée Sauvage)

한때 동양에까지 구조주의 붐을 일으킨 저자가 '미개인의 사고'에 대한 내재적 논리 구조를 밝혀내면서 근대의 과학 인식 및 역사 인식의 세계를 비판한 책이다. 고도로 문명화된 현대의 인간성에 관한 새로운 회복을 추구하는 한편, 원시 시대에서 사르트르에 이르는 여러 상황을 비판하면서 문제를 제기하고 있다.

INTRO

레비스트로스(1908~1991)의 『야생의 사고』(1962)는 그의 『구조인류학Anthropologie Structurale』(1958)에 이은 두 번째 이론적 저술이다.

레비스트로스의 '구조주의'적 입장은 『구조인류학』에 수록된 논문에 그 기본적 윤곽이 제시되어 있다. 그러한 입장을 첨예하게 표현한 『야생의 사고』는 이른바 1960년대 이후에 일어난 '구조주의 붐'의 발화점이 된 책이다.

제1장부터 '구체의 과학', 제2장 '토템적 분류의 논리', 제3장 '변환 체계', 제4장 '토템과 카스트', 제5장 '범주, 원소, 종, 수', 제6장 '보편화와 특수화', 제7장 '종으로서의 개체', 제8장 '되찾은 시간', 제9장 '역사와 변증법'이 이어진다.

제8장까지는 일관되게 과거 문명인의 사고와 본질적으로 다른 논리 이전의 사고이자 초논리적 사고라고 여겨져 온 '미개한 사고라는 사고방식', 특히 '토테미즘에 대한 그릇된 환상'을 타파하기 위해 치밀하고 대담한 분석과 논증을 시도하고 있다. 그리고 마지막 제9장은 이를 기초로 사르트르의 『변증법적 이성비판』에 싸움을 건 내용이다.

이 논쟁 이후, 분명히 실존주의적 인간주의가 몰락하고 반역사주의적인 구조주의가 유행했다. 그러나 이후의 구조주의는 정신 분석의 라캉, 철학의 푸코, 마르크스주의의 알튀세르, 기호학의 바르트 등 한 사람이 한 가지 유파를 이룰 정도로 다양하게 분화했다. 따라서 이들을 인류학의 레비스트로스와 나란히 '구조주의'라는 이름으로 묶기에는 상당한 무리가 뒤따른다. 하지만 레비스트로스의 이 책은 이들의 구조주의적 반역사주의와 반인간주의의 연구 풍토에 빗장을 풀었다는 점에서 획기적 의의를 지닌다.

'미개인의 사고'에도 일관된 질서가 있다

이른바 '미개인의 사고'나 '미개인의 심성' 따위는, 문명인의 지적 작용이나 논리적 사고와는 전혀 이질적인 것으로서 논리 이전의 상태로 규정된다. 또한 모순율과 동일률이 동시에 행해지며 매사를 신비적 현상과 관련짓는 '융즉融即●의 법칙'(레비브륄●)의 지배를 받는 특징이 있다고 알려져 왔다.

그러나 오늘날의 민족학적 또는 인류학적 지식에 견주어 보면, 이는 단순히 근대 서양의 '과학'만을 최고로 생각하는 편견에 지나지 않는다는 사실이 분명해지고 있다. 이른바 '미개인의 사고'에도 그 바탕에는 일관된 질서가 있으며, 분류와 정리가 필요한 '구체의 과학'이라고도 부를 만한 것이 존재하고 있다고 새롭게 알려지고 있다.

또한 공통성이라는 관점에서 보자면, 주술적 사고와 근대의 과학적 사고 사이에 그다지 차이가 있는 것은 아니라는 지적도 있다.

이는 무엇보다 '주술'을 치졸한 과학으로 치부하는 속설로 되돌아가자는 것이 아니라, 각각을 분류와 정리가 가능한 '하나의 체계'로 인정하고 인식에서 서로 다른 양식으로 병립해 보고자 하는 작업이다. 곧, 주술과 과학은 '인간 정신의 발전 단계의 차이에 대응한 것이 아니라 과학적 인식이 자연을 공략할 때의 작전상의 수준 차이에 따른 것으로, 하나는 대체로 지각과 상상력의 차원에서 그것을 바란다면, 다른 한편은 이를 벗어나 있는 것'으로 파악하자는 것이다.

'구체의 과학'은 근대 과학만큼이나 학문적

'신화'나 '의식'은 때때로 현실과 무관한 채 '상상'의 산물처럼 생각되고 있지만 실은 그 속에는 '과거 어떤 종류의 타입의 발견에 꼭 들어맞는(그리고 아마도 현대에도 들어맞는) 고대의 인간의 사고 양식과 관찰 유형을 오늘날까지 잔존의 형태로 보존해 왔다'는 가치가 담겨 있는 것이다. '어떤 종류의 타입의 발견'이란, 감성적 표현을 통해 감성계의 사변적 조직화와 활용으로 행해진 자연에 대한 발견이다.

이처럼 '구체의 과학'의 성과는 정밀한 '자연과학'의 성과와 다른 것으로 규정되지만, '구체의 과학은 근대 과학과 마찬가지로 학문적'이며, '결과의 진실성'에서도 별 차이가 없다. 그뿐 아니라 '정밀한 자연과학보다 1만 년 이상 앞서 확립된 그 성과는 여전히 우리 문명의 기층을 이루고 있다는 것'을 재인식하지 않으면 안 된다.

'신화적 사고'는 지적인 프리 콜라주

흔히 '프리 콜라주'라는 것은, 도구와 재료를 사용해 직접 자신의 손으로 물건을 만들어 내는 것을 뜻하지만, 이른바 '신화적 사고' 역시 일종의 지적인 프리 콜라주라고 말할 수 있다. '프리 콜라주를 하는 사람(도구를 사용하는 사람)'과 과학자의 차이는 일반적으로 생각하고 있는 만큼 절대적인 것은 아니다. '신화적 사고'는 개념이 아닌 '심상'이나 '비유'에 발을 깊숙이 들여놓고 있지만 여전히 '일반화의 능력'을 갖고 있는 것이다. 따라서 '과학적'일 수 있다.

"신화적 사고 역시 유추와 비교를 거듭하는 작업을 한다. 단, 프리 콜라주의 경우와 마찬가지로 그 창조는 항상 구성 요소의 새로운 배열에 귀속된다."

미술의 경우에 초현실주의자들이 객관적인 '우연의 효과'를 노려 '프리 콜라주'를 시도하고 있는 데에서도 알 수 있듯이 '미술은 과학적 인식과 신화적·주술적 사고의 중간'에 들어 있는 것이라는 점도 주목할 만하다. '프리 콜라주를 하는 사람'이라는 용어에서 말하는 '모형'이나 '축소 모형'은 이른바 미술 작품의 전형이다. 여기에서는 '전체 인식'이 '부분 인식'에 앞서게 된다. 그리고 그를 통해 '축소 모형'은 '잃어버린 감각의 차원을 지적 차원을 획득함으로써 보상한다'는 내재적 효능을 갖는다. '과학의 방법'이 환유적('붓 한 자루로 살고 있다', '잔을 나눈다', '입이 거칠다' 등에서처럼 결과를 원인으로, 내용을 용기로, 마음을 표정으로, 전체를 부분이라는 식으로 바꾸어 달리 표현하는 비유 형식)으로 어떤 사물을 다른 것을 통해 결과를 원인으로 치환시키는 것에 비해, 미술의 방법은 은유적이다.

'구체의 과학'을 통해 토테미즘의 환영 타파

이처럼 '구체의 과학'을 통해 '신화적·주술적 사고'를 다시 고찰하고, 이른바 '토테미즘'의 이름으로 정리되어 온 미개 사회의 신앙과 습관을 다시금 재검토하게 되면, 그 모든 것은 '과거의 민속학자들이 사로잡혀 있었던 환상'의 결과에 지나지 않음이 명백해진다. 『야생의 사고』는 풍부한 재료를 구사하며 그를 입증하고자 한 노력이며, 실제로 그 같은 입증 절차가 서술의 대부분을 차지하고 있다. 레비스트로스의 검증의 결과는 다음과 같은 것이었다.

곧, "내게 '야생의 사고'란 야만인의 사고도 아니며, 미개 인류 또는 과거의 인류의 사고도 아니다. 효율을 높이기 위해 재배종으로 변하거나 가축화된 사고와는 다른 야생 상태의 사고이다." '야생의 사고'란 '인류가 그 이후에는 더 이상 경험한 적이 없을 정도로 격렬한 상징 의욕'으로 규정할 수 있으며, 동시에 '전면적으로 구체성에 기울여진 세심한 주의력'이기도 하다. 또 '이 두 가지 태도가 실은 하나인 것이라고 하는 암묵의 신념'이라고 말할 수 있다. 오늘날 새삼스레 이러한 '야생의 사고'는 복권

되지 않으면 안 된다.

현대의 사회는 역사적 생성을 자기 속에 집어넣어 그것을 발전의 원동력으로 삼고 있는 '뜨거운 사회'이지만, '시간적 순서'를 문제 삼지 않고 '야생의 사고'가 지배하는 '차가운 사회'가 지닌 인간적 의미를 새삼 평가해야만 한다.

사르트르의 '변증법적 이성'에 대한 비판

이와 같은 관점에서 레비스트로스는 마지막 장인 '역사와 변증법'에서 '변증법을 통해 인간을 정의하며 역사를 통해 변증법을 정의한' 사르트르의 『변증법적 이성비판』에 대해 통렬한 비판을 가하고 있다. 그것은 사르트르가 분석적 이성 비판보다 변증법적 역사적 이성이 우위에 서 있다고 한 주장과 그곳에 암암리에 포함되어 있는 '자기 중심주의'와 '서유럽 중심주의'를 향해 내뱉은 비판이었다.

"분석적 이성을 반이해反理解한 나머지, 사르트르는 종종 그것이 이해의 대상이 되는 전체의 구성 부분이지만 그 자체의 실재성을 가진 것조차 거부하기에 이르렀다." "사르트르는 자신도 모르는 사이에 우회해 스스로 낡아 빠진 '원시 심성'의 이론가들의 착각 속에 빠진 것이다. 미개인이 '복합적 인식'을 하며 분석과 논증 능력을 가진다고 하는 것이, 사르트르에게는 도저히 참을 수 없는 것으로 생각된 것이다. 이 점에서는 레비브륄보다 한층 더 심하다."

야생의 사고의 특징

역사적 사고가 시간을 특질로 삼고 있는 것에 비해, '야생의 사고는 비시간성에 그 특징이 있다. 이는 세계를 동시에 공시적이며 통시적인 전체로 파악하고자 하는 것'이다. 덧붙이자면, '이성의 사고는 유한성의 철학을 실천하는 것'이다. 때문에 '몇 안 되는 한정된 어휘를 사용하면서도 구성 단위의 대립적 결합을 통해 어떠한 메시지라도 표현이 가능한 언어, 내용이 형식으로부터 분리되지 않은 내포의 논리, 유한有限 클래스를 짜내는 체계론, 기호 작용으로 만들어진 세계'라는 '야생의 사고'에 대한 관심의 부활을 호소하고 있는 것은, 다름 아니라 '무한으로의 확대'를 목표로 한 근대의 과학 인식과 역사 인식의 세계에 대해 하나의 강력한 안티 테제를 제공하고자 한 것이었다.

한편, 원제목 팡세 소바주Pensée Sauvage는 '야생의 사고'라고 번역되지만 '야생 팬지(삼색제비꽃)'도 가리킬 수 있다. 이 책의 표지에는 야생 팬지의 그림이 실려 있고, 권말 부록에는 야생 팬지에 대한 글도 한 편 수록되어 있다.

NOTES

융즉(融卽, participatior)
객관적 가치관에 사로잡히지 않고 상징에 자신을 합체시키는 상태를 말한다. 미개인의 집단적 표상으로 이용된다.

뤼시앵 레비브륄(Lucien Levi-Bruhl, 1857~1939)
프랑스 철학자이자 사회학자. 뒤르켐에게 영향을 받아 사회를 독자적 존재로 보는 사회학의 입장에서 도덕에 대한 연구를 시도했다. 주요 저서로 『미개인의 사고』가 있다.

토테미즘totemism
아메리카 인디언 사회에 있었던 토템 폴totem pole부터 연구가 진행되었다. 토템을 중심으로 행해지는 종교와 주술, 사회적 관념과 제도 등을 가리킨다. 이는 오스트레일리아와 아프리카에도 있다.

지식의 고고학
(L'Archéologie du Savoir)

 1969년에 간행된 『지식의 고고학』은 종래의 역사주의적 자세를 비판하며 현대의 지성이 형성되는 데 결정적 윤곽을 제공해 준 구조주의 문헌이다. 이 책에서 푸코는 담론의 형성과 변환을 기술할 수 있는 새로운 개념의 장치들을 제시하고 있다.

'기원'이 아닌 역사적·실증적 '유래'에 대한 탐구

푸코(1926~1984)가 제기한 대표적인 사상적 틀은 고고학이라는 방법론이다. 구조주의에서 출발해 기호론과 포스트구조주의에까지 이르는 현대 사상의 전위는 대부분 인식이나 역사, 철학과 같은 사상의 내용 그 자체에 대한 접근보다는 오히려 이들을 어떻게 하면 다른 연관성 속에서 해독할 것인가를 추구한 지식의 테크놀로지에 주로 관심을 쏟아 왔다.

푸코의 '지식의 고고학' 역시 그와 같은 현대 지성의 흐름에서 선구적 위치에 놓이는 방법론이다. 푸코의 주장은 다소 거칠지만 다음과 같이 정리할 수 있다. 마치 고고학이 지층의 특징을 연구해 연대를 결정해 내는 것처럼 언어라는 문화의 지층을 연구해 그 시대의 특이성을 정밀 조사하는 것이다. 이를 푸코 식으로 표현하면, 초월적 '기원'에 대한 탐구가 아닌, 역사적이며 실증적인 '유래' 또는 '현출現出'에 대한 분석을 뜻하는 것이다. 이는 이제까지의 철학과 역사 연구가 하나의 언표言表를 문제시해 기원이나 중심이 되는 주체의 의식을 문제로 삼고 있는 점에 반대하는 것이다. 실제로 언표는 주체의 의식과는 전혀 별개의 곳에서 성립되어 반복되고 있기 때문이다.

예를 들어, '종은 진화한다'고 하는 다윈의 명제를 살펴보자. 이 표현은 분명히 어느 시대에도 존재했다. 그러나 이 표현이 의미하는 것에서는 다윈 이전과 이후에서 동일한 언표라고 결코 말할 수 없을 것이다. 언표는 반복이 가능하며, 기원에서 분리되어 점차 새로운 의미로 작용하게 된다. 따라서 언표는 언어 자체가 가진 고유의 기호성이 아니라 단순히 그 기호성 자체를 문제 삼는 것에 지나지 않게 된다. 그리고 푸코의 아르시브(문서) 분석은 다음과 같다.

"우리 자신의 언어 밖에서 시작된다. 그 장소는 우리 자신이 언설言說을 실천하는 교외에 있다. 그런 의미에서 결과적으로 우리는 역사의 비연속성을 명확하게 할 수 있게 된다."

현대의 지식 전선에서 하나의 '구조주의'를 레비스트로스와 이분하고 있는 미셸 푸코는 역사학·심리학·정신의학을 공부한 뒤, 파리의 정신병원에서 연구를 거듭하고 실제로 많은 정신질환자들과 접촉하면서 자신의 독자적 사상과 방법론을 모색했다. 이는 레비스트로스가 미개 부족과의 접촉을 통해 새로운 사상을 형성한 것과 좋은 짝을 이룬다.

푸코는 정신의학이 성립된 17~19세기를 중심으로 '고고학적' 역사를 집중적으로 분석하는 가운데, 문화 자체가 방치에서 유폐라는, 정신질환자에 대한 사회의 태도와 동일한 방향으로 커다랗게 변혁되고 있었다는 사실을 파악해 냈다. 곧, 한 시대의 문화에 관해 그곳에 살고 있는 인간의 사고와 지식, 감정 모두가 '무의식적인 틀'에 묶여 있는 현상을 발견한 것이다. 개인의 자유로운 사고라는 실존주의적 신념은 그 지점에서 산산조각 나며 새로운 지적 모색을 시작하지 않을 수 없게 된 것이다.

장 폴 사르트르(Jean-Paul Sartre)

존재와 무
(L'être et le Néant)

사람들이 1945년에는 실존주의자였으나 1960년대에 들어서는 구조주의자가 되었다는 말이 있다. 『존재와 무』는 제2차 세계대전 직후의 세계를 지배한 철학이었다. 사르트르는 이 책에서 즉자 존재(존재)와 대자 존재(무)의 관계를 해명함으로써 현상을 성립시키는 존재의 구조를 밝히고자 했다.

INTRO

사르트르(1905~1980)는 유명한 철학자를 다수 배출한 고등사범학교에서 공부한 뒤, 리세에서 철학을 가르쳤고, 1932년부터 1934년까지 베를린의 프랑스 학원에서 교편을 잡았다. 이때 후설, 하이데거 등과 친교를 맺었으며, 이 무렵부터 『NPF』에 기고하기 시작해 소설과 논문, 평론을 발표했다.

제2차 세계대전에 참가해 포로가 되었으나 탈출해 파리로 돌아와 레지스탕스가 되었다. 1943년에 『존재와 무』를 발표해 철학자의 반열에 올랐다. 그 뒤 교직을 떠나 문필 활동에 전념했으며, 1945년 세계대전이 종결되자 잡지 『현대』를 주관하며 약자의 입장에 선 차별 철폐와 평화수호운동 등을 추진했다. 이 운동을 통해 마르크스주의와도 관련을 맺게 되었다. 『유물론과 혁명』(1946)에서는 반스탈린주의의 입장에서 공산당에 대해 비판적 사회주의를 주장했지만, 그 뒤 당의 의지를 인정하면서 자유주의만을 고수한 카뮈, 메를로퐁티 등과 결별하게 되었다. 그러나 헝가리 사건●으로 다시금 정면으로 당을 비판하면서 시비를 밝히는 입장으로 돌아섰다. 1960년대에는 『변증법적 이성비판』을 출판해 마르크스주의를 유일한 현대 철학으로 인정하며 이를 학문적으로 규명하는 작업에 착수했다.

그 뒤 새삼 급진적 입장을 견지했지만 눈이 나빠져 작품 활동을 단념했다. 주요 저서로는 사상과 관련된 저작인 『보들레르』, 『장 주네』, 『플로베르』, 평론집 『상황』, 소설 『구토』, 희곡 『파리』 등이 있다.

『존재와 무』는 722페이지에 이르는 대작으로 대담한 발상과 강고한 사고력을 갖춘 독창적인 철학을 전개한 책이다. 서론과 결론을 제외한 전체 내용은 4부로 구성되어 있으며, 서론 '존재의 탐구'에서는 존재론의 문제를 제기하고 있으며, 제1부 '무의 문제'에서는 우리의 세계에는 끊임없이 비존재의 가능성이 존재하며, 이러한 비존재의 기원이 의식, 곧 대자(對自, pour-soi) 존재임을 논증하고 있다. 제2부 '대자 존재'에서는 대자 존재는 자신을 결여하고 있는 것이므로 이러한 대자 존재의 직접적 구조, 곧 대자가 자기에게 현전現前하는 것으로서 존재하며 과거를 떠맡는 것과 동시에 끊임없이 가능성을 품고 있다는 구조를 규명하면서 시간의 존재론을 전개한다. 아울러 이러한 대자가 관련된 세계의 여러 양상을 해명하고 있다.

제3부 '대타(對他, pour-autrui)'에서는 타인의 존재를 해명하고 그러한 타인에 의해 객관화되는 자신의 존재, 곧 대타 존재의 고찰을 통해 인간이 타자와 합일될 수 없음을 증명하고 있으며, 제4부 '소유, 행위, 존재'에서는 개개의 인간의 행위가 어떤 존재론적 의미를 지니며, 어떤 개성적인 방식으로 '즉자(卽自, en-soi)-대자'를 실현하고 있는가를 분석하고 있다. 이어 결론에서는 존재론과 형이상학과의 관계를 다시 살펴본 뒤, 존재론에서 윤리학으로 옮겨 가야 한다고 주장하고 있다.

『존재와 무』는 인간의 본래의 모습을 자유롭고 개성적인 모습에서 찾으려 한 노력으로, 전후의 황폐화된 세계인의 가슴에 많은 공감을 불러일으켰다. 그러나 세상이 진정되고 단순히 개성적인 것만으로는 현대의 복잡한 문제를 해결할 수 없게 되자, 오히려 사르트르 역시 개인의 기반이 되는 문제를 추구하며 『변증법적 이성비판』을 저술하게 되었다. 1960년대에는 이 같은 기반의 구조를 해명하고자 하는 노력의 하나로 구조주의가 등장했다. 또한 1968년의 5월혁명●은 이 같은 철학의 일부가 실천적으로 나타난 운동이기도 하다.

『존재와 무』의 역사적 배경

『존재와 무』가 출판된 시기는 1943년으로, 제2차 세계대전이 한창일 때였다. 세계대전은 근대 유럽 세계의 필연적 발전의 결과라는 점에서 이미 제1차 세계대전 뒤부터 근대 유럽을 형성해 온 사상적 근거에 대해 심각한 반성이 시도되고 있었다. 패전국인 독일에서는 하이데거나 야스퍼스와 같은 철학자들이 등장해 현실의 인간의 모습을 직시해 진실된 그 존재 양태를 추구하는 실존적 입장을 주장했다.

이러한 철학은 단순히 본래적 개성의 확립을 주장해 온 인생론 철학에 그치는 것이 아니라, 존재론의 입장에 입각해 근대 철학의 인식론(주관과 객관의 대립이라는 틀)을 극복하고 새로운 현대 철학을 수립하고자 한 노력이었다.

『존재와 무』 역시 실존 철학의 입장에서 존재론을 주장하고 있지만,

하이데거와는 입장을 달리한다. 사르트르는 의식 영역에 집착하는 후설의 현상학적 입장을 존중하며 그 바탕 위에서 존재론을 수립하고자 했다. 그러한 의미에서 이 책에는 '현상학적 존재론의 시도'라는 부제가 붙여져 있다.

이 책은 매우 난해한 내용으로 유명하며, 더욱이 사상적으로도 극단에 가깝다고 할 정도로 급진적이다. 그럼에도 제2차 세계대전 이후의 사상적 혼란 속에 한 줄기의 빛을 비추어 준 저술로 세계 사상계의 주목을 받았다. 전문적 철학서임에도 이 책만큼 출판 부수가 많았던 책도 없을 만큼 전 세계에 유례가 없을 정도로 소개되며 많은 사람들에게 영향을 미쳤다.

현상의 존재란 존재의 움직임이나 작용

특히 『존재와 무』의 서문은 난해하기로 유명하다. 서문은 모든 것을 현상으로 환원하는 현대 철학의 현상일원론●의 재검토에서부터 시작된다. 현상일원론에서 존재자는 바로 현상 그 자체이기 때문에 존재자에 관해 그의 내면과 외면, 가상과 존재, 현세와 잠세, 외견과 본질 따위를 구분하는 이원론●은 더 이상 존재할 수 없게 된다. 사실 이와 같은 입장에서 보면 현상의 배후에는 아무것도 존재하지 않는다. 자기 자신을 나타내고 있는 현상만이 모든 것이기 때문이다. 현상은 단순한 가상이 아니다. 존재자의 존재란, 실로 그 존재자가 드러나 있는 바로 그것이다. 그러나 현상이 어떠한 존재와도 대립하지 않는다고 해도 그러한 현상 자체가 존재하고 있다는 것은 엄연한 사실이다. 그렇다면 이러한 현상의 존재란 무엇인가 하는 문제에 봉착하게 된다.

여기에서 현상과 존재라는 단어의 의미를 다시 한 번 명확히 정의할 필요가 있다. 현상일원론에서는 일체의 존재자가 현상 그 자체이기 때문에 현상이란 일상적으로 우리가 마주치는 존재자, 곧 존재하는 것 그 자체일 뿐이다. 이에 대해 존재란 그 같은 현상, 곧 '존재하는 사물'이 존재하는 것이다.

다른 말로 하면, '존재하는 사물'이란 분명한 형태로서 경험되는 각각의 사물이지만, '존재'란 그러한 사물들이 존재하고 있다고 하는 하나의 움직임 또는 작용을 뜻한다. 우리말에서 존재는 마치 명사와 같이 사용되고 그와 같은 느낌을 주지만 프랑스어에서는 '에트르être'라고 하는 동사의 부정법으로 사용되는 하나의 움직임을 뜻한다.

우리가 일상생활에서 경험하고 있는 것은 모든 현상, 곧 존재하는 사물이다. 우리가 보고 있는 것은 책상이고 앉아 있는 것은 의자이지만, 책상과 의자는 바로 존재하는 사물이다. 우리는 이렇게 존재하고 있는 사물과 직접 관련되어 있을 뿐, 존재 그 자체와 관련되어 있는 것은 아니다. 우리가 책상(존재하는 사물)을 보는 것은 책상이 있다고 하는 움직임을 보고 있는 것과는 다르다. 또 우리는 의자라고 하는 도구(존재하는 사물)를 사용하고 있을 뿐, 의자가 존재하고 있다는 작용을 사용하는 것은 아니다.

그러나 책상과 의자가 '존재'한다고 하는 것이 책상을 보거나 의자에 앉는 것과 전혀 관계가 없는 것인가 하면 결코 그렇지 않다. 책상을 보거나 의자에 앉을 수 있다는 것은 책상과 의자가 존재하기 때문이다. 거꾸로 말하면, 책상과 의자가 존재하기 때문에 비로소 우리는 책상과 의자(곧, 존재하는 사물)와 관련을 맺을 수 있는 것이다.

그러나 우리의 일상에 나타나(현상하고) 있는 것은 이러한 의자나 책상과 같이 존재하는 사물뿐으로, 존재하는 움직임 그 자체는 직접적으로 경험할 수 없다. 존재는 현상(존재하는 사물)의 조건을 이루지만, 그 자신은 현상하지 않는 것이다. 곧, 존재는 초현상적인 것이다.

존재론이란 이러한 현상(존재하는 사물)을 문제 삼는 것이 아니라, 그보다는 존재(곧, 존재하는 것 또는 움직임)의 의미를 명백히 하고자 하는 학문이다. 그러나 앞에서 살펴본 바와 같이 직접적으로 나타나 있는 것은 현상뿐이며, 존재 그 자체는 나타나 있지 않다. 그렇다면 이처럼 나타나지 않고 경험되지 않는 것을 어떻게 하여 명백하게 할 수 있는가.

즉자 존재─있는 그대로의 무의미한 존재

지금 여러분이 친구나 연인과 함께 찻집의 테이블에 마주 보며 앉아 있다고 하자. 먼저 여러분은 그 친구나 연인의 얼굴을 똑바로 마주 보고 싶을 것이다. 얼굴 한가운데에는 틀림없이 코가 있을 것이다. 여러분이 그 코에 계속해서 눈길을 보낸다고 하자. 처음에는 아무런 의문이나 이상한 점도 느끼지 못할 것이다. 여러분은 아무 주저 없이 그것이 코라는 것을 알고 있다. 물론 거기에 코가 없는 경우에는 엄청나게 놀랄 것이다. 거의 대부분의 인간의 얼굴에는 코가 있기 때문이다. 그러나 눈도 깜빡이지 말고 계속해 그 코를 쳐다보길 바란다. 적어도 30분 정도는 눈길을 돌리지 말고 응시하길 바란다. 도대체 무슨 일이 일어나게 될 것인가.

처음에는 못생긴 코라든가 아름다운 코라든가 하는 느낌을 받게 될 것이다. 그러나 꼼짝하지 않는 상태로 30분 정도 계속 쳐다보고 있으면 완전히 사태가 달라지게 될 것이다. 코라고 생각하면 그것은 분명히 아무것도 아니다. 그러나 계속해서 쳐다보고 있는 동안에 그것이 코라는 사실을 잊게 되는 일이 일어날 것이다.

여러분은 무어라 꼭 집어 형용하기 힘든, 육체의 일부를 대면하고 있다는 기분이 들게 될 것이다. 기름기가 도는 피부색 살덩이와 표면에 점점이 찍혀 있는 땀구멍, 짤막한 작은 코 등 많은 것들이 떠오를 것이다. 두 개의 검은 콧구멍과 그 속에 나 있는 코털. 어느 하나를 보더라도 코라는 사실을 잊고 있으면 모두 이상해 보일 것이다. 지금 설명을 위해 코라든가 살, 털 등을 말했지만, 실제로 이들이 살이고 코이며 코털이라는 것을 잊게 되는 사태를 생각해 보기 바란다. 아마 30분 정도 계속 바라보고 있노라면 기분이 나빠질지도 모른다.

이러한 사태는 실은 코를 응시하는 것뿐 아니라 모든 존재자에 대해서도 일어날 수 있는 일이다. 우리의 일상생활의 범위 속에 들어 있는 것은 거의 대부분 어느 정도 친숙한 의미를 지니고 우리에게 나타나 있다. 연필은 쓰는 것이고, 의자는 앉는 것, 지하철은 우리를 목적지까지 실어다 주는 교통수단 등의 경우로 말이다. 우리는 이러한 사물들에 대해 아무런 의심을 품지 않으며 기이하다는 생각도 하지 않는다. 그러나 코의 경우와 마찬가지로 한 번쯤 이들 사물의 이름과 의미 그리고 그 사용법을 잊은 채 순수하게 그 사물들을 대면할 때 우리는 완전히 무의미하고 이상한 세계에 직면하게 된다.

이러한 사태는 존재자가 가진 일체의 의미를 없애 버렸기 때문에 나타나지만, 달리 오직 존재자가 존재하고 있다는 사실만을 있는 그대로 나타내는 것이라고 말할 수도 있을 것이다. 거꾸로 말하면 우리의 일상 세계에서 존재자는 단순히 존재하고만 있는 것이 아니라 모든 것이 의미를 가지고 존재하고 있는 것이다. 만일 그 의미가 없어지거나 상실되었다고 한다면, 우리가 직면하는 그 같은 비일상적 사태는 존재자가 존재하고 있는 사실(곧, 존재자의 존재 그 자체)을 원형 그대로 나타내고 있는 것이 된다. 이처럼 무의미하고 아무런 도움도 되지 않는 부조리●하고 불필요한 사태, 이것이 실은 존재하고 있다는 사실의 실상이다.

그러므로 존재하고 있다고 하는 것은 그 자체로서는 완전히 우연이며 아무런 근거도 없는 것이다. 존재하고 있다는 것은 단지 그 자신에 대해 en-soi 존재할 뿐인 것이다.

사르트르는 이러한 존재의 양태를 즉자 존재être-en-soi라고 불렀다. 우리 자신이나 연필, 지하철일지라도 모든 의미를 제거해 버린다면, 모두 이러한 양태로 존재하고 있는 것이다. 단, 이와 같은 것은 우리가 보통의 일상생활 속에서는 결코 느끼지 못한다. 우리는 항상 일상적으로는 무엇인가의 의미를 파악하며 무언가를 위해 살아가고 있기 때문이다.

그러므로 일상의 관습적 생활에 매몰되어 존재하고 있는 사물에 의문을 품지 않는 한, 우리는 이러한 사태와 마주칠 가능성은 전혀 없다. 존재하고 있다는 것이 초현상적이라고 하는 것은 이러한 의미 때문이다. 따라서 우리의 안온한 일상생활이란 실은 이와 같이 존재하고 있는 것에 의해 지탱되는 것이다. 그러나 일단 이러한 일상이 붕괴되어 지금까지의 의미 체계가 상실될 때(비일상적 사태에 직면하는 때라고 말할 수 있다), 우리는 있는 그대로의 존재의 모습과 마주치게 되며, 기존 세계의 의미가 무의미하게 되는 체험을 하게 되는 것이다. 자신을 지탱하고 있는 것을 잃어버리면 사람들은 극도의 허무를 경험하면서 참을 수 없는 권태에 빠져들거나 아무런 의미도 부여할 수 없는 추함에 저절로 구토를 하게 되는 것이다.

대자 존재 – 의미가 부여되고 인식된 존재

그런데 우리의 현실 세계는 현상하고 있는 한, 분명히 이러한 존재들에 의해 지탱된다. 이러한 존재가 없는 상태에서는 아무것도 나타나지 않는다. 그러나 현실의 일상생활에서 현상하거나 체험할 수 있는 것은 이 같은 존재가 아니라 항상 의미를 지닌 채 나타나고 있는 존재자이다. 따라서 있는 그대로의 무의미한 존재●를 체험하는 것은 직접적이 아니라, 다만 의미를 가진 존재자를 통해 그 존재자(곧, 현상)의 조건으로서만 가능한 것이다.

이러한 의미를 지닌 존재자가 현상하고 있다고 하는 사실은, 실은 있는 그대로의 존재에 대해 끊임없이 의미를 부여하는 작용이 이루어지고 있다는 사실을 뜻한다. 있는 그대로의 무의미한 존재에 끊임없이 의미가 부여됨으로써 의미를 가진 존재자로 나타나고 있는 것이다. 단, 의미를 부여하는 작용 그 자체는 있는 그대로의 즉자 존재와 마찬가지로 일상적 세계에서는 대개 나타나지 않는다. 일상의 생활 속에 나타나고 있는 것은 의미가 부여되고 의식된 존재자뿐이기 때문이다. 따라서 존재자가 의미를 가지고 현상하고 있다는 것은, 무의미한 즉자 존재가 전제되어 있다는 사실과, 한편으로 그것에 의미를 부여하는 움직임이 동시에 존재하고 있다는 사실을 뜻한다.

이러한 작용은 현상하고 있기 때문에(곧, 의미가 부여되고 의식되기 때문에) 존재하는 것이 아니라, 오히려 존재하고 있기 때문에 의미를 부여하고 인식하는 작용을 하고 있는 것일 뿐이다. 따라서 이러한 작용은 분명히 존재이기는 하지만, 현상의 존재(즉자 존재)와는 구별되는 존재이다. 이러한 존재를 의식의 존재라고 부른다. 현상, 곧 존재자(존재하는 사물)는 이러한 두 가지 존재를 조건으로 하여 비로소 나타나는 사물이다.

의식은 존재자를 의미 있는 것으로 만들어 겉으로 드러나게 하는 작용을 하는 존재이며, 그 작용은 존재자를 그와 같이 나타나게 할 때에만 존재하기 때문에 즉자 존재와 같이 그 자신에 대해 존재하고 있는 것은 아니다. 오히려 즉자 존재에 관련될 때에만 존재할 수 있는 것이라고 말할 수 있을 것이다.

또한 이러한 작용은 의미가 부여된 존재자를 통해서만 경험할 수 있는 것이므로 스스로는 파악되지 않는 것이다(초현상적). 만일 이를 경험할 수 있다면, 그것은 앞에서 언급한 바와 같은 비일상적 사태에서 즉자 존재가 직접적으로 나타날 때일 것이다.

의미 있는 존재자가 사라지고 무의미하게 '존재하고 있는 것(즉자 존재)'이 나타나는 경우에 의미를 부여하는 움직임은 작용하지 않는다. 곧, 그 같은 움직임은 존재하지 않는다는 형태(곧, 무)로 경험되고 있는 것이다. 때문에 의식의 존재는 그 자신이 나타날 경우에는 존재하는 것으로서가 아닌, 오히려 존재하지 않는 것(무)으로 나타나는 것이다. 따라서 비일상적 사태에서 경험되는 의식은 자신이 결여된 것으로 불안하지 않을 수 없는 것이다. 의식의 이와 같은 성질을 사르트르는 현상학의 개념을 빌려 의식의 지향성이라고 했다.

곧, 의식은 항상 무언가를 의식하고 있으며, 그 밖의 양태로는 존재할 수 없는 것이다. 실제로 본다고 하는 의식은 무엇인가를 보고 있는 의식으로서만 성립할 수 있다. 곧, 보는 것이 없는 상태에서는 이루어질 수 없다. 따라서 의식은 의식되는 것과의 관계에 의해서만 존재하는 것일 뿐 스스로 독립해 존재하는 것은 아니다. 의식이 존재하고 있다는 것은, 존재자가 의미를 갖고 나타나고 있다는 것을 전제로 할 때에만 가능하다.

굳이 말하면, 의식의 존재는 의미를 가진 존재자 속에서만 있는 것이라고 말할 수도 있다. 의식은 자기 자신으로서 존재하는 것이 아니라 오히려 자신이 항상 자신 밖으로 나와 있는 존재이다. 이러한 의미에서 의식은 즉자 존재가 자기 동일성自同性●을 상실하고 붕괴할 때에만 존재하는 것이다. 또 자기에 대해서 존재하고 있는 것(즉자 존재)이 아니라 오히려 자기와 대면해 존재하고 있는 존재(대자 존재, être-pour-soi)인 것이다.

즉자와 대자의 관계를 밝히는 존재론

즉자 존재가 무의미하고 우연적인 존재인 것에 비해, 대자 존재는 그 우연성에 의미를 부여하고 근거를 제공하는 존재이다. 전자가 그 자신에 대해 존재하는 것에 비해, 후자는 오히려 스스로 자기 자신을 갖고 있지 않은 존재이다. 사르트르는 이러한 사태를 다음과 같은 기묘한 말로 표현하고 있다. 곧, "즉자 존재는 자신이 자신인 존재이지만, 대자 존재는 자신이 자신인 존재가 아닌, 자신이 자신이 아닌 존재"라는 것이다.

하지만 이 둘은 앞에서 살펴본 바와 같이 우리의 일상생활에서 그대로 나타나는 것이 아니다. 일상 세계에 나타나는 것은 의미 있는 존재자, 곧 현상(즉자 존재가 대자 존재를 지향하고 있는 사태)할 때뿐이다. 다만, 이와 같은 일상의 사태가 이루어져 나타나기 위해서는 그 조건으로 즉자와 대자의 두 존재가 전제되어 있어야만 한다. 사르트르가 이처럼 두 가지 존재를 문제 삼은 것은, 단지 우리 일상 속의 현실이 어떠한 조건 위에 성립되어 있는가를 밝히기 위한 것이었다. '존재와 무'라는 제목은 원래 즉자 존재(존재)와 대자 존재(무)를 의미하는 것으로, 이 책은 곧 이 두 존재의 관계를 해명함으로써 현상을 성립시키는 존재의 구조를 밝히고자 한 존재론의 시도인 것이다.

우연적인 즉자 존재가 자신에게 의미를 부여하고 자기 자신의 근거를 확보하기 위해서는 먼저 자신으로부터 벗어나 스스로가 대자 존재가 되지 않으면 안 된다. 이러한 사태를 사르트르는 다음과 같이 표현하고 있다.

"즉자는 마치 자신에게 기초를 부여하고 자신의 우연성을 치유하기 위해 자신에게 대자의 양상을 제공한 것과 같다."

뒤집어 말하면, 이는 자기 자신을 벗어나 끊임없이 의미 부여 작용을 하는 대자가 대자이면서(곧, 무이면서) 동시에 자신의 존재를 확보해 즉자이고자 하는 것이 된다. 그렇지만 자기 동일적인 즉자로서는 자신을 벗어나 대자가 되는 일은 절대 불가능하며 또한 끊임없이 자기 동일성을 붕괴해 존립하고 있는 대자가 즉자가 되는 일도 불가능하다. '즉자-대자'의 실현이란 즉자와 대자에 대한 규정을 생각할 때 애초부터 이루어질 수 없는 것이다.

그런데 즉자 존재는 절대적 자기 동일성으로 인해 다른 모든 것과 관계를 맺지 않고 독립되어 있기 때문에, 앞에서 말한 바와 같은 즉자와 대자의 관계를 논하는 존재론을 전개하기 위해서는 오로지 즉자와의 관련을 통하지 않고는 존재할 수 없는, 대자의 구조 분석을 통할 수밖에 없게 된다. 원래 대자란 즉자와 대자와의 관계 그 자체일 뿐이다. 『존재와 무』는 직접적으로나 반성적으로 또는 다른 사람을 매개로 하여 스스로 즉자이고자 하는 대자의 이러한 세 가지 의도와 그 좌절의 과정을 면밀히 검증한 한 편의 철학 드라마인 것이다.

의식은 절대적으로 자유로운 존재

대자는 즉자적으로 자기를 절대 실현할 수 없다는 사실은, 다른 말로 하면, 대자는 끊임없이 자신을 벗어나고자 하며 계속해서 자신을 자신 밖으로 투기하려는 절대적으로 자유로운 존재라는 것을 뜻한다. 따라서 대자는 운명적으로 자유로운 존재이다. 곧, 자유라는 운명을 지고 있다는 점을 제외하고는 모든 것에 대해서 자유로운 존재이다.

사실, 현실 상황이 인간의 자유를 속박하고 있는 것처럼 보이지만 그것은 단지 그렇게 보이는 것뿐이다. 현실 상황이 실제 자유에 장애가 되는 경우는, 대자의 의도(곧, 자유)와 상관될 때뿐이다. 길 위의 커다란 바위가 통행에 장애가 되는 것은 사람이 그 길을 통해 옆 마을로 가려는 의도가 있기 때문이다. 같은 바위라도 적의 총탄을 피하려는 병사에게는 더할 나위 없는 피난처가 될 것이다. 이런 점에서 어떤 장소나 어떤 과거라 해도 절대적으로 인간의 자유를 속박하지 못한다. 타인의 평가나 죽음 따위는 분명히 자신으로서도 어찌할 수 없는 일이지만, 이는 결코 우리가 의도한다고 하여 가능한 것은 아니다(한계 상황). 이러한 한계 상황을 제외한다면, 어떤 상황이라도 우리의 자유로운 가능성을 속박할 수는 없다. 의식은 절대적으로 자유로운 존재이며 뒤집어 말하면 어떠한 일에 대해서도 스스로 책임을 지지 않을 수 없는 존재인 것이다.

대자가 즉자를 실현할 수 없다는 '인간의 절망'

우리의 행위는 앞에서 살펴본 바와 같이 존재론적으로는 '즉자-대자'를 실현시키고자 하는 것이다. 그런 점에서 볼 때 끊임없이 좌절할 수밖에 없는 운명을 지니고 있는 것이다. 마찬가지의 의미에서 무슨 일을 해도 좌절할 운명이기 때문에 우리의 모든 행위는 등가, 곧 동등한 가치를 갖는다. 그런 인간이라는 것은, 실은 '무익한 수난'에 지나지 않으며 절망적이라는 것을 뜻한다. 좌절의 숙명을 안은 인간에게 남은 길은 이러한 사실을 숨기지 않고 오히려 직시하면서 이 같은 현실 속에서 살아가는 도리밖에 없을 것이다.

그러나 대자가 즉자를 실현할 수 없다는 좌절은, 달리 말하면 동전의 앞면과 뒷면의 관계처럼 인간이 항상 자유롭다는 사실을 뜻한다. 따라서 인간은 자유의 불안을 일상생활 속에서 기만하지 않고 오히려 자유 그 자체를 목표로 행위하는 수밖에 없다. 그 과정에서 추구하고 있는 '즉자-대자'의 종합이 가능하게 될지도 모른다. 그러나 (여기까지 나아가게 되면) 더 이상 존재론의 문제가 아닌 윤리학의 문제가 된다. 사르트르는 이같은 말로 『존재와 무』를 끝맺고 있다.

사르트르는 윤리학도 집필하고자 했지만 도중에 포기해 결국 세상에 나오지 않게 되었다.

헝가리 사건
1956년 10월 헝가리의 부다페스트에서 민중 반란이 일어났을 때, 소련군이 이에 개입해 반란을 진압한 사건을 가리킨다. 사르트르는 이 사건에 대해 곧바로 『스탈린의 망령』이라는 논문을 써 『현대』라는 잡지에 기고했다.

5월혁명
1968년 5월 프랑스에서 학생과 근로자들이 연합하여 벌인 대규모의 사회 변혁 운동.

현상일원론
이원론과 같은 두 가지 원리를 인정하는 것이 아니라 단 하나의 원리로 일체의 사태를 설명하는 입장을 일원론이라고 하며, 현상과 실재의 대립을 인정하지 않고 모든 것을 현상이라고 생각하는 입장을 현상일원론이라고 한다.

이원론
일정한 영역 또는 주어진 문제에 대해 본질적으로 상호 환원이 불가능한 두 가지 원리를 인정하고, 그 두 가지 원리를 통해 그 이상의 영역 또는 문제의 모든 것을 설명하거나 해석하려는 입장.

부조리
원래 부조리란 논리학의 법칙을 위반하는 것을 뜻한다. 따라서 부조리라는 개념은 논리적으로 설명할 수 없는 것을 의미하며, 일반적으로는 너무 막연해 이성적으로 이해할 수 없는 것을 가리킨다.

무의미한 존재
우리의 세계에 나타나 있는 모든 사물은 반드시 어떤 의미를 갖고 있지만, 사물이 의미를 모두 상실하고 무의미하게 되어 나타남으로써 사물이 단지 존재하고 있다는 것만을 나타내는 사실.

자기 동일성
즉자 존재란 자기 자신에 대한en-soi 것이므로 자신의 내부에 분열을 포함하지 않는다. 따라서 항상 자기 동일성을 유지한다. 사르트르는 즉자 존재에 대해서는 다만 존재하고 있다고 말할 수밖에 없다고 했다.

계몽의 변증법
(Dialektik der Aufklärung)

프랑크푸르트학파의 현대 비판의 철학적 기초를 이루며 마르크스와 니체 그리고 프로이트의 사상이 독창적인 방식으로 종합되어 있다.

▶ 호르크하이머(왼쪽) , 아도르노(오른쪽)

INTRO

『계몽의 변증법』(1947)은 호르크하이머(1895~1973)와 아도르노(1903~1969)의 공저로, 1947년 암스테르담에서 출판되었다. 두 사람 모두 독일의 철학자로서, 호르크하이머는 1930년대 이후 프랑크푸르트의 '사회연구소'를 주재했으며, 아도르노는 1950년대 이후 호르크하이머의 뒤를 이어 프랑크푸르트학파의 실질적인 지도자가 되었다. 따라서 이 책은 프랑크푸르트학파에 관한 전체의 사상을 파악하는 데에도 매우 중요한 저술이다.

이 책은 1941년부터 1944년에 걸쳐, 곧 제2차 세계대전이 벌어지고 있는 한복판에서 저자들의 망명처인 캘리포니아에서 집필된 것으로, 면밀한 공동 작업에 의해 저술되었다고 하지만 문체상으로는 아도르노의 색채가 짙게 느껴진다.

전체는 6장으로 나누어져 있으며, 제1장 '계몽의 개념'이 전체 내용의 이론적 기초를 이룬다. 제2장 '오디세우스 또는 신화와 계몽', 제3장 '줄리엣 또는 계몽과 도덕'은 각각 제시된 주제를 구체적으로 전개하기 위한 보론의 형태로 첨가되어 있다. 제4장 '문화 산업—대중 기만으로서의 계몽'은 대중문화의 비판이라는 형태로 계몽의 이데올로기가 퇴화되고 있는 것을 다루었다. 제5장 '반유대주의의 요소—계몽의 한계'는 반유대주의의 철학사적 뿌리를 규명해야만으로 역전된 계몽의 모습을 보여 준다. 제6장은 많은 단편과 아포리즘으로 구성되어 있으며, 저자들이 지닌 '변증법적 인간학'에 대한 견해가 피력되어 있다.

서유럽 문명에 대한 성찰과 비평

"과거부터 진보적 사상이라고도 일컬어진 넓은 의미의 계몽 사상이 원래부터 추구해 온 목표는, 인간에게서 공포를 제거하고 인간을 지배자로 만들기 위한 것에 있었다. 그렇게 하여 모든 부분이 계몽된 이 지상은 지금 승리로 우쭐거리는 흉악한 징조로 빛나고 있다." 이 책은 이런 구절로 시작되고 있다.

이는 나치의 세계 제패와 서유럽 문명의 붕괴라는 현실을 직면하고 있는 저자들이 그 심연으로부터 '왜 인간은 참된 인간적 상태로 나아가지 않고, 일종의 새로운 야만 상태로 몰락해 가고 있는 것인가?'라고 반문하며 서유럽 문명에 대해 깊이 성찰한 내용을 담은 저술이다. 동시에 현실적 관심에 근거해 내린 엄격한 현대 비평이라고도 말할 수 있다.

계몽의 개념과 이중성

계몽이란 무엇인가. 이 말은 원래 일찍이 중세의 질곡으로부터 시민 계급이 스스로를 해방시킨 18세기의 진보 사상을 가리키는 말이었다. 그러나 호르크하이머와 아도르노는 그 의미를 인류사의 문명화 과정을 관통하고 있는 보편적 원리로 더욱 확대했다. '아는 것이 힘이다'라는 베이컨의 유명한 슬로건은, 이러한 계몽의 동기를 단적으로 표명하고 있다. 아는 것을 통해서만 인간은 맹목적인 운명에서 벗어나 자연을 지배할 수 있었다.

그러나 그 계몽의 과정이 일반적으로 진보 사상에 대해 생각하는 것처럼 일의적인 진보였는가. 대답은 '아니다'이다. 일찍이 인간이 자연을 지배하기 위해 위대한 힘을 발휘한 지식의 힘은 오늘날 인간의 손에서 벗어나 스스로 독립한 채로 거꾸로 인간을 지배하는 힘이 되고 있는 것은 아닌가.

분명히 오늘날 인간은 일찍이 없었던 고도로 발달한 과학 문명에 자부심을 가지고 있다. 그러나 거기에는 전체주의적 지배가 권위를 행사하며, 원자폭탄과 같은 합리적 과학 병기에 의한 또는 반유대주의와 같은 비합리적 편견에 의한 대량 살육의 만행이 횡행하고 있다. 당연히 야만에서 문명이라는 형태로 진행되어 왔을 계몽은 실은 동시에 문명에서 야만으로 전락해 가는 과정이기도 한 것이었다. 이 과정은 결코 일의적 진보가 아닌, 상호 모순되는 양면을 포함하는 것은 물론, 역전의 기회도 내장하고 있는 '변증법적' 과정이라고 말하지 않을 수 없다.

미토스와 로고스의 변증법

최고조로 자연을 지배하게 된 인간이 다시금 자연의 예속 상태로 전락하게 되는 이러한 변증법적 과정은 형식적으로는 첫째, 신화가 곧 계몽이었고, 둘째, 계몽은 신화로의 후퇴라는 두 가지 테제의 결합에 의해 전개된다. 또는 미토스와 로고스의 동일성과 비동일성의 변증법이라고도 말할 수 있을 것이다.

19세기의 진보 사관에서 현대의 실증주의에 이르기까지 근대의 합리주의에 나타난 공통점은 신화(미토스)와 과학(로고스)을 대립적으로 고정시키고, 그를 전제로 일의적으로 역사 과정을 신화에서 과학으로의 진행이라고 파악하며 고찰하는 방식이다. 이 같은 고찰에는 신화와 과학이 구분되는 측면(비동일성)만 강조되어 있으며, 공통된 측면(동일성)은 간과되어 있다. 그에 비해 이 책의 저자들은 신화와 과학의 공통적 기반에 주목하며 주체와 객체의 관계에 대한 성립의 역사라는 입장에서 동일성을 지적하고자 한 것이다.

미토스에서 로고스로

원시적 주술 단계에서 사람과 사물, 여러 신 등은 살아 있는 모든 자연의 일부로 서로 융합되어 있었다. 애니미즘에 보이는 것처럼 거기에는 인간과 자연과의 관계는 동화된 것이며 모방(미메시스)이었다. 그러나 애초에는 어떤 것의 '흉내'였던 언어(로고스)가 점차 그 물건을 상징하는 '표징'이 되고, 마침내 그 물건의 일반적 유례類例를 나타내는 '기호'가 되면서 인간과 자연의 관계는 동화와 모방(미메시스)이라는 친화 관계를 벗어나 노에시스(이성의 인식 작용)적인 주체와 객체의 관계로 이행했다. 신들과 신비적인 것은 '의인화'와 '신인동형설'을 통해 인간으로 환원되었다. 이와 같은 '인간으로의 환원'은 올림포스 신화에서 포이어바흐의 '신학의 인간화'로 이어지는 계몽의 전통이 된다. 또한 자연의 사물은 스스로의 성질과 의미를 상실한 채 집적되어 있는 원소가 되었고, 인간은 그를 수량화하여 통일시켰다. 수량화된 자연을 로고스를 통해 지배하고 객관적 방법을 통해 통일적 언어 체계로 재구성하려는 시도는 그리스 신화에서 라이프니츠를 거쳐 러셀에 이르며 일관된 계몽의 흐름을 형성했다.

이렇게 보면 신화는 근대의 상식이 신봉하는 만큼 과학과 단순히 대립적인 관계가 아니라, 오히려 처음부터 공통성을 지닌 것이 된다. '객체에 대한 주체의 우위'와 '자연에 대한 인간의 지배' 역시 이 같은 공통성이라는 기초 위에 서 있는 것으로, 계몽은 이미 신화 시대부터 시작되고 있다는 것이 이들의 근본 자세라고 할 수 있다.

로고스에서 미토스로

계몽의 변증법의 테제를 이루는 제1국면이 '자연에 대한 인간의 지배'라면, 그 안티 테제가 되는 제2국면은 '자연에 대한 인간의 예종'이다. 저자들은 사이렌의 유혹의 노랫소리를 견디어 내며 해협을 탈출하는 오디세우스 일행의 드라마 속에서 계몽의 변증법에 담긴 함축적인 알레고리를 찾아내고 있다. 오디세우스의 항해는 이른바 신화적 세계에서 합리적 근대로 향한 자아의 탈출기이며 근대적 주체가 성립된 역사였다. 수많은 유혹을 견디어 내며 위기를 극복하고 주체로서 자립을 획득하기 위해 그들은 많은 희생을 치르지 않으면 안 되었다. 이것은 지배자와 복종하는 자의 분열, 노동하는 자와 노동하지 않는 자의 분업이었으며, 사유와 경험의 분리였다.

이러한 분리와 분열의 결과, 인간의 자연적 욕구가 저해되며 감각적 경험이 빈곤하게 되었다. 남아 있는 것은 '자연에 대한 사회적 지배'라는 단계에 도달한 계몽의 기능이 전화되어 보여 주는 알레고리이다. 이는 인간이 계몽(자연 지배)을 추진함으로써 오히려 사회라고 하는 '제2의 자연'에 예속되어 버렸다는 사회적 과정과 인간이 그 자신의 내적 자연을 억압함으로써 외적인 자연에 대한 지배를 획득했다는 인간학적 과정이다.

자연에 대한 인간의 예속

이 인간학적 과정, 곧 '모든 자연적인 것을 자기 지배적 주체 아래에 예속시키는 것(도덕적 리고리즘)이 결국은 맹목적인 자연의 지배에 복종함(절대적 무도덕성)으로써 최고조에 도달하는 과정'은 계몽의 가차 없는 완성자인 칸트와 니체, 사드에게서 추구되고 있다. 이러한 과정의 결과로 생겨나는 것은 '인간이 내적인 자연을 부정하면서 아울러 외부인 자연을 지배하는 목표뿐 아니라 자신의 생의 목적 그 자체가 착란되고 불투명한 것이 되는' 사태이다.

계몽의 과정은 불가역적이다. 그 과정은 맹목의 의지에 의해 자동적으로, 이른바 일종의 자연적 필연성을 가지고 진행되는 객체적 과정처럼 보인다. 이와 같은 의미에서 계몽의 변증법의 제2국면은 '주체에 대한 객체의 우위'이며 '자연에 대한 인간의 예속'인 것이다.

1940년대 초, 망명지의 고난스러운 환경 속에서 저자 자신들이 지켜보았던 것은 나치의 반유대주의와 대중문화에 입각한 미국의 '계몽의 한계'였다. 그리고 원래 애초부터 '계몽에는 자기 붕괴의 계기가 포함되어 있다'는 심각한 자기반성이었다. 그러나 저자들은 근대의 이성이 떠맡아 온 주체에 대한 비판을 비합리주의적 측면에서 비난하는 데 그치지 않고 철저히 이성의 자기비판이라는 형태로 심화시켜 간 것이다.

이러한 성찰은 분명히 헤겔의 변증법과 같은 적극적인 종합으로까지 이르지는 못했다. 그러나 굳이 적극적인 점을 찾아내려고 한다면, 이들이 목표로 삼은 것은 근대적 주체성을 기반으로 한 '자연 지배'의 원리를 지양하자는 것이다. '자연과 문명의 유화宥和'라는 감추어진 '희망'이 현대 비판을 추구한 이 책의 힘이자 빛이다.

부정의 변증법
아도르노의 비판 활동에서 철학적 바탕을 이루는 변증법 해석. 헤겔의 변증법에서 현상 긍정적 요소를 빼고 모순의 원리를 철저화하여 비판의 방법으로 활용하고자 한 것이다. 아도르노의 주요 저서의 제목이기도 하다.

지각의 현상학
(Phénoménologie de la perception)

이 책은 메를로퐁티의 학위 논문으로, 초기 저작을 대표하는 저술이자 프랑스 현상학의 결정적 대표작이라고도 일컬어진다. 저자는 이 책에서 먼저 인식 주체를 신체라고 파악하고, 우리의 근본 세계를 지각 세계로 제시하며 인간 과학의 참된 존재 양태를 제시해 보이고자 했다.

INTRO

메를로퐁티(1908~1961)는 베르그송이 은퇴한 이후 침체 상태에 놓여 있던 프랑스 철학계에 활력을 불어넣은 철학자이다.

그는 새로운 행동주의 심리학과 다양한 게슈탈트● 학설, 정신분석학 등에 주목하며 각각에 공통되는 데이터를 '지각', 특히 '자신의 신체에 대한 지각'이라고 규정하고, 1934년에는 자신의 학위 논문의 테마를 이 '지각의 본성'으로 등록했다.

1939년에 『국제철학잡지』의 후설 특집호(1월)를 통해 후설의 후기 학설에 경도되어 자신의 연구를 '지각의 현상학'으로 구축하고자 했고, 그 성과가 바로 이 책 『지각의 현상학』(1945)으로 나타났다.

서론에서는 경험주의나 주지주의와 같이 이율배반에 고심하는 고전적 심리학과 생리학을 통해서는 지각을 있는 그대로 파악할 수 없다고 지적하며 '현상학'으로 귀환할 필요성을 서술하고 있다.

제1부에서는 그 같은 지각의 주체는 대자對自로서의 의식이나 즉자卽自로서의 신체도 아닌 각자의 '자기 신체'라고 주장하며, 그 점을 환각지●나 실어증● 등을 통해 상세하게 분석, 논증하고 있다.

제2부 역시 그와 같은 신체가 살고 있는 집인 '지각 세계'에서 주관이 행하는 일체의 구성 작업에 선행하는 원초의 세계를 찾아내고자 했으며, 그 같은 입장의 연장으로 제3부에서는 코기토(나는 생각한다)와 시간성, 자유 등 주관성의 본질에 관한 모든 전통 개념의 총괄을 시도하고 있다.

집필 동기

1930년대는 독일과 영국, 미국에서 게슈탈트 학설을 비롯해 정신분석학과 행동주의 심리학 등 새로운 인간 과학이 대두하고 있었던 때였다. 그러나 프랑스 철학계는 이러한 새로운 동향에도 불구하고 구태의연한 비판주의나 주지주의에 매몰되어 침체된 공기에 둘러싸여 있었다.

메를로퐁티는 한편으로는 이러한 새로운 과학의 성과를 흡수하고, 다른 한편으로는 이들의 존재론적 전제를 뛰어넘어 프랑스 철학의 재생을 꾀하고자 했는데, 이것이 이 책을 집필하게 된 근본 동기였다. 이 책에서 지각을 주제로 택한 것은 그가 새롭게 일어나는 과학의 근본 테마를 지각으로 파악했기 때문이다. 그리고 지각에 '현상학'이라는 제목을 붙인 것은, 그가 K. 골트슈타인 등의 게슈탈트 학설과 함께 후설의 현상학에서 새로운 존재론의 근거를 추구했기 때문이다.

지각에 관한 고전적 편견과의 결별

메를로퐁티에 의하면, 지각에 관한 고전적 학설이 근본적으로 잘못된 것은 지각을 자극의 순수한 인상으로서의 '감각'과 합성해 설명하고자 한 점이었다. 경험주의와 주지주의의 차이는 다만 이 합성력을 경험적 연합으로 귀속시킬 것인가, 아니면 반성적인 비판에 귀속시킬 것인가 하는 점뿐이었다. 그러나 게슈탈트 학설에 의하면, 지각은 항상 그림과 바탕으로 분절되어 있기 때문에, 순수 인상이 되는 감각 따위는 존재할 수 없다는 것이 메를로퐁티의 첫 번째 착상이었다.

예를 들어 우리가 물들인 염색 천을 볼 때, 물들어 있는 부분은 당연히 윤곽으로 둘러싸여 있다. 이때 윤곽은 '바탕'이 아니라 '그림'에 속하는 것으로 보이며, '그림'도 '바탕' 위에 놓인 것처럼 보인다. 그러나 윤곽은 단순한 물리적인 경계선 이상의 '의미'를 지니게 된다(그림 1). 그리고 '그림'과 '바탕'은 언제라도 역전될 수 있다(그림 2). 실제로 역전시켜 보면, 윤곽은 물리적 자극의 단순한 인상이 결집된 것만이 아님을 알 수 있다. 일반적으로 물리적 자극과 요소적 감각의 1 대 1의 대응을 신봉하는 경험주의의 '항구적 가설'로는 이 같은 지각을 설명할 수 없게 된다. 한편, '그림'과 '바탕'의 분절화, 곧 게슈탈트는 동물의 지각에도 존재하는 것이므로 이를 오성과 같은 특별한 능력의 구성물이라고도 볼 수 없다. 이처럼 게슈탈트가 다른 어떤 것으로도 환원되지 않으며 지각 그 자체가 부여한 것이라는 점에서 비로소 메를로퐁티의 철학이 전개된다.

신체와 감각 세계

이와 같이 게슈탈트를 파악할 때, 곧바로 종래의 인식 주관에 대한 사고방식의 전환이 요청된다. 이는 우리가 사물을 개별적인 것으로 파악할 때, 우리는 그것을 '바탕' 위의 '그림'으로서 지각하는 것이며, 그와 같은 지각의 주체는 이 세계의 어느 한 점을 자신의 시점으로 삼는 '육체를 통한肉体 주관'이지 않으면 안 되기 때문이다. 실제로, 항상 그리고 동시에 '이곳', '저곳', '그곳'에 위치하며 그들을 일거에 자신의 시점으로 삼을 수 있는 신과 같은 편재적 주관이라면 '그림'과 '바탕'의 구별은 무의미하다. 곧, 인식 주관을 '내가 생각한다'를 근본으로 하는 순수 정신이 아닌, 세계 속에 서 있는 '신체'를 통해 제시하며 아울러 이제까지 통용되어 온 전통적 신체 개념의 불완전성을 명확히 밝힌 것이 이 책의 주안점이다.

환각지의 현상을 둘러싼 다양한 이율배반 역시 신체를 사물과 의식의 어느 한쪽으로 파악하려는 편견에서 비롯된 필연적 결과이며, 그와 같은 편견에서 벗어나고자 한 것이 프로이트 정신분석학의 진정한 뜻이라고 했다.

여기서 게슈탈트는 결국은 지각의 대상에 지나지 않으므로 실재의 자연이 훨씬 더 객관적이라는 물음이 제기된다. 이에 대해 메를로퐁티는 오히려 자연과학에서조차 지각 세계가 전제되고 있음을 명백히 했다. 곧, "지각 세계야말로 모든 '의미'의 발생 기반이며, 어떤 객관적 과학이라도 이를 전제로 하지 않을 수 없다"고 했다. 예를 들어 가령 정육면체를 '여섯 개의 똑같은 면 사이에 공간을 집어넣은 것'이라고 말한다면, 거기에는 '사이'라든가 '집어넣었다' 등 지각을 통해 습득한 말들이 사용되고 있으며, '공간' 역시 본래는 '깊이'로서 지각을 통해 습득할 수밖에 없는 것이라고 지적하고 있다. 이 공간이 가로와 세로, 높이로 측정되어 깊이가 눈앞에 펼쳐진 길이로 환원될 때 공간은 본래의 공간성을 상실하는 것이다.

이와 같은 발상은 더욱이 실어증과 관련된 문제를 통해 언어에까지 적용되고 있다. 언어 문제는 중기와 후기를 통해 메를로퐁티의 중심 과제였다.

종래에 언어는 어떤 자극에 대해 일정한 신경 기구나 연합의 법칙에 의해 기계적으로 환기되는 것이거나 우리 내부에 있는 개념과 인식을 다른 사람들에게 전달하기 위한 외적 표식으로 해석되어 왔다. 전자의 경우, '의미'라는 내면적 힘을 지니지 않은 단순한 생리적 과정에 지나지 않게 되며, 후자의 경우에서도 우리는 언어 이전에 이미 개념이나 인식을 가지고 있는 것이 되어 양쪽 모두에 '말하는 주체'는 존재하지 않게 된다.

이 같은 사실은 말을 통해 우리의 사고가 유도되거나 완성된다는 체험적 사실과 모순된다. 따라서 메를로퐁티는 말한다는 행위 자체에는 이미 '내재된 의미'가 있으며, 윗부분에 떠오르는 일종의 윗물이 말의 개념적 의미가 된다고 생각하고 언어를 '말해진 언어parole parlee가 아닌, 오히려 '말하는 언어parole parlante'로 보아야 한다고 주장했다. 곧, 물리적인 소리인 말 속에는 포함되어 있지 않은 의미를 말한다는 행위 속에서 생성해 내는 것이 바로 언어라는 것이다.

'육체를 가진 주관'으로서의 신체

의식과 사물, 주관과 객관이라는 이분법만을 통해서는 우리는 실제로 자명한 타자의 존재조차 제대로 설명할 수 없을 것이다. 이분법적 방법에서는 내 앞에 서 있는 다른 사람은 하나의 객관에 불과하며 또한 그것을 의식적 주체로 파악하고자 하면 이번에는 나 자신이 사물이 되고 말기 때문이다. 이러한 아포리아(해결이 곤란한 문제)를 해소하기 위해 메를로퐁티는 '육체를 가진 주관'으로서의 신체를 제시한다.

신체의 차원에서는 나와 타자가 모두 '인칭 이전의 주관'으로 서로 분리할 수 없는 전체가 되므로 나는 타자에게서 '세계를 다루는 친숙한 방법'을 곧바로 나 자신의 것으로 만들 수 있다. 그 증거로 어린아이는 예를 들어 내가 장난으로 손가락을 깨물어 보이면, 거울에 비친 자신의 얼굴 따위는 보지도 않고 곧장 내 흉내를 낼 수 있는 것을 들고 있다. 어린아이는 순수한 주관성은 알지 못하는 신체적 존재인 까닭에 곧 상호 주관적 존재인 것이다.

메를로퐁티의 현상학

젊은 날의 메를로퐁티에게 '현상학'은 대뇌의 기능편재설을 부정하고 지각 체험 그 자체로 충실하다는 골트슈타인의 입장과 같은 것을 의미했다. 그의 처녀작 『행동의 구조』는 상당 부분이 골트슈타인에 의거해 쓰였다. 그러나 후설을 알게 되면서부터 그에 의거한 자신의 철학적 입장을 모색하기에 이르렀다.

메를로퐁티의 신체와 지각 세계의 사고방식도 후설의『순수현상학 및 현상학적 철학을 위한 여러 고안』제2권,『현상학의 위기』,『경험과 비판』등에 힘입은 바가 크다. 그러나 동시에 메를로퐁티는 후설의 현상학에서 개념론적 색채를 대담하게 없애고 현상학의 새로운 가능성을 제시한 선구자이기도 하다.

NOTES

게슈탈트Gestalt
원래는 '형태'를 의미하는 독일어로, 게슈탈트 심리학에서는 그림과 그림의 바탕으로 분절화되어 있는 전체를 가리킨다. 베르트하이머와 코프카 등은 특히 요소주의에 대한 반증으로 전체를 주목했다.

환각지幻覺肢
손이나 발이 절단된 뒤에도 그곳의 아픔이나 가려움증 같은 감각이 있는 등, 아직도 거기에 손이나 발이 존재하고 있는 것처럼 느끼는 체험. 이는 단순한 기억일 뿐이라거나 중추의 흥분일 뿐이라고 설명될 수 없는 면이 많다.

실어증
청각과 발성 기관 등 말초적 장애가 없는데도 대뇌의 언어 중추가 병적인 생체 변화를 일으켜 언어를 말하거나 이해할 수 없는 증세를 가리킨다. 지적 장애와 정신 장애에 의한 언어 능력의 상실은 여기에 포함되지 않는다.

동물행동학
(Über tiersches und menschliches Vernalten)

로렌츠는 동물의 본능적 행동을 깊이 관찰해 그 성과를 진화의 계열과 종간의 관계로서 기술하고 있다. 이러한 저자의 시각은 대자연의 일원으로 대자연과 운명을 함께하고 있는 인간의 행동까지 분석하고 해석하는 단계로 발전하게 되었다.

INTRO

로렌츠(1903~1989)는 독일의 동물행동학자로서 1973년 노벨 의학·생리학상을 수상했다.

1903년 빈에서 태어났으며, 빈대학교와 뮌스터대학교 등을 거쳐 바이에른의 막스플랑크연구소 행동생리학 부장을 지냈다.

그는 자연 속에서 동물과 함께 생활하며 유형별 동물의 고유한 행동을 상세히 관찰하고 연구하여 주목할 만한 이론을 수없이 많이 제시했는데, 그 가운데 하나가 '행동'이다.

일반적으로 공격이란 종의 내부에서 발생하는 경우에는 종의 '보존'을 위한 본능적 충동에 따른 것이지만, 외부의 자극에 의해 반응하는 다른 충동과 달리 자발적으로 일어난다는 특징이 있다.

경우에 따라 종의 보존에 마이너스로도 작용하는 것을 방지하기 위해 공격 행동은 신체의 색채와 형태를 과시하는 등의 '의식화'로 작용하기도 한다. 이러한 의식화가 더욱 고도화되면 커뮤니케이션과 우정으로 변화하게 된다.

로렌츠는 인간 사회의 경우에 공격이 악으로 규정되는 것은 이러한 충동을 고도화할 수 없는 사회 체제에 문제가 있는 것이라고 보았다.

『동물행동학』(1965)은 로렌츠가 발표한 학술 논문을 한데 묶은 것이며, 일반인들을 위한 저서로는 『솔로몬의 반지』(1949), 『공격행위에 관하여』(1963) 등이 있다.

생물학의 각도에서 동물 행동 분석

로렌츠에 의하면, 비교행동학이란 행동의 동물학으로도 정의될 수 있는 연구 분야이지만, 원래는 철학에서 출발한 인간심리학을 기초로 하고 있기 때문에 순수하게 생물학적인 과제와 방법만을 통해 연구되는 것은 아니었다.

20세기 초에는 행동의 연구에 관해 두 개의 학파가 논쟁 중이었다. 한쪽은 목적심리학을 내건 생기론적 사고를 가진 일파로, 이들은 본능의 초자연적 작용에 관심을 기울이고 있었다. 그리고 또 다른 한쪽은 미국의 행동주의를 신봉하는 기계론적 일파로, 이들은 본능에 대해서는 반사와 조건 반사 정도만을 문제로 삼고 있었다.

이후 어떤 특정한 행동이 동물의 종족 유지에 중요한 역할을 하고 있다는 사실이 확인되면서 동물의 행동 연구는 새로운 단계로 접어들게 되었다. 로렌츠는 바로 그 분야의 대표적 학자로, 그 무렵까지 인간의 심리와 대비를 통해서만 고찰되어 왔던 '공격', '육아' 그리고 '디스플레이' 등의 동물 행동을 생물학의 한 분야에 알맞은 새로운 각도에서 분석하기 시작했다. 이런 과정을 통해 성립된 비교행동학은 그 뒤 역전되어 인간의 행동까지 분석하고 해석하는 유력한 무기의 하나로 성장하게 된 것이다.

본능 행동과 수의 행동의 협조 과정을 통해 진화하는 동물 행동

로렌츠는 동물의 행동을 규정하는 기본적 충동인 '본능'을 사이버네틱한 사고에 가까운 형태로 설명하고 있다. 모든 적응 동작에 대해 생물체는 그것을 달성하기 위한 감각 기관, 곧 수용 기준을 갖고 있어야 한다. 이것은 곧 이미지와 패턴이라고 불리는 거푸집 또는 조회 시그널로서,

로렌츠는 동물의 그와 같은 기능을 해발인(解發因, releaser)●이라고 불렀다. 또한 생물체에는 신체의 각 상태를 감시하는 특수한 해부학적 구조가 있다고 했다. 곧, 이들이 혈당량과 혈액의 염분 농도 등의 변화를 체크함으로써 공복과 갈증, 불쾌감, 성 충동 등을 발동하는 거푸집을 형성한다는 것이다. 또한 거기에 '학습'이라고 불리는 중간적이고 후천적인 거푸집이 더해져 전체로써 계층 구조를 이루는 동물 행동의 시스템을 구성하고 있다고 생각했다.

잘 알려져 있는 바와 같이 동물의 행동은 조건 반사를 전제로 한 학습을 통해서도 이루어진다. 처음 대하는 환경에 놓인 동물은 겁을 집어먹으며 가까이에 있는 적당한 장소로 달아나 숨은 뒤에 모든 감각을 총동원해 환경을 조사하면서 숨었던 장소에서 나와 다음 순간에는 다시금 번개처럼 원래 장소로 되돌아간다. 곧, 조사를 마친 환경에는 '기억 주성 記憶走性●'이 성립한다.

또한 동물들은 미로 학습 등의 사례를 통해 알 수 있듯이 공간 전체와 자신의 위치의 관계를 게슈탈트●적 또는 조합에 의한 종합 판단으로 지각할 수 있다. 다른 말로 바꾸면, 획득 운동(기억 주성 등)과 획득 수용기(게슈탈트 판단)가 동시에 작용해 환경의 변화를 극복해 가는 것이다. 이는 단순히 본능에 의지하는 행동이기 때문에 자발적으로 상황에 대응하는 행동(수의 운동●)으로 나타난다. 그렇지만 새로운 수의 운동을 획득할 수 있는 것은 극히 일부의 고등 동물에 한정되며 또한 그렇게 되기 위해서는 본능적이며 계통 발생적으로 협조하고 있는 운동과 분리되거나 독립되어 있는 자유로운 성분이 존재할 필요가 있다.

그와 같은 행동의 진화를 살펴볼 수 있는 좋은 사례로 가상 알맞은 것은 인간의 손이다. 원래 손은 평지에 사는 동물이 주행 운동을 할 때처럼 다리와 리듬을 맞춰 유전적으로 협조해 움직이는 기관이었다. 그러나 인간의 손은 영장류가 나무에 기어오르는 운동을 통해 손의 수의 운동을 필요로 하기 시작했던 연장선 위에 존재한다.

수의 운동을 풍부히 갖추고 있는 모든 고등 동물은 아마 최소한의 소비로 최대한의 효과를 가져오도록 운동의 결합을 훈련, 강화시키는 특수하고 천부적인 작용 기구를 부여받은 것일지도 모른다. 그리고 그 작용을 발휘하는 과정에서 일종의 쾌락을 느끼게 되는데, 인간이 스케이트나 스키를 배우는 것도 실은 이러한 즐거움을 추구하는 것이라고 생각할 수 있다. 즐거움은 이러한 수의 운동에서 시작되지만, 한편 이는 계통 발생적으로 적응해 온 유전적 협조 운동, 곧 본능적 행동으로는 인정할 수 없는 특징이 있다. 이미 선천적으로 결합되어 있는 행동이 수의 행동과 마찬가지로 즐거움을 위해 행해지거나 스키처럼 일정 기간의 훈련에 의해 숙련된다고 가정하면 반대로 사용하지 않아서 퇴화될 가능성도 배제할 수 없게 된다. 그러나 훈련받지 않은 쥐일지라도 재료가 주어진다면, 일반적으로 성장한 쥐와 똑같이 자신의 집을 지을 수 있다.

한편, 본능 행동 또한 어느 정도는 변용을 받아들인다. 예를 들어 고등 동물에서 매우 많이 나타나는 행동 양식 가운데 한 가지 특색은 기능적으로 통일된, 곧 전체적으로 종의 유지를 목적으로 한 어느 한 행동 사슬 속에 본능적, 생득적으로 결정된 고리와 개체 자신이 획득한 고리가 직접 연결되어 있는 데 있다. 이러한 경우 중요한 것은 이들 본능적, 생득적인 행동의 사슬 속에는 이미 유전적으로 나중에 얻어진 행동(훈련과 학습 등)을 삽입할 수 있는 틈이 마련되어 있다는 점이다.

본능은 이처럼 새롭게 획득한 행동을 배제하지 않는 것이다. 그 같은 특징은 또한 매우 특수한 사례에서도 마찬가지로 나타난다. 곧, 어린 새가 무리에서 격리되어 단독으로 사육된 경우, 사육자와 기타의 다른 생물 또는 무생물들과는 사회적 관계를 맺지만 원래 자신이 속해 있던 무리에게는 결코 반응을 보이지 않는 행동(로렌츠는 이를 '프린트'라고 이름 붙였다)에서도 찾아볼 수 있다. 동물 행동의 진화는 이처럼 본능 행동과 수의 행동의 무한한 협조 과정을 통해서 투시해 볼 수 있는 것이다.

NOTES

해발인(解發因, releaser)

로렌츠가 처음 제안한 용어. 동물에게 있는 어떤 특성이 같은 종에 속하는 다른 개체의 특정한 생득적 행동을 유발하게 하는 자극을 말한다.

기억 주성記憶走性

반응기구로 나눈 주성走性 분류의 하나. 주성이란 외부 자극에 의해 강제적으로 행해지는 무의식적인 생물의 행동을 말한다.

게슈탈트 이론

좁은 뜻의 게슈탈트 이론이란 시지각視知覺을 중심으로 한 심리학 이론(게슈탈트 심리학)을 가리킨다. 넓은 의미에서 게슈탈트적 성질이란, 요소로서 분해되면 상실되지만 그 자체가 하나의 전체인 성질holism 이다.

수의 운동(隨意運動, voluntary movement)

자신이 마음먹은 대로 할 수 있는 운동. 수의 운동을 하기 위해서는 먼저 운동을 하겠다는 의욕을 일으킨 다음, 이 의욕에 따라 그 운동에 관계하는 근육으로 보내는 운동 지령의 프로그램이 짜여지고, 그것에 따라 각각의 근육으로 운동 지령을 보내는 것이 필요하다.

미디어의 이해
(Understanding Media ; The extension of man)

서유럽의 표음 문자인 알파벳은 문화에서 시각적 공간의 지배라는 현
상을 가져왔을 뿐 아니라 사람들의 행동까지도 분류하고 전문화시켜
현대 정보 사회라는 하나의 목적을 향해 나아가도록 했다고 주장하고
있다. '미디어는 인간의 확장'이라는 견해를 통해 전자 미디어가 문명에
미칠 영향을 예견하고 있다.

INTRO

맥루안(1911~1980)이 출현한 것은 전기 시대에 대한 인식이 일반화되기 시작한 1951년이었다.
원래는 영문학자로 기업 컨설팅이나 사회 현상의 연구와 무관한 입장이었으나, 그를 일약 시
대의 총아로 만든 것은 그 시대의 문화를 가장 종합적으로 파악하는 방식으로 텔레비전이
나 만화와 같은 풍속적이고 정서적인 미디어(종래의 활자 문화가 구겨서 내버린 것)에 대해 새로
운 문제 의식을 제기한 점이었다.
'인간의 확장'이라는 부제가 달린 『미디어의 이해』(1964)는 참여도가 높은 홍보를 구축할 필
요성을 느끼고 있는 미국 기업은 물론, 전 세계의 기업들에 절호의 이론을 제시한, 현대 사
회의 특징 그 자체를 분석한 저서이다.

인간의 인식 기능의 변화를 가져온 새 미디어의 출현

정보화 사회는 어느 때 갑자기 찾아왔다고도 할 수 있다. 우리가 그것
을 알아차리게 된 것은 오히려 정보화 사회가 생활 속에서 빼놓을 수 없
는 위치를 이미 차지하고 있었기 때문이다. 제2차 세계대전은 흔히 정보
의 양 때문에 승패가 갈렸다고 말하고 있으나, 그 무렵에도 정보 그 자
체가 이해되고 분류되는 점에서는 양쪽이 모두 동일했다. 그러나 정보를
'전기적 스피드'로 처리할 수 있게 되면서 정보의 성격이 바뀌었다. '이해

되고 분류되는 것'이 아닌, 형태로서 인식되기 시작한 것이다. 이는 새로운 미디어가 원인이 된, 인간이 지닌 인식 기능의 변화였다.

예를 들어 매일 텔레비전을 보는 유아는 자연적으로 알파벳을 읽을 수 있게 된다. 알파벳이 형태로써 기억 속에 새겨지기 때문이다. 그러나 이 유아는 알파벳이 한글과 어떻게 다르며 어떤 관계를 갖는지는 이해하지 못한다. 문제는 알파벳이 전해 주는 의미가 아니라 형태인 것이다.

하지만 현대의 교육은 여전히 분류와 의미의 방법을 가르치는, 곧 '구텐베르크 인쇄술' 이후의 고전적 방법을 고수하고 있다. 텔레비전이 보급된 이후, 미디어 인간으로 태어난 세대는 '학교마다 다르게 교과를 가르치고 있다'고 호소하고 있다. 이런 시기에 등장한 맥루안은 자신의 '핫&쿨 이론●'을 통해 미디어에 의한 인간 형성의 변혁과 그 메커니즘을 밝히며 그에 관한 체계화를 시도했다.

맥루안은 전문인 영문학 분야에서 활자 이전의 문학과 이후의 문학에 대해 연구하며 그것이 인간의 행동과 의식에 거대한 영향을 미치고 있다는 사실을 발견했다. 그리고 종래의 문명을 지탱해 온 문자 문화가 오늘날에는 일렉트로닉스 미디어라고도 할 수 있는 '즉시적 커뮤니케이션' 시대로 바뀌고 있다는 사실을 밝혀냈다.

핫 미디어와 쿨 미디어

맥루안이 말하는 '핫&쿨'의 미디어론을 먼저 요약해 보자. 핫한 미디어란 단일한 감각을 높은 수준의 정밀도까지 확장하는 것, 곧 데이터 면에서 충실한 것을 가리킨다. 예를 들어 사진은 시각적으로 '높은 정밀도'를 가지므로 핫한 미디어가 되며, 만화는 시각적 정보가 직기 때문에 쿨한 미디어가 된다. 또 전화는 귀를 통해 들어오는 정보가 라디오에 비해 훨씬 적으므로 전화기는 쿨한 미디어(라디오의 핫한 성질에 대해)로 불린다.

여기서 중요한 것은 정보의 정밀도가 낮은 쿨 미디어가 갖고 있는, 수용자 쪽에 '파묻힌 부분' 또는 보충되는 부분이다. 이는 수용자 쪽의 참여도가 높은 것을 나타낸다. 구텐베르크 이후 인간 문화의 핵심을 이루어 온 미디어는 인쇄물이라는 핫한 미디어였다. 거기에는 수용자 쪽의 참여도라는 보충 요소가 포함되어 있지 않은 '분류, 정리'된 정보가 들어 있다. 반면, 핫 미디어는 참여도가 낮고 데이터 정밀도가 높기 때문에 받아들이는 수용자 쪽을 평준화한다.

기술 사회는 이른바 참여도가 낮은 매뉴얼 문화로, 주로 활자 미디어를 통해 달성된다고 말할 수 있다. 이는 교육의 보급을 전제로 한다. 쿨 미디어는 전문적이고 분화되어 있는 기술을 통해 부족部族을 해체시킨다.

그러나 전기 시대에 들어오면서 분화적 전기 기술에 의한 미디어는 다시금 부족을 구성하게 된다. 높은 참여도가 거꾸로 참가하는 패턴의 분열을 낳은 것이다. 미디어에 대해 A라고 반응하는 타입과 B라고 반응하는 타입이 각각 개별적인 문화 부족을 형성한다.

"라디오와 텔레비전이 시청자 한 사람, 한 사람을 새로운 상호 관계로 묶어 주는 것처럼, 오토메이션 또는 사이버네이션은 산업적, 시장적 과정 속에 있는 모든 단위와 요소를 취급한다. 산업과 오락 양쪽 모두에 나타나고 있는 새로운 전기 테크놀로지는 인간의 중추 신경 조직 속에서 예전부터 행해지고 있던 '상호 작용에 의한 지식의 순간적 처리'를 확장시킨 것이다. 이는 '유기적 통일'을 만들어 내며 또한 구텐베르크의 등장으로 본격 궤도에 오른 '기계 시대'를 종식시키는 스피드 그 자체이다. 이것이 바로 '매스 미디어'의 성격이기도 하다. 매스 미디어란 그것을 듣는 청중의 수가 양적으로 대규모라는 점 때문이 아니라, 모든 사람들이 동시에 그에 관여하고 참여하고 있다는 점 때문에 매스 미디어가 되는 것이다."

이처럼 매스 미디어의 직접적 효과는 매우 중대한 요소이다. 인간은 단순한 생물학적 존재와 달리 경험을 축적하는 힘에 기초한 전달과 전이 능력을 가지고 있다. 이것이 언어이며, 활자는 기억의 축적이었다. 그런데 지금 그것이 컴퓨터로 바뀌려 하고 있다.

"도시가 수행해야 할 일이 인간을 과거 유목 시대의 선조보다 훨씬 적합한 상태로 살게 하거나 이동하게 하는 것에 있다면, 현재 우리의 모든 생활이 정보라고 하는 정밀한 형태로 옮겨지고 있다는 것은 도시 생활이 인간에게 적합한 새로운 상태를 만들어 내고 있다는 것을 말하는 것은 아닌가?"

현대는 정보에 대한 철학적 자세와 윤리 의식이 더할 나위 없이 중요하게 다루어지고 있는 때이다. 맥루안의 이론은 크게는 기호론의 형성과도 관련되며, 기호 조작이라고 하는 문화의 본질 부분을 해명하는 열쇠도 되는 점에서 다시금 주목되는 명저이다.

NOTES

핫&쿨 이론
맥루안의 이 이론은 이후 기업들이 대중을 조작하는 수단이 되었다. 또한 기업들이 '수평적 사고'를 중시하고 시스템화를 이루게 하는 도화선이 되기도 했다. 한편으로는 마케팅을 무기로, 다른 한편으로는 쿨 미디어를 통한 대중 조작법을 손에 넣은 기업은 수요가 없음에도 구매 의욕을 자극함으로써 수요와 공급이라는 고전적 경제 균형을 파괴했다.

5장

여성론

—

여성들은 세계에서 다수를 차지함에도 불구하고
역사적으로 공적 권력을 갖지 않았기 때문에 간과되거나 가치가 없는 존재로
간주되어 왔다. 이러한 여성의 사회적 · 제도적 차별을 간파하고 여성을
'제대로' 보고자 하는 연구와 주장들이 꾸준히 제기되어
1970년대 초에는 여성 운동이 사회 운동으로서 힘을 얻게 되었다.
다른 학문에 비해 그다지 역사가 길지 않은 여성론이지만,
여기에서는 역사적으로 여성이 어떻게 논해져 왔는지 자유주의자 입장에서
여성을 논한 존 스튜어트 밀, 사회주의자 입장에서 여성론에 접근한 베벨,
실존주의 입장에서 여성론을 서술한 보부아르, 여성과 남성 간의 관계를
정치학적으로 논한 밀렛 등의 저서를 통해 살펴보고자 한다.

여성의 종속
(The Subjection of Women)

밀은 가부장적 사회에서 남성의 동산으로 취급되던 여성의 지위를 평등의 원리를 통해 바꾸어야 한다고 주장했다. 오늘날에도 그의 주장은 여전히 빛을 발하고 있다. 남성 우위의 문화가 남녀 양성의 인격 형성에 미친 영향을 분석한 밀의 논리가 예리하고 견실한 현실 인식을 바탕으로 하고 있기 때문이다.

INTRO

『여성의 종속』(1869)의 저자인 밀(1806~1873)은 영국의 고전학파 경제학의 완성자이자 공리주의 사상가이다. 산업혁명이 가져온 비인도적 해악에 가슴 아파하며 이후 영국 사회에 '사회 개량주의의 지침을 제공해 준 인물'로 평가되고 있다.

그 같은 중요한 활동의 하나로 1865년에는 영국 의회 사상 최초로 여성 참정권을 요구했으며, 1869년에는 이 책을 세상에 소개해 그 무렵은 물론 후세의 여성해방운동과 그 사상을 격려하며 큰 영향을 미쳤다. 밀은 그의 자서전에서 사별한 아내 해리엇 테일러●와 "서로 공유하고 있던 사상적 재산을 기초로 붓을 들었다"고 썼듯이, 아내 해리엇이 없었더라면 이 책은 결코 세상에 나오지 못했을 것이다.

이 책을 저술한 주 목적의 하나인 여성 참정권을 비롯해 여성의 법적 지위가 거의 개선된 오늘날, 이 책은 부르주아 민주주의의 틀 속에서 그 같은 문제를 제기했다는 고전적 가치밖에 남아 있지 않다는 비판도 있다. 분명히 밀의 시각은 '부르주아적' 제약과 한계를 벗어나지 못했다. 그럼에도 교육과 환경이 인격 형성에 미치는 영향을 갈파한 그의 사회심리학적 식견과 깊은 통찰력에는 감탄을 금하지 않을 수 없다. 생산 수단의 사적 소유 체제를 변혁하는 일만이 남녀 양성의 사회적 관계를 정립하는 유일한 길이 아니라는 점은 오늘날 이미 분명해졌다. 이 문제를 재검토하면서 우리는 밀의 사상에서 많은 유익한 점을 배울 수 있을 것이다.

여성의 참정권을 주장

『여성의 종속』이 출판되었던 19세기 후반의 영국은 산업혁명을 거쳐 자본주의의 융성기를 맞고 있었다. 그 시기는 영국의 역사 속에서는 물론 세계적으로도 가장 빛나고 있던 때였다. 그러나 산업혁명은 노동자 계급을 비참한 상태로 전락하게 했고, 특히 여성의 상태는 더욱 처참했다. 그 무렵 여성의 지위는 매우 낮아 남자의 동산으로 여겨졌으며, 피선거권은 물론 선거권도 없었다. 교육은 열악했고 어느 면에서도 권리가 없는 상태였다. 게다가 자본주의적 생산 공장에서 여성을 대량 동원하고 있었으므로 여성들의 상황은 더욱 악화되고 있었다.

이러한 현실을 보고 개탄하던 밀은 투표란 자기방어의 수단이며 여성의 이해가 남자와 다를 경우에는 더욱더 여성의 선거권이 필요하다고 주장하면서 그 무렵으로서는 전대미문의 급진적 입장을 취한 이 책을 세상에 내놓은 것이다.

이 책의 목적은 여성이 남자에게 법률적으로 예속되어 있다는 것이 남녀 양성의 사회적 관계를 규제하는 원리가 되고 있으나 이것은 그 자체로서 잘못된 것이며, 이를 완전한 평등의 원리로 바꾸어 한편에서는 권력과 특권을 인정하고 또 한편에서는 무능력을 강요하지 않도록 개선하지 않으면 안 된다는 주장을 밀고 나간 것이다.

네 장으로 되어 있는 이 책에서 밀은 대강 다음과 같은 취지를 논하고 있다.

여성에게 불평등한 제도는 과거 원시적 노예제의 흔적이며, 남녀 간의 권리의 불평등한 관계는 다름 아닌 강자의 법칙과 힘의 논리에서 유래한다고 밀은 말하고 있다. 그러나 사회적이며 자연적인 원인이 겹쳐지면서 여성들이 힘을 합해 남자들의 권력에 반항하는 것을 어렵게 만들고 있다.

남자는 여성의 복종과 함께 애정도 요구하고 있다. 모든 남자는 자기 여자가 강제로 무리하게 노예가 되는 것이 아니라 기꺼이 노예가 되어 주기를 바라고 있다. 그리고 그들은 여성의 정신을 노예화하기 위해 모든 수단과 방법을 동원하고 모든 교육의 힘을 빌려 그 목적을 달성하고 있다.

천성적으로 남성은 지배에 적합하고 여성은 복종에 적합하다고 하더라도 이것은 이유가 될 수 없다. 인간은 현재의 부자연스러운 상호 관계 속에서 상대의 성을 파악하고 있기 때문에 아직 남녀 양성의 본성을 알지 못하고 있다. 여성의 본성이라고 불리고 있는 것은 대부분이 인위적인 것으로, 억지로 주입한 억압과 부자연스러운 고무, 격려의 산물이다. 본래의 성격을 그처럼 왜곡당하고 있는 종속 계급은 여성을 제외하고는 달리 없을 것이다.

사회생활에서 여성을 배제하려는 것은 가정생활 속에 여성을 영구히 종속시키고자 하는 목적 때문일 것이다. 인류의 절반을 차지하고 있는 여성에게서, 가장 열등한 남자에게조차 인정하고 있는 법률상의 직업을 가질 권리를 제외하고 있는 것은 정의에 어긋나는 일이다. 더욱이 그 같은 배제는 그것이 사회의 이익이 된다는 이유로 항상 정당화되어 왔다. 곧, 사회의 이익이란 남자들의 이익에 지나지 않는 것이다.

이제까지 여성들이 비록 성취해 낸 것이 없었더라도 그 사실만으로 능력이 없다는 증거는 되지 않는다. 남성들에게 주어진 직업과 목적을 이룰 수 있도록 배려한 훈련을 여성들은 전혀 받고 있지 않으며, 오히려 그로부터 멀어지도록 교육되고 있기 때문이다. 남성 우위의 문화 속에서 자라난 소년은 다만 남자로 태어났다는 사실만으로 인류의 절반을 차지하는 여성 모두보다 당연히 뛰어나다는 신념 속에서 성인으로 자라게 된다. 이 같은 사고방식이 한 개인으로서나 한 사회인으로서 남성의 생활 태도를 그르치게 만드는 것은 아닌가.

사회의 진보란 각 개인의 자유 확대를 의미하지만, 타인의 자유는 쉽게 경시하는 경향이 있다. 자유는 인간의 모든 능력에 용기와 활력을 불어넣어 주는 것이며, 그것은 결코 남자에게만 해당하는 것이 아니라 여성에 대해서도 변함없는 진실이다. 여성이 해방되지 않은 사회는 남자를 타락시킨다. 여성에게 평등한 기회를 부여하는 것은 사회에 커다란 영향을 미치며, 그렇게 함으로써 인간은 진보를 향해 나아갈 수 있다.

대체로 이같이 논한 밀은 주로 법 제도의 개정과 공정한 재산권법을 보증함으로써 여성의 지위를 개선할 것을 호소했다.

NOTES

해리엇 테일러
밀과 해리엇이 처음 만났을 때, 해리엇은 이미 두 아들의 어머니였다. 둘은 20여 년 동안 지적 교류를 통해 플라토닉한 사랑을 키우다 해리엇의 남편이자 밀의 친구인 존 테일러가 세상을 떠난 뒤에야 결혼했다. 밀은 해리엇과의 지적 교류를 통해 자신의 사상을 발전시킬 수 있었다.

여성과 사회주의
(Die Frau und der Sozialismus)

베벨은 이 저서에서 "남녀 양성의 사회적 독립과 평등이 없이 인류의 진정한 해방은 있을 수 없다"고 간파했다. 그러나 가정에서의 소외와 남성 중심의 노동 현장에서 여성의 분업을 어떻게 극복할 수 있는가 하는 문제는 오늘날에도 여전히 과제로 남아 있다.

INTRO

『여성과 사회주의』(1879)를 저술한 베벨(1840~1913)은 빈궁한 가정에서 태어났으나, 성장한 뒤 독일의 사회 운동 및 사회주의 운동의 창시자이자 탁월한 지도자가 되었다.

독일 제국 의회의 의원이기도 했으나 사회주의 활동을 이유로 두 번에 걸쳐 모두 4년 반 동안 옥중 생활을 겪었다. 이 기간 중 주로 경제학과 역사를 공부했으며, 또한 이 책을 썼다.

사회주의자 베벨이 자신의 모든 학문적 지식과 노력을 기울여 완성한 이 책은 사회주의 단속법 속에서 위기와 감시를 피해 가며 1879년에 출판되었다. 초판 이후에 정부로부터 탄압을 받았지만, 비밀 출판 등에 의해 판이 거듭되었다. 사회주의 단속법의 폐지로 해금되면서 1909년에 마지막 개정이 이루어진 50판째의 책이 세상에 나오게 되었다.

체제 변혁이 여성을 해방시킨다

베벨의 『여성과 사회주의』 초판이 발행된 것은 1879년이었다. 이는 여성해방운동 사상 획기적이고 선구적이었던 메리 울스턴크래프트●의 저서 『여성의 권리옹호』가 나온 지 이미 87년 뒤였다. 또 『여성의 종속』의 저자 존 스튜어트 밀이 죽은 지 6년 뒤이며, 엥겔스의 『가족, 사유 재산 및 국가의 기원』이 나오기 5년 전의 일이었다.

자유주의 경쟁에 기초한 자본주의가 독점 단계를 향해 가고 있던 19

세기 후반의 유럽에서는 마침내 노동자 계급의 해방 이론을 제공해 준 마르크스주의 운동이 일찍이 없었던 관심과 열기로 진행되고 있었다.

다양한 입장을 전제로 한 여성 운동 역시 각지에서 활발하게 전개되고 있었다. 그런 가운데 사회주의에 입각한 여성해방론으로서 이 책이 간행되었는데, 매우 체계적인 내용과 설득력 있는 주장을 담고 있어 그 무렵의 독일은 물론, 이후 세계 각지의 여성해방운동과 그 사상에 커다란 영향을 끼쳤다.

존 스튜어트 밀로 대표되는 '시민적' 여성 운동이 남녀 동등권을 주장하며 체제 안에서의 여성의 지위 개선을 호소하고 있는 데 비해, 베벨은 '현존하는 국가 질서와 사회 질서를 근본적으로 변혁'하는 것만이 여성을 이중으로 얽어매고 있는 멍에, 곧 경제적 예속과 성적 예속을 없애는 길이라고 주장했다.

이 책은 '과거의 여성'과 '현대의 여성', '국가와 사회', '사회의 사회화'의 네 편으로 구성되어 있다.

여성의 예속을 '인류 사회의 여명' 이후 계속되어 온, 이른바 인간성에 내재하는 본원적 악에서 비롯된 것으로 해석하며 사회의 도덕에 호소해 이를 교정할 것을 호소한 밀에 대해, 베벨은 밀의 시야에는 들어 있지 않은 원시 사회를 연구하며 모권제의 존재를 주장하고, 이것이 부권제로 바뀐 과정과 그 이유를 분석했다. 그리고 만물은 생성, 유전한다는 역사적 유물론에 입각해 "생산 방법이 변하고 생산물의 분배 방법이 변화함에 따라 양성 관계 역시 변화해 왔다"고 설명하며, "앞으로도 생산 방법과 분배 방법의 변화와 함께 양성의 관계도 변화할 것"이라고 주장했다. 자연계는 물론 인생에서도 "영구 불변하는 것은 아무것도 없으며 불변하는 것이란 다만 전화하거나 변천한다는 그 자체뿐"이라고 강조했다.

여성의 예속이 사유재산제와 함께 시작되었다고 보는 베벨은 사적 소유를 기반으로 하여 발전해 온 현대 사회와 국가의 조직 구성을 근본적으로 변혁함으로써 "인간이 인간을 예속시키거나 한쪽의 성이 다른 한쪽의 성을 예속시키는 것 같은 모든 제도가 제거된 사회"를 실현할 수 있다는 결론을 이끌어 내고 있다('과거의 여성').

또한 '남자가 본래의 인간'이라고 여겨지고 있는 시민 사회에서 여성의 지위와 결혼·교육·매춘·직업·법률·정치 등과의 관계를 논한 부분('현대의 여성')은 100년 전에 쓴 것이라고는 도저히 생각되지 않을 만큼 오늘날에도 현재적 의미를 지니고 있다. 다음과 같은 지적 등은 특히 흥미롭다.

베벨은 "성적 존재로서의 인간과 사회적 존재로서의 인간 사이에 큰 모순을 만들어 낸 것은 현대의 사회 관계이지만, 남성 우위의 사회에서 '주인'으로서 군림하는 남자는 여성을 종속적 지위에 놓아두는 편이 자신들의 '자만심과 허영심, 이해 타산에 꼭 맞는다는 이유로 다른 여느 지배자들과 마찬가지로 '도리에 순종해' 자신들의 특권을 포기하려고 하지 않는다. 그 때문에 그 같은 굴욕적 지위로부터 스스로를 해방시키는 일은 더욱더 여성 자신의 문제가 되는 것이다. 그렇지만 이때 노동자가 부르주아지의 도움을 기대해서는 안 되는 것과 마찬가지로 여성 역시 남성의 원조를 바라서는 안 된다"고 말하고 있다.

계속해서 베벨은 '국가와 사회'를 논하며 병든 자본주의 체제의 내부에서 사회주의 변혁이 준비되고 있음을 시사하고, 마지막으로 '사회의 사회화'에서는 계급 대립을 지양하고 사회주의 사회가 실현된 때의 이상적 모습을 전개하며 계급 사회가 영원히 종식을 고하게 됨과 아울러 "여성에 대한 남성의 지배 역시 끝나게 될 것이다"라며 "미래는 노동자와 여성의 것이다"라고 선언하고 있다.

연애와 결혼
(Kärleken och Äktenkapet)

케이는 주로 휴머니즘의 입장에서 대담하고 솔직한 발언을 했으며, 특히 연애에서 남녀 양성의 평등과 남녀 쌍방의 개성의 확립을 요구하며 어머니와 아이가 모두 사회적 존재라고 인정한 점이 높이 평가된다. 그러나 케이의 모성주의가 여자를 종種에 예속시킨 점은 부인하기 어렵다.

INTRO

『연애와 결혼』(1904)의 저자 케이(1849~1926)는 스웨덴 중부의 대주주 집안에서 태어나 사이가 좋았던 양친의 슬하에서 밝고 자유로운 소녀 시절을 보냈다.

정치가였던 아버지가 경제적으로 파산한 것을 계기로 케이는 자립의 길을 걸어 교사가 되어 교단에 섰다. 또 스톡홀름에 있는 노동 학원의 강사를 겸임하기도 했다. 25세 때 문명비평가이자 여성해방론자인 15세 연상의 남성과 사귀며 깊은 연애에 빠졌다. 그 뒤 10여 년 동안 빈번히 편지를 교환했으나 자신의 의지로 이를 단념하고 이후 결혼한 적이 없어 실제로 자신은 한 번도 어머니가 된 적이 없다.

한편 작가이자 강연자로서 문학과 예술비평 그리고 여성 및 교육 문제 등의 분야에서 폭넓게 활동하며 50세에 교단을 물러나 저작 생활에 전념했다. 이 기간 동안 스웨덴의 여론을 주도하는 리더 가운데 한 사람이 되어 흔들림 없는 자기 지위를 구축하다가 77세에 생의 막을 내렸다.

『연애와 결혼』은 케이가 인생의 진리를 탐구할 목적으로 자신의 세계관을 밝힌 『생명발전의 방향』 3부작(1903~1906) 가운데 제1부에 해당하는 저술로, 그녀가 말하는 '삶의 신앙'을 축으로 모성의 존중을 주장한 책이다.

모성의 존엄성을 높이 노래한 것이 큰 특징이지만 연애와 결혼 역시 종족의 생명 향상이라는 큰 목적에 부합되어야 한다는 입장은 여성을 종種의 예속이라는 숙명 속으로 밀어 넣고 있다는 비판을 가져왔다. 또한 이 같은 이상주의적이며 이념적인 모성주의는 현실의 정치적, 경제적 문맥 속에서 보수적이자 반동적인 입장으로 뒤바뀌기 쉽다는 위험성을 품고 있다는 점도 아울러 지적하지 않을 수 없다.

모성 존중의 독자적 여성 해방론

케이는 『여성과 사회주의』를 쓴 아우구스트 베벨과 거의 같은 시대를 살았던 스웨덴의 여성이다.

스웨덴 역시 유럽의 다른 여러 나라들과 마찬가지로 산업혁명의 물결에 휩쓸리며 자본주의의 발달이 국민 생활에 커다란 변화를 가져오고 있었다. 고용의 확대와 함께 노동 조건의 악화, 여성과 어린이 노동자의 증가, 노동 쟁의의 빈발 그리고 노동 운동에 대한 탄압 등이 일어나고 있었다. 또한 사회개량주의적 입장에서 각종 법률이 제정되는 등 변화와 개혁의 의지가 심하게 요동치던 시대였다.

케이는 그 무렵의 그런 사회가 남성 중심과 남성 우위의 사회라는 점을 꿰뚫어 보며 남녀 동등권을 목표로 한 여성 운동에 참가해 활동했다. 그러나 곧 이러한 남녀 동등권 운동에 비판적 태도를 취하며 그녀 자신의 종교관과 생명관에 입각해 모성 존중을 축으로 하는 독자적 여성해방론을 전개하기에 이르렀다.

그녀의 입장은 3부작으로 이루어진 『생명발전의 방향』으로 완결되는데, 이 책 『연애와 결혼』은 제1부에 해당한다.

이 책은 '성도덕의 발달 과정'과 '연애의 진화', '연애의 자유', '연애의 선택', '모성의 권리', '모성으로부터의 해방', '사회에서 모성의 역할', '자유 이혼', '새로운 결혼법에 관한 하나의 제안' 등 9장으로 구성되어 있다.

가미치카 이치코神近市子의 『여성 사상사—사랑과 혁명의 생을 살다 간 여성들』은 이 책과 이 책을 통해 이룩한 케이의 역할에 대해 다음과 같이 정리하고 있다. 다소 긴 내용이지만 그대로 인용한다.

"케이가 가장 큰 힘을 기울여 주상한 것은 여성의 모성으로서의 보호이다. 인류 생활의 질의 개선이나 그 모순과 불합리성을 청산하고자 한다면, 인류 그 자체가 개선되지 않으면 안 된다. 그리고 그 사업의 근본은 여성을 모성으로서 보호하는 데 있다. 이러한 관점에서 볼 때, 여성은 가장 좋은 남성 또는 애정을 고양시킬 수 있는 남성의 아이를 낳지 않으면 안 된다. 그로부터 그녀(케이)의 자유 연애와 결혼, 이혼의 자유 이론이 생겨난다. '여성이 어린이의 양육과 교육에 대한 전적인 임무를 가지고 있다면, 감히 어떻게 밖에 나가 일할 여자가 있겠는가'라는 것이 케이의 주장이다. 이러한 주장이 여성의 사회 진출에 의구심을 품으며 걱정과 반감을 가지고 있던 많은 남녀들로부터 지지받았다는 사실을 지나칠 수는 없다. 그러나 모성의 존엄성과 인류에의 공헌을 주장하며 사회와 국가에 그에 대한 보호와 협력을 주장하는 점에서 그녀 역시 여성의 지위 개선에 기반을 두고 있다고 말하지 않으면 안 된다."

케이의 모성주의에 내재되어 있는 보수적·반동적 성격

케이의 세계관은 종교적 진화론주의라고 하여 그리스도교 사상에서 보자면 이교도적 색채가 농후한 것이다. 그녀 자신조차도 자신의 그러한 세계관을 '생명의 신앙'이라고 부르고 있다.

제목 '연애와 결혼'은 매우 통속적으로 보이기까지 하지만, 그 내용은 케이의 이러한 종교적 세계관과 인생관을 기초로 한 것이다.

케이의 세계관에 나타나 있는 특징은 '대립과 조화'이며, 그녀가 말하는 연애의 중심 명제는 '인간 개인의 요구와 종족의 요구 그리고 정신의 요구 및 관능의 요구를 종합한 것'이다.

그녀는 이렇게 말하고 있다.

"위대한 연애가 두 명의 인간에게 가져다주는 것은 인류 전체에게 제공할 수 있는 완전한 발달이며, 이는 감각과 정신의 통일, 기쁨과 의무의 통일, 자기주장과 자기희생의 통일, 개인과 종족의 통일 그리고 현재와 미래의 통일이다."

연애와 선택의 자유와 자유 이혼, 여성의 존중 등도 모두 이 같은 관점에서 설명되며, 그것이 귀결되는 곳은 '종족의 향상'이라는 이념적 명제이다.

이 때문에 그녀의 주장은 읽는 사람에 따라 서로 다른 다양한 해석이 가능하다. 케이가 대단히 이상주의적으로 그리고 이념적으로 주장한 모성주의는 모국인 스웨덴에서는 그다지 정착되지 않았으나 독일과 일본에서는 특히 큰 영향력을 발휘했다. 나치 독일에서 아리아족의 보존과 피의 순결을 보존하기 위한 수단으로 이용되면서 그녀의 모성주의는 크게 왜곡되었다. 물론 이는 케이의 모성주의에 내재되어 있는 반동적 요소 때문이었다.

오늘날 비판받고 있는 케이의 입장에 대해서는, 그녀의 국가관이 애매모호하다는 점과 자본주의 체제와 그 체제가 형성하는 문화의 총체가 개개인의 인간 남녀에 미치는 물질적이며 심리적인 영향에 대한 분석이 피상적이며 철저하지 못하다는 점, 자본주의적 현실에 이념적 세계를 대치시킨 점 등을 지적할 수 있다.

제2의 성
(Le Deuxième Sexe)

 남성 사회의 성차별 이데올로기를 부정하기보다 육체화하고 있는 여성들이 자신들의 위치를 정확히 파악해 인간으로서의 주체를 회복하는 해방의 길을 찾아가는 데 하나의 커다란 지렛대를 제공하고 있다. 여성의 갇혀 있는 상황을 이론적으로 이해하는 데 도움을 준 저서이다.

INTRO

보부아르(1908~1986)가 변호사를 아버지로 둔 파리의 전형적 중류 가정에서 태어난 것은 케이가 그녀의 3부작 『생명발전의 방향』을 세상에 내놓은 지 얼마 되지 않은 무렵이었다. 어려서부터 탁월하고 명석한 두뇌를 자랑한 그녀는 소르본에서 철학을 공부한 뒤 교사가 되어 프랑스 각지의 교단에 섰다. 소르본대학교 재학 중 3세 연상의 사르트르를 알게 되어 이른바 '계약 결혼'을 했다. 1943년에는 처녀작 『초대받은 여인』을 발표하면서 소녀 시대 이후의 염원이었던 작가 생활을 시작했다. 전후, 사르트르와 함께 월간지 『르 탕 모데른(현대)』을 창간하며 실존주의자로서 문학계와 언론계에서 활약했다. 이후 『제2의 성』을 포함해 많은 작품을 발표했다.

보부아르는 애초에 자기 자신에 대한 이야기를 풀어 놓는 에세이를 쓸 예정이었으나, '여자라는 것은 무슨 의미를 가지는가'라는 물음에 부딪치며 최초의 계획을 변경해 여성의 전반적 상황에 걸쳐 글을 쓰게 되었다. 이것이 『제2의 성』(1949)을 집필하게 된 계기였고, 그녀의 나이가 40세 전후였을 때의 일이다.

존 스튜어트 밀이 자유주의자의 입장에서, 베벨이 사회주의자의 입장에서 '여성론'에 접근했다면 보부아르의 이 책은 실존주의의 입장에서 '인간의 자유'를 축으로 여성론을 서술한 것이다. 또 여성 스스로에 의해 가장 포괄적으로 쓰인 '여성론'이라고 말할 수 있다.

'무거운 과거를 받아들이며 새로운 미래를 만들어 가고자 하는 여자들에게 어떠한 문제가 일어나고 있는가'라고 물으며 '여자가 여자로서 살아가는 모든 실존의 공통적 배경을 그려 보자'고 한 것이 『제2의 성』을 집필한 가장 큰 목적이다. 이 책이 간행된 지 60년이 지난 오늘날에도 여성의 상황은 거의 변하지 않아 이 책의 현재적 의의 역시 손상되지 않고 있다.

하지만 '내재'해 있는 여성성의 모습을 객관적으로 분석하려는 데 역점을 둔 결과, '여성의 갇혀 있는 상황'을 '지적으로 이해하는 데'에는 큰 도움이 되지만, 현상 변혁을 위한 집단적

에너지를 끌어내는 데에는 그다지 큰 힘을 발휘하지 못했다. 이 책이 '실천론'으로서 지지를 획득하지 못한 최대의 이유는 보부아르 역시 사회주의의 실현이야말로 여성 해방의 희망이 될 것이라는 고전적 방식을 지지한 것이다.

타자화된 여성을 '제2의 성'으로 인식

자유를 표방하는 근대 사회에서는 여성 역시 원칙적으로 자유이다. 교육의 자유와 직업 선택의 자유, 배우자 선택의 자유 그리고 출산에 관한 자유도 주어져 있다. 여성이 자신의 능력을 발휘할 수 없다면, 그것은 먼저 여성 자신이 무능력하거나 태만하기 때문이다. 어쨌든 남자들은 이러한 주장을 펴고 싶어 했다. 이러한 '남성의 이론'을 향해 보부아르는 인간 사회에서 아무것도 자유로운 것은 없으며, 특히 여성, 그 여성의 본성이라고 여겨지는 것은 남성 우위의 문명에 의해 만들어져 온 것이라는 점을 반복해 지적하고 있다.

보부아르는 실존주의의 입장에서 '모든 주체는 기투(企投, project)●를 통해 구체적으로 자신을 초월해 자립한다. 그는 자유를 향해 부단히 자기 초월을 함으로써 자기 자신의 자유를 완성할 수 있다'고 파악하고 있다. 그런데 '항상 남성의 소유에 속해 온' 이 세계에서 '초월적' 존재 양태를 보여 온 것은 남성인 데 비해, 여성의 생활은 '내재적' 존재로서 그 자유는 제한되고 한정되어 있다고 했다. 그것은, 여성의 상황이 남성의 상황과 근본적으로 다르며 '출산'이라고 하는 생리 구조와 생물학적 조건으로 인해 남성들로부터 '타자'로서 객체처럼 살아갈 것을 강요받고 있기 때문이라고 지적했다.

다른 말로 말하면, 남성과 여성에게는 가가 수컷과 암컷으로서의 생물학적 조건이 있다. 그러나 인간 사회에서는 이러한 단순한 생물학적 차이에 다른 의미와 가치가 부여되고 있다.

"여자는 호르몬과 신비적 본능으로 규정되는 것이 아니라 자기 외부에 있는 의식을 통해 자신의 육체와 세계의 관계를 파악하고 그러한 방법을 통해 규정되고 있다. 청년과 처녀를 갈라놓는 심연은 어린이 때부터 실은 주도면밀하게 형성되기 시작한 것이다. 그러므로 성장한 뒤에는 여자가 '형성된' 존재라는 것을 아무리 해도 바꿀 수 없다는 것이다. 그리고 그녀의 배후에는 언제까지나 이러한 과거가 따라다니고 있다. 만일 이 같은 과거의 무게를 제대로 검토할 수 있다면, 여자의 운명이 영원 속에서 절대부동으로 고정되어 있는 것이 아니라는 점을 쉽게 알게 될 것이다."

나아가 이 책은 이제까지 여자에 대해 쓰인 모든 방면의 자료와 기록 그리고 증언을 구사해 역사적, 신화적, 철학적, 사회적, 성적인 측면을 포함하며, 생각할 수 있는 모든 각도에서 여성의 모습을 면밀히 검토하고 있다. 다방면에 걸친 철저한 분석과 예증을 통해 '여자다움'과 '여성적인 것', '영원한 여성' 등과 같은 여자로 분장되는 '복장' 속에 감추어진 위선을 하나씩 벗겨 나간 것이다. 그리고 그 작업을 통해 성차별이 개별적 사상이 아니라 구조로서 존재하며 하나의 이데올로기로서 훌륭하게 기능하고 있다는 점을 부각하고 있다.

이 책은 발표되었을 무렵에 말할 수 없는 스캔들을 불러일으켰으나, 책 자체에 담긴 내용이 높이 평가되면서 1960년대 말부터 본격적으로 시작된 새로운 여성해방운동에 이론적 바탕을 제공하기도 했다.

NOTES

기투(企投,Projet)
현재를 초월하여 미래로 자기를 내던지는 실존의 존재 방식. 하이데거와 사르트르가 주장한 실존주의의 기본 개념이다.

성의 정치학
(Sexual Politics)

이 책은 문학과 문화에 나타난 남성의 여성 지배를 분석하여 그 구조를 성과 정치의 연관성에서 철저하게 폭로하고 있다. 여성의 입장과 시각을 정면으로 거론한 이 책은 여성의 자기 발견을 촉진하고 가치관의 전환을 요구함으로써 그를 통해 여성의 자신감 회복과 자기 확립에 큰 도움을 주었다.

INTRO

『성의 정치학』(1970)의 저자 밀렛(1934~)은 미국의 아일랜드계 가톨릭 가정에서 세 자매의 장녀로 태어났다. 14세 때 종종 폭력을 휘두르던 술주정뱅이 아버지가 가정을 버림으로써 어머니 혼자서 생계를 유지하게 되었다. 밀렛은 미네소타대학교를 졸업한 뒤 영국의 옥스퍼드대학교에 들어가 빅토리아 시대의 영문학을 전공했다.

귀국한 뒤에는 조각을 공부해 대학 강단에서 영문학을 강의하면서 한편으로는 조각 작품을 만들었다. 또 그 무렵의 공민권 운동과 여성해방운동에도 참가해 활동하기도 했다.

이 책은 제1부 '성의 정치'와 제2부 '역사적 배경', 제3부 '문학에의 반영'의 3부로 구성되어 있다. 원래 박사 학위 논문으로 제출된 것으로, 문예 비평을 중심으로 날카롭게 부권제 문화를 비판, 고발하고 있다.

1960년대 미국에서 활발했던 여성해방운동을 배경으로 한 이 책은 성격상 보부아르의 『제2의 성』의 연장선 위에 있다. 그러나 보부아르가 여성의 '갇혀 있는 벽'을 지나칠 정도로 면밀하고 치밀하게 분석한 결과 오히려 그 벽의 무게와 두께에 질려 여성들로 하여금 움츠러들고 탄식하게 했다면, 밀렛의 이 책은 양성 간의 관계를 지배와 종속의 정치적 관계로서 명확하게 단정적으로 제시하고 있어 훨씬 더 전투적이고 논쟁적이라고 말할 수 있다.

다만, '성의 정치'적 상황을 가져온 보다 근본적 원인인 '남녀의 분업', 특히 공업화 사회의 '분업'에 대해서는 거의 거론하지 않은 점이 이 책을 단조롭게 하고 있다.

그러나 비록 위대한 작품일지라도, 그 작품이 묘사하고 있는 내용을 한층 더 큰 문화적 문맥 속에서 문제 삼아 여성의 입장과 여성의 시각을 정면으로 거론했다는 점에 이 책의 매력이 있다.

'리브의 성서'

1960년대의 미국은 격동기였다. 흑인의 인권 차별 철폐 투쟁과 베트남 전쟁은 미국 사회의 굳건한 토대였던 민주주의와 정의, 공정성과 같은 가치와 모든 제도를 의심하게 만들었다. 그리고 결국 이러한 것들이 백인 남성의 이익 중심으로 이끌어 간 결과라는 점이 폭로되기에 이르렀다.

성차별이라는 두꺼운 벽에 갇혀 있으며 '2등 시민'으로 정의되고 있던 여성들 역시 이러한 격동 속에서 자신에 대해 자각하기 시작했다. 마침내 베티 프리던의 『만들어진 여자의 이미지』에 강한 충격을 받으며 '리브'라는 이름으로 불리는 여성해방운동이 요원의 불길처럼 전 미국에 번지게 되었다. 이 책은 그러한 운동의 상승기에 세상에 나와 운동의 열정을 한층 고취시키는 작용을 했다. 또 실제로 그 내용 역시 열정에 불타는 전투적 여성해방론으로, 강렬한 개성과 계시적 내용으로 가득 차 있었다.

『성의 정치학』은 출판과 동시에 큰 반향을 불러일으켰다. 이후 미국에서 오랫동안 베스트셀러의 자리를 지키며 '리브의 성서'라고까지 일컬어졌으며, 세계 각국에서도 많이 번역되었다.

문학 비평을 통해 성의 정치를 분석

이 책은 먼저 헨리 밀러의 『섹서스』, 노먼 메일러의 『아메리카의 꿈』, 장 주네의 『도둑 일기』 등의 인용에서 시작된다. 느닷없이 시작되는 성 묘사에 놀랄 독자도 적지 않으리라고 생각되지만, 저자인 밀렛은 남자와 여자의 순수하게 보이는 생물학적 행위의 묘사 장면에서조차 저자가 '성의 정치'라고 정의하는 상황이 실은 근사하게 드러나고 있다는 점으로 독자들의 주의를 끈다.

'성의 정치'란 밀렛이 만들어 낸 말로서, '남녀 양성 간에 놓인 정치적 관계'를 지칭하는 용어로 사용되고 있다. 정치라는 말을 이 책에서는 '한 무리의 인간이 다른 한 무리의 인간에게 지배되는 구조를 가리키는 것'으로 파악하고 있다. 밀렛은 '태어남으로써 만들어진 하나의 집단에 대해, 다른 방식으로 태어난 집단이 지배하는 관계'가 남자와 여자 사이에 존재하며, 실제로 이러한 '생존권에 의한 우위'를 통해 남자가 여자를 지배하고 있다고 설명하고 있다.

 이 같은 '성의 정치'가 지배하는 상황을 낳고 유지해 오며 영속화시켜 온 것은 다름 아닌 가부장 체제이자 이데올로기라는 점을 지적하고 있다. 그녀는 지배란 권력에 의해 유지되는 것이며, 그 권력은 '합의에 의해 지지되는 경우와 폭력에 의해 지지되는 경우가 있다'는 한나 아렌트[Hannah Arendt]의 정의를 인용하고 있다. 이어서 '성의 정치'는 "기질과 역할, 지위에서 기본적으로 양성을 부권제 정치 형태로 만드는 '사회화' 과정을 통해 합의를 얻어 내고 있다"고 설명한다.

 성의 정치, 곧 성차별 체제는 인류의 반을 차지하는 여자를 '내부 식민지'로서 억압하며, 그러한 억압을 다양한 형태로 정당화하고 있다. 그 때문에 이 체제 속에서 태어나 자라난 여성은 차별적 가치를 육체화하고 있으며, 분화적으로 만들어진 '여성다움'을 자신의 '본성'으로 생각해 버리게 된다. 그리고 이른바 여자의 '행복'을 보증하는 것이, 실은 이 같은 예속적 지위에 있다는 것을 의식하지 못하게 한다. 남성 우위, 곧 가부장 체제의 이데올로기적 조건은 이처럼 철저하다.

 그리고 밀렛은 베벨, 보부아르 등과 같은 선배들의 업적을 참고로 하면서 신화와 종교, 법 제계 속에서의 여성의 취급 문제와 더욱이 생물학과 사회학 등의 모든 과학과 문학 등 다양한 측면으로부터 가부장제 문화의 실상을 조목조목 지적하고 있다.

특히 문화 비판 속에서 흥미로운 대목은 나치 독일과 사회주의 혁명의 성공 이후 소련에서 일어난 '성의 반동화'를 거론하고 있다는 점이다. 또 '반혁명, 1930~1960년'(제2부 4장)에서는 프로이트로 대표되는 정신분석 사상을 성차별의 관점에서 날카롭게 분석하고 있다.

그러나 이 책은 정치학 논문이 아니라 어디까지나 '성의 정치'적 상황을 성립시키고 있는 가부장제 문화를 비판한 책이다. 그런 점에서 문학 비평이 많은 비중을 차지하고 있다.

특히 '성의 반동'이라는 거대한 회색 감옥'을 쌓아 올리는 데 힘을 빌려주어 '문화의 대변자'로서 여러 태도를 반영하는가 하면 또한 실제로 그것을 형성하기도 한 '반혁명적 성의 정치가'인 로렌스, 밀러, 메일러 등 세 사람을 분석하고 있는 저자의 필치는 매우 날카롭고 논쟁적이다.

메일러가 이에 대해 '성의 죄수'를 써서 반론을 시도한 것은 널리 알려진 일이다. 그리고 앞에서의 세 사람과 대비하며 장 주네를 거론한 뒤, 밀렛은 남자와 여자라는 양성 사이의 관계를 변혁시키는 '성 혁명'이란 다름 아닌 문화 혁명이라고 규정하고, 문화 혁명이야말로 "성별에 의해 격리되어 온 인간의 경험을 동화시킬 것"이라고 주장했다. 밀렛은 마지막으로 여성해방운동은 계급의 철폐를 포함해 인류 전체의 해방을 지향하는 것이라는 점을 시사하며 끝맺고 있다.

종교

—

인간은 인간이 지닌 유한성을 초월하는 영원한 삶과 영원히 실재하는 것을
추구해 왔다. 이런 이유로 인간은 종교적 동물이라고 불리기도 한다.
'종교란 무엇인가'를 한마디로 정의하기는 매우 힘들다.
학자마다 견해가 다르며 종교 역시 다양하기 때문이다.
지금까지 나온 정의들 역시 복잡하고 난해한 종교 현상을 설명하기에는
충분하지 않은 것도 사실이다.
그러나 종교란 진리를 찾아가는 구도의 길이라는 사실만큼은
모든 종교에서 공통되는 현상일 것이다. 곧 종교는 궁극적으로
인간과 인간 삶의 궁극적 의미를 탐구하는 일인 것이다.

신학대전
(Summa Theologiae)

 아퀴나스는 스콜라학파의 위대한 교수였다. 철학적 인식론과 존재론에 대해 아리스토텔레스적 이해를 거쳐 신과 영혼, 도덕, 법 그리고 국가에 이르기까지 심오한 내용을 언급하고 있어 말 그대로 대전이 아닐 수 없다. 이 저서의 원제목은 라틴어인 숨마 테올로기아 **Summa Theologiae**이다.

INTRO

『신학대전』(1266~1273)은 신학에 관한 지식을 논증적으로 체계화한 저술로, 제1부는 신, 제2부는 인간의 행위, 제3부는 그리스도에 대해 각각 논하고 있다.

아퀴나스(1225~1274)는 40세 때 이 책의 저술에 착수했지만 1273년 12월(48세) 돌연히 펜을 놓아 버려 제3부는 미완성인 채로 끝났다. 그는 이성이 신앙과 대립하는 것이 아니라 오히려 신앙에 의해 완성된다고 주장하는 한편, 자유로운 의지에 기초한 행위를 하는 인간이 자유로운 인간이라고 했다.

신의 지복에 대하여

'지복至福'이란 '지성적 본성이 갖는 완전한 선'이다. 지복을 통해 지성적 본성은 자신이 가진 선 안에서 만족을 알고 자신에게 어떤 선한 일이나 악한 일이 일어나더라도 자신이 행위의 주체가 될 수 있는 것이다. 이는 바로 신에게 알맞은 덕성이다. 따라서 지복은 신에게 가장 적합한 것이다.

모든 지성적 본성은 지복이 되기를 바란다. 지성적 본성에서 완전한 것은 지성의 작용이며, 지복은 지성의 작용을 통해 성립되고 있다. 그러나 신에게는 존재하는 것과 지성의 작용, 곧 지성적 인식은 하나이다. 따라서 신에게 지복을 돌리기 위해서는 다른 지복자와 같이 지성에 관해 이를 돌려야 한다. 그리고 다른 지복자는 신의 지복에 유사화됨으로써 지복이라고 불릴 수 있는 것이다.

지복이 성립되는 지성의 최고 작용이란 신을 인식하는 것이다. 사람은 신을 인식함으로써만 지복에 이르게 된다. 그리고 그를 통해 신과 일치하게 되면 지복자는 지복의 범위 안에서 신 그 자체이며, 신 가운데 흡수되게 된다. 이렇게 되면 개개인의 지복자의 개성은 없어지게 될 것이다. 그러나 지복자는 각각의 고유한 방법을 통해 신을 인식하고 있기 때문에 고유의 지복을 가지고 있다고 말해야 한다. 피조물의 지성에서 궁극적인 목적이란 신 그 자체이다. 대체로 지복 속에 포함되어 있는 바람이란 신의 지복 속에 이미 전체적으로 그리고 탁월한 존재 방식으로 존재하고 있다. 객관적 행복과 실천적 행복, 지상적 행복에 대해서도 역시 신 안에 가장 완전한 형태의 행복이 포함되어 있는 것이다.

신의 존재를 다섯 가지 방식으로 증명

첫 번째는 사물의 운동으로 증명된다. 운동이란 어떤 사물을 가능태●에서 현실태●로 끌어내는 것이다. 동일한 사물이 현실태인 동시에 가능태인 것은 그것이 다른 관점으로 보이기 때문이다. 동일한 관점에서는 움직이는 것이 동시에 움직여지는 것일 수 없다.

운동하는 것은 모두 타자에 의해 움직여지는 것이다. 여기에서 움직이는 것과 움직여지는 것의 계열이 생긴다. 그러나 이러한 계열을 무한히 확장할 수는 없다. 왜냐하면 계열이 무한한 경우 '제1의 움직이는 것'은 존재하지 않는 것이 되며, 또한 그 까닭에 다른 어떤 움직이는 것 역시 존재하지 않는 것이 되기 때문이다. 2차적으로 움직이는 것은 제1의 움직이는 것에 의해 움직여지는 한 다른 것을 움직이는 것이다. 그리고 이렇게 되기 위해서는 어느 것에 의해서도 움직여지지 않는 제1의 움직이는 것이 존재하지 않으면 안 된다. 바로 이 제1의 움직이는 것이 신이다.

두 번째는 작용인作用因의 근거에 기초한 증명이다. 세계에는 작용인의 질서가 존재한다. 그러나 이 세계의 어떠한 사물일지라도 스스로의 작용인이 될 수 없다. 왜냐하면 이 경우에 원인은 그 자신보다도 앞서 존재해야 하기 때문이다. 또한 작용인의 계열을 무한히 확대할 수도 없다. 그러면 제1의 작용인과 마주칠 수 없기 때문이다. 그런 점에서 2차적, 중간적 원인도 존재하지 않는 것이 된다. 이는 잘못된 것이다. 따라서 제1의 작용인, 곧 신이 존재하지 않으면 안 된다.

제3의 증명은 가능한 것과 필연적인 것을 근거로 한다. 존재하지 않는 것이 가능한 사물은 결코 존재하지 않는다. 존재하지 않는 것이 존재하기 시작하기 위해서는 반드시 무언가 존재하는 것에 의해야만 한다. 그런데 모든 필연적인 것은 그 필연성의 원인을 다른 것으로부터 받아들이든가 또는 받아들이지 않든가 하는 둘 가운데 하나이다. 필연성의 원인을 다른 것으로 받는 '필연적인 것'의 원인을 무한히 거슬러 올라가는 것은 있을 수 없다. 이렇게 그 자체에 의해 필연적이 되는 무엇이 존재하지 않으면 안 된다. 그것은 다른 것에 의해 필연성의 원인이 되는 그 무엇이다. 그리고 그와 같은 필연적인 것이 바로 신이다.

제4의 증명은 모든 사물을 통해 발견되는 완전성의 단계에서 끌어낼 수 있다. 모든 사물 속에는 보다 많거나 보다 적은 선한 것 또는 참된 것이 있다. 보다 많거나 보다 적다는 깃은 최대한의 것에 집근하고 있는가의 여부에 의해 정해진다. 따라서 최대한으로 선하고(선), 참되고(진), 고귀한(고귀) 것이 존재하며, 그것이 바로 그 같은 종류에 속하는 모든 것의 원인이 된다. 이 원인이 신이다.

제5의 증명은 모든 사물이 가진 목적에 의해 행해진다. 인식을 결여하고 있는 것은 무엇인가의 목적을 위해 움직인다. 그런데 인식을 결여한 사물이 목적을 향하기 위해서는 그 목적을 이해하며 인식하고 있는 것의 지시를 받지 않으면 안 된다. 이렇게 하여 모든 자연물이 목적에 의한 질서를 갖추게 되는 어떤 지성 인식자가 존재하게 된다. 이것을 우리는 신이라고 부른다.

가능태와 현실태

아리스토텔레스에 의하면, 모든 사물은 가능한 것에서 현실적인 것으로 발전한다. 금괴는 금 술잔의 가능태이지만, 가공 여하에 따라 금 술잔이 된다. 이처럼 어느 한 목적에 대해 미완성의 상태로 있는 것을 가능태라고 한다. 이와 달리 가능한 것 또는 미완성인 것에서 완전한 것으로 실현되는 상태 또는 어느 한 목적이 실현된 상태가 현실태이다. 금괴에 대한 금 술잔, 석재와 돌에 대한 집이 이에 해당한다.

우신 예찬
(Encomium Moriae(Laus Stultitae))

중세 이후에 가톨릭 세계가 부패를 거듭하며 인간성을 훼손하는 현실에 대해 날카로운 비판을 가한 것이 이 책이다. 비아냥을 담아 '어리석은 자'들의 집단에 내린 저자의 용서 없는 비판 정신은 현대 사회에 대한 비판에도 충분히 통용되는 것이 아닐 수 없다.

INTRO

『우신 예찬』(1511)은 르네상스 시대의 인문주의자 에라스무스(1469~1536)의 작품이다.

에라무스는 네덜란드의 로테르담에서 사생아로 태어나 수도원에서 자랐다. 1495년부터는 파리대학교에서 신학을 연구했으며, 이때부터 변질된 가톨릭 교회 제도에 대해 비판적인 경향을 띠게 되었다. 1499년에는 영국으로 건너가 여러 인문학자들과 교우했다.

이 책을 쓴 것은 에라스무스가 영국으로 건너가 친구인 토마스 모어(『유토피아』의 저자)의 집에 머무를 때였다. 모어가 가장 싫어하는 바보신moria을 예찬하는 이 책을 그가 모어에게 헌정한 것만 보더라도 얼마나 비아냥거리는 태도의 소유자였는가를 알 수 있다.

에라스무스는 이 책에서 교황과 교회의 권력자, 왕과 왕족, 귀족들의 행동을 냉정하게 관찰하고 풍자하며 그들이 바보신의 지시에 따라 행동하고 있다고 주장했다. 바보신을 예찬하는 것으로 보이게 하여 바보 같은 인간의 어리석은 행동을 비판하고 거꾸로 바보신에게 조종당하고 있는 인간을 예찬하고 있는 것이다.

교회의 위대한 어리석음을 조롱하는 반면, 종교의 참된 자세를 고찰한 것이기도 하다. 에라스무스는 이 책에서 종교가 물질적, 육체적인 것을 거부하고 순수하게 정신적으로 살아가는 것, 곧 종교가 순수한 영혼의 문제라는 것을 강조했다.

어리석음과 피를 섞은 그리스도교

그리스도교는 어떤 종류의 어리석음과 피를 섞고 있지만, 현명함과는 그다지 관계를 맺고 있지 않다. 그 증거로 어린이와 노인, 여자 그리고 백치들은 다른 사람들보다도 의식이나 행사를 좋아하며, 특히 종교적 냄새가 짙은 일을 즐거워하고 충동에 이끌려 제단 주변으로 몰려든다. 그리고 종교의 기초를 쌓아 올린 사람은 매우 단순한 사람이며, 학예에 적대적이었다는 점을 거론할 수 있다.

인간의 어떤 어리석음도 그리스도교 신앙의 정열에 빠져 있는 자의 어리석음에 비하면 훨씬 못 미치는 것이다. 이런 자들은 자신의 재산을 내던지는 것은 물론, 매도되거나 중상을 받아도 아무렇지도 않게 여기고, 쉽사리 사기에 넘어가며, 적과 내 편의 구별도 못 한 채 쾌락을 증오하고, 단식·불면·눈물·고통·굴욕을 십분 맛보며 살아 있는 삶을 싫어한 채 오로지 죽음만을 추구하고 있다. 그리고 모든 세속적 감정을 버리고 마치 정신이 자신의 육체 밖에서 따로 살고 있는 것처럼 행동하고 있다. 이러한 자들이 어리석은 인간이 아니고 누구이겠는가. 곧, 그리스도교도가 추구하는 행복이란 일종의 어리석음과 광기에 속한 것이 아닌가.

그리스도교도는 육체적인 것을 멸시하는 점에서 플라톤주의●자들과 공통된 점을 가지고 있다. 그들에 의하면 정신은 육체의 속박에 얽매여 있는 한 사물을 있는 그대로 볼 수 없다. 정신은 육체의 속박을 벗어나 자유롭고자 한다. 보통의 인간은 육체적이면 육체적일수록 더욱 그것에 이끌려 들어가 육체를 유일하게 존재하는 것으로 간주해 버린다. 반대로 경건한 사람은 육체에 가까이 있는 것일수록 그것을 경멸하고, 눈에 보이지 않는 것을 직관적으로 인식하고 사랑한 결과 심신이 모두 황홀하게 된다. 또한 보통의 인간은 먼저 재산을 중시하고 육체의 안락을 중요시해 영혼 따위는 거의 되돌아보지 않는다. 이에 반해 경건한 사람은 매사에 신에게만 마음을 향하며 신에게 가장 가까이 있는 영혼을 위해 배려한다. 이러한 종교적 열정에 사로잡혀 있는 사람들이야말로 우리가 말하는 어리석음과 광기의 상태와 꼭 빼닮은 것이 아닐까.

우리의 정신 능력은 어떤 구조에 의해 육체적인 것과 관련을 맺고 있다. 감각적 인식이 그 좋은 예일 것이다. 그렇지만 지성과 의지는 육체와 거의 관련이 없다. 영혼은 움직이면 움직일수록 그 진가를 발휘한다. 경건한 사람은 자신의 영혼을 감각적인 것과는 무관한 무엇인가를 향해 가게 한다. 이는 조국애와 부모 자식 간의 사랑, 우정과 같은 자연의 정념에 대해서도 마찬가지이다. 보통의 사람은 이런 정념에 이끌린다. 그렇지만 경건한 사람은 아버지를 사랑해도 단순히 아버지에 대한 사랑이 아니라 그 몸에서 보다 지고한 지혜의 모습을 발휘하고 있는 사람으로서 사랑하고 있는 것이다.

이와 같은 것은 종교적 행사를 이해하는 데에서도 나타난다. 예를 들어 단식은 보통의 사람에게는 단순히 식사를 한 차례 거르는 것이나 육식을 멀리하는 것으로밖에 생각되지 않지만, 경건한 사람은 오히려 그와 같은 단식을 통해 수많은 정념을 억제하고 분노와 오만을 억누르며 육체의 중압감을 경멸해 온 영혼이 천상의 복락을 맛볼 것을 목표로 한다.

또한 미사●에 관해 말하자면, 경건한 사람은 의전의 외형적 형식을 중시하지 않으며, 오히려 그를 통해 나타나는 정신을 중요시한다. 그들에 따르면, 미사는 그리스도의 죽음을 상징하는 것으로, 신자는 새로운 생명으로 다시 태어나 그리스도와 하나가 되기 위해 육체에서 비롯되는 정념을 스스로 매장하고, 그리스도의 죽음을 사신 속에서 재현하고자 하는 것이다.

경건한 사람에게 주어지는 최고의 포상이란, 플라톤이 "사랑하는 사람의 광란은 모든 광란 속에서도 가장 행복한 것"이라고 한 것과 같은 광기일 것이다. 사랑에 불타고 있는 인간은 더 이상 자신이 아닌, 자신이 사랑하고 있는 것에 몸과 마음을 바친다. 그러한 상대에게 녹아들어 가기 위해 자신에게서 빠져나오면 나올수록 당사자는 행복을 느끼게 된다. 영혼이 육체로부터 빠져나오고자 하여 가령 육체의 기관을 정상적으로 사용하는 일을 단념할 경우, 마땅히 그 영혼은 의심할 바 없이 착란되어 있다고 말할 수 있다. 사랑이 완전하면 할수록 착란은 한층 더 심한 것이 된다.

경건한 사람이 동경하는 천국에서의 생활은 어떠한 것인가. 그곳에서는 영혼이 육체를 초월해 있으므로 육체는 흡수되어 버리고 말 것이다. 정신 또한 무한히 강력한 힘을 갖고 있는 지고의 지혜 속에 흡수되어 있다. 곧, 인간이 인간 자신의 밖으로 나와 있게 되어 자신이 더 이상 자신이 아니게 되는 것이다. 이것이야말로 지고의 선에 순종하는 것이며 행복인 것이다. 마르지 않는 행복의 샘에 비하면 이는 겨우 한 방울의 물에 불과할지도 모른다. 그렇지만 이를 육체의 모든 쾌락과 비교할 때, 예컨대 인간적 쾌락의 모든 것을 다 합친다고 해도 이 한 방울의 복락 쪽이 훨씬 더 나은 것이 된다. 이것이야말로 이 세계로부터 피안의 세계로 옮겨 가도 사라지지 않으며 오히려 더 완전한 것이 되는 어리석은 광기인 것이다.

이와 같은 기분을 가질 사람은 진정 얼마 되지 않겠지만, 그들은 광기에 사로잡혀 있지 않은 것을 입에 올리며 자신을 잃은 망아의 경지 속에 빠져 있는 것이다.

일단 정상적인 정신으로 되돌아오더라도 자신이 지금까지 무엇을 했는지 전혀 알지 못한다. 그들은 다만 광기에 빠져 있을 때에만 행복했던 것이다.

플라톤주의
여기에서 말하는 플라톤주의란, 플라톤의 이데아론을 근거로 한 것이다. 사물(실재)을 판별하는 것은 생각을 불러일으키는 '상기想起'의 힘이다. 여기에는 진·선·미의 세 가지 형태의 이데아가 있다고 한다. 이는 뒤에 이상주의로 발전했고, 종교에 응용되었다.

미사
가톨릭 교회에서 가장 중요하게 여기는 종교 의식. 6세기의 로마 교황 그레고리우스 1세 무렵부터 일반화되었다. 현재는 예배 형식 그 자체가 되어 기도와 낭독문, 성서 본문 등의 순서가 엄격히 규정되어 있다.

그리스도교도의 자유에 대하여
(Von der Freiheit eines Christenmenschen)

종교 개혁 운동에 대한 여러 가지 오해와 비난이 일자, 그에 대응해 올바른 길을 제시하고자 한 저술이다. 복음주의 신앙을 살펴보고자 할 때 빼놓을 수 없는 명저이다.

INTRO

『그리스도교도의 자유에 대하여』(1520)는 『그리스도교의 개선에 대해 독일 국민의 그리스도교 귀족에게 보내는 글』, 『교회의 바빌론 포로』와 함께 루터(1483~1546)의 3대 종교 개혁 문서 가운데 하나로 손꼽힌다. 프로테스탄티즘의 근본 원리는, 인간은 신앙에 의해서만 의로워질 수 있다는 것으로, 그 근본 원리는 바로 이 책 속에서 시작되었다.

이 저술은 1520년 독일어와 라틴어로 동시에 쓰였으며, 루터의 저술 가운데에서도 가장 많이 읽힌 유명한 책이다. 이 글의 끝 부분에서 루터는 그리스도교도는 자기 자신 속에서 살아가는 것이 아니라 그리스도와 자신의 이웃과 함께 살아가는 존재, 곧 그리스도에 대해서는 신앙을 통해, 이웃에 대해서는 사랑을 통해 살아가는 존재라고 주장했다.

그리스도교도의 자유와 이웃에 대한 사랑

그리스도교도의 자유란 먼저 영혼의 자유를 말한다. 사제나 승려와 같이 몸에 성의를 두르고 있는 것만으로는 영혼에 아무런 도움이 되지 않는다. 영혼은 그리스도에 의해 설교된 신의 말씀, 곧 복음에 의하지 않고서는 살아 있거나 의롭게 되지 않으며 또한 그리스도교도가 될 수 없다. 영혼은 신의 말씀 없이 지낼 수는 있지만, 신의 말씀 없이는 아무것도 이룰 수 없다. 그리스도가 오신 것 역시 신의 말씀을 전하려는 사명 때문이다. 모든 성직자 역시 오로지 신의 말씀을 위해 소명을 받았고 임명된 것이다.

신의 말씀이란, 다름 아니라 복음서●에 포함되어 있는 그리스도의 설교이다. 이 같은 신의 말씀을 믿는 사람은 그 신앙●으로 인해 죄의 사함을 받으며 의롭게 되고 또 모든 것으로부터 자유롭게 된다. 신의 말씀과 그리스도를 자신 속에 완전히 받아들이며 그 신앙을 굳건히 하는 일은 당연히 그리스도교도가 행할 오직 하나의 '행함'이 된다. 신앙만이 사람을 의롭게 하며 자유롭게 하는 것이다.

실제 계율은 우리에게 선행이 무엇인가를 가르쳐 주고 있으나, 그 자체로 선행이 생겨나는 것은 아니다. 곧, 이는 실행에 직접적인 도움을 주는 것은 아니다. 훈계에 의해 사람은 선에 대해 무력하다는 것을 알게 되며, 자기 자신에게 절망하는 것을 배우게 된다. 그러므로 이는 '구약'이라고 부른다. 이러한 훈계를 만족시키기 위해서는 신과의 약속, 곧 계약이 필요하다. 그 약속은 계율이 요구하는 것을 제공하며, 명령하는 것을 수행하는 것을 뜻한다. 신만이 명령하고 신만이 실현한다. 이런 신의 계약은 '신약'의 가르침이다.

신의 말씀은 성스럽고 참되고 의로움에 가득 차 있으며, 마음을 평화롭게 해 주는 자유이다. 올바른 신앙을 가지고 말씀을 사랑하는 자의 영혼은 말씀과 완전히 하나가 된다. 이와 같은 신앙을 갖지 않은 선행은 영혼 속으로 들어갈 수 없다. 쇠가 불과 하나가 되어 불꽃 속에서 타올라 빨갛게 되는 것처럼 영혼 역시 신의 말씀에 의해 말씀 그대로가 된다. 그리스도교도는 신앙으로 충분하다. 의로워지기 위해 아무런 '행함'도 필요로 하지 않는다는 것은 모든 계율과 규율로부터 해방되어 있는 것이다. 곧, 자유이다. 이것이 그리스도교도의 자유이며 유일한 신앙이다.

신앙은 영혼을 신의 말씀과 똑같은 것으로 만들며, 모든 은혜로 충만되게 하고, 자유롭게 하며, 그것을 그리스도와 이어 준다. 신만이 인간의 의로움이며 모든 규율의 실현이다. 이 같은 제일 중요한 규율을 만족시키는 자는 확실히 훨씬 쉽게 다른 모든 규율도 만족시킬 수 있다. 우리가 추구하는 것은, 남에 의해 움직이는 것이 아니라 스스로 신을 받들어 '행함'을 하는 행위자이자 자유로운 자이다. 모든 '행함'에 앞서 먼저 신앙에 의해 충만해 있지 않으면 안 된다. 그리고 그런 뒤에 '행함'이 수반되어야만 한다.

그리스도의 사제직이란, 인간들 사이에 보이는 겉으로 드러난 동작이나 의복 같은 것이 아니라 눈에 보이지 않는 영혼 속에 있다. 그리스도의 가르침에 순종하는 것은 그리스도와 함께 모두가 반드시 왕이 되며 사제가 된다는 것을 뜻한다. 우리는 사제이다. 이는 왕보다 더 나은 것이다. 사제가 된 사람은 신 앞에 나아가 다른 사람들을 위해 기도할 수 있다. 이는 다른 누구에게도 허용되지 않는다. 그리스도교도는 왕자이므로 만물을 지배하고 또 사제이므로 신을 움직인다. 그리스도교도가 이와 같은 영광을 받는 것은 신앙에 의해서이며, 결코 '행함'에 의해서가 아니다. 모든 사람이 사제인 이상, 사제와 평신도들 사이에 종래와 같은 구별은 더 이상 성립되지 않는다.

이제까지 사제·승려·성직자라는 말은 부당하게 사용되어 왔다. 만인이 사제라고 해도 모두가 봉사하거나 관리하거나 설교할 수는 없다. 이른바 성직자들은 봉사자·하인·관리자에 지나지 않는 것이다. 이러한 관리직으로부터 저 공포스러운 지배와 권력이 생겨난 것이다. 그리고 평신도는 그리스도교도가 아닌 것처럼 다루어져 왔다.

인간은 신앙에 의해 그 영혼이 충분히 의롭게 된다고 해도, 이 세상에서는 아직 육신의 생활에 머물러 있다. 따라서 자신의 육신을 억제하고 사람들과 사귀지 않으면 안 된다. 여기에서 '행함'이 시작된다. 이런 점에서 사람은 게을러서는 안 된다. 수행과 훈련이 필요하다. 이는 그 내부에 육신이 있는 사람과 함께 신앙에 따르거나 그와 동화되기 위함이다.

그렇지만 '행함'으로 자신이 신 앞에서 의로워지려고 해서는 안 된다. 신 앞에서 인간이 의로워질 수 있는 것은 신앙에 의해서만 가능하기 때문이다. '행함'이 육신의 순종과 나쁜 욕망을 정화시켜 준다는 생각이 없으면 안 된다. 그리고 신의 마음에 흡족하도록 행하거나 신을 즐겁게 하는 일 이외에 아무것도 구해서는 안 된다. '행함'을 의로운 것처럼 여기는 사람들 대부분은 대개가 '행함'이라도 하고 있으면 의롭게 된다고 생각한다. 이 때문에 그들은 몸과 마음을 망치게 되고 만다. 신앙 없이 '행함'에 의해 의로워진다는 것은 매우 어리석은 일로, 그리스도교의 신앙과 관계 없는 일인 것이다.

그리스도교도는 자신 속에서 살아가는 것이 아니라 그리스도와 자신의 이웃 속에서 살아가는 것이다. 그리스도에게는 신앙을 통해, 이웃에게는 사랑을 통해 함께 살아가는 것이다. 곧, 신앙을 통해 신에게 다가가며, 사랑을 통해 신에게서 자신에게로 되돌아오는 것이다.

복음서

일반적으로는 『신약성서』에 있는 마태오의 복음서와 마르코의 복음서, 루가의 복음서, 요한의 복음서 등의 4복음서를 가리킨다. 그러나 예수의 생애와 가르침을 기술한 초기 그리스도교 문서의 총체를 의미하기도 한다. 초기 문서로는 마르코 원본과 로기아 등이 있다.

신앙

16세기 초 유럽에는 17가지의 면죄 습관이 있었다. 루터는 이에 대해 95개 조문을 내걸고 반대하며 항의(프로테스트)했다. 거기에는 면죄부를 돈을 주고 사서는 안 되며, 신앙에 의한 것만 의로운 일이라는 내용도 들어 있다.

그리스도교 강요
(Christianae Religionis Institutio)

'오직 신에게만 영광 있으라'라는 글로 시작되는 이 책은 철저한 신 중심주의로 일관되어 있으며, 이후 유럽의 역사 속에서 전 유럽인들의 정신적 지주가 되었고, 그것은 오늘날까지 이어지고 있다. 이 책은 1536년에 초판이 나왔으며, 이를 통해 칼뱅은 프로테스탄트의 새로운 지도자로 부상했다.

INTRO

『그리스도교 강요』(1536)는 칼뱅(1509~1564)의 대표적 저술이다. 그는 루터보다 26세 아래로 종교 개혁 운동의 제2세대에 속하는 지도자이다.

이 책은 중세에 쓰인 『신학대전』과 같은 체계적 신학 서적은 아니지만 일반인들을 위해 그리스도교 신앙의 지침서로 쓰인 것이었다. 전체는 네 편으로 이루어져 있으며, 제1편은 창조주인 신, 제2편은 속죄주인 신, 제3편은 그리스도의 은혜, 제4편은 참된 교회에 대해 쓰여 있다. 칼뱅의 신학 사상에서 중심을 이루는 내용은 예정설이다. 모든 것은 이미 신에 의한 구제와 파멸로 예정되어 있으며, 그와 같은 예정을 실현하기 위해 선택된 수단이 그리스도에 대한 신앙이었다.

신의 섭리에 대하여

우리가 신의 섭리●까지 나아가지 않는다면 신이 창조주란 사실을 올바르게 이해할 수 없다. 신은 그가 창조주로 여겨질 때 신의 개별적인 섭리에 의한 불변의 제어자이자 보호자라는 결론에 도달하게 된다. 이 개별적 섭리를 통해 신은 자신이 창조한 하나하나를, 예컨대 그것이 제아무리 작은 것일지라도 사랑하고 보호하며 배려한다. 신의 섭리는 흔히 운명과 운명적인 우연으로 간주되는 경향이 있다. 그러나 이는 잘못된 생각이다. 어떠한 일에서도, 예를 들어 그것이 번영이든 재앙이든 그것은 신의 감추어진 계획에 따라 그렇게 된 것이다.

신은 전능하다. 전능의 의미는 신이 한편에서 아무것도 하지 않은 채 쉬고 있는 것처럼 보인다는 의미 때문이 아니다. 또한 신이 스스로 정한 자연의 질서에 일반적인 운동을 부여해 계속 그 질서를 유지시키고 있기 때문도 아니다. 오히려 그런 일들이 섭리를 통해 하늘과 땅을 통치하며, 또 신 스스로의 계획에 의하지 않고서는 어느 것 하나도 일어나지 않도록 모든 것을 지배하고 있기 때문에 전능한 것이다. 신의 지배는 그처럼 행하는 모든 것에 미친다. 신이 스스로 알고 스스로의 의지로 정한 것이 아니라면 어느 것 하나도 숨길 수 없는 것처럼, 모든 것은 신의 감추어진 계획 아래 지배되고 있다.

신의 개별적 섭리

섭리란, 신이 모든 것을 통제하고 있다는 것을 뜻한다. 그런데 신에게 일반적인 것만을 귀속시키고, 세세하고 특수한 개별적인 것들은 애초부터 신이 알지 못하는 것이라고 주장하는 사람들이 있다. 예를 들어, 지구의 구조와 그 각 부분에 대해서는 일반적 운동을 부여했을지라도 하나하나의 개별적 피조물에 대한 작용은 정돈되어 있지 않다고 하는 주장이 그것이다. '일반적인 섭리'에 대한 이 같은 사고방식은, 인간이 자신의 의지에 따라 제 마음대로 이곳저곳으로 방향을 바꾸는 일과 같다고 생각하는 것이다.

이런 주장을 하는 사람들은 세계는 물론 인간의 일, 곧 인간 자신은 신의 능력에 의해 통치되는 것은 아니라고 주장하는 사람들이다. 이들은 아무것도 알지 못한 채 맹목적이고 애매한 '운동'만 신에게 귀속시키고 정작 신에게서 중요한 것을 제거해 버리는 사람들이다. 그리고 이들은 신이 이해를 초월한 지혜로써 만물을 유도해 신이 목적하는 방향으로 이끌어 간다는 사실을 부정한다. 결국, 이들은 신을 단순히 명목상의 지배자로서만 생각할 뿐, 사실상의 지배자로서 섬기고 있지 않은 것이다.

신의 개별적 섭리는, 『성서』가 말하고 있는 확실하고 명쾌한 증언을 통해 확인할 수 있으며 또한 전혀 의심할 바가 없는 것이다. 신은 개별적인 일까지 모두 지배하며 마음을 기울이고 있다. 따라서 개별적인 일까지 모두 신이 정한 계획에 따라 일어나는 것이다. 운명에 의해 일어나는 것은 아무것도 없다. 우리는 이 세계가 특히 인류를 위해 만들어진 것임을 잘 알고 있으므로 신의 섭리에 관해서도 그 목적을 자세히 살피지 않으면 안 된다.

『성서』는 이 세계에서 일어나는 일을 자세히 설명해 주고 있다. 가장 운명적인 것으로 보이는 것들일지라도 『성서』에 의하면 그것은 신의 섭리에 의해 일어나는 것이다. 예를 들면 가난한 사람이 부자가 되는 것은 결코 운명에 의해 그렇게 되는 것이 아니다. 신이 그렇게 되도록 정해 놓은 것이다. 가난한 사람은 참을 수밖에 없다. 왜냐하면 대개 자신의 처지에 만족하지 않는다는 것은 신에게서 부여받은 무거운 짐을 벗어 내던지려고 하는 것과 같기 때문이다. 사람은 결코 근면이나 운명에 의해 영예롭게 빛나거나 낮은 지위로 떠내려가는 것이 아니다. 신이 그렇게 만든 것이다.

운명이 아닌 필연

섭리론은 종종 스토아학파●의 운명론과 같은 것으로 오해되어 왔다. 그렇지만 신은 자신의 지혜로 만물을 궁극적 영원이 되도록 결정한 것이다. 신의 섭리는 단순히 영혼이 없는 피조물을 다스리는 일만 하고 있는 것은 아니다. 인간의 계획과 의지하는 것을 신이 정해 놓은 목표에 맞는 올바른 방향으로 향하도록 하고 있다. 그리고 우리가 말하는 '뜻밖', '우연', '아마'와 같은 단어조차 신의 섭리에 귀속되는 것이다. 또한 운명이라고 불리는 것은 결국 신의 감추어진 질서에 의해 지배되는 것을 의미한다. 다만 신의 의지를 통해 일어나는 일이 인간에게 이해될 수 없어 운명적으로 일어나는 것처럼 보일 뿐이다. 예를 들어, 사람이 길을 잃고 헤매다가 도적의 손에 의해 살해되었다고 해도 이는 신에 의해 이미 예견되어 있던 일일 뿐 아니라 신에 의해 이미 정해져 있던 일이다. 다만 인간의 정신이 이를 이해할 수 없을 뿐이다.

신이 정한 일은 필연적으로 일어나는 것이지만, 그 필연이란 절대적인 것이 아니다. 또 그 본질로 인해 필연적인 것도 아니다. 이러한 사례를 그리스도의 뼈에서 찾아볼 수 있다. 곧, 신의 아들 예수는 우리와 마찬가지로 육체를 가지고 태어났으므로 당연히 그의 뼈는 우리처럼 부수어질 수 있다. 그러나 부수어지지 않았다. 이는 자연히 그렇게 될 일을 신이 스스로 계획한 필연에 의해 제한했기 때문이다.

신의 능력은 최초에 행해진 창조의 순간에 비해서도 결코 뒤떨어지지 않으며, 영속하는 상태에서도 쉼 없이 빛을 발하고 있다. 이는 경건함을 품지 않는 사람들조차도 인정하지 않을 수 없을 것이다. 이는 바로 그들이 땅을 바라보고 하늘을 쳐다볼 때만큼은 적어도 창조주의 위대함과 숭고함을 느끼지 않을 수 없기 때문이다. 또한 신앙은 창조에 대한 찬미를 신에게 돌리고 있기 때문이다.

섭리

종교 특히 그리스도교에서는 인간을 둘러싸고 있는 자연이 신에 의해 창조된 것이라고 여긴다. 그리고 그 세계는 신이 특수한 방법을 통해 모든 운행을 결정하고 있어 그에 복종하는 것이 인간의 당연한 일로 여겨졌다. 이러한 신의 특수한 방법을 섭리라고 한다.

스토아학파

로마 시대에 크게 유행했던 철학의 일파. 그 핵심은 우주를 지배하는 운명과 이성에 복종해 살아갈 것을 가르치는 데 있다. 또 이성에 의해 욕망과 정념을 극복하는 것이 자연적 삶의 방법이라고 주장하며 금욕주의를 표방했다.

7장

교육

—

모든 인간은 그가 살고 있는 세계와 어떤 형태로든 상호 작용을 하며 살아간다.
그리고 이렇게 세계와 상호 작용을 하면서 인간은 여기에 보다 잘 적응하기
위해 필요한 지식을 습득하고 다음 세대에 전달해 주게 된다.
이것이 바로 교육이다. 따라서 교육은 인간이 태어나서 죽을 때까지
지속되는 과정이며, 어느 사회를 막론하고 존재하는 기능인 것이다.
"서툰 의사는 한 번에 한 사람을 해치지만,
서툰 교사는 130명을 해친다"는 말이 있다.
이 말처럼 교육의 중요성을 극명하게 보여 주는 말도 없을 것이다.
여기에서는 현대의 교육 철학이 있게 한 교육의 선각자들의 저서를
통해 현재 우리의 교육을 짚어 보고자 한다.

에밀
(Emile, ou traité de L'éducation)

 루소 식의 자연 예찬과 인위를 배격한 철학을 교육론으로 전개한 것이 특징이다. 찬찬히 생각하며 읽지 않으면 진의를 파악하기 어려울 정도로 내용이 깊어 정독이 필요한 명저이다. 루소 스스로도 매우 중요하게 생각한 이 책의 원제는 '에밀, 교육에 대하여'이다.

INTRO

루소(1712~1778)는 파란만장한 생애를 보내는 가운데에서도 몇 가지 귀중한 저작을 남겼는데, 그 가운데 하나가 『에밀』(1762)이다.

『에밀』은 『신 엘로이즈』●, 『사회계약론』과 비슷한 시기에 집필되어 1755년에 완성되었다.

루소는 이 책에서 자연과 사회, 자연인과 사회인의 대립, 자연의 우위 등 『학문예술론』 이후 자신이 일관되게 주장해 온 내용을 한층 발전시켜 새로운 인간의 형성에 관해 서술하고 있다. 개별적 주장보다는 자연인의 본질을 어떻게 묘사하고 있는지에 대해 주목해 보며 읽을 것을 권한다. 루소의 '자연 회귀'가 어떻게 설명되어 있는가 하는 점도 중요한 대목이다.

루소 자신도 이 저술을 매우 중시했다. 이 밖에 『폴란드 통치론』 역시 그의 교육 사상을 파악하는 데 빼놓을 수 없는 저술이다.

자유로운 인간과 시민을 육성하는 교육

"어떠한 계획을 세울 경우라도 두 가지 점을 고려하지 않으면 안 된다. 먼저 첫 번째는 그 계획이 절대로 좋은 것인가 하는 점이며, 두 번째는 그 계획의 실행이 용이한가 하는 점이다."

이 두 가지 조건을 충족시키는 내용이리면 어느 시대리도 혁명이 선언될 수 있지만, 그 선언의 운명이란 기존 체제 내에서 탄압을 받거나 무시되든가 아니면 추방되는 것 가운데 하나일 것이다. 루소와 함께 실천을 위한 저술인 그의 『에밀』 역시 그 같은 대우를 받았다.

"조물주의 손을 떠날 때에는 모든 것이 선하지만, 인간의 손으로 넘어오면 모든 것이 악해진다."

이 책의 첫머리에 적혀 있는 이 말은 다름 아니라 그 무렵의 문명에 대한 과감한 도전이었다. 또한 이것이야말로 이 책에 담긴 기본 명제이기도 했다.

『에밀』은 전 다섯 편으로 구성되어 있다. 전체의 주제는 '에밀'이라고 하는 어린이에게 자연에 입각한 교육을 시키는 것으로, 각 편의 주요 내용은 에밀의 발달 단계에 맞추어져 있다. 제1편은 유아기의 교육에 관한 내용이고, 제2편은 유년기, 제3편은 소년기, 제4편은 청년기 그리고 제5편은 에밀의 반려인 소피에 대한 교육과 여성 교육을 논한 내용이다.

"우리는 연약한 존재로 태어난다. 우리는 힘을 필요로 한다. 우리는 아무것도 갖지 않고 태어난다. 우리는 도움을 필요로 한다. 우리는 분별을 지니지 않고 태어난다. 우리에게는 판단이 필요하다. 태어날 때 우리가 가지고 있지 않은 것 가운데 어른이 되어 필요한 것은 모두 교육을 통해 얻을 수 있다."

"교육은 자연 또는 인간 그리고 사물을 통해 제공되는 것이다. 우리의 능력과 우리가 가진 내부 기관이 발전하는 것은 자연이 베풀어 주는 교육에 의해 가능하다. 이러한 발전을 얼마나 잘 이용할 것인가를 가르치는 것이 인간의 교육이다. 우리를 자극하는 사물에 대해 우리의 경험이 얻게 되는 것은 사물에 의한 교육이다."

세 종류의 교사가 가르치는 방식이 서로 모순될 때, 어린이는 조화를 갖춘 인간으로 자라지 못한다. 가르침이 일치하고 동일한 목적을 향하고 있을 때 어린이는 본래의 목표대로 교육되고 일관된 인생을 보낼 수 있게 된다.

세 가지 종류의 교육 가운데에서 자연에 의한 교육만은 인간의 손으로 어찌할 수 없는 내용이다. 따라서 다른 두 가지 종류의 교육은 자연에 의한 교육에 맞추도록 해야 한다. 세 가지 종류의 교육이 단순히 다르기만 하면 그것은 쉽게 이루어질 수 있다. 그러나 서로 대립하고 있을 경우에는 불가능하다. 인간은 자연 또는 사회 제도와 싸우지 않으면 안된다. 또 인간을 만들 것인가 또는 시민을 만들 것인가를 결정해야만 한다.

루소는 일반적 자연 상태를 상정하고, 인간의 공동체에는 두 가지의 대립적 목적이 있음을 보여 주며 그에 상응해 각기 다른 두 가지 교육 형태가 존재하고 있음을 예상했다. 그 가운데 하나는 일반적인 공교육이며, 다른 하나는 개별적 가정 교육이다. '조국'과 '시민'이라는 근대적 단어를 부정했던 루소에게 공교육이란 있을 수 없었다. 가정 교육이야말로 유일한 희망이었다.

절대적인 정수와 같은 자연인을 만들기 위해 루소가 세운 격률은 다음과 같은 것이었다.

제1격률 자연이 부여한 모든 힘을 어린이도 충분히 이용할 수 있도록 할 것.

제2격률 신체적 필요는 물론, 지성과 능력에 관해 어린이를 돕고 보충해 줄 것.

제3격률 자연 상태에서 제멋대로의 행동은 생겨나지 않는다. 실제로 필요한 것에 한해서만 어린이를 도울 것.

제4격률 어린이를 주의 깊게 연구해 어린이에게서 자연에서 직접 생겨난 것과 억측에서 생겨난 것을 구분할 것.

그리고 이 같은 법칙의 정신으로 '어린이에게 진실된 자유는 부여하되, 지배력은 부여하지 않으며, 될 수 있는 한 자기 스스로 모든 일을 하게 하고, 다른 사람에게 무언가를 구하지 않도록 할 것'을 내세웠다.

위와 같은 교육 원리를 내건 뒤, 루소는 발달 단계별로 검토해야 할 사항을 거론하고 있다. 어느 부분부터 읽어도 큰 지장은 없지만, 약간의 자가당착 등을 개의치 않는다면 어린이를 지켜보는 루소의 시선이 매우 따뜻하고 날카롭고 폭넓다는 것을 알 수 있다. 특히 제4편에 보이는 청년의 본질에 관해 쓴 문장은 매우 아름다우며 엄숙하기까지 하다. 더욱이 같은 제4편에 있는 '사보와인 부사제의 신앙 고백'은 루소의 종교관과 철학을 이해하는 데 절대로 그냥 지나칠 수 없는 중요한 내용이다. 실제로 이 장의 내용으로 인해 루소가 이단시되었다고 말할 수도 있다.

그렇지만 루소가 말하는 '자연'이라는 개념은 매우 파악하기 어려운 개념이다. 루소 자신이 말한 한 구절을 빌린다면 다음과 같다.

"우리는 출생하면서부터 감성을 가지고 태어난다. 또한 출생하자마자 우리를 둘러싸고 있는 사물들로부터 여러 가지 방법으로 영향을 받으며, 감각을 의식하자마자 그 감각을 만들어 낸 사물을 추구하거나 피할 생각을 하게 된다. 그러한 과정은 먼저 그 감각이 유쾌한가 불쾌한가, 다음에는 사물과 우리 사이에 적합한 것이 있는가 없는가 그리고 마지막으로는 이성이 우리에게 주는 행복 또는 안정성이라는 개념에 비추어 우리가 어떠한 판단을 내릴 것인가에 관한 기준이 된다. 이러한 성향은 우리의 감성이 잘 다듬어지고 이성이 발달함에 따라 그 폭이 넓어지고 확고해진다.

그러나 그것들은 우리의 좋지 못한 습관에 묶이고, 우리의 편견에 의해서 어느 정도 변질된다. 그 변질 이전의 성향들을 나는 우리 속에 있는 자연이라 부르고 있다."

NOTES

『신 엘로이즈』
귀족의 딸 쥘리와 가정 교사 생 푸레 사이의 사랑과 정절을 묘사한 서간체 소설. 『고백』, 『에밀』과 함께 루소의 3대 장편으로 꼽힌다.

게르트루트는 어떻게 그의 아이들을 가르치는가
(Wie Gertrud ihre Kinder leht)

학교 개혁의 필요성과 함께 궁극적으로 최초의 교사는 어머니여야 한다는 가정 교육까지 언급하며 교육 방법에 대한 독자적인 견해를 전개하고 있다. 현대 교육학에서도 필독서로 평가받는 저서이다.

INTRO

페스탈로치(1746~1827)는 스위스에서 태어나 평생 동안 빈민 구제에 힘을 기울였다. 또 교육 방법의 탐구에 깊이 천착하며 많은 저작을 남겨, 근대 교육에 커다란 영향을 미쳤다. 『게르트루트는 어떻게 그의 아이들을 가르치는가』(1801)는 열네 통의 편지 형식으로 된 저술로, 페스탈로치가 각지에서 실험 학교를 운영하면서 이름이 널리 알려진 시기에 쓴 것이다. 교육에 관한 페스탈로치 자신의 직관이 가장 충실한 모습으로 표명되어 있다.

그 밖에 주목할 만한 저작으로 『탐구』(1794)와 『라인하르트와 게르트루트』●(1781~1787), 『백조의 노래』(1825) 등이 있다. 아내 안나●와의 경건한 사랑도 유명하다.

독자적인 교육 방법 제안

"친애하는 게스너 군, 그대는 지금이야말로 민중 교육에 관한 내 신념을 공표해야 할 시기라고 말하고 있다. 그래서 지금 나는 그것을 밝히려고 생각한다. 몇 통의 편지를 통해 민중 교육에 관한 내 희망을, 아니 그보다는 내 생각을 될 수 있는 대로 분명히 그대에게 전하고자 한다(제1신)."

다양한 실천과 체험을 거친 페스탈로치의 눈에 비로소 깊이를 알 수 없는 늪처럼 생각되었던 민중 교육의 전모가 보이기 시작했던 것이다.

이는 페스탈로치가 청년 시절부터 품어 왔던 간절한 바람, 곧 고통받고 있는 민중의 비참함을 그 근원부터 근절할 수 있게 하는 것이었다.

비참한 민중의 처지를 근본적으로 해결하기 위해 산업 속에 감추어져 있는 '본질'을 확인하지 않으면 안 된다고 처음부터 직감하고 있었으나, 그것이 무엇인지 분명하지 않았던 것이다. 오히려 높고 큰 희망에 비해 자신의 부족한 역량을 한탄하며 통한의 날들을 보내고 있었다. 그 무렵 일반인의 평이 매우 좋았던 『라인하르트와 게르트루트』 역시 내심으로는 무력함을 드러낸 작품에 지나지 않다고 생각하고 있었다. 생명을 말하면서도 자기 자신은 생명을 지니지 않은 한 개의 돌덩이처럼 동시대인들의 곁에 덩그러니 놓여 있는 데 지나지 않다고 생각한 것이다.

이러한 고민 끝에 페스탈로치는 자기 자신에 대해 엄격한 비판을 가하고, 스스로 교사로서 살아가기로 결심을 하고 난 이후의 생활과 체험들을 반추하며 마침내 흔들림 없는 확신에 도달하게 되었다. 그것은 바로 때도 묻지 않은 자연 속에서 어린이들이 공동으로 학습할 때야말로 공감과 신뢰에 기초한 아름다운 인간애가 나타날 수 있으며, 그를 통해 실마리를 찾을 수 있다면 민중 역시 교화할 수 있다고 하는 확신이었다. 그리고 그는 '그 비결을 세상의 모든 어머니와 어린이 그리고 순박한 사람들의 손에 전해 주려고' 생각했다.

"어린이를 가르치는 최초의 시간이란 어린이가 탄생하는 때부터이다. 어린이의 감각이 자연에 대한 인상을 느끼는 그 순간부터 자연은 그 어린이를 교육하고 있는 것이다. 생명이 신선하다는 것은 그 같은 인상을 느끼고 받아들이는 능력이 이미 성숙되어 있다는 말과 같다. 또 그것은 온 힘과 모든 충동을 다해 전적으로 자신을 형성시킬 기회가 되는 생리적 맹아를 각성한 것과 같다. 또한 다름 아니라 인간이고자 하는 바람과 인간으로 정해진 삶이 지금 성숙되어 각성된 것이다. 그러므로 모든 인간 교육은, 지금이라도 자신의 역량을 펼치기를 기다리고 있는 자연에 도움을 받는 기술일 따름인 것이다."

이런 확신을 통해 페스탈로치는 뒷날까지 불후의 교육 이론으로 계승되어 온 몇 가지의 원리를 발견하고 확인했다. 이는 대개 직관의 원리와 생활의 원리, 자기 활동의 원리, 사랑의 원리라고 불리는 것이다. 이어서 페스탈로치는 이 같은 근본 원칙을 교육에 구체적으로 어떻게 응용하고 처리할 것인가를 서술하고 있다. 이 새로운 교육법 역시 실로 근대 교육의 역사에 한 획을 긋는 획기적인 것이었다.

어머니와 어린이라는 기초적인 관계

열네 통의 편지 가운데 마지막 두 통은 일반적으로 종교와 도덕을 다룬 것으로 간주되고 있다.

"내가 품고 있는 사상의 전체 체계에서 요점이 되는 부분을 거론하지 않은 채 편지를 끝마칠 수는 없다. 요점이라는 것은, 인류의 발전에 관해 일반적으로 내가 진실이라고 인정한 몇 가지 원리가 대체로 신에게 드리는 예배의 본질과 어떤 관련을 지니는가 하는 문제이다(제13신)."

여기에서 페스탈로치는 어머니와 어린이라는 인간관계를 기초로 끝없이 이어지는 인간에 대한 사랑과 인간에 대한 감사, 인간에 대한 신뢰라는 감정과 인간다운 순종을 키워 주는 능력이 어떻게 하여 사람의 본성 속에서 꽃피우게 되는가를 생각하고 있다. 페스탈로치의 결론에 따르면, 어린이와 그 어머니의 자연스러운 관계가 가져다주는 자아 발달의 근본적 특징에는 인간이 창조주에 대해 귀의하고자 하는 특유의 감정적 싹과 그 본질이 전적으로 깃들어 있다는 점이다. 또 자아 능력이 비로소 눈뜨게 되는 것을 마치 신에 대한 신앙심을 통해 도덕적 감정을 자각하게 된 것과 마찬가지로 생각하는 어머니의 애정과 그러한 시도 속에는 교육이 주목해야 할 기초적 내용이 담겨 있다고 파악한 것이다. 이러한 확신이야말로 다름 아니라 민주 교육을 지속적으로 모색해 온 페스탈로치 자신의 행동의 기준이기도 했다.

페스탈로치의 눈에 비친 그 무렵의 국민 교육은 이러한 원리를 저버린 것이었으므로 그는 다음과 같이 힘껏 외쳤던 것이다.

"인류여! 인류여! 어머니에 대한 신뢰의 감정과 신에 대한 신뢰의 감정은 물론, 세계의 새로운 현상과 그곳에 있는 모든 것에 대한 신뢰의 감정이 서로 분리되려는 이때에 그대는 모든 힘과 여러 방법을 사용해 감사와 사랑과 신뢰와 순종의 감정을 어린이의 마음속에 순수하게 유지시켜야만 한다. 신은 정녕 그 같은 감정 속에 함께 계시며 그대의 모든 도덕적 생명 능력 역시 그러한 감정을 지속하는 것과 밀접하게 관련되어 있다. 인류여! 이런 감정을 어린이의 마음속에 싹틔워 주는 자연의 근원이 고사하려고 할 때, 그 근원을 소생시키는 새로운 수단을 손에 넣어, 세계의 새로운 현상의 자극을 통해서만 자라나는 어린이의 감각에 닿게 해야 한다."

이 새로운 방법이야말로 페스탈로치의 방법이었다. 도덕을 위한 감정적 보조 수단과 지식을 위한 감정적인 보조 수단이 서로 융합되어 모든 권리와 의무에서 어린이의 독립, 곧 시민으로서 자립할 것을 연습을 통해 달성시키고자 한 것이었다.

『라인하르트와 게르트루트』
페스탈로치는 "『라인하르트와 게르트루트』일지라도 내심 무력한 작품에 지나지 않으며 삶에 대해 말하면서도 생명을 갖고 있지 않은 돌멩이와 같이 동시대의 사람들 사이에 걸쳐 있을 뿐이다"라고 말했다.

안나 슐테스(Anna Schulthes, 1738~1815)
페스탈로치는 안나와 결혼한 뒤, 노이호프에서 농장을 경영하며 아들 야코프를 낳았다. 페스탈로치는 『에밀』에 큰 영향을 받으며 『육아일기』를 써서 남겼다. 이들의 부부애는 다른 사람들의 질투를 살 정도로 돈독했다.

인간의 교육
(Die Menschenerziehung)

아동 중심의 교육 사상 원리를 기본으로 하여 교육을 펼친 유치원의 창시자 프뢰벨이 인간 교육의 전반에 걸친 교육 이론과 방법론을 제시한 책이다. 케일하우의 실천학교●에서 이를 저술했으나 페스탈로치보다 더욱 현대적인 교육 방침을 제시하고 있으며, 뒷날 듀이 등의 교론론에도 많은 영향을 미쳤다.

INTRO

프뢰벨(1782~1852)은 19세기 신인문주의 교육자 가운데 한 사람으로 루소, 페스탈로치를 이어 아동 중심의 교육 사상을 전개하고 있다. 교육에 전력을 다한 70년의 생애 가운데 프뢰벨은 독창적 교육 기관인 '유치원'을 인류에게 남겨 주었다. 그 같은 실천의 골격을 만들어 낸 이론을 가장 기초적으로 서술한 것이 『인간의 교육』(1826)이다.

어린이들과의 생활을 통해 얻은 경험과 지도 원리를 세계 전체에 대한 사변적 통찰과 연결시킨 저술로 그다지 쉽지 않은 내용이다. 프뢰벨의 세계관은 모든 사물은 신 안에 존재한다는 만유재신론Panentheismus●으로 불리며, 낭만주의, 관념론과 함께 프뢰벨 자신의 본질적 직관인 '공의 법칙' 세 가지 요소로 구성되어 있다.

가난한 민중을 구제하고자 한 의도가 프뢰벨이 원래 품었던 뜻이었으며, 유치원 운동에 대해서는 프로이센 정부로부터 금지령이 내려지기도 했다. 그러나 유치원은 전 세계에 널리 퍼져 프뢰벨의 이름이 알려지지 않은 곳이 없게 되었다.

그 밖의 저술로 『어머니와 탁아소의 노래』(1844)가 있다.

유아의 신성에 관한 확신

"만물 속에는 영원의 법칙이 있다. 그것은 만물 속에 깃들어 있으며, 만물을 움직이고 지배한다. 이 법은 자연이나 정신 그리고 자연과 정신을 통일시키는 생명 속에는 물론, 과거와 현재에도 변함없이 나타나고 있다. 이와 같이 만물을 지배하고 있는 법칙의 근거에는 모든 사물을 움직이게 하고, 자신에 대해서 명백하며, 살아 있고, 자기 자신을 알고 있으며, 그렇기 때문에 영원히 존재하는 통일자가 필연적으로 존재하고 있다. 그와 같은 통일자는 신이다."

만물의 사명은 그 본질, 곧 신적인 본질을 스스로 발전시켜 표현하는 것이며, 신을 외부에 있는 사물을 통해 알려 주는 동시에 나타내어 보이는 것이다. 인간의 특수한 사명은 신을 충분히 의식하고 생생하게 인식하며 또 명확히 통찰해 신을 자기 결정과 자유를 지닌 자신의 생명 속에서 실현해 활동하게 하고 현현하게 하는 데 있다.

"의식하고 사고하며 인식하는 존재인 인간을 자극하고 지도하며 내재하는 법칙과 신적인 본질을 의식적으로 또한 스스로의 결정에 의해 순수하고 완전하게 표현시키고자 하는 것이며, 아울러 그를 위한 방법과 수단을 제시하는 것, 바로 그것이 인간의 교육이다."

프뢰벨에 의하면, 인간의 교육은 이처럼 정의된다. 일반적인 원칙도 위와 같은 것들이 된다. 곧, 교육은 추종적·보호적일 것, 순수하게 규정적·요구적·명령적인 방법은 명확한 자기의식의 각성을 통해 시작될 것 등이다. 또 교육은 양면적(수동과 능동, 고정과 가능, 규정과 해방)일 것, 교육자와 가르치는 어린이(요구와 복종) 사이에 제3의 것으로 자기를 비자의적으로 표명하는 지선·정의가 지배하고 있어야 할 것 등이다.

이처럼 교육 방법의 원리를 말한 뒤, 프뢰벨은 교육적 인간상과 유아기의 인간에 대해 말을 잇고 있다.

"인간은 누구라도 신적인 것이 인간의 형태로 계속 나타나고 있는 것이며, 이미 나타나 있는 것으로, 신의 사랑과 친근함과 은총의 담보이자 하사품으로 그 영원불멸의 본질에 따라 의식되고 보육되어야만 하는 것이다."

인간은 지상에 태어나기 이전부터 그 유한성의 내부에 무한, 시간성의 틀 속에 영원 그리고 지상적 성질 속에 천상적 성질을 실현할 필연성을 지고 있으므로 누구나가 이를 인정받으며 보육되어야 한다고 말한 것이다. 인류의 본질적 일원인 유아 시기부터 인간으로 승인을 받으며, 어린이는 부모 자식과 종족처럼 닫힌 관계가 아닌, 인류 일반으로 열려 있는 가능성으로 규정된다고 말하고 있다. 또 어린이는 인간성 개발에는 현재와 과거, 미래가 필연적으로 그 속에 통합되어야 하며, 동시에 그 통일성 속에서 개별성과 다양성을 포함한 주체로서 정립되어야 한다고 주장했다.

그러한 까닭에 유아기는 어린이의 본질로서 이해되고 정당하게 취급을 받아야 하며, 자신의 힘을 자유롭게 그리고 전면적으로 이용할 수 있도록 주의 깊게 지켜보아져야 하는 시기라고 말하고 있다. 프뢰벨의 유아 교육의 핵심을 이루는 원리는 이 같은 주장 속에 담겨 있다.

프뢰벨이 남긴 근대적 교육 원리에 관한 유산으로 주목해야 할 두세 가지 점을 거론한다면 다음과 같다. 첫째로 공동 감정의 발달을 매개로, 인간으로서 최초의 자기 인식이 싹튼 것을 보는 어린이의 감정 속에는 인간의 본질에 알맞은 순수한 인간적 생명이 표시되므로 어린이의 환경을 중시해야 한다는 점이다.

"어린이를 둘러싼 시선과 표정은 순수하고 확고한 것으로 어린이의 신뢰를 불러일으키며 그것을 충분히 길러 주는 것이어야 한다."

둘째로 인간의 발달을 연속적인 것으로 이해하고 있는 점이다. 발달 단계를 구분해 각각의 시기가 연속성이 없다고 보는 것은 유해하다고 생각했다. 발달에는 앞과 뒤를 나누는 것과 같은 구분은 포함되어 있지 않으며 서로 침투하면서 연속적으로 전개된다고 말한 뒤, 프뢰벨은 이렇게 덧붙이고 있다.

"인간은 각각의 발달 단계에서 그 단계가 요구하는 노력 이외의 어떠한 것에 대해서도 노력해서는 안 된다."

물론 인간의 교육이 유아기로 끝나는 것은 아니다.

프뢰벨은 제2편 이하(제2편 '유아기의 인간', 제3편 '소년으로서의 인간', 제4편 '생도로서의 인간')에서 각각의 발달 단계별로 각 단계의 의의와 방법을 설명하고 있다. 곧, 놀이와 먹는 것, 의복에서 학교의 정의와 가정의 교육적 의의, 교과, 가정과 학교의 결합 정도 등에 근본 원리가 어떻게 작용하고 있는가를 자세히 설명하고 있다.

그리고 마지막 제5편에서는 전체의 개관과 결론을 적고 있다. 그는 어린이의 교육에서 반드시 고려해야 할 점에 대해 이렇게 말하고 있다.

"신의 나라는 정신적인 나라라는 점, 따라서 또한 …… 우리 어린이들이 가지고 있는 정신적인 것의 보편적인 형성이야말로 본래적 의미에서 인간적인 것, 곧 개별적으로 나타나고 있는 신적인 것의 형성에 …… 주의를 기울여야 한다."

이러한 과정을 거쳐서 비로소 시민 또는 사회인으로서 개별적이고 실천적인 어떠한 요청에도 응할 수 있는 보편적 인간이 형성된다. 곧, 인간의 교육이 완성을 향해 다가가는 것이다.

NOTES

실천학교
새로운 교육 이념과 이론, 기술 등을 일정한 조건 아래 실시함으로써 그 적용 여부를 연구하는 학교를 말한다. 현대로 말하면 연구 지정 학교로 지정된 공립 학교 등이 여기에 해당한다.

만유재신론
모든 사물은 신의 품속에 있다는 설. 말브랑슈나 크라우제 등으로 대표된다. 신은 만물에 일관되어 있지만 그 속에서 소멸하지 않고 그것을 포괄해 통일한다고 한다.

민주주의와 교육
(Democracy and Education)

추상적 과학이 아니라 구체적 실증을 추구하는 듀이는 자신의 교육 철학을 실험학교에서 찾았다. 물론 실험학교는 프뢰벨에게서 시작된 것이었으나, 이 책에서는 사회 사상과의 대응 속에서 교육 이론을 논하고 있다. 이 책은 민주 사회의 이념을 교육의 문제에 적용하고자 한 것으로, 듀이의 정치 철학이 곧 교육론이라고 말할 수 있다.

INTRO

듀이(1859~1952)는 전통적 지식관이나 학교관에 대해 엄격한 비판을 가한 이론가이자 실천가이다. 『확실성의 탐구』(1929) 등의 저서를 통해 확립한 문제 해결법은 과학적 탐구 이론으로 그의 사상에 많은 영향을 미쳤다. 현대 프래그머티즘●을 대표하는 듀이는 교육철학 이외에도 사회철학에서 미학 그리고 윤리학에 이르기까지 광범위한 분야에서 활동했다.

『민주주의와 교육』(1916)은 『학교와 사회』(1899) 그리고 『경험과 교육』(1938)과 나란히 그의 대표적 교육론의 저서로 손꼽히고 있다. 이 책에서 전개되는 사상과 그 골격을 이루는 기본 이념은 현대의 사상 정황 및 문화론의 수준과 동향에 비추어 현대에도 충분히 이해할 수 있는 내용들이 많이 포함되어 있다.

교육이란 경험의 끊임없는 개조

『민주주의와 교육』은 전체 26장으로 구성되어 있다. 이는 내용상 크게 다섯 부분으로 나누어 볼 수 있다.

첫째, 교육의 작용과 기능을 거론하며 교육의 본질을 밝힌 부분(1~7장), 둘째, 교육의 목적과 그 목적이 되는 각종 능력에 대해 검토하고 있는 부분(8~12장), 셋째, 교육 방법과 그 내용을 다루고 있는 부분(13~17장), 넷째, 교육과 평가에 관한 문제를 다룬 부분(18~21장) 그리고 다섯째, 교육의 철학적 내용을 검토하고 있는 부분으로 나뉜다.

여기에서는 시카고대학교에서 실행한 실험학교로 명성을 얻게 된 그의 실천이 어떤 기본적 사고를 바탕으로 이루어진 것인지를 살펴보고 아울러 그의 교육 사상 전반을 이해하는 데 중요하게 여겨지는 약간의 기본 사상에 대해 듀이의 말을 인용하며 설명하고자 한다.

생명 또는 생활

"생물이란 자기를 죽일 수도 있는 에너지를 거꾸로 자신의 활동을 유지하기 위해 정복하고 제어하는 것이다. 생활이란, 환경에 대한 작용을 통해 자신을 더욱 발전시켜 나아가는 과정이다."

"생활이라는 말을 개체 또는 종족이 가진 경험의 전체 범위를 지칭하는 것으로 사용한다. …… 생활이란, 습관·제도·신앙·승패·휴양·직업을 포함하는 것이다."

환경

"환경이나 생활 환경이라는 말은 개체를 둘러싼 주위라는 말 이상의 의미를 가진다. 또한 주위의 사물이 사람들의 독자적 활동 경향에 대해 보이는 특정한 연속적 관계를 의미한다."

"사람도 함께 변해 가는 것이야말로 바로 그 사람의 환경이다."

"사회적 환경은 일정한 충동을 불러일으키며, …… 사람들을 활동에 종사시키며, …… 사람들의 모든 지적이며 정서적인 행동 경향을 형성한다."

지적 또는 지성

"어떠한 사물에 대해 관념을 갖는다는 것은 …… 그 사물이 우리에게 미치는 작용과 우리가 그 사물에 미치는 작용에 관한 경과나 일어날 수 있는 결과를 미리 파악하는 것이다."

"다른 사람이 가지고 있는 관념과 동일한 관념을 가지고, 실제로 다른 사람과 같은 마음이 되는 방법을 통해 어느 사회 집단의 한 구성원이 된다는 것은 사물과 행동에 대해 다른 사람들이 부여하고 있는 것과 동일한 의미를 부여하는 것이다."

"그것은 우리를 그 사람(곧, 타인)이 행동하고 있는 동일한 정황에 관련시키는 것으로, 결국 우리의 행동은 사회적으로 통제를 받게 된다."

"언어가 …… 전형적인 연대적인 관계라는 점을 상기하게 되면 통제의 기본 수단은 인간적인 것이 아니라 지적인 것이 된다."

"지적 능력이란, …… 사물을 그 사용법부터 이해하는 능력이며, 사회화된 지적 능력이란, …… 공유하고 있는 정황에 대해 사물을 그 사용법으로부터 이해하는 능력이다. 지적 능력이란, …… 사회 통제의 방법이다."

흥미

"흥미란, 목적을 가진 모든 경험에 대해 대상(지각된 것이든, 상상으로 나타난 것이든)이 사람의 마음을 움직이는 것을 의미한다."

"흥미라는 말은 …… 첫째, 능동적 발전의 전체 상태를 나타내고, 둘째, 알려져 있으며 바라고 있는 모든 객관적 결과를 나타내며, 셋째, 인간의 정서적 경향을 나타낸다. …… 교육에서 흥미가 낮게 평가되면 세 가지 의미 속에서 두 번째 의미가 먼저 과장되어 …… 모든 객관적 사물의 발전에서 분리되며 …… 개인적 상태로 내려앉지만 그것은 잘못된 생각이다."

경험

"경험은 능동적인 면에서는 시도하는 것이며, 수동적인 면에서는 짊어지는 것이다. 이와 같은 경험의 이중성은 연관적이다."

"단순한 활동은 경험이 되지 않는다. 그것은 분산적이며 원심력적이며 또한 낭비적이다. 무엇을 시도한다는 경험은 변화를 수반한다. 그렇지만 그 변화는 변화에서 생겨난 결과라는 반작용과 의식적으로 연관되어 있지 않으면 무의미한 변전에 지나지 않는다. 활동이 결과를 책임지게 될 때까지 계속되는 것과 일어난 변화가 우리 안에서 변화를 일으키는 것, 단순히 흘러가는 것에조차 주의를 기울일 때 그것이 경험으로 바뀐다."

"사고 또는 숙고하고자 하는 시도와 그 결과로 일어나는 것 사이의 관계에 대한 인식이다."

"사고라는 요소를 포함시키지 않고서는 의미 있는 경험은 있을 수 없다."

"경험 속에 암시된 사고가 드러날 때 경험의 질이 변하며 그러한 변화는 매우 중요하기 때문에 그 같은 종류의 경험을 숙고적 경험이라고 할 수 있다."

"우리는 '경험'이라는 말을 충실한 의미로도 사용한다"고 듀이는 말한다. 이 경우 비교가 되는 것은 생활이었다. 경험에도 갱신에 의한 연속이라는 원리가 타당하며, 육체적 존재의 갱신과 신념·이상·희망·행복·불행의 재생 그리고 관행과 제약의 재생이 그 안에 담겨 있다.

"어떠한 경험이라도 사회 집단의 갱신을 통해 연속되는 것"으로, "넓은 의미에서의 교육은 이러한 사회적 연속 수단인 것이다."

교육은 생활을 연속시키기 위해 개인적으로는 물론 사회적으로도 필연적인 것이다.

제도로서의 학교는 선택된 특수한 환경으로 기본 이상의 사고방식에 입각해 있어야 한다. 교재의 선택과 교육 방법의 모색도 역시 마찬가지이다. 이러한 내용이 관철될 때 종래의 학교의 폐해였던, 정신과 육체의 분리에서 유래하는 모든 악을 없앨 수 있다.

NOTES

프래그머티즘
행위를 가리키는 그리스어의 프라그마Pragma가 기원이다. 1870년대 W. 제임스에 의해 주장되기 시작했으며, 실용주의라고도 번역된다. 파스의 후계자인 듀이에 의해 사회학적, 심리학적 측면이 발전되었다.

실험주의
경험을 실험적이고 능동적인 것으로 파악함으로써 그 내용을 확인하고 적극적으로 실증하려는 실증적 경험론을 가리킨다. 듀이의 철학에 놓인 기본 입장으로, 실험학교 역시 이러한 입장을 따른 것이다.

8장

역사

고대 사회에서는 자신의 과거를 알고자 하는
인간의 오랜 욕구가 아직 '역사 기술'로 나타나지 않고
'신화와 전설'을 영웅서사시의 형태로 전해 온 것이 일반적이다.
'역사 기술'이 위기의식에서 비롯된 경우도 많았다.
독자 역시 위기의식을 느끼며 역사에 관심을 기울이는 경우가 많을 것이다.
그러한 관심은 거울을 보듯 역사에서 '모범'을 찾고 역사에서
교훈을 얻고자 하기 때문일 것이다. 현실 사회를 어떻게 판단할 것인가
하는 문제는 역사가들에게 주어진 임무이기도 하므로
역사가는 언제나 객관적 기준이 될 역사 법칙을 탐구하고자 한다.
그렇다고 해서 그들의 판단이 언제나 객관적 기준이 되는 것은 아니다.
물론 그 답은 독서 속에 파묻혀 개인 스스로 찾는 편이 가장 좋을 것이다.
그러나 인간은 '역사'를 읽고 감동하지 않을 수 없다.

영웅전
(Bioi Paralleroi)

일반적으로 '영웅전'으로 널리 알려지고 있으나, 정확한 원제목은 '대비열전(對比列傳, Bioi Paralleroi)'이다. 한때 입신출세를 노리는 사회 풍조 속에 많이 애독되었으며, 영국에서는 몽테뉴에게 영향을 주는 등 동서고금을 통해 가장 많이 읽히는 고전 가운데 하나이다.

INTRO

『영웅전』의 작가 플루타르코스의 생몰 연대는 정확히 알려져 있지 않으나 일반적으로 AD 46년 무렵에 태어나 AD 120년 이후에 죽은 것으로 여겨진다. 그리스 중부의 보이오티아에 위치한 카이로네이아의 명문 집안에서 태어났다. 소년 시대에 그 무렵 학예의 중심지였던 아테네로 나와 교양인의 필수로 여겨지던 수사학을 공부했다. 또한 플라톤학파가 중심을 이룬 아카데미학원에서 원장이었던 암모니우스에게 철학을 배웠다.

또한 그는 그 무렵 헬레니즘 문화의 중심지였던 이집트의 알렉산드리아와 그리스를 지배하고 있던 로마를 두 차례 방문하기도 했다. 그는 그리스와 로마에서의 생활을 통해 양쪽의 차이를 느끼며 두 곳의 인물에 관한 전기를 비교하는 작업을 했다.

『영웅전』은 각 인물들의 전기에 그리스와 로마 사람들의 인물 대비론을 더해 세 편이 하나의 세트로 이루어지도록 구성되었다. 그러나 대비론이 빠진 것도 있으며 영웅전만 쓰인 것도 있다. 현재 남아 있는 것은 22세트의 대비열전과 네 편의 단독 전기이다. 그 밖에도 에파미논다스●와 스키피오의 대비열전과 네로 등의 단독 전기가 있었으나, 현재는 흩어져 버린 것으로 전한다. 그가 가장 먼저 쓴 것이 흩어져 버린 내용 속에 포함된 것으로, 플루타르코스의 조국인 보이오티아의 영웅 에파미논다스의 전기였다고 주장하는 학자도 있다.

플루타르코스의 전기는 일화를 풍부히 인용하며 인물의 성격을 분명히 묘사하고 있다. 그가 자료로 삼은 내용 가운데에는 신빙성이 떨어지는 것도 있지만, 그가 써서 비로소 그 생애가 알려진 인물들도 적지 않아 이 책은 사료로서도 매우 중요시되고 있다.

플루타르코스는 많은 저술을 한 작가로서 250편에 가까운 저술을 남겼다고 전한다. 대비열전 이외에 오늘날 남아 있는 것은 철학과 자연과학, 문학, 종교 등 여러 방면에 걸쳐 쓴 에세이로, 특히 윤리적 내용이 많이 수록되어 일반적으로 '윤리논집'이라 불리고 있다.

「알렉산드로스전」

현재 전하고 있는 『영웅전』은 22편의 대비열전과 네 편의 단독 전기로 구성되어 있다. 책에 수록된 모든 전기에 대해 그 대강의 줄거리를 말하는 것은 불가능하므로 여기에서는 알렉산드로스와 카이사르의 전기만을 다루기로 하겠다.

「알렉산드로스전」은 77절로 나누어져 있다.

"역사가 아니라 전기이므로 모든 사항을 빠짐없이 다 썼다기보다는 성격을 밝히기 위한 말과 행동만을 적는다"라는 '서문'으로 알렉산드로스의 전기는 시작된다. 알렉산드로스의 어머니 올림피아스가 배에 벼락이 떨어지는 꿈을 꾼 뒤 그를 낳았다는 이야기 등 탄생에 관한 일화와 알렉산드로스의 신체적 특징과 성격 그리고 소년 시대가 묘사되어 있다. 그 가운데에는 부왕이 출타한 중에 페르시아 사절단을 접견하고 훌륭한 문답을 주고받아 사절단을 놀라게 한 일과 부케팔로스라는 거친 말을 길들여 부왕을 즐겁게 한 일 등 어린 시절부터 보통 사람 이상의 재능을 갖춘 뛰어난 인물이었음을 말해 주는 일화가 다수 소개되어 있으며, 아리스토텔레스가 그의 스승이었다는 점도 거론되고 있다.

알렉산드로스는 16세 때 이미 군사적 재능을 발휘했다. 아버지인 필리포스 2세와 사이가 좋지 않았으나 아버지가 암살된 뒤 왕위를 계승한 알렉산드로스는 그리스 각지에서 반란이 일어나자 이를 곧 평정해 버린다. 또 코린트에서는 그리스의 모든 폴리스 대표를 한데 소집해 그리스 동맹회의를 개최하고 페르시아 원정을 결의한다. 여기에 통 속의 디오게네스●와 대화를 나누는 유명한 일화가 소개되고 있다.

알렉산드로스는 군사를 이끌고 원정을 떠나 먼저 그라니코스(지금의 코카바스)에서 전투를 벌인 뒤, 소아시아 연안 지방을 차례로 평정하고 소아시아의 내륙 지방으로 군대를 진격시켰다. 이어 '고르디우스의 매듭'을 자른 일과 중병에 걸린 알렉산드로스가 자신을 암살하고자 하는 내용을 밀고해 준 시의를 신뢰하며 그가 권해 준 약을 마시고 병이 나았다는 일화 등이 이어진다.

대군을 결집시킨 페르시아 왕 다리우스는 시리아에서 알렉산드로스 대왕의 군대를 맞이해 전투를 벌이나(이수스 전투) 패해 달아난다. 알렉산드로스는 다리우스군이 진영 속에 남긴 수많은 황금제 도구류를 보고 "과연 이것이 왕의 생활이라는 것인가"라는 말을 남겼다고 전한다. 그러나 포로가 된 다리우스의 어머니와 아내 그리고 딸들에게는 "적을 물리치는 것보다 자신을 극복하는 것이 왕에게 더욱 어울리는 모습"이라며 손끝 하나 대지 않았다. 이처럼 알렉산드로스는 매사에 극기심과 절제심을 갖추고 있었다.

이어서 티루스와 가자를 정복하고 이집트에 입성해 알렉산드리아 시를 건설한다. 또 아몬 신전을 참배하고 '신의 아들'이라는 신탁을 받는다. 페니키아에 되돌아와 메소포타미아로 진군해 페르시아군과 아프가니스탄에서 결전을 치른다. 페르시아군은 이 싸움에서도 패해 결정적으로 붕괴한다. 알렉산드로스는 에크바타나와 수사, 페르세폴리스를 함락시키고 많은 전리품을 손에 넣는다. 이 과정에서 처음 석유를 보고 놀란 이야기와 페르세폴리스의 궁전을 남김없이 불태운 이야기, 바쁜 가운데에도 부하들에게 편지를 보내는 따뜻한 인간미 등이 거론되어 있다.

다리우스는 가우가멜라에서 도망치던 중 가까운 친척인 베수스에게 붙잡혔는데, 알렉산드로스가 뒤쫓아왔을 때에는 거의 빈사 상태였다. 알렉산드로스는 그를 후히 장사 지내고 그를 붙잡은 베수스를 능지처참했다.

그 뒤 카스피 해 연안으로 진군했으며 나아가 파르티아로 쳐들어갔다. 그는 이민족을 통치하는 데 필요한 오리엔트적인 풍습과 습관을 받아들였다. 알렉산드로스는 더욱더 동쪽으로 나아갈 결심을 했고, 대부분의 병사들 역시 그와 함께 진군할 것을 맹세했다. 그는 박트리아족 추장의 딸 록사네와 결혼했는데, 알렉산드로스의 이런 이민족 동화 정책은 마케도니아 이후 그를 따랐던 부하들의 마음을 그로부터 떠나게 했다.

그는 인도까지 진군하려고 마음먹었다. 인도의 왕 탁실레스는 싸움도 한번 하지 않고 복종해 왔으며, 펀자브의 왕 포로스와는 전투 끝에 승리했다. 포로스와의 전투 이후 마케도니아 병사들은 싸움에 싫증을 내며 갠지스 강을 건너 동쪽으로 진군하는 것을 반대했으며, 알렉산드로스의 애마 부케팔로스 역시 나이를 먹어 죽었다. 알렉산드로스는 바다를 보고 싶어 하며 강을 따라 하구로 진군했지만, 강 연안에 살던 이민족의 습격을 받아 큰 타격을 받았다. 다행히 죽음만은 모면해 7개월에 걸친 강행군 끝에 마침내 인도양에 도달했다.

알렉산드로스는 군대를 육로와 해로로 나누어 페르시아로 돌아가게 했지만 돌아가는 도중 많은 장병들이 병과 영양실조 그리고 혹심하게 높은 기온으로 인해 차례로 쓰러져 갔다. 또한 알렉산드로스 역시 중병에 걸렸다는 소문이 퍼지면서 그의 지배 아래에 있던 여러 민족들이 모반을 꾀했는데, 알렉산드로스는 배신한 이민족 장군들을 모두 처형했다. 수사에서는 부하 장병에게 그 유명한 집단 결혼을 시켰으며, 자기 자신도 다리우스의 딸 스타테이라와 결혼했다. 그리고 친위병으로 페르시아인을 기용했다. 이에 마케도니아 병사들의 마음은 더욱 알렉산드로스로부터 떠나게 되었다.

그 뒤 그는 바빌론에 입성했지만 이때부터 불길한 조짐이 끊임없이 나타났다. 알렉산드로스는 이를 의식하고 쉽게 흥분하면서 공포심을 나타냈다. 그는 바빌론에서 열병에 걸려 10일 정도 병상에 누워 있다가 결국 죽음을 맞이했다(BC 323년 6월). 알렉산드로스의 아내 록사네는 이때 임신 중이었다. 그녀는 스타테이라에 대해 질투심을 품고 있었는데, 결국 알렉산드로스의 죽음을 기회로 스타테이라와 그녀의 여동생을 살해했다.

여기에서 「알렉산드로스전」은 끝나지만 조금 당돌하게 끝난 느낌이 있어 이후의 내용이 소실된 것으로 의심하는 학자도 있다.

「카이사르전」

「카이사르전」은 모두 69절로 이루어져 있다. 「알렉산드로스전」과 달리 서문이 없으며, 출생과 소년 시대의 이야기도 없다. 갑자기 술라에 의한 청년 카이사르의 암살 계획부터 시작되고 있다. 이 때문에 첫머리 부분의 내용이 일부 소실되었다고 생각하는 학자도 있다.

암살 계획을 알아차린 카이사르는 흑해 연안에 있던 비튀니아의 왕에게로 망명했다. 그곳에서 그는 그다지 오래 머물지 않고 귀향했는데, 도중에 해적들에게 붙잡히게 되었다. 해적들은 몸값으로 20달란트를 요구했으나, 카이사르는 "너희들은 내가 누구인지 모르는가"라고 하며, "50달란트를 주겠다. 그러나 언젠가는 너희들을 붙잡아 목을 벨 것이다"라고 했다. 몸값을 치르고 풀려난 카이사르는 실제로 그 해적들을 모두 붙잡아 십자가형에 처했다.

술라의 권력이 쇠퇴한 것을 보고 카이사르는 로마로 돌아와 아폴로니오스에게 웅변술을 배웠다. 이후 그는 웅변술을 발휘해 민중의 인기를 얻으며 여세를 몰아 로마 정계로 진출했다. 그리고 술라파에 의해 위축되어 있던 마리우스파의 세력을 회복시켰다. 그렇지만 정적도 많아 여러 차례 암살의 위험에 처했다. 정계에서 세력을 확대하고 있을 동안 가정에서는 아내 폼페이아의 부정에 대한 소문이 들려왔다. 그는 아내와 이혼하면서 "내 아내가 되는 자는 결코 의심 따위를 받는 여자여서는 안 된다"라는 말을 했다고 한다.

그는 임지인 스페인으로 가서 알렉산드로스 대왕의 전기를 읽었다. 그리고 "알렉산드로스가 여러 민족을 정복하고 왕위에 오른 나이가 되었건만 나 자신은 아직 하나도 이룩한 것이 없다"면서 울었다고 한다. 그는 스페인에서 정복지를 확대하며 스스로 큰 부를 쌓았고 동시에 부하들의 신망도 얻었다.

로마로 되돌아온 카이사르는 폼페이우스와 크라수스를 화해시키며 '삼두 정치●'를 시작했다. 그는 갈리아 지방으로 건너가 게르만족들과 싸워 이겼고, 이 과정에서 병사들을 심복으로 만들어 용감한 병사들로 키워 냈다. 이런 일이 가능했던 것은 사욕이 없으며 극기심이 강했기 때문이다. 발작이라는 지병의 약점도 뛰어난 노력으로 극복했다.

크라수스가 파르티아인들과의 전투에서 사망하자, 카이사르는 제1인자가 되기로 마음먹고 폼페이우스를 실각시켜 제거하려 했다. 이에 폼페이우스는 원로원과 힘을 합해 카이사르에게 군대 해산을 명했다. 그러나 카이사르는 군대를 해산하지 않고 "주사위는 던져졌다"(플루타르코스의 『영웅전』에서는 "주사위는 던지는 것으로 하자"라고 되어 있다)라는 유명한 말과 함께 폼페이우스를 위시한 원로원의 세력과 싸우기 위해 갈리아와 이탈리아의 경계를 이루는 루비콘 강을 건넜다. 이후 이탈리아로 진군해 아리미눔을 점령했을 때, 로마 시내의 사람들은 큰 혼란에 빠져 앞다투어 도망쳤다. 폼페이우스 역시 원로원 사람들과 로마를 떠났다. 그러나 카이사르가 관대하다는 것이 사람들의 입을 통해 알려지면서 로마로 되돌아오는 사람들도 있었다.

폼페이우스는 남부 이탈리아의 브룬디시움에서 바다를 건너 일리리쿰으로 건너갔다. 카이사르는 곧 이를 뒤쫓지 않고 먼저 스페인으로 건너가 그곳에 있던 폼페이우스의 부관들을 처치해 배후를 정돈한 뒤 폼페이우스를 겨냥했다. 그 무렵 카이사르 군대에는 역병이 돌았고, 식량과 군자금도 부족해 크게 고전을 해야 했다. 결국 그리스의 테살리아 지방의 파르살루스 부근에서 양쪽 군대가 대치하게 되었다. 폼페이우스는 반드시 이겨 로마로 개선하리라고 결심했으나 선제 공격을 가하지 않은 것이 원인이 되어 전투는 카이사르의 승리로 끝났다. 이 전투에 대해서는 많은 조짐이 이미 승리를 말해 주고 있었다.

카이사르는 폼페이우스를 계속 추격해 이집트까지 따라갔으나, 이미 폼페이우스는 그곳에서 살해된 뒤였다.

이집트에서 클레오파트라 여왕을 만나 그녀가 왕위에 오르는 것을 도왔으며, 그녀와의 사이에서 '카에사리온(작은 카이사르)'을 낳았다. 이 전쟁에서 알렉산드리아의 대도서관이 소실되었다. 카이사르는 이집트에서 시리아로 건너가 이어서 폰투스를 정복하고 로마 원로원에 '왔노라, 보았노라, 이겼노라'라는 유명한 편지를 보냈다. 그 뒤 카이사르는 로마로 개선했다. 그리고 폼페이우스의 잔당인 카토와 스키피오를 토벌하기 위해 북부 이탈리아의 누미디아로 진격해 들어가 승리했다.

그리고 로마로 돌아와 갈리아와 이집트, 폰투스, 아프리카에서의 승리를 기념하기 위한 대개선문을 세웠다. 그 뒤 스페인에 남아 있던 폼페이우스의 자식들을 물리쳤는데, 이것이 카이사르가 싸운 마지막 전투였다.

카이사르는 그 뒤 독재 정치를 확립했지만, 한편으로 시민들의 호의를 얻고자 노력했다. 또한 역법을 개혁(율리우스력)했다. 왕이 되고자 하는 카이사르의 희망에 반감을 품은 사람들은 카이사르를 암살할 계획을 세웠다. 카이사르는 운명의 날(BC 44년 3월 15일), 원로원에 참석하는 것을 잠시 망설이다가 결국 출석해 브루투스에게 살해당했다. 그가 쓰러진 곳은 폼페이우스의 동상 아래였다. 카이사르가 암살된 다음 날, 브루투스의 일파는 연설을 통해 민심을 수습하려고 했으나 불가능했다. 카이사르의 유언이 공표된 뒤, 그 속에 시민들 한 사람, 한 사람에게 상당액의 돈을 주기로 한 내용이 들어 있음을 알게 된 민중은 암살자들의 집을 불태우고 그들을 죽이려고 했으므로 이들은 로마 밖으로 달아날 수밖에 없었다.

카이사르는 생전에 수많은 위험을 극복하며 패권과 명성을 손에 넣었지만 그 영광은 사람들의 증오심을 가져왔을 뿐이다. 카이사르를 암살한 사람들은 한 사람도 남김없이 카이사르의 수호신에 의해 복수를 당하며 비참한 죽음을 맞이했다.

이처럼 플루타르코스의 전기에는 일화가 많이 소개되어 있어 일화집으로서도 매우 흥미가 있으며, 기원전 1~2세기 무렵의 고대인의 사고방식을 이해하는 데에도 더없이 중요한 자료가 되고 있다.

에파미논다스

에파메이논다스라고도 한다. 그리스의 명장으로, BC 371년 레욱트라 전투에서 스파르타군에게 대승함으로써 테베가 그리스의 패권을 쥐게 되었다. BC 362년 스파르타군과의 전투에서 전사했고, 이후 테베 역시 쇠망했다.

통 속의 디오게네스Diogenes

BC 323년경의 그리스의 철학자. 금욕과 자족 그리고 부끄럼 없는 생활을 신조로 자연에 가까운 자유 생활을 즐기며 통 속에서 간소하게 생활했다.

삼두 정치

고대 로마의 공화정 말기에 나타난 3인제 정치 형태. BC 60년 제1회는 폼페이우스와 크라수스, 카이사르에 의한 정치를 가리킨다. BC 53년 크라수스의 죽음으로 이것이 무너지고 카이사르에 의한 독재가 시작되었다.

갈리아 전기
(Commentarii de Bello GAllico)

일체의 장식적 수사를 배제한 라틴어 산문으로 쓰여 있다. 현재 전하는 제목은 '카이사르의 갈리아● 전쟁에 관한 메모'이지만, 원래 제목은 '율리우스 카이사르의 업적에 관한 메모'이었을 것으로 추정된다. 따라서 『갈리아 전기』는 엄밀한 의미에서 보자면 역사 서술 그 자체라기보다는 역사 서술을 위한 자료라는 쪽에 가깝다.

INTRO

『갈리아 전기』는 로마 공화정 말기의 최대의 정치가이자 독재자였던 카이사르(BC 100~BC 44)가 BC 59년 콘술에서 물러난 뒤 다음 해인 BC 58년부터 갈리아의 지방 장관으로 임명되어 갈리아의 각 부족이 일으킨 반란을 진압하면서 쓴 기록이다. '전기'는 모두 여덟 권으로 이루어져 있는데, 그 가운데 7권까지는 카이사르가 직접 썼다. 제8권은 막하의 장군이었던 히르티우스가 쓴 것으로 여겨지고 있다. 카이사르의 집필 부분은 BC 58년 헬베티족과의 전투에서 BC 52년 베르킨게토릭스에 의해 일어난 갈리아 총봉기와 알레시아의 대치 장면까지이다. 제1권은 헬베티족과의 싸움 및 아리오비스투스에 대한 전투(BC 58), 제2권은 갈리아 북동 지방에 살던 벨기에족과의 전투와 연안 부족의 정복(BC 57), 제3권은 알페스 산지의 여러 부족의 토벌, 서쪽의 아퀴타니인들의 정복, 제4권은 모리니족과 메나피족의 학살, 제1회 게르마니아 원정, 제1회 브리타니아 원정(BC 55), 제5권은 제2회 브리타니아 원정, 에부로네스족의 반란, 수이오네스족과 트레웨리족의 반란(BC 54), 제6권은 갈리아의 반란 확대, 제2회 게르마니아 원정, 갈리아와 게르마니아의 제도 및 습관, 에부로네스족에 대한 복수전(BC 53), 제7권은 전 갈리아의 일제 봉기에서 알레시아의 대치까지의 전쟁(BC 52)으로 이루어져 있다. 그리고 히르티우스가 쓴 제8권에는 BC 51년과 그 이듬해인 BC 50년의 전투가 서술되어 있다.

집필 연대에 대해서는 BC 58년에서 BC 51년까지 매년 전쟁이 끝난 가을에서 겨울 사이에 한 권씩 썼거나, BC 52년 베르킨게토릭스를 항복시킨 직후에 한꺼번에 쓴 것으로 추정하고 있다. 이 책이 간행된 시기는 BC 52년 무렵이었던 것으로 보인다.

정치적 의도나 자기 변호가 당연히 포함되어 있는 것으로 보여 기술의 신빙성에는 의문의 여지도 있지만, 전투의 내용에 대한 착오나 왜곡은 그다지 없는 것으로 여겨진다. 문체는 자신의 감정을 억제하고 이성에 호소하며 객관적 3인칭을 구사하고 있어 제1급의 라틴어 산문으로 평가되고 있다.

속령의 보호와 로마 지배의 정당성

카이사르의 갈리아 정복 사업의 발단이 된 헬베티족과의 전투는, 헬베티족이 로마 속령을 통과하려고 하자 이에 대해 로마 동맹 부족이 로마에 이를 호소해 온 데 대한 대응 형태를 취하고 있다.

전투에 앞서 게르만 용병 아리오비스투스에 대해 카이사르는 다음과 같이 연설했다. "로마 국민은 동맹국과 우방 부족이 어떠한 손해도 입지 않을 것을 바라 마지않는다. 나는 그들이 존경과 덕망과 명성을 더욱 고양시키길 바란다. 이는 로마의 전통이다. 실제로 그들이 로마의 친구가 되고 난 이후에도 소유하고 있던 것을 약탈당한다면, 로마인들이란 도대체 누구인가. 가만히 침묵하면서 보고만 있을 것인가."

알레시아의 결전

BC 52년 갈리아의 총봉기, 특히 그 클라이맥스인 알레시아의 전투 부분을 일부 번역해 보자.

봉쇄, 대치, 기병의 탈출

알레시아의 성과 마을은 언덕의 정상 부근에 자리 잡고 있어 지세가 매우 높았다. 그 때문에 봉쇄 이외에 함락할 수 있는 방법이 없을 것이라고 생각했다. …… 한편 로마군이 구축하려는 봉쇄 시설은 전체 길이가 15km에 걸치는 규모이다.

그리고 봉쇄 작전이 시작될 때, 구릉과 구릉 사이의 평지에서 기마전을 감행할 것이다(이어 기마 전투에 대한 서술이 이어진다. 갈리아군의 패퇴). 베르킨게토릭스는 로마군의 봉쇄 공작이 완성되기 이전에 전 기병대를 한밤중에 풀어놓을 생각을 했다. "전체 갈리아의 자유를 위해 가장 큰 공적을 세운 나를 적의 손에 넘겨 고문을 받게 하지 말라. 만일 그대들이 이 임무를 조금이라도 게을리한다면 8만 명의 정예 부대가 나와 함께 전멸할 것이다"라고 하며 각각의 부족에게 강제 동원을 명했다. 그렇게 한 뒤 몰래 기병을 풀어놓았다. …… 갈리아 전체의 원군을 기다리며 전쟁을 계속할 채비를 갖췄다.

이어서 카이사르의 봉쇄 시설의 구조와 공작 재료, 식량 징수 등이 기술되어 있다.

원군과 농성하는 갈리아군

한편, 갈리아인의 알레시아 원군이 결성되었다. 기병 8,000명과 보병 약 25만 명 모두 사기가 높고 자신에 가득 찬 모습으로 알레시아로 향했다. 누구 한 사람도 빠짐없이 이렇듯 막대한 군사력을 보는 것만으로 적은 견딜 수 없게 되리라. 그것도 양쪽에서 협공을 받으면 더할 나위가 없을 것이라고 생각하였다.

그런데 알레시아의 마을에 봉쇄되어 있던 갈리아인들은 구원 부대의 도착을 기대하며 날을 보내는 동안 식량이 모두 바닥을 드러내게 되었다. 이렇게 되자 일부에서는 항복을, 다른 일부에서는 출격을 제안했다. 크리토게나투스의 연설은 극단적으로 사람의 도리에 어긋난 잔학함 때문에 여기에서 무시할 수는 없다고 생각한다(카이사르는 이렇게 적으며 그의 연설을 상세히 소개하고 있다. 그 대의는 다음과 같다).

"가장 수치스러워해야 할 노예 근성을 항복이라고 부르는 자들의 견해에 관해서는 나는 더 이상 아무것도 말할 생각이 없다. 그러한 놈들은 자유 시민으로 기대할 수 없다. …… 나는 출격을 제안한 사람들만 상대하고 싶다. …… 이 사람들의 생각의 밑바닥에는 우리가 가진 전통적인 용기가 여전히 살아서 흐르고 있다고 생각된다. …… 우리는 생명을 잃을 뿐 달리 아무것도 일어나지 않는다는 것을 알고 있기 때문에 나 역시 출격에 찬성하는 것이다. …… 그러나 갈리아 전체의 일을 고려하지 않으면 안 된다. 우리는 그들에게 원조를 요청해 놓고 있지 않았는가"라고 전원이 전사하게 될 출격에 반대하는 이유를 지루하게 밝힌 뒤, "우리의 선조가 행했던 것과 똑같은 것을 하면 된다. 선조는 요새 속에 갇혀 기아에 굴복했을 때, 나이로 보아 싸움에 도움이 되지 않을 자들의 육신으로 연명하면서 적에게 굴복하지 않았다. 자유를 얻기 위해서는 이와 같은 방침을 택해 후세에 전해지는 것이 영광이 아닌가"라며 그것이 영원히 로마에 노예 상태로 얽매이는 것을 피할 수 있는 유일한 길이라고 역설했다. 그렇지만 이 제안은 받아들여지지 않았다(그 뒤 원군이 도착하고 대치 상태가 계속되었다).

최후의 결전

알레시아의 북쪽 언덕에 있던 로마군 진지에서 갈리아인 별동 부대의 공격으로 최후의 결전이 시작되었다.

도처에서 동시에 전투가 벌어졌고, 적들은 모든 수단을 사용했다. 적들은 가장 허술하다고 생각되는 곳으로 우르르 달려들었다. 로마군은 방대한 방어 시설에 꼼짝할 수 없게 되어 도와주기가 곤란했다. 전투를 벌이고 있는 배후에서 적들이 지르는 함성은 우리 병사들을 위협하는 데 매우 큰 효과를 올렸다. 모두가 자기 육신의 파멸이 자신들의 배후에서 싸우는 동료들의 용기 여하에 달려 있다고 생각하기 때문이었다. 어찌 되었든 일반적으로 사람들의 마음은 눈에 보이는 것보다 눈에 보이지 않는 것에 의해 한층 더 심하게 혼란을 일으킨다. 카이사르는 적당한 장소를 발견하고 그곳에서 어느 지역에 무슨 일이 일어나고 있는가를 파악한 뒤 고전하고 있는 곳에는 원군을 보냈다. 양쪽 군대 모두가 이때야말로 최선을 다해 싸워야 할 때라고 결의하고 있었다(수차례의 격전).

…… 마지막으로 카이사르 자신이 한창 진행 중인 전투 속으로 새로운 정예의 병사들을 거느리고 직접 지원에 나섰다. 우리 군대는 회복하여 적을 격퇴했다. ……

적들은 카이사르의 붉은색 장군 외투를 보고 그가 온 것을 알아차리고 카이사르가 뒤를 따르라고 명령한 기병대와 보병 대대의 모습을 확인하자 싸움을 걸지 않을 수 없었다. 양쪽 군대가 함성을 질렀다. 그리고 곧바로 이에 호응해 진지는 물론, 모든 시설에서도 함성이 울려 퍼졌다. 우리 군대는 창을 버리고 검으로 승부했다. 갑자기 적의 뒤편에서 우리 기병들의 모습이 보였다. 군단의 별동대도 다가왔다. 적들이 등을 보였다. 달아나는 것을 기병들이 뒤쫓았다. 대학살이 전개되었다. …… 적의 대군 가운데에서 부상을 당하지 않은 자는 소수에 불과했으며, 그들만이 겨우 진영으로 되돌아갔다. 마을 사람들은 구원 부대가 거의 다 학살당하고 그 남은 일부가 패주해 오는 것을 보면서 구원받을 희망을 잃고 봉쇄 시설을 내팽개친 채 군대를 불러들였다. 진영에 남아 있던 구원 부대는 이 같은 보고를 받고 곧바로 도주하기 시작했다. 그렇지만 우리 병사들은 쉬지 않고 구원에 나섰다. 만 하루 동안 고된 전투가 계속되면서 모두 피로가 극에 달해 있었다. 만일 그렇지 않았더라면 적을 한 사람도 남기지 않고 섬멸할 수 있었을 것이다. 파견된 기병대가 한밤중을 틈타 도망치는 적의 후미를 뒤쫓았다. 그 과정에서 다수를 포로로 잡거나 살해했다. 남은 자들은 달아나 고향으로 갔다. 다음 날부터 베르킨게토릭스는 전술 회의를 소집해 자신이 이 전쟁의 책임을 지겠으며, 그것은 개인적 이익을 위함이 아니라 갈리아인 전체의 해방을 위한 것이라고 해명했다. "운명과 마주치면 그에 따르지 않으면 안 된다. 내 일을 그대들에게 위임한다. 나를 죽여 로마인들에게서 보상을 받거나 산 채로 넘겨주거나 둘 가운데 어느 쪽이든 마음대로 해도 좋다"고.

카이사르는 무기를 인도하고 지도자를 연행해 갈 것을 명했다. 그는 진영 앞의 시설 위에 앉아 있었다. 그리고 그곳으로 적의 장군들이 이끌려 나왔다. 베르킨게토릭스가 인도되어 나왔고 무기도 앞에 내던져졌다.

NOTES

갈리아Gallia

지금의 프랑스와 벨기에, 이탈리아 북부 등지를 아우르는 지역으로, 로마 시대에는 갈리아(또는 끌)라고 일컬어졌다. 이곳의 주민들은 켈트족이 중심이었다. 이들은 농업과 목축에 종사하며 드루이드교라는 종교를 믿고 있었다.

게르마니아
(Germania)

소책자이지만 민족학과 고고학 연구에 큰 공헌을 했을 뿐 아니라 오늘날에도 고대 독일에 관한 연구에서는 절대적인 제1급 사료로 손꼽히고 있다.

INTRO

『게르마니아』(98)는 로마 제정 시대의 초기에 활동했던 역사가 타키투스(55~115 이후)의 작품으로, 원제목은 '게르마니아인의 기원과 풍속에 대하여'라고 추정된다.

타키투스는 변론가, 정치가로 알려져 있으며, 콘술 아그리콜라의 사위였다. 법무관을 거쳐 97년에는 콘술의 지위까지 올랐으나 생몰년은 정확히 밝혀져 있지 않다.

『게르마니아』는 『역사』, 『연대기』에 비해 분량 면에서는 소품이라고 할 수 있지만, 한편으로는 게르마니아에 관한 지리지가 아닌 일종의 민족지라고도 말할 수 있다.

전체는 제1부(제1~27장)와 제2부(제28~46장)로 나누어져 있다. 제1부는 게르마니아 민족의 사회·습속·제사·관혼 등에 관한 서술이며, 제2부는 그 무렵 로마 제국에 위협을 가하고 있던 게르마니아 각 부족에 대한 기술이다. 서술은 레누스(라틴어로 Rhenus, 라인) 강 연안 지역에서 시작되고, 묘사는 게르마니아 서부 지역에서 자세해지는데, 동부와 북부에 이르면 차츰 간결해진다.

제작 연대는 98년으로 『아그리콜라』를 쓴 해이거나 그 한 해 뒤로 여겨지고 있다. 이 책자에 대한 평가로, 타키투스가 실제로 게르마니아 지방까지 여행했는가 하는 점에 대해서는 부정적 답이 일반적이다. 『역사』, 『연대기』와 같은 주요 저서에 비하면, 문체 면에서 그리 여운이 깊지 않지만, 난숙기를 거쳐 퇴폐를 향해 가고 있던 조국 로마와 신흥의 북방 게르마니아 각 부족들의 힘과 미래를 대비한 우국의 필치 속에서 비장한 분위기를 느낄 수 있다.

자연과 게르마니아인

먼저 게르마니아라는 지역이 어떠한 민족과 자연으로 구성되어 있는지 살펴보자.

특히 라인 강과 다뉴브 강에 대해 기술되어 있으며(제1장), 타키투스는 "그들은 이 토지의 토박이 민족"이라며 게르마니아인●이라는 이름에 대해 설명하고 있다(제2장).

이어서 "다른 어느 민족과도 결코 결혼에 의해 피를 섞을 수 없다고 생각하는 사람들의 의견에 찬성한다"라고 이들의 결혼관을 말하고, 이들의 신체적 특징으로 "날카롭게 생긴 눈은 파랗게 빛나고, 머리카락은 타오르는 듯한 금발이며, 몸체는 크고, 발작적 행동으로 놀라운 힘을 발휘한다. 일정한 노동이나 작업을 하게 되면 이들의 몸은 그에 상응하는 만큼의 인내력을 보이지 않는다. 갈증이나 더위를 참는 일에는 전혀 익숙지 않으나, 추위와 배고픔 등에 대해서는 기후나 토지 때문인지 아무렇지도 않은 듯 이를 견디어 낸다"고 적었다(제4장).

갈증에 대해서는 자제심이 없는 것으로 묘사하며, "만일 이들이 원하는 대로 술을 주어 이들이 원하는 대로 인사불성 상태로 만들 수 있다면, 무기를 사용하는 것과 마찬가지로 이런 악습을 이용해 이들을 손쉽게 정복할 수 있을 것이다"(제23장)라고 지적하고 있다.

지리와 기후에 대해서는 "숲이 울창하게 뒤덮여 있어 조금 불쾌한 느낌이 들 정도이며, 그렇지 않은 경우에도 음산하게 늪으로 둘러싸여 있어 과수 재배에는 적합하지 않은 토지"라며 자신이 사는 지중해 세계와 대비하고 있다.

사회, 정치 그리고 군사

신과 신앙 생활(제8~10장)에 대해서는, "여자들에게는 신성하고 예언자 같은 어떤 자질이 깃들어 있다고 이들은 생각하고 있다"라고 관찰하는 한편, 신에 대한 제물, 특히 인간을 제물로 삼는 일을 지적하면서 일에 대한 예측이나 도박을 좋아하는 게르마니아인의 모습을 생생하게 묘사하고 있다.

'군사 조직'(제6~7장)에 대해서는 다음과 같은 흥미로운 점이 지적되고 있다. 왕은 고귀한 혈통에 근거해 선출되며, 장군은 그 자신의 무용에 의해 선출된다. 그렇지만 왕에게 무제한적이거나 전제적 권력이 주어진 것은 아니다. 장군 역시 명령권만 따를 것을 강요하기보다는 오히려 규범적 행위를 통해 부하들에게 호소하고 있다. 곧, 그 스스로가 이채로운 무용으로 용감 무쌍하게 전쟁의 가장 최전선에서 싸우면서 이를 보고 절로 감탄하게 되는 부하들의 마음을 통해 그들을 통솔하는 것이다. …… 전쟁터 바로 옆에는 사랑하는 사람들이 따라와 있어 한쪽에서 여자들의 슬픈 목소리가 들리고, 다른 한쪽에서는 어린애들의 울음소리가 들려온다. 이들이야말로 전사 한 사람, 한 사람에 대한 진정한 증언자들이며 또 이들의 칭찬 소리야말로 가장 큰 포상인 것이다(제7장). …… 게르마니아인은 포로가 되는 것을 자기 자신뿐 아니라 자신의 여자를 위해서도 절대로 참을 수 없는 일로 두려워하고 있다(제8장).

정치 조직의 장(제11장)에서는 "조그만 일은 지도자(곧, 장로)들끼리만 서로 상의하지만, 중대한 문제에 관해서는 모든 사람들이 서로 토의한다"고 하며 장로회와 민회적 조직이 존재하고 있음을 지적하고 있다. 그렇지만 타키투스에게 가장 이채롭게 보였던 것은 '젊은이와 종자從者 제도'(제13~15장)였다.

게르마니아인은 공적인 일이든 사적인 일이든 반드시 무장을 하고 있다. 그리고 누구라도 공동체 전체에 의해 그럴 자격이 있다고 인정될 때까지는 몸에 무장을 걸칠 수 없는 것 역시 이들의 관습이다. 때가 되면 성인식이 행해지고, 그 이후부터는 공동체의 일원으로 대접을 받게 된다.

매우 고귀한 출신이거나 선조의 위대한 업적 때문에, 젊은이에 불과할지라도 지도자로 평가되는 경우가 있다. 이 젊은이는 …… 다른 지도자들의 종자가 된다. 그러나 결코 부끄러움으로 여겨지지 않는다. 종자에도 계급이 있으며, 종자들은 자신이 따르고 있는 지도자 가운데 누가 우두머리인가를 놓고 심한 경쟁을 벌이며, 지도자들 역시 용감한 종자를 누가 더 많이 데리고 있는가를 겨룬다. 종자야말로 지도자의 존엄이며 힘인 것이다. …… 특히 전투에 임했을 때 종자들은 지도자를 위험에서 구해 내며 항상 그를 호위한다. …… 지도자는 승리를 위해 싸우며 종자들은 지도자를 위해 싸운다.

게르마니아 민족에게 평온무사함은 그다지 환영받지 못한다. …… 이들은 피로 얻을 수 있는 것을 땀으로 손에 넣는 것은 비겁하며 태만한 일이라고까지 생각하고 있다. 이들 종자와 지도자는 전쟁에 참가하지 않을 때에는 항상 잠을 자거나 음식을 먹는다. 또 얼마간의 시간은 수렵에 몰두하는 등 대부분의 시간을 무위도식하며 보낸다. 가장 용감하고 전쟁을 좋아하는 자들은 모두 아무 일도 하지 않으며 집안일이나 밭일 등은 여자와 노인 그리고 가족 가운데 가장 약한 이들에게 맡겨 놓고 자신들은 그저 빈둥거리며 생활하고 있다. 같은 인간이 이처럼 무정함을 사랑하고 평온함을 그토록 증오하는 것은, 놀랄 만큼 모순에 가득 찬 민족 기질 때문이다. 타키투스는 게르마니아인들의 결함을 지적하기보다는 오히려 놀라워하고 있다.

여성

부부 관계는 매우 엄격하다. 그들의 풍속과 습관 속에서 이보다 더 훌륭한 것으로 칭찬할 내용은 아마 없을 것이다. 실제로 야만 민족이지만 한 사람의 아내에 만족하고 지내는 자들은 거의 이들뿐이다. ······ (지참물의 교환과 혼례에 대해 서술하고) 혼례를 통해 아내가 된다는 것은, 자신의 남편과 함께 위험과 노동을 나누기 위해 시집왔다는 사실과 전시는 물론 평시에도 남편과 똑같은 수고를 하며 그의 뒤를 따르도록 운명지어져 있다는 사실을 가슴에 새겨 깨닫는 일이다. ······ 그녀들은 정조를 굳게 지키며 살고 있다. 이곳에서는 매력적인 힘으로 여자들을 타락시키는 구경거리●도 없을 뿐더러 어떤 자극을 통해 그녀들을 타락시킬 수 있는 향연도 없다. ······ 간통은 매우 드물다. ······ 그녀들은 남편 이외에는 생각하지 않으며 정욕을 다른 남자에게 결코 옮기지 않는다(제18장).

생활(제20~27장)

어린이는 모두 어머니의 젖으로 양육하며, 집안의 노비와 유모에게 결코 어린이를 내맡기지 않는다. 아버지나 친족의 원한은 우정과 마찬가지로 그것을 이어받을 것을 의무로 삼고 있다. ······ 게르마니아인들만큼 인색하지 않게 회식을 베풀고 향응에 빠져 있는 민족도 없을 것이다. 그들은 남을 대접하기 위해 밤낮으로 술을 마셔도 그것을 수치라고 생각하지 않는다. 술에 취한 사람들 사이에 쉽게 볼 수 있는 것처럼 종종 싸움이 벌어지며 대개의 싸움은 피가 튀는 살상 사태까지 가서야 끝장이 난다. ······ 주사위놀이는 놀라울 정도이다. ······ 특히 이 놀이의 무모함을 말하자면, 마구 도박을 걸다가 마지막에는 흥망을 생각하지 않고 단 한 번에 자신의 자유로운 신분과 육체마저 걸 정도이다. 노예는 각자 자신의 주거지에 살며 독립된 가정을 지니고 있다. …… 노예에게 채찍을 들거나 쇠사슬로 묶거나 벌로써 강제 노동을 시키는 것은 매우 드물다. …… 이곳에서는 아직 자본을 굴려 이자로 그것을 부풀리는 일은 모르고 있다. 경작지는 해마다 바뀌지만 과수나 목초는 경작되지 않고 오로지 곡물만 재배되고 있다.

우국의 충정

제2부(제28~46장)는 각 부족의 제도와 제례에 대해 서로 다른 점을 거론하고 있다. 이 부분에서는 북방의 신흥 민족을 찬미하는 데 그치지 않고 한 걸음 더 나아가 로마에 대한 우국의 충정이라는 저자의 심정도 엿볼 수 있다.

"나는 바란다. 이들 야만인들 사이에 우리에 대한 애정이 없어도 좋으니 적어도 그들 동료 사이의 증오가 언제까지 계속되어 줄 것을. 로마의 국가 운명이 위태로운 지금, 행운의 여신은 적들의 불화에 육박하는 좋은 선물을 더 이상 우리 로마인들에게 주지 않기에."

NOTES

게르마니아인
선사 시대와 역사 시대 초기에 살면서 게르만어를 사용했던 부족. 원시 게르만인으로 불린다. 동게르만과 서게르만, 북게르만으로 크게 나뉘며, BC 3000년에 켈트족을 압박하며 남하해 BC 2세기부터는 로마 영토를 자주 침입했다.

구경거리
『게르마니아』에 따르면 게르만족에게 있던 구경거리는 단 한 종류뿐으로, 젊은이들이 벌거벗고 번쩍이는 검과 창 모양의 프라메아 사이를 뛰어다니는 것이었다고 한다.

로마 제국 쇠망사
(The History of the Decline and Fall of the Roman Empire)

로마는 왜 어떻게 멸망했는가. 번영 속에서 서서히 몰락해 간 원인을 유럽을 무대로 하여 거대한 스케일로 묘사하고 있다. 그리스도교를 냉정히 고찰하고 그 영향이 로마 제국의 멸망에 크게 작용했다는 시각 때문에 계몽 시대를 대표하는 작품이라고 말할 수 있다.

INTRO

『로마 제국 쇠망사』(1776~1788)는 부유한 지방 유지이자 하원 의원의 아들로 태어난 영국의 기번(1737~1794)이 1765년 이탈리아 여행에서 품은 구상에서 시작된 대작이다. 180년 마르쿠스 아우렐리우스 황제의 죽음에서 1453년 오스만 투르크에 의한 콘스탄티노플의 함락까지 1,300년에 걸친 동서 로마의 흥망에 관한 위대한 역사를 다루고 있다. 1776년 제1권을 간행한 뒤, 1783년 스위스의 로잔으로 이주해 외부와의 모든 접촉을 끊은 채 이 책의 저술에만 매달려 도합 12년의 세월에 걸쳐 1788년까지 4절판 전 6권의 대작을 완성했다.

전체 71장으로 이루어져 있으며, 시기적으로 제1기는 최성기의 로마 제국이 쇠망을 향해 가기 시작한 시점에서 서로마 제국의 멸망과 로마가 고트 정복에 나섰을 때까지이며, 제2기는 유스티니아누스 황제에서 샤를마뉴의 로마 제국 부흥에 이른 시기까지, 제3기는 1453년 동로마 제국의 멸망까지의 시기로 잡았다.

그의 『자서전』에 따르면 저작 동기는, "로마 흥망에 관한 책을 쓰고자 한 생각이 맨 처음 머릿속에 떠오른 것은 로마에서, 그것도 1764년 10월 15일, 때마침 맨발의 수도사들이 주피터 신전 안에서 저녁 예배를 올리는 소리를 들으며 수도원 유적의 한가운데에 앉아 명상하고 있던 때였다"고 한다. 집필의 직접적 동기는 이처럼 일종의 감정적인 것이었다. 이와 같이 폐허와 묘지에서 느끼는 시정에 마음을 이끌려 작품을 쓰는 것은 18세기 중엽의 영문학의 특징 가운데 하나였다.

"나 자신은 항상 근원을 탐구하려고 노력해 왔다. 호기심은 물론, 의무감에서 언제나 나 자신은 원본을 연구하고자 했다. 도저히 원본을 손에 넣을 수 없는 경우에는 하는 수 없이 신중하게 제2차적 증거를 보며 글자 한 자와 문장 한 구절도 소홀히 하지 않았다"라는 회고는 결코 과장이 아니다. 비문 사료를 사용하지 않은 점 등 한계가 있기도 하지만 제정 말기부터 중세를 거친 로마의 전체 상이 전문 역사가가 아닌 한 아마추어 역사가의 붓을 통해 드라마

틱하게 묘사된 것에는 경탄을 금하지 않을 수 없다. 한편, 철저한 사료 비판은 19세기의 근대 사학이 탄생된 이후에 비로소 시작되었다.

장대한 인간 드라마

『로마 제국 쇠망사』는 동·서 두 로마 제국의 쇠퇴와 멸망이라는 대 드라마를 기술한 저서이다. 기번은, 로마 제국은 5현제 시대라는 최성기를 거친 뒤, '로마의 쇠퇴는 과거의 웅대함에서 비롯한 자연스럽고 불가피한 귀결'이라는 입장을 취하며 천수백 년에 걸친 로마 제국의 쇠망의 역사를 묘사하고 있다. 그렇지만 결코 교과서적 서술이 아니다. 그 속에서는 인간이 노래 부르고 절규하며 눈물을 흘리고 있다. 곧, 콘스탄티누스가, 율리아누스●가, 유스티니아누스가 그리고 살라흐 앗 딘 유수프 이븐 아이유브●가 '인간의 역사 속에서 가장 위대하고 가장 장엄한 무대' 위를 종횡으로 누비고 있는 것이다. 분명 이는 장대한 인간 드라마이자 당당한 문학 작품이다.

쇠망의 요인

계몽주의의 가치 기준에 입각하면, 2세기의 로마 제국은 이상적인 문명 상태에 놓여 있었다.

세계의 역사 속에서 인류가 가장 행복하고 융성했던 시기를 지적해 보라면 누구나 도미티아누스의 죽음에서 코모두스●의 즉위까지의 기간을 주저 없이 지목할 것이다. 이 시대의 거대한 제국의 판도는 미덕과 지혜로 다스리는 절대 주권에 의해 통치되고 있었다. 그 무렵의 군대는 …… 연속해 4대에 걸친 현명한 군주들이 지닌 견실하고 유연하며 따사로운 손길에 의해 억제되어 있었다. …… 황제의 노력은, …… 정직한 미덕의 긍지를 통해 또한 그들 스스로가 만들어 낸 일반적 행복을 느끼는 절대적 환희로 보답받고 있었다. 그렇지만 모든 황제는 …… 행복의 불안감과 무상함을 때때로 느꼈던 것이다. 분명 불상사가 일어날 때가 다가오고 있었다.

확실히 '트라야누스의 치세 중 로마 제국은 태평성대의 번영'을 누리고 있었다. 그러나 그는 통치에 관한 열정을 '호기심과 허영심'으로 잘라내 버렸고, 동방 원정의 모든 과실을 스스로 포기해 속주의 이반 역시 해결하기 어렵게 되었다. 한편 제정 초기에 정착되었던 평화를 위한 민중의 정신도 희미해졌으며, 로마 국민의 풍기 역시 '타락'한 채 오로지 사리사욕만을 추구하게 되었다. 기번은 이처럼 번영의 시대에 화려하게 꽃피운 문명의 그늘에서 제국의 쇠망 요인이 잉태되고 있었다는 것을 지적하고 있다.

물론 코모두스 황제 이후에 일어난 제국 군대의 횡포와 야만족의 침입이 내적, 외적인 쇠퇴의 원인이 되었다는 점도 상세히 그려 내고 있다.

그리스도교

제국의 쇠퇴에 대한 그리스도교의 책임을 크게 거론하고 있는 대목에서는 계몽주의의 흐름을 계승하고 있는 기번의 주장을 읽을 수 있다. 제15장과 제16장은 그리스도교에 대해 비판의 메스를 가한 곳으로, 이는 단지 그리스도교에 그치지 않고 유럽 전체와 가톨릭 세계 전체에 충격을 준 대목이다.

"신학자는 종교의 천진난만한 순결을 몸에 두르고 하늘에서 내려오는 내용만을 설교하는 유쾌한 일에 종사할 수 있다. 그렇지만 역사가에게는 더욱 음산한 의무가 짐 지워져 있다. 역사가는, 종교란 어리석고 타락한 인간들이 오랜 지상 생활을 통해 저절로 몸에 익숙해진 오류와 잘못도 불가피하게 섞여 있는 혼합물임을 지적해야 하기 때문이다."

이것이 종교에 대한 기번의 태도로서, 신성에는 오류가 없다는 교회사의 약점과 결함을 날카롭게 지적한 것이다.

'야만과 종교의 승리'라는 일견 모순된 모습을 그려 내고 있는 기번은, 그렇지만 그리스도교가 야만족의 마음을 순화시키고 제국이 급격하고 거칠게 붕괴되는 것을 막아 주었다는 점은 충분히 인정하고 있다. 그리스도교는 붕괴에 직면해 있던 로마적 덕성을 최종적으로 굴복시키고 국교가 되었다. 기번은 이에 대해 "이교의 몰락은 전통적이고 지배적이었던 미신이 완전히 근절된 유일한 사례를 말해 준다. 이는 인간의 정신사에서도 특수한 일"이라고 적극적으로 평가하는 것도 잊지 않았다. 그렇지만 그는 다음과 같이 말하고 있다.

세계의 종교적 융화란, 그 무렵의 모든 국민과 민족이 그들 사이에 있는 전통과 의례에 대해 표시한 암묵적 동의와 경의에 의해 주로 유지되어 왔다. 그런데 다른 민족은 물론, 다른 인류 전체와도 전혀 교제하지 않으며 자신들만이 신의 참된 지식을 독점하고 있다고 주장하고 자신의 것만을 예외로 삼아 다른 모든 종교를 불경건한 것 또는 우상 숭배의 종교로 치부하고 혐오한다면, 다른 모든 민족이 연합해 이에 대해 분노하는 것은 당연한 일이다.

기번은 이를 로마에서 그리스도교도를 박해한 근본 원인이라고 간주하며 제16장의 끝 부분에 다음과 같이 말하고 있다.

"순교라는 제목으로 모든 역사가 기록한 내용과 신앙이 날조하고 있는 모든 내용을 자세히 살피지 않거나 주저 없이 인정한다고 해도 그리스도교도는 이교도 측의 열정에서 비롯되는 경험보다 훨씬 더 많고 잔인한 폭거를 그리스도교도 자신의 내부 투쟁 속에서 자신들의 동지들에게 가했다는 점을 인정해야만 한다. 더 이상 로마 황제에 의한 그리스도교도의 박해를 과대 포장해서는 안 된다. 중세 말부터 근세 초기의 종교전쟁에서 그리스도교도가 서로를 죽인 수를 비교해 보면 고대의 순교자의 수 따위는 미미한 것이다."

서로마 제국 붕괴의 개관(제38장 뒷부분)

그리스인은 그들의 국토가 로마의 한 속주로 들어가게 되자, 로마의 승리는 로마의 실력에 의한 것이 아니라 다만 행운의 여신이 가져다준 것으로 귀속시켰다. 변덕스럽게 잘 옮겨 다니는 이 여신은 맹목적으로 은총을 베풀거나 도로 가져가는 성격을 가지고 있다. '로마의 승리는 행운의 여신이 얼마 전 하늘나라에서 내려와 확고부동한 그 옥좌를 티베르 강가에 놓았기 때문'이라는 것이다. …… 로마 시민 상호 간의 신의와 국가에 대한 충성은, 교육의 습관과 고유한 종교적 관념에 의해 강화되었다. 명예심은 덕과 함께 공화정 로마의 원리였다. 패기에 가득 찬 로마 시민들은 개선의 장엄한 영광을 위해 노력했다. 그리고 로마의 청년들은 집 안에 장식되어 있는 선조의 조각을 보면서 경쟁심에 대한 열정을 불태웠다.

하나의 도시가 발전해 거대한 제국으로까지 확대되었다는 사실은 역사상 유례가 없을 정도로 놀랄 만한 사실로, 철학적으로 고찰해 볼 만한 값어치가 있는 것이다. 그러나 로마의 쇠퇴는 과거의 융성에서 비롯된 자연스럽고 불가피한 귀결이었다. 번영은 부패의 원리를 성숙시켰다. 파멸의 원인은 정복이 확대되면서 두 배로 늘어났다. 그리고 세월 또는 우연이 로마라는 건축물에 사람들이 세운 수많은 기둥을 빼내 가자, 어쩔 수 없이 거대한 골조는 그 자체의 무게라는 압박을 견디지 못하게 된 것이다. 붕괴 이야기는 단순명쾌하다. 그 때문에 왜 로마 제국이 멸망했는가를 검토하는 대신, 오히려 어떻게 해서 그토록 오랫동안 존속했던가에 대해 우리는 놀라지 않을 수 없는 것이다. 멀리 떨어진 변방의 전쟁에서 승리하면서 외국인과 용병들의 악덕을 몸에 익히게 된 로마 군단이 제일 먼저 공화정의 자유를 억압했으며, 이어서 제위의 존엄을 모독했다. 황제들은 스스로의 신변 안전과 국가의 평화에 절망한 나머지, …… 군기를 부패시키는 비열한 응급책을 쓰지 않을 수 없었다. 군사 정권의 활력은 훼손되었으며, 마침내는 콘스탄티누스의 편협한 제도에 의해 해체되어 버렸다. 이와 같이 로마 세계는 야만족의 노도에 압도되며 삼켜져 버린 것이다.

로마의 쇠망은 제국의 수도 이전(로마에서 콘스탄티노플로)에 기인한다고 종종 말하지만, 정치 권력이 옮겨졌다기보다 오히려 나누어졌던 것이다. 콘스탄티노플이라는 옥좌가 동방에도 놓여졌지만, 그동안에도 서부에는 변함없이 역대 황제가 옥좌를 보유하고 있었으며 이들 황제는 이탈리아에 거주하면서 로마의 군단과 영토를 동방과 나란히 나누어 승계하고 있었다. …… 오랜 쇠퇴 기간 중, 콘스탄티노플에 세워진 난공불락의 도시는 싸움에 긍지를 지닌 이민족을 항상 격퇴해 내는 한편, 아시아의 부를 지키며 흑해와 지중해를 잇는 중요한 해협을 제압하고 있었다. 콘스탄티노플의 건설은 서로마 제국의 붕괴보다는 동로마 제국의 유지에 한층 근본적인 기여를 한 것이었다.

종교의 가장 큰 목적은 내세의 행복이므로 그리스도교의 도입이, 아니 적어도 그 남용이 로마 제국의 쇠망에 어떤 영향을 미쳤다고 지적하더라도 놀라거나 격분할 일은 아닐 것이다. 성직자들이 묵묵히 참을 것과 겁쟁이의 교리를 끊임없이 설교하고 가르쳤기 때문에 사회의 다양한 적극적 미덕은 억압되고 마지막으로 남은 상무의 정신도 수도원 속에서 잠들게 되었다. 공적이든 사적이든 대부분의 부는 그럴듯한 이유로 자선과 신앙심을 요구하는 체제에 제공되었으며, 병사들에게 지불되어야 할 봉급은 오로지 금욕과 정숙, 순결이라는 미덕밖에 자랑할 것이 없는 남녀 군중에게 아낌없이 베풀어졌다. …… 그러나 그리스도교의 순수 무구한 감화는 불완전하지만 북방의 야만족 개종자들에게 미친 유익한 영향 속에서 찾아볼 수 있다. 만일 로마 제국의 쇠망이 콘스탄티누스의 개종에 의해 앞당겨졌다고 해도, 정복자인 야만인들이 가진 종교는 마찬가지로 로마를 멸망시킬 때 그 포악함을 억누르고 잔인한 성질을 부드럽게 했을 것이다.

신분 시대에서의 낙천적 자세

서로마 제국의 붕괴에 관한 개관(제38장)을 통해 그리스도교의 영향을 냉정히 고찰한 뒤 기번은 이렇게 덧붙이고 있다.

"놀랄 만한 이 혁명은 현대에 적용하더라도 아마 유용한 교훈이 될 것이다. 자신의 조국에 대해 배타적 이해와 영광을 얻고자 하는 것은 애국자의 의무이다. 그러나 철학자가 거의 동일한 수준의 문화와 교양을 가진 다양한 민족으로 구성된 눈앞의 유럽을 하나의 거대한 국가로 볼 수 있을 것인가. 권력의 균형은 계속 동요할 것이며, 자신의 나라와 이웃 나라의 번영과 융성은 서로 어긋날 것이다. 그러나 국지적으로 상황이 변한다고 해서 우리 유럽의 여러 나라와 다른 식민지를 인류의 다른 인간들 이상으로 걸출하게 만들어 주고 있는 사회 조직과 법 제도, 습관, 풍습 등 일반적 행복 상태가 손상되지는 않을 것이다. 지구 상의 야만족들은 문명 사회의 공통의 적이다. 이 점에서 우리는 일찍이 로마의 군사력과 제도를 억압한 참화를 다시 문제 삼음으로써 유럽이 지금 위협받고 있는가의 여부에 대해 매우 큰 호기심을 가지고 탐구할 수 있게 될 것이다. 이러한 점을 숙고하는 일이란, 위대한 저 제국의 붕괴를 설명하고 우리 자신의 오늘날의 안전을 위한 개연성 있는 모든 원인을 명백히 하는 작업이 된다."

여기에서 기번은, 자신이 살고 있는 시대의 유럽과 그 문화에 대해 낙천적으로 서술하고 있다.

유럽의 각 군주국은 자유민권주의 또는 적어도 입헌주의를 채택하고 있으며, 가장 오래된 국가에서조차도 시대의 일반적 불평에 의해 명예 또는 정의라는 개념이 채택되어 있다. 평시에는 수많은 활발한 경쟁자의 경합에 의해 지식과 산업의 진보가 촉진되며, 전시에도 유럽 열강의 군대는 온건하고 절도 있는 태도를 취하도록 훈련되어 있다. 만일 야만적 정복자가 …… 나타나게 된다면, 그들은 러시아의 강인한 농민과 독일의 용감한 귀족 그리고 영국의 고집 센 자유민들을 차례대로 정복하지 않으면 안 된다. 그러나 이 민족들은 아마 공동 방위를 위해 동맹을 맺을 것이다. 유럽은 장차 야만의 침입에 대해서 안전하다. …… 우리는 인류의 완성을 향해 나아가며 어느 수준의 높이까지 도달할 수 있을 것인가에 관해서는 측정할 수 없다. 그러나 그 같은 예상이 잘못되지 않았다는 것은, 어느 국민도 자연의 그 모습이 변하지 않는 한, 원래의 원시적 야만 상태로는 되돌아가지 않을 것이라는 점이다.

우리는 이 세계가 현재는 물론 과거에도 변함없이 인류의 참된 부와 행복과 지식을 그리고 미덕 또한 증가시켜 왔다는 행복한 결론을 인정하게 된다.

NOTES

플라비우스 율리아누스(Flavius Julianus, 331~363)
콘스탄티누스 1세의 조카로, 361~363년 로마 황제로 재위했다. 신플라톤파에 열중하며 그리스 고전 문화에 심취했다. 이교도의 생활을 즐겼기 때문에 배교자라는 오명을 들었다.

살라흐 앗 딘 유수프 이븐 아이유브(Ṣalāḥ ad-Din Yusuf ibn Ayyūb, 1138~1193)
이집트 아이유브 왕조의 시조, 살라딘Saladin이라고도 한다. 1187년 십자군이 예루살렘에 세운 라틴 제국을 멸망시켰으며, 1192년 제3회 십자군과의 휴전 조약을 체결해 예루살렘 순례를 허용한 이슬람의 영웅이다.

코모두스(Commodus, 161~192)
마르쿠스 아우렐리우스의 아들로, 180~192년에 로마 황제로 재위했다. 우매한 군주의 전형으로, 제국 내에 재정적 혼란을 불러일으켜서 암살당했다.

유럽 문명사
(Histoire de la Civilisation en Europe)

이 책은 기조가 행한 열네 번에 걸친 강연을 바탕으로 저술한 책이다. 현대 역사학에서 보면 게르만 민족과 중세, 종교 개혁 등에 대한 인식과 평가가 의문시되는 점도 많지만, 과학적 역사 연구가 흔히 놓치기 쉬운 인간성 넘치는 판단이 여러 곳에서 깊은 감동으로 전해 온다.

INTRO

기조(1787~1874)는 남프랑스의 니스에서 태어났다. 파리에서 법률을 공부했으나 역사에 흥미를 가져 1812년 소르본에서 교편을 잡은 뒤부터는 근대사 강좌를 맡았다. 그는 학자인 동시에 정계에도 발을 들여놓아 나폴레옹이 엘베 섬으로 유배된 뒤 왕정이 부활하자 이에 초대되어 내무대신 비서장이 되었다. 그리고 이를 계기로 많은 관직을 거쳤다. 1820년 한때 대학으로 되돌아왔으나 2년 뒤 『대의 정치의 역사』를 저술해 내각의 분노를 사면서 교직에서 추방당했고, 이후 잠시 저작 활동에만 전념하게 되었다. 1828년 나폴레옹이 복귀하고 이때 교단에서 행한 강의가 바로 『유럽 문명사』(1828)였다.

1830년에는 『프랑스 문명사』를 썼고, 이해 다시 정계로 돌아가 7월혁명 이후 국왕 루이 필리프에 의해 내무부 장관에 임명되었다. 또한 학제 개혁에 노력해 1836년의 몰 내각에서는 교육부 장관으로 잠시 동안 일하기도 했다. 1840년 런던 주재 대신 그리고 이어 외무부 장관이 되어 나라 안팎에 걸쳐 지도적 역할을 했다. 1848년 2월혁명으로 실각해 영국으로 망명했다가 귀국한 뒤에는 저술 활동에만 전념했다.

기조의 정치적 입장은, 복고 내각의 반동 정치에 반대해 자리에서 밀려나고, 우익 내각의 공격으로 교단에서 추방당한 전력 등에서 알 수 있듯이 자유주의에 기초한 것이었다. 그러나 대신이 된 뒤에는 공화주의적이며 자유주의적인 개혁에 반대해 반동 정치가로 공격을 받았다. 정치가로서의 수완과 능력과는 별개로 기조는 사상적으로는 항상 왕정주의자이자 자유주의자였다. 또 대외적으로는 평화주의, 내정에서는 보수주의라는 복잡한 입장을 지녔다.

다만 이 책의 끝 부분에 서술되어 있는 것처럼, 기조는 일체의 권력이 자기 과신에 빠질 경우에 반드시 잘못을 저지른다는 신념을 가지고 있었다. 그것이 정부이건 인민이건 철학자이건 대신이건 모두 마찬가지라고 생각했다. 이 같은 생각은 이후에도 결코 변하지 않았다는 점은 이 책이 판을 거듭하면서도 단 한 자의 수정도 가해지지 않았다는 사실을 통해서도 엿볼 수 있다. 다만 대신으로서의 기조가 자신이 말한 신조에 어긋나는 과오를 범했는가의 여부에 대해서는 평자들의 의견이 엇갈리고 있다.

기조의 문명사관(제1강)

유럽에는 다양한 사회와 국가가 존재하지만 이를 통합해 '유럽 문명'이라고 부를 수 있는 실체도 엄연히 존재하고 있다. 우리(프랑스인)는 이를 연구하는 데 매우 유리한 위치에 있다. 예술 면에서는 이탈리아가 앞서고, 정치 면에서는 영국이 앞서기는 하지만, 프랑스가 문명의 선두에 서 있다는 점은 의심할 여지가 없기 때문이다.

그런데 문명은 하나의 사실이다. 이는 최고의 사실이며 여러 세기를 통해 전해 온 것이기도 하다. 곧, '문명은 대양과 같은 것으로, 이는 국민의 부를 만들고 국민 생활의 모든 요소와 그 생존에 관한 모든 힘이 그 품에 집중되어 있는 것이다.' 이와 같이 기조는 개인적인 사실조차 문명론의 시각에서 파악하고 있다.

이에는 네 가지 가정이 있다. 첫 번째 가정은 외적 생활이 감미롭고 편하며 고통스러운 것이 없지만 지적이고 도덕적인 생활이 없는 무기력한 국민(귀족 정체의 소공화국)이고, 두 번째 가정은 편하지는 않지만 참을 만한 정도이며 지적이고 도덕적으로도 어느 정도의 발전 단계에 도달해 있으나 자유의 원리가 억압되고 있는 국민(대부분의 아시아 민중), 세 번째 가정은 개인적 자유는 있으나 혼란과 불평등, 힘과 폭력이 지배하는 사회에 놓여 있는 국민(유럽이 걸어온 과거), 네 번째 가정은 자유는 많지만 불평등을 가져오며 전체적 이해관계가 적고 공공적 개념이 희박해 진보가 없는 사회(야만인 부족의 상태)이다.

이들은 어느 것 하나도 문명이나 개화라고 부를 수 없다. 왜냐하면 문명이라고 하는 사실에는 먼저 서민 생활의 완성과 사회 속에서의 인간 상호 관계의 발달이라고 하는 진보와 발전이 필요하기 때문이다. 그리고 더 크고 복잡한 요소가 있다. 그것은 내면 생활의 발전과 인간의 능력·감정·사상의 발전이며, 지적·도덕적 권리의 완수이다. 그러나 이것이 반드시 사회 상태의 완전한 정도와 비례하는 것은 아니다.

"대부분의 이익과 권리는 많은 사람에게 결여되어 있지만, 수많은 걸출한 인물들이 존재하고, …… 문학과 과학, 예술은 한껏 찬란한 빛을 발휘하고 있습니다. 인류는 이것들의 위대한 모습, 곧 인간 본성이 숭배하는 것들에게서 뿜어져 나오는 광채가 보이는 곳, 이 숭고한 향락의 보고가 창조된 곳에서는 그것이 무엇이든 문명임을 인정하고 문명이라고 부르고 있습니다."

위와 같은 서술에서 문명이라는 것에는 두 가지 요소가 있다는 사실을 알 수 있다. 그것은 곧, 사회가 지닌 활력의 발전(사회의 진보)과 개인이 가진 활력의 발전(인간성의 진보)이다. 하지만 사회의 발전과 인간성의 발전에서 어느 쪽이 목적이고 어느 쪽이 수단인가? 여기서 이 문제를 문명사의 수준 높은 문제로서 제기하고 있다.

유럽 문명의 기원과 형성(제2~7강)

로마 시대는 근대 문명의 요람기이다. 이곳에는 도시적 사회와 그리스 도교 사회, 야만족(게르만인) 사회가 겹쳐 존재하고 있었으므로 완전한 복종과 절대적 독립의 요구, 교회의 지배와 무력에 의한 보호, 정신계의 힘과 현세적 권력, 종교적 법적 규율과 야만족의 습관과 같이 서로 상반되는 요소가 공존하고 있는 상태이다.

이후 야만의 시대(게르만인의 시대)로 접어드는데, 이 시대는 모든 요소가 혼합되어 있는 혼란 상태여서, 강력한 권력의 존재나 지배 원리 등은 존재하지 않는다. 따라서 현대의 역사가들이 이 시대를 귀족 정치나 군주 정치 그리고 신정 정치가 행해졌던 시대로 규정하는 일은 잘못이다.

더욱이 5세기부터 9세기에 걸쳐 북쪽에서는 게르만족과 슬라브족 그리고 남쪽으로부터는 마호메트 교도들이 침입해 유럽은 무질서한 상태가 되었다. 또한 인간의 정신 상태 역시 아직 조악하고 무지하며 비사교적인 에고이즘에 머물고 있었다. "각자(켈트족)는 자기 한 몸의 이익과 자기 한 몸의 정욕, 자기 한 몸의 의지 외에는 아무것도 신경 쓰지 않았던 것입니다."

이러한 야만 상태를 벗어나기 위해 게르만족은 자신들이 지니고 있던 법(게르만 법)에 의지해 질서 실현에 힘을 기울였고, 이탈리아와 갈리아 지방에서는 그 무렵까지 남아 있던 로마 사회를 기초로 삼았으며, 스페인에서는 강력한 교회의 힘을 이용했고, 프랑스에서는 위대한 샤를마뉴 대제의 활동을 축으로 삼았으며, 영국에서는 앨프레드 대왕을 통해 질서 실현에 힘을 기울이게 되었다.

그 결과 북쪽과 남쪽에서의 침략 운동이 멈추었고, 유럽 내부에서의 방랑 생활 역시 사라지게 되었다. 또한 인간 자신의 내면의 정신 상태 역시 변화해 감정도 안정되었다. 이러한 변화가 바로 봉건 제도이며, 이는 유럽에 나타난 최초의 사회 조직이었다. 봉건 제도는 주민들의 분포 변화와 봉건적인 가족 정신을 탄생시켰지만, 여기에서 또한 개인적 자존심을 내세우는 장로와 영주에 의한 봉건적 전제 정치의 억압이 생겨나 민중들에게 강한 원망의 감정을 심어 주었다. 종교적 요소 역시 이를 완화해 주지는 못했다.

종교의 중심이었던 교회는 세속 사회의 폭력과 불공평함에 대해서는 승리를 거두었지만, 교회 자신의 지배욕이 세속 사회에까지 미치게 되면서 성직자와 세속 군주 사이의 대립(서임권을 둘러싼 문제 등)과 타협(이단 탄압에 힘을 빌려 주는 일 등)이 계속되었다. 사회 개혁에 대한 노력과 민중으로부터의 유리라는 교회의 공과 죄를 인정하면서, 11세기에 교회 내부에서 일어난 개혁 운동, 예컨대 그레고리우스 7세●의 개혁을 살펴볼 필요가 있을 것이다.

근대 문명의 또 하나의 요소는 12세기경에 해방되기 시작한 자치제에 있다. 이는 도시 주민이 영주에 대해 벌인 전쟁의 결과였다. 이때 왕권이 힘을 빌려 주면서 시민과 왕 사이에 친밀한 관계가 생겨났다. 또한 느리기는 했지만 시민 계급이 형성되었다. 그러나 자치체는 아직 국가 전체의 문제에까지 관여할 힘과 의지가 없었다. 이 같은 상태는 오래 지속되었으나, 마침내 자치체 내부에서 특권을 가진 상층 시민 계급과 하층민 사이에 분열이 일어남에 따라 상층민의 '비겁과 타협의 정신'과 하층민의 '맹목적이고 흉포하며 방종한 민주적 정신'이 서로 대립했기 때문에 자치체는 정치적 세력을 손에 넣을 수 없었다.

모색의 시대(제8~11강)

원시 유럽과 근대 유럽의 차이는 정부와 국민 사이에 놓여 있던 힘의 관계에 있다. 이 같은 힘의 관계가 생겨난 것이 13~16세기로, 이 시대의 특징은 '성격이 없는 시대'이자 '모든 것이 모색되었지만 성공을 거둔 것이 없는 시대'였다.

유럽 전체의 협력을 얻어 시작된 11세기의 십자군●은 13세기에 끝났지만 이는 단순히 지쳐서 포기한 결과만은 아니었다. 그보다는 더 이상 같은 것을 믿지 않는다는 인간 정신이 변화한 결과였다. 그렇지만 십자군은 정신과 사상은 물론 생활과 인간 활동 영역의 확대를 가져왔을 뿐 아니라, 한편으로는 사회에 대해서도 영주의 몰락과 왕에 의한 중앙 집권화 경향을 강화시켰다. 곧, 십자군은 더 많은 개인적 자유와 정치적 통일을 동시에 가져온 것이었다.

왕권의 원리는 왕 자신의 개인 의지에 속해 있는 것이 아닌, 정통성 있는 주권자를 원하는 국민의 인간성에 있는 것이다. 왕권에는 세 종류가 있었다. 곧, 국가의 인격화인 제국적 왕권과 신의 법률에 의해 지배되는 종교적 왕권, 선거 왕정을 바탕으로 하며 종교적 요소를 가미한 야만적(게르만적) 왕권이다. 그렇지만 9세기 중엽부터 이들이 사라진 대신, 상당히 애매모호한 봉건적 왕권이 제4의 왕권으로 등장하게 되었다. 더욱이 12세기에는 루이 비만왕으로 시작되는 근대 왕권이 등장했다. 이는 특히 프랑스에서의 특징적 왕권으로, 모든 문제에 왕이 개입하는 것을 말하는데, 이는 국민들의 눈에 '공공의 질서, 전체적 정의, 공통의 이익에 대한 수탁자이자 보호자로서 사회의 중심 또는 유대를 맺게 하는 행정의 우두머리라는 특질을 갖춘 자'로 비쳤다.

그리고 유럽의 구 사회를 형성하고 있던 성직자 사회와 봉건 귀족 사회, 자치체와 같은 각각 독립된 사회를 통합하고자 하는 움직임이 나타나기 시작한 것도 이 시대였다. 그러나 이러한 독립된 특수 사회를 아무런 상처 없이 유일한 국가·국민·정부 아래 두고자 하는 시도는 모두 실패로 끝났다.

통일의 방법에는 두 가지가 있었다. 하나는 이들 특수 사회 가운데 어느 하나에 다른 것들을 종속시키는 것이다. 이는 교회가 그레고리우스 7세와 인노켄티우스 3세 등을 통해 시도했으나 실패했고, 또 이탈리아의 자치체가 시도했으나 오히려 국가 통일을 방해한 사례를 들 수 있다. 두 번째는 이들 사회에 자유를 부여해 서로 조화시키는 방법으로, 프랑스의 삼부회와 영국의 의회 등이 그 역할을 담당했다. 그렇지만 이 역시 모두 실패했다. '사회가 아직 통일에 적합할 정도로 발전되어 있지 않았기 때문'이다.

이 같은 실패의 결과, 유럽은 '마치 본능에서 비롯된 것처럼' 중앙 집권의 길로 들어섰다. 15세기 무렵 국민과 정부라고 하는 근대 사회의 결정적 요소가 등장한 것이다. 잔 다르크를 지지하는 병사와 민중들의 모습만큼 백년전쟁●의 민중적 성격을 잘 드러내 주는 사실은 아마 없을 것이다. 이를 통해 프랑스 민족이 형성되기 시작했다. 역대의 왕들도 국민적 통일에 이바지했다. 스페인과 독일, 영국 그리고 이탈리아 역시 형태는 다르지만 중앙 집권화가 진행되었다.

한편 정신계에서는 교회의 분리와 얀 후스**Jan Hus**의 개혁 운동, 르네상스, 신대륙 발견 등이 다음에 다가올 혁명을 준비하고 있었다.

유럽 사회의 발전 시대(제12~14강)

16세기에 일어난 종교 개혁은 '스스로를 위해 자신의 힘만으로 자유를 생각하고 판단하고자 하는' 새로운 요구였다. 이는 불완전했지만 인간 정신을 해방시키고 자유 탐구의 길을 열어 주었다. 자유 탐구와 앞에서 언급한 중앙 집권적 절대 군주정이 최초로 마주치며 충돌한 것이 17세기의 영국혁명이었다. 여러 변화를 거치면서 이 혁명은 정신 세계의 전제적 권력과 세속 사회의 전제적 권력에 동시에 대항한 자유 탐구의 투쟁이었던 것이다.

맨 처음에 서술했듯이 프랑스는 유럽 문명의 가장 선두에 서 있었다. 17세기에는 루이 14세와 그의 정부가, 18세기에는 프랑스 사회가 유럽에 커다란 영향을 미쳤다. 루이 14세 때의 전쟁과 외교, 내정은 모두 프랑스의 이익과 번영 그리고 안전을 위한 탁월한 힘을 가지고 있었다. 자신의 행위에 확신을 갖고 미래를 믿었기 때문에 혁신을 겁내지 않는 유례없는 정부였으며, 문예뿐 아니라 문명의 진보에도 호의적이었던 정부였다.

그렇다면 왜 이러한 프랑스 정부가 급속히 쇠퇴했는가. 그것은 전제적 권력 이외에 다른 기반을 갖지 못했기 때문이다. 루이 14세의 지배에는 정부의 영속성을 보장해 줄 만한 자주적 제도라는 토대가 결여되어 있었다. 왕이 죽은 뒤 침체하고 쇠약해져 간 정부와는 대조적으로 지적인 모든 활동이 활발해진 사회였다. 그리고 이러한 지적 활동이 18세기에 들어와 인간 정신의 고양과 자유의 탐구를 낳았다. '인간 정신이 주요한 그리고 거의 유일한 행위자'로 출현한 것이다. 그리고 프랑스 국민이 참된 정신적 권위를 독점했다. 자유 탐구의 보편성과 사변적인 것과 현실적인 생활과의 결합, 모든 사회 상태에 대해 증오, 경멸하며 스스로 개혁의 사명을 지녔다는 대담한 자부심 등이 18세기의 인간 정신이었다.

훌륭하고 유익한 인간 정신이 절대적 권력과 자기 과신을 가질 경우 어떻게 되는가. '대개 권력이라는 것은 그것이 정신 세계에 속한 것이든, 현실 세계의 것이든 …… 모든 인간적 권력은 사실상 인간적 권리에 제한을 가하지 않을 수 없게 되는 자연적 결점이나 나약함 그리고 오류의 근원을 내포하고 있다'는 것이다. 권력을 그 정당한 한계 내에서 제한하는 것, 그것이야말로 18세기 말부터 시작된, 현실 세계의 전제적 권력과 정신 세계의 전제적 권력의 싸움을 통해 얻을 수 있는 위대한 교훈인 것이다.

그레고리우스 7세

11세기에 트리니티수도원을 중심으로 개혁 운동이 일어났다. 교황 그레고리우스 7세도 이 운동의 주창자 가운데 한 사람이다. 독일의 하인리히 4세를 굴복시킨 '카노사의 굴욕(1077)' 사건은 특히 유명하다.

십자군

셀주크 투르크가 그리스도교도들의 성지인 예루살렘을 정복하자, 이에 대항해 교황 우르바누스 2세의 제창을 계기로 1096년부터 시작된 그리스도교도들의 대규모 원정군을 말한다. 결국 그 목적은 달성하지 못했으나 유럽의 통일과 확대 그리고 아랍 세계와의 접촉이라는 큰 의미를 남겼다.

백년전쟁

프랑스의 왕위 계승 문제가 발단이 되어 시작된 영국과 프랑스 사이의 전쟁(1338-1453). 농부의 딸인 잔다르크는 오를레앙을 위기에서 구하고 샤를 왕자를 샤를 7세로 즉위시키는 데 매우 큰 활약을 했다. 그녀가 화형을 당한 이후 프랑스는 영국을 격파했다.

세계사
(Weltgeschichte)

 근대 역사학의 기초를 수립한 것으로 유명한 랑케는 인류의 역사 전반을 관통하는 위대한 내면적 관련성이 존재하는 것을 감지하고 그것을 탐구하고자 한 세계사의 역사가이기도 하다. 이 책은 저자의 전 생애의 노작을 기초로 한 결산서로서, 엄밀한 사료 비판을 역사 연구에 도입한 전형적인 사례로 손꼽히고 있다.

INTRO

『세계사』(1880~1888)는 '역사의 세기'라는 19세기를 통틀어 최고의 역사학자로 손꼽히며 근대 역사학의 아버지로 불리는 랑케(1795~1886)의 필생의 대작이다. 역사학의 역사에서 랑케가 차지하는 중요한 위치는 첫째, 엄밀한 사료 비판을 역사 연구에 도입해 발전시킨 점에 있다. 둘째는 랑케 자신이 이 원칙에 입각해 많은 역사서를 저술하면서 그 결과 엄밀한 사료 비판이 결여된 역사 연구의 방법이란 더 이상 학문의 이름으로 존속될 수 없다는 개념을 일반에게 확립시킨 점에 있다. 그의 처녀작 『1494년부터 1514년까지의 라틴족과 게르만족 역사』와 그 부록인 『근세 역사가들에 대한 비판』은 이미 이 같은 원칙을 적용한 전형적인 사례였다.

그 뒤 랑케는 『16~17세기의 로마 교황, 그 교회와 국가』, 『종교개혁 시대의 독일사』, 『프로이센 역사 9권』, 『16~17세기 프랑스사』, 『17세기 영국사』 등 어느 것 하나라도 뛰어난 노작이 아닐 수 없는 저술들을 세상에 내보냈다. 그러나 랑케는 엄밀한 학문 체계로서의 역사학을 확립한 사람일 뿐 아니라 모든 민족 그리고 모든 국가가 역사적인 관계 속에서 엮어내는 모습을 파악하고자 노력한 세계사를 위한 역사가였다. 랑케 스스로 『세계사』의 인쇄에는 포함되지 않은 서문의 초안에서 "(나 자신은) 일찍부터 세계사라는 이념을 가슴에 품고 한때라도 그것을 잊은 적이 없었다"라고 적었을 정도이다.

『세계사』는 세계사의 역사가인 랑케가 생애의 황혼기에 접어든 84세의 봄에 집필을 착수한 이른바 '전 생애의 노작을 기초로 한 결산서'였다. 그러나 이미 그는 그보다 몇 년 전부터 읽을 수도 쓸 수도 없게 된 처지여서 집필은 두 명의 조수에게 행한 구술을 통해 이루어졌다. 죽음이 그에게서 펜을 거두어들였을 때 『세계사』는 하인리히 4세 치세의 종말 부분까지 진행되어 있었다. 랑케 전집의 편집자는 랑케로부터 직접 강의를 들었던 사람들의 노트 등을 통해 1453년 콘스탄티노플의 함락까지 보필해 이를 출판했다.

한편, 랑케가 1850년 바이에른에서 막시밀리안 2세를 위해 행했던 강의 내용에 세계사의 저술에 관한 자신의 '의도'가 밝혀져 있으며, 다행히 그 강의록이 남아 있어 이를 참고로 랑케가 구상했던 일단을 엿볼 수 있다.

랑케의 세계관

이 책은 제목이 세계사이지만 제목 그대로 지구 상에서 쇠망한 모든 민족의 역사를 전체적으로 다룬 책은 아니다. 이 책에서 서술하고 있는 내용은 오리엔트에서 그리스와 로마를 거쳐 비잔틴 그리고 중세 말기까지의 서유럽 역사이다. 그 밖에 이슬람의 역사가 조금 부가되어 있을 뿐이다. 따라서 제대로 말한다면 '서유럽사'라고 이름 붙이는 것이 적합할 것 같은 책이다.

랑케가 이처럼 '세계사'를 좁은 범위로 한정한 것은 먼저 그의 시야가 좁았다는 탓도 되지만, 그보다는 "다양한 민족의 역사를 …… 수집해 보았으나 그것만으로는 세계사가 구성되지 않는다(『세계사』 제1권 서문)"라는 그의 역사관에서 유래한 의식적 행위이기도 하다. 랑케는 이 책에서 다루고 있는 역사의 범위 안에 하나의 밀접한 역사적 '연관'이 존재하고 있음을 인정했기 때문에 '세계사'라는 이름을 부여한 것이다.

잉글랜드와 남부 이탈리아에서의 노르만인

전체 열세 권에 이르는 방대한 분량의 『세계사』를 몇 장 안 되는 지면에 묘사하는 일은 불가능에 가깝다. 여기에서는 이 책의 제11권의 제11장 '잉글랜드와 남부 이탈리아에서의 노르만인'에 관한 개요만을 소개하기로 한다.

이 장은 독일 황제 하인리히 4세와 교황 그레고리우스 7세 사이에 서임권을 둘러싼 격렬한 투쟁●이 전개되기 직전에 교황권과 황제권이 유럽 안에서 차지하고 있던 위치를, 잉글랜드와 남부 이탈리아에서의 노르만인의 활약에 초점을 맞추어 부각한 것이다.

개별적 사건과 극적 묘사는 모두 생략했지만, 오히려 서임권 투쟁의 무대가 차례로 만들어져 가는 모습이 감동적으로 드러나 있다.

프랑스의 노르만족은 앵글로색슨의 나라를 지배하는 것과 동시에 남부 이탈리아에서 독립 세력을 형성했다. 이들이 그리스인과 이슬람교도 사이의 싸움에 참가하게 되면서 역사에는 또 하나의 새로운 요인이 추가되었다. 이 두 가지 역사적 사건에는 모두 로마의 교황이 깊이 관련되어 있었는데, 곧 교황이 자신의 권력을 독일 황제권에 맞서 스스로의 입장을 강화하는 데 이용한 것이었다.

잉글랜드에서는 일찍이 그리스도교에 대한 박해에 열중했던 스벤 1세가 이교도 부하들을 이끌고 이 지역을 침입해 왔을 때부터 그리스도교라는 새로운 종교를 받아들인 노르만족과 심한 불화를 일으켰다. 이 때문에 잉글랜드 궁정에서는 노르만족과 손을 잡는 일만이 잉글랜드를 구해 낼 수 있는 길이라고 생각하게 되었다. 이 같은 생각은 데인인과 그들의 그리스도교도의 왕인 크누트(카누트라고도 함)가 잉글랜드를 지배한 뒤에도 계속 이어졌다. 에설레드 2세의 아들인 에드워드는 1042년 왕관을 물려받자마자 재차 노르만족에게 마음을 기울였다. 이는 그 무렵 노르망디에서 가장 큰 영향력을 발휘하고 있었던 노르만 제후(노르망디의 기욤, 곧 뒤의 정복왕 윌리엄 1세)가 이 같은 에드워드의 제안을 받아들임으로써 실행에 옮겨졌다.

더욱이 이때 앵글로색슨 가운데 가장 강력하고 가장 고귀한 신분이었던 해럴드 백작(뒤의 해럴드 2세)이 배가 파선하는 바람에 기욤 공작의 수

중에 갇히면서, 잉글랜드 국왕을 기욤의 대리로 삼아 기욤을 위해 잉글랜드를 통치시키겠다고 약속하는 일이 벌어졌다. 이 약속의 세부 사항에 대해서는 다양한 의문이 있다. 단 하나 확실한 것은 기욤과 해럴드 사이에 쌍방의 권리를 둘러싸고 실제로 그와 같은 거래가 있었다는 사실이다.

에드워드 왕이 어린 나이로 갑자기 죽자, 해럴드가 기욤과의 약속을 무시하고 에드워드의 장례도 끝나기 전에 궁정으로 쳐들어가 왕국의 소유권을 주장함으로써 사태는 급진전하게 되었다.

배신당한 기욤은 격노했지만 행동을 침착하게 자제하며 잉글랜드로 진격하기 위한 준비를 갖추기 시작했다. 이때 최대의 문제는 자신이 출정한 뒤에 남겨질 노르망디 공국의 안전이었다. 독일 왕은 공국의 안전을 보장한 사람 가운데 한 사람이었다. 기욤은 5만 명에 달하는 많은 외국 병사를 한데 모았고 자신의 휘하 군대로 규율을 갖추게 했다. 그뿐 아니라 기욤은 잉글랜드에 대한 자신의 권리를 그들에게 확신시켰다.

이 정복 사업에서 중요한 점은 교황 알렉산데르 2세가 여기에 참여한 사실이다. 그 무렵 알렉산데르로서는 대립하고 있는 양 세력 가운데 어느 쪽에 가담할 것인가에 대해서 전혀 주저할 필요가 없었다. 왜냐하면 해럴드에게 왕관을 씌워 준 캔터베리의 대주교 스티건드는 힐데브란트에 의해 분쇄된 베네딕투스 10세의 편이었기 때문이다. 교황은 귀족 지배를 배제한 교회의 새로운 체제 강화를 위해 잉글랜드의 반대자가 앵글로색슨의 후원자가 되는 일을 그냥 지나칠 수 없었다.

새로 등장한 적을 한층 성공적으로 공격하기 위해 알렉산데르는 노르망디공에게 교황의 깃발을 내주었다. 이를 통해 노르만족의 정복 사업은 진보적인 교황권의 이념과 하나로 뭉치게 되었다.

정복 사업의 마무리 작업은 1070년 부활절에 윈체스터 궁정 회의에서 거행되었다. 그곳에 출석한 세 명의 교황 특사는 기욤 공의 머리 위에 왕관을 씌워 주었다. 정복 계획을 승인해 준 교회는 대관식의 행사를 통해 교회가 왕권보다 우위에 서 있음을 표현한 것이다. 잉글랜드는 일찍부터 로마에 의해 그리스도교가 도입되어 있고, 그런 까닭에 교황은 이 나라에 대해 특별한 감독권을 지니고 있다는 점을 환기시킨 것이다.

알렉산데르 2세가 잉글랜드에 영향력을 행사한 것이 교황권의 역사에서 얼마나 큰 의미를 지니는 사건인가에 대해서는 의문의 여지가 없다. 이를 통해 교황청은 이념상 북서 프랑스와 잉글랜드의 주인이 될 수 있었고, 동시에 교황청은 이탈리아로 침입해 온 노르만족에 의해 절망적으로 보였던 자신들의 안전을 보장받을 수 있게 되었기 때문이다.

11세기 초반의 여러 세력들이 서로 투쟁하며 혼돈의 땅으로 변해 버린 남부 이탈리아로 노르망디의 내분을 피해 고향을 버린 노르만족이 점차 이주해 오게 되었다. 그들은 곧 비잔틴 세력에 싸움을 걸었고, 이 싸움으로 교황 하인리히 2세와 교황 베네딕투스 8세가 남부 이탈리아로 진공하게 되었다. 그리고 그 결과로 이 지역의 비잔틴 세력은 쇠퇴했지만 동시에 많은 수의 노르만족이 남아 있게 되었다.

황제 콘라트 2세 역시 전임자보다도 훨씬 더 밀접하게 노르만족과 관계를 맺었다. 또 오트빌 왕가를 이끌던 탕크레드의 세 아들이 아베르사 백작령을 수여받으며 독일 황제에게 복속했다. 이로써 노르만족은 이탈리아 남부에 일종의 지배권을 형성하게 되었고, 아프리아의 그리스 세력은 크게 후퇴했다. 1042년 9월에는 탕크레드의 아들 가운데 한 사람인 기욤 철완공이 풀리아(아풀리아라고도 함)의 백작이 되었다. 그의 중신들은 살레르노의 바이마르의 권력에 복종하고 있었고, 바이마르는 독일 제국과 황제에게 충성을 서약했다.

이렇게 하여 노르만족은 남부 이탈리아에서 비잔틴인들을 몰아내고자 했던 황제의 오랜 열망을 완전히 달성했던 것이다. 하인리히 3세는 이러한 상황에 매우 만족하며 베네벤토를 그들에게 서봉했다. 하인리히 3세가 가진 세계적 지위 가운데 한 특징은 교황권과 노르만족의 협조라는 데 있다.

하지만 이 시기에 이르게 되면 황제권과 교황권의 관계가 변화의 조짐을 보이기 시작한다는 점을 부인하기 어렵다. 이와 같은 두 권력의 연결점은 어디에 있는 것인가. 역대 교황들이 끊임없이 황제의 권력에 원조를 요청하지 않을 수 없었던 것은 사라센과 비잔틴의 위협 때문이었다. 그러나 황제에 의해 교황의 자리에 오른 레오 9세는 이 같은 관계를 그다지 유쾌한 것으로 생각하지 않았다. 레오는 보다 넓고 보편적인 그리스도교의 이념 속에서 태어난 사람이었던 것이다.

그러나 레오가 비잔틴 제국 및 동로마 교회●와 협조해 종교적 대립을 극복하고자 해도 전 세계의 파트리아르크를 자칭하는 콘스탄티노플 총대주교 자리와 로마 교황의 자리 사이에 과거부터 존재해 온 대립은 한순간에 모든 계획의 장애가 되고 방해가 되는 것이었다.

그렇지만 서방 교회의 품속에 머무르는 한, 그는 더 이상 그리스인들을 겁낼 필요가 없었다. 그뿐 아니라 그들과 관계를 맺고 노르만족에게도 대항했다. 그러나 레오는 전쟁에서 패해 노르만족의 포로가 되었고, 그 과정에서 노르만족의 종교적 감정에는 아무런 변함이 없음을 알게 되었다. 레오가 그들 속으로 걸어 들어갔을 때, 그들은 레오 앞에 나와 무릎을 꿇으며 그의 발에 키스를 했다. 이후 죄수 생활 중 병에 걸린 레오는 로마로 되돌려 보내졌고, 이듬해인 1054년에 숨을 거두었다.

빅토리우스 2세와 스테파누스 9세라는 두 교황의 짧은 치세를 거쳐 니콜라우스 2세가 교황이 되었을 때, 교황권은 그 무렵 강한 세력을 이루고 있던 북방의 기사들과 매우 밀접한 관계를 맺게 되었다. 곧, 그는 힐데브란트의 중재로 노르만족에게 가서 그들과 동맹을 맺은 것이다.

그 무렵까지 노르만족은 황제의 신하였으나 이제부터 그들은 교황의 신하임을 자칭하게 된 것이다. 이를 가장 먼저 주장하고 나선 사람은 다름 아닌 오트빌 왕가의 탕크레드의 아들 로베르 기스카르(로베르토 기스카르라고도 함)였다. 그때까지 그는 호탕한 정복 여행에 나서서 칼라브리아를 손에 넣고 풀리아의 백작으로 선출되었으며, 시칠리아에 대한 공격을 막 시작하려던 참이었다. 그는 신과 성 베드로의 도움으로 풀리아와 칼라브리아의 대공이 되었다. 또 니콜라우스의 도움으로 장차 시칠리아의 주인이 될 것이라는 언질을 받으며 니콜라우스와 그 후계자들에 대한 충성을 서약했다.

일찍이 하인리히 3세가 황제권의 보편성을 얼마나 강조했는가를 돌이켜 보면, 노르만족이 독일 제국에서 이탈한 것이 제국에 어느 정도의 손실을 가져다주었는지 쉽게 이해할 수 있을 것이다. 교황 알렉산데르 2세의 선거에서 로베르 기스카르의 의형제인 카푸아의 리샤르가 큰 역할을 수행했다. 알렉산데르가 노르만족과 일부 로마인들의 손에 의해 교황으로 선출되었다는 점은 주목할 만한 사실이다.

1064년 만토바의 교회 회의●에서 독일인들은 알렉산데르가 노르만족과 관계를 맺고 있다고 비난했다. 알렉산데르는 이에 대해 아무런 항변도 하지 않고 장래 하인리히 4세가 로마에 올 때까지 그 회답을 연기했다. 이 같은 태도는 분명히 로마 황제권의 존재가 가능한 것임을 전제로 한 것이나 마찬가지였다. 실제로 이미 남부 이탈리아에서는 교황이 황제였다.

로마 교황권은 황제에 대항할 최대의 후원자를 노르만족 속에서 찾았고, 마침내 그것을 손에 넣은 것이다. 이로써 교황권은 이탈리아에서 더욱 강력해지고 있던 노르만 기사와 로트링겐의 강성한 반왕 세력에게 지지를 얻고 또 서쪽에서는 윌리엄 왕의 정복을 통해 매우 믿음직한 지지자를 얻게 된 것이다. 이에 비해 독일의 황제권은 그 권력이 근본에서부터 흔들리고 있었다. 알렉산데르 2세의 위대한 후계자인 교황 그레고리우스 7세가 독일 황제권에 대해 싸움을 시작한 것은 이러한 정황 아래서였다.

NOTES

서임권 투쟁

중세 초기에 사제와 수도원 원장은 세속의 지배자(왕과 황제)에 의해 임명되었다. 11세기에 들어와 교황권은 이러한 서임권을 교회로 가져오려고 노력하며 세속과 권력 투쟁을 벌였다. 이를 (성직)서임권 투쟁이라고 한다.

동로마 교회

4세기 로마 제국의 수도가 콘스탄티노플로 옮겨 간 뒤, 새로운 수도의 교회는 사도 베드로의 후계자로서 전 교회의 수위권을 주장하는 로마 황제의 권위에 대항했다. 두 교회는 1054년 결정적으로 분열되었다.

만토바의 교회 회의

1064년의 성령강림제 때 북부 이탈리아의 만토바에서 개최되었다. 이 회의에서 로마의 개혁파인 힐데브란트가 옹립한 알렉산데르 2세가 독일의 세력 아래 대립하고 있던 황제 호노라우스 2세(카다루스)에게 승리를 거두었다.

야코프 부르크하르트(Jacob Burckhardt)

이탈리아의 르네상스 문화
(Die Kultur der Renaissance in Italien)

『이탈리아의 르네상스 문명』은 모두 여섯 장으로 나누어져 있으며, '서론'은 제1장의 첫머리에 실려 있다. 중세 이후의 이탈리아의 정치 체제, 사회와 개인, 고대적 요소의 재생, 자연관과 인간관, 사회생활, 도덕과 종교가 각 장의 주요 테마이다.

INTRO

부르크하르트(1818~1897)는 스위스 바젤대학교의 고대사학자로, 그의 『영국 문화사』(사후 출판)는 이 분야의 대표작으로 손꼽힌다. 이탈리아 미술에 대한 관심도 매우 커 특히 1846년에서 1854년 사이에 수차례에 걸친 이탈리아 체재에서 얻은 체험을 바탕으로, 그 뒤 이탈리아 미술 탐방자들이 반드시 손에 들고 다니게 된 『명승지 안내』(1855)를 펴냈다.

이후 부르크하르트는 고대의 고전과 르네상스기의 이탈리아 미술에 대한 관심이 한데 합쳐지면서 이탈리아 미술 속에서 고대의 고전 미술 양식의 재생을 파악하는 관점에서 '이탈리아 르네상스기의 미술 및 문화사'를 집필할 것을 계획했다. 결국 이는 원래 구상대로 끝맺지 못했으나, 이 계획을 통해 『이탈리아의 르네상스 문화』(1860)과 베를린대학교의 쿠글러가 편집한 '건축사'의 1권으로 『이탈리아의 르네상스 역사』(1867)가 탄생했다.

16세기 이탈리아의 미술사가 바사리●를 비롯해 동시대의 프랑스 고전학자들의 발언 속에는 고대의 고전 미술 양식의 재생, 곧 고전 문예의 부흥이라는 개념이 이미 자리 잡고 있었다. 그렇지만 유럽 전체의 역사 흐름 속에서 '르네상스'라는 시대 개념을 정립하려는 발상은 19세기까지는 아직 형성되지 않았다.

18세기의 계몽주의는 이성의 단계적 발전이라는 도식을 역사에 적용해 '재생'이라는 개념을 허용하지 않았다. 이 뒤를 이어 등장한 낭만주의는 고대의 고전을 존중하는 고전주의와 합리주의적 계몽 사상에 반기를 들며, 중세 속에서 비합리적인 인간의 정념의 세계를 확인하며 이를 예찬했다.

이와 같은 사상사적 상황은 재생의 개념과 근대의 진보주의적 역사관 사이에 끼어 조정되게 되었다. 1855년 『프랑스사』 제7권을 출판한 쥘 미슐레는 이제까지 자신이 의지했던 낭만주의적 입장을 청산하고 근대의 형성에 '르네상스'라는 표제어를 택했다. 제7권이 '르네상스'라고 표기된 것은 이 때문이었다.

이 무렵 이미 부르크하르트는 이 책을 집필 중이었다. 그는 미슐레와 달리 과거의 재생이라는 개념에 보다 충실하며 해당 시기를 하나의 자기 충족이 가능한 세계로 묘사해 냄으로써 중세와 근대의 관계에 관한 논의에 커다란 자극을 제공했던 것이다.

제1장 예술 작품으로서의 국가

13세기 프리드리히 2세가 통치하던 시칠리아 왕국에서부터 서술을 시작해 14세기의 비스콘티 가문의 밀라노, 15세기의 스포르차 가문의 밀라노, 아라곤 가문의 시칠리아 왕국, 에스테 가문의 페라라 등 전제 군주들의 '국가'에 대해 기술하고 있다.

이에 대응하는 형태로 공화제를 택하고 있던 베네치아와 피렌체●, 제노바, 루카 등을 거론했는데, 특히 베네치아와 피렌체의 '국가 체제'에 대해 많은 페이지를 할애하며 인위적으로 계산되어 만들어진 정치 기술과 국가의 재정적 또는 인적 기반을 계량하는 기술인 통계술, 더욱이 국가의 자기 기록이 되는 역사 서술이라는 세 가지 점에서 이들 도시 국가가 '예술로서의 국가' 골격을 이루고 있다고 주장했다.

특히 피렌체는 '세계 최초의 근대 국가'라고 하며 이렇게 평가하고 있다. "저 놀랄 만한 피렌체 정신, 날카로운 이성과 함께 예술적 창조력을 지닌 피렌체의 정신은 정치적, 사회적 상태를 끊임없이 변화시키며 동시에 끊임없이 그것을 기술하고 조정한다. 이와 같은 과정을 통해 피렌체는 정치상의 모든 학설과 이론, 실천과 비약의 고향이 되었고, 베네치아와 함께 통계술의 고향이 되었으며, 오직 그 자신만이 모든 국가들에 앞서 새로운 의미의 역사적 서술의 발상지가 되었다."

제2장 개인의 발전

일반성이라는 베일 너머로 세계를 바라보고 있던 중세를 건너뛰어, "이탈리아에서 비로소 그 베일이 바람에 떨어져 나갔다. 국가와 일반인 들은 이 세계의 모든 사물에 관한 객관적인 고찰과 처리를 자각하게 되 었다. 더욱이 그와 나란히 주관적인 것 역시 강력하게 일어섰다. 인간이 정신적인 개인이 되며 자기를 개인으로서 인식한다. 이러한 사회에서 인 정되고 있는 '고도로 발달한 개인주의'의 양상은 다음과 같은 세 가지 점으로 집약할 수 있다. 곧, 인격의 완성이라는 아이디어와 '근대적 명예 욕' 그리고 '근대적 조소와 모욕'으로, 경우에 따라서는 기지라고 일컬어 지기도 하며 무적의 형태를 띠는 것이기도 하다."

"다면적이며 동시에 그 무렵의 모든 문화 요소를 자신의 것으로 만든 천성, 곧 보편적 인간이 그 인격의 완성을 추구하려는 것이 이들의 목표 였다. 후세에는 '르네상스적 인간상'이라는 말이 일반화되었지만, 이는 이 와 같은 부르크하르트의 정의를 기초로 한 것이다."

그러나 이러한 '인격의 완성'에 대한 희망을 중세인들의 교양주의와 구 별한 점과 이 시기의 '명예욕'을 중세인들의 명예심과는 별도로 이해해야 한다고 한 점 그리고 전체적으로 중세적 가치 기준과의 대비를 지나치게 강조하고 있는 경향 등은 뒷날 호이징가●로 하여금 비판의 화살을 겨누 게 한 요인이 되었다.

참고로 여기에 개인의 발전에 관한 원문의 일부를 인용하고자 한다.

"날카로운 문화사적 안목을 가진 사람이라면, 15세기에서 더 이상 나 무랄 데 없이 완성된 인간의 증가를 그 하나하나의 흔적을 통해 반드시 찾아낼 수 있을 것이다. 그와 같은 인간들이 정신 생활과 외적 생활의 조 화로운 완성을 의식적이고 공공연한 목표로 삼았는가 하는 여부에 대해서는 그리 간단히 말할 수 없다. 그러나 지상에 있는 일체의 것이란 모두 불완전한 것이므로 그런 지상에서 실질적으로 완성된 인격을 갖춘 사람이란 겨우 한두 사람에 지나지 않을 것이다. 예를 들어 아리오스토●와 같은 개성은 주로 그의 풍자시를 관찰해 보면 알 수 있다. 거기에서는 인간에 대한 긍지와 시인 자신의 긍지, 육신의 향락에 대한 비아냥, 매우 미묘한 조소 그리고 의미 깊은 선의가 아주 쾌적하고 아름다운 음조로 조정되어 있다. 그런데 이와 같은 인격의 최고 완성에 대한 충동이, 강력하고 또 그 때문에 다면적이며 동시에 그 무렵의 모든 문화 요소를 자신의 것으로 만든 천성과 만나게 될 때, 오직 이탈리아에만 존재하는 저 '보편적 인간'이 탄생하게 되는 것이다.

백과사전적인 인간이라면 중세 전체를 통해 각국에 존재했다. 그와 같은 지식은 좁은 곳에 한데 몰려 있기 때문이다. 동시에 만능의 예술가 역시 12세기까지 거슬러 올라가면 찾아볼 수 있다. 건축술의 문제는 보다 단순하고 단조로웠으며, 조각과 회화 역시 표현해야 할 내용이 형식보다 중요시되었기 때문이다.

이에 비해 르네상스기의 이탈리아에서는, 모든 영역에서 새롭고 또한 그러한 종류로서는 완성된 것만을 창조하는 자로서, 더욱이 인간으로서도 더 바랄 나위 없이 위대한 인상을 받을 수 있는 몇 사람의 예술가와 만날 수 있다. 이들이 직업으로 삼고 있는 예술 이외에도, 한없이 펼쳐져 있는 정신의 영역을 통해 마찬가지로 만능의 재주를 갖춘 인간들이 존재하고 있는 것이다."

제3장 고대의 부활

이탈리아의 민족 정신은 고대의 고전 문화에 익숙해 있다. 덧붙여 '로마적이고 이탈리아적인 세계 지배에 대한 환상과 요청'이 14세기 이후 유럽의 정세 속에서 이탈리아인들의 마음속에 자라왔다. 이러한 민족 정신과 역사적 요청이 이탈리아의 도시 생활, 곧 '귀족과 시민이 공동으로 생활하며 사실상의 평등과 교육의 필요성을 느끼고 또한 그를 위해 쓸 수 있는 여가와 금전적 여유가 있는 일반적 생활'을 토양으로 삼아 고대적인 것의 '재생'에 대한 정열이 사람들 사이에서 싹튼 것이다.

이 장에서는 고대에 대한 정열이 어떠한 형태로 나타나고 있는가를 살피고 있다. 그것은 곧, 로마를 비롯한 고대 유물에 대한 숭배와 존경, 고대의 고전적 저술에 대한 수집과 그에 기초한 인문주의의 융성, 학교의 경영, 왕족 집안의 학자 등용 등이었다. 특히 '서간의 작성과 격식을 갖춘 공개 연설'을 위한 교양의 필요성이 증가하면서 라틴어적 교양이 일반화되었으며, 서정시 가운데 특히 비가에서 라틴시가 모방되었다.

"14세기 초반 이후, 몇 세대에 걸친 뛰어난 시인과 문헌학자들이 이탈리아 및 세계를 고대에 대한 숭배로 가득 차게 했으며, 문화와 교육을 본질적으로 규정하면서 때로는 국가의 정치도 지도하면서 힘닿는 데까지 고대의 문헌을 복각했다."

부르크하르트는 개개의 사실을 서술할 경우에는 생기 넘치는 부드러운 어조이지만, 이처럼 총론적 내용을 서술할 경우에는 어딘가 모르게 딱딱한 모습을 드러내고 있다. 이 문장의 경우 최대의 쟁점은 '이탈리아 및 세계를'이라는 부분이다. '및 세계'는 삭제되어야 한다는 것이 최근 연구자들의 견해이다.

제4장 세계와 인간의 발견
"15세기 중엽의 아에네아스 실비우스에서 보이는 것과 같은, 지리적·

통계적·역사적으로 종합된 관심을 이탈리아를 제외하고 도대체 어디에서 발견할 수 있을 것인가."

'통계적이며 역사적인 관심'에 대해서는 제1장에 강조되어 있다. 이곳에서는 오로지 '지리적인 관심'만 지적되어 있다. 외부 세계로 진출하는 것을 두려워하지 않는 이탈리아인들의 기질이 세계 지리를 향한 정신 운동과 박물지적 자연 탐구 그리고 풍경의 아름다움을 풍경 그 자체로 향수하도록 유혹해 냈다. 특히 "르네상스의 문화는 인간의 완전한 내실을 최초로 있는 그대로 완벽하게 발견하고 그것을 명백히 밝힘으로써 세계의 발견에 더욱 큰 공적을 추가했다."

'인간의 완전한 내실', 그것은 시, 특히 이탈리아에서는 하나의 지배적인 보편적 형식의 소네트로 표현되었다. 단테와 페트라르카에게서 우리는 인간 발전의 커다란 족적을 찾아볼 수 있다. "우리는 페트라르카의 굉장히 멋진 심경의 도상과 지극히 행복하거나 또는 불행한 순간에 대한 다양한 묘사에 경탄하지 않을 수 없다."

희곡, 특히 비극 그리고 서사시의 분야에서는 이러한 기대가 무너진다. 그러나 전기와 자서전 또는 국가와 사회생활을 그린 묘사는 굉장히 훌륭하다. 인간과 그 생활 환경에 대한 강한 관심과, 표현하기를 두려워하지 않는 정신에서 이탈리아는 정말 탁월했다.

부르크하르트의 저술 이후 1세기가 지난 현재에는 이에 대해 단서를 달 필요가 있을 것이다. 그것은 곧, 풍경 묘사이든 인간 사회를 표출해 낸 것이든 그것이 중세의 정신 풍토와는 융화되지 않는 르네상스의 특성으로서만 강조되어 있는 점이다. 부르크하르트 시대는 아직 그다지 중세의 미술과 문예가 널리 알려지지 않았기 때문이기도 하다.

제5장 사교와 축제

이 장은 전체 여섯 장 가운데 가장 잘 정리된 부분이다.

'신분의 평등화'가 진행되고 풍요로운 경제가 '생활의 외적 세련'을 가능하게 해 준 사회에서 문예에 대한 정열은 '사교의 기초가 되는 공통 언어'(피렌체를 중심으로 하는 토스카나 방언)의 성립을 가져왔다. 이를 통해 '고급 사교 형식'이 고안되었으며, '완전한 사교인'에 대한 이상도 수립되었다. '여성' 역시 이 같은 사교 세계에 평등하게 참가하고 있었으며, '가정'은 사교 생활의 기본 구조로 예술 작품 속에 창조되었다.

앞 문장에 나오는 인용 부호 속의 어구는 각 절의 제목으로, 이를 통해 이 장의 내용을 쉽게 짐작해 볼 수 있다. 덧붙여 동등한 비중을 가진 하나의 절이 따로 마련되어 '축제'라는 제목이 붙어 있다.

어떤 점에서는 종교적 동기에서 비롯된 공개적 행사로 구경거리나 행렬 등이 축제의 주요 형식이다. "여기서 우리가 문제 삼을 것은 국민의 종교적, 윤리적 그리고 시적인 모든 이상이 국민의 실생활 속에서 가장 높이 고양된 순간에 눈에 보이는 형태로 나타나는 것이 바로 축제라는 점이다. 매우 수준 높은 형식을 갖춘 이탈리아의 축제는 생활에서 예술로 옮겨 간 참된 이행을 뜻한다."

제6장 풍속과 종교

'도덕의 타락.' 르네상스기의 이탈리아 사회 속에 나타난 이 같은 특성을 지적하며 부르크하르트는 회의론자로 변신한다.

"다른 그 무엇보다도 상상력이, 이탈리아인이 지닌 미덕과 과오에 특별한 색조를 부과하고 있다. 그리고 상상력의 지배 아래 풀려나게 된 이탈리아인들의 이기심은 그 놀랄 만한 능력을 유감없이 발휘한다."

이기주의와 성적 방종, '일종의 독자적이고 개인적인 강인함이 담긴' 폭력 범죄, 한편은 교회의 타락, 또 한편은 교회에 대한 비아냥, 대중 설교사들의 침 발린 말에 타오르는 민중의 충동, 고대 미신의 재생 그리고 그리스도교 신앙의 동요.

이 장에서 부르크하르트가 고찰한 내용은 활력에 넘치는 양의 측면을 지닌 르네상스에 대한 음화였던 것이다. 16세기에 들어오자마자 이탈리아 사회는 침체의 계절을 맞이한다. 이와 같은 이탈리아와 르네상스의 종언은 서로 상관된 것인가. 이 장의 첫머리에는 "따라서 다음에 서술하는 내용 역시 판단이 아니라 이탈리아, 곧 르네상스라는 오랜 세월에 걸친 연구를 통해 저절로 생긴 일종의 방주이다"라고 쓰여 있다. 곧, 저자 자신은 스스로의 판단을 피하고 있는 것이다.

NOTES

조르조 바사리|Giorgio Vasari

이탈리아 르네상스 시대의 화가이며, 건축가, 미술사가로 활동했다. 르네상스 시대의 예술가들의 삶과 작품을 기록한 『이탈리아의 뛰어난 건축가·화가·조각가들의 생애』(1550)는 미켈란젤로에서 그 정점에 이른 고대의 고전 미술 양식의 '재생'을 논하며 르네상스라는 말을 정착시켰다.

피렌체

토스카나 지방의 중심 도시. 도시 국가를 형성하고 13세기 이후 모직물 산업으로 크게 번영했으며, 15세기에 들어 메디치가에 의해 사실상 독재 체제가 되었다. 16세기에는 토스카나 대공국으로 이행했다.

요한 호이징가(Johan Huizinga, 1872~1945)

14-15세기 북부 유럽의 생활과 정신적 풍토는 여전히 중세 세계에 머물고 있었다는 점을 논증하며 같은 시기의 이탈리아 사회에서 근대를 인정한 부르크하르트와 첨예한 대립을 이루었다.

루도비코 아리오스토(Ludovico Ariosto, 1474~1533)

이탈리아의 시인. 『성난 오를란도』 외에 코메디아(희극)와 소네트, 칸초네 등 서정과 풍자가 뒤섞인 시로 유명하다.

프랑스혁명
(La Révolution française)

마티에의 입장은 프랑스 사회당적을 가진 마르크스주의이지만 역사가로서의 엄밀한 사료 구사와 공정한 눈으로 평가함으로써 혁명 연구에 하나의 지표를 마련했다는 평을 듣고 있다. 마티에의 『프랑스혁명』은 20세기에 가장 신뢰할 만한 프랑스 혁명사로 일컬어진다.

INTRO

마티에(1874~1932)는 프랑스 오트손 주의 라 브뤼예르 출신으로, 파리고등사범학교를 졸업하고, 1926년 이후 소르본대학교에서 프랑스 혁명사를 강의했다. 『프랑스혁명』(1922~1927)은 제1권이 1922년, 제2권이 1924년, 제3권이 1927년에 각각 출판되었다.

과학적인 혁명사 연구는 19세기 말부터 행해져 왔는데, 마티에는 이 분야의 제1인자로 손꼽혔던 알퐁스 올라르의 지도 아래 연구를 시작했다. 그러나 그 뒤 사회경제학적인 분석을 통해 혁명의 진행을 계급의 분해라는 관점에서 파악함으로써 올라르의 견해와 차이를 보이게 되었다.

마티에는 프랑스혁명을 귀족 혁명에서 비롯되는 4단계의 혁명으로 분류하고, 그 실체를 다원적이자 역사적으로 파악했다. 또한 혁명 정치의 성립에 대해서도, 군사적 위기에 대처하기 위한 긴급 수단이 겹쳐지며 실현된 것으로 파악하는 올라르의 견해와 달리, 연방주의자의 반항을 억제하고 국민 총동원 체제를 확립하려는 정치적 원인에서 시작된 제1기와 최고물가제 실행이라는 경제적 이유에서 연유하는 제2기로 구분했다.

마티에의 혁명에 대한 이해는 로베스피에르에 대한 평가에서도 잘 드러나 있다. 로베스피에르가 공안위원회를 통해 행한 것은 "냉정함과 용기 그리고 날카로운 통찰력과 놀랄 만한 웅변술, 뛰어난 조직력과 철저한 공평무사함뿐 아니라 실은 그 이상이었다"라고 했다.

이에 대해 당통의 역할에 대해서는 큰 의미를 부여하지 않았다. 국왕의 재판 때에는 물론 뒤무리에의 배신에 대한 처신에서 당통에게는 이상한 일면이 있으며 신념의 일관성이 결여되어 있다고 했다. 또 로베스피에르가 옹호해 줌으로써 정치 생명을 연장할 수 있었다는 면도 지적하고 있다. 관대한 입장을 대표하며 혁명 정치를 방해한 당통과 그 주변 인사들을 처형해도 마티에는 "민중 사이에 아무런 동요도 없었다. …… 끊임없이 모든 종류의 당파 사이를 옮겨 다니며 어느 때에는 그들에게 봉사하고 어느 때에는 그들을 배신하면서 자기 자신의 재산만을 위해 일한 사기꾼에게 어떻게 관심을 둘 수 있겠는가"라며 당통에 대한 비판을 계속하고 있다. 그러나 이런 개인적 견해와는 달리 이 책이 20세기에 가장 신뢰할 만한 프랑스혁명사라는 그 견고한 위치에는 아무런 변함이 없다.

책의 구성

전체 세 권으로, 제1권은 '군주제의 와해'(1787~1792), 제2권은 '지롱드파와 자코뱅파', 제3권은 '공포 정치 시대'로 구성되어 있다. 이런 구성에서도 알 수 있듯이 왕권의 몰락에서 자코뱅 독재에 이르는 프랑스혁명의 후반부에 초점이 맞춰져 있다. 전체를 요약하는 것은 불가능하므로 그 일부를 소개한다.

귀족의 반란이 혁명을 재촉

구제도의 심각한 사회 위기를 극복하기 위해 프랑스가 기댄 것은, 연회와 수렵 이외에 머리를 쓰는 일이라면 곧 피로해져 버리는 루이 16세였다. 그 무렵 프랑스의 재정은 파산 일보 직전이었다. 왕실의 낭비에 더해 미국의 독립전쟁에 개입하기 위해 사용한 비용 역시 엄청났다. 차례차례로 교체된 재무장관들 역시 어찌할 방도가 없었다. 텅 빈 국고를 채우기 위해서는 특권을 가진 자들로부터 세금을 거두어들이는 수밖에 없었다. 세제 개혁이 법적으로 효력을 갖기 위해서는 귀족들의 아성인 최고법원의 재가를 받아야만 했다. 그러나 그것은 불가능했다.

재무장관 칼론은 최고법원을 피하기 위해 명사회^{名士會}를 소집해 줄 것을 국왕에게 청원하고, 교회와 귀족, 평민의 구분 없이 그들의 모든 소유지에서 나오는 생산물 모두에 과세한다는 새로운 세금에 대한 승인을 요청했다. 1787년 2월의 일이었다. 그렇지만 명사회의 구성원 역시 특권 계급이었기 때문에 오히려 재무장관은 재정의 적자 책임을 지며 실각되고 말았다.

대신 들어선 로메니드브리엔 대주교는 제3신분에게 힘을 실어 줌으로써 특권 계급을 억누르고자 했다. 당연히 명사회는 이에 반항하며 삼부회●의 소집을 요구했으나 안타깝게도 왕과 그의 궁정이 이를 겁내는 바람에 로메니드브리엔은 명사회를 해산해 버렸다.

이런 과정에서 최고법원을 중심으로 한 귀족들의 반란이 활발해졌다. 파리 최고법원은 명령의 등록을 거부하고 궁정의 낭비를 고발했기 때문에 트루아로 추방되었다. 지방 최고법원과 재판소 역시 동요했다. 한때 로메니드브리엔과 이들 사이에 타협이 성립되기도 했으나 1788년에는 대립이 한층 더 격심해졌다. 왕이 보복을 하면 최고법원이 곧바로 이를 반격했다.

대귀족과 대부르주아지뿐 아니라 다양한 입장의 여러 민주주의자와 입헌왕정파들도 여기에 가세했다. 클럽과 카페는 어느 곳이고 '민주주의와 봉기를 가르치는 공개 학교'가 되었으며, 렌 시市에서는 '여성 시민'이 이런 활동의 간사 역을 맡기도 했다. 드피네에서는 제3신분이 지도적 역할을 맡았다. 이들은 최고법원을 건물 밖으로 내쫓고 이들에게 지붕 위에서 기와 조각을 던졌다. 또 군대를 추방하기도 하고 귀환시키기도 했다. 그러면서 '삼부회가 소집되지 않는 한 한 푼의 세금도 내지 않는다'고 서로 맹세했다.

로메니드브리엔은 하는 수 없이 물러나게 되었다. 그를 물리친 왕은 앞서 파면했던 네케르를 다시 등용했다. 네케르는 삼부회의 소집 등을 조건으로 내걸며 취임했다. 이렇게 하여 귀족의 반란은 왕을 패배시켰지만 스스로 혁명으로 이르는 문을 열었던 것이다. 가공할 만한 시민 세력에 의해 결국 자신들이 희생되리라는 것을 알지도 못한 채 그들 스스로가 그 길을 재촉했던 것이다.

공포 정치의 시작

혁명은 끝없이 진행되었다. 입헌군주제를 실현한 부르주아 혁명 시대에 이어 공화파에 의한 제3혁명이 입법 의회를 대신한 국민공회● 아래에서 시작되었다. 그러나 곧 부르주아적 공화파인 지롱드파와 사회주의적 공화파인 자코뱅파가 서로 대립하며 제4의 혁명을 준비하고 있었다. 지롱드파는 루이 16세의 처형을 둘러싼 논쟁에서 한 걸음 후퇴했으나, 그들이 내놓은 사회 정책들은 대중의 마음속에 있던 그들의 인기를 그 이상으로 떨어뜨렸다. 대외 전쟁의 전비를 충당하기 위해 아시냐assigna 지폐가 남발되었고, 수확이 좋았는데도 현물을 내놓으려고 하지 않는 지주와 소작인 때문에 물가, 특히 빵값이 폭등했다. 그렇지만 지롱드파는 시민 계급의 고통에는 아무런 구제책을 취하지 않았다. 따라서 각지에서 식량 폭동이 일어났다. 이들은 공정 가격을 채택할 것을 요구했다. 이에 대해 신중한 태도를 취한 자코뱅파에 비해 '앙라제(격앙파)'는 식량의 국가 관리와 제분소의 국영화 등 강력한 식량 통제를 요구했다. 그러나 그 같은 정책은 혁명 정부에서 실현될 수 있는 일이 아니었다.

1793년 3월 3일 벨기에 지방의 사령관인 뒤무리에가 적으로 돌아섬으로써 국민공회는 큰 곤경에 빠지게 되었다. 같은 3월 방데주에서 일어난 성직자와 왕당파의 반란은 '프랑스의 전체 국민에 대한 최고의 저항이자 불평의 의사 표시'였다. 비누를 살 수 없게 된 여성의 소동과 식료품점의 약탈, 리옹의 노동자 운동 역시 성격은 다르지만 그 같은 반감의 표시 가운데 하나였다.

로베스피에르는 7월 27일, 최악의 시기에 공안위원회에 들어갔다. 패전으로 인해 군대 내부는 혼란에 빠져 있었고, 도시에서는 식량 부족으로 대소동이 빈발하고 있었다. 더욱이 앙라제가 그런 대중의 불평을 선동질하고 있었다.

8월 23일 국민공회는 비상 사태를 선언했다. '현 시점부터 공화국의 영토에서 적을 추방할 때까지 모든 프랑스인은 상비군으로 군대에 징발된다.' 이는 청년과 기혼자, 노인 등 모두를 대상으로 한 총동원령이었다.

과격한 자코뱅 좌파인 에베르파가 등장하는 순서가 되었다. "공포 정치를 의사 일정에 넣도록! 그것이야말로 인민들을 각성하게 하고 또한 스스로 자신을 구해 낼 수 있는 유일한 방법이다!"라고 에베르파의 루아예는 부르짖었다. 9월 5일 대규모의 데모가 일어났다. 열쇠공과 건축 노동자들이 자치시의 회의에서 임금을 올려 달라고 요구했다. "파리에 식량이 있는가. 있다면 시장에 풀어 놓아라. 없다면 그 이유를 밝혀라." "우리에게 필요한 것은 약속의 말이 아닌 빵이다. 그것도 지금 당장." 에베르파는 열광하는 민중을 선동하고 자코뱅파의 태도를 겁쟁이라며 질책했다. 로베스피에르는 이에 대해 "파리를 굶주리게 하고 파리를 피로 물들이고자 하는 음모"라고 비난했지만 아무 소용이 없었다.

에베르파의 첫 번째 강령은 무제한 전쟁이었다. 이를 받아들인 공안위원회는 혁명군을 모집하며 한편으로 혐의자법을 제정했다. 혐의자법은 감히 정부를 방해할 생각을 하지 못하게 했을 뿐 아니라, 무관심한 자나 겁쟁이들의 머리칼조차 '무시무시한 위협'에 저절로 곤두서게 만들었다. 이어 다른 위원회보다 높은 위치에 있었던 공안위원회를 중심으로 혁명 정부를 수립하는 방안이 결정되었다.

9월과 10월에는 대규모 모병을 위한 비상 수단이 채택되었다. 파견 위원들이 각지에서 병사와 무기 그리고 식량을 징발했다. 그 밖에도 혐의자를 지명해 잡아들이고 혁명적 수단으로 세금을 거두어들였으며, 태만한 하급 관리나 성직자들을 파면하는 것은 물론, 모든 빵집에서는 값싼 '평등 빵'만 만들라는 극단적인 명령도 내렸다. 또 징발에 응하지 않은 수확자들에게는 '국민들을 굶겨 죽이려고 하는 자, 조국을 배신한 자!' 라는 명찰을 씌워 광장에서 조리를 돌렸다.

공안위원회는 로베스피에르를 포함해 모두가 파견 위원들의 과격한 행동을 경계했다. 대규모 모병이 끝났을 때 위원회는 이들의 권한을 정지시켰다.

9월 29일에 발표된 일반최고가격제●에 관한 법률은 모든 물가의 가격을 공적으로 정하는 것이다. 곧, 곡물과 밀가루, 사료, 담배, 소금, 비누는 프랑스 전국의 어느 곳을 가도 일률적인 것이 되었다. 그리고 그 밖의 물자는 1790년 평균 가격에 3분의 1을 더해 군郡별로 정하도록 했다. 또한 임금은 같은 해의 급료에 반액을 추가한 최고 급료로 정했다.

최고 가격표가 내걸리기 2일 전, 생쥐스트는 이렇게 연설했다. "법률이 혁명적일지라도 이를 시행하는 사람들은 혁명적이지 않다. …… 그대들은, 새로운 적에 대해 더 이상 아무것도 용서해 줄 필요가 없다. …… 그대들은, 배신하는 자들뿐 아니라 무관심한 자들까지 처벌할 필요가 있다. …… 정의에 의해 다스려지지 않는 자들은 강철로 다스릴 수밖에 없다."

10월 22일에는 식량위원회가 열렸다. 식량위원회는 모든 물자를 최고 가격으로 장악해 각 군에 배분하고, 농업·공업·광업의 모든 생산과 운송 그리고 공장과 광산은 물론, 석탄과 목재 등의 수출입까지 좌지우지할 수 있게 된 것을 뜻했다. 또한 무력 행사도 허용되었다.

11월 말에는 이를 충실히 실행하기 위한 일당 독재 정부가 등장했고, 혁명 재판소가 활동을 개시하며 지롱드파를 일소했다. '혁명 정부는 숙명적으로 공포 정치를 수반한다'는 것이었다. 이는 피할 수 없는 일로서, 만일 왕당파가 강해진다면 공화파 탄압을 위해 이를 설치했을 것이다.

이처럼 일반최고가격제의 실행을 확실히 하고자 한 경제적 이유가 정치적 이유를 대신해 혁명을 그 최후의 단계까지 밀어붙인 것이다.

NOTES

삼부회
성직자와 귀족, 평민의 대표들에 의해 구성된 의회. 1302년 필리프 4세가 교황 보니파키우스 8세와 대립하면서 국민들의 동의를 확인하기 위해 소집한 것이 처음이었으나 1615년 이후에는 열리지 않았다.

국민공회
1792년 왕권이 정지되고 새로운 헌법의 제정을 위해 보통 선거를 통해 9월 21일 성립된 의회. 처음에는 지롱드파 중심이었으나 곧 자코뱅파에 의해 장악되었고, 테르미도르 반동 이후 1795년 헌법이 제정되면서 해산되었다.

일반최고가격제
전체 39개 품목의 생활 필수품에 대한 공정 가격제. 가격표를 가게 앞에 내거는 것은 물론, 위반자의 처벌과 최고 임금 등이 아울러 결정되었다. 그러나 위반자가 끊이지 않았고 부농과 부르주아뿐 아니라 노동자들에게서도 반감을 샀다. 1794년 12월 폐지되었다.

역사의 연구
(A Study of History)

토인비는 문명의 발전 법칙을 발생·성장·몰락·해체의 과정으로 보는 문명론을 전개하고 있다. 이 독창적 문명론에 관한 비판도 많으나, 날카로운 통찰력이 넘쳐흐르는 이 책은 현대를 이해하는 데에도 결코 그냥 지나칠 수 없는 저술이다.

INTRO

토인비(1889~1975)는 1889년 런던에서 태어났다. 1911년 옥스퍼드대학교의 베일리얼 칼리지를 졸업하고 동 칼리지의 연구원 겸 연구지도원에 임명되며 이탈리아와 그리스로 연수 여행을 떠났다. 1년 뒤 귀국해 베일리얼 칼리지에서 고대사를 강의했다. 1914년 제1차 세계대전이 발발할 무렵, 투키디데스의 세계와 현대를 철학적으로 동시대로 삼고자 하는 토인비 사학이 최초로 싹텄다.

1915년 외무부에서 전시 근무에 종사한 뒤, 1919년 파리강화회의의 영국 대표단의 중동 지역 전문위원으로 출석했다. 이 임무를 마친 뒤 학교로 돌아와 런던대학교 교수로 취임했고, 1925년 왕립국제문제연구소의 연구부장이 되었다.

『역사의 연구』(1934~1954, 1961)는 1934년에 제1~3권이, 1939년에 제4~6권이 간행되었다. 제2차 세계대전이 일어난 뒤에는 다시 외무부에 근무했다. 1946년 파리강화회의에 다시 영국 대표단의 일원으로 참석했으며, 1954년에 『역사의 연구』 제7~10권을 간행했고, 1960~1961년에 제11~12권을 간행했다. 1972년에는 『도설 역사의 연구A Study of History Illustrated』를 출판했고, 1975년 요크에서 죽었다.

『역사의 연구』는 종래 열두 권으로 된 원본과 서머벨D. C. Sommervell에 의한 축쇄판이 유포되었으나, 1972년 『도설 역사의 연구』가 최종적인 결정판이다.

책의 의도

서문 첫머리에서 토인비는 "이 책은 표제가 암시하는 바를 이루고자한 하나의 시도이다. 곧, 나는 인류의 역사를 하나의 전체로서 조망해보려고 시도한 것이다. 이는 그 출발점에서부터 1972년이라는 해까지의역사를 조망해 본다는 것을 의미하며 또 그것을 전 세계적으로 조망한다는 것을 의미한다"고 자신의 의도를 밝히고 있다.

또 "우리는 종종 우리 자신이 그 속에 살고 있기 때문에 우리의 특정한 국가나 문명 또는 종교를 중심적으로 생각하고 또 그것을 매우 뛰어난 것으로 생각하고 있는 환영에서 스스로 해방되어야 한다"고 주장하며, 종래의 서유럽 중심의 역사관과 문명관을 초월해 세계의 모든 지역의 역사와 문명을 동등한 가치로 바라보고자 한 그의 입장을 명백히 밝히고 있다.

역사 연구의 단위

제1부 '역사의 모습'에서 먼저 그는 역사 연구의 단위를 탐색하는 것부터 '연구'를 시작하고 있다. 역사의 단위는 비교적 자기 완결적인 것으로, 따라서 다른 역사 부분에서 잘라 내도 어느 정도는 하나의 정돈된 단위가 되는 것을 뜻한다. 토인비는 역사를 국민 국가라는 입장에서 연구하는 통상적 방법을 피하고 있다. 이는 크게 보면 국민 국가란 보다 큰 '문명' 속의 한 단편에 지나지 않고, 문명이라는 큰 단위 쪽이 국민 국가라는 작은 단위보다 왜곡이 적다고 생각했기 때문이다. 토인비는 이처럼 역사 단위를 정의하고 문명 이전의 각 사회를 살펴본 뒤 그리스와 중국, 유대의 역사 과정을 길잡이로 각 문명의 역사 '모델'을 정립하고자 했다.

그리스 모델

그리스 모델에 포함되어 있는 구성 요소는 그리스 문명(토인비가 말하는 '그리스 문명'은 일반적으로 그리스·로마 문명 또는 고대의 고전 문명으로 불리는 내용이 포함되어 있다)의 내부 역사에 한정된 것은 아니다. 이는 동시대의 다른 문명과의 관계와 그리스도교와의 관계 그리고 마지막으로 그리스도교를 통해 그 이후로 이어지는 그리스 정교 문명과 서유럽 문명의 관계도 포함된다. 이런 역사적 사실들의 구조는 다음과 같은 요소로 분석할 수 있다.

첫째, 그리스 세계는 문화적 통일에도 불구하고 정치적으로 통일되지 않았으며, 거기에서 비롯된 첨예한 대립 때문에 결과적으로 폴리스 국가들 간에 전쟁이 빈발하여 황폐화되었다. 문명 역시 손상을 입어 사멸하게 되었을 때 로마 제국에 의해 정치적으로 통일되면서 일시적인 평화와 질서를 가져왔다. "이 평화는 단 한 사람의 승리자만을 남기고 다른 정치적 대국大國이 모두 쓰러질 때까지 계속해 싸우는 녹아웃의 연속이라는 값비싼 희생을 치르고 이룩된 것이었다." 그리고 로마 제국의 붕괴는 그리스 문명의 사멸을 뜻한다.

둘째, 그리스 문명이 쇠약해진 뒤 사회사의 구조는 소수의 지배자가 영역 내의 시민과 이제까지 그리스 문명에 매료되어 온 원시 민족의 영역 외부에 있는 시민들 사이를 서로 갈라놓았다. 그 뒤 두 계급은 각각 내부와 외부의 '프롤레타리아트'가 된다.

셋째, 같은 계급에서 그리스 문명의 종교사적 구조에서는 내부의 프롤레타리아트가 그리스도교를 창조한다. 그리스도교는 그리스 세계를 개종시키고, 그곳을 침략한 야만족을 개종시킨다. 그리스도교가 채택한 사회 형태인 그리스도교 교회는 문화적 공백기 이후에 두 개의 새로운 문명, 곧 동방의 그리스 정교 문명과 서방의 그리스도교 문명(서유럽 문명)을 탄생시키는 '누에고치'의 역할을 한다.

넷째, 외부의 프롤레타리아트(야만족)는 로마의 세계 국가를 군사적으로 정복하고, 그 영역 내부에 후계 국가를 수립하지만, 새로운 문명의 창조에 대한 이들의 기여도는 내부의 프롤레타리아트에 비교할 때 매우 작다.

다섯째, 비잔틴과 서유럽이라는 두 지역의 '그리스적' 문명이 역사 과정 속에서 발생한 그리스화가 바로 르네상스이다. 르네상스는 그리스도교에 포함되어 있는 그리스적 요소를 매개로 하여 간접적인 것뿐 아니라 직접적으로 그리스 문화에서 영감을 퍼올리려는 시도이다.

이 같은 그리스 모델의 각 요소는 다른 문명의 역사에도 적합한 것이다. 예를 들어 첫 번째는 수메르=아카드 문명(아시리아, 신바빌로니아, 아케메네스 제국)과 러시아에서의 그리스 정교 문명(모스크바 제국), 일본의 극동 문명(도쿠가와 바쿠후) 등에서도 발견할 수 있다. 두 번째의 경우는 구세계의 서쪽 끝의 역사에서 가장 가까운 유사물을 찾고자 한다면 아마 동쪽 끝에서 발생해 전파된 대승 불교일 것이다. 그러나 대승 불교는 동아시아에서 그 세력과 권력이 정점에 도달했을 때조차도 도교의 '도관'과 중국의 국교적 철학인 유교 가운데 어느 쪽도 완전히 몰아낼 수 없었다.

중국 모델

중국 모델은 세계 국가의 이상이 차례로 실현되지만, 중간에 종종 분열과 혼란에 빠지는 하나의 시리즈로 나타난다. 이 모델은 이집트와 인도의 경우에도 타당하다. 그러나 그리스와 중국이라는 두 개의 모델이 모든 경우에 적합하지는 않으므로 이 둘을 합쳐 개선한 모델을 생각해 볼 수 있을 것이다.

유대 모델

제3의 유대 모델은 유대인의 이산 공동체에서 표본을 취한 것이다. 유대인들은 국가와 고향을 빼앗기고 각국에 흩어져 소수파로 살아갈 수밖에 없는 상황 속에서도 스스로의 통합과 지속을 유지하는 새로운 수단을 발견했다. 또 다수파에 융합되지 않고, 특히 종교적 일체성을 중요시하며 생존에 필요한 경제력을 손에 넣음으로써 이것들의 통합과 지속에 성공한 모델이다. 이 모델에 속하는 것으로 스코틀랜드인과 레바논인들의 이산 공동체를 꼽을 수 있다.

모델의 총괄

이와 같은 모델을 총괄하면, 지방 국가에서 세계 국가로의 이행에는 그리스 모델, 세계 국가에 뒤이은 성쇠의 교체 리듬에는 중국 모델 그리고 이산 공동체에 대해서는 유대 모델이 필요하게 된다. 이 모델들은 각 문명의 비교 연구에 불가결한 지적 도구가 된다.

그리고 제1부의 마지막 부분에서 토인비는 세계사에 등장하는 모든 문명, 곧 전적으로 개화된 독립 문명 열네 개와 위성 문명 열일곱 개 이외에 유산된 문명 여섯 개를 포함해 이들의 리스트를 도표로 제시하고 있다.

문명의 탄생

제2부에서는 문명의 탄생을 논하고 있다. 문명은 어떻게 탄생되는가.

토인비는 인종이나 환경은 불충분한 설명밖에 되지 않는다고 지적한다. 그는 생명을 통해 이를 설명하며 그 해답을 신화와 종교에 대한 통찰에서 찾으려 하고 있다. 그의 설명에 따르면 창조는 만남의 결과이며, 그 만남의 과정이 도전과 응전으로 묘사된다. 또 도전과 그에 대한 응전은 실제로 효과적 창조를 가져올 수 있는 한계를 자각하게 한다는 것이다. 그 결과 어느 한 문명이 존재하기 위해서는 강한 자극이 필요하고, 그 도전은 창조성을 질식시킬 정도로 심각한 것이지 않으면 안 된다는 점을 밝히고 있다.

문명의 성장

제3부는 '문명의 성장'에 대해 논한 부분이다. 순조롭게 태어난 문명은 탄생 자체가 최초의 높은 장애를 뛰어넘은 것이기는 하지만, 그 이후 저절로 발전의 동력이 생겨나는 것은 아니다. 언제나 반드시 자동적으로 성장하는 것이 아니라는 사실은 탄생 직후에 성장을 멈추어 버린 몇몇 사회가 그 증거이다.

이들 사회의 성장에 관한 특질을 조사해 보면, 이곳에서는 어떤 도전에 대한 응전이 성공하고, 그것이 또 새로운 도전을 불러일으킨다는 단순한 동작이 시리즈로 진행될 때, 그것을 사회가 계속 성장하고 있는 것으로 간주하는 경향이 있다. 여기서 도전과 응전이 연속해 일어나고 있을 때, 그 움직임이 어떤 방향을 향하고 있는가를 문제 삼지 않을 수 없다.

토인비에 의하면, 예언할 수 있는 목표를 향하고 있는 불가피한 진보라는 개념은 인간에 관련된 영역에서는 적합하지 않다고 지적하고 있다.

한 사회의 성장은 그 사회의 지도자들이 획득하는 자기 결정력의 증대를 통해 측정되며, 한 문명의 운명은 이 창조적 인격의 수중에 장악되어 있는 것이다.

문명의 쇠퇴

제4부는 '문명의 쇠퇴'를 다루고 있다. 왜 과거에 존재했던 문명들이 쇠퇴했는가. 그는 문명은 쇠퇴라는 숙명을 짊어지고 있다고 생각한 것처럼 보인다. 그러나 토인비는 결정론에 빠지기보다 문명이 성장을 유지하는 과정 속에는 많은 위험이 존재하고 있음을 지적하고 있다. 한 사회를 이끄는 창조적 리더십은 창조력이 없는 대중을 이끌어가기 위해 그들을 사회적으로 '훈련'시키는 방법을 택하지 않을 수 없지만, 지도자가 창조적 영적 능력을 갖추지 못했을 경우에는 자신의 의도와는 어긋나는 결과를 초래하게 된다고 말하고 있다. 그는 그러한 실례로서 아테네와 베네치아를 '단명한 자기 우상화'로 해명하고, 동로마 제국을 '단명한 제도의 우상화', 다비드와 골리앗(신구 군사 기술의 상징)을 '단명한 기술의 우상화', 로마 교황권을 '승리의 도취'로 해명하고 있다.

문명의 해체

제5부는 '문명의 해체'이다. 문명은 과거의 영광을 되찾을 수도 있지만 그 쇠퇴는 불가피한 것이며, 대체로 방치된 채 해체로 이어지는 동일한 형태를 밟고 있다. 대중의 힘이 지도자에게서 분리되면 지도자는 과거의 견인력과는 성질이 다른 폭력을 사용해 그 지위를 확보하려고 한다. 이 과정에서 사회는 소수의 지배자와 내부 프롤레타리아트 그리고 그 사회를 둘러싸고 있는 야만족으로 구성된 외부 프롤레타리아트로 분해되는 과정을 거치게 되며, 이들 집단이 해체의 시련에 대해 사회적으로 어떤

대응을 보이는가 하는 점이 문제가 된다.

또한 토인비는 해체기에 사람들의 영혼에 나타나는 심리적 분열에 대해 설명하고 있다. 일반적으로 사람들은 자신이 살던 곳을 잃고 막다른 골목에 내몰리게 되면 달아날 곳을 찾는다. 일부의 위대한 영혼은 인생에서 스스로 물러나 은둔한다. 두 번째 위대한 영혼은 인생을 '지상'에서 배우는 속된 종류의 생활이 아닌 고차원적인 것으로 바꾸기 위해 노력하며, 영혼을 위한 씨를 뿌린다. 이렇게 하여 해체에 대한 고차원적 도전으로 대승 불교와 그리스도교가 등장하는 것이다.

세계 국가

제6부에서는 '세계 국가'를 논하고 있다. 사회가 분열 과정에 들어가면 대체로 세 개의 분파로 분열되며, 각자 나름대로의 제도를 만들어 낸다. 소수의 지배자는 적대적 국민들을 통합해 세계 국가를 만들고 그를 통해 위험하게 된 권력을 유지하고자 한다.

세계 국가는 세계 전체를 망라한 것은 아니지만 한 문명의 전체 영역을 그 속에 포함하고 있는 것이다. 토인비는, 세계 국가는 그 자체가 목적인가, 아니면 그를 초월하는 어떤 것을 위한 수단인가를 자문하며, 세계 국가의 몇 가지 제도를 검토한 결과, 세계 국가는 무의식적으로 고도의 수준 높은 종교와 야만을 동시에 활용하며 특히 전자를 중시하고 있다고 보았다. 또한 세계 국가는 실제로 국지적이며 일시적인 것에 불과하지만, 장차 인류 전체가 살게 될 정치적 통일체의 선구적 형태라는 비전을 제시해 주고 있다.

세계 국가는 불멸한다는 깊은 믿음을 갖게 되는 근거로 로마 제국이 신성로마 제국과 그리스 정교권의 동로마 제국 그리고 '제3의 로마'로 모스크바 대공국 및 러시아 제국으로 부활했고, 중국에서도 진과 한 제국이 수와 당 제국으로 부활한 데에서 그 이유를 찾고 있다.

세계 제국이 전파 매체로서 수행한 역할에 대해서는 로마 제국 내의 약초 유포와 아랍 칼리프 국가의 동쪽 끝에서부터 서쪽 끝까지 종이가 전파된 일이 제시되고 있다. 또 아케메네스 왕조 페르시아에서 중앙 정부의 속주에 대한 체제 유지 도구로 사용되었던 교통과 우편 등의 커뮤니케이션 수단은 로마 제국과 아랍 칼리프국에 계승되었는데, 물론 중국과 인도의 여러 제국에서도 이러한 정책이 시행된 사실을 거론하고 있다. 이러한 수단은 이후에 세계 종교를 전파시킨 길이 되었고, 야만족의 침입을 안내해 준 길이 되었다. 토인비는 세계 국가에 관해 그 내부 제도를 이루는 언어와 문학, 수도, 문관 제도의 역할에 대해서도 논하고 있다.

세계 교회

제7부는 '세계 교회'이다. 토인비에 의하면, 고도의 수준 높은 종교의 출현은 인간 역사에 중대한 한 획을 그은 것이므로 이를 문명으로 취급해 충분히 논할 만한 것이라고 했다. 고도의 수준 높은 종교는 멸망해 가는 문명의 기생물(癌)이 아닌 것은 물론, 단순히 새로운 문명 탄생을 위한 고치 역할에만 그치는 것도 아니라고 설명하고 있다.

토인비는 고도의 수준 높은 종교란, 그 자체로 구성되는 새로운 '종류'의 사회라고 말하고 있다. 물론 현재에 이르기까지 그 정신적 열망은 성취되지 않았지만, 그 목표는 인간과 우주의 저편에 있는 초월적인 존재를 직접적 인격 관계로 발전시키는 것에 있었다.

대부분의 종교는 그를 낳아 준 모태가 되는 작은 문명에서 자신의 발을 거두어들이고 세계 종교로서의 불가피한 길을 걸으며 인류 전체에 호소하고 있다. 그러나 몇몇 종교는 그 자체가 제도화되면서 스스로를 배신하고 경직된 구조와 관용이 없는 편협한 견해를 보이고 있다.

이렇게 기술하고 있지만 토인비 자신은 "분명히 역사에서 종교는 중요한 역할을 수행해 왔지만 나는 여전히 '종교란 무엇인가'라고 자문할 수밖에 없다"라고 말하고 있다.

영웅 시대

제8부에서는 '영웅 시대'를 논하고 있다. 토인비는, 문명은 항상 그 자신의 결함과 실패에 의해 파산해 온 것일 뿐, 외부로부터의 작용으로 인해 파멸한 것은 아니라고 말하고 있다. 그러나 한 사회가 스스로에게 치명적 타격을 가해 사멸 직전까지 이르렀을 때, 그 사회의 경계 외부에 있던 야만족들의 침입을 받아 결정적으로 파멸하는 것이 일반적이다. 세계 국가의 경계가 굳건히 정해지는 것은 거의 대부분의 국가에서 공통된다. 이러한 경계로 인해 평화로운 세계 국가와 야만족의 접촉은 불가능하다. 경계란 그들이 파괴적 습격을 감행할 때까지 그들을 문 밖으로 내쫓고 있기 때문이다. 야만족들은 성벽을 굳건히 한 문명에 비해 자유롭게 행동하며 결국 승리를 얻는다. 그들은 황폐해진 과거의 문명의 본거지를 차지하고 잠시 동안 '영웅 시대'를 즐긴다.

그러나 영웅 시대는 고도로 수준 높은 종교와는 달리 문명의 역사에 그 어떤 새로운 장도 열지 못한다. 야만족들이란 역사의 무대에서 죽은 문명의 기와 조각을 긁어내는 빗자루에 불과한 것이다.

토인비는 '영웅 시대'에서 위와 같이 문명의 탄생에서 사멸에 이르는 과정을 더듬어 본 뒤, 이어지는 제3부에서 문명의 '접촉'과 역사 연구의 의미를 검토하고 있다.

문명들의 공간적 접촉

제9부는 '문명들의 공간적 접촉'이라는 문제를 다루고 있다. 같은 시대에 한두 문명이 빈번히 문화적으로 접촉할 때(대개 그러한 접촉은 한쪽이 해체 과정에 들어갔을 때이다) 어떤 사건이 일어난다. 이 같은 형태의 접촉이 특히 중요시되는 점은, 고도의 수준 높은 대부분의 종교는 문명이 서로 엇갈려 있는 장소에서 발생했기 때문이다. '공격적'인 문명은 그 희생자에게 문화적이자 종교적인 것은 물론, 인종적으로도 열등자라는 낙인을 찍는 경향을 지닌다. 그 희생자인 공격을 받는 쪽은 이질적 문화에 자기 자신을 강제로 동화시키려고 노력하든가 과도한 방어적 자세로서 이에 대응하게 된다.

토인비는 이 같은 두 가지 반응 모두 현명하지 않다고 간주하고 양자의 공존이라는 더 큰 문제를 직시하면서 의식적으로 상호 조정을 시도하는 것이 중요하다고 말한다. 그는 "이것이 바로 고도의 수준 높은 종교가 문제에 해답을 제시해 온 방법이다. 오늘날 우리의 세계에서는 서로 다른 문화라는 인류의 공통적 운명을 이미 서로 나누어 짊어지고 있기 때문에, 적대적 경쟁을 통한 상호 대결이 아닌 서로의 경험을 공유하고자 노력하는 일이 진정한 지상의 명령이 된다"라고 주장하고 있다.

여기에서 그리스 문명에서 영감을 얻은 그리스도교에는 그리스 문명이 만든 요람이 깃들어 있으며, 또 박트리아인이 그리스인 제국을 계승해 세운 야만의 쿠샨 왕국에는 주로 인도 문명에서 감명을 받은 대승 불교에 역시 그리스 문명의 요람이 깃들어 있음이 거론되고 있다. 더욱이 근대 서유럽과 러시아 및 동아시아의 '접촉'에 관해서는 그 무렵 러시아와 동아시아가 보인 서유럽 배타주의와 수용주의의 대비가 생생하게 묘사되어 있다.

시리아 문명과 그리스 문명은 서로 영향을 주고받은 결과, 궁극적으로는 쌍방이 모두 해체된 뒤 복합 문명이 탄생했다. 곧, 삼위일체의 그리스도교는 유대적 일신교의 입장에서 볼 때에는, 그리스적인 종교의 두 가지 착오(인간 숭배와 다신교)에 대한 놀랄 정도의 타협을 뜻한다. 그리스도교가 그리스화되어 유대적 일신교에서 멀어져 간 데 대한 의식적인 신중한 반작용으로 탄생한 이슬람교도 신학적 목적에서는 그리스 철학에 의존하고 있기 때문에 유대교의 비그리스적 전설로 되돌아가지는 않았다.

또한 제9부에서는 동시대의 문명 접촉이 가져온 사회적이고 심리적인 결과에 대해서도 흥미로운 많은 사실을 설명해 주고 있다.

문명들의 시간적 접촉

제10부는 '문명들의 시간적 접촉'을 테마로 삼고 있다. 동시대의 문명 접촉만이 한 문명이 다른 문명과 마주치는 유일한 방법은 아니다. 현존하는 문명이 죽은 문명을 르네상스(재생)라는 형태로 살려 내며 그와 접촉한다. 토인비가 사용한 '르네상스'라는 말은 이탈리아에서 그리스 문명을 재생시킨 사실에만 한정되는 것은 아니다. 그보다 넓은 의미에서 다른 많은 사회에서도 르네상스적 현상은 공통된 것으로 파악하고 있다.

토인비는 대부분의 사람들이 이탈리아의 르네상스를 놀랄 만한 문화적 재생으로 간주하지만, 본질적으로 망령은 살아 있는 것보다 가치가 적다고 지적하고 있다. 한 사회가 고대 문명의 재생을 전적으로 새로운 창조적 출발의 대용물로 받아들인다면, 그 사회는 숨이 멈추게 될 뿐이라고 말하고 있다.

왜 역사를 연구하는가

마지막으로 제12부는 '왜 역사를 연구하는가'이다. 토인비는 "역사의 경과를 조사한 뒤, 스스로 '역사는 무엇인가' 또는 '어떻게 하여 역사가 쓰이는가'라는 문제에 대해 대답하지 않는다면 내 역사 연구는 완전한 것이 되지 않을 것이다"라고 말하고 있다.

토인비는 결코 모든 사실이 시간적 순서에 따라 일어나는 것이 역사라고 생각하지 않았다. 또 역사 기술 역시 이들 사실을 있는 그대로 이야기하는 것이라고 생각하지 않았다. 그가 생각한 역사가는 다른 모든 인간에 대한 관찰자들과 마찬가지로 실재를 이해 가능한 것으로 만들어 내는 역할을 부여받은 존재였다. 그리고 이 같은 사고방식은 역사가로 하여금 '무엇이 진실인가, 무엇이 의미를 부여하고 있는가'라는 연속적 판단을 하도록 요구하고 있으며, 역사가는 이를 위해 모든 사실의 연구를 개관하며 분류, 비교하지 않으면 안 된다고 했다.

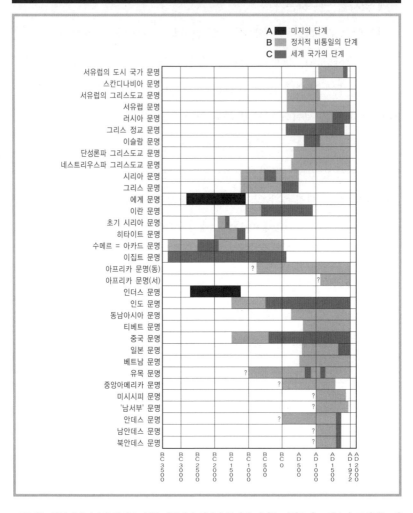

도표에는 중앙아메리카와 안데스의 두 지역에서 일어난 문명의 시점을 기원초라고 했으나, 토인비는 의문 부호를 표시해 놓으며 스스로 BC 1000년 정도 더 앞설 수 있을 가능성의 여지를 남겼다고 서술하고 있다.

BC 7세기에는 수메르어가 이미 1,000년 이상 앞선 시기에 사어死語가 되었다고 생각하면 셈계의 아카드어는 수메르 문명의 살아 있는 매체가 되기 때문에 수메르=아카드라고 부르는 쪽이 사정을 더욱 분명히 설명하는 것이라고 했다.

에게 문명은 미노아 사회뿐 아니라 헬라드(BC 30세기경부터 그리스에 번영했던 원시 문명)적인 변형과 미노아 및 헬라드의 미케나이(그리스 펠로폰네소스 반도의 아르골리스에 있던 고대 성채 도시)적인 최종 단계도 포함한 것이다.

아프리카의 여러 문명은 17세기의 마지막 20~30년 이후, 서유럽 문명과의 친밀한 관계 속에서 억지로 편입된 유일한 문명은 아니다. 이들 문명은 모두 서유럽 문명의 '자구문명'이기보다 '위성 문명'이라는 쪽이 더 정확하다.

엘람 문명의 엘람이라는 말은 현재 이란의 카르겐 강과 카룬 강 유역을 가리키는 것으로, 지금의 이라크의 티그리스 강과 유프라테스 강 사이의 하류 지역에 가까운 곳이다. 수메르=아카드 문명과 친자 관계인 독자 문명이라고 해야 할 것이다.

히타이트라고 불리는 문명은, 에게 문명이나 안데스 문명, 중앙아메리카 문명과 마찬가지로 지리적 명칭으로 불리는 쪽이 더 적절할 것이다. 이 문명의 영역은 소아시아(지금의 터키 내부) 지역이다.

제2차 세계대전
(The Second World War)

주로 영국을 중심으로 상세하게 기록한 군사사이자 외교사로, 내정 면이 그다지 언급되어 있지 않아 전체적으로 독단과 편견이 엿보이고 산만하다는 비판도 받고 있다. 그러나 5년여에 걸쳐 영국 총리로서 전쟁의 지휘를 맡았던 인물의 저술인 만큼 제2차 세계대전에 관한 그 어떤 사료보다 중요시되고 있다.

INTRO

『제2차 세계대전』(1948~1954)은 전 6권으로 구성되어 있으며, 각 권 모두 700페이지에서 900페이지에 이르는 대작이다. 저자 처칠(1874~1965)은 군의 요직을 거친 뒤 1900년부터 60년 넘게 하원 의원 생활을 계속했다. 이 기간 동안 자유당에 속해 내무장관과 해군장관, 육군장관 등을 거쳤으며, 보수당으로서는 당수와 총리(1940~1945, 1951~1955) 등을 역임했다. 아울러 많은 저술과 연설집을 남겼다.

처칠은 제1차 세계대전을 겪은 뒤 『세계의 위기』를 펴냈으며, 그 속편으로 이 책을 구상했다. 이 책은 '국방장관을 겸해 군사 부문에 특별한 책임을 지닌 영국 총리'라는 전시 중의 입장을 활용해 풍부한 자료와 체험을 기초로 육군·해군·공군의 전문가와 과학자 그리고 역사가들을 동원해 몇 사람의 비서들에게 행한 구술을 통해 저술되었다. 저자는 '매일매일의 전쟁 지휘와 전시 하의 정책 실시의 기록'이라는 유례없는 이 같은 저술에 큰 자부심을 느꼈으며, 이는 역사에 대한 공헌으로 장차 역사 연구에 큰 도움이 될 것이라고 확신했다.

여섯 권에는 각 권마다 제목이 붙여져 있는데, 제1권은 '휘몰아치는 폭풍우'(1948), 제2권은 '그들의 가장 좋았던 시절'(1949), 제3권은 '대동맹'(1950), 제4권은 '운명의 기로'(1951), 제5권은 '포위망을 좁혀'(1952), 제6권은 '승리와 비극'(1954)이다. 각 권 모두 본문 이외에 부록으로 저자의 지령과 메모, 전문 등 여러 편의 자료와 지도 등이 실려 있으며, 각 권의 첫머리에는 '이 저작의 교훈'으로 "전쟁에는 결의, 패배에는 도전, 승리에는 아량, 평화에는 선의"라는 말이 실려 있다.

처칠의 애매한 문장력에도 불구하고 전쟁 기간 동안 "나는 5년 이상 영국 정부의 수반이었다"라는 사실로 인해 이 책은 절대적 권위를 지니며 제2차 세계대전에 관한 사상 유례없는 기록으로 평가된다. 또한 저자에게 노벨 문학상(1953)을 안겨 주었다.

한편, 이 여섯 권의 대작 이외에 이 책의 저술에 협조했던 데니스 켈리Denis Kelly가 지나치게 복잡한 군사상의 내용이나 자료 등을 덜어 내고 부분적으로 보정해 한 권의 축소판으로 편집한 같은 제목의 책이 출판되어 있다(1959). 이 책의 에필로그에는 처칠이 스스로 집필한, 전쟁 이후 12년간(1945~1957)의 국제 정세에 대한 소묘가 추가되어 있다.

제1권 휘몰아치는 폭풍우

전체 여섯 권 가운데 제1권 '휘몰아치는 폭풍우'는 제1편 '전쟁에서 전쟁으로, 1919~1939년'과 제2편 '아직 무르익지 않은 전투의 기회, 1939년 9월 3일~1940년 5월 10일'의 모두 38장으로 구성되어 있으며, 주제는 '영국 국민이 얼마나 무지하고 경솔하며, 그 선량한 성질로 인해 사악한 자에게 재군비再軍備를 허락했는가'이다.

제1편에는 이른바 제2차 세계대전을 유도했다고 여겨지는 많은 일들이 거론되고 있다. 곧, 제1차 세계대전의 패전국인 독일과 체결한 강화 조약의 결함 등 베르사유 체제의 약점들이 낱낱이 지적되어 있으며, 한때의 안정화를 거쳐 1929년 말부터 1930년대 초반에 걸친 세계 공황에 의한 혼란과 독일에서 히틀러 정권의 등장 그리고 독일에 의해 시도되는 베르사유 체제의 타파 움직임 등 1930년대 유럽의 국제 관계에서 일어난 중대한 사건들이 모두 수록되어 있다. 이어서 폴란드 문제가 발단이 되어 영국과 프랑스, 소련 사이에 동맹 성립이 불가능한 상태가 되면서 소련은 독일과 독소불가침조약을 체결하고, 이어 독일의 폴란드 침공, 영국과 프랑스의 대독 선전 포고라는 파국이 찾아온다. 1930년대라는 기간 동안 처칠은 보수당의 주류에서 밀려나 있었으며, 당의 인도 자치 정책과 대독 유화 정책●에 비판적이었다. 특히 독일의 재군비에 대항해 영국의 군비 강화를 주장했다.

제2편은 그러한 처칠이 개전과 함께 체임벌린 총리의 요청을 받아 해

군장관이 되는 것에서 시작해 이후 다방면에서 활동하는 모습이 소개되는데, 특히 독일의 노르웨이 작전에 대한 대응이 소개되고 있다. 그러나 노르웨이 작전이 실패로 끝나면서 그 책임을 지고 체임벌린 총리는 사임하게 되었다. 체임벌린을 대신해 처칠이 총리가 된 1940년 5월 10일에 독일군이 서부 전선을 향해 공격을 개시해 왔다. 본문의 마지막을 장식하는 문장은 자부심과 은근한 투지로 가득 차 있다.

" …… 나는 전쟁에 대해 많은 것을 알고 있으며 그리고 결코 실패하지 않을 자신이 있었다. 그 때문에 나는 다음 날 아침이 너무도 기다려졌지만 그날 밤은 숙면을 취했고, 기운을 차리기 위한 꿈도 필요로 하지 않았다. 현실은 꿈보다도 훨씬 나았다."

제2권 그들의 가장 좋았던 시절

제2권 '그들의 가장 좋았던 시절'은 제1편 '프랑스의 몰락'과 제2편 '오직 혼자서'를 포함해 모두 31장으로 이루어져 있으며, 주제는 '어째서 영국 국민은 혼자서 요새를 지켰던가, 이제까지 거의 맹목적이었던 사람들이 비로소 자세를 취하게 될 때까지'이다.

제2권은 전체 가운데에서도 특히 자전적 요소가 많은 부분으로, 자신이 역사를 만들고 있으며 후세의 역사가들이 자신의 기록을 이용하게 될 것이라는 사실을 자각하고 있음을 살필 수 있다. 곧, 독일과 이탈리아는 승리를 구가하고 있었으며, 일본의 위협이 차츰 다가오고 있었다. 소련은 실질적으로 독일 편이고, 미국은 대영 원조만을 제공하면서 중립을 유지하고 있을 때, 처칠은 고립된 영국의 총리 겸 국방장관으로서 지도력을 발휘하며 영국의 사상 최대의 위기를 타개하고 있었다.

제2권의 제1편은 거국 연립 내각의 구성에서 시작되어 영국군이 지원한 프랑스 전투와 그 패배, 이탈리아의 참전, 케르크 철수 등이 이어진다. 그리고 프랑스의 휴전으로 사태는 영국에 불리하게 전개되고 있었으며, 독일은 영국본토상륙작전(바다사자작전)을 펴며 점차 조여 오고 있었다. 처칠은 총리에 취임하며 "내가 믿는 것은 다만 피와 고통과 눈물과 땀뿐이다"라고 연설했으며, 다가오는 독일군의 공세를 앞두고서는 이렇게 국민들에게 호소했다. "지금 바야흐로 영국의 전투가 시작되려고 한다. …… 용기로써 우리의 의무를 수행해 우리의 영국 제국과 영국 연방이 앞으로 1,000년 동안 지속된 뒤 사람들이 이렇게 말할 수 있도록 행동해야 하지 않겠는가. '그때야말로 그들의 가장 좋았던 시절이었다'라고."

제2편은 '영국의 전투'가 시작된 뒤 영국 공군과 영국 국민들이 얼마나 훌륭하게 독일 공군의 맹공격을 막아 내고 그를 견디어 냈는가에 많은 페이지를 할애했다. 이 같은 노력으로 제공권을 지켜 냈을 때 총리는 그 무렵의 파일럿들에게 "일찍이 인류 항쟁의 현장에서 이처럼 많은 사람들이, 이처럼 많은 일에 대해, 이처럼 소수의 사람들로부터 큰 은혜를 입은 적은 없었다"라고 감사의 말을 전했다. 또한 처칠은 "도처의 영국 국민이 모두 건실한 것은 모든 곳의 바닷물이 똑같이 짠 것과 마찬가지이다"라고 국민의 항전을 높이 칭송했다. 한편 미국이 무기대여법 등을 통해 영국을 원조하며 미국 대통령 루스벨트와 처칠의 긴밀한 교섭이 시작되었다. 또 드골을 중심으로 한 대독 항전을 계속해 온 자유 프랑스와의 관계와 중동의 정세 등도 이 편의 내용에 포함되어 있다.

제3권 대동맹

제3권 '대동맹'은 제1편 '독일 동진하다'와 제2편 '미국의 참전'을 포함해 모두 37장으로 구성되어 있으며, 주제는 '소련과 미국이 이 대전에 참가하기 전까지 영국인들이 얼마나 큰 고난과 함께 싸웠는가'를 밝힌 것이다.

　제1편에서는 독일이 이탈리아를 도와 발칸 작전을 우세하게 전개하고 있으며 또 북아프리카 전선에서는 로멜 장군이 지휘하는 독일군에 의해 영국군이 고전을 면치 못하고 있는 내용과 U보트, 곧 독일군 잠수함에 의해 영국 선박이 막대한 손실을 입은 내용이 소개되고 있다. 영국은 제2차 세계대전 내내 U보트에 대한 대책에 고심했으며, 처칠은 특히 이에 '대서양 전투'라는 이름을 붙여 별도로 기술하고 있을 정도이다. 그동안 영국군은 자유 프랑스군과 협력해 시리아로 진공했다. 또한 중동에서 친독일적인 이라크를 제압하고 독일에 대항하고 있는 동안 1941년 6월 독일의 소련 공격이 시작되었다. 이에 앞서 5월에 독일의 부총통인 루돌프 헤스가 단신으로 영국으로 날아와 평화 교섭을 자청한 미스터리적인 사건에 대해서도 언급되어 있다.

　제2편은 이제까지의 반소, 반공 입장이었던 처칠이 히틀러를 타도하기 위한 첫 번째 목적을 위해 발빠르게 대소 원조를 실시하고 동시에 미국과의 협력도 진전되어 '대서양 헌장'이 발표되는 대목에서부터 시작된다. 1941년 12월, 미국과 영국에 대한 일본의 개전과 독일의 대미 선전 포고가 클라이맥스를 이룬다. 그리고 미국의 참전은 이를 기다리고 있던 처칠에게 최종적 승리에 대한 확신을 심어 주었다.

　그러나 일본이 개전과 함께 영국이 자랑하던 전함 두 척을 말레이시아 앞바다에서 격침하자, 처칠은 "전쟁의 전 국면을 통해 이보다 더 큰 충격을 받은 적이 없다"라고 침울한 분위기를 적고 있다.

　한편, 미국의 참전으로 미국·영국·소련의 협력 체제는 군사 동맹에 버금가는 관계를 유지했다. 1942년 1월에는 워싱턴 회의에서 미국·영국·소련·중국을 중심으로 '연합국 공동선언'이 발표되었다.

제4권 운명의 기로

제4권 '운명의 기로'는 제1편 '일본의 급습'과 제2편 '미국의 탈환'을 포함해 모두 45장으로 이루어져 있다. 주제는 '어떻게 하여 대동맹의 힘이 우세하게 되었는가'이다.

제1편에서는 태평양전쟁 초기에 영국군이 패전한 사실에 대해 언급하고 있다. 예를 들어 1942년 2월 싱가포르가 함락되고 미얀마와 인도가 위협을 받았다. 영국은 전쟁 수행을 위한 협력을 이끌어 내기 위해서라도 대인도 정책에 온 힘을 기울였다. 그러나 기대하는 목적은 이루어지지 않았다. 한편 미국·영국·소련의 대동맹에는 어려운 문제가 하나 있었는데, 그것은 독일의 대군과 싸우고 있는 소련에 미국과 영국이 이른바 제2전선●을 형성해 주는 문제였다. 곧, 소련은 영국군과 미군이 신속하게 북부 프랑스에 상륙 작전을 실시해 독일군의 군사력을 둘로 나눌 수 있도록 해 줄 것을 요구했던 것이다. 이에 대해 미국은 적극적이었으나 영국은 자국 중심의 입장에서 이에 반대하며 대안으로 북아프리카 상륙 작전을 제안했다. 북아프리카에서는 여전히 독일군이 우세했으며 이 때문에 비록 큰 표차로 부결되기는 했으나 의회에서 처칠의 전쟁 지도에 대한 불신임안까지 나오게 된 형국이었다.

제2편에서는 북아프리카 상륙 작전이 결정되고 이에 반대하는 소련을 설득하기 위해 처칠이 모스크바로 날아가 스탈린과 최초로 회담을 갖게 되었다. 그리고 1942년 10월 영국군은 북아프리카의 알라메인에서 승리를 거두었다. 그 무렵 처칠은 "알라메인 이전에 우리에게 승리는 없었다. 그러나 이후부터 패배는 없었다고 장담할 수 있을 것이다"라는 유명한 연설을 남겼다.

이어서 1942년 11월 8일 미군과 영국군은 프랑스령 북부 아프리카에 상륙하는 데 성공했고, 다음 해 1943년 1월 처칠은 루스벨트와 카사블랑카에서 회담하며 대이탈리아 작전을 결정했다. 미국으로부터 신뢰받지 못한 드골과의 관계 역시 그 무렵 영국을 고민스럽게 만든 문제였다. 1943년 2월 처칠은 겹친 피로로 폐렴에 걸렸다. 이 책에서는 언급되지 않았지만 전쟁 말기에 처칠은 놀라울 정도로 쇠약해져 있었다.

제5권 포위망을 좁혀

제5권 '포위망을 좁혀'는 제1편 '이탈리아의 항복'과 제2편 '테헤란에서 로마까지'를 합쳐 모두 35장으로 구성되어 있다. 주제는 '나치 독일은 얼마나 고립되어 있으며 또 모든 측면에서 공격받고 있는가'를 다루고 있다. 제5권은 주로 1943년 6월부터 1944년 6월까지의 전황을 기술하고 있다. 제1편에서 제해권 및 제공권을 확보한 연합국 측은 U보트를 제압했고, 지상군은 시칠리아 섬에서 이탈리아 반도로 진격해 들어가 그 결과 무솔리니가 실각하게 되었으며, 1943년 9월에 이탈리아가 항복하면서 사태는 급진전되었다.

제2편에서는 이탈리아에 아직 잔존해 있는 독일군과 전투를 벌인 내용과 두 개의 국제 회의에 대해 논하고 있다. 1943년 11월 미국·영국·중국 3개국이 카이로에서 회담을 하고, 이어서 처칠과 루스벨트 그리고 스탈린의 세 수뇌가 최초로 얼굴을 맞댄 테헤란 회담이 열렸다. 카이로 회담에서는 일본에 관한 문제가 논의되며 '카이로 선언●'이 나왔다. 테헤란 회담에서는 현안이었던 북부 프랑스의 상륙 작전 실시에 대한 결정이 내려졌다.

제5권뿐 아니라 이 책 전체를 통해 일본 및 아시아 방면의 전쟁과 소련군이 독일군과 사투를 벌인 동부 전선에 대해서는 서유럽에 비해 매우 적은 분량이 서술되어 있다. 아시아에 대해서는 영국이 태평양 방면의 전투를 미국에 일임하고 있었던 사정과 처칠 자신이 아시아에 관한 지식이 불충분했던 점에 기인한 것이었다. 동부 전선에 대한 것은 처칠도 이 대전 가운데 최대 규모의 전투가 벌어져 막대한 인명이 희생된 점은 인정했지만, 이 책의 내용을 서쪽 전선의 미국과 영국의 활동에 초점을 맞춘 것은 저자인 처칠이 애초부터 세워 놓았던 구상에 따른 것이다.

제6권 승리와 비극

제6권은 제1편 '승리의 파도'와 제2편 '철의 장막'을 합해 모두 39장으로 이루어져 있으며, 그 주제는 '위대한 민주주의 국가들이 어떻게 승리했으며, 생명을 잃는 우둔함으로부터 어떻게 빠져나왔는가'이다.

제1편에서는 북부 프랑스의 상륙 작전에 관한 성공이 거론되고 파리와 프랑스가 해방되면서 드골을 중심으로 한 공화국 임시 정부가 성립했다. 동부 전선에서는 독일군을 격퇴한 소련군이 발칸 방면으로 진출했으나, 소련의 진출에 따른 공산 세력의 확장을 두려워한 처칠은 스탈린과 대화를 통해 이 방면에 관한 세력의 범위를 설정했다. 또 영국의 세력 아래 놓여 있던 그리스에서 처칠은 군사력을 동원해 좌익 세력을 탄압하라고 명령했다.

제2편은 1945년 2월 미국·영국·소련 3개국의 수뇌들이 얄타에서 회담을 개최한 것으로 시작된다. 얄타 회담●에서는 독일의 전후 처리와 국제연합, 폴란드 문제 그리고 소련의 대일본 참전 문제 등이 논의되었으나, 그 뒤 얼마 지나지 않아 루스벨트가 급사해 처칠은 비통에 잠기게 된다. 한편 연합군은 동·서 양 전선에서 진격을 거듭해 마침내 1945년 5월 독일의 항복을 받아 냈다. 처칠은 이미 '철의 장막'이라는 표현을 사

용하며 소련의 세력 확대를 경계하고 있었다. 1945년 7월 미국·영국·소련은 포츠담에서 회담을 개최해 일본에 대한 미국·영국·중국의 '포츠담 선언'과 독일의 처리 문제에 관한 '포츠담 협정' 등을 성립시켰다. 이때 원자폭탄을 사용할 것도 결정했다.

이 회담 도중에 열린 총선거에서 보수당의 패배가 판명되면서 처칠은 총리직에서 물러나게 되었고, 전쟁의 뒤처리를 스스로 할 수 없게 된 일에 유감을 표하며 7월 26일 자로 국민에게 보내는 고별사를 통해 이 대작의 말미를 장식하고 있다.

제6권의 제목을 '승리와 비극'이라고 붙인 점에 대해서 처칠은 대동맹이 압도적 승리를 거두었음에도 불구하고 전반적인 세계의 평화를 가져오는 일에는 실패했기 때문에 붙인 것이라고 설명하고 있다.

NOTES

유화 정책
1930년대에 독일이 현상 타파를 위해 벌인 침략적 행동에 대해 주로 영국과 프랑스가 평화와 세력 균형의 유지라는 입장과 독일의 반소적, 반공적 성격을 이용해 양보적 정책을 취한 것을 가리킨다. 이 같은 정책은 오히려 대전을 유발하는 원인이 되었다.

제2전선
독일의 우세한 군사력을 두려워한 영국은 대독일 폭격과 봉쇄에 따른 피해를 줄이는 한편, 국가의 이익을 지키기 위해 북아프리카 작전을 우선시했다. 이는 당연히 소련의 불만을 가져왔으며, 미국·영국·소련의 긴밀한 협력에도 방해가 되었다.

카이로 선언
미국·영국·중국 3개국은 일본의 침략을 저지하고 일본이 무조건 항복할 때까지 전쟁을 계속한다고 결의하며 태평양 도서 지역과 오스트레일리아, 타이완 등의 전후 처리 문제와 함께 한국의 자유와 독립 등을 언급했다. 이는 이후의 포츠담 선언에도 영향을 미쳤다.

얄타 회담
폴란드의 새로운 정권을 둘러싸고 내렸던 얄타 회담의 결정은 그 뒤 소련이 미국과 영국의 기대를 저버림으로써 냉전의 발단이 되었다. 또한 미국이 소련에 동아시아에서의 막대한 대가를 보장하며 대일본 참전의 약속을 받아 낸 비밀 협정은 지금도 비판의 대상이 되고 있다.

9장

카운터컬처

—

어떤 사회이든 사회에는 주류가 있고 비주류가 있기 마련이다.
주류 문화와는 반대되는 입장을 통해 새로운 대안을 제시하는 움직임,
그 문화를 카운터컬처라고 한다.
이 움직임은 전체적인 문화에 상대적으로 구별되는 독자성을 지니는데,
후기 산업사회가 파괴한 인간성의 회복을 주안점으로 하는 사조에서부터
시작해 기성 문화에 도전하는 히피 문화, 자연과의 융화, 생태계 파괴 방지,
인권옹호 등으로 전개된 대안 문화 등
다양한 양상으로 전개되어 왔다.

월든·숲 속의 생활
(Walden, or life in the woods)

1845년 7월 4일 매사추세츠 주 콩코드 교외에 있는 월든 호수에 작은 통나무집을 짓고 그곳에서 간소한 생활을 시작한 소로. 이후 1847년 9월 6일까지 2년 2개월 2일간에 걸친 숲 속에서의 생활을 말한 것이 미국 문학의 최고 걸작으로 손꼽히는 소로의 『월든·숲 속의 생활』이다. 자연과 인간을 정확하게 파악하려는 저자의 엄격함이 엿보인다.

관찰과 사색의 집대성

소로(1817~1862)가 철들어서부터 죽을 때까지 불과 몇 번의 여행을 제외하고는 한시도 떠난 적이 없는 콩코드 마을은 언덕과 호수 그리고 숲과 목초지가 펼쳐져 있는 곳으로, 미국 독립전쟁의 발상지였다. 또 그 무렵의 문학 사상과 활동을 리드하고 있었던 트랜스센덴탈리즘●이 발생한 요람이기도 했다.

소로는 마을 교외의 월든 호숫가에 직접 지은 작은 오두막집으로 생활을 옮기고 최소한의 경제 생활을 꾸려 가며 가장 수준 높은 정신을 손에 넣었다. 나아가 아름다운 자연의 변화를 빠짐없이 관찰하고 이마에 땀방울이 맺히도록 밭을 갈면서 인간과 자연 그리고 문명의 실존에 대해 사색을 거듭하며 처녀작 『콩코드 강과 메리맥 강에서 보낸 1주일』과 대표작 『월든 : 숲 속의 생활』(1854)의 집필을 이어 갔다.

숲을 무대로 자연은 원래 인간 정신에게 자연의 죽음과 재생의 신화를 말해 주고 있지만, 소로는 이곳에 살면서 그 생생한 생활 기록은 물론, '인간으로서 살아간다는 것이 어떠한 것인가'라는 근본적 문제에도 초점을 맞추었다. 그 무렵 그에게 많은 계시를 해 준 것은 그리스·로마의 고전이었으며, 『바가바드기타』, 『베다』 등 인도 철학으로 대표되는 동양 사상이었다. '맺음말'에 소개된 "사랑보다 금전보다 명예보다 내가 진리를 얻을 수 있도록"이라는 말은 미국식 현대 문명에 이의를 제기한 소로의 진정 어린 목소리로 받아들이지 않을 수 없다.

미국의 비판적 양심

미국의 사상가이자 동시에 박물학자로도 널리 알려져 있는 소로. 이 두 가지의 서로 다른 내용을 한데 묶어 주는 것이 바로 R. W. 에머슨을 중심으로 한 초월주의 운동일 것이다. 이는 인간의 덕성과 언어, 예술, 학문 등에 관한 진보의 원동력을 자연에서 찾으려 하고, 자연을 인식하면서 시적이고 직관적인 통찰력을 지닐 것을 중시하는 사조이다. 소로는 에머슨과의 교류를 통해 자신의 사상과 인격을 형성했다.

1854년 출판된 『월든 : 숲 속의 생활』은 뉴잉글랜드 지방에 있는 시골의 자연을 묘사한 것이지만, 그의 관심은 한 시대나 한 지방에 머무는 것이 아니라 보편성의 이름으로 전 지구적 규모로 확대되고 있다. 특히 환경 문제가 심각해지고 있는 현재, 『월든 : 숲 속의 생활』은 에콜로지와 환경생태학에 관한 선구적 저서로서 더욱 높이 평가받고 있다.

1862년 늑막염으로 사망했는데, 대표작으로 『메인 숲』과 『일기』, 『시민의 불복종』 등이 있다.

NOTES

트렌스센덴탈리즘(transcendentalism, 초월주의)
초절주의라고도 한다. 1830~1850년대 뉴잉글랜드의 유니테리언의 논쟁을 계기로 전개된 운동. 개인의 도덕 감각과 판단을 강조하고 존중했다. 20세기의 미국적 사고에 많은 영향을 끼쳤다.

생명 조류
(Lifetide)

자연계의 다양한 현상을 부분이 아닌 전체로 파악함으로써, 국부적 모순으로 인해 학문적 해답을 찾을 수 없다는 이유로 신비적이라고 부를 것이 아니라 처음부터 신비적인 것이므로 마땅히 고찰을 통해 모순되는 현상의 원점을 추구하는 태도를 취해야 한다고 주장하고 있다.

INTRO

웟슨(1939~)은 1939년 아프리카 몬로비아에서 태어났다. 동물행동학과 인류학, 의학, 심리학 등 광범위한 지식을 기초로 생명과학 전반에 대해 정력적 연구 활동을 펼치면서 『어스워크』, 『미지로부터의 선물』, 『로미오 에러』 등을 썼다.

'필연적으로 다가올 것에 대한 예감A biology of the unconscious'이라는 부제가 붙어 있는 『생명 조류』(1979)는 과학과 신비의 세계를 과감하게 횡단한 웟슨의 대표작이다. 신비 사상과 심리학을 저술 속에 포함한 점에서 오컬트(occult : 신비스러운, 초자연적인)적이라는 비판을 받기도 하지만, 항상 그의 저작은 모험적이며 또한 시사하는 바가 적지 않다.

생명은 조류이다

저자는 '생명은 조류이다'라는 캐치프레이즈와 함께 조류에 대해서는 "명사로 생각하지 말고 사물 등에 지배를 받지 않는 자동사로서 생각하기 바란다"라는 요청을 하고 있다. 조류를 '자동사'로 생각하는 개념의 발단에 대해, 저자 웟슨은 다음과 같은 부언을 잊지 않고 있다.

"이 책에서 일반적으로 초자연 현상이라고 불리는 것들을 다수 거론하고 있는 것은, 무의식층은 우리의 근원과 가장 밀접한 관계를 맺고 있으며 또 정상인의 경우 이른바 오컬트 현상이 무의식 속에서 가장 잘 나타난다는 카를 구스타프 융의 설명에 나 역시 찬동하고 있기 때문이다."

조류라는 말은 프로이트가 융과 의견이 대립했을 때, 오컬트를 사악한 '검은 조류'라고 부른 것에서 유래한다. 그러나 '검은'이라는 딱지는 오해를 불러일으키는 불필요한 것이므로 삭제해야 한다고 윗슨은 말하고 있다. 또 '조류'라는 은유는 일반적인 생명 현상에 담겨 있는 신비와 수수께끼를 해결하는 데 많은 시사점을 제공하는 것이라며, "우리가 분명히 의식하고 있었기 때문에 은유를 사용하고 이해하는 것이 가능했던 것이 아닐까"라고 덧붙이고 있다. 이를 거꾸로 말하면 '상상력으로 가득 찬 은유야말로 언어의 기반이며, 그러한 언어를 통해 우리는 더욱 분명한 의식을 가질 수 있게 되었다'는 말이 된다.

결과적으로 저자 윗슨이 말하고자 하는 것은, 언어는 단순한 커뮤니케이션 수단이 아닌 언어를 공유한다는 그 자체로 현실을 구축한다는 것이다. 그 언어란 주로 명사로 지배되는 세계이며, 그러한 세계에서는 현상을 파악하고자 할 때 많은 제약을 받는다고 했다. 명사, 곧 제약적 존재로서의 사물과 행위가 거꾸로 무의식층에 잠재하고 있는 우리의 미지의 세계를 억압하고 동시에 개발되지 않은 채로 닫아 버려 더 이상 설명이 불가능하게 되는 것이라고 했다. 더욱이 윗슨이 '조류'라는 말을 자동사로 인식해 주길 바라는 것은, 융이 지적한 원형이라는 것 역시 언어와 교육이라는 수단에 의해 무의식층에서 떠오르지 못하고 그 자신의 잠재적 힘을 발휘하지 못하는 것과도 관계되는 것이다.

자연적인 인과만으로는 생명에 대한 이해가 불가능

이 책의 구성을 개관해 보면, 제1부 '생명의 물가'에서는 생명의 탄생과 복제, 유전자에 의한 진화 과정을 대담한 가설을 통해 전개하고 있다. 인간 역시 DNA의 전달자에 지나지 않기 때문에 인간은 죽지만 DNA는 죽지 않는다는 특이한 생명의 개념도 제시하고 있다.

제2부 '의식의 원류를 거슬러'에서는 자기 동일성과 정신, 의식, 무의식의 조류를 광범위하게 검증하며 '컨틴전트 시스템●'이라는 가설을 제시하고 있다. 이는 '융의 집단 무의식을 확대해 거기에 생물학적 영향과 원인을 포함하고 더욱이 물리적 거점을 상정해 그 거점에는 어떤 형태로든 모든 유핵 세포의 공생적인 본질이 관련되어 있다는 사고방식'이다.

더욱이 분자생물학적 관점으로 보아 "DNA는 더 이상 생명의 성서나 정밀한 지령의 백과사전이 아니다. 다만 그 자신이 유연하고 다이내믹한 시스템으로, 그곳에는 일단의 유전자들이 확장되거나 축소되며 또 부유물이 출입하고 있다"고 주장하고 있다. 이는 유전학이 '(유전) 정보는 순서대로 DNA에 코드화되고 있다'는 전제를 맹목적으로 받아들인 것으로, 분자 레벨에 보이는 불가사의한 자립 및 자유도'와 모순을 이루기 때문에 융의 이론인 무의식층을 염두에 두지 않은 연구로는 생명의 신비를 충분히 논의할 수 없다는 점을 지적하고 있는 것이다.

그리고 제3부 '정신권의 밀물과 썰물'에서는, 생물 전체의 집단 무의식이라고 자신이 가정한 '컨틴전트 시스템'을 돌파구로 삼아, 자연도태설, 수면과 꿈, 리얼리티와 환상 등과 같은 문제에 대해 '변화가 바로 생명의 현실'이라는 논리를 전개하고 있다. 이 부분에서 윗슨은 다윈의 진화론을 언급하며 "진화의 과정을 실제로 관찰한 사람은 어디에도 존재하지 않는다. 어느 한 종이 다른 종으로 변화하는 것을 한 번이라도 목격한 사람은 생물학상 단 한 사람도 존재하지 않았다. 따라서 진화론의 가장 중요한 가정인 종의 변화 그 자체는 여전히 이론적 가정에 지나지 않는다"고 주장하며, 이는 "생물을 모두 '사물 형태의 시간적 연속'으로 생각한 것"에 지나지 않는 것이라고 지적하고 있다.

제4부 '새로운 생명 신화의 파도 끝'에서는 오컬트적인 것, 곧 초심리학과 초자연, 초현상 영역으로 화제를 전개하며 주제인 '생명 조류'를 추적하고 있다.

"우리는 우리의 신경을 건드리는 것, 곧 의식한 것에만 반응하는 경향이 있다. 이는 자신이 의식하고자 하는 것에 대해서만 반응하는 것이다. 결국 실제로 우리의 눈으로 보고 귀로 듣고 있는 것은 아니다."

NOTES

컨틴전트 시스템contingent system
어떤 사항을 진실이라고 생각하는 사람의 수가 일정 수에 달하면, 그것이 모든 사람에게 진실이 된다는 가설.

688 절대지식 세계고전

가이아

(Gaia)

지구를 살아 있는 생명체로 인식하게 될 때 우리는 광대한 우주 속에서 미묘한 균형을 갖추고 있는 '살아 있는 지구'의 기적에 놀라지 않을 수 없다. 러브로크는 "현재와 과거의 역사를 통해 지구의 기후와 화학 특성은 항상 생명에게 최적의 상태였던 것으로 보인다"라고 결론짓고 있다.

INTRO

러브로크(1919~)는 1919년 영국에서 태어났다. 런던대학교와 맨체스터대학교에서 공부하고 의학 박사 학위를 취득했으며, 미국의 예일대학교와 하버드대학교, 런던의 국립의학연구소에서 연구했다.

NASA에서 활동하던 중 '지구란 자기 조정 기능에 의해 쾌적한 환경을 유지하고 있는 생명체'라는 가이아 이론을 제창했다.

과학자나 사상가의 유효성을 확인해 보는 지표의 하나로, 그들이 사용하는 용어가 어느 정도의 보편 타당성을 지니고 있는가 하는 것이 있다. 그런 의미에서 러브로크의 '가이아'라는 용어는 매우 유효할 뿐 아니라 더욱이 에콜로지 운동을 뒷받침하는 키워드로, 러브로크가 정의 내린 이상의 독립된 지위를 얻고 있다는 느낌이 있다.

그러나 거기에는 당연히 오해나 곡해도 있는데, 특히 러브로크는 정치나 종교 쪽에서 에콜로지 운동을 거론하며, 그 근거로 '가이아'라는 용어를 사용하는 점에 이의를 제기하기도 했다.

이 책 『가이아』(1979, 'A new look at life on Earth'라는 부제가 붙어 있다)에서 빼놓을 수 없는 점은 '생명'을 어떻게 파악할 것인가에 관한 물음이다. 그의 생명관을 알기 위한 보조 도구로서 예를 들어 일리야 프리고진의 산일구조론과 프리초프 카프라의 유기 시스템론이 큰 도움이 될 것이다.

지구는 살아 있다

'지구는 살아 있다.' 이 말을 우리는 보통 비유적으로 이해하고 있다. 인간을 포함한 동물과 식물 등의 생명체에 비유한 것이지만, 왜 그렇게 말할 수 있는 것인가. 원래 살아 있다고 하는 현상을 말하는 것인가.

우리는 살아 있는 생물과 마주칠 때, 그것이 마치 자명한 것이기라도 한 것처럼 '이것은 살아 있다'고 언명한다. 그리고 그 판단은 대개 틀린 것이 아니다. 그러나 살아 있다고 하는 근거에 대해 깊이 파고 들어가게 되면, 뇌사 상태를 둘러싼 복잡한 논의에서도 잘 알 수 있듯이 그것은 매우 근거가 희박한 것이며, 질 나쁜 국어사전처럼 주위만 뱅뱅 맴도는 데 그치게 된다. 의외라고 생각될지 모르겠지만 실은 생명의 정의는 과학에서도 아직 정확히 확립되어 있지 않다.

그럼에도 '지구는 살아 있다'고 하는 이 말이 비유가 아니라 사실을 말하고 있는 것인가. 그에 대한 하나의 시도가 러브로크의 『가이아』이다. 러브로크는 이 책에서 '지구는 살아 있다'고 하는 사실을 대기와 해양 분석, 시스템 공학 등의 실증과학을 통해 밝혀내고 있다. 러브로크에게 이러한 계기를 제공한 것은, NASA의 우주 계획의 하나였던 화성의 생명 탐사계획이었다. 이 계획에 참가한 그는 화성이 대기와 바다, 토양 등의 화학 성분이 평형 상태에 도달한 혹성, 곧 생명이 존재하지 않는 혹성이 라는 결론에 도달했다. 이런 결론 이후 그는 그와 같은 방식을 지구에 적용해 보았다.

왜 지구는 화성과 다른가. '열역학의 제2법칙=엔트로피의 증대'에도 불구하고 약 40억 년에 걸쳐 지구가 계속 존재하고 있는 불가해성을 유일하게 설명할 수 있는 것은, 그것이 살아 있다고 하는 가설 위에 섰을 때에만 가능했다. 지구는 생명을 존속시키기 위해 그 자신이 거대한 하나의 시스템으로 존재하고 있는 혹성이다. '하나의 생명체로서의 지구'에 대해 러브로크는 그리스 신화 속에 나오는 대지의 여신, 천문의 신인 우라노스의 어머니이자 처이기도 한 모든 근원의 신인 '가이아'의 이름을 붙였다. '우리는 가이아를 지구의 생명권과 대기권, 해양 그리고 토양을 포함한 하나의 복합체로 정의한다. 곧, 이 혹성 위에서 살아가는 모든 생명에게 가장 적합한 물리화학적 환경을 추구하는 하나의 피드백 시스템을 이루는 총체'라고 그는 규정한 것이다.

가이아 이론

가이아 가설을 실증하기 위해 그는 '호메오스타시스●'라는 개념을 거론했다. 항존성이라고 번역되는 이 용어는, 생명을 일정하게 유지해 주는 생명 유지 장치로 설명되고 있다. 예를 들어 우리의 체온이 보통 때 약 36.5℃로 유지되고 있는 것도 호메오스타시스가 행하는 비밀이다. 이 온도가 체내의 물질대사에 가장 이상적이기 때문이다.

마찬가지의 내용을 지구 차원에서도 관찰할 수 있다. 생명이 탄생했다고 하는 35억 년 전부터 지구의 평균 기온은, 태양으로부터의 방사열과 대기의 조성이 큰 변화를 보여 왔음에도 불구하고 10℃부터 20℃ 사이라는 비교적 좁은 범위 내로 유지되어 왔다. 이는 다름 아니라 인체의 체온 조절 기능과 비슷한 호메오스타시스가 작용하고 있는 것을 말해 주는 것이다. 또한 대기 중의 산소 농도는 거의 21%로 안정되어 있다. 이 수준보다 1% 정도 높아지는 것만으로도 낙뢰에 의한 산불의 위험성은 70%나 증가한다고 한다. 거꾸로 현재보다 2~3%가 낮아지면 대형 동물이나 하늘을 나는 곤충들은 에너지를 얻을 수 없어 저절로 전멸하게 된다고 한다. 곧, 21%라는 숫자는 어떤 생명에게 가장 적합한 상태를 말해 주는 것이다.

또 지구 표면의 4분의 3을 뒤덮고 있는 바다는 어떠한가. 현재 해수의 염분 농도는 약 3.4%이다. 이와 관련해 염분이 6%를 넘게 되면 바닷속의 생물은 거의 전멸하게 된다. 대륙에서 물이 흘러 들어오고 또 해저에서 물이 용출됨으로써 염분의 농도가 계속 줄어들거나, 바닷물이 더 이상 싱거워지지 않는 것은 왜인가. 이는 '생명이 발생한 이후, 해양의 염분이 생물학적 컨트롤을 받아 왔기 때문'이다. 호메오스타시스는 이와 같이 대기 중의 이산화탄소와 암모니아, 유황, 오존 등의 사례에서도 확인할 수 있다.

그렇다면 '하나의 생명체로서의 지구', 가이아의 지구와 인간의 관계는 어떤 관계이어야 하는가. 도시화와 공업화가 동반하는 환경 오염을 제거하자는 것이 현재의 에콜로지 운동이 말하는 상식이다. 러브로크는 "도시의 공업화는 무언가 생태학적으로 잘못된 것을 가져오게 되면 이를 즉각 인식하고 수정하려고 노력한다. 정작 가장 주의 깊게 관찰할 필요가 있는 중요한 지대는 열대와 대륙 연안의 해역일 것"이라고 말하고 있다.

또 급진적 환경보호론자들의 지나친 행동을 제지하면서 "문제의 해결에 보다 바람직한 일은 얼터너티브 테크놀로지 또는 정당 기술이라고 불릴 수 있는 행동을 선택하는 일일 것"이라며 테크놀로지에 대한 기대감을 내비치고 있다. 또한 "인류가 가이아에 등장한 것은 물론 중요한 일이지만, 가이아의 인생에 비추면 우리가 등장한 것은 너무 늦어, 가이아의 탐구를 가이아 내부의 우리 자신의 상호 관계에서 출발시키는 것은 그리 타당하게 생각되지 않는다"며, 인간 중심의 생태학을 초월하는 것이 중요하다고 강조하고 있다.

그에 덧붙인 결론으로 "가이아 속에서 살아가기 위한 처방은 아무것도 없으며 또 정해진 규칙도 없다. 우리의 행동 하나하나에 그 나름대로의 결과가 있을 뿐이다"라고 말하고 있다.

호메오스타시스Homeostasis
항존성·항상성이라고도 한다. 생태계가 정상 상태를 유지하려는 성질을 말한다.

야누스
(JANUS)

모든 시스템에 공통되는 '무언가'가 있을 법하다. 진화론이든 비과학적 사건이든 인과율의 법칙이 어디엔가 존재하지 않을까. 그것은 케스틀러가 말하는 '게임의 법칙'이다. 일반 시스템을 통해 '무엇'에 접근하기 위해, 과학사와 그 과학의 논리에 그치지 않고 예술과 문학, 심리학, 초능력, 정신 세계로까지 그 범위를 넓히고 있다.

INTRO

케스틀러(1905~1983)는 1905년 헝가리에서 태어났다. 빈대학교 공학부를 졸업하고 유럽과 중동, 구소련을 무대로 저널리스트로서 정력적인 활동을 한 뒤, 새로운 시각으로 과학의 최첨단 동향을 인간 내면의 세계에 크로스오버시킨 테마를 추구했다. 그 이전에는 정치 소설을 쓴 작가이기도 했다. 1983년 아내 신시아와 함께 자살했다.

편저인 『환원주의를 넘어서』는 1968년 케스틀러의 '홀론' 이론 제창에 호응한 과학자들에 의해 열린 심포지엄의 내용을 소개한 것으로, 여기에서 소개하게 될 『야누스』(1978)와 마찬가지로 환원주의와 기계론적 세계관에 도전한 책이다.

생명과학이 그의 전문 분야로서, 막다른 골목에 갇혀 있는 현대 이론과학의 현실을 날카롭게 지적하고 있다. 또한 모든 사건에 공통되는 '일반 시스템론(곧, '홀론', '야누스의 원리')'을 주장해 주목을 받았다.

야누스JANUS는 앞과 뒤를 동시에 볼 수 있는 두 개의 얼굴을 지닌 『로마 신화』에 나오는 신의 이름에서 유래한 것이다. 한쪽 방향뿐 아니라 전체에 대해 모두 주의를 기울인다는 의미에서 채택되었을 것이다.

또 이 책의 제목은 이미 확정된 이론으로 제출된 것이나, 의문의 여지가 없는 일에 대해서도 여전히 검토해 보아야 할 점이 많이 있으며, 우리에게는 기존의 지식 체계에 맹목적으로 기울어지는 경향이 있다는 점도 시사해 주고 있다.

환원주의를 극복하려는 홀론 이론

케스틀러는 이 책의 머리말에서 "이른바 인류의 진보라는 것은, 순수하게 지적인 일에 한정되며 윤리적 측면에서는 그다지 진보를 인정할 수 없다는 점이 사실이 아닌가"라고 지적하고 있다.

인류의 선조인 원인들의 돌도끼에 의한 살육 방법과 현대의 화학 병기에 의한 대량 학살 가운데 어느 쪽이 더 잔혹한가는 더 이상 토론할 필요도 없다. 돌이켜 보면 인류의 진보도, 생물 전체의 진화도 전멸이라는 도토리 키 재기 식의 줄다리기를 하고 있다.

『야누스』는 생명과학 전반을 특히 인간의 정신적 진보와 창조성 그리고 병리 현상을 주제로 다룬 책이라고 단언할 수 있다. 또한 과학의 역사역시 새로운 지식과 이론의 등장에 의해 세부로 들어가 그 잘못을 수정해야만 한다고 주장하고 있다.

그 키워드가 되는 단어가 홀론holon이다. 이는 그리스어에서 전체를 나타내는 홀로Holo에 양자의 프로톤proton이나 뉴트론neutron과 같은 입자 등의 이미지를 더하기 위해 첨가어로서 온on을 붙인 것이다. 더욱이 홀론은 홀라르키holarchy로 변화하며 구성 요소에 대해 통일성을 갖춘 전체를 의미하는 것으로 이 책에서 정의되고 있다. 이는 1920년대의 환원주의와 대립하는 개념이나, 그러한 주장의 하나로 장 크리스티앙 스머츠Jan Christiaan Smuts가 주장한 홀리즘(holism, 전체포괄론)과는 신중히 구별할 필요가 있다. '전체는 부분의 총합 이상이다'라고 한 스머츠의 철학적 접근을 담고 있는 홀리즘은 실제로 실천적 어프로치에 근거를 추구하고 있는 환원주의에 굴복하지 않을 수 없었다는 경위를 고려한 신중함이다. 그리고 케스틀러는 '생명을 규정하는 본질적 특징', 곧 그 대상이 은하계이든, 유기체(생물체) 또는 사회 조직이든, 그것이 비교적 안정된 상태의 것이라면 일반 시스템론의 히에라르키●로 설명하거나 인식할 수 있다고 했다.

예를 들어 생명체의 경우, 순환기 등으로 대표되는 기관 계통과 그 기관을 구성하는 조직, 조직을 이루는 세포, 더욱이 세포 내 조직인 미토콘드리아 등으로 구성되어 있으며, 이 같은 유기체의 히에라르키에 의한 '생명을 규정하는 본질적 특징'을 해명하는 것은 다양한 유연성과 자유로움을 지닌 홀론이라는 개념 도구를 매개로 할 때 환원주의적 이론의 경직성을 타파할 수 있게 된다고 밝힌 것이다.

생명과학의 과제를 해명하는 '야누스의 원리'

이미 잘 알려진 것처럼 19세기부터 20세기에 걸쳐 과학 분야는 커다란 전환을 맞이했다. 뉴턴 이후의 고전적인 시간과 공간의 개념은, 아인슈타인의 상대성이론에 의해 부정되며 시공이라는 개념에 통합되었다. 또한 19세기 물리학의 원자론은 하이젠베르크의 불확정성 원리와 양자론에 의해 과거의 유물이 되게 되었다. 이는 다윈의 『종의 기원』의 주장에서 출발한 생물체의 진화론도 마찬가지였다.

케스틀러는 이 책에서 그러한 패러다임의 전환을 전망하며 네오 다위니즘과 윗슨, 곧 스키너파의 행동주의 심리학에 대해서는 엄정히 비판하고 있다. 예를 들어 돌연변이와 자연도태를 통해 '진화'를 설명할 수 있다는 네오 다위니즘에 대해서는 선택적 전멸에 빠지는 것 역시 필연이라는 점을 고려에 넣지 않고 이론을 전개하고 있다는 점을 지적하고 있다. 케스틀러는 이러한 모순과 논리적 결함은 진화론뿐 아니라 유전학에도 뚜렷하다고 지적하며, '생명을 규정하는 본질적 특징'을 미래 지향적으로 해명하는 일은 필연적으로 '야누스'적인 접근이 불가피하다고 말하고 있다.

이 책에서 케스틀러가 다루는 제재는 실로 광범위한 영역에 걸쳐 있다. 이는 19세기부터 20세기에 걸쳐 차례차례 등장해 온 이론과 철학을 포괄적으로 다루려는 경향으로, 케스틀러가 바로 이러한 사고방식만이 오늘날의 생명과학의 과제를 해명할 수 있는 돌파구가 될 수 있다고 기대했기 때문이다. 분명히 거대한 테마이지만 야누스적 사고와 해석의 이정표는 20세기가 되어 물리학이 그 선구를 붙여 주었다. 이는 양자역학에서 입자의 위치와 운동 에너지, 에너지와 시간 등이 결합되어 있는 물리적 양은 그 둘을 결코 동시에 정확히 측정할 수 없으며, 입자의 위치와 운동량, 입자와 파동의 개념은 상호 보완적인 것으로 이 둘이 서로 합쳐질 경우에만 완전히 파악할 수 있게 된다는 점을 통해서도 잘 알 수 있다.

따라서 양자론이 가져온 인식의 패턴, 곧 야누스적 인식을 생명과학 전반에도 원용하고자 희망하며 개념적 도구로 제안된 것이 '홀론', 곧 '야누스의 원리'인 것이다.

우리의 '현실'인 이 세계는 어떻게 탄생하고 어떻게 구성되어 있는가. 인류는 지금 이 문제를 해명할 출발선 상에 서 있는 것뿐이며, 동시에 아무것도 해명하지 못한 채 순식간에 전멸해 버릴 수도 있는 상황에 놓여 있기도 하다. 이 역시 야누스적이다.

NOTES

히에라르키
영어로는 하이어라키hierarchy라고 하며, 위계·계통 등으로 번역된다. 어떤 서열 관계가 정돈된 피라미드형의 체계를 뜻한다.

침묵의 봄
(Silent Spring)

환경 호르몬과 다이옥신에 앞서 PCB가 있었으며 DDT가 있었다. 눈에 보이지 않는 화학 물질에 의한 오염의 위험성을 일찌감치 지적한, 환경 문제에 관한 바이블적인 저술이다. 인간이 실로 추구해야 하는 것은 삶의 쾌적함인가, 아니면 생명의 안전성인가.

INTRO

『침묵의 봄』(1962)의 저자 카슨(1907~1964)은 미국의 펜실베이니아 주에서 태어나 펜실베이니아 여자대학에서 동물학을 전공한 뒤, 존스홉킨스대학교 대학원과 우즈홀 해양생물학연구소 등에서 연구 활동을 했다.

1936년 미국 수산국에서 해양생물학자로 근무하면서 해양 생물에 관한 에세이와 바다를 소재로 한 다큐멘터리 방송 프로그램의 대본 등을 집필했다. 1951년에 발표한 『우리를 둘러싼 바다』는 베스트셀러가 되었고, 그 뒤 사직하고 문필 작업에 전념했다.

1962년 출판된 『침묵의 봄』은 출판과 동시에 전 미국 사회에 엄청난 반향을 불러일으켰다.

그 무렵 미국에서는 매년 500톤의 새로운 화학 약품이 개발되고 있었는데, 이들 약품이 동식물에게 어떠한 위험을 가져오는지는 그다지 알려지지 않은 채 대량 생산되었던 것이다.

그 가운데에서도 DDT 등의 살충제와 제초제는 한두 종류의 잡초와 곤충을 박멸한다는 이유로 일제 포화처럼 공중 살포되는 일이 잦았다.

그와 같은 실태를 고발하고 경종을 울리기 위해 카슨은 이 책을 세상에 내놓았다. 현대 환경 문제의 고전적 명저로 손꼽힌다.

카슨은 1964년 봄, 워싱턴 교외의 실버 스프링에서 세상을 떠났으며, 주요 저서로 『해풍 아래에서』, 『해변』, 『센스 오브 원더』 등이 있다.

봄이 와도 자연은 침묵하고 있다

지각뿐 아니라 역사에도 단층이 있다고 하면 지구는 1940년대에 두 개의 커다란 단층이 생겼을 것이다. 1945년에 히로시마와 나가사키에 투하된 원자 폭탄과 그보다 3년 앞서 등장한 DDT(Dichloro Diphenyl Trichloroethane)가 지워지지 않는 단층을 새겨 놓은 것이다. 현대는 이처럼 방사능과 화학 약품의 시대이다.

카슨의 『침묵의 봄』에서 상징적으로 그리고 충격적으로 말하고 있는 것은 지구의 역사는 DDT 이전과 DDT 이후로 구별할 수 있다고 하는 점이다.

그 이전의 봄은 모든 생명이 싹트는 봄이었다. 그 이후의 봄은 죽음으로 숨이 끊긴 채 침묵하고만 있는 봄으로 바뀌었다. 울새는 더 이상 울지 않으며, 벌의 웅웅거리는 날갯소리도 들리지 않고, 길가의 초목은 갈색으로 말라 버렸으며, 작은 개천의 물고기는 죽어 버렸다. 무슨 일이 일어났는가. 그것은 지금은 처마 끝의 차양과 지붕 밑, 판자 틈에 조금 남아 있는 희고 미세한 입자가 몇 주일인가 전에 하늘에서 내리는 눈처럼 지붕에, 정원에, 들판에 그리고 작은 개천에 뿌려졌기 때문이다.

제1장의 '내일을 위한 우화'에는 이런 광경이 묘사되어 있다.

"미국에 봄이 와도 자연은 침묵하고 있다. 그런 마을과 거리가 하나 가득하다. 도대체 왜 그런가. 그 이유를 알고 싶으면 계속해서 읽어 보라."

첫 장의 끝에 적혀 있는 이 말과 함께 『침묵의 봄』은 무거운 막을 열고 있다.

DDT는 1874년 독일 화학자에 의해 합성되었는데, 이것에 살충 효과가 있다는 사실이 알려진 것은 1939년의 일이었다. DDT는 병을 전파하는 곤충들을 박멸하고 작물의 해충을 퇴치하는 데 절대적 위력이 있다고 극구 칭찬을 받은 유기 염소 화합물의 대표 격으로, 또 다른 살충제 그룹인 유기 인산계의 마라손이나 파라티온 등과 함께 순식간에 전 세계에서 사용되게 되었다.

인간의 손에 주어진 '죽음의 약'

전체 17장으로 구성되어 있는 『침묵의 봄』은 크게 네 개의 테마로 나눌 수가 있다.

첫 번째 테마는 살충제와 제초제로 빈번히 사용되고 있는 DDT 등의 화학 약품이 얼마나 폭력적으로 자연과 생태계를 파멸시키는가 하는 점이다. 20세기라는 불과 얼마 되지 않는 짧은 시기 동안 인간의 손에 들어온 '놀랄 만한 위력'을 가진 '죽음의 약'에 의해 물과 토양 그리고 숲의 지표가 모두 오염되었으며, 물고기가 살지 않는 개천과 새들이 지저귀지 않는 숲, 작물들이 열매 맺지 않는 대지로 변해 버린 것을 카슨은 방대한 실증 자료를 구사하며 설명하고 있다.

두 번째 테마는 매우 미묘하게 구성되어 있는 자연 생태계의 먹이 사슬이 화학 약품이 사용됨으로써 즉각 죽음의 사슬로 바뀌어 버리는 공포이다. 더욱이 그 사슬은 하나가 열이 되고 열이 백이 되는 것처럼 다음 단계로 진행될 때마다 오염의 농도가 더욱 짙어지고 더욱 많이 축적되어 간다. 생물은 마지막으로 흙으로 분해되지만 축적된 화학 약품은 결코 분해되지 않는다. 곧, 우리 주변의 환경에 높은 수준으로 축적되어 있는 것이다.

세 번째 테마는 당연한 일이지만 화학 약품에 의한 오염은 인간에게도 가차 없이 미치고 있다는 점이다. 자연은 스스로 자신에게 유해하거나 무익한 것을 만들어 내지 않는다. 그 같은 일을 자행하는 것은 바로 인간이다. 인간에게 유해하고 무익하다는 까닭에서이다. 그러나 인간에게도 도망칠 안전 지대 따위는 없다. 더욱이 그 칼날은 미래로도 향해 있다. 개체로서 인간 자체를 오염시킬 뿐 아니라 유전자를 통해 인류의 미래까지 위험에 노출시키고 있다는 점이 지적되고 있다.

네 번째 테마는 파멸을 모면하기 위해서 우리가 걸어야 할 '또 다른 길'에 관한 시사이다. 구체적으로는 화학 약품의 대량 사용에 의존하지 않고 천적을 이용한다거나 자연의 다양한 식생의 힘을 빌린 생물학적이며 비화학적 방어로 전환할 것을 강조하고 있다. 이른바 자연의 대차대조표에 입각한 해결책을 제시한 것이다. 이를 위해 우리가 쌓아 올렸으며 현재는 그 속에 안주해 있는 현대 문명을 원점에서부터 재검토해야 할 필요가 있다는 주장임은 두말할 필요가 없다.

'지구는 우리 인간만의 것은 아니다'라는 인식에서 출발해 '오랜 세월 동안 여행해 온 길은 매우 잘 만들어진 고속 도로이며 굉장한 스피드에 빠져들게 한다. 그러나 우리는 속고 있는 것이다. 그 길을 통해 우리가 인도된 것은 재난이며 파멸이다. 또 다른 하나의 길, 그다지 '사람들이 다니지 않지만', 갈라진 이 길로 가는 것이야말로 우리가 살고 있는 이 지구를 안전하게 지킬 수 있는 마지막이자 유일한 기회이다'라고 생각하고 있는 것이다.

선택하는 것은 우리 자신이다.

NOTES

환경윤리학
생물의 다양성과 생태계를 보호할 목적으로 근대 사회가 축적해 온 권리·정의·원칙과 같은 다양한 관계를 재검토하는 학문. 자연의 생존권과 세대 간의 윤리, 유한한 자원 등을 이론적 원리로 모색한다.

행복론
(Glück)

신의 존재를 믿지 않는 독자들에게 힐티의 행복론은 낯설게 느껴지겠지만, 그의 풍부한 인생 경험과 폭넓은 독서를 통해 얻은 지식과 신념에 의해 뒷받침된 인간론·교양론·인생론은 오늘날에도 반드시 읽어 볼 가치가 있는 내용들이다.

INTRO

『행복론』(1891~1899)은 스위스의 사상가인 힐티(1833~1909)의 대표작이다.

1833년 의사 가정에서 태어난 힐티는 독일의 괴팅겐대학교와 하이델베르크대학교에서 법률학을 전공하며 철학과 문학, 역사학에도 관심을 기울였다. 『성서』 역시 열심히 정독했다. 그러나 힐티는 교회에 소속되어 집단적으로 예배와 기도를 드리는 일에 순종하는 그리스도교도는 아니었다. 그는 개인적으로 신을 믿으며 직접 예수를 본받아 스스로 고통을 짊진 채 노동하고 노력하며 신에게 다가서려고 한 인물이었다.

변호사가 된 이후에도 항상 독서와 사색을 게을리하지 않았다. 정의감이 강한 힐티는 도덕적으로 부정한 사건은 단 한 건도 수임하지 않았으며, 어려운 사람들을 위해서는 무료 변론도 마다하지 않았다. 대학 강단에 선 뒤에는 풍부한 인간성과 뛰어난 식견 그리고 굳은 신념이 배어 있는 강의를 통해 많은 학생들에게 깊은 감명을 주었다. 또한 정치가로서는 여성 참정권 운동과 금연 운동, 여성 매매 방지 운동 등에도 큰 힘을 기울였다.

그러한 힐티였던 만큼 『행복론』과 『인생론』, 『잠 못 이루는 밤을 위해서』 등의 에세이에서 '행복에 이르는 길'을 신앙에 의지하며 즐거운 마음으로 노동하는 종교적이고 윤리적인 인간의 삶에서 찾고 있다.

힐티의 종교적이며 윤리적인 삶은 청결했고, 깊은 확신에 가득 찬 그의 사상은 뒷날 인생론에 큰 영향을 미쳤다. "힘에 심취해 있는 자는 어느 시대를 막론하고, 그것이 현대일지라도 겁쟁이들뿐이다."

교양이란 무엇인가

철학자이자 법학자이며 '스위스의 성자'라고도 일컬어지는 힐티는 "교양이란 있는 그대로의 상태를 가능한 한 최상의 것으로 발전시킨 상태 또는 그와 같은 상황으로 끌어올리고 있는 상태"라고 정의했다. 그리고 교양인이 되기 위한 필수 조건을 제시하고 있다. 그것은 첫째, 관능과 이기주의를 보다 높은 관심으로 극복하는 일, 둘째, 육체와 정신의 모든 기능을 건전하게 그리고 균형 있게 발달시키는 일, 셋째, 올바른 철학적·종교적 인생관을 갖는 일의 세 가지를 꼽았다.

이 때문에 힐티는 동물적 에고이스트는 교양인이라고 인정하지 않았으며, 자신이 속한 집단이나 회사를 위해서라면 무슨 일이고 마다 않는 사람들 역시 교양인으로 인정하지 않았다. 그리고 독자들이 잘 기억해 두길 바라는 것으로 '가짜 교양과 불충분한 교양의 가장 두드러진 특징'을 열거했다.

그것은 첫째, 생활이 사치스러운 것, 둘째, 책을 가지고 있지 않은 것, 셋째, 사람 됨됨이가 소란스럽고 신중하지 못한 것, 넷째, 일을 하지 않는 것, 다섯째, 일에 지나치게 조급함을 보이는 것, 여섯째, 돈을 낭비하거나 잘난 체하며 돈을 경멸하는 것, 일곱째, 타인의 재산에 고개를 숙이려는 일 등이다.

그 이외에 오만과 비굴, 자만, 침착하지 못함, 장황한 변명, 도를 지나친 겸손함, 호언장담, 험담, 수다, 천박스러운 복장 등 교양 없는 모습에 대한 구체적 기준을 제시했다.

이에 대해 '힐티와 같은 사고방식만으로 살아간다면, 인생이 너무 무미건조하지 않으냐'는 말을 할지도 모른다. 하지만 그 같은 반론을 하는 사람들의 일상에서 스포츠와 섹스, 영화에 관한 것을 제외해 버린다면 과연 도대체 무엇이 남을 것인가.

'일을 능숙하게 처리하는 방법'과 '시간을 만드는 방법'

'일을 능숙하게 처리하는 방법'에 대해서는 먼저 일에 몰두해야 하며, 그 비법은 일단 열심히 시작해 보는 것에 있고, 슬렁슬렁 일을 하며 질질 끌지 않는 것이라고 말하고 있다.

'시간을 만드는 방법'에 대해서는 '시간과 장소, 위치, 기분, 분위기 등의 사전 준비에 너무 긴 시간을 허비하지 말 것과 짧은 짬을 이용할 것, 일의 대상을 바꾸어 볼 것, 확실히 일을 처리할 것'이라고 했다.

이와 같은 방식으로 하나하나의 주제에 대해 구체적으로 설명하면서 주제를 점차 추상적 내용으로 전개해 가고 있다.

제2부에서는 '인간의 지식에 대하여'와 '인생의 단계'를 다루고 제3부에서 '보다 높은 것을 향하여'로 이 책을 완결 짓고 있다. 과연 힐티는 행복에 대해 어떤 생각을 품고 있었는가.

참된 행복의 길

행복에 이르는 외적인 길에는 '부와 건강, 명예, 문화, 과학, 예술' 등이 있으며, 내적인 길에는 '양심과 덕성, 일, 이웃 사랑, 종교, 위대한 사상이나 그 같은 사업에 종사하는 생활' 등을 생각할 수 있다고 한 뒤, 외적인 것에는 반드시 결함이나 부족 그리고 충족되지 않는 조건이 뒤따라 불안정하다고 했다.

애정은 어떤가. "애정에만 몸을 맡기게 되면 반드시 그 때문에 파멸한다"고 말하며 고금의 대다수의 비극을 보라고 했다.

참된 행복에 이르는 길에 대해 힐티는 이렇게 말하고 있다.

"그것은 인류를 구제하려는 신의 '참된 마음'에 순종해 신의 '품'에 안기는 것이다. 아마 독자들은 이런 말을 할지도 모르겠다. '결코 혼자서는 그렇게 할 수 없다'고." 힐티는 그에 대해 이렇게 답해 주고 있다. "이 문제는 그대 혼자서 할 수 있는가의 여부에 관한 문제가 아니라, 바라고 있는가와 바라지 않고 있는가의 문제이다. 만일 그대가 고민과 탐욕, 허영심, 명예욕, 향락욕, 남에 대한 경계심, 증오 또는 부적절한 애정, 그 밖에 기타 다양한 형태의 맹목적 사욕을 제거하고자 마음을 먹는다면 혼자서라도 신앙의 길에 들어갈 수 있다.(제3부)"

그리고 그것이야말로 가장 확실하고 간단하게 참된 행복에 이르는 길이라고 말하고 있다.

힐티는 '교양'의 중요성을 역설한 이외에 철학이란 "인생의 참된 지식을 위해 끊임없이 힘쓰는 성실한 노력"이라고 말하며, "인생 최대의 행복은 신의 곁으로 가까이 다가가는 일이다"라고 가르치고 있다. 이것이 힐티의『행복론』의 핵심이다.

NOTES

"태만은 일보다 훨씬 더 인간을 지루하게 만들며, 신경과민이 되게 하고, 나아가 건강의 기초가 되는 저항력을 약하게 만든다(『행복론』). "

"사귐의 대상으로는 결코 유쾌한 상대는 아니지만 그러나 가장 도움이 되는 것은 적이다. 이는 적이 자신의 결함을 가장 많이 알고, 가장 솔직하게 보여 주며 아울러 그 결점을 고치는 데 도움이 될 가장 큰 자극을 주기 때문이다(『행복론』). "

고전을 이해하는 일은
현대를 파악하는 일이다

구멍가게가 편의점에 밀려 급속히 없어지고 있다. 구멍가게는 단지 물건을 사는 곳만이 아니다. 여름이면 으레 셔츠 차림의 주인이 가게 앞의 의자에 걸터앉아 신문을 뒤적이거나 한가한 장기판을 벌이는 그런 구수한 풍경이 연출되는 곳이다. 하지만 이런 구멍가게의 풍경은 이제는 '그 시절'이라는 제목이 붙은 사진집에서나 볼 수 있는 것이 되어 버렸다.

편리성과 스피드를 최대의 무기로 삼는 편의점이 구멍가게를 밀어내는 것은 시대의 흐름을 생각해 보면 당연하기 그지없는 현상이다. 시대는 바야흐로 아날로그 시대를 넘어 디지털 시대로 접어들었기 때문이다.

이렇듯 세기의 전환기에서 비롯된 변화 속에서 우리가 느끼는 막연한 불안에 공감하면서 "잠깐!" 하고 우리의 발걸음을 멈춰 세우려고 기획된 것이 이 책이다.

이 책은 인류 사상 최초로 경험하는 초대형 전환기에 직면한 우리에게 인간이 그동안 쌓아 온 지식과 지혜, 사상과 정신을 한데 묶어 제시하면서 인간 발전—그것이 정신적, 사상적 또는 물질적이든 간에—의 역사를 되돌아보자는 취지로 기획되었다. 이 책에서 언급되고 있는 저술들은 대부분 대학의 교양 과정뿐 아니라 각각의 전공 분야에서도 가장 기본이 되는 필수 도서로 다루어지고 있는 명저들이다.

이 책에서 독자들의 발길을 멈추게 하며 생각해 보기를 원하고 있는 것은, 첫째로 고전적인 지식이고, 둘째는 교양에 관한 점이다. 지식과 교양은 깊이 관련되어 있지만 반드시 일치하는 것은 아니다.

먼저 고전적 지식에 관한 내용부터 살펴보면, 이 책은 그 구성을 정치와 경제, 법 사상, 철학·사상, 역사 등으로 구분해 오늘날 우리가 흔히 고전이라고 부르는 저술들에 대해 그 저술의 배경과 저자의 기본 생각 그리고 저술의 개략적인 내용 등을 꼼꼼히 소개하고 있다. 특히 기원전의 저술들은 물론, 제2차 세계대전 이후의 현대 사회의 형성과 변화에 커다란 영향력을 행사한 현대의 명저들도 고전으로 파악하고 있어 고전의 영역을 폭넓게 제시하고 있다.

현대 사회를 구성하는 사회적, 경제적 그리고 법을 비롯한 모든 제도적 환경은 그 대부분이 오랜 역사를 통해 형성되어 온 것들이다. 고전적 명저란 이러한 제도적 환경을 만들어 내는 데 커다란 기여를 한 저술을 가리킨다. 따라서 고전은 현재 우리가 살아가고 있는 사회의 환경이나 제도, 시스템을 보다 효과적이고 분명하게 파악할 수 있는 길잡이 역할을 한다.

오늘날 우리의 주변에서 일어나는 제곱승수적 변화는 과거에는 상상조차 하지 못했던 문제들을 새롭게 야기하고 있다. 이 같은 문제들은 새로운 것이기도 하거니와 과거의 문제에 비해 훨씬 복잡하고 종합적이어서 개인이 떠맡아야 할 책임도 훨씬 크고 무겁게 하고 있다. 이러한 때에 개인 스스로가 내려야 할 수많은 결정과 판단의 어려움에 대해 깊이 공감하면서 생각하는 능력을 키워 주고 사고하는 방법에 대한 나침반적 역할을 하는 것도 역시 고전이라고 할 수 있다.

실제로 본문에 소개되어 있는 한 예를 들어 보자. 루소는 그 무렵 프랑스 사회를 살아가고 있는 사람들 사이에 모순이 존재한다는 사실을 문제로 제기했다. 그리고 그 이유가 무엇인지 파고 들어가 그 해답을 『사회계약론』에 제시했다. 루소는 이 책에서 사회 질서는 자연적인 것이 아닌 인위적인 것, 곧 약속에 기초한 것이라고 파악하며 그 무렵의 프랑스는 이러한 문제에 대한 모순된 상황이 연출되고 있다는 점에 문제의식을 제기한 것이다. 그리고 그 같은 문제를 해결하기 위해서는 사회 계약에 의해 정치적 국가를 만들고, 그를 통해 개인이 보호받을 필요가 있다는 점을 예고했다. 실제로 그가 죽은 뒤 11년이 지나 일어난 프랑스혁명은 사회 계약에 의한 주권 성립이라는 그의 주장을 혁명의 사상적 지주로 삼아 새로운 프랑스 공화국을 탄생시켰다.

되풀이해 말하지만, 고전의 진정한 가치는 단순한 지식 그 자체에 그치는 것은 결코 아니다. 그보다 더욱 본질적으로는 사물과 사건, 더 넓게는 사회적 환경을 포함해 인간을 둘러싸고 있는 모든 환경 속에서 스스로 문제를 제기하고, 그 문제를 해결하기 위해 접근하는, 이른바 생각하는 능력과 사고하는 방식을 제시해 줌으로써 사고력을 확장시켜 준다는 데 진정한 의의가 있다. 그리고 이 생각하는 힘과 스스로 판단하는 사고력은 교양과 직결된다.

그동안 우리나라에서는 교양이라는 말이 종종 오해되어 왔다. 교양이란 위선이나 가식을 그럴듯하게 장식해서 표현한 말에 불과하다고 여겨 온 것이다. 그러나 이는 원래의 교양이 뜻하는 의미와는 전혀 별개의 것이다. 진정한 교양이란, 풍부하고 건강한 상식 그리고 사려 깊은 판단에 바탕을 둔 진지한 삶의 태도에 가깝다. 이 책에서 다루고 있는 고전의 세계는 앞에서 언급한 것처럼 보편성이라는 관점에서 건전하고 풍부한 상식의 세계와 교양의 세계로 구성되어 있다.

마지막으로 이 책을 될 수 있는 한 가벼운 마음으로 접해 보라고 권하고 싶다. 이 책에 소개되어 있는 고전의 영역은 대단히 광범위하며, 심오한 지식과 사상으로 가득 차 있다. 그렇지만 누구나 이 모든 영역에 고루 정통하기란 불가능하다. 따라서 첫 페이지부터 정독하기보다는 필요한 때 필요한 부분의 책장을 넘기며 그때그때 꼭 필요한 도움을 받기를 권한다. 그렇게 한다면 오히려 위대한 지식과 사상을 항상 곁에 놓고 지낼 수 있게 될 것이다.

이 책에서 다루고 있는 고전과 명저들의 분야가 워낙 광범위하고, 또 심오한 사상을 짧은 분량으로 압축해 놓았기 때문에 번역 과정에 적지 않은 어려움이 있었음을 고백한다. 원서 확인과 인용문 대조 등 나름대로 최선을 다했지만 번역상의 실수나 오류가 있을 것으로 생각한다. 그것은 순전히 역자의 부족함 때문이다. 많은 질책을 바란다.

윤 철 규

찾아보기 (도서명)

지은이 사사키 다케시 외 83명

사사키 다케시 佐佐木毅
1942년 아키타 현 출생.
도쿄대학교 법학부 졸업, 전 도쿄대학교 총장.
현대 정치에 대한 날카로운 분석으로 유명한 사사키 다케시 교수는 1968년부터 조교수, 1978년 교수를 거쳐, 1999년부터 2000년까지 법학정치학연구과장을 지냈다. 이어 2001년부터 2005년까지 제27대 도쿄대학교 총장을 역임했다. 지은 책으로『마키아벨리의 정치사상』,『플라톤과 정치』,『현대 미국의 보수주의』등이 있다.

옮긴이 윤철규
연세대학교 불어불문학과를 졸업하고 중앙일보 편집국 문화부 학술 담당과 미술 전문 기자를 역임했다. 7년 동안 교토의 붓쿄佛敎 대학교 대학원과 도쿄의 가쿠슈인學習院 대학교 대학원에서 일본 회화사를 공부했다.
현재 (주)한국미술정보개발원 대표이사로 있으며 전문 번역가로도 활동 중이다. 옮긴 책으로는《절대지식 세계고전》,《절대지식 일본고전》,《수묵, 인간과 자연을 그리다》,《한자의 기원》,《이탈리아 그랜드투어》등 다수가 있다.

책 속의 부록

—

- 현대 사상의 흐름
- 경제학 사상의 계보
- 이 책에 실린 사회과학자·사상가의 출생지
- 이 책의 집필에 참여한 필자들

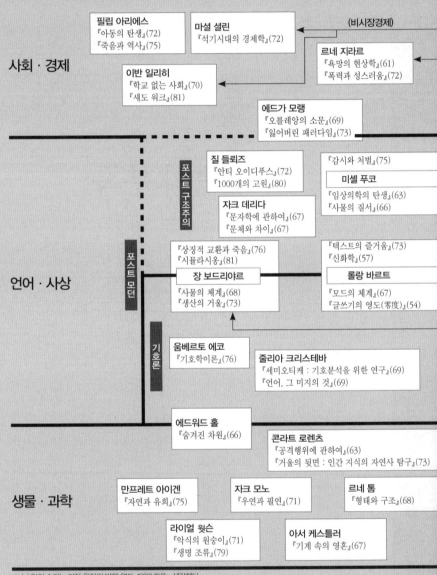

현대 사상의 흐름

사회 · 경제

필립 아리에스
『아동의 탄생』(72)
『죽음과 역사』(75)

마셜 셜린
『석기시대의 경제학』(72)

(비시장경제)

르네 지라르
『욕망의 현상학』(61)
『폭력과 성스러움』(72)

이반 일리히
『학교 없는 사회』(70)
『섀도 워크』(81)

에드가 모랭
『오를레앙의 소문』(69)
『잃어버린 패러다임』(73)

언어 · 사상

포스트 구조주의

질 들뢰즈
『안티 오이디푸스』(72)
『1000개의 고원』(80)

『감시와 처벌』(75)
미셸 푸코
『임상의학의 탄생』(63)
『사물의 질서』(66)

자크 데리다
『문자학에 관하여』(67)
『문체와 차이』(67)

포스트 모던

『상징적 교환과 죽음』(76)
『시뮬라시옹』(81)
장 보드리야르
『사물의 체계』(68)
『생산의 거울』(73)

『텍스트의 즐거움』(73)
『신화학』(57)
롤랑 바르트
『모드의 체계』(67)
『글쓰기의 영도(零度)』(54)

기호론

움베르토 에코
『기호학이론』(76)

줄리아 크리스테바
『세미오티케 : 기호분석을 위한 연구』(69)
『언어, 그 미지의 것』(69)

에드워드 홀
『숨겨진 차원』(66)

콘라트 로렌츠
『공격행위에 관하여』(63)
『거울의 뒷면 : 인간 지식의 자연사 탐구』(73)

생물 · 과학

만프레트 아이겐
『자연과 유희』(75)

자크 모노
『우연과 필연』(71)

르네 톰
『형태와 구조』(68)

라이얼 윗슨
『악식의 원숭이』(71)
『생명 조류』(79)

아서 케스틀러
『기계 속의 영혼』(67)

※ ( )안의 숫자는 저작 원전의 발행 연도, 1900년대는 생략했다.

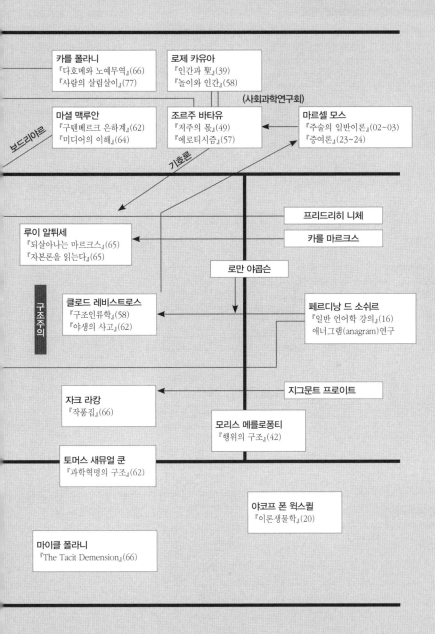

카를 폴라니
『다호메와 노예무역』(66)
『사람의 살림살이』(77)

로제 카유아
『인간과 聖』(39)
『놀이와 인간』(58)

(사회과학연구회)

마셜 맥루안
『구텐베르크 은하계』(62)
『미디어의 이해』(64)

조르주 바타유
『저주의 몫』(49)
『에로티시즘』(57)

마르셀 모스
『주술의 일반이론』(02~03)
『증여론』(23~24)

보드리야르

기호론

프리드리히 니체

카를 마르크스

루이 알튀세
『되살아나는 마르크스』(65)
『자본론을 읽는다』(65)

로만 야콥슨

구조주의

클로드 레비스트로스
『구조인류학』(58)
『야생의 사고』(62)

페르디낭 드 소쉬르
『일반 언어학 강의』(16)
애너그램(anagram)연구

지그문트 프로이트

자크 라캉
『작품집』(66)

모리스 메를로퐁티
『행위의 구조』(42)

토머스 새뮤얼 쿤
『과학혁명의 구조』(62)

야코프 폰 웍스퀼
『이론생물학』(20)

마이클 폴라니
『The Tacit Demension』(66)

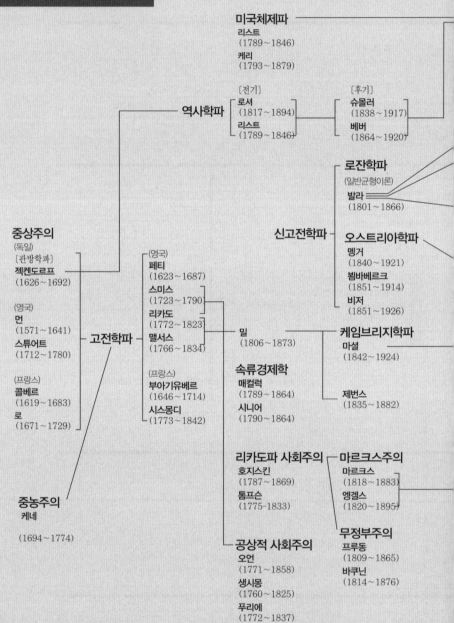

경제학 사상의 계보

미국체제파
리스트
(1789~1846)
케리
(1793~1879)

역사학파

[전기]
로셔
(1817~1894)
리스트
(1789~1846)

[후기]
슈몰러
(1838~1917)
베버
(1864~1920)

로잔학파
(일반균형이론)
발라
(1801~1866)

신고전학파

오스트리아학파
멩거
(1840~1921)
뵘바베르크
(1851~1914)
비저
(1851~1926)

중상주의
(독일)
[관방학파]
젝켄도르프
(1626~1692)

(영국)
먼
(1571~1641)
스튜어트
(1712~1780)

(프랑스)
콜베르
(1619~1683)
로
(1671~1729)

고전학파

(영국)
페티
(1623~1687)
스미스
(1723~1790)
리카도
(1772~1823)
맬서스
(1766~1834)

(프랑스)
부아기유베르
(1646~1714)
시스몽디
(1773~1842)

밀
(1806~1873)

속류경제학
매컬럭
(1789~1864)
시니어
(1790~1864)

케임브리지학파
마셜
(1842~1924)

제번스
(1835~1882)

리카도파 사회주의
호지스킨
(1787~1869)
톰프슨
(1775-1833)

마르크스주의
마르크스
(1818~1883)
엥겔스
(1820~1895)

중농주의
케네
(1694~1774)

공상적 사회주의
오언
(1771~1858)
생시몽
(1760~1825)
푸리에
(1772~1837)

무정부주의
프루동
(1809~1865)
바쿠닌
(1814~1876)

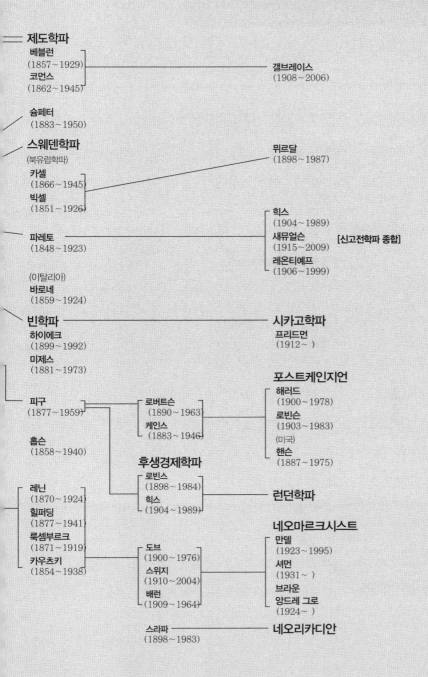

제도학파

베블런
(1857~1929)

코먼스
(1862~1945)

갤브레이스
(1908~2006)

슘페터
(1883~1950)

스웨덴학파

(북유럽학파)

뮈르달
(1898~1987)

카셀
(1866~1945)

빅셀
(1851~1926)

힉스
(1904~1989)

파레토
(1848~1923)

새뮤얼슨
(1915~2009)

레온티예프
(1906~1999)

[신고전학파 종합]

(이탈리아)

바로네
(1859~1924)

빈학파

하이에크
(1899~1992)

미제스
(1881~1973)

시카고학파

프리드먼
(1912~)

피구
(1877~1959)

로버트슨
(1890~1963)

케인스
(1883~1946)

포스트케인지언

해러드
(1900~1978)

로빈슨
(1903~1983)

(미국)

핸슨
(1887~1975)

홉슨
(1858~1940)

후생경제학파

로빈스
(1898~1984)

힉스
(1904~1989)

런던학파

레닌
(1870~1924)

힐퍼딩
(1877~1941)

룩셈부르크
(1871~1919)

카우츠키
(1854~1938)

도브
(1900~1976)

스위지
(1910~2004)

배런
(1909~1964)

네오마르크시스트

만델
(1923~1995)

셔먼
(1931~)

브라운

앙드레 그로
(1924~)

스라파
(1898~1983)

네오리카디안

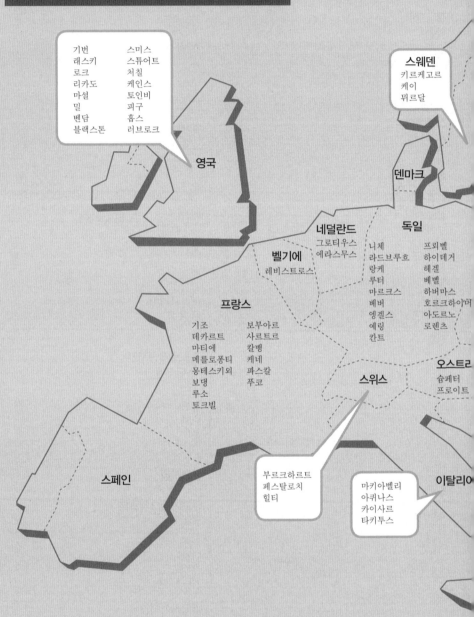

이 책에 실린 사회과학자·사상가의 출생지

영국

기번 　 스미스
래스키 　 스튜어트
로크 　 처칠
리카도 　 케인스
마셜 　 토인비
밀 　 피구
벤담 　 홉스
블랙스톤 　 러브로크

스웨덴
키르케고르
케이
뮈르달

덴마크

네덜란드
그로티우스
에라스무스

벨기에
레비스트로스

독일

니체 　 프뢰벨
라드브루흐 　 하이데거
랑케 　 헤겔
루터 　 베벨
마르크스 　 하버마스
베버 　 호르크하이머
엥겔스 　 아도르노
예링 　 로렌츠
칸트

프랑스

기조 　 보부아르
데카르트 　 사르트르
마티에 　 칼뱅
메를로퐁티 　 케네
몽테스키외 　 파스칼
보댕 　 푸코
루소
토크빌

스위스

오스트리
슘페터
프로이트

스페인

부르크하르트
페스탈로치
힐티

마키아벨리
아퀴나스
카이사르
타키투스

이탈리아

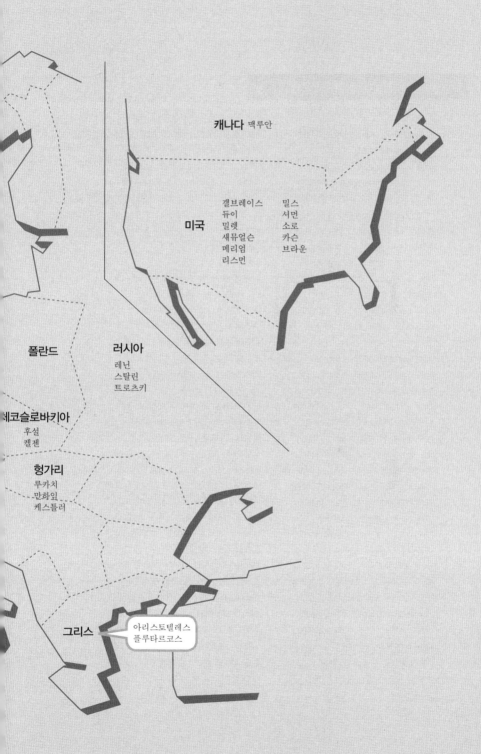

캐나다 맥루안

미국
갤브레이스 밀스
듀이 서먼
밀렛 소로
새뮤얼슨 카슨
메리엄 브라운
리스먼

폴란드

러시아
레닌
스탈린
트로츠키

체코슬로바키아
후설
켈젠

헝가리
루카치
만하임
케스틀러

그리스
아리스토텔레스
플루타르코스

이 책의 집필에 참여한 필자들

가메오 도시오[龜尾利夫, 전 弘前大學 敎授]
가와모토 다카시[川本隆史, 東京大學 助敎授]
고즈마 다다시[上妻精, 東北大學 敎授]
구도 기사쿠[工藤喜作, 전 神奈川大學敎授]
구바 요시코[久場嬉子, 東京學芸大學 敎授]
기다 겐[木田元 中央大學 敎授]
기요미즈 요시하루[淸水喜治, 神奈川大學 敎授]
나가시마 세이치[長島誠一, 전 關東學院大學 敎授]
나가오 류이치[長尾龍一, 東京大學 敎授]
나지마 슈조[名島修三, 橫浜商科大學 敎授]
나카우치 츠네오[中內恒夫, 國際基督敎大學 敎授]
니시다 노리유키[西田典之, 東京大學 敎授]
다나베 다모츠[田邊保, 전 岡山大學 敎授]
다마이 류조[玉井龍象, 전 神奈川大學 敎授]
다카마 나오미치[高間直道, 東京醫科大學 敎授]
다키우라 시즈오[瀧浦靜雄, 東北大學 敎授]
데자키 스미오[出崎澄男, 白百合女子大學 敎授]
도미타 요스케[富田容甫, 전 北海道大學 助手]
도쿠나가 마코토[德永恂, 大阪大學 敎長]
마스다 도시오[增田壽男, 法政大學 敎授]
마스조에 요이치[舛添要一, 國際政治學者]
마야자키 사이이치[宮崎犀一, 전 東京女子大學 敎授]
무라마츠 야스코[村松安子, 東京女子大學 敎授]
무라타 기요지[村田喜代治, 中央大學 敎授]
무라타 미노루[村田稔, 中央大學 敎授]
미우라 이치로[三浦一郎, 上智大學 敎授]
사사쿠라 히데오[笹倉秀夫, 大阪市立大學 敎授]
사사키 다케시[佐佐木毅, 東京大學 敎授]
사토 아키라[佐藤晃, 文藝評論家]
사토 야스쿠니[佐藤康邦, 東洋大學 敎授]
스기우라 가츠미[杉浦克己, 東京大學 敎授]
스즈키 신이치[鈴木愼一, 早稻田大學 敎授]
시로츠카 노보루[城塚登, 東京大學敎授/共立女子大學 敎授]
시부야 마사[靜谷將, 中央大學 敎授]
아라마타 히로시[荒俣宏, 飜譯家]

아리가 히로시[有賀弘, 東京大學 敎授]
아사노 에이치[淺野榮一, 中央大學 敎授]
아오키 다츠히코[靑木達彦, 信州大學 敎授]
야마가미 마사타로[山上正太郎, 전 電氣通信大學 敎授]
야마다 가츠미[山田克己, 전 東京外國語大學 敎授]
오가와 고이치[小川晃一, 北海道大學 敎授]
오가타 도시오[緖方俊雄, 中央大學 敎授]
오구라 유키요시[小倉志祥, 東京大學 敎授]
오바 다케시[大庭健, 專修大學 敎授]
오자키 시게요시[尾崎重義, 筑波大學 敎授]
오카와 미즈호[大川瑞穗, 專修大學 敎授]
와다 시게시[和田重司, 中央大學 敎授]
와타나베 지로[渡邊二郎, 東京大學 敎授]
요시자와 덴사부로[吉澤傳三郎, 東京都立大學 敎授]
요시자와 요시키[吉澤芳樹, 專修大學 敎授]
우에노 이타루[上野格, 成城大學 敎授]
우에하라 유키오[上原行雄, 一橋大學 敎授]
이다 아키오[飯田晶夫, 國學院栃木短大 敎授]
이다 히로야스[飯田裕康, 慶應義塾大學 敎授]
이소미 다츠노리[磯見辰典, 上智大學 敎授]
이와나가 겐키치로[岩永健吉郎, 東京大學 敎授]
이지마 무네타카[飯島宗享, 전 東洋大學 敎授]
이치카 와 다츠히토[市川達人, 東京理科大學 講師]
이치쿠라 히로스케[市倉宏祐, 專修大學 敎授]
이키마츠 게이조[生松敬三, 전 中央大學 敎授]
이토 젠이치[伊藤善市, 東京女子大學 敎授]
츠루타 미츠히코[鶴田滿彦, 中央大學 敎授]
하세가와 히로타카[長谷川博隆, 名古屋大學 敎授]
호리베 마사오[堀部政男, 一橋大學 敎授]
호리코시 고이치[堀越孝一, 學習院大學 敎授]
호시노 츠토무[星野勉, 法政大學 助敎授]
후지에다 미오코[藤枝澤子, 京都精華大學 敎授]
후지타 가츠지로[藤田勝次郎, 國學院大學 敎授]
후지타 이사무[藤田勇, 東京大學 敎授]
히데무라 긴지[秀村欣二, 東京大學 敎授]

절대지식 세계고전

초 판 1쇄 인쇄 2004년 5월 20일
개정판 1쇄 발행 2015년 2월 14일
개정판 4쇄 발행 2023년 1월 30일

지은이   사사키 다케시 외
옮긴이   윤철규
펴낸이   황보태수
기 획   박금희
디자인   정의도, 박해리
인 쇄   한영문화사
제 본   한영제책

펴낸곳 이다미디어
주소 경기도 고양시 일산동구 정발산로 24 웨스턴타워1차 906-2호
전화 02-3142-9612
팩스 0505-115-1890
이메일 idamediaaa@naver.com

ISBN 978-89-94597-31-7 04300
      978-89-94597-30-0(세트)